WILHELM DILTHEY · GESAMMELTE SCHRIFTEN

XXIII. BAND

WILHELM DILTHEY
GESAMMELTE SCHRIFTEN

Von Band XVIII an besorgt von
Karlfried Gründer und Frithjof Rodi

XXIII. Band

VANDENHOECK & RUPRECHT IN GÖTTINGEN

ALLGEMEINE GESCHICHTE DER PHILOSOPHIE

VORLESUNGEN 1900–1905

Herausgegeben von
Gabriele Gebhardt und Hans-Ulrich Lessing

VANDENHOECK & RUPRECHT IN GÖTTINGEN

Die Deutsche Bibliothek – CIP-Einheitsaufnahme

Dilthey, Wilhelm:
Gesammelte Schriften / Wilhelm Dilthey.
Von Bd. 18 an besorgt von Karlfried Gründer u. Frithjof Rodi. –
Göttingen : Vandenhoeck und Ruprecht

Bd. 23. Allgemeine Geschichte der Philosophie :
Vorlesungen 1900–1905 / hrsg. von
Gabriele Gebhardt und Hans-Ulrich Lessing. – 2000
ISBN 3-525-30319-X

© 2000, Vandenhoeck & Ruprecht in Göttingen. Printed in Germany.
Alle Rechte vorbehalten. Das Werk einschließlich seiner Teile ist urheberrechtlich geschützt.
Jede Verwertung außerhalb der engen Grenzen des Urheberrechtsgesetzes ist ohne
Zustimmung des Verlages unzulässig und strafbar. Das gilt insbesondere für Vervielfälti-
gungen, Übersetzungen, Mikroverfilmungen und die Einspeicherung und
Verarbeitung in elektronischen Systemen.
Gesetzt aus der Garamond 10/12p von Linotype
Satz: Fotosatz Otto Gutfreund GmbH, Darmstadt
Druck und Bindung: Hubert & Co., Göttingen

INHALT

Vorbericht der Herausgeber XV

A. DER GRUNDRISS DER ALLGEMEINEN GESCHICHTE
DER PHILOSOPHIE 1

Biographisch-literarischer Grundriß der allgemeinen
Geschichte der Philosophie 1

Die universalgeschichtlichen Darstellungen 1

[A.] Die Völker des Ostens 4

[B.] Die klassischen Völker des Mittelmeers 6
    Quellen und Literatur 6
    Erstes Stadium: Anfänge einer Gesamtwissenschaft vom
    Kosmos in den griechischen Kolonien ca. 600 – ca. 450 10
        Ursprung der Wissenschaft in Europa 10
        I. [Die ionischen Physiologen und die Pythagoreer] 11
            1. Die ionischen Physiologen 11
            2. Die Pythagoreer in den unteritalischen Kolonien 12
        II. [Herakleitos und die Eleaten] 14
            1. Herakleitos aus Ephesos 14
            2. Eleaten 15
        III. [Die jüngeren Naturphilosophen] 17
    Zweites Stadium: Blütezeit griechischer Philosophie
    ca. 450 – ca. 300 19
        I. Das Zeitalter der Sophisten und die griechische
           Aufklärung 19
            1. Erste Generation der Sophisten 20
            2. Zweite Generation der Sophisten 21

II. Höhe der ionischen Naturphilosophie. Die atomistisch-
  mechanische Naturwissenschaft des Demokrit   22
  III. Die attische Philosophie. Der Idealismus des Sokrates
  und Platon   24
    [1. Sokrates]   24
    2. Die unvollkommenen Sokratiker   26
    3. Platon und die ältere Akademie   27
  IV. Aristoteles und die peripatetische Schule   35
    [1. Aristoteles]   35
    [2.] Die peripatetische Schule   41
Drittes Stadium: Die hellenistische und römische Philosophie   42
  I. Die selbständigen Erfahrungswissenschaften   43
  II. Die neuen Philosophenschulen   45
    1. Die epikureische Schule   46
    2. Die stoische Schule   48
    3. Der Skeptizismus   53
  III. Die Verschmelzung der griechischen Philosophie mit der
  römischen Lebensansicht. Der Eklektizismus   56
    [1.] Erste Wirkungen der griechischen Philosophie in
    Rom   57
    [2. Lukrez]   58
    [3. Cicero]   59
    [4. Popularphilosophie]   63
Viertes Stadium: Die Philosophie in der Epoche des Kampfes
zwischen dem griechisch-römischen Glauben, dem Judentum
und Christentum   65
  Vorbereitend: Die Neupythagoreer   65
  I. Die Verschmelzung des Judentums mit der griechisch-
  römischen Philosophie. Philon   67
  II. Die Verschmelzung orientalischer, christlicher und
  griechischer Vorstellungen in der Gnosis   68
  III. Der Neuplatonismus und die Philosophie des kämpfenden
  griechisch-römischen Glaubens   70
  IV. Die Kirchenväter und die Philosophie des Christentums
  in der alten Kirche   72

[C.] Die neueren Völker   76
  Erstes Stadium: Theologisch-metaphysisches Stadium der
  neueren Völker unter Leitung der Kirche ca. 500 – ca. 1350 . .   76

I. Theologie als Mittelpunkt systematischen Denkens
ca. 500 – ca. 1150 77
  1. Übertragung antiken Wissens und erste dialektische
    Versuche 77
  2. [Rationale Theologie] 78
  3. [Theologische Dialektik und ihre Gegner] 79
II. Die auf die Griechen, besonders den Aristoteles gegründete arabische Vernunftwissenschaft 82
  [1. Im Morgenlande] 82
  [2. In Spanien] 83
III. Verknüpfung der Theologie mit der Naturerkenntnis und der antiken Metaphysik, besonders der aristotelischen Wissenschaft vom Kosmos. Das realistische System der christlichen Vernunftwissensschaft ca. 1150–[ca.] 1300 .. 84
IV. Der Sieg des Nominalismus und die Auflösung der christlichen Vernunftwissenschaft 85

Zweites Stadium: Die Befreiung des Geistes der neueren
Völker in Humanismus und Reformation ca. 1350 – ca. 1600 . 88
  I. [Renaissance] 88
 II. Erneuerung der philosophischen Schulen des Altertums . 89
III. [Reformation] 90
IV. [Anfänge der Natur- und Gesellschaftswissenschaften] .. 91
  [1. Anfänge einer Naturwissenschaft] 91
  2. Anfänge einer Philosophie der Gesellschaft 94

Drittes Stadium: Die neueren Völker treten in das Stadium der
Erfahrungswissenschaften und ihrer Grundlegung durch
eine Theorie der menschlichen Erkenntnis 95
Siebzehntes Jahrhundert 96
  I. Methodische Grundlegung 96
 II. Die Systeme des 17. Jahrhunderts 98
  1. [Descartes] 98
  2. [Hobbes] 100
  3. [Cartesianer, Okkasionalisten, Spinoza] 102
  4. [Die Philosophie in England. Locke] 104
  5. [Leibniz] 106
Achtzehntes Jahrhundert. Zeitalter der Aufklärung 107
  I. Die englische Aufklärung 109
  1. [Der Deismus] 109

2. Fortbildung der Erkenntnistheorie Lockes	110
3. Die Zergliederung der moralischen, ästhetischen, wirtschaftlichen, politischen und psychischen Erscheinungen	110
[4. Die schottische Schule]	114
II. Die französische Aufklärung	115
III. Deutsche Aufklärung	120
1.	121
2.	122
3.	125
4.	126
5.	127
Neunzehntes Jahrhundert	131
Erstes Stadium des 19. Jahrhunderts	135
I. Deutsche Philosophie	135
II. Französische Philosophie	144
1. Der Spiritualismus	144
2. [Positivismus und Sozialismus]	146
III. Englische Philosophie	148
1. [Der Utilitarismus]	150
2. Schottisch-deutsche Schule	152
Zweites Stadium des 19. Jahrhunderts	153
I. Deutsche Philosophie	155
II. Französische Philosophie	157
III. Englische Philosophie	158

B. DIE BERLINER VORLESUNG ZUR ALLGEMEINEN GESCHICHTE DER PHILOSOPHIE (Berlin 1900 – ca. 1903) . 161

Allgemeine Geschichte der Philosophie bis auf die Gegenwart, in ihrem Zusammenhang mit der Kultur (Wintersemester 1900/01) 161

Ihre Teile 162

Übersicht über den Anfang der Geschichte der Philosophie 162

Rassen und Kulturen 163

[A. Die Geschichte der Religiosität] 164
   [Erste Stufe der Religiosität]: Religiosität und Glauben
   der Naturvölker. Die primitiven Ideen der Menschheit 164
   Ursprung der Religion, Wesen der Religiosität 165
   Die primitiven Kulte 167
      [I. Grundidee: die Fortdauer der Seele] 167
      II. Grundidee: Beseelung der Natur 168
      III. [Grundidee:] die Verehrung, Glaube und Kult, die sich
         auf Sonne und Sterne als Sitz der göttlichen Naturkräfte
         beziehen 169
   Zweite Stufe der Religiosität: [die] Vollendung der Personifi-
   kation, der Mythologie und des heroischen Epos 170
   Dritte Stufe [der Religiosität]: der religiöse Einheitsglaube und
   die moralisch-religiöse Schulung des Willens 171
   Die mongolische und chinesische Religiosität und Philosophie 171
   Monismus der Ägypter 173
   Semitische Kulturen 173
   Parsische und indische Kultur 174
   Vedantaphilosophie 174
   Grundlegung der Erkenntnistheorie 175
   [Der Buddhismus] 176

[B. Die Kultur des Mittelmeeres] 176
   I. Die griechische Philosophie 177
      [1.] Anfang der griechischen Philosophie: das Zeitalter
         der sieben Weisen 177
      [2.] Die Pythagoreer 181
         [a)] Das Leben des Pythagoras und die Geschichte seiner
            Genossenschaft 181
         [b)] Das System der pythagoreischen Schule 182
         [c)] Die ethischen und religiösen Ideen 185
      [3.] Herakleitos von Ephesos 186
         [a)] Philosophische Form: denkende Anschauung 187
         [b)] Die Metaphysik: der Weltprozeß 189
         [c)] Psychologie, Ethik, Politik 190
      [4.] Die eleatische Schule 191

[1) Xenophanes]	191
[2)] Parmenides	192
[3) Zenon]	194
[4)] Melissos	196
[5. Die Theoretiker der Massenteilchen]	196
[1)] Empedokles	197
[2)] Anaxagoras	198
[a)] System des Anaxagoras	199
[b)] Die Astronomie des Anaxagoras	200
[c)] Materie und Weltvernunft	200
[6.] Das Zeitalter der Sophisten oder die griechische Aufklärung	201
[1)] Protagoras	202
[2)] Gorgias	204
3) Prodikos	205
[4)] Übergang zur zweiten Generation: Hippias	205
[5)] Zweite Generation	205
[7. Demokrit]	206
Über die abweichende Auffassung und Zusammenstellung Diltheys	206
[a)] Die allgemeine Naturlehre des Demokrit	207
b) Erkenntnistheoretische Prinzipien der Naturauffassung	207
[c)] Die Prinzipien der Welterkenntnis	208
[d)] Seine Ethik	210
[8.] Sokrates	210
Bedingungen, Standpunkt, Aufgabe des Sokrates	210
Leben und Entwicklungsgang des Sokrates	211
Das System des Sokrates	213
[a)] Das Problem der Erkenntnis der moralischen Welt und die neue Methode	213
b) Die Prinzipien der moralischen Welt	214
[9.] Die unvollkommenen Sokratiker	215
[10.] Die megarische Schule	216
[11. Die Kyniker]	216
[12.] Die Kyrenaiker	218
[13.] Platon	218
a) Die Entwicklungsgeschichte des platonischen Systems und der Kräfte, die es hervorgebracht haben	219
[b)] Weg zu dieser Ideenlehre	220

[c)] Die einzelnen Teile	221
[d)] Die Begründung der Ideenlehre und der mit ihr verbundenen strengen Erkenntnis	224
[e)] Die Ideenlehre	228
[f)] Panpsychismus und Weltbildung	229
[g)] Die Seelenlehre	231
[h)] Ethik und Politik	232
[14.] Aristoteles	235
[a)] Der Standpunkt des Aristoteles	235
[b)] Die Logik des Aristoteles	239
[c)] Die Metaphysik des Aristoteles	242
[d)] Die Physik des Aristoteles	244
[e)] Psychologie, Ethik, Politik	244
[15.] Die Schule der Epikureer	248
[a)] Die Physik der Epikureer	250
[b)] Die Ethik	250
[16.] Die Stoa	250
a) Die Logik oder Kanonik	251
[b)] Die Physik	252
c) Ethik und Politik	254
[17.] Der antike Skeptizismus	255
[1. Pyrrhon]	255
[2. Karneades]	256
3. [Sextus Empiricus]	257
[II.] Die Verschmelzung der griechischen Philosophie mit der römischen Lebensansicht. Der Eklektizismus	259
[III.] Die Verbindung von Philosophie und Religiosität	261
[1. Der Neupythagoreismus]	262
[2. Die Gnosis]	263
[3. Der Neuplatonismus]	264
[4. Die Kirchenväter]	265
[C. Die neueren Völker]	266
[I.] Reformation und Renaissance	266
[1. Bacon]	268
a) Das Ziel der Philosophie im baconischen System	269
[b)] Die negative Vorbereitung der wahren Methode und der Kampf gegen die Idole der Menschheit	270

        c) Die Analysis der Natur 272
        d) Die Formen der Natur 273
        e) Die Methoden 273
        [f)] Die Enzyklopädie Bacons 274
    [2. Kepler] 275
    [3.] Galilei 276
[II. Erfahrungsphilosophie und Rationalismus] 278
    [1. Descartes] 279
        [a)] [Der] Standpunkt des Descartes 279
        [b)] Das Leben des Descartes 280
        [c)] [Die] Darstellung seines Systems 283
            [I. Teil] 283
            1.   Erkenntnistheoretische Grundlegung und Metaphysik 283
            [2.] Die Existenz der Gottheit, die Beweise für sie und die veracitas Gottes 285
            [3.] Realität und Erkennbarkeit der äußeren Wirklichkeit 286
            II. Teil: Gott, die Körper und die Geister. Die unendliche [Substanz] und die endlichen Substanzen. Das Sichausschließen der körperlichen und der geistigen Substanz gegenseitig voneinander 286
            III. Teil: Der Irrtum, die Willensfreiheit, die Autonomie des Geistes, die in seiner Endlichkeit gelegenen Grenzen des Erkennens 287
            1.   Der Mechanismus und die Freiheit 287
            2.   Die Auflösung des scheinbaren Widerspruchs zwischen der veracitas Dei und dem Irrtum . . . 288
            3.   Die Schranken des Wissens in der endlichen geistigen Substanz 288
            IV. Teil: Die Wissenschaft von der Natur 289
            1.   Die ausgedehnte Substanz 289
            2.   Die Bewegung und ihre Gesetze 289
            3.   (Dritter Teil der Lehre von der Natur) 290
            V. Teil: Der Geist, seine Freiheit, seine moralische Verfassung 291
    [2.] Die Schule des Descartes 292
    [3.] Der niederländische Okkasionalismus und Geulincx . 293
    [4.] Hobbes 295
        Darstellung seines Systems 297
        I. [Teil]: Die philosophische Grundlegung 297

II. Teil: Physik und das psychophysische Problem	298
III. Teil: Psychologie, Moral und Gesellschaftslehre	299

[5.] Spinoza 301
    [a)] Darstellung des Systems 302
    [b)] Darstellung des Systems selbst 304
        I. Die erkenntnistheoretische Grundlegung. Die Schrift
           De emendatione intellectus und die Axiome der *Ethik* . . 304
        II. Die Metaphysik 306
           1. Die Grundbegriffe der Metaphysik 306
           2. Die Ableitungen des Satzes: Es gibt nur eine Substanz 307
           3. Die Substanz ist Gott. Polemik gegen die bisherigen
              Gottesbegriffe 308
           4. Die unendlich vielen Attribute, deren jedes das
              unendliche Wesen Gottes ausdrückt. Denken und
              Ausdehnung 310
           5. Die unendlichen und endlichen modi. Der modus
              Mensch 310
              [6.] Der Mensch, die imaginatio, die Affekte, der
              Verstand, die adäquate Erkenntnis und die Liebe
              Gottes 310

[6.] Locke 313
    Untersuchungen über den menschlichen Verstand 314
        1. Widerlegung der angeborenen Ideen 314
        [2. Analysis der Vorstellungen als die Methode, aus ihrem
           Ursprung ihren Erkenntniswert abzuleiten] 314
        3. Teil: Die Erkenntnis 317

[7.] Leibniz und die deutsche Aufklärung 317
    [a)] Die logische Grundlegung 318
    [b)] Die prästabilierte Harmonie der Monaden 319
    [c)] Die Körperwelt 319
    [d)] Der Geist, seine Erkenntnis, seine Sittlichkeit 319
    [e)] Die beste Welt und die *Theodizee* 320

[8.] Berkeley 321

[9. Der Positivismus] 322

[10. Hume] 323

[11.] Immanuel Kant 324
    [a)] Die transzendentale Ästhetik 326
    [b)] Die transzendentale Logik 328
        I. Die transzendentale Analytik 328

Leibniz . . . 331

Leben und Entwicklungsgang . . . 331
I. [Periode:] Bildungsjahre 1646–1667 . . . 331
II. Periode: 1667–1672 . . . 334
III. [Periode:] 1672–1676 . . . 334
[IV. Periode]: 1676–1716 Hannover . . . 338
Der logische Zusammenhang . . . 339
Das Ich, Außenwelt, Gottheit und Gottesbeweise . . . 343
Die Prinzipien des Universums . . . 344
Die Prinzipien der gesamten Weltwirklichkeit . . . 345
Der Mechanismus und die erscheinende Natur . . . 345
Die Ordnung der Monaden . . . 346
Der teleologische Zusammenhang des Monadenreiches und die prästabilierte Harmonie . . . 347
Psychologie und Geisteswissenschaft . . . 349
[Philosophie der] Schule von Leibniz . . . 350

Bibliographischer Anhang . . . 351

Anmerkungen . . . 369

Personenregister . . . 405

Vorbericht der Herausgeber

I.

Mit dem vorliegenden Band XXIII, in dem Diltheys Kolleg über *Allgemeine Geschichte der Philosophie* und der zugehörige *Biographisch-literarische Grundriß der allgemeinen Geschichte der Philosophie* publiziert werden, kommt die Reihe der ausschließlich den Vorlesungen gewidmeten Bände der *Gesammelten Schriften* zu ihrem Abschluß.

Begonnen wurde die Veröffentlichung von Diltheys Vorlesungen in Band IX der *Gesammelten Schriften* mit dem Kolleg *Geschichte und System der Pädagogik*,[1] das Dilthey – vermutlich in Ausarbeitung und Fortführung der Breslauer Vorlesung des Wintersemesters 1877/78 über *Geschichte der Pädagogik* – in Berlin jeweils in den Sommersemestern zwischen 1884 und 1894 gehalten hat. Fortgesetzt wurde die Vorlesungsedition in Band X der *Gesammelten Schriften*, in dem die nur einmal, und zwar im Sommersemester 1890, gehaltene Vorlesung über *Ethik, in ihren Prinzipien und in einzelnen Ausführungen dargestellt* veröffentlicht wurde.[2] Weitergeführt wurde die Edition der Vorlesungen dann in den Bänden XX und XXI der *Gesammelten Schriften*. Während der Band XX die erhaltenen Kollegien Diltheys zur Wissenschaftssystematik, zur Erkenntnistheorie und Logik sowie zum System der Philosophie möglichst umfassend zu dokumentieren suchte,[3] machte der Band XXI die überlieferten, unter wechselnden Titeln gehaltenen Breslauer und Berliner Vorlesungen zur Psychologie und Anthropologie zugänglich.[4] Der jetzt edierte Band schließt

---

[1] Ges. Schr. IX: Pädagogik. Geschichte und Grundlinien des Systems, hrsg. von *O. F. Bollnow*, Leipzig 1934.

[2] Ges. Schr. X: System der Ethik, hrsg. von *H. Nohl*, Stuttgart–Göttingen 1958.

[3] Ges. Schr. XX: Logik und System der philosophischen Wissenschaften. Vorlesungen zur erkenntnistheoretischen Logik und Methodologie (1864–1903), hrsg. von *H.-U. Lessing* und *F. Rodi*, Göttingen 1990.

[4] Ges. Schr. XXI: Psychologie als Erfahrungswissenschaft. Erster Teil: Vorlesungen zur Psychologie und Anthropologie (ca. 1875–1894), hrsg. von *G. van Kerckhoven* und *H.-U. Lessing*, Göttingen 1997.

unmittelbar an die Bände XX und XXI an und ergänzt sie, indem er erstmals Diltheys große, wirkungsreiche Berliner Vorlesung zur Geschichte der Philosophie vorlegt.

In Diltheys akademischem Unterricht kommt der Philosophiegeschichte eine herausragende Bedeutung zu. Dies belegt schon die schlichte Tatsache, daß in seiner Lehre die Anzahl der philosophiegeschichtlichen Kollegs bei weitem diejenige der Vorlesungen zu systematischen Themen übertrifft. Unter seinen Veranstaltungen zur Philosophiegeschichte finden sich neben großen Überblicks- bzw. Einführungsvorlesungen in die allgemeine Philosophiegeschichte oder größere zeitliche Epochen auch, insbesondere in den ersten Jahren seiner Lehrtätigkeit, kleinere Vorlesungen, die einzelnen Autoren, vor allem Schleiermacher und Spinoza, gewidmet sind.

Seit dem Sommersemester 1866 ist Diltheys philosophiehistorische Hauptvorlesung sein vier- bzw. später fünfstündiges Kolleg über *Allgemeine Geschichte der Philosophie*, das er mit großer Regelmäßigkeit, allerdings unter oft verändertem Titel hält. Vom Wintersemester 1897/98 ab trägt das Kolleg den endgültigen Titel *Allgemeine Geschichte der Philosophie bis auf die Gegenwart, in ihrem Zusammenhang mit der Kultur*. Diese Vorlesung hält Dilthey zum letzten Mal im Wintersemester 1905/06.

Für die Hörer seiner Berliner Vorlesungen über *Allgemeine Geschichte der Philosophie* läßt Dilthey einen *Biographisch-literarischen Grundriß* drucken, der offenbar 1885 erstmals vorgelegt wird und zuletzt 1905 in 6. Auflage erscheint.[5] In diesem *Grundriß*, der sich weniger als eine schlichte Daten- und Literatursammlung zur Entlastung der Vorlesungen, sondern vielmehr als veritable, wenn auch über weite Strecken karg formulierte, Geschichte der Philosophie präsentiert, hat Dilthey knapp, gelegentlich allzu stichwortartig, den Stoff der Vorlesung und die wichtigsten Daten sowie die zentrale Primär- und Sekundärliteratur zusammengestellt. Für jede neue Auflage des *Grundrisses* (1889, 1893, 1897, 1898 und 1905) erweitert Dilthey den Textteil und trägt neuere Literatur nach.

---

[5] Der *Grundriß* wurde ohne Datums- und Ortsangaben ausgegeben. Eine Datierung der Auflagen findet sich bei *U. Herrmann*, Bibliographie Wilhelm Dilthey. Quellen und Literatur, Weinheim–Berlin–Basel 1969, S. 96. – Zum *Grundriß* vgl. den Briefwechsel zwischen Wilhelm Dilthey und dem Grafen Paul Yorck v. Wartenburg 1877–1897, hrsg. v. *S. von der Schulenburg*, Halle (Saale) 1923, S. 50 sowie – zur 2. Auflage – den Brief Yorcks vom 7.3. 1889 mit einer Vielzahl von Verbesserungs- und Ergänzungsvorschlägen, vgl. Briefwechsel Dilthey–Yorck, S. 78–81.

II.

Wie schon bei den vorangehenden Bänden XX und XXI der *Gesammelten Schriften* mußten sich die Herausgeber auch bei der Edition des Vorlesungsteils des Bandes XXIII auf die auffallend wenigen überlieferten Nachschriften der Diltheyschen Kollegien zur allgemeinen Philosophiegeschichte stützen, da sich – wie schon im Fall seiner systematisch-philosophischen Vorlesungen und seiner Psychologievorlesungen – kein lückenloses oder editionsfähiges Kollegheft Diltheys über die Universalgeschichte der Philosophie erhalten hat. (Nachschriften bzw. Kolleghefte seiner frühen Schleiermacher- und Spinozavorlesungen oder auch nur größere Teile davon fehlen im übrigen ganz.) Zwar enthalten einige Faszikel des Berliner Dilthey-Nachlasses, insbesondere die Faszikel C: 8, 9 und 14, Materialsammlungen zu seiner Vorlesung über die *Allgemeine Geschichte der Philosophie*, aber vollständige oder auch nur nahezu komplette Kolleghefte oder größere, zusammenhängende Teile derselben sind nicht überliefert. Die vorhandenen Materialien umfassen aus verschiedenen Zeiten stammende Exzerpte, Notizen, kleinere Ausarbeitungen und Fremdtexte zu bestimmten historischen Themen, etwa zu den Vorsokratikern, zu Sokrates und Platon. Darüber hinaus finden sich in den betreffenden Nachlaß-Faszikeln einige Fragmente von Kollegheften, u. a. aus den Jahren 1888 und 1891, die sich aber als zu unvollständig erwiesen, um als Textbasis einer Edition dienen zu können.

Da weder aus Diltheys Berliner Privatdozentenzeit noch aus Basel, Kiel oder Breslau Nachschriften seiner philosophiehistorischen Kollegs überliefert sind, standen uns für die Edition nur Nachschriften seiner Berliner Vorlesungen zur *Allgemeinen Geschichte der Philosophie* zur Verfügung. Es handelt sich dabei um die folgenden, vollständig erhaltenen und datierten Manuskripte: Nachschrift des Sommersemesters 1886 von Bruno Schippang (Berliner Dilthey-Nachlaß C: 93: 85–156, 143 S.), des Sommersemesters 1888 von Max Kleinert (Berliner Dilthey-Nachlaß 346, 146 S.), des Wintersemesters 1990/01 von Eduard Spranger (Spranger-Nachlaß, Bundesarchiv Koblenz, 548 S.). Hinzu kommt eine undatierte, nach 1901 anzusetzende Nachschrift von Herman Nohl (Göttinger Dilthey-Nachlaß Cod. Ms. W. Dilthey 10, 846 S.).[6]

Diese Überlieferungssituation bestimmt die Anlage des Bandes. Da es hier

---

[6] Der Göttinger Dilthey-Nachlaß enthält darüber hinaus eine von uns bei der Edition nicht berücksichtigte undatierte, fragmentarische Nachschrift einer Diltheyschen Vorlesung über Geschichte der Philosophie von der Hand G. *Mischs* sowie ein Teilstück einer stenographischen Nachschrift seines letzten Kollegs durch G. *Vogt*, vgl. Cod. Ms. W. Dilthey 9,7 und 11.

nicht darum gehen konnte, die Umarbeitungen und Veränderungen von Diltheys philosophiehistorischer Hauptvorlesung durch einige Semester historisch-kritisch zu verfolgen, beschränkt sich der Band auf die Präsentation der Endgestalt seiner Philosophiegeschichte, soweit sie durch Textüberlieferung belegt ist, sowie auf die Wiederveröffentlichung des *Grundrisses*, der aus systematischen Gründen an den Anfang gestellt wurde.

Daraus ergibt sich für den Band XXIII die folgende Struktur: Der Teil A des Bandes bietet den kritisch durchgesehenen und in den bibliographischen und historischen Angaben z. T. korrigierten und vervollständigten Text der letzten Auflage des *Biographisch-literarischen Grundrisses* von 1905. Der Teil B dokumentiert Diltheys große Vorlesung über *Allgemeine Geschichte der Philosophie* aufgrund der Spranger-Nachschrift und bietet darüber hinaus ein Kapitel über Leibniz aus der Nachschrift Nohls, das besondere Aufmerksamkeit beanspruchen darf, weil es von Dilthey eigenhändig redigiert worden ist.

Für die Wahl der Spranger-Nachschrift als Basistext der Edition sprach einerseits die Tatsache, daß sie klarer strukturiert ist als die Nachschrift Nohls, und andererseits, daß sie sich im Duktus der Darstellung als konsistenter erweist und offensichtlich mehr und genauer das von Dilthey Vorgetragene wiedergibt, während in Nohls Nachschrift über weite Strecken deutlich erkennbar auch eigene Reflexionen, Formulierungen und Ausführungen zu philosophiehistorischen Zusammenhängen Eingang gefunden haben.

III.

Die fundamentale Bedeutung, die Dilthey der Geistesgeschichte im allgemeinen und der Philosophiegeschichte im besonderen beimaß, wird offenkundig, wenn man sich den Anteil vor Augen hält, den ideen- und philosophie- bzw. wissenschaftshistorische Untersuchungen in seinem Œuvre ausmachen. Von seinen frühen kirchen- und dogmengeschichtlichen Plänen[7] bis zu seinem späten Großprojekt einer *Geschichte des deutschen Geistes*[8] ist Diltheys Werk durch ein außerordentlich starkes historisches Interesse gekennzeichnet. Herausragende Beispiele seiner vielbewunderten Fähigkeit, historische Zusammenhänge „feinsinnig" zu erfassen und zu analysieren bzw. Einzelerscheinungen in

---

[7] Vgl. Der junge Dilthey. Ein Lebensbild in Briefen und Tagebüchern 1852–1870, hrsg. von C. Misch geb. *Dilthey*, Leipzig und Berlin 1933, bes. S. 41, 69 f., 77 und 110.

[8] Vgl. vor allem Ges. Schr. III: Studien zur Geschichte des deutschen Geistes, hrsg. von P. Ritter, Leipzig 1921 und Von deutscher Dichtung und Musik. Aus den Studien zur Geschichte des deutschen Geistes, hrsg. von H. Nohl und G. Misch, Leipzig 1932.

größere historische Kontexte zu stellen, sind seine berühmte Schleiermacher-Biographie *Leben Schleiermachers* (I. Band, 1870),[9] seine Hegel-Monographie *Die Jugendgeschichte Hegels* (1905)[10] und die bedeutenden Aufsätze zur Geistesgeschichte der frühen Neuzeit (1891–1893, 1900 und 1904).[11] Dazu kommen zahlreiche Studien zur europäischen Philosophie- und Literaturgeschichte, die Diltheys Ruf als glänzender Geistesgeschichtler begründet haben.

Aber auch in Diltheys systematischen Arbeiten prägt sich die primär historische Orientierung seines Forschens aus: Sie sind immer historisch gesättigt und weisen in der Regel die für Diltheys Denken charakteristische Verknüpfung philosophisch-systematischer mit historischen Gesichtspunkten auf. Als beispielhaft kann hierfür etwa Diltheys systematisches Hauptwerk, die *Einleitung in die Geisteswissenschaften* (I. Band, 1883), angeführt werden, das – wie er schreibt – „ein historisches mit einem systematischen Verfahren [verknüpft], um die Frage nach den philosophischen Grundlagen der Geisteswissenschaften mit dem höchsten mir erreichbaren Grad von Gewißheit zu lösen".[12]

Die deutliche historische Ausrichtung Diltheys spiegelt sich auch in dem Wert wider, den Dilthey seinen philosophiegeschichtlichen Vorlesungen zusprach. Dies wird offenkundig etwa in einem Brief vom 8. Oktober 1893 an Friedrich Althoff, den Chef der Hochschulabteilung im Preußischen Kultusministerium, der in Zusammenhang steht mit dem schwierigen Verfahren zur Berufung Carl Stumpfs an die Berliner Universität und der vorausgegangenen Beförderung Friedrich Paulsens zum Ordinarius.[13] In diesem Schreiben berührt Dilthey die notwendige Neuordnung der Zuständigkeiten für die zu haltenden Kollegien und erhebt die diplomatisch vorgetragene Forderung, ihm nach der erfolgten Berufung, die zu diesem Zeitpunkt noch nicht gesichert war, an der Berliner Fakultät fortan die alleinige Verantwortung für die Vorlesung über *Allgemeine Geschichte der Philosophie* zu übertragen und ihn von anderen Pflicht-

---

[9] Ges. Schr. XIII: Leben Schleiermachers. Erster Band. Auf Grund des Textes der 1. Aufl. von 1870 und der Zusätze aus dem Nachlaß, hrsg. von *M. Redeker*, Göttingen 1970 und Ges. Schr. XIV: Leben Schleiermachers. Zweiter Band: Schleiermachers System als Philosophie und Theologie, hrsg. von *M. Redeker*, Göttingen 1966.

[10] Ges. Schr. IV, 1–187; Fragmente aus dem Nachlaß, Ges. Schr. IV, 189–282.

[11] Auffassung und Analyse des Menschen im 15. und 16. Jahrhundert (1891–92), Ges. Schr. II, 1–89; Das natürliche System der Geisteswissenschaften im 17. Jahrhundert (1892–93), Ges. Schr. II, 90–245; Die Autonomie des Denkens, der konstruktive Rationalismus und der pantheistische Monismus nach ihrem Zusammenhang im 17. Jahrhundert (1893), Ges. Schr. II, 246–296; Giordano Bruno (1893), Ges. Schr. II, 297–311; Der entwicklungsgeschichtliche Pantheismus nach seinem geschichtlichen Zusammenhang mit den älteren pantheistischen Systemen (1900), Ges. Schr. II, 312–390; Die Funktion der Anthropologie in der Kultur des 16. und 17. Jahrhunderts (1904), Ges. Schr. II, 416–492.

[12] Ges. Schr. I, S. xv.

[13] Althoff-Nachlaß, Geheimes Staatsarchiv Dahlem.

vorlesungen zu befreien: „Vertrete ich in der vorliegenden Kombination die Geschichte der Philosophie, so scheint mir ein wirklich eingreifendes Wirken für dieselbe daran gebunden, daß ich die allgemeine Geschichte der Philosophie durch höchst regelmäßiges Lesen derselben zu solcher Virtuosität der Darstellung erhöbe, daß darin Berlin etwas für sich hätte." Und Dilthey fügt hinzu: „Gern, mit dem Gefühl inneren Berufes widme ich mich der Aufgabe, so die Geschichte des menschlichen Geisteslebens in nuce von den Studierenden mit durchleben zu lassen, so daß sie zu einem geschichtlichen Bewußtsein der Lage der Gegenwart erhoben werden." Diesen Äußerungen korrespondiert im übrigen die in einem Brief an den Grafen Yorck vom 1. November 1893 vorgetragene selbstbewußte Einschätzung, wonach die Vorlesung über *Allgemeine Geschichte der Philosophie* das sei, „wodurch ich die Studenten wirklich revolutioniere".[14]

Mit der von ihm erwirkten Berufung Carl Stumpfs an die Berliner Universität (18. 12. 1893),[15] von der sich Dilthey auch entscheidende Entlastung von der Lehre erwarten durfte und nun erhoffen konnte, seine philosophiegeschichtliche Vorlesung „zur Perfektion zu bringen",[16] weiß er sich am Ziel und fühlt sich, wie er an Yorck schreibt, tatsächlich nur mehr für die Geschichte der Philosophie verantwortlich.[17]

IV.

Dilthey formuliert die Erwartung, die er selbst an die Wirkung seiner Vorlesungen zur *Allgemeinen Geschichte der Philosophie* stellt, so überliefert in der Nachschrift Sprangers, in einer zwar beiläufigen, aber nicht ganz unbescheidenen Hinwendung an sein Auditorium: „Also eine gänzliche Umwälzung Ihres Bewußtseins ist das Ziel dieser Vorlesung."[18] Wenn sich auch die umwälzende Wirkung des Kollegs in der nur spärlich dokumentierten Rezeptionsgeschichte kaum bestätigen läßt,[19] weisen doch andere Zeugnisse seiner

---

[14] Briefwechsel Dilthey–Yorck, S. 165.
[15] Vgl. Briefwechsel Dilthey–Yorck, S. 189. – Zum universitätspolitischen und persönlichen Kontext der Berufung Stumpfs vgl. *F. Rodi*, Die Ebbinghaus-Dilthey-Kontroverse. Biographischer Hintergrund und sachlicher Ertrag, in: Ebbinghaus-Studien 2, hrsg. von *W. Traxel*, Passau 1987, 145–154.
[16] Briefwechsel Dilthey–Yorck, S. 165.
[17] Vgl. Briefwechsel Dilthey–Yorck, S. 232.
[18] Vgl. unten, S. 162.
[19] Vgl. gegen eine solche Wirkung, wenn auch aus anderen Gründen, etwa *P. Fechter*, Menschen und Zeiten. Begegnungen aus fünf Jahrzehnten, Gütersloh 1948, S. 56 f.: „Simmels wesentlichster

Hörer darauf hin, daß diese Vorlesungen seine Resonanz in der Lehre enorm steigerten.[20]

Die Ausführungen Diltheys zur Theorie der Philosophiegeschichte sind in den hier dokumentierten Texten äußerst knapp gehalten. In komprimierter Form legt Dilthey sein Programm in einem der einleitenden Abschnitte des *Biographisch-literarischen Grundrisses der allgemeinen Geschichte der Philosophie* dar. Die Tatsache, daß er diesen Passus von der 1. Auflage des *Grundrisses* 1885 bis zur 6. Auflage 1905 bis auf einige Einfügungen im Wortlaut übereinstimmend fortschreibt, läßt auf das hohe Maß an Identifikation schließen, das der Autor in dieser Selbstbeschreibung zum Ausdruck bringt. In seinen philosophiegeschichtlichen Vorlesungen geht es Dilthey darum, die universalhistorische Auffassung weiterzuentwickeln auf der Basis „einer Erfahrungsphilosophie, welche auch die Tatsachen der inneren und der geschichtlichen Erfahrung unbefangen zu gewahren und den Ergebnissen des Studiums der Außenwelt gegenüber zu schützen strebt". Damit gehen die Vorlesungen von „dem ganzen Strukturzusammenhang aus, der im Einzelmenschen enthalten ist und in den geschichtlichen Zeitaltern sich verwirklicht: Aus diesem wollen sie die Systeme begreifen. Sie erklären daher im Gegensatz gegen Hegel die Entwicklung der Philosophie nicht aus den Beziehungen der Begriffe aufeinander im abstrakten Denken, sondern aus den Veränderungen in dem ganzen Menschen nach seiner vollen Lebendigkeit und Wirklichkeit. Sonach suchen sie den Kausalzusammenhang zu erkennen, in welchem die philosophischen Systeme aus dem

---

Konkurrent bei den neuen Generationen war Wilhelm Dilthey, damals noch nicht der berühmte Verfasser des Buches *Das Erlebnis und die Dichtung*, sondern vor allem Historiker der Philosophie. Er las ein vierstündiges Kolleg, zu dem er einen ebenso begehrten wie brauchbaren gedruckten Grundriß verteilte, der Daten, Literaturangaben, kurz eine Fülle von dem enthielt, was man sonst mühsam hätte sammeln und mitschreiben müssen. Dilthey war in vielem ein Gegenstück zu Simmel. Er war klein, schmal, füllte mit seiner leisen Stimme kaum den Raum des Collegium maximum, in dem er las; vielleicht war das mit ein Grund für die Drucklegung und Verteilung des *Grundrisses*. Sein Kolleg war sehr anstrengend, nicht weil er so viel voraussetzte und forderte: da ging Simmel viel weiter, der grundsätzlich Daten und Tatsachen überging und nur von Menschen und Werken als geistigen Phänomenen sprach. Dilthey hielt sich erheblich mehr an das Gegenständliche; er sprach aber ganz gedämpft und eigentlich für sich, ging nicht auf einen Kontakt mit dem Hörer aus, auf ein induzierendes Wecken seines Anteils und sein Hineinbeziehen in den jeweils entwickelten Gedanken. Zwischen dem Sprecher und dem Auditorium bestand ein Verhältnis der Passivität, das sich kaum jemals zum wirklichen Anteil belebte."

[20] Vgl. dazu *M. Dessoir*, Buch der Erinnerung, Stuttgart 1946, S. 174: Dilthey las „lange Jahre hindurch vor verhältnismäßig wenig Hörern". „Erst allmählich setzte er sich mit der fünfstündigen Vorlesung *Allgemeine Geschichte der Philosophie* bei den Studenten durch. [...] Sie war durch den freigebig verteilten *Biographisch-literarischen Grundriß* von hundert eng bedruckten Seiten aller gelehrten Angaben ledig und bot auf ihren Höhepunkten hinreißende Durchblicke. Die vollendete Freiheit, mit der Dilthey den Stoff beherrschte, die perspektivische Gestalt, die er in ihm entdeckte, das war etwas Unvergleichliches."

Ganzen der Kultur entstanden sind und auf dasselbe zurückgewirkt haben. Jede im philosophischen Denken erfaßte neue Stellung des Bewußtseins zur Wirklichkeit macht sich gleicherweise im wissenschaftlichen Erkennen dieser Wirklichkeit, in den Wertbestimmungen des Gefühls über sie und in den Willenshandlungen, der Führung des Lebens wie der Leitung der Gesellschaft geltend. Die Geschichte der Philosophie macht die Stellungen des Bewußtseins zu der Wirklichkeit, die realen Beziehungen dieser Stellungen aufeinander und die so entstehende Entwicklung sichtbar. So gibt sie die Möglichkeit, den geschichtlichen Ort für die einzelnen Erscheinungen der Literatur, der Theologie, der Wissenschaften zu erkennen. Die exakte Grundlage kann überall nur durch die philologische (literarische) Methode hergestellt werden."[21] Dilthey möchte das philosophiegeschichtliche Kolleg verstanden wissen als Fortsetzung der Studien zur Geschichte der Metaphysik im 2. Buch des ersten Bandes der *Einleitung* und den gleichsam als Anschluß daran konzipierten Abhandlungen zur Geistesgeschichte des 15. bis 17. Jahrhunderts. Diese Abhandlungen, die er seit Beginn der neunziger Jahre in dem von ihm mit herausgegebenen *Archiv für Geschichte der Philosophie* vorgelegt hat, sollten später zusammengefaßt und ergänzt als 3. Buch den – nie vollendeten – zweiten Band der *Einleitung* eröffnen.[22]

Über diese knappen Ausführungen im *Grundriß* hinaus entfaltet Dilthey die systematische Begründung der Philosophiegeschichte in dem Aufsatz *Archive der Literatur in ihrer Bedeutung für das Studium der Geschichte der Philosophie*,[23] der 1889 im *Archiv für Geschichte der Philosophie* veröffentlicht wurde. Diese Darlegungen stehen in engem Zusammenhang mit Zellers Beitrag *Die Geschichte der Philosophie, ihre Ziele und Wege*,[24] der ein Jahr zuvor ebenfalls im *Archiv* erschienen war.

Zeller orientiert die Philosophiegeschichte in Abgrenzung zu Hegel in seinem Aufsatz so prononciert an den naturwissenschaftlichen Methoden der Kausalforschung, daß er damit geradezu ein „Manifest der historischen Kau-

---

[21] Vgl. unten, S. 2 f. Die besondere Relevanz dieser Darlegungen wird dadurch bestätigt, daß selbst *Misch* im Vorwort zu Band II auf diese Passage zur Selbstcharakterisierung der historischen Auffassung Diltheys zurückgreift. – Zu Diltheys Konzeption einer Universalgeschichte der Philosophie vgl. auch Ges. Schr. IV, S. 529 f. Zur Philosophie der Philosophiegeschichte im *Grundriß* vgl. G. Scholtz, Philosophiegeschichte und Geschichtsphilosophie: Braniß und Dilthey, in: Dilthey und Yorck. Philosophie und Geisteswissenschaften im Zeichen von Geschichtlichkeit und Historismus, hrsg. v. *Jerzy Krakowski* und *Gunter Scholtz*, Wroclaw 1996, S. 179–194.

[22] Vgl. oben Anm. 11. – Zur Gesamtkonzeption der *Einleitung* vgl. Ges. Schr. I, S. xix, und Gesamtplan des Zweiten Bandes der „Einleitung in die Geisteswissenschaften". Drittes bis Sechstes Buch („Berliner Entwurf") (ca. 1893), Ges. Schr. XIX, S. 296–332.

[23] Wiederabgedruckt in: Ges. Schr. IV, S. 555–575.

[24] In: Archiv für Geschichte der Philosophie, hrsg. v. *L. Stein*, 1. Bd. (1888), S. 1–10.

salforschung"²⁵ formuliert. Was die Erklärungsmodelle philosophiegeschichtlicher Phänomene betrifft, so unterscheidet Zeller zwischen solchen, die Aufschluß geben über die „nächsten Entstehungsgründe der Systeme", und denen, die „entferntere und allgemeinere Entstehungsgründe"²⁶ in den Blick nehmen. Während das erste Modell auf der biographisch-psychologischen Betrachtungsweise beruht und darin seine Beschränkung erfährt, leistet das letztere die Eingliederung in den Kontext der allgemeinen Kulturgeschichte. Erst die Erforschung der „entfernteren und allgemeineren Entstehungsgründe" ermöglicht es, „die Geschichte der Philosophen in eine Geschichte der Philosophie zu verwandeln".²⁷ Zeller würdigt ausdrücklich die Vielfalt der Erklärungsfaktoren, die es in der „philosophiegeschichtlichen Forschung"²⁸ zu berücksichtigen gelte: „Die Persönlichkeit der Philosophen, die Einwirkung der früheren Systeme auf die späteren, der Einfluß der allgemeinen politischen und Kulturzustände vereinigen sich, um ihren [d. h. der Philosophiegeschichte] Verlauf zu bestimmen."²⁹ Seine wissenschaftstheoretische Grundlegung der Philosophiegeschichte findet sich zusammengefaßt in dem Anspruch, „daß wir das [...] richtige Bild einer geschichtlichen Entwicklung, auf welchem Gebiete es sei, nur durch Untersuchung des tatsächlichen Kausalzusammenhanges, nicht durch ein teleologisches Postulat gewinnen können", und daß wir „das Ganze aus seinen geschichtlichen Bedingungen verständlich zu machen versuchen".³⁰

In Übereinstimmung mit Zeller fordert Dilthey nun in seinem Aufsatz, das Verhältnis zwischen Kultur- und Philosophiegeschichte als Kausalzusammenhang zu erkennen, und markiert damit ebenfalls die Differenz gegenüber Hegel: „Die philosophischen Systeme sind aus dem Ganzen der Kultur entstanden und haben auf dasselbe zurückgewirkt. Das erkannte auch Hegel. Aber nun gilt es, den Kausalzusammenhang nach seinen Gliedern zu erkennen, in welchem sich dieser Vorgang vollzog. Diese Aufgabe hat sich Hegel noch nicht gestellt. Und ihre Lösung, die Versetzung der philosophischen Denker in den lebendigen Zusammenhang, dem sie angehörten, macht dann sofort eine literarische Behandlung erforderlich [...]."³¹ Die herausragende Stellung, die die Philosophiegeschichte im Verhältnis zur Kulturgeschichte einnimmt, begründet

---

[25] *L. Geldsetzer*, Die Philosophie der Philosophiegeschichte im 19. Jahrhundert. Zur Wissenschaftstheorie der Philosophiegeschichtsschreibung und -betrachtung, Meisenheim 1968, S. 106.
[26] Vgl. *E. Zeller*, a. a. O., S. 7.
[27] Ebd.
[28] Ebd., S. 6. Zeller entschuldigt sich für die terminologische Einführung dieses Neologismus, „dessen Fehlen sehr unbequem" gewesen sei.
[29] Ebd., S. 9.
[30] Ebd., S. 8.
[31] W. Dilthey, Ges. Schr. IV, S. 558.

Dilthey nachdrücklich durch die Bedeutung der Philosophie als „führender Kraft, das Leben des einzelnen und der Gesellschaft zu bestimmen": „Es ist nun immer bemerkt worden, daß die philosophischen Systeme in einem gewissen Verstande die Kultur eines Volkes und einer Zeit repräsentieren. Dies ist darin begründet, daß sie allein das Leben selber zum vollständigen bewußten Zusammenhang im Denken erheben. Indem ein philosophisches System von den gesammelten Erfahrungen und den positiven Wissenschaften einer Zeit ausgeht, gestaltet es von da eine Einheit, die hinüber reicht in die Lebensführung des einzelnen und in die Leitung der Gesellschaft."[32] Damit wird die Philosophie nobilitert als vornehmster Gegenstand historischer Forschung überhaupt, wenn es darum geht, die geschichtliche Natur des Menschen zu erkennen, Einsicht zu gewinnen „in die Veränderungen des ganzen Seelenlebens nach seiner vollen Lebendigkeit und Wirklichkeit".[33] Denn in der Philosophie manifestiert sich für Dilthey der höchste Ausdruck der geschichtlichen Natur des Menschen.[34]

Die exponierte Stellung der Philosophie betont Dilthey auch zu Beginn der Vorlesung zur *Allgemeinen Geschichte der Philosophie*: „Die Blüte des Kulturlebens ist das, was Hegel den ‚Geist' nennt: Religion, Philosophie [und] Wissenschaft, Kunst; [Philosophie ist] die Besonnenheit des Menschen über sich selbst. Religiosität das Bewußtsein des Verhältnisses zur Gottheit. Die Kunst eine Bildersprache. Philosophie ist das Umfassendste, die allseitigste jener Funktionen, durch die der menschliche Geist zum Bewußtsein seiner Zwecke gelangt: Sinn des Lebens und Universums. Der immer rege Zusammenhang des menschlichen Geistes in sich selbst. Das Letzte, das Höchste der menschlichen Kultur überhaupt."[35]

Wenn man nun die Postulate dieser Theorie der Philosophiegeschichte anlegt als Maßstab an das in diesem Band vorgelegte Kolleg sowie den *Grundriß*, so muß man zu dem Schluß kommen, daß diese Lehrtexte der anspruchsvollen Programmatik nicht gerecht werden. Schon die Forderung, „an die Stelle der Anordnung nach Philosophen die nach großen philosophischen Bewegungen"[36] zu stellen, wie er sie sich zu Beginn des *Grundrisses* mit einem Lob für

---

[32] Ebd., S. 559 f.
[33] Ebd., S. 560.
[34] Vgl. dazu auch *L. Geldsetzer*, a.a.O., S. 110: „So sieht Dilthey implizit in der Philosophie jedenfalls die ausschlaggebende Macht in der Geschichte, durch die und mittels derer der Mensch in der Kultur über sein erkennendes Verhältnis zur Welt, seine ‚Wertbestimmungen des Gefühls' und die Willenshandlungen in der ‚Führung des Lebens und der Leitung der Gesellschaft' Klarheit gewinnt und sich Rechenschaft abgibt."
[35] Vgl. unten, S. 162.
[36] Vgl. unten, S. 3.

Windelbands *Geschichte der Philosophie*[37] zu eigen macht, wird nicht eingelöst. Hier liegt die Vermutung nahe, daß das Forschungsprogramm, das Dilthey implizit in seiner Grundlegung der Philosophiegeschichte darlegt, schlicht zu umfassend ist, als daß es sich pragmatisch für die Lehre aufbereiten ließe. Schließlich ist Diltheys Theorie der Philosophiegeschichte charakterisiert durch eine nicht-reduktionistische Perspektive, eine, die explizit davor zurücksteht, die Komplexität historischer Zusammenhänge theoretisch zu vereinfachen. Seinen eigenen systematischen Ansprüchen an eine Philosophiegeschichte Genüge zu tun, bemüht sich Dilthey, worauf er selbst im *Grundriß* hinweist, vor allem in den Aufsätzen über die Entwicklung der Philosophie vom 15. bis 17. Jahrhundert, die sich in Band II der *Gesammelten Schriften* finden.

V.

Das Kolleg über *Allgemeine Geschichte der Philosophie* gliedert sich in drei Teile: Den Ausführungen über die „älteste Generation", d. h. die „Naturvölker" und die „Völker des Ostens" am Leitfaden einer Philosophie der Religiosität, folgt die Darstellung der „zweiten Generation", der „Völker des Mittelmeers", der sich die Entfaltung der Philosophie der „neuen Generation" vom Mittelalter bis zur Gegenwart anschließt. Damit setzt Dilthey gegenüber der traditionellen Strukturierung der Philosophiegeschichte in die Epochen von Antike, Mittelalter und Neuzeit in zweifacher Hinsicht neue Akzente:

Zunächst überschreitet Dilthey in seinem ersten Teil die eurozentrische Beschränkung dieser Epocheneinteilung insofern, als daß er zum einen mythisch-religiöse Traditionen schriftloser Kulturen, zum anderen außereuropäische Hochkulturen wie die indische und chinesische in die Betrachtung miteinbezieht.

Darüber hinaus hebt Dilthey die Zäsur zwischen Mittelalter und Neuzeit in dem Sinne auf, daß er die Zeit vom 5. Jahrhundert n. Chr. bis zur Renaissance als integralen Teil der Entwicklung der „neueren Völker" betrachtet: „Im Westen aber seit Theodosius entsteht die neue Generation unserer Vorfahren. Nunmehr beginnt die germanisch-romanische Periode: ganz neue Kräfte, ein neues Geschlecht, bis nach Amerika: Es ist ein geschichtlicher Aberglaube, das Mittelalter zwischen die alte und die neue Welt zu setzen. Es ist die Entfaltung unserer Vorfahren."[38]

---

[37] Vgl. unten, S. 3.
[38] Vgl. unten, S. 163; vgl. dazu auch Ges. Schr. III, S. 3–14; Ges. Schr. VIII, S. 43–67 und S. 176–179.

Unter diesen drei Hauptteilen liegt der Schwerpunkt in der Darstellung der Philosophie der Kultur des Mittelmeeres, wobei innerhalb dieses Teiles, der aus Abschnitten zur griechischen und römischen Periode sowie zur Periode der „Mischung von Orient und Okzident" besteht, wiederum die Ausführungen zur griechischen Philosophie dominieren. Dilthey behandelt die griechische Antike mit beinahe der Hälfte des Kollegumfangs überproportional ausführlich vor dem Hintergrund, daß sich der Betrachtungszeitraum dieser Vorlesungen von der Darstellung der Naturvölker bis zu Kant erstreckt. Dies Verhältnis verschiebt sich in den Ausführungen im *Grundriß* in seiner letzten Auflage von 1905 deutlich, der dieser Periode ein Drittel der Ausführungen widmet. Die relative Dominanz der griechischen Antike reflektiert nicht nur Diltheys eigenen Schwerpunkt der frühen Jahre, sondern das Hauptanliegen der historischen Forschungen innerhalb der deutschsprachigen Philologie und Philosophie im Laufe des 19. Jahrhunderts überhaupt. Zur Darstellung der Antike, insbesondere der griechischen, konnte Dilthey nicht nur auf die universalgeschichtlichen Darstellungen[39] sowie die abundanten Einzeluntersuchungen zurückgreifen,[40] sondern vor allem auf die detaillierte *Philosophie der Griechen* von Zeller.[41]

VI.

Den Editionsprinzipien von Diltheys *Gesammelten Schriften* entsprechend wurden Orthographie und Interpunktion der in diesem Band publizierten Texte den heute geltenden Regeln angepaßt. Die Schreibweise von Eigennamen wurde gemäß der heute üblichen vereinheitlicht. Eindeutige Abkürzungen wurden kommentarlos aufgelöst; orthographische, syntaktische oder grammatikalische Fehler sowie sinnentstellend wiedergegebene Zitate stillschweigend korrigiert. Sachliche Fehler, wie Irrtümer bei der Angabe von Geburtsdaten, bibliographischen Hinweisen etc., wurden ebenfalls ohne weiteren Hinweis verbessert. Unterstreichungen, die von den Nachschreibern oder von Dilthey stammen, sind grundsätzlich weggelassen. Titel im fortlaufenden Text ohne weitere bibliographische Angaben sind kursiv gesetzt. Der *Grundriß* und die

---

[39] Vgl. unten, S. 1 ff.
[40] So dokumentiert in diesem Band in der Bibliographie zur 6. Aufl. des *Grundrisses*.
[41] *E. Zeller,* Die Philosophie der Griechen in ihrer geschichtlichen Entwicklung, 3 Tl.e in 5 Bd.en, Tübingen 1844; 3. Aufl., Leipzig 1869–1882; 1. und 2. Bd. 4. Aufl., Leipzig 1874–76. – Die 5. Aufl. in 6 Bd.en, Leipzig 1892 erwähnt Dilthey nicht.

Vorlesungen wurden, angelehnt an die von Dilthey gegebenen Strukturierungen, übersichtlich gegliedert.

Zusätze der Herausgeber sind durch [ ] markiert, unleserliche Wörter durch […]; bei fraglichen Entzifferungen findet sich der Zusatz [?]. Randbemerkungen, Notizen etc. von Diltheys Hand wurden in den Anmerkungen dokumentiert. Darüber hinaus beschränken sich die Anmerkungen auf bibliographische Angaben, Zitatnachweise und die Dokumentation bedeutsamer Varianten aus der Nachschrift Nohls.

Unser Dank gilt zunächst wie immer der *Deutschen Forschungsgemeinschaft*, die durch ihre langjährige Unterstützung der Bochumer Dilthey-Forschungsstelle die z. T. sehr zeit- und arbeitsintensiven Editionsarbeiten ermöglicht hat. Weiter danken wir dem Akademiearchiv der *Berlin-Brandenburgischen Akademie der Wissenschaften* für die Erlaubnis, den Berliner Dilthey-Nachlaß auszuwerten, sodann dem *Bundesarchiv* in Koblenz für die Genehmigung, die Nachschrift Eduard Sprangers zu publizieren, sowie der *Niedersächsischen Staats- und Universitätsbibliothek Göttingen* für die Erlaubnis, Teile der Nachschrift Herman Nohls zu veröffentlichen. Schließlich sagen wir *Bernd Orlowski*, Mitarbeiter der Dilthey-Forschungsstelle, unseren herzlichen Dank für seine vielfältige technische und bibliographische Hilfe.

Bochum, im Juni 1999　　　　　　　　　　　　　Gabriele Gebhardt
　　　　　　　　　　　　　　　　　　　　　　　Hans-Ulrich Lessing

A. DER GRUNDRISS DER ALLGEMEINEN GESCHICHTE DER PHILOSOPHIE

Biographisch-literarischer Grundriß der allgemeinen Geschichte der Philosophie

Die universalgeschichtlichen Darstellungen

Die Darstellung des Diogenes Laërtios nach Philosophen und Philosophenschulen bestimmte zunächst die geschichtliche Form, in welcher im 17. Jahrhundert durch Stanley (History of philosophy 1655), Jac. Thomasius, Pierre Bayle (Dictionnaire 1697), im achtzehnten durch Brucker (Historia critica philosophiae, 5 vol. 1742–4, 2. Aufl. 1766–67) das Material einer allgemeinen Geschichte der Philosophie zusammengestellt wurde. Tennemann, Geschichte der Philosophie, 11 Bd.e 1798–1819, verknüpft mit selbständigem Quellenstudium die Beurteilung von Kants Philosophie aus. Eine wissenschaftliche Behandlung entstand dann durch die Verbindung der von der deutschen Philologie geschaffenen literarischen Methode mit der seit Herder von der deutschen Philosophie allmählich vervollkommneten Einordnung der literarischen Erscheinungen in den Zusammenhang einer aufsteigenden Entwicklung. Die philologischen Methoden der Rekonstruktion verlorener Werke, der Erkenntnis von Entstehung und Absicht einer Schrift, der Erfassung des Kausalzusammenhangs von Schriften in einem Autor, der Beziehungen zwischen Schriften, Autoren in einer literarischen Bewegung etc. sind nach Fr. A. Wolf, Fr. und A. W. Schlegel von Schleiermacher zunächst für das Gebiet der Geschichte der alten Philosophie geschaffen worden (vgl. außer seinen Einzelarbeiten seine *Vorlesungen über Geschichte der Philosophie*, Herausgeber Ritter 1839), nach ihm vervollkommnet von Boeckh, K. Fr. Hermann, Jak. Bernays, Usener, Diels u. a. Die schwierigere Anwendung dieser philologischen oder literarischen Methoden auf dem Gebiete der mittleren und neueren Philosophie ist noch sehr unvollkommen und vereinzelt durchgeführt.

Das philosophische Verständnis auf der Grundlage der Entwicklungslehre ist zuerst von G. W. F. Hegel in den *Vorlesungen über die Geschichte der Philosophie* (Herausgeber Michelet, 3 Bd.e 1833/6, 1840/3) durchgeführt worden. Doch verschmähte Hegel die exakte Grundlage der philologischen Methoden und stellte zwischen den Systemen durch ganz abstrakte logische Beziehungen einen unzureichenden Zusammenhang der Entwicklung her. Die Generation nach Schleiermacher und Hegel hat dann für die Erkenntnis des Zusammenhangs der Entwicklung die philologischen Verfahrensweisen verwertet. Eine ausführliche Universalgeschichte Ritter, Geschichte der Philosophie, 12 Bd.e 1829–1853, 2. Aufl. Bd. 1–4: 1836/8, Schule Schleiermachers, vielfach veraltet. Eine mustergültige Verknüpfung der von Hegel begründeten entwicklungsgeschichtlichen Betrachtung mit der philologischen, literarischen Methode in exaktem Geiste wurde auf dem Gebiete der alten Philosophie hergestellt von Ed. Zeller, Philosophie der Griechen, 3 Tl.e in 5 Bd.en, 3. Aufl. 1869–1882, 1. und 2. Bd. in 4. Aufl. 1874/6. Wie dies Werk durch seinen entwicklungsgeschichtlichen Charakter und die Hervorhebung der Übergänge aus der alten in die christliche Philosophie einen universalhistorischen Charakter hat, so sind in einem solchen auch Kuno Fischers *Geschichte der neuern Philosophie* (seit 1897 neue Gesamtausgabe), Windelbands *Geschichte der neuern Philosophie* (zwei Bd.e erschienen, 1878/80) und Höffdings *Geschichte der neueren Philosophie* 1895 verfaßt.

Die Fortbildung der universalhistorischen Auffassung, welche diese Vorlesungen anstreben, sei durch folgende Sätze angedeutet. Ihr Standpunkt ist der einer Erfahrungsphilosophie, welche auch die Tatsachen der inneren und der geschichtlichen Erfahrung unbefangen zu gewahren und den Ergebnissen des Studiums der Außenwelt gegenüber zu schützen strebt. So gehen sie von dem ganzen Strukturzusammenhang aus, der im Einzelmenschen enthalten ist und in den geschichtlichen Zeitaltern sich verwirklicht: Aus diesem wollen sie die Systeme begreifen. Sie erklären daher im Gegensatz gegen Hegel die Entwicklung der Philosophie nicht aus den Beziehungen der Begriffe aufeinander im abstrakten Denken, sondern aus den Veränderungen in dem ganzen Menschen nach seiner vollen Lebendigkeit und Wirklichkeit. Sonach suchen sie den Kausalzusammenhang zu erkennen, in welchem die philosophischen Systeme aus dem Ganzen der Kultur entstanden sind und auf dasselbe zurückgewirkt haben. Jede im philosophischen Denken erfaßte neue Stellung des Bewußtseins zur Wirklichkeit macht sich gleicherweise im wissenschaftlichen Erkennen dieser Wirklichkeit, in den Wertbestimmungen des Gefühls über sie und in den Willenshandlungen, der Führung des Lebens wie der Leitung der Gesellschaft geltend. Die Geschichte der Philosophie macht die Stellungen des Bewußtseins zu der Wirklichkeit, die realen Beziehungen dieser Stellungen aufeinander und die so entstehende Entwicklung sichtbar. So gibt sie die Möglichkeit, den geschichtlichen Ort für die einzelnen Erscheinungen der Literatur, der Theologie, der Wissenschaften zu erkennen. Die exakte Grundlage kann überall nur durch die philologische (literarische) Methode hergestellt werden.

Den Versuch, von diesem Standpunkte aus die Entwicklung der Philosophie universalhistorisch darzustellen, habe ich begonnen in: Einleitung in die Geisteswissenschaften 1. Bd. 1883 (Altertum und Mittelalter).[1] An dies Buch schließen sich als Fortsetzung meine Aufsätze im *Archiv für Geschichte der Philosophie* (in Gemeinschaft mit Diels, Dilthey, Erdmann, Zeller, herausgegeben von Stein), sie behandeln von Bd. IV (1891) ab die Entwicklung vom 15. bis 17. Jahrhundert.[2]

Die besten Grundrisse der allgemeinen Geschichte der Philosophie: Ueberweg-Heinze, Grundriß der Geschichte der Philosophie. 1. Tl.: Altertum, 8. Aufl. 1894; 2. Tl.: Die mittlere oder die patristische und scholastische Zeit, 8. Aufl. 1898; 3. Tl.: Die Neuzeit bis zum Ende des 18. Jahrhunderts, 9. Aufl. 1902; 4. Tl.: Das neunzehnte Jahrhundert 1902. Von mustergültiger Solidität und Genauigkeit in der historischen Darstellung, von Heinze mit großer Objektivität überall zum Standpunkt der gegenwärtigen Forschung fortgebildet, mit vollständigen Literaturangaben, jetzt auch bis auf die gegenwärtige Lage der Philosophie fortgeführt. Erdmann, Grundriß der Geschichte der Philosophie, 4. Aufl. bearbeitet von Benno Erdmann, 2 Bd.e 1896. Besonders tüchtig in der Darstellung des Mittelalters und des 18. Jahrhunderts. Windelband, Geschichte der Philosophie 1892, unternimmt geistvoll, die Geschichte der Philosophie als zusammenhängendes und überall ineinandergreifendes Ganzes dadurch sehen zu lassen, daß in jeder Periode die sie bestimmenden Probleme unterschieden [werden] und nun unter jedem Problem das Ineinandergreifen der entsprechenden Arbeiten der einzelnen Philosophen dargestellt wird. So tritt auch bei ihm, wie in meinen Arbeiten, an die Stelle der Anordnung nach Philosophen die nach großen philosophischen Bewegungen.

Die besten Darstellungen der Geschichte einzelner Zweige der Philosophie: die mustergültige *Geschichte der Logik* von Prantl (unvollständig), das Prinzipielle in Dührings *Geschichte der Mechanik*, die *Geschichte der Psychologie* von Siebeck (unvollständig, 18. Jahrhundert von Dessoir), *Geschichte der Ästhetik* von Zimmermann, *Geschichte der Rechtsphilosophie* von Stahl (die der Staats- und Rechtsphilosophie von Hildenbrand 1. Bd., nur Altertum).

[A.] Die Völker des Ostens

Die Geschichte der über die Erde verbreiteten Völker kennt drei Generationen derselben: die Völker des Ostens, die Mittelmeervölker der klassischen Zeit und die neueren Völker. Dieser Zusammenhang der Kultur entsteht auf dem Grunde primitiver Stufen, welche alle Völker durchlaufen haben. Dieselben sind uns nur soweit zugänglich, als wir aus dem, was uns die Kulturvölker zurückließen, auf sie schließen und die Naturvölker, die noch bestehen, beobachten. Die hier feststellbaren primitiven Ideen bilden die stofflichen Voraussetzungen der ganzen Entwicklung des menschlichen Geistes. Unter ihnen treten besonders deutlich überall hervor: Totenglaube, Animismus, Verehrung der den Menschen bedingenden Mächte, insbesondere geknüpft an Wahrnehmung und Beobachtung der Gestirne, das im Recht enthaltene Bewußtsein der Verantwortlichkeit und die göttliche Weihe von Sitte, Recht und Institutionen.

Schon bei den Negern taucht hier und da die Konzeption eines höchsten Gottes als Weltschöpfers auf; der von den Rothäuten verehrte große Geist wird freilich meistens in Tiergestalt gedacht; der Hauptgott der Polynesier ist Schöpfer, und verschiedene Schöpfungsgeschichten treten bei ihnen auf. Unter den amerikanischen Naturvölkern erhob sich die Kultur von Mexiko und Peru. Die Mexikaner verehrten einen Weltschöpfer, an den kosmogonische Mythen sich knüpften, ja schon einen Kulturgott, der ihr ethisches Ideal ausdrückt. Innerhalb der mongolischen Rasse tritt die uralte Kultur der Chinesen auf. Ahnenkultus und Verehrung des Himmels bilden die Ausgangspunkte ihrer Religiosität. Schon die altchinesische Reichsreligion verbindet Verehrung des Himmels (T'ien), der allgemeinen Weltordnung, der in ihr enthaltenen Staatsordnung, der Geister und der Ahnen.

Kung-tse (Konfuzius, 551–479 v. Chr.) war nicht nur der Sammler der heiligen Schriften (der fünf Kings, s. Legge, The Chinese classics, 3 Bd.e 1861 ff.), er entwickelte folgerichtig den Zusammenhang der Ordnungen des Himmels, der Vernunft in ihnen und des göttlichen Gesetzes (Plath, Konfuzius, in: Abhandlungen der Akademie München 1866–74). Die kontemplative Seite dieser Religiosität entwickelte gleichzeitig

Lao-tse (geboren 604). Sein tiefsinniges und erhabenes Werk *Tao-te[-king]* (übersetzt [von] Legge, [in:] Sacred Books of the East XXXIX f.) lehrt eine alles durchdringende und beherrschende Weltvernunft: Das innere Leben nach ihrem Gesetz in Mitleid, Sparsamkeit und Demut ist das sittliche Ideal. In den Zusammenhang der Kultur griffen die chinesischen Systeme nicht ein.

Vom 9. bis zum 6. Jahrhundert verläuft bei den östlichen Völkern, unter denen mathematisches und astronomisches Wissen sich zuerst ausgebildet hatten, eine zusammenhängende Bewegung, welche zur Grundvorstellung von einer einheitlichen geistigen Ursache führte. Hauptformen: der solare Monotheismus der Ägypter, die auf der Grundlage der alten Kultur der Sumerer und Akkadier von den Chaldäern fortgebildete babylonische Astronomie und Gestirnlehre mit naturalistischer Kosmogonie, der ethische Monotheismus der Hebräer, innerhalb der indogermanischen Kultur die iranische (parsische) und die indische Glaubenslehre.

Die Iraner führen auf Zarathustra ihre universale, aktive und im Kampf der beiden Reiche lebende Ahura Mazda-Religion zurück. Nach Spiegels grundlegender Übersetzung des Avesta mit Kommentar (1851–69) eine neue Übertragung von Darmesteter 1892/93. Darstellungen: Haug, Essays on the sacred language, writings and religion of the Parsees, 3rd ed. 1884 und die verschiedenen Arbeiten von Darmesteter, am meisten übersichtlich von ihm: Ormazd et Ahriman, leurs origines et leur histoire 1877.

Die indische Kultur allein hat eine von der Religion unabhängige auf das Denken gegründete Metaphysik entwickelt. Das älteste Denkmal der arischen Literatur ist die Sammlung von Gesängen und Sprüchen: *Veda* (d. h. das Wissen). Und zwar unterscheidet man vier Veden, sie sind das Manual der brahmanischen Priester, der wichtigste ist der *Rigveda*: das kanonische Buch, aus welchem der Hotar die Verse (ric) der Hymnen bei der heiligen Handlung rezitiert. Jeder der vier Veden besteht aus der Sammlung (Sanhitâ) und den Erläuterungen (das Brâhmana): Vorschriften für die Kultushandlung und Erklärungen, welche in philosophischen Betrachtungen enden, die meist gegen Ende der Brâhmanas vorkommen und daher Vedânta, d. h. Veda-Ende, heißen. Die wichtigsten Stücke dieser erhabenen Meditationen hat man später herausgehoben, zu einem Ganzen vereinigt und als *Upanishad* bezeichnet. War schon im *Veda* das Streben nach Einheit sichtbar, so stellen nun diese *Upanishads* die von Einsiedlern und Priestern langsam entwickelte Lehre vom Brâhman und seiner Identität mit dem Âtman (Selbst) dar.

Im Zusammenhang mit dieser Entwicklung entstanden philosophische Systeme, welche von dem Materialismus der Cârvâkas bis zum orthodoxen Vedaglauben eine ähnliche Mannigfaltigkeit als die abendländische Philosophie zeigen. Beachtenswert das Sânkhyam des Kapila, ferner das höchst scharfsinnige logische System Nyâya des Gotama, die Atomistik des Kanâda, vor allem aber das gewöhnlich nach seiner Quelle als Vedânta bezeichnete pantheistische System des Bâdarâyana, die klassische Philosophie der Inder und eine der höchsten Formen pantheistischer Kontemplation. Sânkhya-Philosophie, in der Kriegerkaste parallel mit Vedânta entwickelt, realistisch, pluralistisch und atheistisch. Auch das große allmählich ausgebildete Nationalepos der Inder, *Mahâbhârata*, enthält eine Darstellung der indischen Philosophie.

Rig-Veda, übersetzt von Grassmann 1876, von A. Ludwig 1876–83, von Max Müller in der großen wertvollen Sammlung: Sacred Books of the East. Nützliche Übersicht: Kaegi, Rig-Veda 1881. Beste Darstellung: Oldenberg, Die Religion des Veda 1894. – Die Upanishaden übersetzte in Auswahl Max Müller, [in:] Sacred Books of the East I, XV, nur die wichtigsten übertrug sehr schön Böhtlingk 1889, zuletzt Auswahl von Deussen: Sechzig Upanishads. – Paul Deussen, Die Sûtras der Vedânta oder die Cârîraka-Mîmânsâ des Bâdarâyana nebst dem vollständigen Kommentar des Çankara, aus dem Sanskrit übersetzt 1887; dann die Darstellung dieses Systems in: Deussen, Das System der Vedânta dargestellt 1883; Garbe, Die Sânkhya-Philosophie 1894. – Von der Sânkhya-Philosophie bedingt die Jainasekte: Übersetzung ihrer heiligen Schriften in: Sacred Books of the East XXII und XXV von Jacobi; gute Darstellung: Bühler, [in:] Almanach der Wiener Akademie 1881.

Der Buddhismus, neben dem Christentum die wichtigste Weltreligion (Buddha geboren [um] 560, gleichzeitig mit Kung-tse, als Greis noch mit Sokrates gleichzeitig): heilige Schriften übersetzt in: Sacred Books of the East X, XI und sonst; beste Darstellung: Oldenberg, Buddha, 3. Aufl. 1897.

[B.] Die klassischen Völker des Mittelmeers

Quellen und Literatur

I. Von den philosophischen Schriften der Griechen sind vor Xenophon und Platon nur Fragmente erhalten. Die Schriften Platons besitzen wir vollständig. Von Aristoteles ist vieles verloren, doch der Hauptkörper seiner Lehrschriften ist erhalten. Von Epikur besitzen wir einige kleinere Stücke. Aus der sehr ungleich erhaltenen philosophischen Literatur der nächsten Jahrhunderte vertreten in zureichender Überlieferung ihrer schriftstellerischen Tätigkeit Lucretius und Philodemos die epikureische Schule, Seneca, Epiktet und Marcus Aurelius, wenn auch in freierer Stellung, die stoische, Sextus Empiricus die skeptische, Cicero den römischen Eklektizismus, Philon die Philosophie des Judentums, Plutarch, Plotin, Porphyrios, Damaskios und Proklos den entstehenden und ausgebildeten Neuplatonismus; die Philosophie des Christentums in den Kirchenvätern, zumal in Augustinus, ist nach der Gunst ihrer geschichtlichen Lage verhältnismäßig vollständig erhalten.

II. Zu den vollständig erhaltenen Werken treten ergänzend die Überlieferung über Leben und Lehren der Philosophen und die in dieser Überlieferung enthaltenen (von der Philologie gesammelten und zur Rekonstruktion der Werke benutzten) Fragmente.

1) Eine solche Überlieferung ist zunächst in den philosophischen Debatten selber enthalten. Kritische Aufgabe, den Standpunkt der Darstellung zu erfassen und in Abzug zu bringen; Platon hat seine Gegner, Augustinus den Porphyrios u. a. einseitig dargestellt. Ebenso vorsichtig müssen Erwähnungen in der anderen zeitgenössischen Literatur (z. B. Aristophanes) angenommen werden. Hierzu tritt in den systematischen Schriften von Aristoteles ab Berichterstattung über ältere Philosophen. Die umfangreichsten Quellen dieser Art sind neben Aristoteles Cicero und Sextus Empiricus (Adversus mathematicos 11 Bd.e, Herausgeber Joh. Alb. Fabricius 1718, Bekker 1842) und unter den Kirchenvätern Clemens Alexandrius, Origenes, Eusebios (Praeparatio evangelica, Herausgeber Gaisford 1843), Augustinus.

2) Historische Darstellungen sind in folgenden literarischen Formen hauptsächlich auf uns gekommen:

a) Dogmengeschichtliche Darstellungen. In der Schule des Aristoteles entstand die gelehrte Bearbeitung der Geschichte der Philosophie und der mit ihr verbundenen Wissenschaften (Aristoteles, Psychologie und Metaphysik I; Eudemos, Geschichte der Arithmetik, der Geometrie, der Astronomie, der Theologumena; Theophrastos). Diels hat in seinem epochemachenden Werke Doxographi Graeci 1879 aufgezeigt, in welcher Filiation aus Theophrastos' *Lehren der Physiker*, als der Hauptquelle, die doxographischen Darstellungen hervorgegangen sind, die uns teils erhalten sind, teils in der Benutzung bei Kirchenvätern, Sammlern, Diogenes noch nachgewiesen werden können; so hat er eine festere Bestimmung der Glaubwürdigkeit für eine große Anzahl von Nachrichten ermöglicht. Insbesondere zeigte sich, daß viele Überlieferungen in Pseudo-Plutarchs *Placita philosophorum* und im 1. Buch der *Eklogen* des Stobaios auf eine gemeinsame, von Theophrastos abhängige Quelle zurückgeführt werden können, aus der einzelne der Angaben auch in andere Schriften geflossen sind. Diels macht wahrscheinlich, daß die bei Theodoretos erwähnten *Placita* des Aëtios diese Quelle seien. Auch das erste Buch der *Refutatio omnium haeresium*, welche wahrscheinlich von Hippolytos verfaßt ist (φιλοσοφούμενα), enthält von Theophrastos herstammende Überlieferung.

b) Darstellungen des Lebens und der Lehren einzelner Philosophen oder des Lehrsystems einzelner Schulen. Unsere Hauptquelle in dieser literarischen Form sind die freilich höchst kritiklos zusammengeschriebenen 10 Bücher des Laërtios Diogenes (wahrscheinlich 2. Viertel des 3. Jahrhunderts n. Chr.) über Leben und Lehren der namhaftesten Philosophen (Herausgeber Menagius 1692, Hübner 1828, Cobet 1850). Daneben besonders die aus dem Werke des Hesychios (verloren, das überlieferte unecht) stammenden Artikel über die Philosophen in dem *Lexikon* des Suidas (950 bis 970 n. Chr.). Die Benutzung der sehr reichhaltigen Nachrichtensammlung des Diogenes ist abhängig von der

Aufdeckung der Geschichte dieser literarischen Form, der Filiation der Hauptautoren und der Feststellung der Schriften, aus denen schließlich Diogenes abgeschrieben hat. Diese Untersuchung ist noch in den Anfängen.

Die biographische Form sehr alt bei den Griechen; Xenophons erhaltene *Memorabilien des Sokrates*; Mittelpunkte der gelehrten Behandlung dieser Form zuerst die peripatetische Schule, dann die Alexandriner (die πίνακες des Kallimachos um 250 v. Chr.). Begründer des besten Systems chronologischer Bestimmungen Eratosthenes (276/2–196/2 v. Chr.), von welchem dann Apollodoros [von Athen] abhängig; wo dessen *Chronica* als Quellen der Zeitbestimmung erwähnt werden, bleiben wir im folgenden überall bei ihnen stehen; sofern nicht Gründe stärkeren Gewichtes dagegen (vgl. Diels im Rheinischen Museum Bd. 31, 1876, S. 1 ff.). Nach den Arbeiten über das Leben der Philosophen von Eratosthenes, Neanthes [von Kyzikos], Antigonos von Karystos, Hermippos und Satyros ist dann, soweit es uns überliefert ist, zuerst von Sotion eine biographische Darstellung der Geschichte der Philosophie in der Form der Abfolge von Lehrern und Schülern (διαδοχαὶ τῶν φιλοσόφων) dargestellt worden. Aus dieser nun sich reichlich ausbreitenden Literaturklasse ist uns allein Laërtios Diogenes erhalten. Untersuchungen über die Quellen des Diogenes: Bahnsch (Diss. 1868); Nietzsche, Beiträge zur Quellenkunde und Kritik des Laërtios Diogenes 1870 u. a. a. O., führt einseitig auf Diokles Magnes, Zeitgenossen des Philodemos, unter Mitbenutzung des Favorinus, um 80–150 n. Chr., zurück; dagegen Freudenthal, Hellenistische Studien III, Exkurs 4, 1879; Wilamowitz-Moellendorff, Antigonos v. Karystos 1880 (Darlegung der Bedeutung desselben für die Entwicklung dieser literarischen Form der Biographie) und Usener, Die Unterlage des Laërtios Diogenes, [in:] Sitzungsberichte der Berliner Akademie der Wissenschaften 1892 und Epicurea, praefatio VI sq. (Diogenes Laërtios hat nach Usener wahrscheinlich die von ihm zugrunde gelegte biographische Geschichte der Philosophie aus anderen Quellen erweitert).

3) Sammelwerke, insbesondere die *Praeparatio evangelica* des Eusebios (4. Jahrhundert n. Chr.), die in die *Eklogen* und das *Florilegium* jetzt verteilte Exzerptensammlung des Ioannes Stobaios wohl zwischen 450 und 550 n. Chr. (Herausgeber Gaisford 1823, 1850, Meineke 1855/7; für die *Eklogen* grundlegend C. Wachsmuth 1884), die *Bibliothek* des Photios († 891). Anfänge der Untersuchung über die Filiation solcher Sammelwerke Diels, [in:] Rheinisches Museum Bd. 30, 1875, S. 172 ff.; Wachsmuth, Studien zu den griechischen Florilegien 1882.

4) Kommentare. Solche entstanden schon im 3. Jahrhundert v. Chr. über Herakleitos, über Platons schwierigsten Dialog *Timaios*. In der Mitte des 1. Jahrhunderts v. Chr. begann mit dem Peripatetiker Andronikos dem Rhodier,

dem Ordner und Herausgeber der Schriften des Aristoteles (und des Theophrastos), das wissenschaftliche Studium der aristotelischen Schriften. Die wichtigsten der auf uns gekommenen Kommentare sind die des Alexandros von Aphrodisias (um 200 n. Chr.) zu Aristoteles (Kommentar zur *Metaphysik* bestritten, siehe später), die des Simplikios (531/2 unter Justinian nach Verbot des philosophischen Unterrichts in Athen nach Persien ausgewandert) insbesondere zu Aristoteles' *Kategorien*, der *Physik* und *Vom Himmelsgebäude*; die des Proklos (5. Jahrhundert n. Chr.), des letzten hervorragenden Neuplatonikers, zu platonischen Dialogen. Seit 1882 veröffentlicht die Berliner Akademie der Wissenschaften unter der Leitung von Diels eine vollständige Ausgabe der griechischen Kommentare zu Aristoteles.

Aus dieser Überlieferung sind die Fragmente der einzelnen Philosophen gesammelt und tunlichst die einzelnen Werke rekonstruiert worden. Zu den Fragmentensammlungen der einzelnen Philosophen tritt (unzureichend) Mullach, Fragmenta philosophorum Graecorum, 3 Bd.e 1860, 1867, 1881. Die Wiederherstellung der griechischen Philosophie und Wissenschaft wurde von der Zeit der Renaissance ab aus dem Interesse für den grundlegenden Inhalt derselben, daher im Zusammenhang mit Theologie, Jurisprudenz, Staatswissenschaft, Philosophie unternommen; in der von Fr. A. Wolf begründeten deutschen Philologie aus dem vorherrschenden Interesse an der literarischen Form und dem geschichtlichen Zusammenhang um seiner selbst willen. Die grundlegende Arbeit war die von Fr. Schlegel und Schleiermacher gemeinsam begonnene, von Schleiermacher durchgeführte Wiederherstellung Platons (Platons Werke, Übersetzung und Einleitung 1804 ff., 1817 ff., 1855 ff.) nebst Schleiermachers kleineren methodisch vorbildlichen Arbeiten über Herakleitos, Sokrates u. a. Ihm folgten Boeckh, K. Fr. Hermann, Spengel, Bekker, Brandis, Bonitz, Trendelenburg, Zeller, Prantl, Bernays, Usener, Diels u. a. Brandis und Zeller begannen gleichzeitig (Brandis, Handbuch der Geschichte der griechisch-römischen Philosophie, 3 Tl.e in 6 Bd.en, 1835 ff.; Zeller, Philosophie der Griechen 1844 ff., 3. Aufl. 1869 ff., 4. Aufl. Bd. 1 und 2) neben Ritters *Allgemeiner Geschichte der Philosophie* ausführliche Darstellungen der griechischen Philosophie; Zellers Werk trug den Sieg davon (viel geringer, von Herbarts Philosophie aus, Strümpell, Geschichte der theoretischen Philosophie der Griechen 1854, der praktischen bis Aristoteles 1861). Eine neue vorzügliche Darstellung, welche die griechische Philosophie im Zusammenhang mit der griechischen Kultur und besonders mit der ganzen wissenschaftlichen Entwicklung Griechenlands behandelt, liefert: Th. Gomperz, Griechische Denker, eine Geschichte der griechischen Philosophie; E. Rohde, Psyche. Die jetzt der Altertumswissenschaft gestellte große Aufgabe, die griechisch-römische Wissenschaft zu rekonstruieren und hierdurch auch ein tieferes Verständnis der griechisch-römischen Philosophie zu erreichen, ist für die Naturwissenschaften in Deutschland von Ideler, Boeckh, Berger, in Frankreich in den meisterhaften Arbeiten von Martin, Thurot, P. Tannery, für die Geisteswissenschaften von Savigny, Niebuhr, Ranke, Schömann, Lobeck, Lehrs, Voigt, Jhering, Grote gefördert worden.

Grundrisse zu empfehlen: Ueberweg-Heinze, Erdmann (siehe oben), dann Prantl, Übersicht der griechisch-römischen Philosophie 1854; Windelband, Geschichte der alten Philosophie 1888; Zeller, Grundriß der Geschichte der griechischen Philosophie, Aufl. 4, 1893. – Brauchbare Sammlung der wichtigsten Originalstellen Preller, Historia philosophiae graeco-romanae ex fontium locis contexta, Aufl. 7, 1889.

Erstes Stadium
Anfänge einer Gesamtwissenschaft vom Kosmos in den griechischen Kolonien
ca. 600 – ca. 450
Ursprung der Wissenschaft in Europa

Stadium des mythischen Vorstellens bei den Griechen. Die mit Industrie und Handel wachsende Erfahrung unterwarf einen immer größeren räumlichen Bezirk und immer mehr Tatsachen der Kausalerkenntnis, der Voraussage, der tatsächlichen Herrschaft, und schon die homerischen Epen zeigen das Zurückweichen der Götter und des mythischen Zusammenhangs. – Andrerseits stellten die Theogonien eine Verknüpfung der Mythen im Interesse einer Einsicht in die Weltentstehung her. *Theogonie* des Hesiod. Pherekydes von der Insel Syros (erste Hälfte 6. Jahrhundert v. Chr.) schrieb eine Kosmogonie in Prosa. Vgl. Preller, Ausgewählte Aufsätze, S. 350 ff.; Diels, Zur Pentemychos des Pherekydes, [in:] Sitzungsberichte der Berliner Akademie der Wissenschaften 1897 H. 11. – Im 6. Jahrhundert v. Chr. erwachte dann Lust und Kunst der moralischen Reflexion. Gnomiker. Die Sage von den sieben Weisen Ausdruck hiervon. In den abweichenden Aufzählungen kehren Solon, Thales, Bias, Pittakos regelmäßig wieder. – Doch entstand erst eine Gesamtwissenschaft vom Kosmos (älteste Form von Philosophie), seitdem das von den Babyloniern und Ägyptern gewonnene mathematische und astronomische Wissen aufgenommen und mit diesen inneren Antrieben in Beziehung gesetzt wurde. Die seit Mitte [des] 7. Jahrhunderts unter Psammetich stattfindende Erschließung Ägyptens, die nun eintretenden nahen Beziehungen zwischen Ägypten und den ionischen Seestädten waren hierfür entscheidend.

I. [Die ionischen Physiologen und die Pythagoreer]

Die Griechen beginnen nun mit dem Anfang des 6. Jahrhunderts v. Chr., sich im Kosmos vermittels der Mathematik, astronomischen Beobachtung und Hypothese zu orientieren, und bilden sich im Zusammenhang hiermit Vorstellungen von der ersten Ursache. Die sinnlich erregbaren Ionier gewahren diese Ursache in dem äußerlich umgrenzten Phänomen (Grundstoffen); an diesen oder jenen Grundstoff ist ihnen Kraft gebunden, so daß derselbe von innen unbestimmter Wandlungen fähig ist (ionische Physiologen, Hylozoisten). Die tieferen Dorer gehen von der gedankenmäßigen, harmonischen Abgemessenheit des Kosmos aus („Pythagoras zuerst nannte das Weltall Kosmos wegen der in ihm herrschenden Ordnung", Pseudo-Plutarch, De placita II, 1; Stobaios, Eklogen I, 21), so finden sie die Ursache in dem Wirken eines göttlichen Begrenzenden, das nach Zahl, Maß und Harmonie ordnet, auf den umgebenden grenzenlosen Stoff (Pythagoreer). Der Gegensatz des dorischen und ionischen Stammescharakters, hindurchgehend durch Politik, Literatur und Philosophie, aufgezeigt von Fr. Schlegel, Schleiermacher, Boeckh, Otf. Müller.

1. Die ionischen Physiologen (Aristoteles, Metaphysik I, 3)

a) Thales, geboren nach Apollodoros 640–39, wofür wahrscheinlicher 624. Bürger von Milet, Vater nicht Phöniker, sondern dessen Name karisch, Mutter Griechin; erwarb sein mathematisch-astronomisches Wissen in Ägypten; machte (nach Herodot I, 74) durch Voraussage der Sonnenfinsternis vom 22. Mai (gregorianische Datierung) 585 großes Aufsehen; natürlich vermochte er diese Finsternis nicht zu berechnen, sondern er bediente sich wahrscheinlich der Kenntnis des von den Chaldäern empirisch festgestellten Saros, der Periode von 18 julianischen Jahren und 11 Tagen, innerhalb deren die Sonnen- und Mondfinsternisse in derselben Ordnung wiederkehren. Auch geometrische Sätze ihm zugeschrieben. Von einer Schrift des Thales wird nichts glaubwürdig überliefert. Die Erde schwimme auf dem Okeanos, und aus diesem sei alles hervorgegangen (= Wasser der lebendige Stoff, dessen Umwandlung Alles).

b) Anaximander, ebenfalls Bürger von Milet, geboren 610 (Apollodoros); entwarf eine Erdtafel; führte den Gebrauch des Gnomon (nach Herodot II, 109 aus Babylon) bei den Griechen ein; der erste philosophische Schriftsteller der Griechen. Sein Werk in Prosa früh verloren. Nachrichten, außer *Doxographi Graeci*, Laërtios Diogenes 2. Buch, 1. Kap. Er bediente sich zuerst des Ausdrucks Prinzip, ἀρχή, für den Anfang und Grund der Dinge. Fand dieses im

Unbegrenzten (ἄπειρον). Fragment bei Simplikios: „Woraus die Dinge entstehen, in eben dasselbe müssen sie auch untergehen, gemäß der Billigkeit; denn sie müssen Buße und Strafe der Ungerechtigkeit zahlen nach der Ordnung der Zeit." Aristoteles, Metaphysik XII, 2: μῖγμα des Anaximander, Streitfrage; diese Stelle muß aber durch Theophrastos bei Simplikios in Aristoteles, Physik fol. 33 ergänzt werden. Es ist ein Stoff, der unendlich sein muß, damit immer neue Wesen aus ihm hervorgehen können. Er ist lebendig, unentstanden, unvergänglich. Aus ihm sondert sich das Warme, Kalte, Trockne, Feuchte. Gestirnbildung. Erdgeschichte. Entwicklungsgeschichte der organischen Formen. Schleiermacher, [in: Sämtliche] Werke III. [Abt.], 2. [Bd.]; Diels, Über Anaximanders Kosmos, in: Archiv für Geschichte der Philosophie X, S. 228–237.

c) Anaximenes von Milet, jünger, Fragmente seiner Prosaschrift (bei Plutarch und Stobaios Diels 278): „Wie unsere Seele, als Luft, uns zusammenhält, so umfaßt Hauch und Luft den ganzen Kosmos." Verdichtung und Verdünnung.

Schule dieser Physiologen: Hippon hielt noch in der perikleischen Zeit mit Thales am Feuchten fest, Diogenes von Apollonia noch gegenüber dem Nus des Anaxagoras an der beseelt vorgestellten Luft.

2. Die Pythagoreer in den unteritalischen Kolonien

[a)] Pythagoras von Samos, Sohn des Mnesarchos, geboren in den ersten Jahrzehnten des 6. Jahrhunderts. Er wurde durch ausgedehnte Reisen, besonders nach Ägypten, mit mathematischen, astronomischen Kenntnissen des Orients bekannt; hierfür sprechen zwar nur verhältnismäßig unsichere Überlieferungen, aber starke innere Gründe. Herakleitos über ihn (Diogenes 8. [Buch, 1. Kap., §] 6), er habe von allen Menschen am meisten ἱστορίην geübt. Daß die auch von ihm vertretene Seelenwanderungslehre aus Ägypten stamme, behauptete Herodot II, 123: „Diese (Seelenwanderungs-)Lehre haben gewisse Hellenen, die einen früher, die anderen später, vorgetragen, als wäre sie ihre eigene; ich weiß ihre Namen, will sie aber nicht nennen." Er ließ sich nun in dem dorisch-achaischen Kroton nieder (nach Cicero 532 v. Chr.); schloß sich an die dortige aristokratische Partei an, ganz auf dem Boden dorischer Institutionen stehend; gründete eine Genossenschaft, die in den Organen der Stadtregierung zu Kroton und in anderen italischen Kolonialstädten leitenden Einfluß gewann. Dieser pythagoreische Bund benutzte einen äußeren Apparat von Prüfungen, Erkennungszeichen, Graden, fester Lebensordnung, religiösen Handlungen. Derselbe strebte eine dorisch-aristokratische Reform von Sitte, Lebensansicht und Institutionen an. Er wurde aber gleichzeitig der Hauptsitz der neuen mathematisch-astronomischen Forschung über den Kosmos. So wurden hier in dorischem Geiste (während im Mutterlande der Dorismus staatlich einseitig straff angespannt war) religiöser Ernst, Sinn für die festen Maßverhältnisse des politischen Lebens, mathematische Spekulation und Beziehung der Musik auf dieselbe miteinander verbunden. An den religiösen Ernst schloß sich der Einfluß der ägyptischen Seelenwanderungslehre (schon Xenophanes verspottet ihretwegen Pythagoras) und des Mysterienwesens („Orgien").

Die Opposition gegen den Bund bestimmte schon den Pythagoras, nach Metapontion überzusiedeln, wo er starb. In der zweiten Hälfte des 5. Jahrhunderts wurden die zu Kroton im Versammlungshause vereinigten Pythagoreer umstellt und kamen nach Anzündung des Hauses zumeist um. Der Bund unterlag auch in anderen italischen Städten. Noch einmal kam er durch den Staatsmann und Denker Archytas in Tarent, erste Hälfte 4. Jahrhunderts, zu politischer Macht. Dann erlosch er.

[b)] Unter den Zersprengten befand sich Philolaos, Zeitgenosse des Sokrates. Er wird (Diogenes 8. [Buch, 1. Kap., §] 15) als der erste Pythagoreer bezeichnet, der eine philosophische Schrift veröffentlicht habe. Die überlieferten Fragmente dieser Schrift sammelte und erklärte Boeckh, Philolaos des Pythagoreers Lehren, nebst den Buchstücken seines Werkes 1819. Diese Schrift hat durch die Verbindung mathematisch-astronomischer Kenntnis mit einer von Schleiermachers Vorbild (siehe Herakleitos) geleiteten Methode das pythagoreische System erschlossen. Gegenüber der Unechtheitserklärung dieser Fragmente durch Schaarschmidt, [Die] angebliche Schriftstellerei des Philolaus 1864, der Ueberweg sich anschloß, gilt es nur, unechte Bestandteile auszuscheiden. Die anderen vielen dem Pythagoras und seiner Schule zugeschriebenen Schriften sind unecht, auch die Fragmente des Archytas, ganz oder in den philosophisch erheblichen Bestandteilen. Grundlage unserer Kenntnis des Systems und unsrer Kritik der Überlieferung sind Aristoteles, das in den Doxographen auf Theophrastos Zurückführbare (siehe oben Diels), die so gesicherten Reste des Philolaos. Rothenbücher, [Das] System der Pythagoreer nach den Angaben des Aristoteles 1867; Chaignet, Pythagore et la philosophie pythagoricienne, 2 Bd.e 1873.

[c)] Die Pythagoreer gingen von mathematischer Spekulation und Astronomie aus. In ihrer Schule zuerst die von Anwendungen abgelöste Betrachtung der Verhältnisse von Zahlen, der Beziehung der Zahlen zu Raumgebilden (Gnomon; Hankel, Geschichte der Mathematik, 101: Idee des Irrationalen eine der größten Entdeckungen des Altertums). Aristoteles, Metaphysik I, 5: „Aus der Vertrautheit mit der mathematischen Wissenschaft entwickelte sich ihre Ansicht, die Prinzipien des Mathematischen seien auch die Prinzipien des Seienden." Das Begrenzende und das Unbegrenzte Grundbestandteile aller Zahlen, sonach aller Dinge. Hiermit in Übereinstimmung, daß die in Zahlen gestaltende göttliche Kraft vom Mittelpunkt des Kosmos aus (Zentralfeuer) das Unbegrenzte gestaltete und daß die Erde mit den anderen Himmelskörpern sich um das Zentralfeuer bewegt. So wurde von den Pythagoreern zuerst die scheinbare tägliche Bewegung des Himmels aus einer Bewegung der Erde erklärt. Aufgrund des von ihnen gefundenen Verhältnisses zwischen Beziehungen von Zahlen und solchen von Tönen: Harmonie des Kosmos. In ihrer Schule entwickelten sich die Lehren von der Erdbewegung, von der Achsendrehung der Erde.

Aristoteles, Metaphysik I, 5, erwähnt folgende, bei den Pythagoreern auftretende Tafel der Gegensätze:

Grenze	Unbegrenztes.
Ungerade	Gerade.
Eins	Vielheit.
Rechtes	Linkes.
Männlich	Weiblich.
Ruhendes	Bewegtes.
Gerades	Krummes.
Licht	Finsternis.
Gutes	Böses.
Quadrat	Rechteck.

II. [Herakleitos und die Eleaten]

In den letzten Jahrzehnten des 6. Jahrhunderts v. Chr. gehen nun die Griechen sowohl in der ionischen Schule als der unteritalischen (dorischen) dazu fort, die allgemeinsten Eigenschaften des Weltzusammenhangs in einer Formel (einem metaphysischen Prinzip) auszusprechen. Diese ist bei dem Ionier Herakleitos durch die Natur der sinnlichen Anschauung der Phänomene bedingt, bei den unteritalischen Eleaten durch die Anforderungen einer denkenden Konstruktion des Kosmos.

1. Herakleitos aus Ephesos.

Jünger als Pythagoras und Xenophanes, älter als Parmenides; denn Parmenides bekämpft ihn. Geburtszeit unsicher. Doch kann sie jedenfalls nicht später als die von der Überlieferung angenommene Zeit 540–530 v. Chr. angesetzt werden. Nachrichten Laërtios Diogenes 9. [Buch,] 1. Kap. Aus vornehmem Geschlecht, der aristokratischen Partei angehörig, zeigt er nach der Verbannung seines Freundes Hermodoros leidenschaftlichen Haß gegen den

Demos. Mit diesem Haß verbindet sich das einsame Bewußtsein der von ihm errungenen Steigerung des philosophischen Denkens. Daher Polemik gegen die *Polymathie* des Hesiod, Pythagoras, Xenophanes, Hekataios [von Milet], die „den Geist nicht belehrt", wie gegen Homer und Archilochos. Seine Prosaschrift über die Natur galt schon im Altertum für so schwierig, daß er als „der Dunkle" bezeichnet wurde. Er ging von der sinnlichen Anschauung des Wechsels der Phänomene im Sinne seiner ionischen Vorgänger aus, legte als lebendigen Urstoff das Feuer zugrunde, erhob aber diese Betrachtungsweise zum metaphysischen Bewußtsein vom Weltgesetz der Abwandlung und des beständigen Flusses (Logos, Nomos. „Der Weg nach oben und unten ist einer"). „Alle menschlichen Gesetze nähren sich von einem, dem Göttlichen."

Die Bruchstücke seiner Schrift gesammelt und zuerst verständlich gemacht von Schleiermacher, Herakleitos der Dunkle von Ephesos, dargestellt aus den Trümmern seines Werkes und den Zeugnissen der Alten, 1807 ([in: Sämtliche] Werke III. [Abt.], 2. [Bd.]); Jak. Bernays (Heraclitea 1848 und sonst) vervollständigte Sammlung und Auslegung der Fragmente. Wenig dauernde Förderung brachte Lassalle, Philosophie Herakleitos' des Dunklen, 2 Bd.e 1858. Beste Ausgabe der Fragmente Bywater, Heracliti reliquiae 1877; Diels, Heracleit, griechisch und deutsch.

Eine Schule Herakleitos' bestand fort. Sie bot durch ihre Folgerungen aus dem Fluß der Dinge den Sophisten eine Grundlage ihrer Skepsis. Wirkte auf Platon durch dessen Lehrer Kratylos. Herakleitos' Lehre dann von der Stoa fortgebildet zum Pantheismus des Kleanthes und Chrysippos.

2. Eleaten.

Diese Schule wurde von dem Ionier Xenophanes begründet, der sich in der unteritalischen Kolonie Elea niederließ. Sie entwickelte von den Anforderungen des Denkens aus das metaphysische Bewußtsein des einen Seins, indem sie Vielheit, Veränderung, Werden und Untergang, Bewegung als Schein der sinnlichen Wahrnehmung verwarf.

a) Erste vorherrschend theologische Fassung: Xenophanes, geboren um 576/2 (so hatte wenigstens wahrscheinlich Apollodoros geschrieben). Begann mit 25 Jahren seine Wanderungen als Dichter und Rhapsode durch die Städte der Griechen. In höherem Alter ließ er sich in Elea nieder. Starb dort, über 92 Jahre alt. Er verfaßte Gedichte verschiedenen Inhaltes, darunter ein Lehrgedicht über die Natur. Die wenigen aus den Gedichten erhaltenen Fragmente können durch die Berichte des Aristoteles und Theophrastos ergänzt werden (cf. Diels, S. 480 ff.). Die unter dem Namen des Aristoteles überlieferte Schrift *De [Melisso,] Xenophane, Zenone et Gorgia*, weder von Aristoteles noch von Theophrastos, ist von zweifelhafter Glaubwürdigkeit. Standpunkt nach Aristoteles, Metaphysik I, 5:

„Auf das ganze Himmelsgewölbe hinblickend erklärte er das Eine für die Gottheit." Von da tiefgreifende Kritik des Polytheismus und der Vermenschlichung der Götter, hierdurch Xenophanes auch für Religionsgeschichte wichtig. Über die Streitfrage, ob Xenophanes außer der göttlichen Einheit noch ihr untergeordnete Götter angenommen habe („ein Gott, unter Göttern und Menschen der größte"), vgl. Freudenthal, Theologie des Xenophanes 1886; Gomperz, Griechische Denker I, S. 129 ff., 444; meine *Einleitung I*, S. 190 [Ges. Schr. I, S. 152]; Diels, Über Xenophanes [in:] Archiv X, S. 530 ff.

b) Parmenides aus Elea. Geburtszeit unsicher; Ansatz des Apollodoros 544/0 unwahrscheinlich. Die Polemik des Parmenides gegen Herakleitos gewährt den festesten Anhalt. Muß man danach seine Geburt erheblich später als Apollodoros ansetzen, so entsteht besseres Einverständnis damit, daß Platon im *Theaitetos* 183 e und im Dialog *Parmenides* ihn sehr alt mit dem noch sehr jungen Sokrates zusammentreffen läßt. Er wird als Schüler des Xenophanes bezeichnet (Aristoteles, Metaphysik. I, 5; Platon, Sophistes, 242 d „das eleatische Philosophengeschlecht von Xenophanes her"). Zugleich Zusammenhang mit Pythagoreern: pythagoreische Lebensweise, politische und gesetzgeberische Tätigkeit, gehaltener ethischer Charakter. Er war der erste, der als Schriftsteller die große Entdeckung von der Kugelgestalt der Erde vertrat. Von Platon als „der Große" verehrt.

Von seinem Lehrgedicht *Über die Natur* sind erhebliche Bruchstücke, besonders des Anfangs erhalten. In (wohl auch von Pythagoras beeinflußter, bei Platon nachklingender) mythischer Fassung läßt Parmenides hier sich von weiblichen Sonnengottheiten zum geheimnisvollen Sitz der Göttin geleiten, die ihm die Wahrheit erschließt: Nur das Seiende ist, das Nichtseiende ist nicht und kann nicht gedacht werden. Der erste Teil der Schrift entwickelte die hierauf gegründete Lehre der Wahrheit, der andere die Lehre vom Schein (zu dieser vgl. außer den Fragmenten Theophrastos' Diels 499). – Bedingt durch die Pythagoreer hat Parmenides aus den Anforderungen des Denkens an das Sein die Grundlage der griechischen Ontologie (Demokrits, Platons) abgeleitet. „Es gibt kein Entstehen und keinen Untergang" (Mullach I, 121 v. 77[3]). Den Zusammenhang des Parmenideischen Lehrgedichtes aus den erheblichen Bruchstücken und den Nachrichten wiederherzustellen unternimmt Diels, Parmenides' Lehrgedicht, griechisch und deutsch 1897.

c) Zenon und Melissos: die dritte Generation der eleatischen Schule.

Zenon aus Elea, nach Platon, *Parmenides* 127 b, um 25 Jahre jünger als Parmenides; Lieblingsschüler des Parmenides; soll nach einem verunglückten Unternehmen gegen einen Tyrannen heldenmütig geendet haben. Im Dialog *Parmenides* wird seine Prosaschrift erwähnt, welche die Lehre vom Einen Sein durch indirekte Beweise begründete (Aristoteles: Erfinder der Dialektik). Sie zerfiel in mehrere Schlußreihen, welche die Existenz des Vielen, des Raums, der Bewegung aus den mit ihrer Annahme auftretenden Widersprüchen widerlegten. Seine Schlußreihen [sind] erhalten besonders bei Aristoteles, Physik IV, 1, 3; VI 2, 9 und Simplikios. Das Seiende als Vieles sowohl begrenzt als unbegrenzt; der Raum, in dem das Seiende ist, muß wieder in einem Raume sein; Bewegung kann nicht beginnen; Achill kann die Schildkröte nicht einholen; der fliegende Pfeil ruht in jedem Moment usw. Diese Schlußreihen sind für die allmähliche Erkenntnis der Phänomenalität der in der äußeren Wahrnehmung gegebenen Wirklichkeit sehr wichtig gewesen (Skeptiker, Kant). Vgl. Wellmann, Zenos Beweise gegen die Bewegung und ihre Widerlegungen 1870.

Melissos aus Samos, wahrscheinlich identisch mit dem Nauarchen, der die Flotte der Samier bei dem Sieg über die Athener 442/0 befehligte. Von seiner Schrift Bruckstücke bei Simplikios erhalten, mit ihnen übereinstimmend der erste Teil der pseudo-aristotelischen Schrift *De [Melisso,] Xenophane, Zenone, Gorgia*. Quellenuntersuchung: Pabst, De Melissi [Samii] fragmentis 1889. Geringere dialektische Begründung der Lehre vom Sein.

III. [Die jungen Naturphilosophen]

Empedokles, Anaxagoras, Leukipp, die gegen die Mitte des 5. Jahrhunderts v. Chr. zu wirken begannen, betrachten als sicher: Es gibt kein Entstehen (Übergang aus Nicht-Sein in Sein) noch Untergang (von Sein in Nicht-Sein). Die Eleaten konnten von hier aus den Schein der Veränderung und des Vielen nicht erklären. Demnach gingen die Sophisten zum Zweifel an der Erkenntnis fort. Neben ihnen nahmen die genannten Naturphilosophen an: Es gibt weder Entstehen noch Vergehen, sondern nur Verbindung und Trennung von Massenteilchen vermittels der Bewegung im Weltraum (Bedeutung der Theorie für jede Konstruktion der Natur und Schwierigkeiten, vgl. meine *Einleitung in die Geisteswissenschaften I*, S. 197 ff. [Ges. Schr. I, S. 158 ff.]).

a) Empedokles von Agrigent. Geburt etwas später als Anaxagoras, der 500 v. Chr. geboren (Aristoteles, Metaphysik I, 3). Nachrichten über sein Leben, besonders bei Laërtios Diogenes VIII 2, untersucht von Bidez, Biographie d'Empédocle 1894. Wie sein Vater Meton Führer der Demokratie seiner Vaterstadt. Zog als Sühnepriester, Arzt, Redner und Wundertäter in Sizilien und Italien umher. Starb sechzigjährig. Aristoteles (bei Diogenes, Sextus): Erfinder der Rhetorik wie Zenon der Dialektik.

Er schrieb vor Anaxagoras. Zwei Schriften, $\varphi \upsilon \sigma \iota \kappa \alpha$ und $\kappa \alpha \theta \alpha \rho \mu o \iota$, können ihm mit Sicherheit beigelegt werden. Da die Form dieser Dichtungen sehr bewundert wurde, sind etwa 450 Verse erhalten (Stein, Empedoclis fragmenta

1852). Er sah in den vier Elementen die Wurzeln der Dinge und in Liebe und Haß die Kräfte der Verbindung und Trennung (stufenweiser Fortschritt in der Natur zu vollkommneren Gebilden, vgl. Zeller, Griechische Vorgänger Darwins, [in:] Philologische und historische Abhandlungen der Berliner Akademie 1878, S. 115 ff.); Fragmente, ed. Sturz 1805.

b) Anaxagoras aus Klazomenai, geboren ca. 500–497 v. Chr. (Apollodoros), der Begründer des Monotheismus in Europa, und zwar entstand dieser im Zusammenhang der astronomischen Untersuchungen als wissenschaftliche Hypothese. *Ethica Eudemia* I, 5 „Anaxagoras soll einem, der ihn befragte, weswegen doch jemand das Sein dem Nichtsein vorziehe, geantwortet haben: wegen der Betrachtung des Himmels, sowie der über den ganzen Kosmos verbreiteten Ordnung." Die hierin gegründete Würde und Erhabenheit seines Wesens wirkte auf seinen Freund Perikles, vgl. außer Plutarch *Phaidros* 270 a. War bei dem Übergang des Xerxes nach Griechenland 20 Jahre alt. Siedelte zwischen 464 und 460 nach Athen über. In dem um Perikles sich sammelnden Kreise, dem Anaxagoras und Pheidias angehörten, begann die Zentralisierung des intellektuellen Lebens zu Athen. Zugleich begannen die Konflikte mit der Volksreligion. Von den Gegnern des Perikles wegen Leugnens der Staatsgötter angeklagt, entzog er sich der Klage durch Auswanderung nach Lampsakos zwischen 434 und 430, wo er 428 starb.

Von seiner Prosaschrift *Über die Natur* haben sich insbesondere bei Simplikios Bruchstücke, doch geringen Umfangs, erhalten (Schaubach, Fragmenta 1827, Schorn 1829). Anfang: „Zusamt waren alle Dinge, unermeßlich an Menge und Kleinheit; denn auch das Kleine war ein Unermeßliches. Und da alles zusamt war, war nichts deutlich hervortretend, wegen der Kleinheit." Samen der Dinge oder Dinge (σπέρματα πάντων χρημάτων), als qualitativ mannigfache Elemente (Homoiomerien nach der späteren an Aristoteles angelehnten Terminologie). Experimente. Übertragung der Physik der Erde auf das Himmelsgewölbe, angeregt davon, daß der Fall eines sehr großen Meteorsteines am hellen Tage bei Aigospotamoi stattgefunden hatte. Erkannte er so in den Gestirnen schwere Massen, so mußte eine der Schwere entgegenwirkende Kraft angenommen werden, welche ihre Kreisumschwünge hervorgebracht hat und erhält. Diese zweckmäßig wirkende Kraft, der Nus, hat von dem Pol aus die Drehungsbewegung in der Materie eingeleitet (astronomische Theorie näher in meiner *Einleitung I*, S. 201 ff. [Ges. Schr. I, S. 161 ff.]). Die Bestimmungen über diesen Nus streben diesen von den physischen Massen zu sondern, welche er bewegt; daher Aristoteles mit Recht in ihm den Vorgänger seiner eigenen reingeistigen Fassung des Nus anerkennt.

c) Leukipp und Demokrit oder die atomistische Schule. Gründer Leukipp; Theophrastos bezeugt dessen Abhängigkeit von Parmenides. Besaß die Grundlehren der Schule, aber von seinen Schriften ist keine Nachricht erhalten. Rohde, Über Leukipp und Demokrit, [in:] Verhandlungen der 34. Philologenversammlung 1879 [und in:] Jahrbuch für Philologie 1882, S. 771 ff. hielt ihn darum für unhistorisch. Dies widerlegt Diels, [in:] Verhandlungen der 35. Philologenversammlung, S. 96 ff. Leukipp hat mit seiner Naturerklärung wahrscheinlich Empedokles und Diogenes von Apollonia beeinflußt. Diels, [in:] Stettiner Philologenversammlung 1880, S. 104 ff. [und in:] Rheinisches Museum 1887, S. 1 ff. Sein Schüler Demokrit (vgl. S. 22 ff.) bildete seine atomistische Lehre weiter. Während Leukipp die Atomistik von Parmenides aus, als metaphysisch-naturwissenschaftliche Spekulation, erfand (Simplikios in [Aristotelis] Physicorum fol. 7 r, 6 ff., [vgl.] Doxographi, S. 483), hat Demokrit, über zwei Jahrzehnte jünger als Gorgias und Protagoras, die Ablösung der qualitativen Bestimmungen von den Atomen aus der von Protagoras geschaffenen Wahrnehmungstheorie begründet. Die hierdurch bedingte Stellung des Demokrit in meiner *Einleitung in die Geisteswissenschaften I*, S. 200 [Ges. Schr. I, S. 160].

ZWEITES STADIUM

Die Untersuchung richtet sich auf den menschlichen Geist; dann entsteht neben der naturwissenschaftlichen Spekulation eine auf Logik und Metaphysik gegründete, Natur und Geist umfassende Vernunftwissenschaft.

Blütezeit griechischer Philosophie
ca. 450 – ca. 300

I. Das Zeitalter der Sophisten und die griechische Aufklärung

Seit etwa Mitte des 5. Jahrhunderts intellektuelle Umwälzung in Griechenland. Zusammenwirkend: nach Zerstörung der alten Geschlechterverfassung wurde eine individualistische Richtung herrschend; die veränderten politischen Verhältnisse brachten den Stand der Sophisten, Vertreter eines höheren, auf Staatstätigkeit vorbereitenden Unterrichts hervor; diese wandten das Interesse dem Studium geistiger und gesellschaftlicher Tatsachen zu; die negativen Folgerungen der Herakliteer und Eleaten richteten sich gegen die Naturerkenntnis, die philosophische Aufklärung gegen den religiösen Glauben. So wuchs auch in der Auffassung geistiger und gesellschaftlicher Tatsachen beständig ein individualistischer und skeptischer Geist. Künstlerische Darstellung der Sophistik in Platons Dialog *Protagoras*. Die grundlegende Arbeit für [das] Studium der Sophisten: Spengel, συναγογὴ τεχνῶν 1828 (vgl. Blass, Attische Beredsamkeit 1868 ff.). Für die historische Würdigung die Abschnitte in Grotes *Geschichte Griechenlands* bedeutend (Bd. 8 der History of Greece 1846 ff.). Näheres über die Unterscheidung der Generationen der Sophistik und die Grundlegung des Naturrechts meine *Einleitung in die Geisteswissenschaften I*, S. 218 ff., S. 276 ff. [Ges. Schr. I, S. 174 ff., S. 219 ff.].

1. Erste Generation der Sophisten
Negativ in bezug auf Erkenntnis und Götterglaube, noch nicht in bezug auf die Sittlichkeit und den Staat.

a) Protagoras, der leitende Kopf der neuen Berufsklasse. Geboren zu Abdera ca. 486/0, übte in den Städten Griechenlands, besonders auch in Athen, eine glänzende Lehrtätigkeit. Bild derselben im platonischen Dialog *Protagoras*. Unter der Herrschaft der Vierhundert 411 ist er wegen seiner Schrift *Über die Götter* („von den Göttern kann man nicht wissen, ob sie seien oder nicht seien") des Atheismus angeklagt worden und ertrank in seinem 70. Jahre auf der Überfahrt nach Sizilien. Hauptsatz: „Der Mensch ist das Maß aller Dinge, der seienden, wie sie sind, der nichtseienden, wie sie nicht sind." Für seine an Herakleitos anknüpfende Erkenntnistheorie die schwer benutzbare Hauptquelle Platons *Theaitetos* (Schanz, Die Sophisten 1867; Frei, Quaestiones Protagoreae 1845; Laas, Idealismus und Positivismus, Bd. I 1879; Halbfass, Berichte des Platon und Aristoteles über Protagoras 1882. Dagegen Natorp, Forschungen zur Geschichte des Erkenntnisproblems, S. 1 ff., S. 149 ff.). Er schrieb über den richtigen Wortgebrauch und förderte die Ausbildung der Grammatik; er schrieb der Redekunst zu, die schwächere Sache zur siegreichen zu machen.

b) Gorgias aus Leontinoi in Sizilien, geboren zwischen 490 und 480. Ein Genie der Sprache; knüpfte an die Anfänge der Rhetorik in Sizilien an, begann dort zu lehren; kam 427 als Gesandter seiner Vaterstadt nach Athen; lehrte hauptsächlich Redekunst in den griechischen Städten; ließ sich später in dem thessalischen Larissa nieder und soll dort, über hundert Jahre alt, gestorben sein; er überlebte den Sokrates. Sein Bild in dem platonischen Dialoge *Gorgias*. Seine nihilistische Brandschrift *Über das Nichtseiende oder die Natur* zog aus eleatischen Prämissen die Folgerungen: 1. Es ist nichts; 2. wäre etwas, so wäre es nicht erkennbar; 3. wäre es erkennbar, so könnte es nicht mitgeteilt werden. Auszug ihres Inhaltes bei Sextus, Adversus mathematicos VII, 65–87, und in der nach ihrem Ursprung unbestimmbaren pseudo-aristotelischen Schrift *De Melisso* etc., Kap. 5 f. Seine rhetorische Theorie blieb daher nur Anweisung für die Kunst, Glauben zu erwecken. Foss, De Gorgia Leontino 1828; Frei, [in:] Rheinisches Museum VII, S. 527; VIII, S. 268 ff.; Diels, Gorgias und Empedokles, [in:] Berichte der Berliner Akademie 1884.

c) Prodikos aus Keos, jünger als Protagoras. Bild im Dialog *Protagoras*. Hielt synonymische Vorträge, die Sokrates empfahl, und paränetische Kunstreden, unter denen der *Herakles am Scheidewege* (nacherzählt bei Xenophon II 1, 21). Welcker, Prodikos, der Vorgänger des Sokrates, [in:] Kleine Schriften Bd. II, 1844; Heinze, Über Prodikos 1884.

Da wir so keine Schrift aus dieser Zeit der älteren Sophisten, außer etwa dem *Palamedes* und der *Helena* von Gorgias (Diels, Zeller) besitzen, wäre eine erhebliche Erweiterung unsrer Kenntnis derselben gewonnen, könnte man nach Gomperz' *Apologie der Heilkunst*, 30 ff. die pseudo-hippokratische Schrift περὶ τέχνης dem Protagoras zuerkennen. Dagegen jedoch entscheidende Gründe Wellmann, [in:] Archiv V, S. 100; Zeller I 2, S. 1055.

Zwischen der ersten und zweiten Generation der Sophisten steht Hippias. Im Zusammenhang mit seinen archäologischen Studien (vgl. Clemens, Stromata VI, 624) schied er von dem positiven Rechte die ungeschriebenen Gesetze, die sich bei den verschiedensten durch ihre Sprache getrennten Völkern finden (verworrene, doch zweifellos echte Relation eines Gesprächs hierüber zwischen Sokrates und Hippias in Xenophons *Memorabilien* IV, 4). Übereinstimmend Platon in *Protagoras* 337 c/d: „Ich betrachte Euch, Ihr versammelten Männer, als Verwandte, Verbrüderte und Mitbürger von Natur, nicht nur der Satzung nach. Die Satzung vergewaltigt uns vielfach gegen die Natur." *Antigone* des Sophokles als Denkmal dieses Stadiums des Naturrechts. – Mähly, [in:] Rheinisches Museum XV, S. 514 ff.; XVI, S. 38 ff.; Dümmler, Akademika, S. 247 ff.; Apelt, Beiträge 1891.

2. Zweite Generation der Sophisten

Veränderung in den Zuständen Griechenlands. Sitte, Recht und Staat werden jetzt aus dem Spiel des Egoismus von Individuen abgeleitet, wie die Ordnung des Kosmos in der atomistischen Schule aus dem Spiel der Atome. Dichterischer Vertreter dieser neuen Zeit Euripides. Auftreten des radikalen Naturrechts in der Politik, vgl. die Erörterung zwischen den Meliern und den athenischen Gesandten bei Thukydides V, 85 ff. aus dem Jahre 416. Technische Ausbildung der Rhetorik, Eristik und ihre Fangschlüsse (Quellen: der platonische Dialog *Euthydem* und Aristoteles *Über die Trugschlüsse*).

a) Der in Platons *Gorgias* auftretende, sonst unbekannte Kallikles (dessen Existenz daher nicht gesichert) verteidigt das natürliche Recht des Machtmenschen, welcher die geschriebenen Gesetze abschüttelt und nach dem Rechte der Natur als Herr dasteht.

b) Thrasymachos aus Kalchedon. Sein Bild und ethisch-politisches System im platonischen *Staat*. Verdienste um Technik der Redekunst (siehe außer Spengel K. Fr. Hermann, De Thrasymacho Chalcedonio sophista 1848–49; Blass, Beredsamkeit I, S. 244 ff.).

c) Kritias, der Führer der Dreißig, erklärte den Götterglauben für die Erfindung eines weisen Politikers (Bach, Critiae carminum quae supersunt 1827).

d) Alkidamas u. a. (bei Aristoteles, Politik I, 3); Sklaverei ein Gewaltverhältnis, mit natürlichem Rechte in Widerspruch. Vahlen, Der Rhetor Alkidamas, [in:] Wiener Sitzungsberichte historisch-philosophische Klasse 1863.

In diesem Aufklärungszeitalter entwickelte sich nun die politische Wissenschaft und die Geschichtsschreibung. In ihm liegen die Vorbedingungen für die Kritik, welche Thukydides an der historischen Überlieferung übt, und für seine rein natürliche Auffassung des Spiels der Kräfte in der Geschichte.

II. Höhe der ionischen Naturphilosophie.
Die atomistisch-mechanische Naturwissenschaft des Demokrit

Nach dem Auftreten der Sophisten entwickelte sich, besonders in den Kolonien, die ältere naturwissenschaftliche Spekulation fort, während andererseits in Athen die neue attische Philosophie sich ausbildete.

Der naturwissenschaftliche Geist hat sich in der 2. Hälfte des 5. Jahrhunderts mächtig ausgebreitet.

Philolaos, wohl in Tarent geboren, Zeitgenosse des Sokrates (geboren 470/469) und des Demokrit (geboren 460), wahrscheinlich älter als diese, hielt sich in den letzten Jahrzehnten des 5. Jahrhunderts in Theben auf, war der erste literarische Vertreter der pythagoreischen Philosophie. Vgl. S. 13 f. – Nachdem Hippon die Lehre vom Feuchten und Idaios [von Himera] die von der Luft vertreten hatten, suchte Diogenes von Apollonia ca. 440–425 gegenüber dem Nus des Anaxagoras die Luft als allgegenwärtigen Träger des Lebens, besonders an der Betrachtung des tierisch-menschlichen Organismus nachzuweisen. Vgl. S. 12. Diese Lehre wird in mehreren pseudo-hippokratischen Schriften verwertet.

Dieser Lehre näherte sich auch von dem Anaxagoras her dessen unmittelbarer Schüler Archelaos, indem er die ursprüngliche Mischung des Anaxagoras mit der Luft ineins setzte, mit dieser aber ursprünglich den Geist verbunden dachte; ihm wird auch schon die Lehre zugeschrieben, das Gerechte und das Schlechte seien nicht φύσει, sondern νόμῳ unterschieden.

Höchst bedeutend wurde nun aber das Eintreten der griechischen Medizin in die naturwissenschaftliche Bewegung durch Hippokrates den Großen und seine Schule. Hippokrates ging ebenfalls von der Annahme aus, daß nur belebte Materie bestehe. Geboren in Kos, schon durch seine Herkunft der ärztlichen

Genossenschaft angehörig, Zeitgenosse des Demokrit, wurde er von den Griechen als ihr größter Arzt, besonders als Begründer methodischer Diagnose angesehen. Die unter seinem Namen vereinigte Schriftenmasse ist nach Zeit und Urhebern verschiedenartig. Insbesondere die Schrift *Von der Diät* und das kleinere Bruchstück *Von den Muskeln* versuchen auf die neugewonnene philosophische Naturwissenschaft die Medizin zu begründen; hiergegen enthalten andere Schriften dieser Sammlung wie die *Von der alten Heilkunst* eine Reaktion in der Richtung ihrer empirischen Methode. Ausgaben dieser Hippokratischen Schriftensammlung von Kühn 1825/26, Littré 1839–61, kritische Ausgabe von Kuehlewein und Ilberg I 1894. [Die] chronologische Bestimmung und Einordnung dieser Schriften in die geschichtliche Bewegung [sind] Gegenstand noch im Fluß begriffener Untersuchungen.

Neben Hippokrates steht als größter Naturforscher dieser Zeit Demokrit. Vgl. S. 19. Nach langer Unterschätzung (wie in Schleiermachers *Vorlesungen über Geschichte der Philosophie*) jetzt immer besser in seiner Bedeutung und seinem Einfluß erkannt. Burchard, Demokrit de sensibus fragmenta 1830 und Moral des Demokrit 1834; Hirzel, Untersuchungen I, S. 109 ff. und [in:] Hermes XIV, S. 354 ff.; Brieger, Urbewegung der Atome 1884; Liepmann, Mechanik der Demokritschen Atome 1885; Kahl, Demokritstudien I 1889; Natorp, Forschungen, S. 164 ff. [und in:] Archiv I, S. 348 ff. und III, S. 515 ff. [sowie] Ethica des Demokritos, Text und Untersuchung 1893.

1. Sein Leben. Geboren 460 zu Abdera, der ionischen Kolonialstadt an der südlichen Küste Thrakiens, woher auch Leukipp und Protagoras stammen, Schüler und ἑταῖρος des Leukipp. Seine Wißbegierde führte ihn in mehrjährigen Reisen nach Ägypten und dem Orient. Nach Appollodoros' Zeitbestimmung genoß er ca. 430 den Unterricht des Anaxagoras und kann schwerlich vor 420 seine systematischen Hauptwerke verfaßt haben (Diels, [in:] Rheinisches Museum 1887, S. 1 ff.). Er lebte in Abdera, wahrscheinlich von mitforschenden Schülern umgeben. Viele Erdichtungen über ihn (der lachende Philosoph, Briefwechsel mit Hippokrates in dessen Werken, ed. Kühn tom. III, indes sein Verkehr mit Hippokrates nicht unglaubwürdig). Er erreichte ein hohes Alter.

2. Schriften. Von Thrasyllos in 15 Tetralogien geordnet. Verzeichnis bei Diogenes XI, 46. Umfaßten mathematische, naturwissenschaftliche, ethische, ästhetische, grammatische und technische Gegenstände. Die Beurteilung des Thrasyllos'schen Kanons dieser Schriften schwierig. Keine Schrift Demokrits hat sich erhalten. Die Bruchstücke sind unzureichend gesammelt, bearbeitet und kritisch geprüft (von Mullach I, S. 330 ff.). Besonders die moralischen, welche der aristotelischen Ethik vielfach nahe stehen, sind zweifelhaft (Mullach S. 340 ff.; vgl. Lortzing, Über die ethischen Fragmente Demokrits 1873 und Hirzel, [in:] Hermes 1879, S. 354 ff.). Cicero setzt den Demokrit als klassischen

Autor neben Platon, und Dionysios [aus Halikarnassos] (De compositione verborum, Kap. 24) stellt ihn als philosophischen Musterschriftsteller Platon und Aristoteles an die Seite.

3. System. Demokrit hat die atomistische Theorie des Leukipp mit den Hilfsmitteln des Zeitalters der griechischen Aufklärung, insbesondere unterstützt von der Wahrnehmungslehre des Protagoras, doch noch unbeeinflußt von Sokrates, in einer breiten schriftstellerischen Tätigkeit, deren Form erst von der Prosa der Aufklärungsschriftsteller ermöglicht war, durch alle Streitfragen dieser Zeit durchgeführt. Das so entstandene atomistisch-mechanische System ist die fruchtbarste der von den Griechen geschaffenen metaphysischen Theorien. Aristoteles, Metaphysik I, 4: „Leukipp und sein Genosse Demokrit setzen als Elemente das Volle und das Leere." Das Volle als Atome bestimmt, die nicht qualitativ, sondern nach Größe, Gestalt, Ordnung und Lage verschieden sind. Hier machte die Wahrnehmungslehre des Protagoras eine Loslösung der qualitativen Bestimmungen als subjektiver Phänomene möglich. Ihr entsprach auf moralischem Gebiete eine Glückseligkeitslehre, welche im Sinne der Aufklärung das Glück in der vom Denken herbeigeführten εὐθυμία oder εὐεστώ erkannte. So zog Demokrit aus der Lehre vom notwendigen Zusammenhang der Vorgänge des Universums die Konsequenz für das ethische Denken.

4. Schüler Metrodoros von Chios, Anaxarchos von Abdera, Begleiter Alexanders (Gomperz, Anaxarch und Kallisthenes 1877). Nausiphanes Mittelglied zwischen Demokrit und Epikur.

5. Doch fehlten dieser atomistischen Theorie damals noch die Bedingungen ihrer Verwertung für die Erklärung, insbesondere der Umläufe der Gestirne (näher meine *Einleitung*, S. 214 ff. [Ges. Schr. I, S. 171 ff.]). Auch die Deutung der Organismen war dem Demokrit nur aus teleologischen Gesichtspunkten möglich, die in seiner Mechanik der Atome keine Grundlage hatten. So erhielt der Idealismus der attischen Schule damals das Übergewicht (Mangel an Einsicht in diese Verhältnisse in Langes *Geschichte des Materialismus*).

III. Die attische Philosophie. Der Idealismus des Sokrates und Platon

[1. Sokrates]

Sokrates rief nach Cicero die Philosophie vom Himmel auf die Erde und nötigte sie, über Leben und Sitten, Güter und Übel zu forschen. Geboren zu Athen 470 v. Chr. oder erste Monate des folgenden Jahres. Sohn des Bildhauers Sophroniskos und der Hebamme Phainarete. Wirkte nur in mündlichem Gespräch. Quellen über dies Wirken Schriften seiner Schüler, die ihn und seine

Gespräche darstellten. Von diesen erhalten: Schriften des Xenophon (darunter wichtigste Quelle: die zur Verteidigung des Sokrates geschriebene *Memorabilien* desselben) und des Platon. Die zwischen diesen beiden Gewährsmännern bestehende Verschiedenheit kann nur annähernd durch die Verwertung der geschichtlich treuen platonischen *Apologie* und der aristotelischen Stellen ausgeglichen werden (vgl. meine *Einleitung in die Geisteswissenschaften I*, S. 222 [Ges. Schr. I, S. 177]). Grundlegend zur Quellenkritik Schleiermacher, Über den Wert des Sokrates als Philosophen, [in:] [Sämtliche] Werke III. [Abt.], 2. [Bd.], S. 287 ff. Aber es bleiben unerledigte Schwierigkeiten.

1) Über Xenophons schriftstellerische Art Krohn, Sokrates und Xenophon 1874, hält großen Teil der *Memorabilien* für unecht, dies ungerechtfertigt. Ferner ist sicher, daß die *Memorabilien* als Apologie eine historische Darstellung beabsichtigt haben. Im Gegensatz zu der herrschenden Auffassung wollen Richter, Xenophonstudien, [in:] Jahrbuch für klassische Philologie, 19. Supplementband, S. 57 ff. und Joël, Der echte und der xenophontische Sokrates 1893, die *Memorabilien* des Xenophon als ein Kunstwerk, das sich freier Erfindungen bedient, ansehen. Einwände Zellers im Archiv VII, S. 97 ff.

2) Noch unerledigt ist dann die Schwierigkeit, daß in der *Apologie* die Richtung der Gespräche des Sokrates auf den Nachweis des Nichtwissens einseitig in den Vordergrund gestellt und mit einem Spruch des delphischen Gottes in eine unhaltbare Beziehung gebracht wird, nach welchem keiner weiser als Sokrates sei.

Endlich 3) Aristoteles ordnet die sokratischen Sätze seiner Problemstellung und seinen Begriffen unter. Sicher ist nur: Nichts, was mit seinem Bericht in Widerspruch steht, kann als sokratisch angenommen werden. So ist unser Wissen von Sokrates' Wirken und Lehre ein vielfach unsicheres.

Sokrates verließ Athen nur bei einer Festreise und zu den Feldzügen, in denen er sich auszeichnete. Von Staatsgeschäften hielt er sich fern. Er wirkte in seiner Vaterstadt ein Menschenalter hindurch. Sein Daimonion. Sein Kampf gegen die demokratische Ämterbesetzung. Angriff des Aristophanes auf ihn in den *Wolken*. 399 erhob Meletos, unterstützt von dem demokratischen Politiker Anytos und dem Redner Lykon, gegen ihn die Anklage: „Sokrates handelt rechtswidrig, indem er die Götter, welche der Staat pflegt, nicht gelten läßt und neue dämonische Wesen einführt, und indem er die Jugend verdirbt." Sokrates' Verurteilung erfolgte mit einer Mehrheit von wenigen Stimmen. Dann hatte sein aufrichtiges heroisches Auftreten das Todesurteil mit viel größerer Majorität zur Folge. Die ihm ermöglichte Flucht verwarf er als ungesetzlich und trank heiteren Mutes den Schierlingsbecher. Bild seiner letzten Stunden in dem *Phaidon* Platons.

Seine Lehre. a) Unterlage des Sokrates die Darlegung der Phänomenalität der

Außenwelt durch die Sophisten und ihr Studium geistiggesellschaftlicher Tatsachen. Aus ihrer Skepsis entwickelte Sokrates die Methode, von dem vorhandenen Wissen und Glauben der Zeit auf den Rechtsgrund jedes Satzes zurückzugehen (sokratisches Gespräch), und gewann nach dieser Methode feste sittliche Begriffe (sokratische Selbstbesinnung). Neben dieser neuen Analysis des logischen und sittlichen Bewußtseins hielt er zwar die Wissenschaft vom Kosmos nicht fest, wohl aber den anaxagoreischen Schluß von der Zweckmäßigkeit des Kosmos auf die Gottheit (*Memorabilien* I, 4; vgl. *Phaidon* 97 b); b) die so gefundenen Prinzipien sollen das sittliche Leben des Einzelnen (die Tugend ein Wissen) und das politische Leben der Gesellschaft (politische Funktion an das Wissen gebunden, dem im Guten der unverrückbar feste Punkt gegeben ist, daher Gegensatz gegen demokratische Zuteilung von Staatsämtern) leiten.

2. Die unvollkommenen Sokratiker

1) Xenophon, um 430 geboren. Stellt nach dem sokratischen Prinzip die siegreiche Gewalt des Wissens im politischen Leben dar. In Folge der Anschauung des persischen Königtums entstand hieraus die Verherrlichung der Monarchie in seinem pädagogisch-politischen Staatsroman, der *Kyropädie*, vgl. Hildenbrand, Geschichte der Rechts- und Staatsphilosophie I, S. 247 ff. – Aischines verfaßte sokratische Dialoge. Hermann, De Aeschinis Socratici reliquiis 1850.

2) Megarische Schule. Eukleides [von Megara] verknüpfte die eleatische Lehre und Dialektik mit Sokrates. Schleiermacher nimmt Beziehung des *Sophistes* Platons 242 b ff. auf die megarische Schule an. Aber diese ἀσώματα εἴδη werden von Aristoteles, Metaphysik I, 6 [und] Ethica Nikomachea I, 4 Platon als Erfinder zugeschrieben. Fangschlüsse des Eubulides: der Lügner, Verhüllte, Gehörnte, Sorites, Kahlkopf. Diodoros' Schlüsse über die Bewegung und das Mögliche (Zeller, [in:] Abhandlungen [der] Berliner Akademie der Wissenschaften 1882, S. 151 ff.). Stilpon verknüpfte mit megarischer die kynische Schule; sein Schüler dann Zenon, der Begründer der stoischen. – Verwandt die elische Schule, Gründer Phaidon, der durch Platons Dialog bekannte Schüler des Sokrates.

3) Kynische Schule. Gründer Antisthenes, geboren zu Athen; kam von Gorgias spät zu Sokrates, sehr bedeutend durch seine von Sokrates und Gorgias aus gebildete logisch-grammatische Betrachtungsweise, die auf sie gegründete Polemik gegen Platons Ideen; er stellte Platon ein nominalistisches System gegenüber, welches dann die Stoa ihrer Erkenntnistheorie zugrunde legte, wodurch es zu weltgeschichtlicher Wirksamkeit gelangte; ferner hat er zuerst vom Monotheismus aus im Gegensatz zu dem griechischen Staatsleben die poli-

tische Lehre des Weltbürgertums entwickelt; seine Schrift πολιτεία, ein originales, vielbekämpftes und vielbenutztes Werk. Lehrte im Gymnasium Kynosarges; hiervon und von seiner Lebensweise Name Kyniker. Von zahlreichen Schriften geringe Fragmente (Sammlung Winckelmann 1842; gute Untersuchungen, welche zuerst die außerordentliche Bedeutung des Antisthenes nachwiesen, von Ferd. Dümmler, Antisthenica 1882 und Akademica, auch [in:] Philologus 1891, S. 288 ff.). – Aus seiner Schule Diogenes von Sinope, die Karikatur des Sokrates. Kampf der Kyniker zugunsten des Naturzustandes gegen jede Konvention, selbst gegen das Schamgefühl. Verwerfung der Sklaverei.

4) Kyrenaische Schule. Aristippos aus Kyrene kam, vielleicht von Protagoras schon beeinflußt (der Sensualist im *Theaitetos* nach Dümmler, Akademica, S. 173 ff. und Natorp, [in:] Archiv III, S. 347 ff. der von Protagoras beeinflußte Aristippos), nach Athen zu Sokrates, lehrte später an verschiedenen Orten (Zusammentreffen mit Platon am sizilischen Hofe), besonders in Kyrene. Schüler seiner Lustlehre: sein Enkel, der jüngere Aristippos; Theodoros, der Atheist; Hegesias, der Pessimist; Annikeris. Mit der Schule wohl in Zusammenhang Euhemeros, Gründer der Lehre vom Ursprung des Götterglaubens in der Verehrung ausgezeichneter Menschen.

Unabhängige politische Theoretiker: Hippodamos von Milet, Zeitgenosse des Sokrates, Architekt und gemäßigt sozialistischer Politiker: Aristoteles, Politik II, 8: „der erste unter den nicht praktischen Staatsmännern, welcher etwas über die beste Staatsform aufzustellen unternommen hat" (ebendaselbst Bericht und Kritik des Aristoteles). K. F. Hermann, De Hippodamo 1841. – Phaleas verlangt zuerst, daß Gleichheit des Besitzes unter den Bürgern hergestellt und erhalten werde (Bericht und Kritik Aristoteles, Politik II, 7). – Redner Isokrates (Sokrates näherstehend).

3. Platon und die ältere Akademie

1. Geschichtliche Stellung Platons. So war die Zergliederung von Denken und Sprache, Beredsamkeit und Dichtung, Recht und Staat, Sittlichkeit und Religion begründet. Neben ihr geht die Zergliederung des Kosmos, besonders mit den Mitteln von Mathematik und Astronomie, in der pythagoreischen (Hiketas, Philolaos, Ekphantos) und atomistischen Schule fort. Platon faßte an dem wissenschaftlichen Zentralpunkte Athen das Wissen der Zeit in einem System zusammen, das zuerst eine Gliederung in Dialektik (Auffindung der Ideen und ihrer Beziehungen), Physik (Konstruktion des Kosmos der Natur durch die Ideen) und Ethik (Ableitung der Prinzipien für Herstellung des Kosmos der Gesellschaft) zeigt. Diese Ideenlehre ist die eigenste national-griechi-

sche Spekulation, dem typischen und harmonisch abgemessenen Charakter der griechischen Kunst verwandt, in dem Schluß aus der Selbstbesinnung siegreich gegenüber Sophisten und Kyrenaikern, in dem Schluß aus der gedankenmäßigen Anordnung der Gestirne und ihrer Bewegungen siegreich gegenüber den Atomisten. Auf dem Höhepunkt der griechischen Spekulation tritt also neben die mechanische Metaphysik des Demokrit (S. 23 f.) die idealistische des Platon. Von diesen zwei metaphysischen Systemen hatte das des Demokrit die Zukunft für sich, konnte aber damals eine Lösung der Probleme nicht geben; das des Platon entsprach durch die von ihm den psychischen Kräften und metaphysischen Wesenheiten für die Erklärung der Natur beigelegte Bedeutung der Unmöglichkeit, die damals bestand, aus materiellen Kräften zu erklären.

2. Leben Platons.

a) Jugend- und Lehrjahre. Geboren zu Athen aus altadliger Familie 427 (7. Thargelion als Geburtstag mythisch). Er gab seine poetischen Jugendversuche auf, seitdem er, schon von dem Herakliteer Kratylos in der Philosophie unterwiesen, in seinem zwanzigsten Lebensjahre sich Sokrates anschloß (408/7). War vertrauter Schüler des Sokrates bis zu dessen Tode (*Memorabilien* III, 6). Aristoteles stellt *Metaphysik* I, 6 die Entstehung der platonischen Philosophie dar. Platons Untersuchungen hätten in den meisten Punkten sich an die Pythagoreer angeschlossen, in einigen aber seien sie auch von ihnen abgewichen. Denn von Jugend auf vertraut mit Kratylos und den heraklitischen Lehren, daß alles Sinnliche in beständigem Flusse und kein Wissen davon möglich sei, blieb er dieser Ansicht auch in der Folge getreu. Zugleich aber eignete er sich die sokratische Philosophie an, welche sich mit ethischen Untersuchungen unter Ausschluß der gesamten Naturwissenschaft beschäftigte, in diesen jedoch das Allgemeine suchte und sich zuerst den Begriffsbestimmungen zuwandte. Und so kam er zu der Ansicht, daß sich dieses Tun auf ein anderes als das Sinnliche beziehe. Denn unmöglich können die Begriffsbestimmungen etwas von den sinnlichen Dingen zum Gegenstand haben, da sich ja diese beständig ändern. So nannte er nun diese Klasse des Seienden Ideen, von den sinnlichen Dingen aber behauptete er, daß sie alle neben diesen beständen und nach ihnen genannt würden. Dieser Bericht des Aristoteles bezeichnet aber nur die äußeren Beziehungen, welche in der Entstehung des platonischen Systems wirksam waren. Der originale Keimpunkt seiner Gedankenbildung erscheint hinter diesen äußeren Beziehungen.

b) Wanderjahre. In den Prozeßverhandlungen des Sokrates bot Platon sich an, Bürgschaft für Sokrates zu leisten. Nach Sokrates' Tode begab er sich mit andern Sokratikern nach Megara zu Eukleides; reiste, wie überliefert, zu dem Mathematiker Theodoros nach Kyrene, weiter nach Ägypten, Unteritalien (Pythagoreer), Sizilien. Trat etwa vierzigjährig am Hofe des älteren Dionysios mit Dion (dessen Schwester dem Dionysios vermählt) in nähere Beziehung. Erzählung: Dionysios habe ihn wie einen Kriegsgefangenen behandelt, er sei in Aigina auf den Sklavenmarkt gebracht und vom Kyrenaiker Annikeris losgekauft worden.

c) Meisterjahre. Nun ca. 387 nach Athen zurückgekehrt, begann er in dem von Kimon angelegten Gymnasium Akademie seine Schule, dann kaufte er einen Garten als Sitz derselben. Die platonische Schule (Akademie) war eine mit Grundbesitz ausgestattete, durch Vermächtnisse weiter bedachte Genossenschaft, mit fester Verfassung, geselligen Vereinigungen: nach der pythagoreischen wieder großartige Organisation gemeinsamer Arbeit (vgl. Usener, [in:] Preußische Jahrbücher 53, Organisation wissenschaftlicher Arbeit).

Der erste Forschungskreis dieser Schule, von Sokrates und den Megarikern her, lag in der Dialektik, d. h. Analysis des mit der Sprache verbundenen Denkens, kunstmäßiger Bearbeitung der Begriffe und ihrer Beziehungen, Verteidigung gegen Sophisten, Antisthenes u. a. (Beispiele Dialoge *Parmenides, Sophistes*). So wurde der Schluß auf die Ideen begründet.

Der andere Forschungskreis die mathematisch-astronomische Konstruktion des Kosmos. Die Schule wurde Sitz der griechischen Mathematik. Hankel, Zur Geschichte der Mathematik 1874, S. 127–150: „Die Verbindung philosophischer und mathematischer Produktivität, wie wir sie außer [in] Platon wohl nur noch in Pythagoras, Descartes, Leibniz vorfinden, hat der Mathematik immer die schönsten Früchte gebracht: ersterem verdanken wir die wissenschaftliche Mathematik überhaupt; Platon erfand die analytische Methode, durch welche sich die Mathematik über den Standpunkt der Elemente erhob; Descartes schuf die analytische Geometrie, unser berühmter Landsmann den Infinitesimalkalkül – und eben das sind die vier größten Stufen in der Entwicklung der Mathematik." Auch der schon berühmte Eudoxos trat ca. 366 in die Akademie ein. Er löste das Problem, die jetzt immer genauer bekannten Ortsveränderungen der Planeten auf die gedankenmäßige und vollkommene Kreisbewegung zurückzuführen, in seinem Werke *Über die Geschwindigkeiten* durch die Konstruktion homozentrischer, ineinandergreifender Sphären: eine erste Mechanik des Himmels. Platon teilte nun die unbestrittene Voraussetzung, jede durch Stoß mitgeteilte Bewegung gehe von selber wieder in Ruhestand über; so konnte er aus diesen konstanten regelmäßigen und harmonischen Verhältnissen auf einen immateriellen vernünftigen Grund des Kosmos schließen (näher meine *Einleitung I*, S. 225–241 [Ges. Schr. I, S. 179–192]).

Platons Wirken in seiner Schule wurde wahrscheinlich noch zweimal durch Reisen zu dem jüngeren Dionysios und Dion unterbrochen. Doch wurde seine Hoffnung, dort für sein Staatsideal zu wirken, getäuscht. Er starb nach Vollendung seines 80. Jahres 347.

3. Schriften Platons. Nun entsteht die Frage, welche von den unter Platons Namen auf uns gekommenen Schriften ihm angehören, welche etwa in dieser Schule oder auch außerhalb derselben von anderen verfaßt sind. Unsere Sammlung umfaßt (außer sieben Dialogen, deren Unechtheit schon im Altertum anerkannt) 35 Dialoge, die Briefe und die Definitionen. Es darf angenommen werden, daß uns keine echte Schrift Platons fehlt (Diogenes III, 56 ff. Anordnung der Hauptschriften Platons in fünf Trilogien durch Aristophanes von Byzanz, Anordnung in neun Tetralogien von Thrasyllos).

Äußerlich gesichert sind nur die von Aristoteles zitierten Schriften. 1. Zitiert werden *Staat, Gesetze, Timaios* mit Titel der Schrift und Namen Platons; ebenso sicher sind gestellt *Phaidon* und *Gastmahl* durch den Titel und einen Zusammenhang, der Platon als Verfasser voraussetzt. 2. Zitiert mit Titel der Schrift, aber ohne Bezeichnung platonischen Ursprungs: *Phaidros* (außerdem dadurch gesichert, daß die in ihm befindliche Definition der Seele mit Platons Namen angeführt), *Gorgias* (nach Zusammenhang des Zitats sehr wahrscheinlich, daß Aristoteles ein bekanntes Werk Platons zitiert), *Menon* (etwas weniger sichergestellt durch eine weitere Anführung des Satzes als sokratisch), der *kleinere Hippias*. 3. Benutzung eines Dialogs durch Aristoteles als eines platonischen, doch ohne Nennung des Titels des Dialogs: *Philebos* und *Theaitetos* (beide völlig gesichert), *Sophistes* (etwas weniger äußerlich sichergestellt, doch auch durch Zusammentreffen der Stellen und Zusammenhang der Dialoge höchst wahrscheinlich). 4. Bezugnahme ohne Nennung Platons oder des Titels der Schrift ist sehr wahrscheinlich für *Apologie* (die als zuverlässige Quelle benutzt scheint), *Politikos* (der außerdem durch Rückbeziehung der *Gesetze* auf ihn und seine innere Beziehung zu *Sophistes* gestützt ist), *Protagoras* und *Kriton*. Die Bezugnahme mehr unsicher für *Charmides, Lysis, Laches*, am unsichersten für *Kratylos* und den *größeren Hippias*. Daß der bedeutende Dialog *Parmenides* von Aristoteles nirgend berücksichtigt wird, ist auffällig, aber daraus ganz erklärlich, daß die geschichtliche Streitlage, in der er entstand, für Aristoteles vorüber war.

Indem Kritik aus inneren Merkmalen hinzutrat, sind 1. *Phaidros, Protagoras, Gorgias, Theaitetos, Gastmahl, Phaidon, Republik, Timaios, Gesetze* jetzt ziemlich allgemein anerkannt; *Philebos, Kratylos* und *Kritias* haben Angriffe geringerer Stärke erfahren. 2. Andererseits werden ebenso allgemein der *zweite Alkibiades, Theages, Anterastai, Hipparchos, Minos, Kleitophon, Epinomis, Definitionen* und *Briefe* verworfen, und auch der *erste Alkibiades, Ion* und *Menexenos* werden von den meisten Forschern fallengelassen. Die alexandrinischen Bibliothekare bezeichnen, wie gelegentlich überliefert ist, als zweifelhaft die *Anterastai, Alkibiades II, Hipparchos, Epinomis, Brief 12*: Hieraus folgt, daß sie durch Aufnahme in die platonische Sammlung für die Echtheit keine Garantie übernehmen wollten, und auf welche Stücke derselben ihr Zweifel sich erstreckte, können wir aus dem Schweigen unserer Nachrichten nicht erschließen. 3. Streitig sind daher a) kleinere Dialoge, welche nur für Platons Entwicklungsgeschichte, aber nicht für die Erfassung seines Systems wichtig sind (ausgenommen *Menon* für die Begründung der Ideenlehre), b) unter den großen *Parmenides, Sophistes, Politikos.* Nach Vorgang Sochers hat Ueberweg den *Parmenides* für unecht erklärt (Untersuchungen über Echtheit und Zeitfolge platonischer Schriften 1861, [und in:] Jahrbuch für Philologie 1863, S. 97 ff.). Schaarschmidt, Die Sammlung der platonischen Schriften 1866, hat mit beachteten Gründen den Zweifel auf *Sophistes* und *Politikos* ausgedehnt, während seine Angriffe auf *Kratylos* und gar *Philebos* wenig wirkten. Zwar schloß sich der Bestreitung letzterer Dialoge zunächst Ueberweg an, schränkte jedoch später seine Verwerfung größerer Dialoge auf *Parmenides, Sophistes* und *Politikos* ein (siehe seinen *Grundriß*). Aber ein philosophisches Verständnis der Bedeutung dieser Dialoge für die Verteidigung und dialektische Durchbildung der Ideenlehre löst die Bedenken auf. Insbesondere die Verwerfung des *Parmenides* und *Sophistes* würde Platon, den größten Dialektiker des Altertums, nach dem siegreichen Kampf gegen die Sophisten alsdann den Gegnern der Ideenlehre gegenüber waffenlos erscheinen lassen. Die eindruckskräftigen Bedenken, zumal gegen das die metaphysischen Probleme am tiefsten aufwühlende Werk des ganzen Altertums, den *Parmenides*, schwinden, wenn man diese Schriften in Platons letzte Periode versetzt. Die Schwierigkeiten der Ideenlehre müssen damals in der Schule selbst vielfach erörtert worden sein, und Aristoteles, nach so langem Verweilen in der Akademie, konnte sehr wohl seine Bedenken ausgesprochen haben, woraus sich die Erörterung über diese Einwendungen in dem Dialog *Parmenides* erklärt.

4. Rekonstruktion des Zusammenhangs der Werke Platons und seiner Entwicklungsgeschichte. Das lange verlorene Verständnis der platonischen Dialoge wurde durch die von Schlegel mit Schleiermacher geplante, von Schleiermacher allein ausgeführte Arbeit begründet: Platons Werke (Übersetzung mit Einleitungen über Absicht und Gliederung der einzelnen Dialoge und die Beziehungen zwischen ihnen) 1804 ff., 2. Ausg. 1817 ff. (unvollständig).

Er betrachtete Platon als philosophischen Künstler, der nach einem im ersten größeren Dialog *Phaidros* noch sichtbaren Plan die größeren Dialoge durch noch erkennbare Andeutungen zu einem Ganzen verknüpft habe. Diese schriftstellerischen Werke sind ihm nur die lebendige Darstellung des in Platons Schule geübten Philosophierens, das von der ersten Erweckung der Prinzipien durch die sie methodisch begründende Analysis zu ihrer konstruktiven Darstellung fortschreitet. Schleiermacher verwirft die vor ihm schon vorhandene Annahme, daß die Werke Platons Zeugnisse einer inneren Entwicklung des Philosophen seien, in welcher er zu einer Ideenlehre gelangte. Nach Schleiermacher war Platon früh im Besitz der Ideenlehre, und seine Werke bilden ein nach einem didaktischen Plane gegliedertes System. Die Folge der Hauptwerke: I. elementarische: *Phaidros, Protagoras, Parmenides*; II. in indirekter Beweisführung begründende: *Theaitetos, Sophistes, Politikos, Phaidon, Philebos*; III. konstruktive: *Staat, Timaios, Kritias*. Nebenwerke in II u. a. *Gorgias, Kratylos, Gastmahl*, in III *Gesetze*. An diesem Standpunkt Schleiermachers bleibt richtig, daß Platon, als Philosoph, durch seine einzelnen Dialoge den Zusammenhang eines in ihm lebendigen Ganzen zur Darstellung bringen wollte. So hat er auch *Theaitetos, Sophistes* und *Politikos*, ebenso *Republik, Timaios, Kritias* verbunden zu größeren Ganzen, und zweifellose Beziehungen von Dialogen untereinander bestehen.

Aber Platons Gespräche bekunden zunächst darin eine Entwicklung ihres Autors, daß eine Anzahl von Dialogen, die sogenannten sokratischen, noch in den Problemen und der Verfahrungsweise des Sokrates verbleiben und keine Spur der Ideenlehre zeigen, es ist eine unhaltbare Künstelei, dies aus methodischer Absicht herzuleiten, wie Schleiermacher tut. Wir finden dann, daß im Dialog *Protagoras* die Sonderung des Guten vom Angenehmen und Nützlichen noch nicht vollzogen ist, dagegen im Dialog *Gorgias* sich vollzieht etc. Endlich unterscheidet Aristoteles die pythagoreisierende Lehrform des alternden Platon von der früheren, und *Philebos* und *Leges* sind dieser zuzuweisen. So findet sicher eine philosophische Entwicklung Platons während seiner schriftstellerischen Tätigkeit selbst statt.

Durch dies tatsächliche Verhältnis war eine zweite Auffassung bedingt, welche in Platons Werken Dokumente einer Entwicklungsgeschichte sieht und aus diesem Gesichtspunkt ihre Anordnung versucht. Schon vor Schleiermacher hatte Schlegel diesen Standpunkt eingenommen. Von ihm aus wurde dann nach dem Erscheinen des Schleiermacherschen Platon das Ergebnis Schleiermachers zunächst ergänzt durch die literarisch-historische Methode K. Fr. Hermanns in: Geschichte und System der platonischen Philosophie I 1838 (unvollendet). Hermann unterscheidet drei durch äußere Einflüsse bedingte Stufen der Entwicklung Platons: erstens von Sokrates bestimmte Periode, u. a. *Apologie, Kriton, Gorgias, Menon*; zweitens megarische, *Kratylos, Theaitetos, Sophistes, Politikos, Parmenides*; drittens selbständig reife, *Phaidros* (Antrittsprogramm der Lehrtätigkeit in der Akademie), *Gastmahl, Phaidon, Philebos, Staat, Timaios, Kritias, Gesetze*.

Neben den von Hermann betonten äußeren Momenten hat man seitens der Philosophen wie Herbarts auch die inneren, in Platons philosophischen Voraussetzungen gelegenen, welche seine Entwicklung bedingt haben, hervorgehoben. Ein besonders wirksames Motiv der Entwicklung Platons bildet die

Auffindung der logischen Beziehungen in der menschlichen Rede und die metaphysische Verwertung dieser Beziehungen.

Beiden Standpunkten kommt ein relatives Recht zu. Daher haben die auf Schleiermacher und Hermann folgenden Forscher, wie besonders Zeller und Ueberweg, sie verbunden (doch kehrte Ueberweg, [in:] Zeitschrift für Philologie 1870, 2, S. 72 ff. zur vorwiegenden Anerkennung des Standpunktes von Schleiermacher zurück). Sicher stehen am Anfang die sokratischen, von der Polemik gegen die Sophisten bedingten Dialoge, dann folgte die von der Ideenlehre regierte Epoche Platons, und in dieser bilden naturgemäß die der Begründung der Ideenlehre dienenden Dialoge wie *Gorgias, Menon, Theaitetos, Symposion, Kratylos* in seinem systematischen Denken einen Zusammenhang; auf sie baut sich die große Trilogie: *Republik, Timaios, Kritias*, der Höhepunkt seines systematischen Denkens, auf. *Parmenides* und *Sophistes* gehören höchstwahrscheinlich der letzten Periode Platons an und verteidigen die Ideenlehre.

Die Schriften Platons können aber drittens auch nach ihren Beziehungen zu den literarischen und politischen Vorgängen betrachtet und chronologisch geordnet werden. Zuerst der Kampf gegen die Sophisten, vom *Phaidros* ab hinzutretend das Verhältnis zu Isokrates und der Rhetorik, dann das zu den anderen Sokratikern, insbesondere zu seinem bedeutenden Gegner Antisthenes, endlich offenbar die in seiner Schule selber auftretenden Einwendungen, Modifikationen seiner Lehre etc.: Alles dieses bedingte seine schriftstellerische Tätigkeit, und so ist die Abfassung seiner Werke durch diese Polemik ebenfalls bedingt zu denken. Haben Hermann, Usener und andere Philologen hochverdienstlich diese Seite der platonischen Schriftstellerei untersuchend ans Licht gestellt, so ist ganz verwerflich, wenn Teichmüller hieraus einen dritten Standpunkt der Platonauslegung konstruiert hat und die Folge der platonischen Schriften von den polemischen literarischen Verhältnissen bedingt denkt (besonders Teichmüller, Literarische Fehden im 4. Jahrhundert 1881, S. 4).

Der chronologischen Untersuchung im einzelnen dienen folgende Untersuchungsreihen: 1) ausdrückliche innere Beziehungen der Dialoge aufeinander, 2) Beziehungen auf Werke anderer Schriftsteller (z. B. Isokrates), 3) auf Zeitereignisse, 4) Veränderungen und Entwicklung im philosophischen Inhalt, 5) sprachliche und stilistische Merkmale (z. B. Vermeidung des Hiatus, Wortgebrauch). Wenn einmal diese Untersuchungsreihen zusammentreffen, wird eine Entscheidung der schwebenden Hauptfragen möglich. Die philosophisch wichtigsten unter diesen: Versuche, aus der *Republik* eine ältere Schrift auszulösen, Verlegung von *Parmenides, Sophistes* und *Politikos* in eine späte Zeit und in deren philosophische Streitlage.

In der Literatur zur Benutzung neben dem Angeführten: Ausgabe Henric. Stephanus 1578 (nach dem die Seitenzahlen zitiert werden); Stallbaum 1821 ff.

– Lateinische Übersetzung Ficinus 1483 f., deutsche neben Schleiermachers besonders Platons Werke übersetzt von Müller, mit Einleitungen von Steinhart 1850 ff. – Zur Erläuterung: Zeller, Platonische Studien 1839; Bonitz, Platonische Studien, 2. Aufl. 1875 (bedeutender Fortschritt über Schleiermacher hinaus in empirisch sicherer Nachweisung von Gliederung und Absicht der einzelnen Dialoge); Grote, Plato 1865 (übermäßig konservativer Standpunkt der Kritik). Die von Schleiermacher im ganzen festgestellte Auffassung des Platon (in den Einleitungen der übersetzten Gespräche und in den *Vorlesungen über Geschichte der Philosophie*), auf deren Boden auch Zellers Darstellung steht (II, 1[4]), ist vergeblich von Lotze, Teichmüller in seiner Geschichte der Begriffe [1874] und [Die] platonische Frage 1876, Cohen, Platos Ideenlehre und die Mathematik 1879, durch neue Interpretationen zu verdrängen gesucht worden.

5. Ältere Akademie. Die Leitung der platonischen Genossenschaft und Schule (Akademie) ging nach Platons Tode zunächst auf seinen Schwestersohn Speusippos, von diesem auf Xenokrates aus Chalkedon über. Die ältere Akademie, von welcher eine mittlere und neuere oder genauer eine zweite, dritte, vierte, fünfte Akademie unterschieden werden, reicht vom Tode Platons bis auf Arkesilaos (315–241/0 v. Chr.).

In Platons späteren Jahren hatte die mathematisch-astronomische Forschung in seiner Schule auch eine Veränderung der Ideenlehre herbeigeführt, welche sie zu der pythagoreischen Zahlenlehre in näheres Verhältnis brachte (Bericht des Aristoteles, Metaphysik I, 6; XIV, 1, sowie der *Philebos* und *Gesetze* Platons). Philippos von Opus, der Herausgeber der *Gesetze* aus Platons Nachlaß und Verfasser der *Epinomis* (Bruns, Platos Gesetze vor und nach ihrer Herausgabe durch Philippos von Opus 1880), fand das höchste Wissen in Mathematik und Astronomie. Herakleides, der Pontiker, erkannte die tägliche Achsendrehung der Erde von Westen nach Osten und den Stillstand des Fixsternhimmels. Die Spekulationen des Speusippos, Xenokrates, Eudoxos u. a. über Ideen und Zahlen gestatteten so wenig Evidenz, daß nach dem Übergang der mathematisch-astronomischen Arbeit auf andere Wissensstätten, besonders Alexandrien, die zweifelnde Dialektik das Übergewicht in der Akademie erlangte. Arkesilaos vollzog diese Wendung, in welcher die mittlere Akademie begann (siehe später).

Platon, mit den Pythagoreern vereint, wirkte auf die ganze weitere Entwicklung des europäischen Geistes als höchster literarischer Ausdruck der echt griechischen Lehre von der Harmonie des Kosmos sowie von den im Bewußtsein, unabhängig von aller Sinneserfahrung, enthaltenen Elementen für eine wissenschaftliche Konstruktion dieser Eurhythmie des Kosmos.

IV. Aristoteles und die peripatetische Schule
[1. Aristoteles]

1. Leben

a) In der Schulgenossenschaft Platons. Aristoteles ist 384 v. Chr. in Stageira, einer thrakischen Stadt, geboren. In seiner Familie war der ärztliche Beruf erblich, und sein Vater Nikomachos war Leibarzt des makedonischen Königs Amyntas. So war wohl hierdurch seine Geistesrichtung schon bestimmt, als er in seinem achtzehnten Jahre in die platonische Schule eintrat. Er verblieb in ihr 20 Jahre, bis zum Tode des Meisters. Er hielt schon innerhalb dieser Schule Vorträge, so höchstwahrscheinlich rhetorische, um dem Isokrates entgegenzutreten („ein Schimpf wär's, schwieg' ich und ließ Isokrates das Wort"). Ja, der historische Forschungsgeist des Aristoteles scheint damals schon innerhalb der Schule Einfluß gewonnen zu haben.

b) Der Erzieher Alexanders des Großen. Nach Platons Tode, 37 Jahre alt, war Aristoteles (nebst Xenokrates) drei Jahre bei dem Mitschüler Hermias, dem Fürsten von Atarneus in Mysien, dessen Nichte (oder Schwester) Pythias er später heiratete. Dann in Mytilene, nach dem Tode des Hermias, traf ihn 342 ein Ruf an den makedonischen Hof, die Erziehung Alexanders zu übernehmen. Hier blieb er, bis Alexander seinen Zug nach Asien antrat. Der Einfluß des Aristoteles auf die hochsinnige griechische Bildung Alexanders und die dauernde Verbindung mit Alexander sind ein Bestandteil seiner mächtigen intellektuellen Stellung in der damaligen griechischen Welt.

c) Das Haupt der peripatetischen Schule. 334 (oder frühestens 335) hat Aristoteles zu Athen in dem Gymnasium Lykeion eine Schulgenossenschaft in der Art der platonischen gegründet. Sie erhielt den Namen der peripatetischen von seiner Gewohnheit, auf- und abwandelnd sich mit seinen Schülern zu unterhalten, oder wahrscheinlicher von dem Versammlungsort. Eine große Sammlung von Büchern und reiche Hilfsmittel für naturwissenschaftliche Forschung ermöglichten ihm und der von ihm geleiteten wissenschaftlichen Genossenschaft, die beschreibend-vergleichenden Wissenschaften der Natur zu begründen und dasselbe Verfahren auf die Staatswissenschaften, die Poetik etc. anzuwenden. Teilweise sind diese großartigen Arbeiten erst nach seinem Tode von seinen Schülern vollendet. Zugleich entwickelte er mit diesen Hilfsmitteln aus dem platonischen Prinzip der transzendent begründeten Harmonie des denkenden Geistes mit seinen Objekten das erste schulmäßig nach einzelnen philosophischen Disziplinen gegliederte System in seinen Vorlesungen und den mit diesen verbundenen systematischen Darstellungen (πραγματεῖαι). Sein Verhältnis zu Alexander war seit dem gewaltsamen Ende seines Neffen Kallisthenes getrübt. Dennoch hatte der Tod Alexanders für ihn in Athen eine Anklage wegen Asebie zur Folge. Er flüchtete nach Chalkis auf Euböa. Er soll geäußert haben, er wolle den Athenern nicht Gelegenheit geben, sich zum zweiten Male an der Philosophie zu versündigen. Dort starb er bald darauf, 322, wenige Monate vor dem Tode des Demosthenes.

2. Schriften

Verzeichnis Diogenes V, 21 ff., wohl auf Hermippos zurückzuführen. Die Hauptredaktion vollzog im Altertum Andronikos von Rhodos (um 65 v. Chr.). Beste Gesamtausgaben: die von der Akademie der Wissenschaften in Berlin veranstaltete 1831–1870 (nach dieser Ausgabe wird zitiert; enthält auch die Sammlung der Fragmente von Rose und den für aristotelische Forschung grundlegenden Index von Bonitz); die zu Paris bei Didot erschienene 1848–1869.

I. Die Dialoge und anderen ἐκδεδομένοι λόγοι, welche wohl alle der früheren Zeit des Aristoteles angehören und von denen nur spärliche Fragmente erhalten sind. In ihnen hat auch Aristoteles wie sein Lehrer aus den Tatsachen des wissenschaftlichen und sittlichen Bewußtseins (mit ihm eigener vergleichender Benützung der Mythen und Volksvorstellungen) und aus der Betrachtung des Kosmos (vgl. die einer Stelle des Dialogs *Von der Philosophie* nachgebildete Stelle Cicero, De natura deorum II, 37, 95) die idealen Prinzipien abgeleitet, welche er dann seiner Schulphilosophie zugrunde legte. Auch ihm sind die unveränderlichen Formen (εἴδη), die in Begriffen erkannt werden, das Wesenhafte in der Wirklichkeit und der Gegenstand der Wissenschaft. Er betrachtete sich daher immer als Platoniker. Doch hat er sich in diesen Schriften bereits mit der Ideenlehre Platons auseinandergesetzt. Er verwirft die von den Einzelwesen getrennt für sich bestehenden Ideen, betrachtet die Einzelwesen als allein vollwirklich und die Formen, die auch ihm einziger Gegenstand der Wissenschaft sind, als diesen Einzelwesen einwohnend. Die vielen dem Aristoteles zugeschriebenen Werke dieser Klasse sind alle verloren.

Unter ihnen sind folgende am besten gesichert und waren besonders wichtig: 1. der *Protreptikos*, eine Ermahnung zur Philosophie, Unterlage späterer verwandter Schriften, u. a. des verlorenen *Hortensius* von Cicero; auch um die Philosophie zu verwerfen, müsse man philosophieren (Diels, Zu Aristoteles' Protreptikos und Ciceros Hortensius, im Archiv für Geschichte der Philosophie I, S. 477–97). *Eudemos*, Dialog, dem *Phaidon* Platons nachgebildet, über die Seele und ihre Unsterblichkeit. Drei Bücher *Über die Philosophie*, Dialog: Geschichte der bisherigen Metaphysik, Kritik der platonischen Ideenlehre und, darauf gebaut, Darstellung seiner neuen Metaphysik; wie *Eudemos* in seinen späteren Schriften von ihm mehrfach vorausgesetzt und benutzt. Vier Bücher *Über Gerechtigkeit*: wohl Dialog; hier erwies Aristoteles die Unableitbarkeit des sittlichen Bewußtseins aus den Lust- und Unlustempfindungen, nach der

Methode der sokratisch-platonischen Schule; Karneades in der zweitägigen sensationellen Vorlesung zu Rom über die Gerechtigkeit hat den platonischen Staat und diese Schrift bekämpft. *Politikos. Von dem Königtum*, an Alexander. *Über Dichter. Gryllos oder über die Rhetorik* u. a. – Die Fragmente dieser verlorenen Schriften in der Pariser Ausgabe von Heitz, in der Berliner von Rose gesammelt. Dazu Rose, Aristoteles Pseudepigraphus 1863 (er hält die Fragmente zumeist für unecht), anders Jakob Bernays, Die Dialoge des Aristoteles 1863; Heitz, Die verlorenen Schriften des Aristoteles 1865; Diels, Über die exoterischen Reden des Aristoteles, [in:] Abhandlungen der Berliner Akademie 1883.

II. Zusammenstellung der Ergebnisse empirischer Forschung, die Aristoteles für sein vergleichendes und auf Prinzipien zurückführendes Verfahren Grundlage waren. Denn von der Metaphysik des Aristoteles aus, für welche in dem göttlichen Nus die Systematik der Welt (die logischen Beziehungen der Formen) angelegt war, wurden jetzt die vergleichenden Methoden ausgebildet. Vgl. meine *Einleitung I*, S. 242 ff., 287 ff. [Ges. Schr. I, S. 192 ff., S. 227 ff.]. Von dieser ganzen Klasse der Werke des Aristoteles waren nur Fragmente erhalten, siehe bei Rose und Heitz, bis vor kurzem die πολιτεία 'Αθηναίων gefunden wurde. Veröffentlicht von Kenyon, London 1891. Beste Ausgabe von Kaibel und Wilamowitz 1891, neubearbeitete Auflage in Vorbereitung. Beste Übersetzung Kaibel und Kiessling 1891. Über die an diese Schrift sich anknüpfenden Fragen Wilamowitz, Aristoteles und Athen 1893. Die wichtigsten von diesen Werken waren folgende: Die ἀνατομαί, Darstellung der Befunde anatomischer Untersuchungen, Unterlage seiner vergleichenden Tierkunde. Die *Politien*, Beschreibung von 153 griechischen Staatsverfassungen, ergänzend die *Barbarensatzungen*, beides Grundlage seiner vergleichenden politischen Wissenschaft (Untersuchungen über die historische Quellenbenutzung im Staat der Athener und das politische Denken des Aristoteles von Wilamowitz, in: Aristoteles und Athen, 2 Bd.e 1893). Die *Didaskalien*, ein auf Urkunden gegründetes chronologisches Verzeichnis der in Athen aufgeführten Tragödien, Unterlage für seine Poetik. Die τεχνῶν συναγωγή, eine Geschichte der Rhetorik.

Unsicher nach Echtheit und Stellung Aufzeichnungen über philosophische Lehren seiner Vorgänger; solche werden u. a. erwähnt über die Pythagoreer und die platonische Schule (die Schriften *Über das Gute* und die *Ideen* waren wohl Berichte von platonischen Vorlesungen, wie die διαιρέσεις).

III. Die systematischen Darstellungen der einzelnen Disziplinen, Pragmatien, bilden die große Masse unserer Sammlung des Aristoteles. Sind wohl im Zusammenhang mit seinen Vorlesungen entstanden und zunächst für seine Schüler bestimmt gewesen. Nach Aristoteles ist der Nus, die göttliche Vernunft, das Prinzip, der Zweck, durch welchen das Vernunftmäßige an den Dingen wenigstens mittelbar in jedem Punkte bedingt ist. So kann der Kosmos, sofern er vernünftig ist, durch die der göttlichen verwandte menschliche Vernunft erkannt werden. Die logischen Schriften entwickeln die Formen, in denen das Denken das Sein erfaßt, die erste Philosophie (Metaphysik) das ihnen entsprechende Seiende. Logik und Metaphysik sind von Aristoteles ab die philosophischen Grundwissenschaften während des metaphysischen Stadiums.

1. Logische Schriften, unter dem Titel des *Organon* erst nach Aristoteles vereinigt: a) die Schrift *Über die Kategorien*, ihre Echtheit fraglich, aber ihre historische Wirkung sehr erheblich. Aristoteles zählt hier zehn Kategorien auf: οὐσία oder τί ἐστί, ποσόν, ποιόν, πρός τι, ποῦ, ποτέ, κεῖσθαι, ἔχειν, ποιεῖν, πάσχειν. In den andern Schriften sind die Kategorien reduziert auf acht, es fehlen κεῖσθαι und ἔχειν, vgl. *Analytica posterioria* I, 22 p. 83 a 21 und b 15, *Physik* V, 1, *Metaphysik* V, 7. Die Kategorien sind die Denkformen, denen Existenzformen entsprechen, und zwar stehen dieselben in dem Zusammenhang, daß „die Substanz zeitlich-räumlich bestimmt, mit einer eigenschaftlichen Determination in der Welt des Zählbaren und Meßbaren auftritt und sich innerhalb des vielen Seienden nach ihrer Bestimmtheit wirksam zeigt"; vgl. Prantl, Geschichte der Logik, S. 209. An Aristoteles knüpft besonders Kants Kategorienlehre an. b) *περὶ ἑρμηνείας*, über Satz und Urteil, Echtheit fraglich, c) das logische Hauptwerk: *ἀναλυτικὰ πρότερα* (über den Schluß) und *ὕστερα* (über Beweis, Definition, Einteilung und Erkenntnis der Prinzipien), d) die *Topik* und das zu ihr gehörige Buch *Über die Trugschlüsse der Sophisten und ihre Auflösung*. Durch diese Schriften ist Aristoteles der Begründer der Logik und Wissenschaftslehre. Beste Ausgabe: Waitz, Organon, 2 Bd.e 1844/46. Eine klassische Darstellung der dauernd gültigen elementaren Sätze für den höheren Unterricht gab Trendelenburg in seinen *Elementa logices* nebst Erläuterungen dazu (in verschiedenen Auflagen seit 1836).

2. An die *Topik* lehnen sich die drei Bücher *Rhetorik*, das dritte Buch nicht von Aristoteles. In dieser Schrift hat Aristoteles den platonischen Gedanken einer auf die Logik gegründeten, echt wissenschaftlichen Rhetorik, im Gegensatz gegen die der Rhetorenschulen, doch zugleich mit Benutzung der rhetorischen Technik, durchgeführt, und sie ist heute noch das bedeutendste Werk über diesen Gegenstand (Ausgabe Spengel 1867, Spengel hat überhaupt für die antike Rhetorik das Beste geleistet).

3. Die naturwissenschaftlichen Schriften. Sind die logischen Schriften zweifellos nach der Absicht des Aristoteles der *Physik* vorauszustellen, so ist diese Stellung vor der *Physik* doch höchstens von einzelnen Bestandteilen des heute als *Metaphysik* bezeichneten Schrifteninbegriffs wahrscheinlich zu machen. Alsdann geht Aristoteles von dem Kosmos rückwärts zu seinen Gründen, ins-

besondere von den Bewegungen und den zweckmäßigen Formen zu dem Nus als dem ersten Beweger (über diese Struktur seines Systems meine *Einleitung I*, S. 252 ff. [Ges. Schr. I, S. 200 ff.]). Acht Bücher *Physik, φυσικη ἀκρόασις*, Buch sieben später eingeschoben; Ausgabe griechisch und deutsch von Prantl 1854/1879. – Vier Bücher *Über das Himmelsgebäude* und dazugehörig zwei Bücher *Über Entstehen und Vergehen* (Ausgabe von Prantl 1857). – Vier Bücher *Meteorologie* (Ausgabe von Ideler 1834–36), – *περὶ ψυχῆς, Psychologie* nebst kleineren, sehr interessanten Abhandlungen über Gedächtnis, Schlaf und Traum u. a.; bester Versuch einer vergleichenden Psychologie (beste sacherklärende Ausgabe von Trendelenburg 1833/1877). – Ob Aristoteles seine Arbeiten über die Pflanzen selbst noch abschloß oder ihr Abschluß erst durch seinen Schüler Theophrastos geschah, unsicher; die in unseren Ausgaben befindliche Schrift über die Pflanzen unecht. – *Tiergeschichte* (beste Ausgabe griechisch und deutsch Aubert und Wimmer 1868; vgl. J. B. Meyer, Aristoteles' Tierkunde 1855). – Vier Bücher *Über die Teile der Tiere* (Ausgabe griechisch und deutsch von Frantzius 1853). – *Über den Gang der Tiere.* – Fünf Bücher *Über die Entstehung der Tiere* (Aubert und Wimmer 1860). – Dann geht die Erkenntnis von den stetigen vollkommenen Bewegungen der Gestirne, von dem Spiel der Veränderungen unter dem Monde zu den ersten Ursachen (Erklärungsgründen) zurück. Diese sind Gegenstand der (an sich) „ersten Philosophie".

4. Metaphysische Schriften. Die *πρώτη φιλοσοφία* ist in der Schriftenzusammenstellung erhalten, welche Andronikos hinter die physischen stellte und die daher als *τὰ μετὰ τὰ φυσικά, Metaphysik*, bezeichnet worden ist. Vierzehn Bücher, Ausgabe griechisch und deutsch Schwegler 1847–48, beste Ausgabe Bonitz 1848. Hauptkörper Buch I, III, IV, VI–IX. Hier wird die Vollständigkeit der in der *Physik* aufgefundenen Ursachen zuerst in historisch-kritischer Musterung der bisherigen Philosophien bestätigt (Buch I), dann die erste Philosophie, doch unvollständig, entwickelt. Dann (Buch XII, Kapitel 6 – Schluß) die Theologie des Aristoteles, eine andere höchst bedeutende und geschichtlich wirksame Abhandlung. Das Übrige Entwürfe, Zusammenfassungen, Unechtes etc. Diese *Metaphysik* des Aristoteles ist das Grundwerk für alles metaphysische Denken bis in das 17. Jahrhundert n. Chr.

5. Auf die Metaphysik und Psychologie gründen sich Ethik und Politik, welche innerhalb des erwiesenen teleologischen Zusammenhangs der Welt nun das eigentümliche Ziel des Menschen und die beste Form des Staats bestimmen. Drei Ethiken in der Sammlung überliefert, echt die *Nikomachische Ethik*; die *Eudemische [Ethik]* eine Arbeit des Eudemos, Schülers des Aristoteles, die *Große Ethik* ein aus beiden hergestellter Abriß (Nikomachische Ethik, Ausgabe von Susemihl 1880). Acht Bücher *Politik*. Wahrscheinliche Anordnung:

Buch I elementare Formen des Zusammenlebens, Hauswesen; Buch II Kritik der philosophischen Staatsideale und der am meisten gepriesenen Verfassungen; Buch III Zergliederung des Staats in seine Formbestandteile und Klassifikation der Verfassungen; Buch III, Kapitel 14–17 das Königtum als unter gewissen Bedingungen beste Verfassung; Bücher VII, VIII Entwurf einer auf die günstigsten Bedingungen gegründeten idealen Verfassung als der Herrschaft der Besten (unvollständig); Bücher IV, VI von anderen Verfassungen; Buch V von den Ursachen der Erhaltung und des Untergangs von Verfassungen. Die aristotelische *Politik* ist der heute noch unübertroffene Versuch einer aus Deskription der damals vorhandenen Verfassungen nach vergleichender Methode gearbeiteten Staatswissenschaft (Ausgabe mit Erkenntnis der Umstellungen Conring 1656, B. S. Hilaire 1874, Susemihl 1872, 1879, 1883). – *Ökonomik* unecht.

6. Die erhaltene *Poetik* ist eine vielfach verderbte und verstümmelte Bearbeitung der zwei Bücher aristotelische *Poetik*. Insbesondere die aus dem ganzen griechischen Literaturbestande abgezogene Theorie der Tragödie hat mächtig gewirkt (Ausgabe griechisch und deutsch Susemihl 1865, Vahlen 1867, 1885, übersetzt und eingeleitet von Th. Gomperz 1897; vgl. Jak. Bernays, Zwei Abhandlungen über die aristotelische Theorie des Dramas 1880).

Über die Entstehung des zerrütteten Zustandes dieser unserer aristotelischen Schriftensammlung eine freilich zur Erklärung dieses Zustandes unbrauchbare Erzählung bei Strabon XIII, p. 608 f., Plutarch, Sulla 26: nach Theophrasts Tode seien die Manuskripte des Aristoteles an Neleus in Skepsis gekommen; hier, in einem Keller versteckt, litten sie und wurden vergessen; bis sie dann wiedergefunden, von Sulla nach Rom gebracht und von Tyrannion und Andronikos von Rhodos ca. 70 v. Chr. in die jetzige Ordnung gestellt und ediert wurden. Tatsächlich ist vieles an der Überlieferung der aristotelischen Pragmatien rätselhaft. Jedenfalls fordert die unvollkommene Gestalt von Hauptwerken wie Logik, Metaphysik, Politik, bei sorgfältiger Ausarbeitung einzelner relativ selbständiger Teile, und die unvollkommene, teilweise fehlerhafte Anordnung derselben die Annahme, daß sie als Ganze eine abschließende Redaktion von Aristoteles nicht erfahren haben. Dies ist wahrscheinlich dadurch bedingt, daß sie in fortdauerndem Gebrauch für Aristoteles' Lehrtätigkeit verblieben; wahrscheinlich wollte sie so Aristoteles der Reife für die Veröffentlichung entgegenführen; daher die doppelten Redaktionen, gegenseitigen Verweisungen etc. – Beste allgemeine Hilfsmittel für [das] Verständnis des Aristoteles der Index zu den aristotelischen Schriften von Bonitz, Bd. V der Ausgabe der Berliner Akademie und die Darstellung des Systems von Zeller, Philosophie der Griechen II 2.

[2.] Die peripatetische Schule

Von den zwei hervorragendsten Schülern des Aristoteles, Theophrastos aus Lesbos und Eudemos aus Rhodos, wurde ersterer nach Aristoteles Vorsteher der Schule. Schulfabel: Aristoteles, kurz vor seinem Tode gefragt, habe die sinnbildliche Antwort gegeben, der lesbische und rhodische Wein seien beide trefflich, doch jener sei süßer. In der peripatetischen Schule nahm die positive Forschung zu, und fruchtbare Spekulationen traten hinter ihr zurück. Mag man es mit Schleiermacher beklagen oder mit anderen preisen: Die intellektuelle Entwicklung der alten Völker ging aus dem Stadium der Metaphysik allmählich in das der Erfahrungswissenschaften über.

Die botanischen Arbeiten des Aristoteles wurden von Theophrastos in seiner Pflanzengeschichte und seiner Ätiologie der Pflanzen abgeschlossen, und diese Werke bleiben während des ganzen Mittelalters Grundlage der Botanik. In der verlorenen Schrift *Gesetze* hatte Theophrastos Gesetze und Rechtsbräuche der griechischen Staaten vergleichend dargestellt. Das unter dem Namen des Theophrastos erhaltene merkwürdige Schriftchen *Über die ethischen Charaktere* ist nicht echt, doch wahrscheinlich aus seinen ethischen Werken geflossen. Usener, Analecta Theophrastea 1858. – Dikaiarchos hat in seinem *Leben von Hellas* den ersten (uns verlorenen) Versuch einer Geschichte der griechischen Kultur in den Stadien des Nomadenlebens, der durch Ackerbau hervorgebrachten Seßhaftigkeit usw. bis zum Untergang der griechischen Freiheit gemacht. In seinem (verlorenen) *Tripolitikos* hat er das Ideal der aus Demokratie, Aristokratie, Monarchie gemischten Verfassungsform aufgestellt (fortwirkend in Polybios, Cicero). Die verlorenen (nur bedeutende Fragmente erhalten, herausgegeben von Spengel, 2. Aufl. 1870) Arbeiten des Eudemos zur Geschichte der Wissenschaften waren den Späteren die verläßlichsten Quellen. Aristoxenos wurde in seiner (uns erhaltenen) *Harmonik* für die Theorie der Musik bedeutend (Ausgabe griechisch und deutsch von Marquard 1868).

Philosophisch förderten die Peripatetiker die Ausbildung einer formalen Logik aus dem Ansatz des Aristoteles durch Behandlung der hypothetischen und disjunktiven Schlüsse. Für die überhandnehmende naturalistische Richtung der Schule ist die Auflösung der Unsterblichkeitslehre bezeichnend. Ja, der Nachfolger des Theophrastos, Straton der Physiker, ersetzt den göttlichen Nus des Aristoteles durch die unbewußt wirkende Naturkraft. Diels, Physikalisches System des Strato, [in:] Abhandlungen der Berliner Akademie 1893.

Die späteren Peripatetiker nur als Gelehrte wichtig. Unter ihnen Andronikos aus Rhodos, elfter Vorsteher der Schule (um 65 bis 50 v. Chr.), gab mit Hilfe des Grammatikers Tyrannion die aristotelischen Schriften heraus. In der von

Andronikos begonnenen Richtung auf Erklärung und Verteidigung des Aristoteles der wichtigste Alexandros von Aphrodisias, „der Exeget". Seine für das Studium des Aristoteles wichtigen Kommentare sowie die der übrigen Aristoteleserklärer werden jetzt von der Berliner Akademie der Wissenschaften neu herausgegeben. Die Unechtheit des Kommentars zur *Metaphysik* Bücher VI-XIV wird erwiesen, und die echten Fragmente werden gesammelt von Freudenthal in den Abhandlungen der Berliner Akademie der Wissenschaften 1885, die durch Averroes erhaltenen Fragmente Alexandros' zur *Metaphysik* des Aristoteles untersucht und übersetzt. Die von ihm und anderen Peripatetikern der römischen Kaiserzeit (Alexandros von Aigai, Aspasios, Adrastos, Herminos, Aristokles) verfaßten exegetischen Schriften zu Aristoteles bildeten den Grundstock einer weitläufigen Literatur von Kommentaren des Aristoteles: Was davon erhalten ist, gibt vollständig die Berliner Akademie der Wissenschaften heraus in: Commentaria in Aristotelem graeca, bisher zwölf Bd.e (die wichtigsten von Simplikios vgl. S. 9).

Diese Literatur setzt sich dann in den arabischen und abendländisch-lateinischen Kommentaren und Paraphrasen des Aristoteles im Mittelalter fort, welche die Tradition des Aristoteles hinüberführen in die mittelalterliche Philosophie. So wurde sie zusammen mit den Kommentaren und Paraphrasen zu Platon ein Hauptmittel, die Kontinuität der philosophischen Arbeit bis zum 17. Jahrhundert zu erhalten.

Drittes Stadium
Die hellenistische und römische Philosophie

Die griechische Kultur tritt in das Stadium der selbständigen Erfahrungswissenschaften. Aber zugleich stirbt die national-griechische Bildung und die von ihr getragene Philosophie ab. Im Ringen der Nachfolger Alexanders († 323, Diadochen) bildeten sich neben dem makedonisch-griechischen Staate das syrische Reich der Seleukiden, das ägyptische unter den Ptolemäern, Pergamon u. a. Die hellenische Kultur verschmolz in diesen Staaten mit den nationalen Bildungen, und so entstand die hellenistische Kultur und Philosophie (Susemihl, Geschichte der griechischen Literatur in der Alexandrinerzeit 1891). Söldnerwesen, Kriegs- und Belagerungskunst, große Städte und Industrie anstatt der vom lebendigen Geist der Bürger beseelten griechischen Staaten, die mechanische Finanz- und Verwaltungskunst dieser Monarchien ändern den Bewußtseinsstand des philosophierenden Menschen. In den neuen Zentren Alexandria und Pergamon werden die Einzelwissenschaften selbständig, und die metaphysische Spekulation zieht sich auf die Leitung der Lebensführung und des politischen Handelns zurück. Unter diesen Einwirkungen bildet dann der römische Geist die neue Stellung des Bewußtseins zu Natur, Recht und Staat in der hellenistisch-römischen Philosophie abschließend aus.

I. Die selbständigen Erfahrungswissenschaften

Die einheitliche Leitung der wissenschaftlichen Arbeit in der sokratisch-platonischen Schule (zu der sich auch Aristoteles immer rechnete) zerfiel wie Alexanders Weltreich. Unter ihr hatten die Einzelwissenschaften eine unschätzbare logische Grundlage, fein entwickelte bewußte Methoden, verwendbare Begriffe und Axiome empfangen und waren zur Selbständigkeit reif geworden. Die konstruktive Wissenschaft vom Kosmos, welche aus logischen und mathematischen Denkbestimmungen, als dem ursprünglich Gewissen, den realen Zusammenhang des Kosmos abgeleitet hatte, löste sich nunmehr auf; so zerriß das Band, welches die Einzelwissenschaften zusammengehalten hatte. Insbesondere lösten sich Mathematik und Astronomie von der Logik und Metaphysik los. So große intellektuelle Veränderungen sind in der Regel mit solchen in der Stellung der wissenschaftlichen Personen und der Einrichtung der Anstalten verbunden. Mit den großen Mitteln fürstlicher Beschützer der Wissenschaften wurden insbesondere in Alexandrien, Pergamon große Bibliotheken, Observatorien mit immer reicherem Apparat von Instrumenten, Anatomien, botanische und zoologische Gärten, Vereinigungen arbeitender Gelehrten begründet. Erweiterung des Schauplatzes dieser neuen Arbeiten der Griechen. Die Höfe der neuen Dynasten und ihre Städtegründungen. Die griechische Bildung breitet sich jetzt erst im Osten frei aus, wo sie vorher an der persischen Macht ihre Grenze gefunden. Verliert ihren nationalen Charakter.

1. Mathematik. Eukleides, um 300, in Alexandrien (berühmte Antwort auf die Frage des Ptolemaios, ob es nicht eine bequemere geometrische Lehrmethode gebe: „es gibt keinen königlichen Weg zur Geometrie"). Platoniker. Seine dreizehn Bücher *Elemente* ($\sigma\tau o\iota\chi\varepsilon\tilde{\iota}\alpha$) haben, aufgrund der Ausbildung der Logik, in unangreifbarer Verkettung der Beweise ein klassisches Vorbild von Evidenz für die europäische Wissenschaft geliefert. Herausgeber Heiberg und Menge 1883f. Über Euklid Heiberg, Literargeschichtliche Studien zu Euklid 1882. Archimedes kam, nachdem er während der Belagerung seiner Vaterstadt Syrakus durch seine Erfindungskraft die Eroberung lange aufgehalten hatte, bei dieser 212 um („noli turbare circulos meos"). Der größte Naturforscher (Geometer und Mechaniker) des Altertums. Über ihn Heiberg, Quaestiones Archi-

mediae, Kopenhagen 1879. Apollonios von Perge, jünger als Archimedes, acht *Bücher der Kegelschnitte* erhalten, Grundlage für die Fortentwicklung der Astronomie (herausgegeben von Heiberg 1890).

Im Zusammenhang mit der Erneuerung des Pythagoreismus im ersten Jahrhundert n. Chr. wurde dann auch die hinter den Untersuchungen der genannten großen Geometer zurückgebliebene Arithmetik gepflegt. Der Pythagoreer Nikomachos von Gerasa (2. Jahrhundert n. Chr.): *Einleitung in die Arithmetik.* Der Platoniker Theon aus Smyrna. Diophantos von Alexandria (wahrscheinlich 4. Jahrhundert n. Chr.). *Arithmetisches*, Hankel, S. 158: „Diophantos Vater der Arithmetik und Algebra in dem Sinne, wie wir diese Wissenschaften betreiben; der erste, der ohne geometrische Repräsentation mit allgemeinen zusammengesetzten Zahlausdrücken nach den bestimmten formalen Gesetzen der Addition, Subtraktion, Multiplikation, Division, Potenzierung, Radizierung operiert d. h. gerechnet hat." So wurde für die Kenntnis und Technik der logischen Operationen eine Erweiterung vorbereitet.

2. Mechanik. Archimedes. In seinen statischen Arbeiten sind die fundamentalen Vorstellungen enthalten, zu denen die Wissenschaft der Natur jetzt gelangt. Er entwickelte auf vorherrschend mathematischem Wege, von dem Satze aus, daß gleich schwere Körper, die in gleicher Entfernung wirken, sich im Gleichgewicht befinden, das allgemeine Hebelprinzip und legte den Grund zu der Hydrostatik. Die Dynamik von ihm noch nicht bearbeitet. Grenze der griechischen Naturerkenntnis. Von ihm und seinen Nachfolgern in physikalischer Forschung wurde nun methodisch das Experiment als das andere Hilfsmittel der Naturerkenntnis neben der mathematischen Begründung benutzt.

3. Astronomie und mathematische Geographie. Aristarchos von Samos (3. Jahrhundert v. Chr.), Vertreter der heliozentrischen Lehre, an deren Überlieferung aus dem Altertum dann Kopernikus anknüpfte. Hipparchos, der auf Rhodos, vielleicht auch in Alexandria beobachtete (2. Jahrhundert v. Chr.), der Begründer der induktiven Astronomie im modernen Sinne. Eratosthenes. Klaudios Ptolemaios, in Alexandrien, gab in seinem *Großen System der Astronomie* [μεγάλη σύνταξις] eine Zusammenfassung des geozentrischen Systems, welche bis auf Kopernikus in Geltung blieb.

4. Anatomie und Physiologie. Claudius Galenus, in Pergamon und Rom (2. Jahrhundert n. Chr.), Philosoph, Physiolog, Anatom und Arzt, ging von der teleologischen Grundanschauung der peripatetischen Schule aus und arbeitete mit den Hilfsmitteln von Zergliederung und Experiment.

5. Philologie und Grammatik. Die Sammlung und Katalogisierung der Werke des griechischen Altertums in den Bibliotheken, besonders in der alexandrinischen, führte zur Entstehung der Textkritik und der Sonderung des Echten vom Unechten; insbesondere entstand so die Homer-Kritik. Aus der Aufgabe, den

ursprünglichen Text der griechischen Meisterwerke (besonders des Homer) herzustellen, entsprang die alexandrinische Grammatik. Die Analogisten und ihr Führer Aristarchos (Begründer der Lehre Aristophanes von Byzanz), die Anomalisten und ihr Führer Krates von Mallos, Ausbildung der in der peripatetischen Schule begründeten Literaturgeschichte (Wachsmuth, De Cratete Mallota 1860; Lehrs, De Aristarchi studiis Homericis 1833).

II.
Die neuen Philosophenschulen

Viele dieser positiven Forscher verbleiben in einem Schulverbande oder innerer Beziehung zu einer der Schulen. Aber die Ideenlehre, der höchste philosophische Ausdruck des nationalgriechischen Geistes (entsprechend der Plastik des Phidias, der Tragödie des Sophokles), konnte den Bestand desselben nicht überdauern. Die Metaphysik des Aristoteles erlag dem Widerspruch, daß nach ihr nur das Einzelne als wirklich und nur das Allgemeine als wißbar erschien, dem unerträglichen Dualismus von Stoff und Form etc. So wurden nach dem Tode des Aristoteles die Gegengründe gegen die platonisch-aristotelische Konstruktion des Kosmos siegreich, welche schon die Sophisten, die Megariker und Antisthenes geltend gemacht hatten. Der feste Ausgangspunkt für die nun entstehenden drei neuen Schulen lag in den Erscheinungen. Ihre Logik erkennt daher nur die Methode an, von diesen Erscheinungen zu dem, was nicht in der Erfahrung gegeben ist, zurückzugehen. Hierin waren sie mit den Erfahrungswissenschaften und ihrem größten damaligen Muster, der Astronomie, in Übereinstimmung (eine ihnen entsprechende Erfahrungsphilosophie). Demnach betraf der Streit dieser Schulen die Frage, ob und welche „Kriterien" für ein solches regressives Verfahren festgestellt werden könnten. Da sie die vom Wahrnehmen unabhängigen konstruktiven Denkelemente der klassischen griechischen Philosophie verwarfen und den Standpunkt der inneren Erfahrung noch nicht erfaßten, vermochten sie ein allgemeingültiges wissenschaftliches Kriterium nicht zu finden.

So verlor die fortbestehende Akademie die innere Sicherheit über ihre konstruktiven Denkelemente. Die peripatetische Schule ging weiter in der Richtung auf die von den Sinnen beglaubigte Lehre von der belebten Materie. Und zwei neue Schulgenossenschaften entstanden, indem neben diesen zwei dualistischen und spiritualistischen Schulen die fortwirkende Ontologie der belebten Materie in der stoischen Schule und die der Mechanik der Atome in der epikureischen mit neuen Hilfsmitteln und Zielen systematisch durchgebildet wurden. Die so nebeneinandertretenden vier dogmatischen Schulen und die

Skepsis haben die unter den Voraussetzungen des Zeitraums möglichen Standpunkte in geschlossenen, dauernden Körperschaften dargestellt und ausgebildet. So wurden sie in der wüsten Diadochenzeit für die griechische Welt die Haltpunkte des geistigen Lebens. Jeder Gebildete nahm zu ihnen Stellung (vgl. Zumpt, Über den Bestand der philosophischen Schulen in Athen etc. 1843).

1. Die epikureische Schule

Die Welterklärung des Demokrit aus den Atomen und deren Bewegungen im leeren Raume hatte als die des sinnlichen Denkens neben der idealen des Platon und Aristoteles fortbestanden. Der Demokriteer Nausiphanes, der auch durch die Schule Pyrrhons gegangen sein soll, wurde der Lehrer des Epikur. Um den Anfang des Jahres 342 oder Januar 341 ist in Samos Epikur geboren, Sohn des Atheners Neokles. Er ging im Sinne der allgemeinen Voraussetzungen der Zeit von der Anerkennung der äußeren Erfahrung und der in ihr gegebenen Erscheinungen aus. Er verband die mechanisch-atomistische Welterklärung Demokrits mit einer sensualistischen, durch die Skeptiker geförderten Logik und mit der kyrenaischen, auf die atomistische Betrachtung der Gesellschaft gegründeten Ethik. Seine Tat lag in dem Erfassen der Zusammengehörigkeit dieser drei Momente in jeder sensualistischen Weltansicht. Die so entstandene höchst folgerichtige Weltansicht des allein auf die Sinne vertrauenden Verstandes ist im ganzen Mittelalter bis in das 17. Jahrhundert mit seinem Namen bezeichnet worden, und sie wurde dann durch die Vermittlung von Gassendi und Hobbes die Grundlage der atomistischen Naturerkenntnis sowie der materialistischen Metaphysik. Zuerst Lehrer an anderen Orten, hat er dann eine philosophische Schulgenossenschaft in Athen 306 v. Chr. gegründet. In seinem Garten herrschte das Ansehen der von ihm formulierten Grundsätze (κύριαι δόξαι), der Kultus der Freundschaft und schönen Geselligkeit. † 270.

Von seiner streitbaren, weitläufigen, eilfertigen Schriftstellerei (Verzeichnis [bei] Diogenes Laërtios X, 27–28) sind uns in dem *Leben des Epikur* von Diogenes drei Lehrbriefe und eine Sammlung seiner Kernsprüche, besonders über das höchste Gut und die Kunst des Lebens (wohl nicht von Epikurs Hand), in den Herkulanensischen Funden ansehnliche Bruchstücke aus seiner Physik erhalten (meisterhafte Sammlung und Erläuterung der Fragmente Epikurs von Usener, Epicurea 1887).

Sein Lieblingsschüler Metrodoros [von Lampsakos]. Spätere Hauptvertreter in Rom:

1. Der in den Vorträgen des Epikureers Zenon von Sidon, den Cicero hervorhebt, unterrichtete Philodemos; eine erhebliche Schriftenmasse desselben ist

in Herculaneum gefunden worden, und Logisches (Gomperz, Philodemus über Induktionsschlüsse 1865), Rhetorisches (Spengel, Arnim, Sudhaus), Ethisches (De ira, ed. Gomperz; De vitiis et virtutibus), Ästhetisches (Gomperz u. a.) ist herausgegeben und untersucht. Sehr bedeutend die in der Schrift περὶ σημείων καὶ σημειώσεων enthaltene Theorie des Erfahrungsbeweises, welche die empiristische Logik J. St. Mills vielfach vorausnimmt. Vgl. näher Bahnsch über diese Schrift 1879 und Natorp, Zur Geschichte des Erkenntnisproblems im Altertum 1884, S. 284 ff.

2. Der große Dichter Lucretius Carus, geboren 98 v. Chr. (vgl. Rheinisches Museum 22, S. 445; 23, S. 678 f.), † 55 v. Chr., Verfasser des genialen philosophischen Lehrgedichtes *De rerum natura* (Herausgeber Lachmann, Bernays, Munro), welches das Studium der Natur unter dem Gesichtspunkte der Befreiung von der Götterfurcht nach den einfachen Begriffen der atomistischen Schule den Römern faßbar gemacht und die Kenntnis und den Einfluß des epikureischen Systems in erster Linie auch für die spätere Zeit erhalten hat. Sein Verhältnis zu seinen epikureischen Quellen Woltjer, Lucretii philosophia cum fontibus comparata 1877; über sein Werk Lotze, in: Philologus VII 1852, S. 696–732.

3. Horaz als der Dichter verfeinerten Lebensgenusses. – Rich. Heinze, De Horatio Bionis imitatore 1889; Max Schneidewin, Die horazische Lebensweisheit 1890. – Der Arzt Asklepiades von Bithynien, Zeitgenosse des Antiochos von Askalon, näherte die Vorstellung der kleinsten Teile den Anforderungen der Biologie und wurde Grundlage für Daniel Sennert, den deutschen Erneuerer des Atomismus (Lasswitz, [in:] Vierteljahrsschrift für wissenschaftliche Philosophie III, S. 425 ff.).

Die epikureische Schule setzt die Ausbildung derjenigen Metaphysik fort, welche aus in den Sinnen gegebenen Elementen unter Ausschluß eines selbständigen idealen Faktors die Entstehung der Erkenntnis, des Kosmos und der sittlichen Welt konstruiert. Sie gibt der Atomistik Demokrits eine folgerichtige und wissenschaftlich scharfsinnige Grundlage in einer sensualistischen Erfahrungslehre und Theorie des Erfahrungsbeweises (bleibt unfähig, die Allgemeingültigkeit der Erfahrung zu erklären). Sie versucht Demokrits Ableitung des Kosmos aus den Bewegungen der Atome im leeren Raum gemäß dem erweiterten astronomischen Wissen zu verbessern (unglückliche Lehre von der Abweichung der Atome von der senkrechten Fallinie; über das Unvermögen des Atomismus im Altertum, den Kosmos und die regelmäßigen Bahnen der Gestirne zu erklären, meine *Einleitung in die Geisteswissenschaften*, S. 214 ff. [Ges. Schr. I, S. 171 ff.]). Sie hat die Stellung des Seelenlebens in diesem materiellen Kausalzusammenhang gemäß dem höheren Stande des Naturwissens aus der Atomistik genauer abgeleitet (ihre Freiheitslehre ein Widerspruch gegen die

Grundlage des Systems im Kausalgesetz). Sie hat dieses ganze Naturwissen unter den praktischen Gesichtspunkt des höchsten Gutes gestellt, in den Lust- und Unlustgefühlen die einzigen Elemente der moralischen Welt nachzuweisen als ihre von der Atomistik gestellte Aufgabe erkannt und einen geistvollen Anfang zu deren Auflösung durch Nachweisung einer vom tierischen Leben aufsteigenden Entwicklung des Menschen zu Sprache, Religion, Recht und Staat gemacht (Lucretius, De natura liber V vers 783 ff.; ebenfalls unlösbare Aufgabe).

2. Die stoische Schule

1. Geschichte der stoischen Schule

Erste Epoche: Die Schulhäupter ihrer klassischen Zeit.

a) Der Begründer derselben Zenon aus Kition auf Zypern, einer griechischen Stadt mit phönizischem Bevölkerungsanteil. Geboren wahrscheinlich im Hochsommer 336, † 72 Jahre alt 264 (Rheinisches Museum 33, S. 622 ff.; 34, S. 154 ff.). Er wurde durch die Lektüre der *Memorabilien*, der *Apologie* von Bewunderung vor der Charakterkraft des Sokrates erfüllt. Diese glaubte er in dem Kyniker Krates [von Theben] wiederzufinden. Nach ihm hörte er Stilpon, der ca. 320 in Athen lehrte und die einander so nahe verwandten Philosophien der megarischen und kynischen Schule verknüpfte. So wurde, im Gegensatz gegen Platon und Aristoteles, der empirische, näher sensualistische Standpunkt, dessen alle neuen Schulen in diesem Stadium der Begründung der Erfahrungswissenschaften bedurften, zur erkenntnistheoretisch-logischen Grundlage seiner Philosophie. Lag schon dieser sein Empirismus in der Linie der Entwicklung von Platon zu Aristoteles und von diesem zu seinen Schülern, so ging er eben in dieser Entwicklung metaphysisch zur vollen Durchführung der Lehre von der Immanenz der Gottheit in der Welt fort. Indem er wie einst Platon den ethischen Standpunkt der Sokratiker zu einem kosmischen zu erweitern strebte, fand er eine natürliche Weltansicht, die auch die Prinzipien des Handelns bestimmen könne, in der Lehre Herakleitos', nach welcher die Kraft dem Stoffe immanent ist wie die Seele dem Körper (antike Form des Pantheismus; die von den Sokratikern empfangenen Begriffe des Zenon erhielten durch Herakleitos' Begriffe von Logos, Nomos, Physis eine kosmische Erweiterung). So verschmolzen sich in seinem System Gedanken von breiter Wirkung; Nominalismus; monistische Immanenz der Kraft im Stoff, der göttlichen bewußten Vernunft als einer Seele im Körper der Welt; aus diesem Logos des Weltalls fließend Ein Gesetz, nach welchem alle Menschen wie im gemeinsamen Vaterlande der Welt unter Einem Rechte der Natur leben; stolzes Freiheitsbewußtsein des tugendhaften Weisen, der allein frei und König ist. Vor 300 trat Zenon in Athen als Lehrer auf; seine Schüler wurden nach ihrem Versammlungsorte, der Stoa Poikile, als Stoiker bezeichnet. Endete freiwillig. Seine Schriften, unter ihnen die *Über den Staat*, bis auf einzelne Fragmente verloren. Wellmann, Die Philosophie des Stoikers Zeno, [in:] Jahrbuch für Philologie Bd. 107 (1873).

b) Einige von den unmittelbaren Schülern Zenons wie Herillos und Ariston [von Chios] griffen von der kunstvoll den Antisthenes und den eigenen ihm angeschlossenen früheren Standpunkt abmildernden Lehre Zenons vom höchsten Gute auf Antisthenes und vielleicht Aristoteles zurück. Auch sein besonders geliebter Schüler und Landsmann Persaios beschränkte sich auf den ethischen Kern der zenonischen Lehre, Xenophons Ideal der Kalokagathie mit ihm verschmelzend. Kleanthes von Assos in Troas, geboren wahrscheinlich um 330 (Todesjahr ungewiß), führte das System des Meisters in seinem ganzen Umfang weiter und folgte ihm 264 in der Leitung der Schulgenossenschaft. Schwerfälligeren Geistes, aber von großer Energie des Willens und von dichterisch begeisterter Grundstimmung, schon hierin Herakleitos verwandt, hat er Zenons Lehre fortgebildet, insbesondere in der durch die Benutzung Herakleitos' vorgezeichneten Richtung; wie er denn die Formel „übereinstimmend mit der Natur zu leben", die bei Zenon von der menschlichen Natur gemeint war, auf die Physis überhaupt ausdehnte. Nur ein Hymnus auf den Zeus erhalten von seinen Werken.

c) Ihm folgte in der Leitung der Schulgenossenschaft Chrysippos aus Soloi, geboren 281/76, †208/4, der scharfsinnige Systematiker und dadurch zweite Begünder der Schule. „Wäre Chrysipp nicht gewesen, so wäre auch keine Stoa gewesen." Er hat die erkenntnistheoretisch-logische Grundlage des Systems erst zu einem Ganzen abgerundet (die Kriterien, d. h. Merkmale, an denen Wahres und Falsches unterschieden werden können, liegen in αἴσθησις und πρόληψις; letzteren Terminus hat er, Epikur benutzend, in die stoische Philosophie eingeführt; in der Behandlung der Schlüsse hat Chrysippos einen äußerlichen Formalismus ausgebildet, durch welchen die stoische Schule die Fortentwicklung der aristotelischen Logik gehemmt hat; vgl. Prantl, Geschichte der Logik I, S. 404 ff.). Die Angriffe gegen die stoische Schule machten die dialektische Gewandtheit Chrysippos' besonders nützlich. In der Theologie hat er den Pantheismus der Schule, die Lehre, daß jeder Teil der Welt ein Ausdruck der Gottheit nur in anderer Form sei, zuerst ganz folgerichtig durchgeführt. Von seinen unglaublich vielen und weitschweifigen Schriften keine erhalten, die Bruchstücke nur unvollständig (Baguet 1822) gesammelt und bearbeitet. (Gercke, Chrysippea 1885). – Neben ihm der Gelehrte Eratosthenes, ein Schüler Aristons, in den mathematischen Wissenschaften hervorragend, 276/2–196/2.

Die beste systematische Darstellung des von diesen Männern ausgebildeten Systems in Zellers drittem Bande. Vgl. auch Ogereau, Essai sur le système philosophique des stoïciens 1885. Die Lösung der Aufgabe, die Hauptpersonen voneinander zu trennen und einzeln sichtbar zu machen, ist von vollständigerer Bearbeitung der Bruchstücke und Rekonstruktion einzelner Schriften abhängig. Vorläufiger Versuch in Hirzels Untersuchungen zu Ciceros philosophischen Schriften Bd. II 1: Die Entwicklung der stoischen Philosophie, 1882. Verdienstlich Wachsmuth, Commentatio I et II de Zenone Citiensi et Cleanthe Assio 1874; Th. Gomperz, [in:] Zeitschrift für österreichische Gymnasien 1878, S. 252 ff. Eine Sammlung der Fragmente der Stoiker ist in Vorbereitung. Eindringendes philologisch begründetes Studium wendet sich ihnen überhaupt erst jetzt zu. Die Übertragung der stoischen Philosophie auf die neuere teilweise durch die Darstellung von Justus Lipsius in Manuductio ad Stoicam philosophiam 1604 vermittelt. Wichtige neuere Arbeiten: Stein, Die Psychologie der Stoa 1886, Die Erkenntnistheorie der Stoa 1888; Schmekel, Philosophie der mittleren Stoa 1888; Bonhöfer, Epiktet und die Stoa 1890, Die Ethik des Stoikers Epiktet 1894.

Die zweite Epoche der stoischen Schule begann, als die Stoa mit dem wahlverwandten römischen Geiste in Beziehung trat und eine die Schulen vereinigende Universalphilosophie angestrebt wurde. Zugleich war die zweite Epoche von dem Auftreten des Skeptikers Karneades erheblich bedingt.

Den römischen Stoizismus begründete Panaitios aus Rhodos (Leben ungefähr zwischen 185 und 110 v. Chr.); er verknüpfte, als ein Schüler des Krates von Mallos, philosophisch-historische Forschung (z. B. über die Sokratiker) mit der von ihm bevorzugten Philosophie des Menschen und der Gesellschaft; als ein Verehrer der Sokratiker verschmolz er Platonisches und Aristotelisches mit der Stoa; für ihn traten unter der Führung des Sokrates die Häupter der Stoa mit Platon, Aristoteles und ihren Hauptschülern zu einer philosophischen Gemeinschaft zusammen; er milderte die moralische Paradoxie derselben und wirkte, durch die Unterscheidung einer dreifachen Theologie, für die religiöse Aufklärung. So gewann er den jüngeren Scipio Africanus und Laelius für die griechische Philosophie, trat mit Polybios in Beziehung und wurde der Lehrer des berühmten Rechtsgelehrten und Pontifex maximus Q. Mucius Scaevola († 82 v. Chr., unterschied nach Panaitios eine dreifache Theologie der Dichter, Philosophen und Staatsmänner; ließ nur die Staatsmänner gelten, welche den herkömmlichen Kultus aufrechterhielten). Sein Werk περὶ τοῦ καθήκοντος Vorlage von Cicero De officiis lib. I, II.

Sein bedeutendster Schüler Poseidonios von Apameia. Seine Wirksamkeit fällt in die erste Hälfte des 1. Jahrhunderts v. Chr. (Geburts- und Todeszeit ganz unsicher). Er lehrte in Rhodos und wurde dort von Cicero und Pompejus gehört. Nahm gelehrte Forschung mehr noch als Panaitios in seine umfassende und glänzende schriftstellerische Tätigkeit auf. Gegenüber der Widerlegung der dogmatischen Schulen durch die Skeptiker aus dem Hinweis auf den Widerstreit ihrer Systeme entwickelte auch er, wie Antiochos in der Akademie, die Übereinstimmung, insbesondere der Stoa mit Platon (Fragmente Bake 1810; K. Müller, Fragmenta historicum Graecorum III, S. 245 ff.).

Schon die griechischen Stoiker, welche einen wirklichen Einblick in römisches Wesen erhielten, vor allen Panaitios, wurden von demselben in ihrem Denken beeinflußt. Die Schriftsteller der römischen Kaiserzeit, welche der stoischen Schule zugerechnet werden, L. Annaeus Seneca, Epiktetus, Marcus Aurelius Antoninus, haben ihre Bedeutung eben durch die Stellung des römischen Geistes zu den philosophischen Problemen und eine hieraus fließende Originalität ihrer schriftstellerischen Physiognomie. Daher sind sie im Zusammenhang des Vorgangs von Verschmelzung der griechischen Kultur mit der römischen zu besprechen.

2. System

Folgende Punkte waren in den Hauptteilen des Systems für die weltgeschichtliche Stellung der Stoa entscheidend:

I. Ihre nominalistische Erkenntnistheorie und ihre mehr formale, hierdurch von Aristoteles abweichende Behandlung der Logik (Prantl, Geschichte der Logik I, S. 401 ff.).

II. In metaphysischer Rücksicht die vollkommenste Durchbildung eines von der antiken Vorstellung einer Beseelung der Welt durch die Gottheit ausgehenden Pantheismus. Dieser ist neben der atomistisch-mechanischen Metaphysik von Demokrit und Epikur und der platonisch-aristotelischen Lehre die dritte der drei Hauptformen antiker Metaphysik. Und zwar ist die stoische Ontologie nicht bloße Erneuerung des alten Hylozoismus, sondern gehört zu den wenigen großen metaphysischen Schöpfungen der europäischen Menschheit und befriedigte daher auch lange das metaphysische Bedürfnis. Sie löste die unerträglichen Schwierigkeiten des platonisch-aristotelischen Dualismus durch den Monismus der belebten Materie, ähnlich wie später die des cartesianisch-okkasionalistischen Dualismus Spinoza (analog Fechner) löste. Hierbei konnte sie die herrschenden Erklärungen der psycho-physischen Lebensvorgänge, wie sie die Hippokrates zugeschriebene Schriftenmasse repräsentiert (vgl. S. 22 f.), benutzen, weil sie die Lehre vom Pneuma als der belebten Urmaterie mit ihnen teilte. Sie vereinigte aber alles Angeeignete unter neuen, aus der veränderten Bewußtseinslage der Diadochenzeit von den großenteils ungriechischen Häuptern der Stoa gebildeten Begriffen, welche dann vom römischen Geiste besonders energisch durchgebildet wurden (Kraft, Spannung, Wille, absolute Determination des einzelnen durch das Ganze).

Hauptsätze: 1. Wirklich ist, was die Kraft zu wirken und zu leiden hat. 2. In jedem Einzelding ist die Kraft (τὸ ποιοῦν) dem Stoff (τό πάσχον), die Eigenschaft (ποιότης) der Substanz (ὑποκείμενον) immanent. 3. Alles Wirkliche ist Körper. 4. Aller Wandlungen der Materie Prinzip und fortbestehender Grund ist das Pneuma, und dieses ist mit der Vernunft identisch. 5. Das Pneuma ist vermöge der κρᾶσις δι ὅλων als einheitlich bildende Kraft (tiefer Begriff von τόνος Spannung) in jedem Ding Grund seiner Eigenschaften, im Menschen der biologischen und als Wille der psychischen Prozesse (Quelle der spiritus animales). 6. So entsteht eine absolute Determination aller Einzeldinge durch das Ganze, in Verwandtschaft (συμπάθεια τῶν ὅλων, consentiens, conspirans, continuata cognatio rerum) und dadurch bedingter Wechselwirkung aller Teile. 7. So ist der absolute Kausalzusammenhang (εἱμαρμένη), innerhalb dessen auch der Mensch nur als (gleichsam intelligibler) Charakter, als Willensbeschaffenheit auf sich beruht, identisch mit der Zweckmäßigkeit (erste Theodizee, πρόνοια). Daher die bildende Naturkraft auch λόγος σπερματικός und Weltgesetz. Diese Analogie Grundlage der Ethik.

III. In ethischer Rücksicht die Grundformel ὁμολογουμένως τῇ φύσει ζῆν, und, wie schon in der zwiefachen Auffassung dieser Formel liegt, in für die Stoa charakteristischer Doppelseitigkeit einerseits die Zurückführung der (als einziges Gut anerkannten) tugendhaften Gesinnung auf die Übereinstimmung mit dem obersten Gesetz des Naturganzen, anderseits die Loslösung der ethischen Fragen aus dem Gefüge der Wissenschaft des Kosmos und die Erhebung der freien Selbstbetrachtung des Menschen zu einer ganz neuen Macht im Kulturleben (Ursprung der literarischen Form von Selbstbetrachtungen); das Ideal des Weisen (Näheres zur Geschichte dieses Ideals in Hirzel, Untersuchungen zu Ciceros philosophischen Schriften II 1, 1882); Ausbildung der von Antisthenes zuerst aufgestellten Lehre vom Weltstaat, des von den Sophisten begründeten Naturrechts zu den Sätzen, welche dann die römische Rechtswissenschaft beeinflußt haben (hierüber am gründlichsten M. Voigt, Die Lehre vom ius naturale, aequum et bonum und ius gentium der Römer, 4 Bd.e 1858–76). Erste eindringende Erkenntnis und Kritik der stoischen Sittenlehre bei Schleiermacher, Kritik der Sittenlehre 1803.

IV. Begründer einer Philosophischen Theologie, indem sie, durch frühere vorbereitet, einen ausgedehnten Gebrauch von der allegorischen Auslegung machten. Dieser ist dann auf Philon, die Neuplatoniker und Kirchenväter übergegangen. Sie verteidigten auch Weissagung und Mantik durch die Annahme eines natürlichen Zusammenhangs zwischen dem Zeichen und der geweissagten Tatsache (natürliche Erklärung).

Die ältere Stoa hat kein klassisches Werk hervorgebracht, das sich erhalten hätte und an das eine Kontinuität im Fortleben der Schule sich hätte anschließen können. So lebte sie nur in den Einwirkungen fort, die ihr organischer Pantheismus auf die Römer, Philon, Kirchenväter, Plotin etc. geübt hatte, in der Schultradition, besonders des Cicero, und in den Schriften der römisch umgeformten Philosophie, besonders des Mark Aurel. Erst das 16./17. Jahrhundert stellten aus den Trümmern das System der älteren Stoa wieder her, und dieses wie das atomistische System übten dann in diesen Jahrhunderten eine mächtige Wirkung.

3. Der Skeptizismus

Der Zweifel der Sophisten hatte in der megarischen Schule und bei Antisthenes, dem bedeutendsten Gegner Platons, fortgewirkt. Nun ist, nachdem die erstrebte objektive Erkenntnis des Kosmos in den metaphysischen Schulen errungen schien, dieselbe von dem Skeptizismus mit innerhalb der Voraussetzungen des Altertums unwiderleglichen Gründen aufgelöst worden. Auf dem weiten Kampfplatz der Schulen des Altertums blieb der Skeptizismus unbesiegt.

a. Die ältere Skepsis geht von Sokrates und denjenigen seiner nächsten Schüler aus, welche die dogmatische Philosophie bekämpften. Sie sucht das Ideal des Weisen, die Ataraxie, durch Erkenntnis der Unmöglichkeit des Wissens fester zu begründen.

Pyrrhon, geboren ca. 360, Zeitgenosse Alexanders des Großen, aus Elis, war zumeist durch die Gegner der platonischen Spekulation, die Sophisten und die kynische, sowie die megarisch-elische Schule bedingt, insbesondere aber durch Antisthenes, der nur eine zeitlich begrenzte sinnliche Einzelwahrnehmung hatte gelten lassen. Er entwickelte, daß auch diese nur Phänomene darbiete. Er nahm mit dem Demokriteer Anaxarchos an den Feldzügen Alexanders teil, und vielleicht hat die Kenntnisnahme von den Vorstellungen anderer Völker seine Skepsis beeinflußt, vielleicht auch die nähere Bekanntschaft mit dem Demokriteer. Dann gründete er in Elis eine Schule, lebte dort arm, ruhigen Gemütes, bis ins hohe Alter. Er selber, darin auch Sokrates ähnlich, schrieb nichts. Die Philosophie entwickelte er in den drei durch das Ziel der Eudämonie bestimmten Fragen: 1. Welches ist die Beschaffenheit der Dinge? 2. Wie haben wir uns folgerecht zu ihnen zu verhalten? 3. Was erlangen wir durch dieses Verhalten?

Sein Schüler Timon aus Phleius, der berühmte Sillendichter, hat aufgrund der Philosophie seines Lehrers in bitteren Spottgedichten alle dogmatischen Schulen angegriffen: aus dem Zusammenwirken trügerischer Sinne und trügenden

Verstandes entstehe keine Wahrheit. Wachsmuth, Sillographorum Graecorum reliquiae; R. Hirzel, Untersuchungen zu Ciceros philosophischen Schriften III, S. 1 ff.; Natorp, Forschungen, S. 127 ff.

b. Die zweite (mittlere) und dritte (neue) Akademie. Diese in einem engen Schülerkreise anerkannte Skepsis wurde mächtig, seitdem ihr durch Arkesilaos die platonische Akademie zugeführt wurde. Die scheinbar negativ verlaufende Dialektik platonischer Werke, wie u. a. des platonischen *Parmenides*, hatte eine solche Richtung in der Akademie vorbereitet. Der Gegensatz gegen den gröberen stoischen Dogmatismus und die Einwirkung der pyrrhonischen Skepsis ließen diese Richtung eintreten. Sie unterscheidet sich von der vorhergehenden Skepsis dadurch, daß sie in der Theorie der Wahrscheinlichkeit ein Prinzip gewann, das ein Verhältnis zu den positiven Wissenschaften ermöglichte und auch für die Diskussion spekulativer Sätze Raum ließ.

Ihr Begründer Arkesilaos, zu Pitane in Aeolien geboren (315, † 241/0), hat als Vorsteher der platonischen Akademie diese zum Mittelpunkte einer die rasch aufsteigende Stoa zersetzenden Dialektik gemacht. Er hält fest an der platonischen Disjunktion von erstens Wahrnehmen und in ihm gegebenen, kein Wissen enthaltenen Vorstellungen und zweitens Wissen. Er zeigt, daß die φαντασία καταληπτική der Stoiker, eine aus sinnlicher Wahrnehmung entstandene Vorstellung, welche ein sicheres Merkmal der Wahrheit an sich hätte, nicht möglich ist. Da er andererseits ein allgemeingültiges Wissen vermittelst im Denken gegebener konstruktiver Elemente nicht mehr mit Platon anerkannte, blieb nur übrig, daß wir nichts mit Sicherheit zu erkennen vermögen. Das Kriterium für das praktische Leben ist die Wahrscheinlichkeit, da auch sie unseren Willen in Bewegung setzt.

Hundert Jahre nach ihm vollendete diese Lehre Karneades, der Gründer der dritten Akademie. Geboren 214/3 v. Chr. in Kyrene, Vorsteher der Akademie, kam 155 v. Chr. mit dem Peripatetiker Kritolaos und dem Stoiker Diogenes [dem Babylonier] im Auftrage Athens als Gesandter nach Rom, † 129. Einer der größten philosophischen Köpfe dieser Jahrhunderte und ein mächtiger Redner. Er hat keine Schrift hinterlassen (Darstellungen durch seine Schüler, besonders Kleitomachos, verloren). Er verallgemeinerte die Gründe des Arkesilaos gegen das Wissen und bildete dem Wissen gegenüber die Theorie der Wahrscheinlichkeit aus. Drei Grade der Wahrscheinlichkeit: 1. Eine Vorstellung ist für sich betrachtet wahrscheinlich. 2. Sie ist dadurch befestigt, daß die mit ihr in Beziehung stehenden anderen Vorstellungen ihr nicht widersprechen, sondern sie bestätigen. 3. Wie diese Vorstellung, so sind auch die mit ihr in Beziehung stehenden Vorstellungen auf diese Weise befestigt. Dieser Begriff der Wahrscheinlichkeit war eine für die Ausbildung der Erfahrungsphilosophie wichtige logische Erfindung. Er bestritt von den Übeln der Welt aus den teleologischen

Schluß auf Gott und entwickelte wohl zuerst den Widerspruch in dem Begriff Gottes als eines einerseits unendlichen und vollkommenen, andererseits lebendigen und sittlichen, sonach beschränkten und veränderlichen Wesens. Er sprach in Rom an einem Tage für die Gerechtigkeit, am andern gegen sie, weil er sich weder für noch gegen sie entscheiden wollte: Wollten die Römer Gerechtigkeit üben, dann müßten sie ihre Eroberungen herausgeben und in ihre Hütten zurückkehren. War aber seine Wahrscheinlichkeitslehre erfunden, um Entscheidungsgründe für das Handeln zu ermöglichen, so mußte er das höchste Gut ausreichend für das Leben bestimmen; hierfür führte er ein schönes Verfahren ein, indem er die vorhandenen Ansichten auf eine bestimmte Anzahl von Möglichkeiten zurückführte und deren Wahrscheinlichkeit abmaß. Hauptquelle: Sextus Empiricus, Adversus mathematicos VII; Cicero, Academica; Aug. Geffers, De Arcesila 1842, De Arcesilae succesoribus 1845; Roulez, De Carneade 1824; Index der Akademiker, herausgegeben von Bücheler, 1869.

c. Die jüngere skeptische Schule. Während die platonische Schule durch Philon aus Larissa (den 87 v. Chr. Cicero hörte) und insbesondere Antiochos von Askalon († wahrscheinlich 68 v. Chr., ebenfalls Lehrer Ciceros) in den Eklektizismus überging, bildete sich eine jüngere skeptische Schule, die sich als die Fortsetzung der pyrrhonischen ansah, im Gegensatz zu dem herrschenden Eklektizismus.

Ihr Begründer Ainesidemos aus Knossos, wahrscheinlich jüngerer Zeitgenosse des Antiochos von Askalon (Zeitbestimmung seines Lebens unsicher, lehrte im 1. Jahrhundert v. Chr.), hat in den acht Büchern *Pyrrhonischer Reden*, seiner Hauptschrift, die Unmöglichkeit aufgezeigt, von den Phänomenen durch ein zwingendes Denkverfahren auf die Bestimmung der Beschaffenheit ihrer objektiven Unterlage zurückzugehen (näher meine *Einleitung I*, S. 296 ff. [Ges. Schr. I, S. 235 ff.]). Er formulierte die zehn Tropen der Beweisführung, daß Erkenntnis unmöglich ist (unter den Zurückführungen dieser Tropen auf eine kleinere Zahl war die des Agrippa auf fünf Tropen). Auszug der *Pyrrhonischen Reden* des Ainesidemos bei Photios, *[Bibliothek,]* cod. 212.

Hauptsächlich aber sind uns diese und viele andere Arbeiten der Skeptiker erhalten in den Schriften des Sextus, dem Arsenal aller Waffen der Skeptiker. Sextus gehörte zur Schule der empirischen Ärzte, welche sich in bezug auf die Ätiologie der Krankheiten skeptisch verhielten und auf die in der Erfahrung erworbene Kenntnis der Heilmittel beschränken wollten (daher Beiname Empiricus); diese Schule billigte naturgemäß den Skeptizismus. Er war wahrscheinlich jüngerer Zeitgenosse Galens, trat also wohl erst im letzten Viertel des 2. Jahrhunderts n. Chr. gegen das Ende von Galens Lebenszeit auf. Von seinen Schriften sind erhalten: 1. drei Bücher *Pyrrhonische Hypotyposen* (Grundzüge der pyrrhonischen Skepsis), 2. die elf Bücher *Gegen die Mathematiker*, enthaltend a) eine Schrift *Gegen die dogmatischen Philosophen*, die nacheinander deren Logik, Physik und Ethik widerlegt (Buch 7–11) und b) eine Schrift *Gegen die μαθήματα*: Grammatik, Rhetorik, Geometrie, Arithmetik, Astronomie und Musik (Buch 1–6). Gerade das sammelnde Verfahren des Sextus hat in diesem seinem Werke, obwohl Sextus Bedeutendes und Geringes nicht immer zu unterscheiden weiß, eine unschätzbare Gesamtdarstellung der ganzen Arbeit der Schule geschaffen. Ausgaben J. A. Fabricius 1718, Bekker 1842; Pappenheim, Pyrrhonische Skizzen, übersetzt und erläutert 1877, ders., De Sexti Empirici librorum numero et ordine 1874, Lebensverhältnisse des Sextus Empiricus 1875; Haas, Leben des Sextus Empiricus 1882, Über die Schriften des Sextus Empiricus 1883; Saisset, Le scepticisme 1865.

Diese Darstellung nach Schulen muß durch eine synchronistische Betrachtungsweise ergänzt werden, wenn man die nacharistotelische Entwicklung nach den Beziehungen der Denker zueinander verstehen will. Den Haupteinschnitt bildet das Auftreten des Karneades, welches mit der Einwirkung Roms, das sich den Philosophen öffnete, auf die philosophische Entwicklung zusammenfällt. Er kam 155 nach Rom. Während die atomistisch-mechanische Weltansicht keiner Vermittlung zugänglich war, ging nun von der Stoa in Panaitios und Poseidonios die Sammlung der idealistischen Richtungen zum Eklektizismus aus. Diesem schloß sich dann auch die Akademie in Philon von Larissa und Kleitomachos an. So entstand die Situation, unter der Cicero schrieb.

III. Die Verschmelzung der griechischen Philosophie mit der römischen Lebensansicht. Der Eklektizismus

Unter universalhistorischem Gesichtspunkte ist der Vorgang sehr bedeutend, in welchem nun diese der hellenistischen Bildung angepaßte Philosophie, besonders Stoa und Platonismus des zweiten Jahrhunderts v. Chr., mit der römischen Kultur, alsdann mit dem aus dem Osten kommenden Gottesglauben verschmolz. So bildete sich erst das Ganze jener Metaphysik, welche den Ertrag der alten Welt in sich gesammelt hat und die dann von den alten auf die neueren Völker übergegangen ist.

Seitdem Griechenland gegen die Mitte des 2. Jahrhunderts allmählich der Politik und dem Schwert der Römer unterlag, begann die Verschmelzung der römischen mit der stammverwandten griechischen Bildung.

Im griechischen Denken hatte die ästhetisch-wissenschaftliche Anschauung des Kosmos vorgeherrscht; im römischen dominiert der militärisch und juristisch geschulte Wille. Livius V, 36, 5: se in armis ius ferre et omnia fortium virorum esse. Willensmacht, Herrschaftsverhältnis, Abgrenzung der Herrschaftssphären voneinander, Gesetz als Regel, nach welcher Herrschaft geübt wird, Obligation: dies sind durchgreifende Begriffe, welche die Stellung der Gottheit zur Natur und dem Menschen, des Menschen zu den Sachen und zu anderen Menschen regieren. So treten Gott, Welt und Leben für den Römer unter den praktischen, politisch-rechtlichen Gesichtspunkt. Die höchste wissenschaftliche Leistung der Römer ist ihre Rechtswissenschaft. Diesen Charakter der Römer hat zuerst Augustinus in *De civitate Dei* wahr und tief dem der Griechen gegenübergestellt. Neben Mommsens Darstellungen vgl. besonders Jhering, Geist des römischen Rechts, Bd. I, S. 312 ff. Den Versuch einer geschichtlichen Würdigung der römischen Philosophie als des Ausdrucks eines im römischen Nationalgeiste liegenden Systems selbständiger Lebensbegriffe habe ich [in:] Archiv IV 4, S. 611–623 [Ges. Schr. II, S. 6–16] gemacht: im Gegensatz zu der bisher herrschenden Auffassung von der Unselbständigkeit dieser Philosophie, besonders bei Mommsen.

[1.] Erste Wirkungen der griechischen Philosophie in Rom

Der Druck der Götterangst lastete auf dem älteren römischen Leben sehr schwer; so suchte die philosophische Aufklärung von dieser vor allem zu befreien. Ennius hat bereits das Werk des Griechen Euhemeros lateinisch bearbeitet, in welchem dieser aus der Verehrung abgeschiedener ausgezeichneter Menschen den Glauben an Götter ableitete. 181 v. Chr. versuchte man dann, durch eine Fälschung dem Götterglauben griechische philosophische Ideen unterzulegen; man brachte nach Rom angeblich auf einem nahen Gute in einem steinernen Sarge gefundene Schriften, die dem König Numa von Pythagoras zugekommen sein sollten; der Senat ließ sie verbrennen. 161 v. Chr. wurde den Philosophen und Rhetoren der Aufenthalt in Rom untersagt. 155 erschienen als Gesandte Athens die Vorsteher der drei angesehensten Philosophenschulen, der Peripatetiker Kritolaos, der Stoiker Diogenes und der Akademiker Karneades; die Vorträge derselben, besonders des großen Kritikers Karneades (für und gegen die Gerechtigkeit), machten tiefen Eindruck.

Den größten Einfluß aber gewann der Stoiker Panaitios durch sein Auftreten in Rom. Panaitios war geboren in Rhodos, hat den Scipio 143 nach Alexandrien begleitet und in Rom längere Zeit gelebt, Hausgenosse des jüngeren Scipio Africanus, Freund des Laelius, Begründer des römischen Stoizismus. Von jetzt ab macht sich die Wahlverwandtschaft zwischen der Stoa und dem römischen Geiste geltend, welche der stoischen Philosophie auf das römische Denken mächtige Einwirkung verschaffte und andererseits eine immer stärkere Anpassung dieser Philosophie an das römische Staatswesen zur Folge hatte. Panaitios war der Lehrer des Mucius Scaevola († 84). Sein Mitschüler Blossius aus Aemae lebte mit Panaitios gleichzeitig in Rom und war der Freund des Tiberius Gracchus. Der Stoiker Athenodoros war Begleiter und Freund des jüngeren Cato, der auch mit anderen Stoikern wie Antipatros aus Tyros und Apollonides in Beziehung stand, und Lehrer des Augustus. Über die Lehrer Ciceros siehe unten. Seneca Lehrer Neros. Der stoische Mythendeuter Annaeus Cornutus war Lehrer und Freund des Satirikers Persius Flaccus etc.

So wurde, trotz des von der altkonservativen Partei, besonders von dem älteren Cato geübten Widerstandes, die griechische Philosophie ein mächtiger Bestandteil der Erziehung, Literatur und Geselligkeit Roms. Das zwiesprachige Erziehungsideal der humanitas entsteht. Cicero hat in seinen Werken die Verbindung römischer gravitas mit dem idealen Schönheitshauche, der verbindlichen Eleganz und Grazie griechischer Geselligkeit dargestellt, wie sie nun in dem jüngeren Scipio, Laelius dem „Weisen", erscheint. In dem Gleichgewicht altrömischer Willensmacht mit dem neuen ästhetisch-wissenschaftlich betrachtenden gräzisierenden Geiste ist das Zeitalter der Höhepunkt römischen Geisteslebens. Diese Gesellschaft ist der Boden, in dem nun die römische Philosophie erwuchs. In diesem Kreise, von Aemilius Paulus in sein Haus aufgenommen, hat auch der Grieche Polybios gelebt. Sein historisches Genie erfaßte den Untergang partikularer Völkerbildungen, auch der griechischen Autonomie, in das römische Weltreich mit klarem Verstande, ohne müßige Klage. Indem er auf die Betrachtung des zur Weltherrschaft aufsteigenden Rom die griechische Staatstheorie (besonders Dikaiarchos' Staatsideal der gemischten Verfassung) anwandte, entstand die erste Erklärung eines weltgeschichtlichen Vorgangs (Grundlage Ciceros).

Dem am meisten durchgreifenden Gegensatz der dogmatischen griechischen Philosophie entsprach, daß von den zwei nun hervortretenden römischen philosophischen Schriftstellern der eine, Lucretius Carus, die mechanische, materialistische Metaphysik vertrat, der andere, M. Tullius Cicero, die idealistische, d. h. aus einer höchsten vernünftigen Ursache die Ordnung der Welt und der Gesellschaft erklärende.

[2. Lukrez]

Lucretius Carus (siehe epikureische Schule) strebt I. die Befreiung von dem Druck des altrömischen Glaubens an 1. durch die Widerlegung jeder Annahme abgetrennt von der Materie bestehender, vernünftig persönlicher Ursachen der Weltordnung; 2. durch Widerlegung der Unsterblichkeit der Seele und der Angst vor der Unterwelt, den Strafen nach dem Tode: die feinen materiellen, aber der Empfindung fähigen Atome, welche, im Körper gebunden, ihn beleben, zerstreuen sich nach dem Tode wieder im All.

II. Seine positive Leistung ist der klare folgerichtige Aufbau einer verstandesmäßigen Ansicht; vor allem hat hier zum ersten Male der Geist eines großen Dichters die Mechanik der Atome belebt durch die Poesie, welche in der selbständigen Lebendigkeit eines unermeßlichen, den Grund aller Bewegung und Ordnung in sich selber tragenden Naturganzen liegt; er hat zuerst die tiefe Ruhe des Gemütes ausgedrückt, welche aus dem Bewußtsein entspringt, eine vorübergehende Erscheinung dieses unermeßlichen Alls, nur für kurze Zeit ein Zuschauer dieses grenzenlosen Schauspiels zu sein (Spinoza, Goethe, Schelling).

So wirkte in Lukrez und den andern römischen Epikureern die materialistische Metaphysik vorwiegend befreiend vom drückenden Aberglauben, wie ja auch der Materialismus des 18. Jahrhunderts gewirkt hat.

[3. Cicero]

Dagegen hat des Lukrez Zeitgenosse Cicero die in der römischen Kultur gelegenen Hauptmomente in eine für jene Zeit befriedigende positive Beziehung zur griechischen Philosophie gesetzt. Hierbei war er ganz abhängig von der Situation der griechischen Philosophie, welche er vorfand.

[a) Die Situation der griechischen Philosophie]
Diese wird durch das schriftstellerische Verhältnis zwischen dem skeptischen Akademiker Karneades, den eklektischen Akademikern Philon und Antiochos, den eklektischen Stoikern Panaitios und Poseidonios gebildet. Das mächtige praktische Motiv dieser Bewegung in der griechischen Philosophie war, nach dem Zerfall einer allgemeingültigen Ontologie (Metaphysik), Kriterien für das handelnde Leben zu gewinnen. Die Wahrscheinlichkeitslehre des Karneades war aus diesem Motiv hervorgegangen.

Philon von Larissa, Vorsteher der Akademie in Athen, flüchtete dann mit andern römisch Gesinnten nach Rom, ca. 88, lehrte dort Philosophie und Rhetorik. Überzeugt, dem Karneades damit treu zu bleiben, suchte er eine zwischen Wahrscheinlichkeit und Wissen gelegene Augenscheinlichkeit festzustellen, welche zielbewußtes Handeln ermögliche (Hermann, De Philone Larissaeo, Göttingen 1851, 1855).

Antiochos von Askalon sagte sich von Karneades los. So kam es auch zwischen Antiochos und Philon zum Bruch und zu einer literarischen Fehde. Als Vorsteher der Akademie gab Antiochos dieser nun eine entschiedene Wendung zum eklektischen Systeme (Zeitbestimmung: Cicero hörte bei ihm [ein] halbes Jahr 79/8 in Athen). Ohne ein Kriterium des Wahren kann man auch nicht behaupten, daß etwas wahr scheine (Wahrscheinlichkeit); ebenso setzt die

Behauptung von der Existenz falscher Vorstellungen ein solches Kriterium voraus. Er suchte also die Vorsichtsmaßregeln zu bestimmen, unter welchen die Empfindung, welche zunächst nur eine Veränderung in uns ist, zugleich Kennzeichen dessen ist, was diese Veränderung in uns hervorgebracht hat. Alsdann fand er für das in den Sinnen nicht Gegebene ein äußeres Kriterium in der Übereinstimmung der dogmatischen Philosophen untereinander; der Unterschied zwischen Akademie, peripatetischer Schule und Stoa liegt zumeist im Ausdruck (Hoyer, De Antiocho Ascalonita, Bonn 1883).

Dieser Richtung kam innerhalb der Stoa der Schüler des Panaitios, Poseidonios aus Apameia, Vorsteher einer vielbesuchten Schule in Rhodos (vgl. S. 50f.), entgegen. Er hob in der Ethik die Übereinstimmung der Stoa mit Platon und Aristoteles hervor.

Der Eklektizismus ist also nicht eine neue Einzelrichtung oder Schule, sondern ein gemeinsamer Grundzug in den vorhandenen dogmatischen Schulen, welcher in denselben gegen das Ende des 2. Jahrhunderts v. Chr. mit größerer Stärke sich geltend machte. Gegenüber dem großen Kritiker Karneades hielten die dogmatischen Schulen zusammen und suchten gegenüber der Widerlegung der Systeme aus ihrem Zwiespalt die Einheit derselben. Das Bedürfnis der vornehmen römischen Schüler, eine der Diskussion nicht ausgesetzte Überzeugung für das handelnde Leben zu erlangen, ließ die dogmatischen Schulen das Einfache, Gemeinsame herausheben. Ja, das Streben entstand, nachdem die alten Religionen gefallen waren, der so zusammengesetzten Kultur des römischen Imperiums eine Einheit, dem ungeheuren Körper des Weltreichs eine Seele in der philosophischen Wahrheit zu geben. Es sollte nicht gelingen, und im Gegensatz gegen das römische Weltreich kam dann das Christentum empor, das den europäischen Völkern die Einheit ihrer Überzeugungen gegeben hat.

Die Quellen gestatten nicht, das Verhältnis Ciceros zu dieser philosophischen Situation, wie er sie vorfand, zu bestimmen und von dem Übernommenen das ihm Eigene zu scheiden. Die Quellenanalyse seiner Schriften hat die Oberflächlichkeit und Leichtfertigkeit seiner kompilierenden Arbeitsweise überzeugend dargetan. Nimmt man aber die Vorgänger und ihn selbst als ein Ganzes, das durch die Schriften Ciceros uns nur repräsentiert wird, und setzt es zur nachfolgenden römischen Rechtswissenschaft in Beziehung, dann bezeichnet dies Ganze eine veränderte Stellung des Bewußtseins zur Wirklichkeit (vgl. S. 2f.). Dem Cicero fehlt wie allen römischen Philosophen die Akribie des Denkens. Aber als einer der größten Stilisten Europas, dem nur ein Augustinus und Voltaire vergleichbar sind, hat er den römischen Gesichtspunkt, Welt, Leben und Staat zu betrachten, allen folgenden Jahrhunderten übermittelt.

[b) Ciceros Leben und Schriften]

M. Tullius Cicero, geboren 106 v. Chr., hat schon in Rom Vertreter der epikureischen (Phaidros), stoischen (Diodotos), akademischen (Philon) Schule gehört und war durch Philon von Larissa ganz für die neue Akademie gewonnen worden; dann hörte er in Athen 79/8 den Antiochos von Askalon, und diese entschiedener eklektische Fraktion der neuakademischen Schule hat seine Arbeiten noch mehr als die Philons bestimmt. Mit diesem Standpunkte fügten sich die Vorlesungen, die er 77 in Rhodos bei dem eklektischen Stoiker Poseidonios hörte, zu einem einstimmigen Ganzen; er blieb mit Poseidonios in freundschaftlichem Verhältnis. Von dem Standpunkte des Antiochos aus hat er dann die philosophische Literatur der Griechen durchmustert.

Seine eigene schriftstellerische Tätigkeit in der Philosophie, wie sie nur die Pausen seines Geschäftslebens ausfüllte, ging von den Problemen der Beredsamkeit, des Staats und des Rechts rückwärts zu der Behandlung der letzten Fragen. Drei Bücher *De oratore*, 55 v. Chr. verfaßt. Sechs Bücher *De republica*, verfaßt 54–52; daraus war früher nur durch Macrobius ein Teil des 6. Buchs, das herrliche *Somnium Scipionis* (Vorbild der Schluß des platonischen *Staats*, Buch 10), bekannt, dann ist aus einem vatikanischen Palimpsest durch A. Mai noch etwa [ein] Viertel des Ganzen ans Licht gekommen. *De legibus*, 52 begonnen und unvollendet hinterlassen. Buch I Grundlegung des Naturrechts; Buch II, Kapitel 1–6 von der Natur des Gesetzes; Buch II, Kapitel 6 bis Schluß des Fragments und Buch III Bruchstücke der Legislation selber; diese enthalten jedesmal Formulierung des Gesetzes und hinzugefügte Motive. Diese beiden zusammengehörigen Werke, deren erstes den idealen Staat als ein Werk der Geschichte in der römischen Verfassung aufzeigt, deren zweites eine ideale Legislation desselben beabsichtigt (im Wetteifer mit den zwei entsprechenden Schriften Platons entworfen), sind die bedeutendsten philosophischen Arbeiten Ciceros und bezeichnen einen Fortschritt der politischen Philosophie.

Eine zweite Reihe philosophischer Werke, welche teilweise die letzten theoretischen und praktischen Prinzipien behandelt, fällt in die letzten, von den Geschäften zumeist fernen Jahre seines Lebens, 45–44; sie sind weit geringer; in Beziehung auf die teilweise oberflächliche und leichtfertige Art, in welcher er innerhalb so kurzer Zeit aus seinen griechischen Quellen zusammenschrieb, oft zitiert *Ad Atticum* XII 52: ἀπόγραφα sunt, minore labore fiunt, verba tantum affero, quibus abundo. Aber zu korrigieren durch die wohl erwogene Erklärung *De finibus* I 2, 6, in welcher er gegenüber dem griechischen Stoffe Urteil und Anordnung sich zuspricht. Übersicht dieser letzten Arbeiten *De divinatione* II 1: in dem *Hortensius* habe er zum philosophischen Studium gemahnt (verloren); in den vier Büchern *Academica* habe er das genus philosophandi minime arrogans maximeque constans et elegans (neuakademische Philosophie des Antiochos) entwickelt (teilweise erhalten); er habe dann die Fundamentalfrage der (praktischen) Philosophie in den fünf Büchern *De finibus bonorum et malorum* (dem vorzüglichsten Werk dieser letzten Epoche) erledigt; dann arbeitete er fünf Bücher *Tusculanarum quaestionum* über die Erfordernisse glücklichen Lebens; letzte Reihe: *De natura deorum*, die in Arbeit damals befindliche Schrift *De divinatione* und die damals beabsichtigte, später geschriebene *De fato* (unvollständig erhalten). Er erwähnt noch nicht die nachher entstandene Schrift *De officiis*. Liebenswürdig, jedoch ebenfalls von griechischen Vorbildern abhängig sind die kleineren moralischen Schriften *Cato maior sive de senectute*, *Laelius sive de amicitia*.

Man hat versucht (vgl. bes. Krische, Die theologischen Lehren der griechischen Denker, eine Prüfung der Darstellung Ciceros 1840; Hirzel, Untersuchungen zu Ciceros philosophischen Schriften, 3 Tl.e 1881–1883; Schiche und Hartfelder, Über Quellen von „De divinatione" 1875, 1878), die Schriften festzustellen, nach denen Cicero gearbeitet hat. So benutzte er für die *Academica* Antiochos, Kleitomachos und Philon. Antiochos war auch die Quelle für Buch 5 *De finibus*; für *De officiis* ist das gleichnamige Werk des Panaitios Unterlage usw.

[c) Ciceros Lehre]

Von dem endlosen Streit der griechischen Dialektiker, Physiker, Metaphysiker sich abwendend, findet Cicero in der psychologischen, gesellschaftlichen und geschichtlichen Erfahrung die ausreichende Grundlage, die sittlich-rechtlich-politische Ordnung durch das Wissen von einem höheren Zusammenhang zu begründen und zu begreifen. Soweit die Tatsachen des Bewußtseins und die Tatsachen der Geschichte sich dem juristisch-politischen Geiste des Römers aufschließen, werden sie ihm Unterlage des Philosophierens.

1. Die Kriterien des Wahren sind neben dem Augenschein der Sinne die im Bewußtsein überall, wo keine willkürliche Verdunkelung ihre Entfaltung hemmt, auftretenden Elemente des sittlich-religiösen Wissens. Sunt enim ingeniis nostris semina innata virtutum. Tusculanarum III 1, 2. [Natura homini] ingenuit sine doctrina notitias parvas rerum maximarum. [De] Finibus V 21, 59. Das Merkmal dieser Elemente wird durch Empirie und äußere Vergleichung festgestellt und liegt in der empirischen Allgemeinheit des Auftretens bei allen Völkern (Generalisation der Grundvorstellung des Naturrechts). Mit bezeichnender Oberflächlichkeit wird das Verhältnis der Anlage und Erfahrung in diesen Elementen nicht untersucht. Solche durch den consensus gentium gesicherte Elemente sind das Sittengesetz, das Rechtsbewußtsein, Freiheitsbewußtsein; unser Wissen von Gott und Unsterblichkeit ist so begründet (von den Kirchenvätern ab viel benutzt).

2. Unter das Schema der Rechts- und Staatsordnung wird nun das Verhältnis Gottes zur Welt und dem Menschen gestellt; die Begriffe des göttlichen Imperiums und der göttlichen Legislation werden die leitenden der Metaphysik, und so tritt neben das griechische Grundmotiv der Metaphysik (Kosmos und Prinzip seiner ästhetisch-gedankenmäßigen Ordnung) das römische des Imperators und Legislators der sittlich-rechtlichen Ordnung, zunächst für die Metaphysik der Kirchenväter und des Mittelalters.

3. Hierauf gründet Cicero seine besonders [in] *De republica* und *De legibus I* entwickelte Metaphysik des Naturrechts. De republica III 22, 23. Est quidem vera lex recta ratio, naturae congruens, diffusa in omnes, constans, sempiterna. Unter dieser höchsten Herrschaft hat der unsterbliche Einzelmensch seinen Bereich freien Wirkens.

4. Der beste Staat ist nicht eine Schöpfung persönlicher Weisheit, sondern der Geschichte, und diese hat in dem römischen Staate eine aus der monarchischen, aristokratischen und demokratischen Form gemischte vollkommenste Verfassung hervorgebracht (Polybios).

[4. Popularphilosophie]

a) M. Terentius Varro (116–27 v. Chr.), Schüler des Antiochos und Freund des Cicero, vertrat als Gelehrter dieselbe eklektische Richtung. Die *Logistorici*, philosophisch-historische Abhandlungen, sind eine von ihm nach dem Vorbilde des von Platons Dialogen beeinflußten Herakleides in die römische Literatur eingeführte Gattung popular-philosophischer Schriftstellerei: leichte philosophische Erörterung, durch dichterisch veranschaulichte Geschichte belebt. Die *Saturae Menippeae*, welche Varro dem Kyniker Menippos nachbildete und in welcher er die aus Invektive und Spaß gemischte kynische Darstellung aufnahm und Prosa mit Versen mischte, ist von ihm auch zur Behandlung philosophischer Gegenstände verwandt worden. Aus seinen philosophischen Studien entsprang auch die strenge, freilich sehr mechanische Architektonik seiner großen Werke, insbesondere der verlorenen *Antiquitates rerum humanarum et divinarum* (cf. Augustin, De civitate Dei VI 3, 4) und der etwa zu ein Viertel erhaltenen Schrift *De lingua latina*. Merkwürdige Konstruktion der denkbaren philosophischen Schulen im Buch *De philosophia*. (Über Varro vgl. besonders Ritschl, Opuscula philologica III).

[b)] Die Sextier, ca. 40 v. Chr. von Quintus Sextius, einem Römer aus dem Ritterstande, gegründete Schule. Merkwürdig als eine Philosophie der selbstmächtigen Person, welche aller Naturerkenntnis gegenüber ein souveränes Freiheitsbewußtsein vertrat. Seneca epistula 64, 3: „cum legeris Sextium, dices: vivit, viget, liber est, supra hominem est, dimittit me plenum ingentis fiduciae."

Grundsatz der Selbstprüfung am Ende jedes Tages. (Ott, Charakter und Ursprung der Sprüche des Philosophen Sextius 1861; Sänger, Sprüche des Sextius, [in:] Geigers Zeitschrift V 1, 1867; Elter, Bonner Programme 1891; Ryssel, Die syrische Übersetzung der Sextius-Sentenzen, [in:] Zeitschrift für wissenschaftliche Theologie 1895 ff.) Haake, Die Gesellschaftslehre der Stoiker 1887; Luthe, Die Erkenntnislehre der Stoiker 1890.

Auf dieser Grundlage entstand einerseits die Philosophie der Kaiserzeit, andererseits die römische Rechtswissenschaft als die eigentliche positiv wissenschaftliche Schöpfung des römischen Geistes.

[c)] L. Annaeus Seneca, bald nach Christi Geburt in Córdoba geboren, Erzieher und dann Opfer des Nero, † 65 n. Chr.; hat im Geiste der eklektischen Stoa und mit rhetorischer Kunst (neben den wenig selbständigen und gerade darum sehr wichtigen sieben Büchern *Naturalium quaestionum*) moralphilosophische Essays *De animi tranquillitate, De vita beata, De constantia, De clementia, De ira* etc. geschrieben (ed. Haase 1852 sq.; über ihn Baur, Seneca und Paulus 1858; Holzherr, Martens, Siedler). Die Willensselbständigkeit des römischen Geistes wird hier zur bewußten Darstellung der eigenen Individualität (von da Einfluß auf Petrarca und die Renaissance). Benutzte alle Schulen; steht schon unter dem Einfluß der anwachsenden religiösen Bewegung, daher Parallelen mit dem Christentum. Facere docet philosophia, non dicere.

Verwandten Geistes die Geschichtsschreibung des Tacitus, welche das Spiel und Gegenspiel willensmächtiger Persönlichkeiten und die so entspringenden Situationen mit einziger Kraft darstellt.

[d)] Epiktetos aus Hierapolis in Phrygien, Sklave des Bittschriftenmeisters von Nero, dann Freigelassener; lehrte in Rom bis zur Vertreibung der Philosophen aus Rom unter Domitian 94 n. Chr.; lebte dann zu Nikopolis in Epirus, dort hörte ihn Flavius Arrianos und schrieb seine Reden möglichst wortgetreu nieder. So entstanden die διατριβαί, nicht vollständig, aber viele Fragmente erhalten; dann das *Encheiridion*, eine von Arrian hergestellte Zusammenfassung (ed. Schweighäuser 1799, Kommentar des Simplikios zum „Encheiridion" 1800. Öfters damit zusammengedruckt die derselben Richtung zugehörige, dem Kebes – aus Platons *Phaidon* – fälschlich zugeschriebene *Tabula*, πίναξ). Was in unserer Gewalt ist (der Wille) und was nicht. Wachsender Einfluß der religiösen Bewegung.

[e)] Der Kaiser Marcus Aurelius Antoninus, geboren 121 n. Chr., † 180, schrieb *Selbstgespräche* (erhalten), in denen die Zurückziehung auf das einsame Selbstbewußtsein sich dem Neuplatonismus annähert.

Viertes Stadium
Die Philosophie in der Epoche des Kampfes zwischen dem griechisch-römischen Glauben, dem Judentum und Christentum

Von dem Zeitalter Jesu Christi ab findet nun eine Verschmelzung der griechisch-römischen Philosophie mit dem aus dem Osten kommenden Offenbarungsglauben statt. Der jüdische Alexandrinismus Philons, die Gnosis, der Neuplatonismus, die Philosophie der Kirchenväter sind die Hauptformen der so entstehenden Theosophie.

Vorbereitend: Die Neupythagoreer

Neben der Philosophie gehen durch die griechische Geschichte die Bewegungen in der Religiosität und den Mysterien, der Tradition der orphischen Dichtung, der Theologie. Hier erscheinen die Konzeptionen von Theogonie, Heraustreten der göttlichen Kräfte aus erstem Dunkel oder aus ursprünglicher Dualität in einer Stufenfolge, Seelenwanderung, Totengericht, Orakel, Sühnen und Weihen, Reinigung der in die Körper eingeschlossenen Seelen durch Askese, Kultmittel und Anschauung des Göttlichen, reale Vereinigung der Seele mit der Gottheit. Pythagoreer, Empedokles, Platon nehmen Momente dieser Art in ihre Spekulation auf. Wie aber diese Ideen von denen des Orients beeinflußt und mit ihnen verwandt waren, mußte bei zunehmender Berührung mit den östlichen Völkern diese Verwandtschaft zum Bewußtsein kommen. Der große Gedanke entstand von der Offenbarung der Gottheit in allen Religionen, dann von der Einheit dieser Offenbarungen mit der philosophischen Erkenntnis nach dem Gehalt (allegorische Auslegung). So konnte nun die religiöse Bewegung in der alternden griechisch-römischen Welt rückwärts immer mehreres aus dem religiösen Glauben in die Philosophie vergeistigend aufnehmen.

Der Natur der Religiosität entsprechend bildeten den Mittelpunkt dieses Ideenkreises die Mittel, die Versöhnung mit der Gottheit und den Eingang in die Unsterblichkeit herbeizuführen (griechische Mysterien, Pythagoreer, Essener und Therapeuten). Die religiöse Metaphysik hatte die Fragen aufzulösen, die vollkommene Unendlichkeit der Gottheit und Endlichkeit, Übel und Schuld zusammen zu denken etc. Auflösungsversuche: Schöpfung (d. h. Transzendenz der Gottheit gegenüber dem Zusammenhang nach dem Kausalgesetz), Emanation (d.h. im Gegensatz zum Pantheismus, nach welchem der Inhalt der Gottheit als Einheit sich deckt mit dem Zusammenhang des Endlichen, als dessen Explikation; die Lehre, nach welcher aus der unendlichen, unfaßlichen Fülle der Gottheit in absteigenden Stufen das Endliche als Minderung derselben hervorgeht); Lehre vom Logos und den göttlichen Kräften, Abfall von Gott als Ursprung der Seelen, Einkehr in die reale Einheit mit Gott. Alle diese Hilfsmittel, den religiösen Prozeß durch Begriffe zu begründen, haben sich vor der Ausbildung der christlichen Theologie in der alten Welt ausgebildet. Aber erst unter dem Einfluß der religiösen Stimmungen und Kämpfe der ersten Jahrhunderte n. Chr. bildet sich auf ihrer Grundlage eine religiöse Metaphysik, welche die Geister in weiten Kreisen beherrschte.

Schon seit der Gründung Alexandriens fand Verschmelzung griechischer mit orientalischer Kultur statt; aber in der Philosophie hat dieser Vorgang erst eine neue Epoche herbeigeführt, seitdem die Offenbarung und das in ihr gesetzte Verhältnis des menschlichen Herzens zur lebendigen Person Gottes nunmehr in die Philosophie als höchstes Mittel der Erkenntnis der Wahrheit aufgenommen wurde. Das Verhältnis Gottes zu Welt und Menschen wurde nun unter diesem Gesichtspunkte in der Metaphysik der ersten Jahrhunderte n. Chr. betrachtet. Das dritte große Motiv trat damit in die Metaphysik der alten Welt. Das ästhetisch-wissenschaftliche Verhalten des Menschen hatte die gedankenmäßige und harmonische Ordnung des Kosmos in einer allgemeingültigen Wissenschaft darzustellen versucht. Das Willensverhalten des Menschen in den Verhältnissen von Recht und Staat hatte unter dem Gesichtspunkt des Imperiums, der Legislation und der Abgrenzung der Sphären von Herrschaft und Abhängigkeit das Verhältnis Gottes zu Natur und Dingen erfaßt. Das religiöse Gemütsverhalten ging aus vom Gesichtspunkt der Reinheit des göttlichen Willens, seiner Offenbarung in einer sündhaften Welt, den so entstehenden Theophanien (Logoslehre), Weissagungen, Wundern, dem beständigen Verhältnis des Herzens des Menschen zu dem Gottes und der Rückkehr in den Willen Gottes. Es konstruiert aus seelischen und darum freien Kräften und Beziehungen. Überall Wunder und Freiheit. Indem sich dies religiöse Verhalten rechtfertigen, formulieren und begründen muß, bedient es sich der griechischen und der hellenistisch-römischen Philosophen. So geht die Metaphysik (Dogmatik) auf dem von Platon eingeschlagenen Wege weiter, die im Transzendenten gelegenen Probleme und Schwierigkeiten durch erfundene Begriffe aufzulösen, denen keine Erfahrung entspricht. Diese Arbeit mit fiktiven Begriffen, die Symbole des religiösen Verhaltens sind, reicht durch fast anderthalb Jahrtausende bis zur Renaissance.

Innerhalb der griechisch-römischen Philosophie war für diesen Vorgang vorbereitend das neupythagoreische System. Gegen 90 Schriften von mehr als 50 Verfassern sind in Titel oder Bruchstücken überliefert, die sich für altpythagoreisch ausgaben, aber in der Fortsetzung der pythagoreischen Schule entstanden. Der erste Anhänger dieser Richtung, dessen Namen wir wissen, ist P. Nigidius Figulus, der gelehrte Freund des Cicero (Hertz, De Nigidii Figuli studiis atque operibus 1845). Unter Nero durchzog als Wundertäter Apollonios von Tyana das Reich, und Philostratos hat in einem philosophischen Tendenzroman in Apollonios das neupythagoreische Ideal geschildert (Chr. Baur, Apollonios von Tyana und Christus 1876). Moderatos aus Gades und Nikomachos aus Gerasa. Von Nikomachos erhalten *Einleitung in die Arithmetik, Handbuch der Harmonik* und *Arithmetische Theologumena*, wichtig für Geschichte der Arithmetik.

I. Die Verschmelzung des Judentums mit der griechisch-römischen Philosophie. Philon

Die Ausbreitung griechisch-römischer Bildung in Palästina ist darin sichtbar, daß der Hellenisierungsversuch des Antiochos Epiphanes in einer unter den Gebildeten bestehenden Partei eine Stütze fand und der von den Pythagoreern beeinflußte Verein der Essener im ersten Jahrhundert n. Chr. etwa 4000 Mitglieder umfaßte. Insbesondere aber in der sehr zahlreichen und vermögenden jüdischen Bevölkerung von Alexandrien vollzog sich eine Verschmelzung jüdischer Theologie mit griechischen Philosophemen.

Das älteste Dokument alexandrinisch-jüdischer Bildung ist die *Septuaginta*. Die bei Eusebios' *Praeparatio evangelica* erhaltenen Fragmente des Aristobulos (ca. 170 v. Chr.) führten die Weisheit des Platon und Pythagoras auf Kenntnis der jüdischen Offenbarung zurück und trugen in die Gotteslehre des *Alten Testaments* griechisches Denken. Das *Buch der Weisheit* (letztes Jahrhundert v. Chr.) betrachtete die Weisheit als ein von Gott unterschiedenes und geistartig durch die Welt verbreitetes Wesen, wie dann der Logos gedacht wurde, und nahm eine vorweltliche Materie an. Solche und andere von Philon unbestimmt erwähnte jüdische Schriften haben das System Philons vorbereitet.

Philon, geboren ca. 30–20 v. Chr. (da er 41 n. Chr. im Greisenalter stand), war der Bruder des Vorstehers der alexandrinischen Juden und wurde von diesen zu einer Gesandtschaft benutzt. Er lebte in Alexandrien. Seine Schriften herausgegeben von Mangey 1742, Richter 1823 ff.; System vgl. Heinze, Lehre vom Logos, S. 204–97; Soulier, La doctrine du logos chez Philon 1876. Die Hauptaufgabe ist Untersuchung der Benutzung griechischer, besonders stoischer Schriften in seinen Werken. 1. Das *Alte Testament* ist in Urtext und griechischer Übersetzung wörtlich inspiriert und muß allegorisch ausgelegt werden. Aus ihm haben die griechischen Philosophen geschöpft. 2. Das Seiende, dessen vollkommenes Wesen in seinen Eigenschaften nicht bezeichnet werden kann, hat die Welt gebildet und wirkt durch Mittelwesen, „Kräfte", „Ideen" (Platon), die in dem Logos (der von der Stoa entlehnt ist) zusammengefaßt sind. Mit Platon nimmt er eine von Gott unabhängige Materie an. Neuerdings Philon auf die von ihm benutzten älteren philosophischen Schriften untersucht von Wendland, Philos Schrift über die Vorsehung, Neuentdeckte Fragmente Philos, Die philosophischen Quellen des Philo; von Arnim, Quellenstudien zu Philo 1888; cfr. Freudenthal, Die Erkenntnislehre Philos 1891.

II. Die Verschmelzung orientalischer, christlicher und griechischer Vorstellungen in der Gnosis

Der Begriff einer Gnosis als religiöses Wissen im Unterschied von der Pistis trat infolge der Einwirkung des griechischen Intellektualismus früh in den christlichen Gemeinden auf. Indem nun das Christentum als Wendepunkt in der Weltentwicklung, als Lösung des Welträtsels aus den tiefsten Prinzipien verstanden werden sollte, boten sich zumal der Phantasie des Orientalen Vorstellungen der dortigen Religionen (Emanation, Trennung eines guten und bösen Prinzips, Hierarchie der Engel etc.) dar und verschmolzen mit griechischen Philosophemen zu einem Bilde des Weltprozesses. Hierbei ist die Frage zur Zeit noch unlösbar, welche Mischungen babylonischer, persischer etc. Theo- und Kosmogonien, welche Mysterienlehren damals als Grundlage dieser Systeme vorhanden und wirksam gewesen sein mögen. Hauptquellen unserer Kenntnis dieser bunten Systeme die Streitschriften des Irenaeus, Tertullian, Epiphanios, besonders Pseudo-Origenes [= Hippolytos] (*Philosophumena*) [= 1. Buch der *Refutatio omnium haeresium*] u. a.; die in koptischer Übersetzung aufgefundene *Pistis-Sophia* (Herausgeber Schwartze, Petermann 1851) gehört nicht der Blütezeit der Gnosis an. Jetzt hat A. Schmidt Mitteilung von koptischen Handschriften gemacht, welche der besten vorirenäischen Zeit des Gnostizismus angehörten: Schmidt, Gnostische Schriften in koptischer Sprache, herausgegeben, übersetzt und bearbeitet 1892 und [in:] Berichte der Berliner Akademie 1896, S. 839–44. Zur Kritik der Quellen vgl. Lipsius und Harnack. Für das geschichtliche Verständnis Baur, Die christliche Gnosis 1835 und Harnack, Dogmengeschichte I, S. 178 ff., wo die Beeinflussung der Gnosis durch die griechische Metaphysik nachgewiesen.

1. Erstes (semitisches) Stadium der Gnosis; die Ophiten; ältester uns namentlich bekannter Gnostiker, der gegen Ende des 1. Jahrhunderts n. Chr. in Ephesos, vielleicht auch in Syrien aufgetretene Cerinthus; der Syrer Saturninos, Zeitgenosse Hadrians.

2. Mit der Übersiedlung des Syrers Basileides nach Ägypten unter Hadrian

wird nun von Syrien nach Ägypten der Sitz der gnostischen Bewegung verlegt, sie kehrt dem Judentum den Rücken und nimmt stärkere Bildungselemente aus dem griechischen Denken auf. Hauptsysteme: Basileides und der Alexandriner Valentinus, der 141 in Rom aufgetreten ist. Klassisches System der Gnosis Valentinus': Aus dem mit dem Schweigen vermählten Vater treten emanatistisch Potenzen (Aeonen) in absteigender Folge (mit dem Vater zusammen im Pleroma befaßt); aus der letzten dieser Potenzen, der Sophia, wird infolge ihrer Schuld das „amorphe Sein" geboren; und nun wird, ebenfalls stufenweise durch Einwirkung aus der oberen Welt (dem Pleroma) dies Gestaltlose geformt und in Weltgestaltung und Offenbarung die zerrüttete Ordnung allmählich wiederhergestellt.

3. Innerhalb der Gnosis nähern sich der allgemeinen christlichen Lehrentwicklung der Pontiker Marcion, ca. 160 in Rom aufgetreten, nach der Auffassung der Gnosis von Harnack und Holtzmann dieser nicht völlig zugehörig, hochbedeutend durch den Gegensatz seines Paulinismus gegen das *Alte Testament* und gegen die Rationalität der Dogmenbildung, der Edessener Bardesanes und der Verfasser des Mitte [des] dritten Jahrhunderts in Ägypten entstandenen, *Pistis Sophia* betitelten Buches. Es gewinnt jetzt an Bedeutung, weil es (nach Schmidt) u. a. auf dem ersten der im Papyrus Brucianus gefundenen Werke beruht.

4. Um dieselbe Mitte des dritten Jahrhunderts lebte Mani, der Begründer der manichäischen Sekte, dessen Dualismus vor allem auf den Parsismus als seinen Boden zurückweist. Der Kampf des guten und des bösen kosmischen Prinzips spielt sich auch in uns in dem Kampf der aus dem Bösen stammenden Leibseele mit der Lichtseele ab, und in der Enthaltung von animalischer Kost, Ehe und Eigentum vollzieht sich die Befreiung. Dieser Dualismus hat, besonders durch seine Einwirkung auf Augustin, erheblich das mittelalterliche Denken beeinflußt. Vgl. Kessler, Mani, I. Voruntersuchungen und Quellen 1889.

Die philosophische Bedeutung der Gnosis liegt in der Einführung eines dem Abendlande neuen Schemas der Weltentwicklung: Emanation, d. h. Ausfließen von Kräften aus der Gottheit in Stufen abwärts, Abfall und Ursprung der Welt aus ihr, Stufen der Rückwendung zur Gottheit. So hat die Gnosis sowohl dem Plotin als dem Origenes ihr Schema des Weltzusammenhangs geliefert. Und die Religionsgeschichte wird hier zuerst als Entwicklungsgeschichte der Gottheit aufgefaßt.

III. Der Neuplatonismus und die Philosophie des kämpfenden griechisch-römischen Glaubens

Die Griechen und griechisch gebildeten Römer des kaiserlichen Reichs verfielen nach dem gänzlichen Verluste der Freiheit, ohne feste nationale Religion oder Metaphysik, vielfach rhetorischem Schul- und Redebetrieb, sowie rhetorischer Journalistik (Dion Chrysostomos, Lukianos von Samosata), vielfach versuchten sie auch den alten religiösen Glauben und Aberglauben durch die sich verbreitenden orientalischen Vorstellungen neu zu beleben. Plutarch von Chaironeia (ca. 48 bis ca. 125 n. Chr.) schloß sich hierbei in edler national-griechischer Gesinnung besonders an Platon an. Celsus hat in den letzten Jahren Mark Aurels (177/8 n. Chr.) von dem Standpunkte dieser platonischen national-religiösen Schule aus gegen das Christentum die vielbesprochene Schrift ἀληθής λόγος gerichtet, welcher gegenüber dann Origenes in der Schrift *Adversus Celsum* die Verteidigung des Christentums geführt hat. Rekonstruktion dieser verlorenen Schrift des Celsus, hauptsächlich aus Origenes, in: Th. Keim, Celsus' wahres Wort 1873; vgl. Pélagaud, Sur Celse 1878. Numenios aus Apameia (zweite Hälfte des 2. Jahrhunderts n. Chr.) hat zuerst die Vorstellungen Philons und der Gnostiker in den Lehrzusammenhang der neuen Platoniker und neuen Pythagoreer ohne Reserve aufgenommen.

In Alexandrien hat nach der Überlieferung Ammonios Sakkas (ca. †242 n. Chr.), der Sohn christlicher Eltern, dann zu den alten Göttern zurückgekehrt, die letzte große Gestalt griechischen Denkens herbeigeführt: den Neuplatonismus. In diesem wird die vom Christentum errungene Vertiefung in das Selbstbewußtsein und das Seelenleben innerhalb der platonischen Schule zur Geltung gebracht. Schüler des Ammonios Sakkas, der selbst nichts veröffentlichte: die beiden Origenes (einer derselben der Kirchenvater), Longinos, der berühmteste philologisch-ästhetische Kritiker der Zeit, Verfasser der Abhandlung *Über das Erhabene* (Herausgeber Spengel, in: Rhetores Graeci I 1853; O. Jahn 1867; vgl. Ruhnken, De vita et scriptis Longini, [in:] Opuscula 1807) und Plotin.

Der geniale Systematiker des Neuplatonismus, Plotin, ist wahrscheinlich 204/5 in Ägypten geboren. 28 Jahre alt, kam er zur Philosophie, blieb elf Jahre begeisterter Schüler des Ammonios, hat 244/5 in Rom eine Schule errichtet, die durch seine ehrfurchterregende Persönlichkeit und seinen Tiefsinn wie durch ihre Beziehungen zu dem großen religiösen Kampf jener Tage herrschend wurde. †270. Die von ihm einzeln niedergeschriebenen 54 Abhandlungen hat nach seinem Tode sein Schüler Porphyrios in sechs Enneaden herausgegeben. (Ausgabe mit der lateinischen Übersetzung des Ficinus von Kreuzer 1835,

Kirchhoff 1847, Müller 1878; über ihn Steinhart, in: Paulys Realenzyklopädie; Richter, Neuplatonische Studien 1867; Kleist 1883.)

1. In der intellektualen Anschauung wird das Überseiende (ὑπερούσιον) erfaßt, in dessen Einheit keine Vielheit ist, von dem Kategorien nicht gelten, das jenseits aller Gegensätze [ist]. 2. Aus der Einheit das Zeitlich-Viele durch Emanation als Minderung in Stufen (Gegensatz zur Evolution). 3. Erste Emanation: νοῦς, in welchem das einheitliche Denken sich unterscheidet von der Vielheit seiner Objekte, nämlich der Ideenwelt. Hier die letzte Gestalt der Lehre von den substantialen Formen: Verlegung der Ideen in das göttliche Denken. 4. Das System selber ist der durchgeführte objektive Idealismus oder Panpsychismus, innerhalb dessen alles Geschehen Seelentätigkeit ist; als tätige Subjekte agieren in einem magischen Zusammenhang Nus, Weltseele, Gestirngeister, Erdgeist, Dämonen, Menschenseelen; die Materie ist die bloße Abschattung des Geistigen. 5. Der Emanation aus dem Einen entspricht die Rückwendung zum Einen in die unmittelbaren Anschauungen desselben (Ekstase).

Schule. 1. Porphyrios und der Neuplatonismus in Rom. Porphyrios, geboren 232/3 in Tyros (eigentlicher Name Malchos), hörte bei Longinos, schloß sich dann an Plotin an. Schrieb ein *Leben Plotins* (in der oben genannten Ausgabe des Plotin enthalten), redigierte seinen Nachlaß und verfaßte einen Abriß seines Systems (abgedruckt in Kreuzers Plotin 1835). Zugleich aber ein umfassender Gelehrter; seine Arbeiten zur Auslegung des Aristoteles für das frühere Mittelalter wichtig (Isagoge [et] in Aristotelis categorias [commentarium], ed. Busse 1887) im früheren Mittelalter viel benutzt; Kommentar zu Aristoteles' *De interpretatione* für Boethius Grundlage). Behandelte die religiösen Fragen der Zeit in ethisch-religiösen Schriften (vgl. Jak. Bernays, Theophrastos über die Frömmigkeit mit Bemerkungen zu Porphyrios über Enthaltsamkeit 1866) und in den fünfzehn Büchern *Gegen die Christen*, aus denen leider nur wenig durch die christlichen Gegenschriften bekannt (hinzunehmen das wichtige Fragment *Über Christus und Christentum* aus der Schrift *Über die Orakel* bei Eusebios, Demonstratio evangelica III, 6; Augustin, De civitate XIX, 23).

2. Iamblichos und der Neuplatonismus in Syrien. Iamblichos, geboren in Syrien, wo er auch, nachdem er Porphyrios gehört, gewirkt hat, Zeitgenosse Konstantins, lebt in der religiösen Frage und will durch orientalische Phantastik den Götterglauben stützen (fünf erhaltene Arbeiten gehörten einem großen Werke desselben Συναγωγὴ τῶν Πυθαγορείων δογμάτων an). Das Werk *Von den Mysterien* ist wahrscheinlich nicht von Iamblichos selber, doch sicher aus seiner Schule (Herausgeber Gale 1678, Parthei 1857; vgl. über seine religionsgeschichtliche Bedeutung Harless, Das Buch von den ägyptischen Mysterien 1858). Aus dieser Schule Julianus, Wiederhersteller der alten Götter (Juliani imperatoris quae supersunt, rec. Hertlein, vol. I 1875; vgl. Neander, Über den

Kaiser Julian 1812/1867), sein mitwirkender Jugendfreund Sallustios und Hypatia, 415 ermordet von einem fanatischen Pöbelhaufen; vgl. Hoche, Hypatia[, die Tochter Theons, in:] Philologus 1860, S. 435 ff.

3. Proklos und der Neuplatonismus in Athen. Syrianos verknüpfte mit dem Neuplatonismus das Studium des Aristoteles (erhalten ein Teil seines Kommentars zu Aristoteles' *Metaphysik*, Herausgeber Usener in der Berliner Ausgabe des Aristoteles Bd. V). Sein Schüler Proklos, geboren 410 in Konstantinopel, wirkte in Athen (über die vielen Schriften desselben, von denen uns eine ansehnliche Masse erhalten, besonders Kommentare zu Platon, vgl. Freudenthal, in: Hermes XVI, S. 214 ff.). Die Emanation wird hier als Prozeß in Gott, der in Triaden verläuft, dargestellt (Hegel). Schrieb auch gegen die christliche Schöpfungslehre (einiges daraus in der Gegenschrift des Philoponos *De aeternitate mundi* erhalten). – Damaskios *Über die letzten Gründe* (Herausgeber Knopp 1826). – Simplikios, Aristoteleskommentare.

Noch freier ist der Neuplatonismus mit den anderen Elementen der antiken Philosophie in dem letzten Philosophen des Altertums Anicius Manlius [Torquatus] Severinus Boethius verbunden. Geboren ca. 480, 525 auf Anordnung des Ostgotenkönigs Theoderich in das Gefängnis geworfen und hingerichtet. Im Gefängnis verfaßte er seine herrliche Schrift *De consolatione philosophiae* (über die Echtheit der ihm zugeschriebenen Schriften und die Frage, wie er zum Christentume stand, Fr. Nitzsch, Das System des Boethius und die ihm zugeschriebenen theologischen Schriften; vgl. Usener, Anecdoton Holderi 1877).

IV. Die Kirchenväter und die Philosophie
des Christentums in der alten Kirche

Über die zentrale Bedeutung des Christentums für die Entwicklung auch der Philosophie meine *Einleitung in die Geisteswissenschaften I*, S. 315 ff. [Ges. Schr. I, S. 250 ff.]. Aufgabe noch ungelöst, den Eintritt des griechisch-römischen wissenschaftlichen Materials in die Schriften der Kirchenväter (Ausdruck „Väter" 1. Korinther IV 15) aufzuzeigen. Beste Übersicht, neben dem größeren Werke Harnacks, dessen Grundriß der Dogmengeschichte (Die Entstehung des Dogmas und seine Entwickelung im Rahmen der morgenländischen Kirche) 2. Aufl. 1893, Harnack, Geschichte der altchristlichen Literatur, 2 Bd.e 1893–1904. Die vornizänische griechisch-christliche Literatur gibt die Berliner Akademie der Wissenschaften unter Harnacks Leitung heraus.

Apostolische Väter, Kirchenlehrer, die als unmittelbare Schüler der Apostel galten. Nach ihnen beginnt mit Justinus (wirkte Mitte [des] zweiten Jahrhunderts) die durch Bedürfnis der Verteidigung des christlichen Glaubens hervorgerufene Begründung aus Prinzipien (Apologeten). Zu den Apologeten gehören Aristides, Justinus, Tatianus, Melito, Athenagoras, Theophilus, Tertullianus, Minucius Felix, andere, deren Schriften unter Justinus' Namen stehen. Corpus apologetarum christianorum saeculi secundi, ed. Otto 1847 sq.; dazu Seeberg, Apologie des Aristides 1894, und Aristides, Text siehe Schriften 1894. Hauptsatz: Das Christentum ist die wahre Philosophie und zugleich Offenbarung. – Die Glaubensregel wird mit Hilfe der biblischen Schriften und der christlichen Philosophie der Apologeten expliziert und bearbeitet von Irenaeus, Tertullianus, Hippolytos, Cyprianus, Novatianus.

Die Fortbildung des so formierten Glaubensgehaltes zu einer Religionsphilosophie fand für die griechisch redenden Christen in Alexandrien statt und wurde hauptsächlich durch die dortige Katechetenschule, die erste wissenschaftliche christliche Lehranstalt (ihr Vorbild die Philosophenschule), getragen (Bigg, The Christian Platonists of Alexandria 1886).

Hauptvorsteher 1) Pantänus, aus stoischer Schule zum Christentum.

2) Titus Flavius Clemens, lehrte seit 189. Über seine Benutzung des Philon und der Stoa Wendland, Quaestiones Musonianae 1886 und Philo und Clemens, in: Hermes 1896. Partieller Universalismus der Offenbarung in dem Satz: Der göttliche Logos erleuchtete wie Moses und die Propheten so auch die griechischen Philosophen, deren Schulen verschiedene Seiten der Wahrheit sahen, vor allen den Platon. Die Pistis vollendet sich in der Gnosis. Dementsprechend Aufnahme der klassischen idealistischen Metaphysik als eines erkennbaren Zusammenhangs in die Theologie.

Die so entstehende Systematik vollendete 3) Origenes. Geboren 185, lehrte da seit seinem 18. Lebensjahr, ging vom Studium der Bibel zu dem der griechischen, besonders neuplatonischen Philosophen über und hörte bei Ammonios; umfassender Gelehrter, schloß die Prinzipienlehre der griechischen Kirche (letzte, die historische Realität einbeziehende Form der Logoslehre) ab. System περὶ ἀρχῶν, *Von den Grundlehren*, ist zum geringeren Teil im griechischen Original, sonst in lateinischer Bearbeitung des Rufinus erhalten; Wiederherstellungsversuch Schnitzer, Origenes' Grundlehren der Glaubenswissenschaft 1836. Philosophisch bedeutende Verteidigungsschrift *Adversus Celsum* (Herausgeber Selwyn 1876). Das System der psychischen Kräfte und ihrer Emanationen, die darin angelegte Logoslehre erhalten in der Offenbarungsgeschichte eine gediegene Unterlage. Die Menschwerdung des Logos in Christus ist absolute Offenbarung und zugleich Erschließung der absoluten Philosophie. Der Christ weiß sich auch philosophisch siegreich.

4) Dionysios der Große, Nachfolger des Origines in der Leitung der Katechetenschule, Fragmente seiner Schrift *Über die Natur* bestreiten die mechani-

sche Welterklärung auf dem Standpunkt der Übereinstimmung der idealistischen Philosophen unter sich (Eklektizismus) und mit dem Christentum.

In den Schriften für die römisch redende Welt herrscht zumeist römische Philosophie mit ihrer Begründung auf sittlich religiöse Bewußtseinselemente, praktische Richtung und Metaphysik des imperium (Cicero) vor (Corpus scriptorum ecclesiasticorum Latinorum, herausgegeben von der Wiener Akademie). Die apologetische Schrift *Octavius* des Minucius Felix (Ende 2. Jahrhundert) schließt sich auch in Einkleidung an Cicero *De natura deorum* an, Tertullianus (160–220) an die römische Stoa, Arnobius, Lehrer der Rhetorik (sieben Bücher *Adversus gentes*, verfaßt bald nach 300) und Lactantius (*Institutionis divinae*, † nach 325), Lehrer der Rhetorik, in Inhalt und Form vielfach u. a. an Cicero (Opera, ed. Brandt). Ambrosius, geboren 334, vollzieht in seiner Schrift *De officiis ministorum* die im 4. Jahrhundert durch den „Ciceronianismus der lateinischen Christen im 4. Jahrhundert" überall vorbereitete Verbindung der stoisch-ciceronianischen Moral mit der altchristlichen: ein Vorgang, der für die Fortentwicklung des Christentums höchst bedeutend war (Thamin, S. Ambroise 1895).

Abschließend hat die drei großen Motive der Metaphysik der alten Völker unter Vorherrschaft des religiösen zu einem Ganzen verwebt, das für das Denken der neueren Völker während des Mittelalters leitend wurde, Aurelius Augustinus, einer der größten Denker und Schriftsteller aller Zeiten, geboren 354 zu Thagaste in Numidien, dort Lehrer der Grammatik, dann in Karthago, Rom und Mailand Lehrer der Rhetorik, Ostern 387 von Ambrosius in Mailand getauft, teilte seitdem sein Leben zwischen schriftstellerischer Tätigkeit und geistlichen Ämtern; † als Bischof in Hippo 430 (Hauptausgabe von Benediktinern der Mauriner Kongregation 1689 ff. 11 Bd.e, letzter Abdruck 1836–39 11 Bd.e). Für Philosophie besonders wichtig seine früheren Schriften, die den Übergang vom Zweifel zur Selbstgewißheit der inneren Erfahrung darstellen (Grundlage für Descartes) und sein reifes Meisterwerk *De civitate Dei*. Lehre von den zwei civitates (Grundlage der mittelalterlichen Staats- und Kirchenbegründung). System vgl. Reuter, Augustinische Studien 1887; Harnack im 3. Bd. seiner *Dogmengeschichte* und meine *Einleitung in die Geisteswissenschaften I*, S. 322–337 [Ges. Schr. I, S. 255–267]. In den literarhistorischen Zusammenhang sind die lateinisch schreibenden Kirchenväter eingeordnet und in ihm feinsinnig und gelehrt behandelt von Ebert, Allgemeine Geschichte der Literatur des Mittelalters im Abendlande bis zum Beginn des 11. Jahrhunderts, Bd. 1, 2. Aufl. 1889. – Eine zunehmende Reihe von Untersuchungen weist die Benutzung bestimmter Vorlagen aus der klassischen Philosophie bei den Kirchenvätern nach.

Diese Systematisierung des Christentums vollzog durch das Hilfsmittel der

Logoslehre die Verbindung des erworbenen griechischen Begriffs eines gedankenmäßigen Naturzusammenhangs mit dem ursprünglichen Christentum, durch die Aufnahme der stoisch-ciceronianischen Moral die Verbindung mit einer gedankenmäßigen Auffassung der moralischen Tatsachen. Gleichzeitig vollzog sich mit den Hilfsmitteln der Stoa die Begründung der römischen Rechtswissenschaft durch die großen Juristen Papinianus († 212), Julius Paulus und Ulpianus (228 n. Chr.).

Nach dem Abschluß des Dogmas ist dasselbe in der griechischen Kirche in steigender formaler Geschlossenheit mit der platonischen, neuplatonischen, auch aristotelischen Ontologie verknüpft worden. Dies taten folgende religiöse Metaphysiker: Synesios († gegen 430). Die dem Areopagiten Dionysios von Athen untergeschobenen Schriften (sie erweisen sich als abhängig von Plotin, Iamblichos und Proklos, ihre Entstehung fällt in die zweite Hälfte des 5. Jahrhunderts n. Chr.), höchst wirksam im Mittelalter. Theologie auf dem Wege der Bejahung und der Verneinung. Emanatistischer Pantheismus, nach welchem das über alle Bestimmungen hinausreichende unsagbare Seiende, Ursächliche, unter dessen Gesichtspunkt auch das Böse nicht real, sondern nur Mangel ist, seine Fülle in die Endlichkeit ergießt (unausgeglichen mit der angenommenen Schöpfungslehre). Weg des Menschen durch die Reflexion zur Vergottung. Dies mystische Schema bestimmt nicht nur die mittelalterliche Mystik, sondern wirkt auch auf den mittelalterlichen Realismus. Maximus Confessor (580–662), Vertreter derselben tiefsinnigen Mystik. Gott nur durch negative Prädikate bestimmbar; im Logos die Ursachen aller Dinge; seine Inkarnation metaphysische Notwendigkeit; Sinn, Verstand (ratio) und Vernunft (intellectus) die Stufen, die den Menschen aufwärts führen; Wiederbringung aller Dinge.

Für die griechische Kirche zog die Summe der patristischen Theologie in sammelndem Fleiß Johannes Damascenus (ca. 700), der in seiner *Quelle der Erkenntnis* die Dogmatik der griechischen Kirche mit Mitteln des Aristoteles systematisch vollendet hat. J. Damascenus hat in dieser neben Augustinus das Mittelalter beherrschenden Schrift zuerst eine modifiziert aristotelische Ontologie als Grundlage hingestellt und dann eine durch deren Begriffe formell vollendete, durch die *Epitome* des Theodoretos bedingte orthodoxe Dogmatik gegeben.

Die griechisch redenden Völker im oströmischen Reiche (abgetrennt 395 n. Chr.) erstarrten in ihrer Kultur. Justinianus schloß in seiner Kodifikation die römische Rechtswissenschaft zusammenfassend ab. Sein Dekret (529) unterdrückte die neuplatonische Philosophie. Die Dogmenbildung schloß ab in der Orthodoxie, welche die Leitung der östlichen Kirche durch das zu orientalischem Despotismus umgebildete oströmische Kaisertum aufrechterhielt. Traditionalismus, Ritualismus, Intellektualismus, durchbrochen nur durch das enthusiastische Mönchtum, bringen die griechisch-christliche Kultur zur Stagnation.

Die Tradition der griechischen Philosophie, besonders des Aristoteles, wurde in Syrien und Persien gepflegt, in Byzanz durch [Michael] Psellos (dessen logische *Synopsis* durch die Übertragung in den *Summulae logicales* des Petrus Hispanus auf das Abendland wirkte, besonders durch den letzten Teil *De terminorum proprietatibus*, der als „moderne Logik" einflußreich wurde), und andere Bearbeiter des Aristoteles, sowie Auszüge aus anderen Philosophen (Photios, *Bibliotheca*, 9. Jahrhundert). Diese Tradition wurde dann, besonders seit Einnahme von Konstantinopel 1453, dem Abendland vermittelt. Die griechisch redenden Völker schieden aber nach Justinianus und Joh. Damascenus aus dem Fortgang der geistigen Kultur immer vollständiger aus. Diese vollzieht sich nun in der abendländischen Christenheit, wie sie mit der arabischen Kultur in Wechselwirkung sich entwickelt.

[C.] Die neueren Völker

Erstes Stadium

Theologisch-metaphysisches Stadium der neueren Völker unter Leitung der Kirche ca. 500 – ca. 1350

Die neueren europäischen Völker (romanisch-germanische katholische Christenheit) empfangen zunächst den Ertrag der Lebensarbeit der alten Völker in den kirchlichen und den von der Kirche für Schulung und Dogmenbegründung nützlich befundenen, daher durch Abschriften verbreiteten Schriften (besonders wirksam: aristotelische Tradition, Augustinus, Joh. Damascenus). Diese enthielten eine Verflechtung der drei großen metaphysischen Motive der alten Welt (S. 65 f.). Die so gebildete schulmäßige rationale Ontologie wurde für Formulierung und Begründung eines Kirchenglaubens verwandt, dessen Macht in den Glaubenserfahrungen und der Autorität der Kirche und einem unkritischen Kinderglauben an alle geschriebene geschichtliche Tradition lag. So wurden die einst in jugendlicher Zuversicht auf das rationale Wissen erfundenen, durch keine Erfahrung kontrollierbaren transzendenten Begriffe wegen der in ihnen liegenden unauflösbaren Schwierigkeiten vergebens zerlegt, bearbeitet, zugespitzt. Dies ist das Merkmal der Scholastik. Als Doctores scholastici werden im Mittelalter Lehrer in den Klosterschulen zunächst bezeichnet; weiterhin überhaupt solche, die sich schulmäßig mit der Wissenschaft beschäftigen.

Das historische Studium der scholastischen Philosophie, deren Mittelpunkt Paris war und aus welcher noch vieles ungedruckt in Paris [liegt], verdanken wir den Franzosen, insbesondere seitdem Cousin die Durchforschung der Manuskripte förderte. Bulaeus, Historia universitatis Parisiensis 1665 ff.; Jourdain, Recherches critiques sur l'âge et l'origine des traductions latines d'Aristote 1819 (1843); Rousselot, Études sur la philosophie dans le moyen âge 1840/2; Hauréau, De la philosophie scolastique, 2 Bd.e 1850 und Histoire de la philosophie scolastique 1877–80; Charles Thurot, De l'organisation de l'enseignement dans l'université de Paris au moyenâge 1850; Zarncke, Die deutschen Universitäten im Mittelalter I 1857; Prantl, Geschichte der Logik, Bd.e II–IV 1861 ff.; Reuter, Geschichte der Aufklärung im Mittelalter, 2 Bd.e 1875–77.

I.
Theologie als Mittelpunkt systematischen Denkens
ca. 500 – ca. 1150

Nach Ende des weströmischen Reichs (476) richten sich die germanischen und romanischen Staaten auf dem Boden und mit den Hilfsmitteln der antiken Kultur ein.

1. Übertragung antiken Wissens und erste dialektische Versuche

Das Literarische des Vorgangs trefflich behandelt in Ebert, Geschichte der Literatur des Mittelalters, Bd. I und II 1874/80. Martianus Capella, ca. 430. Lehrbuch der sieben artes liberales, wirksame enzyklopädische Zusammenfassung des griechisch-römischen Unterrichtsstoffes; weitere Vertreter enzyklopädischer Richtung: im Ostgotenreiche des Theoderich Boethius (s. o.) und Cassiodorus Senator (geboren ca. 477; *Institutiones divinarum et saecularium lectionum*), in Spanien Isidorus von Sevilla († 636; zwanzig Bücher *Originum sive etymologiarum*), in Britannien Beda Venerabilis (674–735), am Hofe Karls des Großen, aus Britannien gekommen, Alcuinus (735–804), und sein Nachfolger Fredegisus, von dem Schrift *De nihilo et tenebris*, in Fulda und Mainz Hrabanus Maurus (776–856) primus praeceptor Germaniae, Schriften *De institutione clericorum* (Dialektik enthaltend) und *De universo*.

In dem aufgesammelten Material auch die erkenntnistheoretischen Gegensätze vertreten. So in [der] *Isagoge* des Porphyrios: „mox de generibus et speciebus illud quidem, sive [subsistunt, sive] in solis nudisque intellectibus posita sint, sive subsistentia corporalia sunt an incorporalia, et utrum separata a sensibilibus an in sensibilibus posita et circa haec constantia, dicere recusabo." Auch Johannes Damascenus berücksichtigt das in diesem erkenntnistheoretischen Gegensatz enthaltene Problem und löst es durch einen modifizierten Aristotelismus. Diese und andere Stellen veranlaßten den Gegensatz zwischen Nominalisten, welche die universalia als nomina, voces betrachteten, und Realisten, welche den Universalien Realität zuschrieben.

2. [Rationale Theologie]

War die Dogmatik unter Einwirkung des antiken Realismus entstanden, so wurde dieser auch zunächst mit naiver Zuversicht der Arbeit zugrunde gelegt, den Glaubensinhalt in Vernunftwissenschaft umzuwandeln. Folgende Personen wollten die Hauptdogmen beweisen und so eine rationale (natürliche) Theologie herbeiführen:

a) [Johannes] Scotus Eriugena, geboren 800–815 in Britannien, am Hofe Karls des Kahlen, *De divisione naturae*. Gründet auf die vorwiegend neuplatonische Tradition der antiken Philosophie in Dionysios Areopagita, in dessen Schüler Maximus Confessor sowie in Augustin ein durchgeführtes System. Das Sein, von ihm πᾶν, φύσις, natura genannt, zerfällt in vier Klassen: erstens das ungeschaffene Schaffende, d. h. Gott; zweitens die zuerst geschaffenen causae primordiales der Dinge, also das geschaffene Schaffende; drittens die Dinge selbst, das geschaffene Nichtschaffende; viertens Gott als der letzte Zweck alles Seins, das weder Geschaffene noch Schaffende, in welchem alles zur Ruhe und Seligkeit gelangt. Das Werk behandelt in fünf Büchern diese vier Klassen (eins und vier in Gott zusammenfallend). Neuplatonisch-emanatistischer Panentheismus, wichtiges Mittelglied zwischen der neuplatonischen Schriftstellerei und der mittelalterlichen Mystik. Diese wahre Philosophie ist ihm identisch mit der wahren Religion (Huber, Joh. Scotus Eriugena 1861).

b) Aus Gerberts († 1003; Hock, Gerbert und sein Jahrhundert 1837) Schule Fulbert, aus dessen Berengar von Tours (Schnitzer, Berengar 1890), Versuch theologischer Dialektik, die dem Lanfrank erlag.

c) Anselmus, geboren in Aosta 1033, Schüler und Nachfolger Lanfranks im Kloster Bec, dann im Erzbistum Canterbury, † 1109. Konstruktion der Hauptdogmen aus den Prämissen des Realismus. Schriften: *Monologium, Proslogium, De fide trinitatis et de incarnatione verbi, Cur Deus homo?* Prinzip: Das Wissen folgt dem Glauben. Ontologischer Beweis für das Dasein Gottes. Deus = quo maius cogitari nequit. Esse in intellectu et in re majus quam esse in solo intellectu. Deus non potest cogitari non esse. In Adam ist nicht nur ein Mensch, sondern die Menschheit gefallen, und in Christus nicht ein Mensch, sondern die Menschheit erlöst; diese sonach eine Realität, universalia sunt realia ante rem.

(Hasse, Anselm 1843–52; Rémusat, Anselme 1845; Ragey, Histoire de saint Anselme 1891).

3. [Theologische Dialektik und ihre Gegner]

Sein Zeitgenosse Roscelinus hat zuerst den Nominalismus in theologischer Dialektik angewandt, von Anselm und dem extremen Realisten Wilhelm von Champeaux (1070–1121) bestritten. Mittlere Richtung die bedeutende Abhandlung *De generibus et speciebus* (Cousin, Ouvrages inédits d'Abélard 1836, S. 507–550), und Petrus Abaelardus (Abélard), geboren 1079 in Grafschaft Nantes, lehrte in Paris, †1142. (Opera, ed. Cousin 1849; Rémusat, Abélard 1845; dazu Darstellung in den Werken von Hauréau, Prantl und Reuter.) Philosophisches Hauptwerk: *Dialektik*, in: Cousin, Ouvrages inédits d'Abélard 1836, S. 173–497. Teil 1 behandelt die Redeteile anschließend an Porphyrios' *Isagoge* (fehlt bei Cousin, vgl. die nicht ganz sicheren *Glossulae ad Porphyrium*), Teil 2 [den] kategorischen Schluß, Teil 3 [die] Topik, Teil 4 [den] hypothetischen Schluß, Teil 5 [die] Einteilungen und Definitionen.

Während er in dem formal Logischen von Boethius abhängig ist, stellt er hier und in der *Theologia christiana* einen mittleren erkenntnistheoretischen Standpunkt zwischen Roscelinus und den Platonikern wie Wilhelm von Champeaux auf. Die universalia sind nicht nur ante res, noch nur post res, sondern in rebus. Die Arten „non nisi per individua subsistere habent": Hiermit erneuert er den zwischen dem stoischen (Roscelinus) und platonischen (Wilhelm) stehenden echt aristotelischen Standpunkt. Erkennt nach Aristoteles, daß die universalia prädikativ sind: „id, quod natum est, praedicari". Sonach sind sie nicht vox, sondern sermo (λόγος), d. h. der reale, im Denken erfaßbare Zusammenhang des Wirklichen. Hebt schön hervor, daß der individuelle Unterschied im Einzelmenschen Sokrates, wodurch dieser Einzelmensch sich aus der humanitas tota heraushebt, kein akzidenteller, sondern ein wesentlicher sei. Seine Theologie vorbereitet in: *Sic et non* (Vorläufer der Sentenzen-Sammlungen), darauf gegründet: *Theologia* und als Überarbeitung des *Tractatus de unitate et trinitate divina* die *Theologia christiana*. Die Aufgabe der Theologie ist, die Dogmen als vernünftig aufzuzeigen. Die negative Seite dieses Rationalismus ist die Abweisung des mit der Vernunft, insbesondere mit der moralischen Vernunft nicht Übereinstimmenden. Seine Ethik, enthalten in *Scito te ipsum*, gründet sich auf die Übereinstimmung des Handelns mit dem Gewissen des einzelnen im Sinne des modernen moralischen Rationalismus. Daher er auch den juristischen Begriff des stellvertretenden Todes Christi in für die Zukunft vorbildlicher Weise gänzlich verworfen hat, wie Kant, Tieftrunk, Schleiermacher. Dafür stellt er einen strengen moralisch-religiösen Zusammenhang auf zwischen der Liebe als dem Wesen Gottes, ihrer vorbildlichen Darstellung in dem Tode Christi und dem persönlichen, durch dies Vorbild hervorgerufenen, aber auf die durch die Erbsünde nicht aufgehobene freie Entscheidung gegründeten Prozeß der Gegenliebe und der Verbindung mit Gott. – Abstumpfung dieser großen rationalen Tendenz innerhalb der Kirche.

a) Ein Kompendium des dogmatischen Bestandes gibt ein Schüler des Abaelard, Petrus Lombardus († 1164), vier Bücher *Sententiarum*. Diese Schrift wurde Grundlage der ganzen mittelalterlichen theologischen Schriftstellerei wie das *Decretum Gratiani* für die kirchenrechtliche. Buch 1: von Gott; Buch 2: Schöpfungsakt, Kreaturen und Sündenfall; Buch 3: Menschwerdung, abgeleitet aus der Zweckmäßigkeit; Erlösung; Tugenden des Christen; Buch 4: Sakramente. – Kommentare zu Petrus Lombardus und andere Summae, unter ihnen hervorragend: Alanus de Insulis, *[De arte] catholicae fidei libri V*, ein apologetisches Werk gegen Ketzer und Mohammedaner.

b) Bild der dialektischen Zerrissenheit der mit den Antinomien ringenden Theologie dieser Zeit bei dem gemäßigten Johannes von Salisbury († 1180); Opera, ed. Giles; Schaarschmidt, Joh. Saresberiensis 1862.

c) Gegner dieser Dialektik vom Standpunkt autoritativen Glaubens aus Bernhard von Clairvaux (1091 bis 1153), seit Augustin der religiös tiefsinnigste Schriftsteller; von dem [Standpunkt] der Mystik aus die Victoriner. (Über die Geschichte dieser mystischen Richtung W. Preger, Geschichte der deutschen Mystik im Mittelalter 1874–93; vgl. Denifle in den historisch-politischen Blättern 1875.)

1. Hugo [von St. Victor], Graf von Blankenburg am Harz, dort 1096 geboren, trat in das von Wilhelm von Champeaux begründete und in der Richtung beeinflußte Augustinerkloster von St. Victor bei Paris. Hauptschriften: Das Selbstgespräch mit der Seele, *Soliloquium, De vanitate mundi* und das reife systematische Werk *De sacramentis christianae fidei*. Auf Grundlage Augustins, Eriugenas und Bernhards werden die Stufen der persönlichen Religiosität: cogitatio, meditatio und contemplatio (unmittelbares Anschauen Gottes) beschrieben.

2. Sein Schüler der Schotte Richard [von St. Victor], geboren 1162, bis zu seinem Tod 1173 Prior von St. Victor. Seine Schrift *De trinitate* ist abhängig vom systematischen Hauptwerk Hugos u. a. in der Richtung einer Ableitung der Dogmen nicht aus logischer Notwendigkeit, sondern aus den zwischen ihnen bestehenden Beziehungen von göttlicher Liebe und freier Zweckmäßigkeit. Bedeutender aber sind seine mystischen Schriften: *De statu interioris hominis, De eruditione hominis interioris, De praeparatione animi ad contemplationem, libri V De gratia contemplationis*. Sie entwickeln die in Platon angelegte, von den Neuplatonikern zuerst durchgeführte, von Augustin und dem angeblichen

Dionysios Areopagita dem Mittelalter überlieferte, nun von Hugo verkündete Lehre von den Stufen des inneren Lebens. Das Mittel der cogitatio ist die Imagination, das der meditatio die ratio, das der contemplatio die intelligentia. Die Kontemplation wird nun wieder durch sechs Stufen durchgeführt. Die alten Philosophen verharrten in den niederen Graden derselben. In den höchsten gelangt der Christ zu Selbsterkenntnis, Selbstaufgabe und vermittelst der Andacht [zum] Hinaustreten der Anschauung aus sich selbst in die Gottheit.

3. Walther von St. Victor, ebenfalls Prior des Klosters. Schon Richard hatte die dialektische Richtung bekämpft; sie übersieht, daß richtiges Schließen nicht ausreicht, auf die zugrunde gelegten Wahrheiten kommt alles an. Richards Hauptwerk war seine große polemische Schrift gegen die vier französischen Ketzer (Abaelard, Petrus Lombardus, Petrus von Poitiers, Gilbert); nach einer Stelle der Vorrede nennt man sie: in quattuor labyrinthos Franciae. Sie ist nur in Auszügen, besonders Bulaeus, Historia universitatis Parisiensis I, S. 404 ff., gedruckt. – Das Kloster von St. Victor wirkte gegen die übliche wissenschaftliche Theologie für Andacht und Predigt, unter seinem Einfluß u. a. wenigstens mittelbar Dominicus und sein Orden. Von den Victorinern geht dann die Mystik vermittelst des Bonaventura u. a. zu ihrem großen Blütezeitalter in Meister Eckhart, Johannes Gerson und Nicolaus von Cusa, vom Beginn des 13. bis über die Mitte des 15. Jahrhunderts.

Das Ende des 12. Jahrhunderts zeigte die Auflösung des bisherigen philosophisch-theologischen Betriebes. Die Tradition der antiken Wissenschaft im Abendlande reichte nicht aus für das große Problem, in Erkenntnistheorie, Metaphysik und Ethik zum Christentum Stellung zu nehmen. Der extreme Platonismus des Wilhelm von Champeaux war historisch unorientiert, aber auch die Stellung des Abaelard im Verhältnis zu den Nominalisten entbehrte der tieferen Kenntnis des Aristoteles. So fehlte das erkenntnistheoretische Organon zur Lösung der schwebenden theologischen Fragen; daher konnten die Autoritäten der Summisten, die ratio des Abaelard und die Kontemplation der Mystiker nicht nach ihrem inneren erkenntnistheoretischen Verhältnis zueinander bestimmt werden. So lagen diese drei Standpunkte in unfruchtbarer Fehde gegeneinander. Ebenso fehlte das erkenntnistheoretische Werkzeug für die Behandlung der Frage, ob die Widersprüche und Trugschlüsse der rationalen Theologie von Anselm und Abaelard notwendige Folgen des Versuchs seien, die übersinnlichen christlichen Geheimnisse zu beweisen und rational zu durchdringen. Die Grenzen des rationalen Denkens konnten nicht aus Prinzipien fester abgeleitet werden. Die unio mystica ermangelte des Nachweises ihrer Möglichkeit.

Darin also bestand nun der Fortschritt der nächsten mittelalterlichen Epoche, welche den Höhepunkt der scholastischen Philosophie bildet: Mit den

Hilfsmitteln der aristotelischen Wissenschaft wurde eine erkenntnistheoretische Grundlage für die Behandlung der christlich-theologischen Probleme geschaffen. So konnte das rationale Denken, welches ganz universal in Aristoteles, Averroes und der christlichen Philosophie anerkannt wurde, in seinem Rechte begründet und gegen die undurchdringlichen Geheimnisse des Christentums abgegrenzt werden, woraus dann die Verteidigung des Christentums gegen die Philosophen Griechenlands und des Islam sich ergab. Zugleich konnte innerhalb des dogmatischen Systems, welches die unbeweisbaren Dogmen zum Gegenstande hatte, die Verbindungsweise der Sätze durch die Aufsuchung ihres inneren Zusammenhangs nach dem Prinzip freien, liebevollen und zweckmäßigen Handelns der Gottheit, wie er von den Summisten ab sich herausgebildet hatte, zu philosophischer Klarheit gebracht werden.

II. Die auf die Griechen, besonders den Aristoteles gegründete arabische Vernunftwissenschaft

[1. Im Morgenlande]

Die Übertragung griechischen Wissens an die Araber ist durch die Syrer vermittelt gewesen. Mit dem Neuplatonismus, der noch fortwirkte, wurde Aristoteles verbunden. Durch die Syrer gelangte griechische Philosophie, Naturwissenschaft und Medizin an die Araber. Die Philosophen hier meist Ärzte. Der strenge Monotheismus und das naturwissenschaftliche Interesse fanden besonders bei Aristoteles Befriedigung. Naturwissenschaft der Griechen bei den Arabern meine *Einleitung I*, S. 371 ff. [Ges. Schr. I, S. 292 ff.]. Bekannt waren den Arabern die Neuplatoniker, die besseren Kommentatoren, fast die sämtlichen Lehrschriften des Aristoteles, sowie *Republik, Gesetze* und *Timaios* Platons.

Neuplatonischer Aristotelismus mit geringer Selbständigkeit:

1) Alkindi († ca. 870), Mathematiker, Arzt, philosophische Kommentare zu den logischen Schriften des Aristoteles. Rationalistische Theologie.

2) Alfarabi († 950). Logische Arbeiten. Enzyklopädie. Der neuplatonische Platon mit Aristoteles eins. Selbständiger.

3) Die Verfolgungen durch den Kirchenglauben veranlaßten den Geheimbund der „lauteren Brüder"; dieser faßte etwa zweite Hälfte saeculum 10 das den Arabern zugängliche Wissen in einer Enzyklopädie zusammen; Standpunkt: neuplatonisch und neupythagoreisch beeinflußter Aristotelismus. (Dieterici, Die Philosophie der Araber im X. Jahrhundert n. Chr. [1865 ff.], Aus den Schriften der lauteren Brüder 1858)

4) Ibn Sina (Avicenna, 980 bis 1037) Arzt, Philosoph und Theolog. Sein *Kanon* war Grundbuch der mittelalterlichen Medizin in Morgen- und Abend-

land. Seine logischen und metaphysischen Schriften dem reinen Aristoteles näher als durchgehends sonst [die] Araber. Universalia sunt ante multitudinem im göttlichen Geiste, in multitudine als Eigenschaften der Dinge, post multitudinem als abstrakte Begriffe.

5) Im Gegensatz gegen diesen aristotelischen Rationalismus entstand die Lehre der orthodoxen Mutakallimun, welche auf die absolute Kausalität Gottes im Gegensatz zu solchen Entwicklungen des Kausalzusammenhangs in der Natur zurückgriff und hierbei sich auch atomistischer Lehren bediente. Alsdann der Skeptizismus des Algazel. Geboren 1059, lehrte in Bagdad, suchte die Mannigfaltigkeit der metaphysischen Systeme kennenzulernen, zog aus ihr die Konzequenz des philosophischen Skeptizismus, † in klösterlicher Einsamkeit 1111. Seine *Destructio philosophorum* leider nur aus Polemik des Averroes und von Munk ausgezogenen hebräischen Manuskripten bekannt. a) *Zielpunkte der Philosophen* = Darstellung des philosophischen Rationalismus, b) *Destructio philosophorum* = skeptische Kritik, c) *Grundsätze des Glaubens*. Ähnliche Lage geschaffen wie im Abendland im Zeitalter des Johannes von Salisbury.

Hiermit endigt die arabische Philosophie im Morgenlande, wo der Orthodoxismus die Herrschaft behauptete. Sie entwickelt sich weiter in Spanien.

[2. In Spanien]

1. Ibn Badja (Avempace, † 1138), geboren in Saragossa, lebte in Sevilla, Granada, Afrika. *Arzt, Mathematiker, Astronom, Philosoph. Leitung des Einsamen* = die natürliche Entwicklung des Menschen ohne Offenbarung zur rationalen Gotteserkenntnis.

2. Ibn Thofail [(Abubacer)], geboren in Andalusien, † in Marokko 1185. Arzt, Mathematiker, Philosoph und Dichter. Schüler des Ibn Badja. Der philosophische Roman *Der Lebende, der Sohn des Wachenden* ist eine dichterische Darstellung der *Leitung des Einsamen*. Er läßt ein Individuum sich ganz natürlich, ohne Tradition einer Gottes- oder Welterkenntnis und ohne Offenbarung aus sich selbst entwickeln und von der Erkenntnis der Natur zu der Gottes gelangen (wie Rousseaus *Émile*).

3. Ibn Roschd (Averroes 1126–1198), geboren zu Córdoba, aus vornehmer Familie, nach universalen Studien, welche stets auch auf Naturwissenschaften und Medizin gerichtet blieben, hat er in Sevilla, dann Córdoba das Richteramt bekleidet, Freund des Ibn Thofail, durch ihn mit dem Kalifen Jusuf in Beziehung, dessen Leibarzt und wissenschaftlicher Beirat. Unter dessen Sohn Al-Mansur begann Verfolgung gegen Wissenschaft und Philosophie des Altertums. Ibn Roschd † in der Verbannung in Marokko. Vollender des auf Aristoteles gegründeten philosophischen Rationalismus. Seine Werke in lateinischen Über-

setzungen am vollständigsten in der Aristotelesausgabe 1552 (Venetiis apud Juntas) gedruckt. Kommentare zu Aristoteles' medizinischen Werken; System: *Destructio destructionis [philosophorum], De intellectu, De animae beatitudine.* Die aus [dem] Arabischen von Müller 1875 übersetzten Schriften über Philosophie und Theologie nicht sicher. Hat fast alle Lehrschriften des Aristoteles in Paraphrasen und kurzen oder längeren Kommentaren behandelt.

Die Religion des Philosophen ist die rationelle Erkenntnis. Sie ist in Aristoteles enthalten. Der Gottesglaube kann ganz rationell entwickelt werden. Naturalistische Auffassung des Aristoteles. 1. In der Materie liegen keimartig die Formen, welche durch Einwirkung der höheren Formen und zuhöchst der Gottheit entwickelt werden. 2. Die allumfassende Himmelskugel wird als mit geistigen Kräften und Begehrungen ausgestattet vorgestellt, sie verlangt nach dem Überräumlichen, Unbewegten, sie ruft auf der Erde Leben und Wachstum hervor (semitischer Gestirnkultus). 3. Intellectum substantiam esse omnino ab anima separatam esseque unum in omnibus hominibus. So endigte die individuelle Existenz des menschlichen Nus mit dem Tode. – Renan, Averroès et l'averroïsme, 3e éd. 1869; Munk, Mélanges de philosophie juive et arabe 1859; Schriften von Dieterici über die lauteren Brüder 1858; Steiner, Mutaziliten 1865.

Philosophie der Juden: Avicebron (Salomon [Ben-Jehuda] Ibn Gebirol, (geboren 1020, *Fons vitae*); Maimonides (Moses ben Maimum, geboren 1135, *Leitung der Zweifelnden*); Gersonides (Levi ben Gerson, geboren 1288).

III. Verknüpfung der Theologie mit der Naturerkenntnis und der antiken Metaphysik, besonders der aristotelischen Wissenschaft vom Kosmos. Das realistische System der christlichen Vernunftwissenschaft ca. 1150–[ca.] 1300

In intellektueller Entwicklung Europas größte Veränderung während des Mittelalters: Wachsende Bekanntschaft mit Naturwissen und kosmischer Spekulation der Alten und Araber, besonders mit Aristoteles. Im ersten Drittel 13. Jahrhundert ist ziemlich der ganze Körper der aristotelischen Schriften übertragen. Die Systeme des Ibn Sina und Ibn Roschd werden bekannt und bedrohen den christlichen Glauben. Zu seinem Schutz entsteht an der Universität Paris, dem Mittelpunkt der geistigen Bewegung, die klassische Metaphysik und Theologie des Mittelalters. Die Philosophie entwickelte in diesem realistischen System die rationale (natürliche) Theologie (Metaphysik), welche als Lehre von der göttlichen Substanz und den ihr untergeordneten materiellen und geistigen Substanzen bis heute die Überzeugungen der Mehrzahl bestimmt und für die anderen Gegenstand der Kritik ist (Kants transzendentale Dialektik). Beste Darstellungen Ritschl, Hauréau und Prantl.

Vorbereitend: Alexander von Hales († 1245), *Summa universae theologiae*, erste Verteidigung der Kirchenlehre mit Hilfe des Aristoteles gegen die Ungläubigen. Johannes Bonaventura (1221–74). Schließt sich in der Naturlehre an Aristoteles an, in der religiösen Seelenlehre an Bernhard und die Victoriner.

Begründer: Albert von Bollstädt, genannt der Große, in der schwäbischen Stadt Lauingen wahrscheinlich 1193 geboren, lehrte in Paris und Köln, † 1280. Kommentare, insbesondere zu Aristoteles, der ihm nur aus den lateinischen Übertragungen bekannt; *Summa philosophiae naturalis, De causis et processu universitatis*. Aristoteles, den er in der neuplatonischen Weise der Araber versteht, ist einig mit der Kirchenlehre.

Vollender: Thomas von Aquino, geboren 1225–27 im Neapolitanischen, Schüler Alberts, lehrte zu Köln, Paris, Bologna, Rom etc., † 1274. Der klassische Repräsentant dieses in der Wirkung mächtigsten mittelalterlichen metaphysischen Systems und bis heute der Philosoph des Katholizismus. Dreifache Darstellung seines Systems: 1) Kommentar zu den *Sentenzen* des Petrus Lombardus, dann 2), vorbereitet durch Schriften wie *De ente et essentia, De principo naturae* und seine Pariser Lehrtätigkeit (in Paris regius primarius des Dominikanerordens und zugleich mit dem Freunde Bonaventura 23. Oktober 1257 Doktor der Theologie), begonnen in Paris, abgeschlossen in Italien: seine *Summa philosophica contra gentiles*, 3) zuletzt und unvollendet: *Summa theologiae*. Es gibt ein System beweisbarer Vernunftlehren. Er akzeptiert von Albertus, daß die Menschenvernunft nur erkennt, wovon sie die Prinzipien in sich trägt (lumine naturali), jenseits hiervon die Ergänzung der Offenbarung eintritt. Universalia in re. Rational feststellbar: Dasein Gottes, Immaterialität und Unsterblichkeit der Einzelseele, Bestimmungsfähigkeit des Willens durch die Einsicht, d. h. Freiheit. Unbeweisbare Offenbarungstatsachen: Zeitlichkeit der Schöpfung, Erbsünde, Dreieinigkeit und Logoslehre etc.

Sein Nebenbuhler in der Kunst des Beweises der scharfsinnige Logiker Raimundus Lullus (1235–1315); seine *Große Kunst* wirkte auf die Entwicklung der Logik in Bruno und Leibniz. Dichterische Darstellung des thomistischen Systems: Dante (1265–1321, politisch: *De monarchia*). Aus der Wissenschaft des Albertus entsprang auch die tiefsinnige spekulative Mystik des Meisters Eckhart (geboren nach 1250, † 1327). Der erste Philosoph in deutscher Sprache.

IV. Der Sieg des Nominalismus und die Auflösung der christlichen Vernunftwissenschaft

In der Verschmelzung der transzendenten christlichen Religiosität mit dem römischen Herrschaftsgedanken und der griechischen intellektuellen Anschauung des Kosmos war die Kombination von religiöser Weltverneinung, Herrschaft der Kirche über die Welt und metaphysischer Darstellung des Reiches der Natur und des Reiches der geistigen Substanzen entstanden, welche sich in Albertus und Thomas abgeschlossen darstellte. Die Auflösung dieser befriedigenden Verbindung vollzog sich seit dem Ende des dreizehnten Jahrhunderts durch das Erstarken neuer Kräfte. Die ernstliche, selbständige Verwirklichung der Weltverneinung durch die religiöse Laienbewegung, kulminierend in Franz von Assisi (4. Oktober 1226; fuge, tace et quiesce), ward nur teilweise von der Kirche ihrem Dienst eingeordnet in den späteren Franziskanerregeln. In dem Papsttum gelangt ein juristisch-hierarchisches Streben zum Sieg. Andererseits staatliches und nationales Selbstgefühl: 1315 Defensor pacis.

Erwachen antiken Lebensgefühls und Studiums: Petrarca, geboren 1304. Zunahme von Industrie, Handel und Verbindung naturwissenschaftlichen Geistes in den Städten: ca. 1300 Papier erfunden, 1302 Kompaß, 1364 Schießpulver.

Roger Bacon (1214–1294 in Oxford) hat nun aufgrund des aristotelisch-arabischen Naturwissens den Nominalismus im Sinne der Erfahrungswissenschaft fortgebildet. Albertus und Thomas Knaben, welche Lehrer wurden, ehe sie gelernt hatten. Sprachen. Experimente. Mathematik. *Opus maius, [Opus] minus, [Opus] tertium.*

Johannes Duns Scotus, geboren 1265 oder 74 in Britannien, ging von der praktischen Frömmigkeit des Franziskanerordens aus, lehrte seit 1304 in Paris, dann in Köln, † 1308. Die haecceitas, d. h. das ein quid zu einem hoc bestimmende principium individuationis, ist nicht ein negatives, wie der Realismus lehrte, sondern positiv. Voluntas est superior intellectu. Die Theologie ist eine praktische Wissenschaft. Hauptwerke formlose Kommentare zu den *Sentenzen* des Petrus Lombardus: *Opus Oxoniense* und *[Opus] Parisiense*, dann *Quaestiones quodlibetales* u. a.

Wilhelm von Ockham (aus England, † 1347) hat den Sieg des Nominalismus entschieden. Schüler des Duns Scotus, dann Lehrer in Paris, flüchtet 1328 zu Ludwig dem Bayern. „Verteidige Du mich mit dem Schwerte, und ich werde Dich mit der Feder verteidigen." Zu München gestorben. Hauptwerke: 1. Kommentar zu den *Sentenzen* des Lombardus: *Super [quatuor] libros sententiarum subtilissimae quaestiones [earumdemque decisiones]*, 2. *Quodlibeta septem*, 3. *Summa logicae*, 4. *Expositio aurea [et admodum utilis] super totam artem veterem* (*Expositio in librum Porphyrii de praedicabilibus, Expositio in librum praedicamentorum Aristotelis*), 5. *Quaestiones in [octo] libros Physicorum*.

In diesen staubigen, zumeist an Aristoteles, Porphyrios, den Lombarden, Petrus Hispanus anknüpfenden, in unermeßlichen Distinktionen sich abarbeitenden Werken ringt sich eine neue erkenntnistheoretische Stellungnahme (der neue Nominalismus) los, welche in der Oxforder Schule zum englischen Empirismus hinüberführt.

I. Signa. Logica non tractat de rebus quae non sunt signa. Signa significant seu important aliquid seu stant seu imponunt pro aliquo. 1. Signa concepta sive mentalia = die passiones oder intentiones animae, in denen die Dinge gegeben. Diese signa enthalten nur das esse objectivum, d. h. das vorgestellte Sein der Dinge, nicht ihr esse subjectivum, d. h. ihr Ansichsein. 2. Signa prolata sive vocalia = Worte als Zeichen für Vorstellungen. 3. Signa scripta = Zeichen der Zeichen in der Schrift.

II. Analysiert man die Gedanken und die ihnen entsprechenden Wortverbindungen, so sind die termini oder einfachsten Bestandteile: 1. termini primae intentionis, Vorstellungen, denen außer uns existierende Dinge entsprechen; 2. termini secundae intentionis, deren jeder ein bloßes signum in anima, dem kein existierendes Ding entspricht, sondern das ein Gemeinsames in mehreren vertritt. Dies sind die Universalia.

III. Also die universalia sunt termini (nomina) post rem. Sie können nicht reale Existenz haben: sonst müßte jedes Individuum aus so vielen communia bestehen, als es Prädikate hat, und das Eine Allgemeine müßte als solches zugleich im Vielen sein: ein Nonsens. Communia, die vor den Einzeldingen bestünden, nach denen die Einzeldinge geschaffen würden, müßten Gottes Schaffensmacht einschränken. Entia soll man nicht über das logische Bedürfnis hinaus vermehren. Bevorzugung der Objektivität der inneren Wahrnehmung gegenüber der äußeren. Steigende Macht der inneren Wahrnehmung des Subjektiven, Höchstpersönlichen, Individuellen in Literatur und Kunst wird hier in einer philosophischen Formel ausgedrückt.

In nominalistischer Richtung Johannes Buridan (1327 Rektor zu Paris), Petrus von Ailly (1350–1425), Raimund von Sabunde, Gabriel Biel († 1495); d'Aillys Schüler war dann später Johannes Gerson (1363–1429).

Im Zusammenhang mit dieser Bewegung löste sich die Mystik vom System der Vernunftwissenschaft immer mehr los in Johannes Tauler (1300–1361), Heinrich Suso (1300–1365), dem Verfasser der *Deutschen Theologie* (herausgegeben von Luther 1518), Johannes Ruysbroek (1293–1381). Hier wird in germanischem Geiste der Glaube als einheitlicher Mittelpunkt aller Kraftwirkung der Person (Willensbeschaffenheit) gefaßt, was dann auch der Kern des Protestantismus ist. Zugleich entwickelt sich aus dem Nominalismus besonders in England in einem Verlauf, dessen Mittelglieder noch aufzuzeigen sind, der Empirismus (Francis Bacon).

ZWEITES STADIUM

Die Befreiung des Geistes der neueren Völker in Humanismus und Reformation
ca. 1350 – ca. 1600

I. [Renaissance]

Die neueren Völker traten im 14. und 15. Jahrhundert allmählich in das Stadium ihrer Mündigkeit. In diesem wurden, nachdem das mittelalterliche System sich aufgelöst hatte, die Keime des selbständigen geistigen Sonderlebens der neueren Völker entfaltet; Religion, Poesie und Wissenschaft, Moral und Recht grenzten ihre Sphären gegeneinander ab. So entstand die Struktur des modernen geistigen Lebens. Dieser Vorgang wurde unterstützt durch die Benutzung der alten Kultur, welche während des ganzen Mittelalters fortgedauert hatte. In der Philosophie finden wir an den drei Kulturzentren Konstantinopel, Paris und Bagdad Mitte des 9. Jahrhunderts die Tradition des Aristoteles und der Neuplatoniker in Photios (Patriarch seit 857), Johann Scotus (blüht 850) und dem Aristoteliker Alkindi sowie dem Übersetzer Honain ben Isaak (850) gleichzeitig höchst wirksam. In Süditalien erhält sich griechische Sprache. Hof Friedrichs II. († 1250) Zentrum, wo abendländische, arabische und griechische Kultur sich verbinden. Ebenso im Denken des Nicolaus Cusanus (1401–1464, siehe S. 91).

Unter Renaissance oder Humanismus verstehen wir den Vorgang, in welchem die durch die neuen industriellen, sozialen und politischen Verhältnisse sowie den Zusammenbruch des mittelalterlichen theologisch-metaphysischen Systems herbeigeführte Veränderung im geistigen Leben das Wiederverständnis des Altertums ermöglichte und [in welchem] nun die vorhandene Kultur der neuen Völker vom Altertum aus die entschiedenste Förderung erfuhr. Jak. Burckhardt, Kultur der Renaissance in Italien, 7. Aufl. 1899; G. Voigt, Wiederbelebung des Altertums oder das erste Jahrhundert des Humanismus, 2. Aufl. 1880–81.

Francesco Petrarca 1304–74, setzt in seiner freien philosophischen Schriftstellerei Cicero, Seneca und Augustinus fort, vgl. meine Abhandlung über *Auffassung und Analyse des Menschen [im 15. und. 16. Jahrhundert]*, [in:] Archiv IV, S. 627 ff. [Ges. Schr. II, S. 19 ff.]. – Boccaccio 1313–75. Der Grieche Manuel Chrysoloras († 1415) lehrt griechische Sprache und Literatur in Italien. Übersetzungen auch philosophischer Schriften (Leonardo Aretinus † 1444 u. a.). Durch Laurentius Valla (1407–57) Grammatik und historische Kritik begründet. Übergang des Humanismus in den Norden: Rudolf Agricola (1443–85), Johann Reuchlin (1455–1522), Desiderius Erasmus (1467–1536).

Aus der veränderten Stellung des Bewußtseins zur Wirklichkeit entstand innerhalb der neuen Gesellschaft die selbständige weltliche bildende Kunst und Poesie als erster vollendeter geistiger Ausdruck der modernen Zeit (über das Verhältnis Shakespeares und Ben Johnsons zur Renaissance Taine, Littérature anglaise, t. II). Parallel: Erfindungen und Entdeckungen, besonders geographische und astronomische (Kopernikus, De revolutionibus orbium coelestium 1543); Ausbildung einer auf methodische Kritik gegründeten Philologie als des Hilfsmittels für die Geschichtserkenntnis.

II. Erneuerung der philosophischen Schulen des Altertums

Aus dem so erneuerten Altertum werden die verschiedenen antiken Systeme nach dem Verhältnis derselben zu den Antrieben und Bedürfnissen der Zeit wiederhergestellt.

1. Platoniker und Neuplatoniker: Georgios Gemistos Plethon, Grieche (1355–1450; 1440 *Über den Unterschied [zwischen] der platonischen und aristotelischen Philosophie*); durch seine Vorträge gewonnen, gründete Cosimo von Medici die platonische Akademie in Florenz, und an dieser lehrte Marsilius Ficinus (1433–99), übersetzte Platon und Plotin. Da gegen Plethon der Aristoteliker Georg von Trapezunt die *Comparatio Platonis et Aristotelis* schrieb, verteidigte Bessarion, Schüler Plethons (1403–72), in der Schrift *Adversus calumniatorem Platonis* 1469 den Platon, und Theodorus Gaza setzte die aristotelische Lehre treuer und strenger auseinander. Mystischer noch als Ficino: Pico von Mirandola (1463–94), Reuchlin (1455–1522). – Beziehung des Platonismus zur bildenden Kunst besonders in Florenz, dem Sitz des Platonismus.

2. Aristoteliker. In Padua herrschte im Zusammenhang mit dem dortigen Studium der beschreibenden und vergleichenden Naturwissenschaft die aristotelische Schule, zuerst in averroistischer Richtung, dann in der des Alexander von Aphrodisias. Petrus Pomponatius (1462–1525, über ihn Fiorentino, P. Pomponazzi 1868). Andrea Caesalpinus (1519–1603), Vorgänger Linnés in der beschreibenden Botanik.

3. Stoiker und römische Philosophen: der große florentinische Staatskanzler Salutati († 1406, moralphilosophische Traktate). Von ihm bedingt sein Nachfolger Lionardo Bruni. Philosophie der heroischen Zeit von Florenz. Analog dann die Philosophie der niederländischen Freistaaten: Justus Lipsius (1547–1606), Caspar Scioppius [(Schoppe)], Daniel Heinsius, Erneuerer der Stoa im Zusammenhang mit den Moral- und Staatswissenschaften, Hugo Grotius.

4. Die Bestreiter des Aristoteles, welche im Sinne der neuen Bildung und des freien Denkens, eines Cicero u. a. philosophieren. Laurentius Valla, Agricola,

Ludovicus Vives (1492–1540), Nizolius (1498–1576), der französische Logiker Petrus Ramus (geboren 1515, ermordet in der Bartholomäusnacht auf Anstiften eines scholastischen Gegners), aus seiner einflußreichen Schule Johannes Sturm in Straßburg.

5. Skeptiker. Michel de Montaigne (1533–92, Essais 1580; vgl. meine Abhandlung, [in:] Archiv IV, S. 647 ff. [Ges. Schr. II, S. 36 ff.]), Charron (1541–1603, De la sagesse 1601, Freund Montaignes; vgl. meine Abhandlung, [in:] Archiv VII, S. 50 ff. [Ges. Schr. II, S. 263 ff.]), Franz Sanchez (1562–1632, *Tractatus de multum nobili et prima universali scientia quod nihil scitur*), Reihe weiterer Skeptiker bis Pierre Bayle (1647–1706). Dieser Skeptizismus bereitet die Aufklärung vor (Nachweis durch Buckle); er bildet den Hintergrund der Philosophie des Descartes.

III. [Reformation]

Der voranschreitende aktive Geist der neueren europäischen Völker hat im Norden durch die Reformation von den tiefsten Erfahrungen des Willens aus eine neue Form des christlichen Lebens ausgebildet und in dieser die völlige Selbständigkeit des ethisch religiösen Lebens gegenüber aller Metaphysik und Kirchenordnung durchgesetzt. Über die Bedeutung der Reformation für den Fortgang des europäischen Geistes meine Abhandlung, [in:] Archiv V, S. 337 ff. [Ges. Schr. II, S. 39 ff.]. Das neue Lebensideal der nordischen Völker ebd., S. 349 ff. [Ges. Schr. II, S. 48 ff.]. Der religiös universelle Theismus, den schon Plethon, Lorenzo Medici etc. begründet, entwickelt von Erasmus, der Erfurter Humanistenschule, Sebastian Franck u. a. ebd., S. 346 ff. [Ges. Schr. II, S. 46 ff.].

1. Ausbildung der altprotestantischen Dogmatik. Melanchthon (1497–1560) hat eine Verbindung zwischen der antiken Idealphilosophie, besonders Aristoteles, und dem Christentum hergestellt, welche für die deutsche Geistesentwicklung wichtig wurde (Gesamtausgabe im *Corpus reformatorum* enthält [in den Bänden] 15 und 16 seine hervorragenden philosophischen Schriften; vgl. meine Abhandlung über Melanchthon, welche besonders den Einfluß der römischen Lebensphilosophie neben dem des Aristoteles auf ihn nachweist, [in:] Archiv VI, S. 225 ff. [Ges. Schr. II, S. 162 ff.] und Maier, [in:] Archiv III, S. 437 ff.). Über die Ausbildung der altprotestantischen Dogmatik meine Abhandlung, [in:] Archiv VI, S. 518 ff. [Ges. Schr. II, S. 221 ff.].

2. Im Gegensatz zur altprotestantischen Dogmatik wird in Deutschland die Umdeutung der Dogmen in ewige Wahrheiten, im Zusammenhang mit der älteren Mystik, vermittelt durch die Taufgesinnten Hubmaier, Denck u. a., durch-

geführt von Kaspar [von] Schwenckfeld (1490 bis wahrscheinlich 1561), Sebastian Franck (1499–1545), später in Verknüpfung mit der phantastischen Konstruktion der Natur (insbesondere mit Paracelsus) von Valentin Weigel (1533 bis frühestens 1594) und Jakob Böhme, dem Schuhmachermeister von Görlitz (1575–1624, Hauptwerk: *Aurora oder die Morgenröte im Aufgang*, zuerst im Auszug 1634, vollständig 1656). Über diese Richtung, die ich als die transzendentale Theologie oder die religiös-universalistische bezeichne, [in:] Archiv V, S. 385 ff. [Ges. Schr. II, S. 77 ff.] (besonders auch über Seb. Franck). Über die ganze Entwicklung der Theologie in einer orthodoxen, rationalistischen und transzendentalen Richtung vgl. meine Abhandlung, [in:] Archiv VI, S. 61 ff. [Ges. Schr. II, S. 108 ff.].

3. In den reformierten Kirchen ging von dem Gemeindeprinzip der stärkste Trieb der geistigen Bewegung aus. Über Zwinglis und Calvins selbständige Bedeutung gegenüber der Ansicht der Schule Ritschls meine Abhandlung, [in:] Archiv VI, S. 522 ff. [Ges. Schr. II, S. 224 ff.]. Aus der Verbindung des reformierten Geistes, der von ihm bedingten Auffassung politischen Lebens in den Niederlanden mit der stoischen Philosophie und römischen Jurisprudenz entstand in den Niederlanden die politische Philosophie des Hugo Grotius (siehe S. 94), und in England gelangte unter dem Einfluß der Independenten die Lehre von der Volkssouveränität zur Herrschaft, welche bis dahin eine vereinzelte gelehrte Theorie gewesen war (Bellarmin, Suarez, Mariana). Cromwell, Milton, die Leveller. Aus der Zurücksetzung des Historischen und Positiven hinter das innere Licht entsprang der Deismus, Browne. (Nachweis bei Weingarten, Revolutionskirchen Englands, S. 294 ff.).

IV. [Anfänge der Natur- und Gesellschaftswissenschaften]

[1. Anfänge der Naturwissenschaft]

Aus diesen Elementen entfalteten sich erstens die Anfänge einer Wissenschaft der Außenwelt und mit ihr verbunden [eine] Naturphilosophie.

Nicolaus Cusanus (Krebs, geboren zu Kues an der Mosel 1401, † 1464), deutscher Kardinal. 1440 De docta ignorantia, 1449 Apologia doctae ignorantiae. Die bisherige abendländische Philosophie verbindet sich in ihm mit der arabischen und mit der griechischen Renaissance. So wird er Anfänger einer neuen Zeit, in ihm schon die Grundbegriffe der neuen pantheistischen Weltansicht: die Unendlichkeit Gottes, die Koinzidenz der in der Welt enthaltenen Gegensätze in ihm. Anfang quantitativer Bestimmungen. Über ihn R. Eucken, in: Philosophische Monatshefte XIV, S. 449–470; R. Falckenberg, Grundzüge der Philosophie des Nicolaus von Cues, Breslau 1880.

Theophrastus Bombast von Hohenheim, zubenannt Paracelsus (1493–1541), Arzt, Chemiker. Experimente. Anfang einer Analysis der Natur. Über ihn siehe Lasswitz, Geschichte der Atomistik I, S. 298–306; kritische Untersuchung der Schriften Sudhoff 1898.

Robert Fludd (1574–1637). J. B. van Helmont (1579–1644). Hieronymus Cardanus (1501–1576), Lasswitz, Atomistik I S. 308–312.

Bernardino Telesio (1509–1588, De natura rerum juxta propria principia 1586) gründet eine selbständig naturforschende Gesellschaft, bekämpft von dieser Erfahrungsrichtung aus Aristoteles, schließt sich an die vorsokratischen Philosophen, besonders Parmenides an, benutzt aber noch stärker (Nachweis in meiner Abhandlung, [in:] Archiv VII, S. 83 f. [Ges. Schr. II, S. 289 ff.]) die Stoa und Galen. Naturalistisch-pantheistischer Monismus. Das göttliche Pneuma naturalisiert sich in der Weltentwicklung, und dann wird rückwärts in Lunge, Herz, Arterien und Gehirn wieder Seelenstoff destilliert. Diesem Ganzen ist die Zweckmäßigkeit immanent, mit welcher jedes sich zu erhalten strebt; Vernunft ist der bewußte Ausdruck und das Instrument dieser Selbsterhaltung. Über ihn F. Fiorentino, Bernardino Telesio 1872–1874; L. Ferri, La filosofia della natura e le dottrine di Bernardino Telesio 1873; K. Heiland, Erkenntnistheorie und Ethik des Telesius, Leipzig 1891.

Franciscus Patritius (1529–1597), Discussionum peripateticarum [1571], Nova de universis philosophia [1591]. Beseeltheit des ganzen Universums, angeschlossen an Telesio, nur mit emanatistischen neupythagoreischen etc. Zutaten.

Giordano Bruno, geboren 1548 zu Nola in Kampanien, verließ den Dominikanerorden, ist nach rastlosem Wander- und Schriftstellerleben in Rom als Opfer der Inquisition 1600 auf dem Scheiterhaufen gestorben. Über sein Leben und seine Werke meine Abhandlung, [in:] Archiv VII, S. 269 ff. [Ges. Schr. II, S. 297 ff.]. Erste italienische Schriftenreihe: De la causa, principio et uno 1584; De l'infinito, universo et mondi 1584; Spaccio de la bestia trionfante 1584; De gl'heroici furori 1585. Diese künstlerisch. Dann in Deutschland eine mehr abstrakte und mathematisierende Schriftenreihe, die Nic. Cusanus und die Neupythagoreer noch stärker benutzt, besonders De triplici minimo et mensura 1591, De monade, numero et figura 1591. In seinem Pantheismus für Spinoza, in seiner Monadenlehre für Leibniz Vorgänger.

Er ist der klassische Philosoph der Renaissance. Und zwar erweitert er die kopernikanische Weltansicht durch Benutzung der Lehren des Lukrez (Demokrit) von der Vielheit gleichartiger und veränderlicher Welten. 1. Zu der antiken Lehre von der Gleichartigkeit des physischen Universums und dem Zusammenhang seiner Teile tritt die von der Unendlichkeit der Welt. 2. Die Welt ist die notwendige Explikation der Gottheit (Vermögen und Wirklichkeit sind in der Gottheit dasselbe). 3. In jedem endlichen Ding ist, als in einem Teil der Gottheit, das Unendliche gegenwärtig, und so ist es ein Ausdruck desselben. 4. Der Mensch erhebt sich von der Einschränkung des leidenschaftlichen Eigenlebens und der kleinlichen Weltauffassung zu der Äternität vor dem universalen Zusammenhang in Gott, und hieraus fließt seine kontemplative Seligkeit. In diesen Sätzen ist der moderne Pantheismus zuerst erreicht. Er löst sich in Bruno ab von allen emanatistischen und Schöpfungsvorstellungen. Er ist nicht erst in Spinoza konsequent durchgedacht. Das höchste Wesen ist unentfaltet (complicamente) eines, unermeßlich und unendlich, alles Sein in sich fassend, und dasselbe ist entfaltet, expliziert (explicamente) in den Einzeldingen. Voluntas divina est non modo necessaria, sed ipsa necessitas. Necessitas et libertas sunt unum. Er wendet auch schon wie Spinoza auf das Verhältnis von Gott und Welt das der Substanz und ihrer Akzidenzien an. Besonderer Charakter in Bruno: Technik der Natur, die künstlerisch wirkt; Begriff der Weltelemente als der Monaden, der Spiegel des Universums, entspricht in seiner Lebendigkeit der künstlerischen göttlichen Kraft des Ganzen. H. Brunnhofer, G. Brunos Weltanschauung 1882, Brunos Lehre vom Kleinsten u. s. w. 1890; Lasswitz, Atomistik I, S. 359–400; vgl. meine Abhandlung, in: Archiv XIII, S. 321–340.[4]

Thomas Campanella (1568–1639) entwickelt in einer langen Reihe von Schriften (1617 Prodromus philosophiae Campanellae, 1620 De sensu rerum, 1623 Civitas solis, 1637 ff. Gesamtausgabe der Werke) den Zusammenhang eines Systems (philosophia realis), dessen methodische Begründung mit Beziehung auf Augustin in der inneren Selbstgewißheit und der in ihr gegebenen Vorstellung Gottes ihren Ausgang nimmt. Abhängig von Telesius. Sensualist: Sentire est scire. Bewußter Gegensatz zum Christentum. Allbeseelung: in allen Dingen dieselbe göttliche Substanz. Panpsychismus. – Opere di Tommaso Campanella, Torino 1854, mit biographischer Einleitung.

Während die Entwicklung dieser Naturphilosophie von dem Begriff der Natureinheit geleitet wurde, zu dem die Fortschritte der astronomischen Einsichten führten, fand eine Erneuerung der antiken Atomistik und die Ausbildung selbständiger Korpuskularsysteme statt. Sie nahm ihren Ursprung von den Bemühungen, die in den Tatsachen der Verdichtung und Verdünnung und den chemischen Umsetzungen auftretenden Veränderungen der Materie vorstellbar zu machen. Die Führer dieser Bewegung, die nahezu gleichzeitig bei den verschiedenen Nationen einsetzt, sind in England Hill, De philosophia epicurea 1601, in Deutschland Daniel Sennert (1572–1637) und Joachim Jungius (1587–1657; über ihn E. Wohlwill, Joachim Jungius, Hamburg 1888), in Holland David van Goorle (1620 Exercitationes philosophiae), in Frankreich Sebastian Basso (1621 Philosophia naturalis adversus Aristotelem), ferner Bérigard (1578 oder 1591–1663), Magnenus (1646 Democritus reviviscens), die beiden letzteren in Italien lebend und wirkend. Neben Descartes lebte dann in Paris und bekämpfte ihn der Erneuerer des epikureischen Atomismus Petrus Gassendi (1592–1655). Exercitationes 1624 und 1645, De vita Epicuri 1647, Syntagma philosophiae Epicuri 1649, Opera omnia 1658, darin Syntagma philosophicum (posthum). – Vgl. zu der Entwicklung dieser Atomistik Lasswitz, Geschichte der Atomistik, Hamburg 1890.

2. Anfänge einer Philosophie der Gesellschaft

Nicolo Machiavelli, geboren 1469 in Florenz, † 1527. *Discorsi, Principe, Istorie fiorentine*. Vgl. Mohl, Literatur der Staatswissenschaften III, S. 519–591; über seinen Standpunkt und seine Quellen meine Abhandlung, [in:] Archiv IV, S. 632 ff. [Ges. Schr. II, S. 23 ff.].

Thomas Morus, geboren 1480 zu London, 1535 hingerichtet, De optimo rei publicae statu deque nova insula Utopia 1516. Staatsroman, verlangt Toleranz, Gleichheit des Besitzes etc. Vgl. Th. Zieglers Rede über ihn, Straßburg 1889.

Jean Bodin, geboren 1530 in Angers, † 1596, Hauptschrift Über den Staat (Paris 1576 in französischer Sprache, lateinisch 1586), bedeutend auch sein *Colloquium heptaplomeres*, welches eine universale Offenbarung in allen Religionen vertritt.

Johannes Althusius (1557–1638), über ihn Gierke, Johannes Althusius 1901. Albericus Gentilis, geboren 1551 in der Mark Ancona, † 1611.

Hugo Grotius (de Groot), geboren zu Delft 1583, Philolog, Jurist, Theolog, Philosoph; De jure belli et pacis 1625, † 1645. Lebte im Zusammenhang mit den historisch kritischen Tendenzen der Zeit, mit dem französisch-niederländischen Humanismus, aus welchem eben damals die moderne Philologie und Jurisprudenz sich hervorrang, zog zugleich die Folgerungen aus der geographischen und anthropologischen Universalität des damaligen Gesichtskreises und verband nun damit das Studium der römischen Stoa als Grundlage. So entstand als eine Fortsetzung des Naturrechts des Hippias, der Stoa, des Cicero und der römischen Juristen sein naturrechtliches System, im Zusammenhang der Idee einer allgemeinen Jurisprudenz.

Über die Ausbildung eines natürlichen Systems der Moral und des Rechts in der ganzen Bewegung des 16. und beginnenden 17. Jahrhunderts meine Abhandlung, [in:] Archiv VII, S. 29 ff. [Ges. Schr. II, S. 247 ff.]. Daran schloß sich auch das erste natürliche System der Theologie: Herbert von Cherbury 1581–1648, De veritate 1624, De religione gentilium 1645. Der letzte Beweggrund dieser ganzen Bewegung, die auf Autonomie in Moral, Recht und Theologie gerichtet war, lag in der Insuffizienz der theologischen Begründung: Die Vernunft mußte die Aufgabe lösen.

DRITTES STADIUM

Die neueren Völker treten in das Stadium der
Erfahrungswissenschaften und ihrer Grundlegung
durch eine Theorie der menschlichen Erkenntnis

Die neueren europäischen Völker waren in Humanismus und Reformation mündig geworden. Noch sind die Forscher der verschiedenen Nationen durch die lateinische Sprache bis zum Ende des Jahrhunderts verbunden wie einst die spätantike Kultur durch die griechische. Sie gingen seit der zweiten Hälfte des 16. Jahrhunderts nach einem geschichtlichen Gesetz aus dem Stadium der Metaphysik und Theologie in das der Erfahrungswissenschaften über wie einst seit dem 3. Jahrhundert v. Chr. die griechischen Bevölkerungen (S. 41). Aber im Unterschied von jenen haben diese aktiven willenskräftigen Nationen in ihren sklavenlosen Industrie- und Handelsstädten sowie an den Höfen, Akademien und Universitäten ihrer großen geldbedürftigen Militärstaaten den Eingriff in die Natur, mechanische Arbeit, Erfindung, Entdeckung, Experiment mit mathematischer Spekulation verbunden. So haben sie eine wirkliche Analysis der Natur nach ihren wirkenden Kräften vollbracht, welche dann das Ideal der neueren Zeit, Herrschaft über die Natur und die Erde, allmählich zu verwirklichen ermöglicht hat.

Die Erklärung aus der Wechselwirkung von Elementen nach Gesetzen zerstörte die Metaphysik der psychischen Formen und Wesenheiten. Sie gab der atomistischen Theorie und ihrer monadologischen Umbildung verstärkte wissenschaftliche Anwendbarkeit. Als dann seit der zweiten Hälfte des 17. Jahrhunderts die Analysis auch auf das geistige Leben übertragen wurde, entstand wirkliche Kausalerkenntnis von Seelenleben, Wissen, Kunst, Religion Wirtschaft, Recht, Staat und Sittlichkeit: die Erfahrungswissenschaften des Geistes. Aber auch die philosophische Fundamentalwissenschaft (bis dahin Metaphysik) erhielt nun erst in der Analysis der inneren Erfahrungen ihre feste Grundlage. Die Wissenschaften waren dem Jahrhundert die Mittel, die Macht über die Natur, den Wohlstand und die Kultur der Völker herbeizuführen. Aus diesem Verhältnis bildeten sich nun die großen Ideen von der Solidarität des Menschengeschlechtes und des Fortschrittes seiner Kultur aus; auf ihnen beruht dann die ganze Lebensverfassung des 18. Jahrhunderts.

Am Ende des 17. Jahrhunderts bildet sich die dauernde Grundlage der Philosophie in der Erkenntnistheorie. Descartes, Locke, Leibniz, Berkeley, Hume, Kant, Fichte haben von den objektiven metaphysischen Voraussetzungen eine nach der anderen dem kritischen Denken unterworfen. Doch kämpfen in den letzten Jahrhunderten miteinander die durch Erkenntnistheorie umgeformte Metaphysik (materialistischer Atomismus, pantheistisches Identitätssystem, Monadologie), die positive Philosophie (begründet von Turgot, d'Alembert, Hume u. a., entwickelt von Comte, Mill, Spencer) und eine auf unbefangene innere Erfahrung basierte erkenntnistheoretische Grundlegung (Kant, Fichte, Neukantianer), endlich empirisch-psychologische Begründung. Allen heute noch berechtigten Philosophien ist gemeinsam: Sie gehen von dem nun gewonnenen kritischen Bewußtsein aus; sie finden die in den Grenzen unseres Wissens mögliche Erkenntnis der Wirklichkeit in der Verknüpfung der einzelnen Erfahrungswissenschaften der Natur und des Geistes; sie suchen ein befriedigendes Ziel dieser kritisch-begründeten Wirklichkeitserkenntnis in der Ableitung von Prinzipien einer willkommenen künftigen Gestaltung der Menschheit. Diese wollen sie fördern durch Grundsätze der Erziehung für den einzelnen und durch Prinzipien für die Leitung von Gesellschaft und Staat sowie für die Gestaltung der großen Kultursysteme der Menschheit (Wirtschaft, Recht, Religion, Kunst, Wissenschaft).

Siebzehntes Jahrhundert

I. Methodische Grundlegung

1. Methodenlehre des Francis Bacon. Geboren 1561 in London; machte unter Elisabeth (Zeitgenosse Shakespeares) und Jakob I. die politische Laufbahn bis zum Lordkanzler. Wegen Bestechlichkeit verurteilt, † 1626. Auch im Leben auf Herrschaft und Glanz gerichtet. Großer bilderreicher Renaissanceschriftsteller. Erste moderne Enzyklopädie (vgl. Bayle, französische Enzyklopädie), mit Angabe der noch auszufüllenden Lücken (Literaturgeschichte). *Novum organum* im Gegensatz gegen das aristotelische. Ziel: naturam operando vincere = Eingriff in die Natur. „Physici est, non disputando adversarium, sed naturam operando vincere." „Vere scire est per causas scire." „Causarum finalium inquisitio sterilis et, tanquam virgo Deo consecrata, nihil parit."

Neuer Aufbau der Logik. Erstens negativ: Auflösung der idola tribus, idola specus, idola fori, idola theatri; zweitens positiv: Ziel der Induktion liegt im Gesetz, als einem Universalen, das in den Einzeltatsachen enthalten ist. Mittel: dissecare naturam. Technik: Induktion nicht per enumerationem simplicem, sondern die formae naturae werden erkannt durch Verbindung der Sammlung der positiven Instanzen (tabula praesentiae), der negativen Instanzen (tabula absentiae), endlich der Instanzen, die ein Mehr oder Minder einer Naturform (gradum) in sich enthalten (tabula graduum). Prärogative Instanzen. Das Experiment. Einheit der Natur. Enzyklopädie der Wissenschaften, enthält Einteilung des globus intellectualis nach psychologischem Gesichtspunkt: Weltgeschichte (Gedächtnis), Poesie (Phantasie), Wissenschaft (Vernunft). Essays 1597, 1625. Hauptwerk: *Instauratio magna.* Teile: 1. die Enzyklopädie, *De dignitate et augmentis scientiarum* (zuerst englisch erschienen 1605, lateinisch und erweitert 1623); 2. Logik und Methodenlehre, *Novum organum* (1620, erste Fassung unter dem Titel *Cogitata et visa* 1612); 3. die Ergebnisse, unvollendet. Works, ed. Spedding, Ellis, Heath 1857–59, 7 Bd. e.

2. Die wirkliche Grundlegung einer Analysis der Natur fand statt durch Galileo Galilei (Vorgänger Leonardo da Vinci und Benedetti, neben S. Stevinus). Galilei geboren 1564 in Pisa, dann Professor der dortigen Universität; von tieferer Kenntnis auch der Methode als Bacon, hat er durch die Entdeckung der Bewegungsgesetze die mechanische Naturerkenntnis ermöglicht und so den wirklichen Grund für die Erfahrungswissenschaft und die durch sie bedingte Philosophie der neueren Völker gelegt. 1633 schwor er vor der Inquisition seine kopernikanische Überzeugung ab, † 1642. Philosoph so gut als Physiker, erste Untersuchung der mechanischen Handbegriffe in den *Sermones de motu gravium*. Noch von Ptolemaios abhängig, aristotelischer Unterschied der natürlichen und gewaltsamen Bewegung sowie Annahme, daß mitgeteilte Bewegung von selbst abnehme, noch beibehalten. 1592 nach Padua, hier errang er die Überzeugung von der Richtigkeit des kopernikanischen Systems und bildete seine mechanische Theorie aus. Zugleich machte er seine großen astronomischen Entdeckungen. Um seine Werke auszuarbeiten, die in dieser langen Paduaner Lehr- und Arbeitszeit sich entwickelt hatten, ging er nach Florenz als herzoglich toskanischer Mathematiker und Philosoph 1610. Verteidigte kühn in Rom das kopernikanische System, Streitigkeiten besonders mit den Jesuiten, hieraus ging die Streitschrift *Il saggiatore* (Der Goldwäger) hervor, Florenz 1623. Endlich 1632 das lange erwartete große Werk: Dialogo sopra i due massimi sistemi del mondo, Ptolemaico e Copernicano 1632. Dann 1638: Discorsi e dimostrazioni matematichi intorno a due nuove scienze.

1. Zweifel. Begründung gültiger Sätze auf Beobachtungen und Experimente, daneben ein Wissen apriori (da per se). 2. Das wahre Buch der Philosophie das der Natur, geschrieben in Triangeln, Quadraten, Kreisen, Kugeln und sonstigen mathematischen Figuren. 3. Subjektivität der sinnlichen Qualitäten. (Opere complete, herausgegeben von Alberi, unkritisch; eine vollständige Ausgabe begonnen 1884 von Favaro). K. Prantl, Galilei und Kepler als Logiker, [in:] Sitzungsberichte der bayrischen Akademie der Wissenschaften 1875; P. Natorp, Galilei als Philosoph, in: Philosophische Monatshefte 1882, S. 193–229; K. v. Gebler, Galilei vor der römischen Kurie 1876; Lasswitz, Atomistik II, S. 23–55; vgl. auch Löwenheim, Einfluß Demokrits auf Galilei, [in:] Archiv für

Geschichte der Philosophie VII, S. 230–268; Wohlwill, Beharrungsgesetz, [in:] Zeitschrift für Völkerpsychologie XIV, XV.

[3.] Johannes Kepler 1571–1630, ging von der pythagoreisch-platonischen Annahme einer zahlenmäßigen harmonia mundi aus und fand durch ein klassisches Verfahren von Induktion seine drei Gesetze. Auch er hebt die quantitativen Beziehungen als Gegenstand der Naturerkenntnis hervor. Siehe über ihn Eucken in [den] Philosophischen Monatsheften 1878, S. 30–45.

II. Die Systeme des 17. Jahrhunderts

1. [Descartes]

Der erste große Systematiker René Descartes, geboren 1596 zu la Haye, lebte in Paris und dann der Einsamkeit wegen in den Niederlanden, starb in Stockholm am Hofe der Königin Christine von Schweden 1650. Werke: Von ihm nicht veröffentlichte Jugendschriften: *Regulae ad directionem ingenii, Inquisitio veritatis per lumen naturale, Le monde, ou traité de la lumière*. Zuerst erschienen *Essais philosophiques*, als Einleitung derselben *Discours de la méthode* (unter diesen Abhandlungen befand sich die epochemachende über analytische Geometrie und die Dioptrik) 1637, lateinisch 1644 (ohne die Geometrie, welche mit Zusätzen von van Schooten 1649 lateinisch); Meditationes de prima philosophia 1641, Principia philosophiae 1644, erste französische Übersetzung 1647; Passions de l'âme 1650. Sämtliche Werke, herausgegeben von Cousin 1824/26; im Erscheinen begriffen Œuvres, ed. Adam et Tannery 1897 ff. Entdecker der analytischen Geometrie, welche geometrische Verhältnisse auf arithmetische zurückführt. Findet Bezeichnung der Potenzen durch Exponenten. Verdienste um die Optik. Gründlicher Anatom.

Standpunkt: 1. Rationalismus (von den notiones communes aus entwickelt). Die kleinen Vorstellungen Ciceros wurden zu Konstruktionselementen der Erkenntnis, welche dem menschlichen Geist ursprünglich eigen sind (wie sie Platon im *Menon* und der *Politie* schon entworfen hatte, dann aber Galilei und Kepler). Ihre Gültigkeit wird garantiert durch die veracitas Dei. 2. Begründer einer allgemeinen Lehre vom mechanischen Charakter der ganzen äußeren Natur. In dieser Konstanz der Bewegungsgröße, d. h. das Produkt aus Masse und Geschwindigkeit bleibt in dem All bei allem Wechsel von Bewegung und Ruhe und bei den Veränderungen der einzelnen Geschwindigkeiten dasselbe. Mit den Mitteln Galileis und Harveys hat er die organische Natur diesen Prinzipien unterworfen. 3. Es waren 1. und 2. bei ihm schon herrschend, als er die erkenntnistheoretisch-metaphysische Grundlage seines Systems aufstellte.

Zusammenhang des Systems. Genereller Zweifel, im Zweifel das Denken gegeben: cogito, sum. Im Selbstbewußtsein die unerschütterliche Grundlage alles wissenschaftlichen Schließens. In ihm eröffnet sich zuerst ein Wirkliches. Dieses schließt aber, als Denken, die Begriffe und Axiome in sich, die ebenso evident sind als das cogito sum. Vermittels ihrer wird die Existenz Gottes als einer weiteren Wirklichkeit erschlossen. Veracitas Dei. Nun Schluß auf die Realität der Welt als einer weiteren Wirklichkeit. Wenn wir irren, insbesondere wenn wir subjektive Qualitäten als wirklich ansehen, so beruht der Irrtum auf dem Urteilen, das Denken hat in seiner Freiheit die Macht, falsche Urteile zu bilden. Der Sinnenglaube ist ein solcher Irrtum, nicht gegründet in dem Auftreten der Bilder in uns, sondern in dem Urteil, das ihnen eine Wirklichkeit außer uns zuschreibt. Die nach Vorgang Demokrits von Galilei ausgebildete Lehre von der Subjektivität der Sinneswahrnehmungen ist von Descartes am Schluß des vierten Buches der *Prinzipien* in vollendeter Klarheit dargestellt. Diese Lehre wird nun mit der von der veracitas Dei bei Descartes durch das Prinzip der Wahlfreiheit und ihrer Wirksamkeit im Urteilen in Einklang gebracht. Die Wahlfreiheit ist uns intuitiv gewiß, sie ist die sicherste Tatsache der Erkenntnis. Sie rechtfertigt auch das moralische Urteil über Handlungen. Daß wir sie mit der göttlichen Kausalität nicht zusammendenken können, beruht auf der Beschränkung unseres Erkenntnisvermögens. Ebenso Freiheit in Gott. Dieser hat aus den unzähligen Möglichkeiten von Welten, die in den im natürlichen Lichte enthaltenen Bestimmungen enthalten waren, eine ausgewählt (Leibniz).

Descartes stellt schon das Problem auf, wie aus einer bestimmten ursprünglichen Verteilung der Materie und Bewegung die Realisierung dieser einen Möglichkeit in der Welt abgeleitet werden könne; entwicklungsgeschichtliche Auffassung des Universums (Kant). Ursprung des philosophischen Rationalismus in der christlichen Theologie. Die von der absoluten Substanz geschaffene Welt besteht aus den Körpern und den Geistern (relative Substanzen). In jenen herrscht die mechanische Gesetzlichkeit, in diesen Teleologie und Freiheit. So beseitigt er aus der Naturerklärung die vegetativen und animalischen Bildungskräfte des Aristoteles, der Stoa und des Mittelalters. Da er das Problem der Wechselwirkung von Leib und Seele im Menschen nicht überzeugend aufzulösen vermag, wird dieses das treibende Motiv für die weitere Entwicklung.

Biographien von Baillet 1691, Thomas 1765; Kuno Fischer, Geschichte der neuern Philosophie I 1; über sein System meine Abhandlung, [in:] Archiv XIII, S. 347–360 [Ges. Schr. II, S. 348–358]; ferner M. Heinze, Die Sittenlehre des Descartes 1872; M. Koch, Die Psychologie Descartes' 1881; P. Natorp, Descartes' Erkenntnistheorie 1882; H. Schwarz, Die Umwälzung der Wahrnehmungshypothesen durch die mechanische Methode 1895.

2. [Hobbes]

Neben diesem Dualismus erwächst aus der Ausbildung der mechanischen Naturauffassung die Betrachtung des Weltganzen als einer Maschine oder der Materialismus. In einem systematischen Zusammenhange, der durch das Vorbild des Descartes bestimmt war, wurde er von Thomas Hobbes entwickelt.

Hobbes geboren 1588 zu Malmesbury, studierte zu Oxford, reiste, lernte Bacon kennen; von diesem zunächst bestimmt. Trat dann in die Pariser wissenschaftliche Bewegung ein und studierte dort die neuen Wissenschaften; mit Gassendi, Mersenne u. a. in beständigem Verkehr (besuchte auch Galilei), † 1679. Werke: *Elements of law*, geschrieben vor 1640, veröffentlicht in zwei verschiedenen Schriften: *Human nature* und *De corpore politico* 1650 (ed. Tönnies 1889); Elementa philosophiae: Sectio I De corpore 1655, Sectio II De homine 1658, Sectio III De cive 1642 (erst in Paris, dann erweitert zu Amsterdam 1647); Leviathan 1651; Behemoth oder das lange Parlament (von Hobbes im Alter von 80 Jahren verfaßt, aber in verstümmelter und unrechtmäßiger Ausgabe erschienen; jetzt ediert von Tönnies, London 1889); Werke, ed. Molesworth in fünf lateinischen und elf englischen Bd.en.

Entwicklung: Ging von den politischen Problemen aus. Fand hierüber als Humanist in der Wissenschaft der Alten (radikales Naturrecht der jüngeren Sophisten, Thukydides, Lukrez) ihm homogene Sätze. Indem er nun aber die Benutzung des Atomismus über das gesellschaftliche Gebiet hinaus in das naturwissenschaftliche erweiterte, fand er Grundlagen hierfür an der Verbindung des antiken Materialismus mit dem Nominalismus von Oxford und den Entdeckungen von Kopernikus, Kepler, Galilei, den er wohl 1636 sprach, und Harvey. So entstand das erste moderne materialistische System, das nur durch die Einsicht in die Phänomenalität der in der äußeren Wahrnehmung gegebenen Welt eine erkenntnistheoretische Einschränkung erfährt. Unter diesem Gesichtspunkt kann Hobbes auch als Vater des Positivismus angesehen werden, der durch die Mittelglieder d'Alembert, Turgot und Condorcet hindurch in Comte sich vollendet. Darstellungen: Robertson, Hobbes 1886; Lasswitz, Atomistik II, S. 202–235; Tönnies, Hobbes' Leben und Lehre 1896; vgl. meine Abhandlung, [in:] Archiv XIII, Heft 4 [Ges. Schr. II, S. 358–390].

System:

1. „Es gibt nur Eine universale Wissenschaft, diese nenne ich Philosophie, und ich definiere sie folgendermaßen: Philosophia est accidentium quae apparent, ex cognitis eorum generationibus, et rursus, ex cognitis accidentibus, generationum quae esse possunt per rectam ratiocinationem cognitio acquisita."

2. Diese universale Wissenschaft hat zu ihrem Gegenstand den Inbegriff der in der Wahrnehmung gegebenen Tatsachen, zu ihrem Ziel die Erkenntnis der

Ursachen, ihre Mittel aber sind die durch Wortbezeichnungen definierten Begriffe, welche die Dinge repräsentieren (Fortführung des Nominalismus).

3. Es gibt eine natürliche Ordnung der Wissenschaften, sie ist durch den Zusammenhang bestimmt, in welchem jede in der vorhergehenden ihre Voraussetzung hat. Klassifikation der Wissenschaften nach diesem Prinzip (so wird er Mittelglied zwischen Bacons Enzyklopädie und d'Alembert – Comte).

4. Das in der Wahrnehmung Gegebene sind Körper und deren innere Zustände, welche als Bewußtseinstatsachen auffaßbar werden. „Wenn wir unseren Geist aufmerksam auf das richten, was wir im Erkenntnisvorgang tun, so sind auch bei dem Fortbestand der Objekte nur unsere Bildvorstellungen der Gegenstand unserer logischen Operationen. Denn wenn wir die Größen oder die Bewegungen des Himmels oder der Erde berechnen wollen, steigen wir nicht in den Himmel, um ihn in Teile zu zerlegen oder seine Bewegungen zu berechnen, sondern wir tun das ruhig in unserer Studierstube. Sie können aber in doppelter Hinsicht Objekte der Erkenntnis werden, nämlich als innere wechselnde Beschaffenheit in unserer Seele, und so werden sie betrachtet, wenn es sich um die Fähigkeiten der Seele handelt, oder als Bilder der äußeren Gegenstände, nicht als ob sie existierten, sondern sie erscheinen als existierend, d. h. außer uns bestehend, und so wollen wir sie betrachten" (Opera latina I, 81 sq.). Wir sind aber berechtigt, von der Realität der im Bewußtsein gegebenen Körper auszugehen, weil die in 1. angegebene Aufgabe der Philosophie nur auf dem objektiven Standpunkt mathematischer und mechanischer Naturerklärung möglich ist.

5. Wir erkennen mit Gewißheit nur in den Wissenschaften, welche ihren Gegenstand konstruieren (erzeugen). Die Konstruktionsmittel sind Raum, Zeit, Zahl und Bewegung, welche von dem Phänomen des bewegten Körpers abgezogen sind. So ist ihm die Außenwelt der ausschließliche Gegenstand einer sicheren Erkenntnis von Regelmäßigkeiten des Wirklichen.

6. An der Außenwelt als Phänomen ist also nur existent das in ihr Enthaltene, welches ihre Konstruktion möglich macht. Dies ist der Mechanismus der Bewegungen kleinster Teile nach den von Galilei gefundenen Gesetzen. Sonach sind die Sinnesqualitäten nur subjektive Phänomene, welche durch Außenbewegungen den Sinnesnerven und dem Gehirn mitgeteilt werden.

7. Bewußtseinserscheinungen sind nur an tierischen Körpern als deren Akzidenzien gegeben; die Außenbewegungen können nicht durch Übertragung an eine geistige Substanz Empfindungen hervorbringen: „Denn nichts außer dem Körper, nämlich dem materiellen, mit Dimensionen begabten und räumlich umschriebenen Ding kann bewegt werden." Bewußtseinszustände sind Bewegungen.

8. Im Zusammenhang der physischen Welt sind alle Teile kausal nach mathematisch-mechanischer Gesetzmäßigkeit bedingt, und die inneren Zustände sind als Bewegungen diesem Zusammenhang eingeordnet. So ist Zweckmäßigkeit und Wahlfreiheit ausgeschlossen.

9. Die politische Wissenschaft ist eine Dynamik des politischen Körpers. Die Aufgabe der Politik ist eine rationale Rechts- und Staatsordnung, in welcher der einheitliche Staatswille die Einzelsubjekte und die aus ihnen bestehende Gesellschaft in Frieden erhält. Anknüpfung an das radikale Naturrecht der Alten. Atomismus selbstsüchtiger Individuen. Bellum omnium contra omnes als Naturzustand; status civilis auf Vertrag; Omnipotenz des Staates.

3. [Cartesianer, Okkasionalisten, Spinoza]

[a)] Cartesianische Schule. Geschichte des Cartesianismus: Bouillier, 3. Ausg. 1868; G. Monchamp, Histoire du cartésianisme en Bélgique 1886. Nach den nächsten Schülern, Heereboord, Regius u. a. Johann Clauberg (1625–1665), Logica vetus et nova 1656, in Deutschland Balthasar Bekker (1634–1698), in Frankreich Port-Royal der Hauptsitz des Cartesianismus: Arnauld (1612–94), Nicole (1625–95), *L'art de penser*, die Logik von Port-Royal 1662, und in teilweiser Abhängigkeit Blaise Pascal (1623–62), Pensées sur la religion 1669. Auflehnung der lebendigen Religiosität gegen das rationale Prinzip. Die Unfaßlichkeit des Weltzusammenhangs.

[b)] Okkasionalisten. Eine zweite Lösung der in dem Problem der Wechselwirkung der ausgedehnten und der denkenden Substanz liegenden Schwierigkeiten führte zur Ausbildung des Okkasionalismus. Nach diesem stehen seelische Aktionen und körperliche Bewegungen in keinem direkten Kausalverhältnis, sondern sie bezeichnen nur die Gelegenheiten, bei welchen die durch Gott hervorgerufenen Vorgänge in der anderen Substanz auftreten. Hauptvertreter: Arnold Geulincx (1624–1669). Opera philosophica 3 vol., ed. Land 1891.

Erkenntnistheoretisch tiefer ist die Lehre, daß der Zusammenhang der beiden Substanzen allein in Gott gegründet sei, von dem Pater Nicole Malebranche (1638–1715) aus der Kongregation des Oratoriums Christi gefaßt. Hauptwerk: De la recherche de la vérité 1674. Von der Undenkbarkeit aus, daß der Geist unmittelbar den Körper erkennen kann, geht Malebranche zu der Annahme einer in Gott gesetzten intelligiblen Ideenwelt fort, die, wie sie das Urbild der wirklich geschaffenen Körper ist, zugleich das einzige uns von Gott gegebene Objekt unserer Erkenntnis derselben darstellt: So „schauen wir alle Dinge in Gott".

[c)] Baruch Despiñoza entwickelt vom Cartesianismus aus die originale metaphysische Theorie der Identität und wendet die mechanische Erklärungsweise auf die geistigen Tatsachen an. Geboren 1632 zu Amsterdam, trat 1656 aus der jüdischen Gemeinde aus, lebte in Rijnsburg (Kollegiantensekte), Voorburg, Haag, † 1677. *Tractatus de Deo et homine ejusque felicitate, Tractatus de intellectus emendatione* (Fragment), *Principia philosophiae Cartesianae* 1663, *Tractatus theologico-politicus* (aufgezeichnet schon 1657–61) 1670, *Ethica, ordine geometrico demonstrata* (begonnen 1662, nach Spinozas Tod herausgegeben in den *Opera posthuma* 1677), *Tractatus politicus* (Fragment).

Spinoza entdeckt einen dritten allgemeinen philosophischen Standpunkt, welcher das Problem der Zeit, das Verhältnis der mechanischen Naturordnung zum Geiste, löst: die Identitätsphilosophie. Ging vom Pantheismus aus, den die Renaissance aus dem Altertum damals aufgenommen und fortgebildet hatte (Sigwarts Nachweis einer direkten oder mittelbaren Abhängigkeit von Giordano Bruno[5], mein Nachweis der Abhängigkeit von der Stoa und dem von ihr usw. bedingten Telesio, [in:] Archiv VII, S. 74 ff. [Ges. Schr. II, S. 283 ff.]). Indem in diesen Monismus die Lehre vom Mechanismus der Natur (Descartes, Hobbes) und dem der Gesellschaft (Hobbes) eintrat und die Andeutungen des Hobbes über die psychischen Repräsentationen molekularer Bewegungsvorgänge fortgebildet wurden, entstand die Lehre von der Wesensidentität der äußeren Natur und des Geistes; sie sind die beiden Seiten (Attribute) derselben Substanz. Die Methode, in welcher dieser Monismus dargestellt und bewiesen wird, ist in Durchführung von Ansätzen des Descartes die synthetisch mathematische.

System:

1. Erkenntnistheoretische Grundlage, enthalten in *De emendatione intellectus*, bildet dauernd ersten Teil des Systems. Im Gegensatz zu Skeptizismus und Empirismus, in der Fortsetzung des Rationalismus des Descartes, ist ihm jede Erkenntnis wahr, d. h. Ausdruck eines objektiven Tatbestandes, welche klar und deutlich ist wie die mathematischen Wahrheiten. „Falsitas in hoc solo consistit, quod aliquid de aliqua re affirmetur, quod in ipsius, quem formavimus conceptu, non continetur, ut motus, vel quies de semicirculo. Unde sequitur simplices cogitationes non posse non esse veras, ut simplex semicirculi, motus, quantitatis etc. idea." Erkenntnis ist also die Ordnung der Wahrheiten, welche von den intuitiv sicheren Definitionen und Axiomen aufwärts die allgemeinen und ewigen gesetzlichen Verhältnisse, die im Einzelwirklichen enthalten sind, nach geometrischer Methode ableitet. „Intima essentia rerum est petenda a fixis atque aeternis rebus, et simul a legibus in iis rebus, tamquam in suis veris codicibus inscriptis, secundum quas omnia singularia et fiunt et ordinantur." Diese erkenntnistheoretische Grundlegung wurde dauernd von ihm als die Basis seines Systems betrachtet (mein Nachweis darüber [in:] Archiv XIII, S. 481 f. u. a.a.O. [Ges. Schr. II, S. 389 f.]).

[2.] Ihr entsprechend stellt nun zweitens die *Ethik* an ihre Spitze Definitionen und Axiome. Die wichtigsten von diesen folgende:

Definitionen: 1. Per causam sui intelligo id, cujus essentia involvit existentiam sive id, cujus natura non potest concipi nisi existens. 2. Per substantiam intelligo id, quod in se est et per se concipitur; hoc est id, cujus conceptus non indiget conceptu alterius rei, a quo formari debeat. 3. Per attributum intelligo id, quod intellectus de substantia percipit tanquam ejusdem essentiam constituens. 4. Per modum intelligo substantiae affectiones, sive id, quod in alio est, per quod etiam concipitur.

Axiome: 1. Omnia, quae sunt, vel in se vel in alio sunt. 2. Id quod per aliud non potest concipi, per se concipi debet. 3. Ex data causa determinata necessario sequitur effectus. Darauf gebaut liber I De Deo, liber II De natura et origine mentis, liber III De origine et natura affectuum, liber IV De servitute humana, liber V De libertate humana.

Beste Ausgabe von Spinozas Werken von Vloten und Land, 2. Aufl. 1895; Baruch de Spinozas Traktat von Gott, dem Menschen und dessen Glückseligkeit, übersetzt und eingeleitet von Chr. Sigwart, 2. Ausg. 1881; J. Freudenthal, Die Lebensgeschichte Spinozas 1899 (quellenmäßige Darstellung). M. Joël (Don Chasdai Creskas, Breslau 1866) sucht Spinozas Abhängigkeit vom Talmudismus, J. Freudenthal (in [den] Philosophischen Aufsätzen, Zeller gewidmet, S. 83–138) eine solche von der Scholastik nachzuweisen. Über Spinozas Entwicklung vgl. auch R. Avenarius, Über die beiden ersten Phasen des Spinozischen Pantheismus 1868; A. Trendelenburg in [den] Historischen Beiträgen zur Philosophie II, S. 31–111; T. Camerer, Die Lehre Spinozas 1877; J. Caird, Spinoza, London 1888; K. Fischer, Geschichte der neuern Philosophie I, 2.

[d)] Vollendung des gegenwirkenden Skeptizismus in Pierre Bayle (1647–1706; Dictionnaire 1697; S. 115). Er wirkt entscheidend auf das 18. Jahrhundert. Er ist der Träger des die Systeme auflösenden Geistes, der in Montaigne begann und der das neue Verhältnis des 18. Jahrhunderts zum Leben, seinen antisystematischen Geist bestimmte.

4. [Die Philosophie in England. Locke]

[a)] Im Gegensatz gegen Hobbes begründete die Schule von Cambridge einen neuen christlichen Platonismus. Sie geht weiter als Platon unter Einwirkung des Descartes, in Aufrichtung eines rationalen Systems unbedingt gültiger Vernunftwahrheiten, in beständiger Auseinandersetzung mit Hobbes Cudworth, Intellectual System 1678. Henry More, Enchiridion ethicum [1668]. Verwandt: De legibus naturae disquisitio philosophica 1672.

[b)] Andererseits hatte die von Bacon begründete empiristische und experimentelle Philosophie in der 1645 in London gegründeten Gesellschaft der Wissenschaften einen Mittelpunkt gefunden. Isaac Newton (1642–1727), Naturalis philosophiae principia mathematica 1687 (die deutsche Übersetzung von Wolfers 1872 nur mit Vorsicht zu benutzen). Omnis philosophiae difficultas in eo versari videtur, ut a phaenomenis motuum investigemus vires naturae, deinde ab his viribus demonstremus phaenomena reliqua. An ihn schließt sich, mit stärkerer Betonung des Dogmatischen, Clarke, Discourse concerning the unchangeable obligations of natural religion 1706, A collection of papers, which passed between Dr. Clarke and Mr. Leibniz 1717, deutsch 1720. – R. Boyle, The sceptical chymist 1661, Origin of forms and qualities according to the corpuscular philosophy 1666 (vgl. Lasswitz, Geschichte der Atomistik II, S. 261 ff.). – Neben ihnen vertritt den rationalen Standpunkt R. Cumberland, De legibus naturae disquisitio philosophica 1672. Auch wirkte in England fort Herbert von Cherbury, De veritate 1624.

In Polemik gegen Descartes und Spinoza entwickelte Franc. Mercurius van Helmont (1618–1699) unter Benutzung des Begriffs der Monade eine Naturphilosophie, die in mannigfacher Weise an Leibniz erinnert, aber der strengen Begründung wie des systematischen Zusammenhangs entbehrt.

[c)] Die erkenntnistheoretische Begründung des Standpunktes von Newton und Clarke wurde von Locke zu dem selbständigen Ganzen einer neuen Wissenschaft, der Untersuchung des menschlichen Erkenntnisvermögens, ausgebildet. Geboren 1632, sechs Meilen von Bristol, studierte in Oxford besonders Naturwissenschaften und Medizin, fand sich von Descartes angezogen, beschäftigte sich mit naturwissenschaftlichen Studien, trat in Beziehungen zu dem Grafen von Shaftesbury und dem Earl von Northumberland, reiste mit letzterem, erzog einen Sohn des ersteren, entwarf 1670 die Grundzüge eines *Essay concerning human understanding*, war unter dem älteren Shaftesbury vorübergehend in Staatsämtern, folgte demselben in die Verbannung nach Holland zu Wilhelm von Oranien, kehrte dann 1688 in Folge der Revolution zurück in sein Vaterland und wurde unter dem neuen König in Staatsstellungen verwandt, veröffentlichte im Sinn der neuen Regierung 1685 seinen ersten *Brief für die Toleranz*, 1689 den zweiten und dritten, ebenso 1690 zwei Abhandlungen über die Bürgerliche Regierung (gegen Filmer, wie Sidneys *Diskurse über die Regierung* von 1683). Sein Hauptwerk erschien nach dem Auszug in der *Bibliothèque universelle* des Leclerc von 1688 endlich 1689/90. Thoughts on education 1693, Reasonableness of Christianity 1695. † 1704. Works 1823, Philosophical works, 9 Bd.e, ed. St. John 1853. Sein Leben von Ed. Fechtner 1898, seine Lehre von E. Schärer 1860; V. Cousin, Philosophie de Locke, 6. édit. 1873; über das Verhältnis seiner Erkenntnistheorie zu Leibniz Hartenstein 1861 und Benoit 1869; seine Logik von E. Martinak 1887 und 1894.

5. [Leibniz]

Den letzten Standpunkt, den des monadologischen Idealismus, entdeckte Leibniz. Deutschland, in der philosophischen Theologie Melanchthons den platonisch-aristotelischen Idealismus mit dem protestantischen Christentum verknüpfend, durch die Religionskämpfe zurückgehalten, hat nun mit diesem idealen Bewußtsein von der gedankenmäßigen Harmonie des Universums die französisch-englische mechanische Naturbetrachtung verbunden.

[a)] Anfänge: [Joachim] Jungius (1587–1657), in der politischen Philosophie Samuel von Pufendorf (1632–94, philosophisches Hauptwerk: De iure naturae et gentium 1672), gleichzeitig mit Leibniz Walter von Tschirnhaus (1651–1708, Medicina mentis 1687, über ihn H. Weißenborn 1866), Christian Thomasius (1655–1728, Fundamenta iuris naturae 1705).

[b)] Der Begründer der deutschen Philosophie: Gottfried Wilhelm Leibniz, geboren 1646 zu Leipzig, Reisen nach Paris und London, lebte dann in Hannover und Berlin, † 1716. 1663 Disputatio metaphysica de principio individui, 1684 ff. Abhandlungen in den *Acta eruditorum Lipsia*, darunter 1684 Meditationes de cognitione, Nova methodus pro maximis et minimis, 1691 Abhandlung im *Journal des savants*, 1695 Système nouveau de la nature, 1698 De ipsa natura (*Acta eruditorum*), 1710 Théodicée, 1714 Monadologie; erst nach seinem Tode (1765) erschien die 1704 verfaßte Streitschrift gegen Locke *Nouveaux essais sur l'entendement humain*. Opera philosophica, ed. Erdmann 1839; Philosophische Schriften, herausgegeben von Gerhardt 1875 ff.

Seine Tätigkeit umfaßte aber auch Mathematik, Jurisprudenz, archivalische gründliche Geschichtsforschung, diplomatische Verhandlungen. Er wollte Ludwig XIV. von Deutschland ablenken, indem er ihm den Plan einer ägyptischen Expedition vorlegte, den erst Napoleon verwirklichte. Er arbeitete für die Vereinigung der protestantischen und katholischen Kirche. Durch Vermittlung seiner Schülerin, der Königin Sophie Charlotte von Preußen, bestimmte er deren Gemahl Friedrich I. von Preußen zu der Stiftung der Berliner Akademie der Wissenschaften (11. Juni 1700).

Er war neben Newton der Erfinder der Differentialrechnung, in welcher nach der analytischen Geometrie des Descartes das zweite große mathematische Hilfsmittel des Naturerkennens geschaffen wurde. Prioritätsstreit über die Entdeckung. Newton kommt die zeitliche Priorität jedenfalls zu. Ob die Andeutungen über diese Entdeckung dann die Theorie von Leibniz beeinflußt haben, läßt sich nicht mehr entscheiden. Leibniz kommt andrerseits zu, daß seine Form der Erfindung die vollkommenere war und die fruchtbarste Entwicklung des Grundgedankens durch ihn und die beiden Brüder Bernoulli herbeigeführt wurde. Er widerlegt Descartes' Satz von der Erhaltung der Bewegungsgröße und formuliert das Gesetz von der Erhaltung der Kraft; auch in der gehemmten Kraft ein Minimum von Bewegung. Gesetz der Kontinuität. Zusammenhang des Differentials mit dem Begriff der Monade. Die Entstehung seiner *Monadologie* ist noch nicht zureichend aus seinem umfangreichen Nachlaß in Hannover aufgehellt. Überwiegend wahrscheinlich ist es doch, daß Giordano Bruno, den er kannte, ihn bedingt hat. Auch Spinozas *Ethik* hat er vor deren Drucklegung kennengelernt. Entscheidend aber wirkte in dem Genie dieses Erfinders der Gang seines mathematischen Denkens, die Ausbildung seiner physikalischen Grundvorstellungen.

Biographien und Darstellungen Leibniz' von Guhrauer 1846; E. Pfleiderer 1870; K. Fischer, Geschichte der neuern Philosophie III; Fr. Kirchner 1876; E. Dillmann, Eine neue Darstellung der Leibnizschen Monadenlehre; E. Cassirer, Leibniz' System, Marburg 1902; meine Abhandlung in: Deutsche Rundschau XXVI, S. 423–430.[6] Über den späteren Streit über die prästabilierte Harmonie vgl. Erdmann, M. Knutzen.

[c)] Systematisierung des Leibnizschen Systems: Christian Wolff, geboren 1679 in Breslau, Professor in Halle, durch Kabinettsbefehl Friedrich Wilhelms I. abgesetzt, von dem seine Philosophie schätzenden Friedrich dem Großen zurückberufen nach Halle, † 1754. Deutsche Schriften 1710–25, lateinische 1728–53. Geschichte seiner Philosophie von Ludovici, Leipzig 1736–38, 3 Bd. e. Übergang in das Zeitalter der deutschen Aufklärung.

Aus dem Ineinandergreifen allgemeingültiger Erkenntnis, insbesondere in Mathematik, Mechanik und Astronomie, entwickelt sich im 17. Jahrhundert das Bewußtsein der Einheit und Solidarität der von den Wissenschaften bedingten Herrschaft der Menschheit über die Natur und des Fortschrittes in der Geschichte, die Autonomie des denkenden Subjektes. Aus dem Problem, den mechanischen Naturzusammenhang zusammenzudenken mit der moralischen Welt, den Körper mit dem Geiste, entspringen die dargestellten großen Weltansichten. Und indem von Descartes ab ein methodischer Gang der Ableitung philosophischer Wahrheiten gesucht wird, bildete sich zuerst die rationale Methode und die ihr entsprechende Erkenntnistheorie aus. Dieser tritt in Locke eine empirisch-rationale gegenüber, gegen die dann Leibniz sich wendet.

Achtzehntes Jahrhundert.
Zeitalter der Aufklärung

In diesem Jahrhundert gelangen die großen nationalen Staaten zur Ausbildung selbständiger in der Nationalsprache abgefaßter Prosaliteratur. Diesen schließen sich auch die philosophischen Schriften nunmehr an.

In den Naturwissenschaften erreicht die Mechanik die Durchbildung, in der sie schrittweise bei J. Bernoulli (1654–1705), Euler (1707–1783), d'Alembert (1717–1783), Lagrange (1736–1812) auftritt. Die physikalische Untersuchung breitete sich experimentell und theoretisch auf immer weitere Gebiete aus. Optik: Malus (1775–1812), Biot (1774–1862). Wärmelehre: nach Fahrenheit 1724, Réaumur 1730, Celsius 1742, Fourier (1768–1830) und Laplace (1749–1827). Akustik: Euler, Lagrange, Laplace, Rameau (1683–1764). Elektrizitätslehre: Coulomb (1736–1806), Volta (1745–1827). – James Watt (1736–1819). – Die wissenschaftliche Chemie begründet von Lavoisier (1743–1794), Dalton (1766–1844). Klassifikation der Pflanzen von Linné. Vergleichende Anatomie: Daubenton (1716–1799), Vicq d'Azyr, Cuvier (1769–1832), Geoffroy Saint-Hilaire (1772–1844), in der Physiologie nach Ablehnung des Lebensprinzips bei Willis (1621–75) Boerhave, der an Spinoza sich anschließt und auf Lamettrie wirkt, Vicq d'Azyr und Cabanis. Begründung der physiologischen Psychologie: Cabanis, Destutt de Tracy. Erste Versuche einer Entwicklungsgeschichte des Weltalls und der Erde (Buffon, Lambert, Kant, Laplace) und der organischen Lebewesen Buffon (1707–1788), Goethe und Herder, Lamarck (1744–1829), Kaspar Friedrich Wolff (Theoria generationis 1759).

Die Geschichte durch Kant und Herder mit der Erdkunde in Zusammenhang gebracht. Analysen der Kultursysteme. Entwicklungsgeschichte der griechischen Kunst durch Winckelmann. Universalgeschichte von Turgot, Condorcet, Gatterer, Herder und Johannes Müller. Verwertung des Entwicklungsgedankens für die Geschichte. Geschichtsphilosophische Entdeckungen von Vico (Principi di una scienza nuova d'intorno alla commune natura delle nazioni 1725). Turgot. Übergang der Nationalökonomie aus dem Merkantilsystem in das physiokratische; Quesnay, Gournay und Turgot. Die britischen Systematiker, nach Hume, Smith. Statistik: Süßmilch. Staatstheorie: Montesquieu. Die science sociale.

Dieser Fortschritt der Wissenschaften bleibt im 18. Jahrhundert noch überall mit philosophischen Ideen verknüpft. Während der Betrieb der Wissenschaften sich differenzieren mußte, entsteht die neue Funktion der Philosophie, durch den philosophischen Geist der Einzelforscher, welcher aus dem Blick auf den Zusammenhang des Wissens entspringt, zu wirken. Das Jahrhundert ist erfüllt von dem Kulturideal des Fortschrittes des Menschengeschlechtes durch Erkenntnis und Beherrschung der Natur, Begründung einer rationalen Religiosität auf das Denken und das moralische Bewußtsein, Leitung des wirtschaftlichen und politischen Lebens sowie der Erziehung durch rationale Prinzipien. Die Philosophie als das Organ dieser großen Ideen der Aufklärung greift in diesem Zusammenhang in Staat und Kirche überall reformierend ein.

I. Die englische Aufklärung

Das Aufklärungszeitalter beginnt in England. Mit dem Erscheinen der Hauptschrift Lockes über den menschlichen Verstand fällt die Landung Wilhelms von Oranien 1688, seine Thronbesteigung 1689 zusammen. In der großen englischen Revolution gelangte das Prinzip der Volkssouveränität, das Locke formulierte, zum Ausdruck. Der ernsthafte, tatkräftige, vom Puritanismus bestimmte englische Geist schied die Verderbnis der Restauration von sich aus. Der Repräsentant der unter diesen Einwirkungen in der Schule Lockes gebildeten Generation war der Graf von Shaftesbury. Geboren 1671, Einfluß Lockes auf seine Erziehung, zog sich früh kränklich vom politischen Leben zurück, Reisen (besonders in Italien und Frankreich), starb 1713. Der Pantheismus der Stoa und Renaissance wirkten auf ihn, mächtiger Schriftsteller, der sich an die gebildeten Klassen wandte. Er hat stark auf Herder, Schiller und Goethe gewirkt (vgl. meine Abhandlung im Archiv Bd. VII [Ges. Schr. II, S. 246 ff.]). Eine ästhetisch-pantheistische Stimmung verbindet sich in ihm mit dem Ideal der harmonischen Ausbildung der Persönlichkeit. Sammlung seiner Schriften: Characteristics of men, manners, opinions, times 1711, deutsch 1768. Seine Philosophie behandelt Fowler, Shaftesbury and Hutcheson 1882.

Nebeneinander entwickeln sich Deismus, Analysis der Erkenntnis auf Lockes Grundlage, Zergliederung des moralischen Bewußtseins und des wirtschaftlichen Lebens, Assoziationspsychologie.

1. [Der Deismus]

Der Deismus hatte seine Grundlage in der Erkenntnis der Gesetze des mechanischen Naturzusammenhangs. Einmal gesetzt, gestattet dieser keine göttlichen Eingriffe. Hiermit verbindet sich die schon von Spinoza begründete Kritik der biblischen Geschichten. Zugleich tritt hiermit dann die Zergliederung des moralischen Bewußtseins und die Begründung der Autonomie desselben (siehe 3.) in Zusammenhang. Anfang des Deismus schon in Herbert von Cherbury, De veritate 1624 und De religione gentilium 1645. John Toland, 1670–1722, Christianity not mysterious 1696; Übergang zum Pantheismus in seiner späteren Schrift: Pantheisticon 1720. Whiston (1667–1752): 1696 Theory of the earth, Kritik der Weissagungen, jüdische Fälschung des *Alten Testamentes*. Anthony Collins (1676–1729), A discourse of free-thinking, occasioned by the rise and growth of a sect called freethinkers 1713. Allegorische Deutung der Weissagungen. W. Wollaston, The religion of nature delineated 1722. Th. Woolston (1669–1731), Kritik der Wunder. M. Tindal

(1656–1733), Christianity as old as the creation: or the gospel, a republication of the religion of nature 1730.

2. Fortbildung der Erkenntnistheorie Lockes

[a)] George Berkeley (1685–1753, Bischof) folgert den Phänomenalismus und in inkonsequenten Schlüssen einen Immaterialismus. Das esse der nicht denkenden Dinge ist percipi. Essays towards a new theory of vision 1709, Treatise on the principles of human knowledge 1710, Three dialogues between Hylas and Philonous 1713, deutsch 1756; Works, ed. A. C. Fraser 1871; von demselben Biographie 1881. Verwandt Collier 1680–1732, Clavis universalis 1713. Seine Theorie schon in einem handschriftlichen Aufsatz von 1708 enthalten. Es existieren nur Geister, und die Körper sind in ihnen.

[b)] David Hume geboren 1711 zu Edinburgh; schrieb während des ersten französischen Aufenthaltes: A treatise on human nature 1739/40, wenig beachtet, mehr die Essays moral, political and literary (1741 Edinburgh). Aufenthalt als Sekretär bei einer militärischen Gesandtschaft an den Höfen von Wien und Turin bis 1749, teilte nun das Hauptwerk in kleinere, mit künstlerischer Vollendung geschriebene Werke, die sehr viel Aufsehen machten. Enquiry concerning human understanding, London 1748; Dissertation on the passions, An enquiry concerning the principles of moral, zuerst London 1751; Political discourses, Edinburgh 1752. Seit 1752 Bibliothekar in Edinburgh, hierdurch gelangte er zu den Materialien und dem Plan seiner englischen Geschichte 1754–62. In dieser Periode von Edinburgh erschien auch 1755 die *Natural history of religion*. Diese Werke stehen alle unter dem Einfluß der damaligen französischen Literatur, 1763 ging er als Gesandtschaftssekretär nach Paris, wurde in den Zirkeln der dortigen Philosophen als einer der ihrigen mit großer Achtung aufgenommen, nahm, als er 1766 Frankreich verließ, den schon von Verfolgungswahn gequälten Rousseau mit sich, woraus dann für ihn fatale Konflikte entstanden. 1767–68 Unterstaatssekretär im Auswärtigen Amt, lebte dann in Edinburgh, wo er 1776 starb. Nach seinem Tode erschienen 1777 seine Autobiographie, 1779 Dialogues concerning natural religion (deutsch 1781). Hume bezeichnet den Höhepunkt der englischen Aufklärung auch in der Ausbreitung seiner Schriften über die ganze gesellschaftliche Welt.

3. Die Zergliederung der moralischen, ästhetischen, wirtschaftlichen, politischen und psychischen Erscheinungen

Sie begleitet die große glänzende Zeit der englischen moralischen Wochenschriften, der Ausbildung des bürgerlichen Romans und der politischen Redner. Addison (1672–1719), Wochenschrift Spectator. Pope (1688–1744), Lehrdichtung, besonders: Essay on criticism 1711 und Essay on man 1732–34. Neben diesem optimistischen Deisten der größte moderne Satiriker, voll von philosophischem Geist, obwohl er die Philosophie haßte, Jonathan Swift (1667–1745). Den bürgerlichen Roman schuf Samuel Richardson (1689–1761), Pamela 1740–41, Clarissa 1747–48, Grandison 1753–54. Goldsmith (1728–1774), Vicar of Wakefield 1766. Im Gegensatz zu Richardson die humoristischen Romane von Fielding. Vollendung des humoristischen Romans mit philosophischem Tiefsinn in Sterne (1713–1768), viel geringer Smollet (1721–1771). Gefühlsdichtung von Thomson (1700–1748) und Young (1683–1765, Nightthougths 1742–45). Dieser Ausbildung einer künstlerischen Form, die die Wirklichkeit malend bemeistert, entspricht das große Porträt von Reynolds und Gainsborough.

Der Höhepunkt dieser aus Tatsächlichkeit und Wirklichkeit herausgearbeiteten künstlerischen Formen, die auf das Leben zurückwirken, bildete die große Beredsamkeit, derengleichen seit den Römern nicht dagewesen war. William Pitt Earl of Chatham, geboren 1708, 1735 Parlamentsmitglied und vierzig Jahre lang herrschend durch seine Beredsamkeit, starb 1778. Edmund Burke, geboren 1730, starb 1797. Großer Redner, in seinen Schriften gegen die französische Revolution wurden zuerst die Prinzipien der historischen Schule ausgesprochen (Reflections on the revolution in France 1790, Thoughts on a regicide peace 1796). Charles James Fox, geboren 1749, mit zwanzig Jahren Mitglied des Unterhauses, schloß sich an Burke an, trennte sich aber dann als Gegner des französischen Krieges von ihm. Starb 1806. Schrieb *History of the early part of the reign of James II*, zur Verherrlichung der Revolution, 1815 seine *Speeches in the House of Commons* in sechs Bänden. In diesem Zusammenhang die größten politischen Pamphlete aller Zeiten, die *Juniusbriefe* (Verfasser nicht sicher festgestellt) 1769–71 und in Amerika Wirken und Schriftstellerei von Benjamin Franklin (1706–1790).

In diesem Zusammenhang entstand:

a) die Zergliederung der moralischen Tatsachen. Sie ist zunächst auf die Erkenntnis der Unabhängigkeit des moralischen Bewußtseins von der kirchlichen Religiosität gerichtet. Im Gegensatz gegen Hobbes hatten die Schulen von Cambridge und Cumberland eine rationale Begründung der sittlichen Gesetze gegeben. In Auseinandersetzung mit Hobbes und Locke hatte Clarke dem sittlichen Nominalismus gegenüber Normen des Sittlichen verteidigt, welche unabhängig von der Verbindung der Menschen in der Gesellschaft die unveränderlichen Verhältnisse des Angemessenen und Unangemessenen, Schicklichen und Unschicklichen ausdrücken. „Alle absichtliche Bosheit und Rechtsverletzung ist auf sittlichem Gebiete dasselbe, wie wenn jemand in der Natur die bestimmten Verhältnisse der Zahlen, die demonstrierbaren Eigenschaften mathematischer Figuren ändern, aus Licht Finsternis, aus bitter süß machen wollte."

Nachdem so die Unabhängigkeit des moralischen Bewußtseins von der kirchlichen Frömmigkeit darzutun versucht worden, folgte die psychologische Zergliederung der sittlichen Erscheinungen. Ihr Ziel war die Ableitung des sittlichen Urteils, das unabhängig vom Erfolg der Handlungen gültig ist, aus psychologischen Vorgängen, deren Voraussetzungen in den sympathischen Gefühlen, dem Gefühlszusammenhang der Menschen untereinander und der Richtung auf die allgemeine Wohlfahrt gegründet sind.

Der Anfang lag auch hier in Shaftesbury (Characteristics 1711): Unabhängigkeit des sittlichen Bewußtseins von Lohn und Strafe, der Maßstab des sittlichen Urteils in der Lebendigkeit der Menschennatur selbst, also „natürlich", nicht aus den Konventionen der Gesellschaft, das Sittliche ein Werturteil über die innere Beschaffenheit fremder und eigener Handlungen, sein Ursprung in dem Vermögen, die Affekte selbst zum Gegenstand der Reflexion zu machen.

Fortsetzung Joseph Butler (1692–1752), The analogy of religion 1736, deutsch 1756. Koinzidenz von Pflicht und Glück in dem Streben nach Befriedigung, das alle Handlungen bestimmt; zu unterscheiden die Selbstliebe und die nach außen gerichteten Leidenschaften. Die Reflexionsaffekte sind das Gewissen, das über die andern Affekte richtet. Neben ihm anderer Schüler Shaftesburys Francis Hutcheson, geboren 1694 in Irland, Professor der Moralphilosophie zu Glasgow, starb 1746. An inquiry into the original of our ideas of beauty and virtue 1725, deutsch 1762; System of moral philosophy 1755, deutsch 1756. Wie Kohäsion der Körper und Gravitation wirken Selbstliebe und Wohlwollen in der Gesellschaft. Das uninteressierte Wohlwollen ist der Ursprung des sittlichen Handelns; die wohlwollenden Neigungen sind als ruhig und dauernd von den Leidenschaften zu unterscheiden, das sittliche Werturteil ist in dem „moral sense" gegründet, nach welchem wir billigen, was auf allgemeine Glückseligkeit gerichtet ist. Es ist nicht rational, sondern gefühlsmäßig, wie das Ästhetische, und wie dieses zuschauend.

David Hume, insbesondere in seiner Untersuchung über die Prinzipien der Moral 1751 (deutsch in: Hume, Vermischte Schriften 1754–56). Billigung und Mißbilligung sind in der Sympathie gegründet, welche die Menschen aufgrund ihrer Ähnlichkeit miteinander verknüpft. Wir billigen zunächst an andern Personen die Förderung fremden Wohles, dann an uns selbst. Die Regeln der Gerechtigkeit stammen aus der Einsicht vom Vorzug des Rechtszustandes vor dem der Gewalt.

Adam Smith, geboren 1723, Landsmann und Freund Humes, Professor in Glasgow, starb 1790. Vollendete in seinen beiden Hauptwerken über die Moral und über das wirtschaftliche Leben die englischen Analysen über die moralische Welt. The theory of moral sentiments 1759, deutsch 1770. Die sittlichen Werturteile entspringen aus den Gefühlen der Dankbarkeit und des Ahndungstriebes, sie beziehen sich auf die Gesinnung des Handelnden. Der unparteiische Zuschauer bildet diese in sich nach und billigt oder mißbilligt sie. Indem wir uns in die Lage anderer versetzen, entsteht das Urteil über unsre eignen Handlungen. Gewissen „der unparteiische Zuschauer in unsrer Brust". Maxime: Handle so, daß der unparteiische Zuschauer mit dem Beweggrund deiner Handlung sympathisiert.

Ferguson (1723–1816), Institutes of moral philosophy 1769, deutsch 1772. Verknüpft die Prinzipien von Selbstliebe, Wohlwollen und Vollkommenheit durch das oberste Prinzip, daß der Mensch als Glied der Gesellschaft sich ihr einordnen muß.

b) Zergliederung der ästhetischen Tatsachen. Die Ausbildung der großen englischen Prosa ist begleitet von der literarischen Herrschaft des Samuel Johnson (1709–84): Wochenschriften, Wörterbuch der englischen Sprache 1747–55, Leben der englischen Dichter 1779–81. Hugh Blair, geboren 1718, Lectures on composition 1783, starb 1800. William Hogarth, geboren 1697, starb 1764, Analysis of beauty 1753. Die psychologische Zergliederung wurde vorbereitet in dem oben genannten Werke von Hutcheson 1725. Fortgeführt von Edmund Burke, Philosophical inquiry into the origin of our ideas on the sublime and the beautiful 1756, deutsch 1773. Zum Abschluß gebracht von Henry Home (1696–1782). (Vgl. meine Abhandlung über die drei Epochen der modernen Ästhetik, [in:] Deutsche Rundschau, XVIII, [Heft]11).[7] 1762–65 Elements of criticism. Das bedeutende Werk ist eine Analyse des ästhetischen Eindruckes; dieser ist zusammengesetzt. Home gewinnt durch Analyse die Mannigfaltigkeit der ästhetischen Elemente, d. h. der konstanten Beziehungen zwischen Objekten und Eindrücken, und leitet aus ihrem Zusammentreten das Gefühl der Schönheit und der Erhabenheit ab.

c) Zergliederung des wirtschaftlichen Lebens: politische Ökonomie. Auf die Schriften der merkantilistischen Schulen war in Frankreich um die Mitte des Jahrhunderts die physiokratische Schule gefolgt, die vom Begriff einer natürlichen Ordnung des wirtschaftlichen Lebens ausging. Diese setzte sie den bestehenden Verhältnissen entgegen, und darin lag der Ausgangspunkt der Erforschung der im wirtschaftlichen Leben enthaltenen gesetzlichen Grundverhältnisse. Quesnay, Hauptschriften 1756–58 (*Tableau économique*), war als Arzt und Naturforscher zur Aufsuchung des Gesetzlichen disponiert. Gournay 1712–59; von ihm vielfach abhängig Turgot, Réflexions sur la formation et la distribution des richesses 1766, gehörte dem Kreise der Philosophen an. Galiani, Mably, Morelly, Beccaria. Aufgrund der genialen Blicke von Hume vollzog Adam Smith eine wirkliche Analysis des wirtschaftlichen Lebens; Inquiry into the nature and causes of the wealth of nations 1776, deutsch 1776–78. Wie die Sittlichkeit auf die wohlwollenden Neigungen gegründet ist, so das wirtschaftliche Leben auf das individuelle Selbstinteresse. Wenn dieses innerhalb der Grenzen der rechtlichen und moralischen Ordnung in freie Tätigkeit gesetzt wird, so entsteht in der freien Konkurrenz der wirtschaftlichen Individuen das höchste Maß von wirtschaftlicher Kraft und von Glück in der Gesellschaft. Gegensatz gegen die bisherigen Eingriffe der Gesetzgebung. Durch alle diese Analysen greift die Anwendung des Assoziationsprinzips hindurch.

d) Zergliederung des Seelenlebens und Ausbildung der Assoziationspsychologie. Peter Brown, The procedure extent and limits of human understanding 1728. Dann Humes Hauptwerk von 1739/40. David Hartley (1705–1757), Observations on man, his frame, his duty and his expectations 1749, deutsch 1772/3. Hartleys Lehre schloß sich an Priestley (1733–1804) in seiner Schrift Hartley's theory of human mind 1775 und ergänzt sie in der Schrift Disquisition relating to matter and spirit 1777, verteidigt sie gegen den platonisierenden Spiritualisten Price in The doctrine of philosophical necessity 1777 und in einer folgenden Schrift von 1778.

Aus dem großen politischen Leben und den bei den Rednern, in den Schriften von Hume etc. enthaltenen politischen Erkenntnissen erhob sich unter dem Einfluß von John Bolingbroke (dem berühmten Staatsmann in den *Letters on the study of history*) und Voltaire die große englische Geschichtsschreibung. Ihre pragmatische Methode gründet sich auf die Analysen der Philosophen, in der Person von Hume beides verknüpft, Robertson und Gibbon den philosophischen Kreisen angehörig. David Hume, History of England, from the invasion of Julius Caesar to the revolution of 1688, London 1754–61. William Robertson (1721–93), History of Scotland 1759, of Charles V. 1769, of America 1777. Edward Gibbon (1737–1794), History of the decline and fall of the Roman empire 1776–88. Die umfassende Durchführung des Utilitarismus vollzog sich erst in der Schriftstellerei von Jeremy Bentham (s. 19. Jahrhundert).

[4. Die schottische Schule]

Im Gegensatz zu der Entwicklung der englischen Philosophie in Locke und Hume verteidigte die schottische Schule, anknüpfend an die römische Philosophie, ursprüngliche Urteile (Axiome, Prinzipien), welche, allen Menschen gemeinsam, in sich selbst einleuchtend sind. Thomas Reid, geboren 1710, Nachfolger A. Smiths in Glasgow, †1796. Er zählt zwölf solcher Axiome auf, und unter ihnen befindet sich: Wir haben einigen Einfluß auf unsre Willensentscheidungen und Aktionen. Diese sind durch analytische Methoden gefunden, sie sind die aus dem Assoziationsprinzip nicht erklärlichen Bedingungen des Erkennens und moralischen Handelns. Fehlen eines ordnenden Prinzips. Zugleich in der bloßen Tatsächlichkeit und dem Verhältnis zum Leben anregende Kraft für die Folgezeit. Hauptschüler: Dugald Stewart (1753–1828) besonders: Elements of the philosophy of the human mind 1792 (erster Band deutsch 1794) und Outlines of moral philosophy 1793. Reid wirkte auf Hamilton, Royer-Collard und Jouffroy. Vermittelnd Thomas Brown (1778–1820), besonders die posthume Schrift Lectures on the philosophy of human mind 1820.

II. Die französische Aufklärung

Seitdem die Kirchenpolitik Heinrichs IV., des größten französischen Königs, verlassen wurde, und Ludwig XIV. (1643–1715) durch die Aufhebung des Ediktes von Nantes und die Verfolgung von Port-Royal die freie Bewegung des kirchlichen Lebens zugunsten der kirchlichen Einheit Frankreichs vernichtete, entstand der Dualismus einer höfischen Kunst und Literatur und der der kirchlichen Leitung überlassnen Masse. Die Schule von Descartes wirkte in den mathematisch-mechanischen Wissenschaften und in dem logischen Charakter des neuen Stils. Die höfische Gesellschaft und ihre Académie française machten Genauigkeit, Regel und höfische Schicklichkeit zur Norm der Sprache und schriftstellerischen Form. So folgten auf das phantasiestarke Drama von Corneille dessen Umbildung in Racine und Voltaire, die katholische Beredsamkeit und Kirchengeschichte von Bossuet, Fléchier, Bourdaloue, Massillon, Fleury und Fénélon, die Reflexion über die Beweggründe dieser Gesellschaft Ludwigs XIV. bei La Rochefoucauld, La Bruyère, Vauvenargues, Madame de Sévigné.

Die astronomische Weltansicht der Wissenschaft von den Voraussetzungen des Descartes aus hat Fontenelle (1657–1757) in seinen 1686 veröffentlichten *Entretiens sur la pluralité des mondes* sowie in seinen *Éloges* in der Académie des sciences (1708) wirksam dargestellt. Die Grundlage für die neue Zeit legte Pierre Bayle (1647–1706); lebte in Rouen und Paris, lehrte seit 1675 Philosophie in Sédan, seit 1681 in Rotterdam, wurde 1693 abgesetzt, gab 1695–97 und dann in sehr vermehrten Auflagen seinen *Dictionnaire historique et critique* heraus: die Rüstkammer der philosophischen Skepsis und der historischen Kritik für die französische Aufklärung. Ebenso vollzog den Bruch mit Descartes in skeptischer Richtung der Bischof Huet (1630–1721): 1689 Censura philosophiae Cartesianae, posthum De la faiblesse de l'esprit 1723, deutsch 1724.

Die neue Wendung des französischen Geistes vollzog sich aber erst unter Ludwig XV., als die herrschenden Kräfte der französischen Gesellschaft, Monarchie, Adel und Geistlichkeit, in ihrer Funktion erlahmten und als zwischen 1726 und 1729 Voltaire und Montesquieu in England sich mit der dortigen Aufklärung erfüllten und zurückgekehrt dem Cartesianismus die Naturwissenschaft von Newton und die Erfahrungsphilosophie von Locke, der alten Monarchie die politische Freiheit Englands gegenüberstellten. Die so entstehende französische Aufklärung unterschied sich aber von der englischen durch die Herrschaft des naturwissenschaftlichen Geistes, den doktrinären Rationalismus und den abstrakten Gegensatz des den gebildeten Klassen gemeinsamen radikalen philosophischen Geistes zum Leben des Volkes.

François Marie Voltaire (Anagramm aus Arouet), geboren 1694 in Paris, Sohn eines Notars, von der alten Gesellschaft abwechselnd eingekerkert und verzogen, beginnt im Gefängnis die Verherrlichung der vergangenen kirchlich unabhängigen Monarchie Heinrichs IV. in der *Henriade*; Tragödien; verbannt, kommt er 1726 nach England, dort bis 1728. Die Astronomie Newtons wird bestimmend für seine Weltauffassung (beständiger Zusammenhang mit den französischen Naturforschern), sie fordert einen Gott, der Mensch aber erscheint von ihr aus in seiner ganzen physischen Abhängigkeit. Lockes Erfahrungsphilosophie zeigt weiter den Menschen von den Eindrücken der Außenwelt in seinem Denken abhängig, sie zersetzt den Begriff der geistigen Substanz. Diesseitigkeit des Lebensgefühls, Verwerfung der Unsterblichkeit. Freiheit zuerst mit Locke angenommen, dann konsequenter verworfen. Lettres sur les Anglais 1728, Lettres philosophiques 1734, Examen important de Mylord Bolingbroke 1736, Éléments de la philosophie de Newton 1738. Philosophische Romane (*Candide, Micromégas*). Einführung des Raisonnements und einer neuen Art von Lebensgefühl in den Gedichten und Tragödien. Pamphlet gegen Maupertuis, Histoire du docteur Akakia 1753, Dictionnaire philosophique 1764. Fortbildung der pragmatischen Geschichtsschreibung durch die Erweiterung zur Kulturgeschichte im Sinne der bürgerlichen Gesellschaft (Anfänge von Bolingbroke) Siècle de Louis XIV 1751, Essai sur l'historie générale et sur les mœurs et l'esprit des nations 1756. Aufenthalt bei Friedrich dem Großen und Freundschaft mit diesem. Im Alter als Grundbesitzer und Patriarch in Ferney. Stirbt 1778.

Ebenso von der Astronomie Newtons ausgehend der Mathematiker Pierre Moreau de Maupertuis (1698–1759). Ergänzt Voltaire durch streng wissenschaftliche Widerlegung der Descartesschen Erklärungsgründe der Weltentstehung und bringt Newtons Lehre durch Feststellung der Abplattung der Erde (Gradmessung in Lappland 1736) zum endgültigen Sieg. Im Gegensatz zu Voltaire durch Anerkennung der Teleologie (Prinzip der kleinsten Aktion). Präsident der Berliner Akademie 1746, Freund Friedrichs des Großen. Über Attraktion 1732, Moralphilosophie 1749, Natursystem 1751, Kosmologie 1750.

Charles de Sécondat, Baron de Montesquieu, geboren 1689. Jurist, hoher Verwaltungsbeamter. Dem hohen Adel entstammend, wendet er sich gegen den Absolutismus in Staat und Kirche. Lettres persanes 1721. Reisen durch Europa zum Studium der Gesetzgebung und Verfassung, besonders Englands. Aus den in Rom empfangenen Anregungen Considérations sur les causes de la grandeur des Romains et de leur décadence 1734, epochemachend für die pragmatische Geschichtsschreibung. Hauptwerk: Esprit des lois 1748, nach zwanzigjähriger Vorbereitung. Vergleichende Methode in Studium von Verfassungen und Gesetzgebung, Abhängigkeit der Kultur vom Klima, mechanische Interpretation der englischen Konstitution als gegründet in der Trennung der gesetzgebenden, richterlichen und Verwaltungsfunktion und Gleichgewicht derselben.

Dies liberale Staatsideal höchst einflußreich auch in Deutschland. In der Ästhetik Dubos, Réflexions critiques sur la poésie etc. 1719. Batteux, Les beaux arts réduits à un même principe 1746: Prinzip der Nachahmung der schönen Natur.

Die möglichen Standpunkte, welche aus der Vorherrschaft des Studiums der Außenwelt unter empiristischen und mechanischen Gesichtspunkten im französischen Geiste entstehen konnten, sondern sich in dem lebendigsten Verkehr der Naturforscher und Philosophen in Paris von 1745–1753 und entwickeln sich bis 1770. Die gemeinsame Grundlage für alle ist die große Anschauung von der Einheit des Naturganzen.

1. Materialismus. De Lamettrie, 1709–51, Schüler des an Spinoza sich anschließenden Boerhave. Ärztliches Studium, Abhängigkeit vom Physischen in pathologischen Zuständen (auch an sich selbst beobachtet). Konsequenz des Descartes. Seit 1748 am Hofe Friedrichs II. (der sein *Éloge* schrieb). Histoire naturelle de l'âme 1745, L'homme machine 1748, L'homme-plante 1748. Helvétius (1715–1771), De l'esprit 1758, De l'homme, posthum 1772. Système de la nature 1770, in Gemeinschaft mit mehreren Gelehrten verfaßt von Baron von Holbach, das systematische Lehrbuch des Materialismus, „grau kimmerisch, totenhaft wie ein Gespenst" (Goethe).

2. Die pantheistische Doktrin von der belebten Materie und ihrer Evolution. Georges Louis Leclerc de Buffon, 1707–88, ging von umfassenden naturwissenschaftlichen Studien aus, Intendant des botanischen Gartens, verfaßt (unterstützt in der vergleichenden Anatomie durch Daubenton) die vielbändige *Histoire naturelle, générale et particulière*. Die ersten drei Bände (1749) enthielten die Theorie der Erdbildung, die Lehre von den organischen Molekülen und die von den Stufen des Tierreichs, die aber nicht zeitliche Folge, sondern

Wertordnung bedeuten. Der Mensch derselbe Typus wie die Wirbeltiere. Les époques de la nature 1778. Denis Diderot, 1713–84, Schriftsteller, Kunstkritiker (Salon), Begründer der naturalistischen Dichtung, der lebendigste, geselligste aller Franzosen, in verwegenem Denken den Standpunkt wechselnd: Deist, dann skeptischer Philosoph, als er gemeinsam mit d'Alembert die *Enzyklopädie* begann; noch während der Fortführung geht er zum Glauben an die Weltbeseelung und die Evolution der lebendigen Materie über (Rücktritt d'Alemberts von der *Enzyklopädie*). Essai sur le mérite et la vertu (im ganzen getreue Übertragung von Shaftesbury) 1745, Pensées philosophiques 1746, Promenade d'un sceptique 1747, Lettre sur les aveugles etc. 1749, Pensées sur l'interprétation de la nature 1754, Rêve de d'Alembert 1769. Fülle von *Enzyklopädie*-Artikeln, besonders *Sur le beau*. Durch Lessing, Goethe und Schiller Diderots Kunstbetrachtung und Romane in Deutschland eingeführt. Robinet (1735–1820), De la nature 1761–66, Considérations philosophiques de la gradation naturelle des formes etc. 1768–69. Die Monaden von Leibniz und die von Leeuwenhoek (1677) entdeckten Samentierchen führen ihn auf belebte Atome, aus welchen jene schon zusammengesetzt. Die Ausbildung der Psychologie unter beständiger Berücksichtigung der physischen Zusammenhänge gefördert von dem Schweizer Bonnet (1720–93), Essai de psychologie 1755, Essai analytique sur les facultés de l'âme 1760, La Palingénésie philosophique etc. 1769. Einfluß auch besonders auf Deutschland.

3. Der Positivismus. Gegen die materialistische und pantheistische Dogmatik wendet sich von den strengen mathematischen Naturwissenschaften aus, zugleich von der Skepsis beeinflußt, der große Mathematiker Jean Lerond d'Alembert. Geboren 1717, lebt als Privatgelehrter von Pensionen und literarischer Arbeit (*Enzyklopädie*), seit Begründung der *Enzyklopädie* ein Mittelpunkt der Salons, Freundschaft mit Friedrich II., dessen Ratgeber er für die Akademie nach Maupertuis' Abgang wird. Stirbt 1783. Traité de dynamique 1743, Discours préliminaire 1751, Éléments de philosophie 1759, später Erläuterungen für Friedrich den Großen. Er erfaßt einen kritischen Standpunkt, indem er von dem Satze der Phänomenalität aus sich die Begründung der Erfahrungswissenschaften ermöglicht durch die Auffassung ihrer allgemeinsten Wahrheiten als Abstraktionen aus den Phänomenen, deren Fruchtbarkeit ihr Recht erweist. Wissenschaft ist die Erkenntnis der Relationen zwischen den phänomenalen Tatsachen, der begründete Zusammenhang ihrer allgemeinsten Sätze ist der Inhalt der Philosophie. Agnostizismus. Durchführung dieses Standpunktes innerhalb der damals entwickelten Wissenschaften in den *Éléments de philosophie*. Natürliche Ordnung der Wissenschaften von der Algebra aufwärts nach dem Grad der Abstraktheit und Allgemeinheit, sonach der Kompliziertheit des Objekts. Dieser positive Geist wirksam in der Ausbildung der

analytischen Mechanik. Höhepunkt Lagrange, Mécanique analytique 1788. In derselben Richtung wirkt die Assoziationspsychologie Condillacs (1715–1780, 1754 Traité des sensations) und besonders seine spätere Durchführung der positivistischen Erkenntnistheorie (die allgemeinen Urteile bestehen in Gleichungen zwischen „Zeichen", deren Beziehung zur Realität unerkennbar ist. Logique 1781, posthume Langue des calculs 1798). Anschluß der Ideologen. – Die Begründung der positivistischen Geschichtsphilosophie durch Turgot (1727–81, Minister 1774–76), seine Sorbonne-Reden und Pläne einer Universalgeschichte und einer „positiven politischen Geographie" 1750. Der stetige gesetzmäßige Fortschritt des menschlichen Geistes. Die drei Stadien der Naturerkenntnis. Diese Grundzüge des Positivismus sind von Comte seinem System als Grundlage eingeordnet worden. – Die meisten dieser Personen arbeiten mit an dem Hauptwerk der französischen Aufklärung, der *Encyclopédie ou dictionnaire raisonné des sciences, des arts et des métiers* (seit 1751): Enzyklopädisten.

In diese Bewegung greift fremdartig Jean-Jacques Rousseau, von Herkunft ein Genfer und Schweizer in seiner ganzen geistigen Konstitution, geboren 1712, Sohn eines Uhrmachers, umhergetrieben in niederen Lebenslagen und Abenteuern, seit 1745 in Paris im Verkehr mit den Enzyklopädisten. Wird durch Preisaufgabe von Dijon zur Behandlung des Kulturproblems angeregt: Discours sur les sciences et les arts 1750, Sur l'origine et le fondement de l'inégalité parmi les hommes 1755. Seine drei großen Werke bilden sich nebeneinander wie in organischem Wachstum in ihm aus und stellen ein Ganzes dar: La nouvelle Héloïse 1761, Du contrat social etc. 1762, Émile ou sur l'éducation 1762, Lettres de la montagne [1782], Confessions [1782]. Gestorben 1778. Er stürzt den Intellektualismus. Die großen Gefühle und ihre Bedeutung für Leben und Gesellschaft gelangen durch ihn zur Geltung und, da sie allen Menschen gemeinsam sind und als moralische den Wert des Menschen bedingen, unabhängig von seiner Lage, wird Rousseau zugleich der Träger des neuen demokratischen Ideals.

Die letzten Dezennien des Jahrhunderts sind erfüllt von den großen Fortschritten in der Erkenntnis von Natur, Seelenleben, Politik und Geschichte, welche die Philosophen des folgenden Jahrhunderts vorbereiten. Durch die Verbindung der in der Revolution ausgelösten Tendenzen und Ideen (Mirabeau, Sozialimus, rationale Organisation der Gesellschaft) mit der gleichzeitigen Vollendung der mechanischen Naturwissenschaft durch Lagrange und Laplace wurde jetzt der französische Geist bestimmt. Die große Unterrichtsreform des Nationalkonvents, an der die Mathematiker und Ideologen mitwirken. Die Gründung der École polytechnique (1795), welche Organ des naturwissenschaftlichen Geistes wird. Die École normale. Ansätze zu einer wissenschaftlichen Politik, die aus dem allgemeinen Naturzusammenhang begriffen wird, in der zweiten Klasse des Institut national.

Condorcet (1743–1794) setzt d'Alembert und Turgot in das Politisch-Geschichtliche fort. Esquisse d'un tableau historique des progrès de l'esprit humain 1793/94, im Angesicht des Todes verfaßt.

Cabanis (1757–1808) sucht eine science de l'homme, welche eine strenge politische Wissenschaft ermögliche, diese ist ihm aber der französischen Grundrichtung entsprechend von der Physiologie abhängig. Rapports du physique et du moral de l'homme 1802. Vicq d'Azyr. (S. 108).

Die ideologische Schule, im Anschluß an den positivistischen Bestandteil in Condillac, dessen Langue des calculs posthum 1798, unternimmt vom Sensualismus aus, die Entwicklungsgeschichte und Systematik des Geistes analytisch aufzuklären. Diese Theorien sollten die soziale, politische und moralische Umgestaltung der Gesellschaft unterstützen. Destutt de Tracy (1754–1836), Éléments d'idéologie 1801–15, Commentaire sur „L'esprit des lois" de Montesquieu 1819. Volney (1757–1820), Catéchisme du citoyen français 1793 (physique des moeurs). Sieyès.

Dégerando, [Histoire] comparée des systèmes de philosophie 1804. – Laplace, Traité de mécanique céleste seit 1798, astronomische Begründung aller kommenden Entwicklungslehren. Viele einzelne Vorarbeiten einer solchen bei Vicq d'Azyr, Bichat u. a.

Ein niederländischer Schriftsteller in französischer Sprache Franz Hemsterhuis (1721–90). Fortbildung der Gedanken Shaftesburys, Diderots, Rousseaus in Weltauffassung, Moral, Ästhetik, Geschichtsphilosophie, Sprachphilosophie. Brief über die Bildhauerei 1769, Über das Verlangen 1770, Aristée 1779, Alexis oder über das goldne Zeitalter [1787], Über den Atheismus [1787]. Von großer Wirkung auf Deutschland für den Kampf gegen das rationalistische Zeitalter.

III. Deutsche Aufklärung

Im 17. Jahrhundert herrscht eine Tendenz, die Herrschaft der lutherischen Dogmatik und Kirche zu mildern sowie vermittels der naturrechtlichen Bestimmungen das Ziel des Staates in der allgemeinen Wohlfahrt und die Grenzen seiner Gewalt in dem Zweck der Sicherung des einzelnen, der Wahrung seiner Gewissensfreiheit etc. nachzuweisen und zu sichern. Die aus Begriffen entwickelnde Metaphysik, in welcher Pufendorf, Leibniz und Thomasius diesen Zweck zu verwirklichen strebten, regierte in Deutschland bis zur Thronbesteigung Friedrichs des Großen und dem Auftreten Lessings.

1.

Seit Beginn des Jahrhunderts erschienen Thomasius, Fundamenta iuris naturae 1705; Christian Wolff, Vernünftige Gedanken von den Kräften des menschlichen Verstandes usw. 1712, Von Gott, Welt und Seele usw. 1720, Von der Menschen Tun und Lassen zur Beförderung ihrer Glückseligkeit 1720, Von dem gesellschaftlichen Leben der Menschen 1721, Von den Wirkungen der Natur 1723, Von den Absichten der natürlichen Dinge 1724, 1728–53 lateinische Schriften (Psychologia empirica 1732). Dazwischen posthume Schriften von Leibniz.

Schüler Wolffs: Bilfinger, Thümmig; die Juristen Heineccius, von Cramer und Nettelbladt; die Ästhetiker: Gottsched 1700–1766, Kritische Dichtkunst 1730. Regelgebung für Sprache, Stil und Dichtung nach französischem Muster (über ihn Danzel, Gottsched und seine Zeit 1848); Alexander Baumgarten 1714–62, Aesthetica 1750–58, Begründer eines rationalen Systems der Ästhetik; Georg Friedrich Meier 1718–77, Anfangsgründe aller schönen Künste und Wissenschaften 1748, löst die Ästhetik los von Wolff und tritt auf die Seite von Bodmer (von ihm Lehrbücher, die Kant benutzte). In der Theologie Jakob Siegmund Baumgarten 1706–57, verbindet das Studium der Engländer, auch ihrer Freidenker, mit Wolff. Aus seiner Schule Semler. Der Mathematiker und Physiker Knutzen (gestorben 1751): Kants Lehrer. In der Berliner Akademie Formey (La belle Wolffienne 1741–53).

Von Thomasius bestimmt Buhle und besonders Brucker, Historia critica philosophiae etc. 1742–44: erste und sehr gelehrte allgemeine Geschichte der Philosophie (letzter Teil noch heute wertvoll).

Aus der Verbindung von Leibniz-Wolff mit Locke entsprang eine eklektische Richtung, welche vielfach Kant vorbereitet. Selbständig, doch nicht durchweg klar Crusius 1715–1775, Entwurf der notwendigen Vernunftwahrheiten 1745, Weg zur Gewißheit und Zuverlässigkeit der menschlichen Erkenntnis 1747; über ihn Festner, Halle 1892. Opponiert (wie Euler) gegen die Gleichsetzung des Verhältnisses von Sinnlichkeit und Verstand mit dem von Verworrenheit und Deutlichkeit bei Leibniz-Wolff, sondert die reale Verursachung und die Begründung der Erkenntnis, die sich subjektiv in der Schlußtätigkeit vollzieht (ebenso Reimarus, Vernunftlehre 1756; ratio essendi, rastio cognoscendi), verwirft den Schluß von Begriffen auf Existenz und so den ontologischen Beweis. Der Satz vom Grunde besitzt keine unbedingte Gültigkeit. Rechtfertigung der Willensfreiheit. Für die Freiheitslehre Lockes gegen den Leibniz-Wolffschen Determinismus auch Daries, Via ad veritatem 1755.

Eine andere klarere Verbindung von Locke und Leibniz vollzog Johann Heinrich Lambert 1728–77. Kosmologische Briefe, in der Darstellung des Fixsternsystems der Kantschen *Naturgeschichte des Himmels* verwandt, 1761,

Neues Organon 1764, Architektonik 1771, Briefwechsel mit Kant, Philosophische Abhandlungen, herausgegeben von J. Bernoulli 1782, Briefwechsel von demselben 1781/5; über ihn Lepsius 1881–87; E. König, [in:] Zeitschrift für Philosophie [und philosophische Kritik] Bd. 84 [(1884)]. Er stimmt mit Kant überein in der erkenntnistheoretischen Voraussetzung: Die gegebenen Erfahrungen und Erkenntnisse müssen in ihren Inhalt und ihre Form zerlegt werden, ihr Inhalt entspringt aus den Erfahrungen; daher folgt aus den mathematischen Erkenntnissen nur eine allgemeine Bewegungslehre, Phoronomie. Zu ihr tritt in der Mechanik der in der Erfahrung gegebene Begriff der Kraft und daraus weitere Axiome. Ferner Übereinstimmung in dem Ziel, die vorhandene Metaphysik zu prüfen und durch Zergliederung der Erfahrungen und Erkenntnisse auf analytischem Wege die Elemente einer solchen Wissenschaft in Begriffen und Urteilen aufzufinden. Aber er verbleibt in den Grenzen der dogmatischen Philosophie: Sinnesqualitäten subjektiv, Raum und Zeit Schein, der ein Sein symbolisch ausdrückt, oder Sein selbst, und die einfachen Begriffe ontologische Bestimmungen. Seine Methode die des Astronomen, der vom Schein auf wirkliche Verhältnisse schließt und an den Folgerungen aus diesen seine Hypothesen verifiziert. Entsprechend Richtung auf das messende und rechnende Denken, Wahrscheinlichkeitslehre, Messung der Werte, erste Ansätze der Aufstellungen Fechners, physische Äquivalente des Psychischen. Ihm in der Leibnizschen Behandlung der Logik verwandt Ploucquet 1716–1790.

2.

Im Zusammenhang mit der englisch-französischen Aufklärung bildeten sich neue Formen der Mitteilung. Vielseitige Schriftsteller erscheinen, welche Dichtung, Teilnahme an Zeitschriften und philosophische Arbeit verbinden; sie wenden sich an die Gebildeten, und sie stehen nun auch freier den Möglichkeiten von Lebens- und Weltanschauungen gegenüber.

1. Sächsische literarische Zustände unter dem französischen Einfluß. Ernesti (1707–81), seit 1731 in Leipzig, Thomasschule, dann Universität. Gemäßigter Rationalismus, in Cicero fundiert. Hermeneutik. Gellert (1715–69), ebenfalls Professor in Leipzig, Lehrhaftigkeit von utilitaristisch-moralischem Gesichtspunkt in Fabel, Erzählung und Roman. Rabener (1714–71), Satiren in römisch-französischem Geschmack. Zachariä, Lichtwer, Pfeffel. Drama von Elias Schlegel, von Brawe, Chr. Felix Weiße, Lessings erste Stücke. Bürgerlich gelehrter Moderantismus und selbstzufriedene Beschränktheit.

2. Göttingen unter dem Einfluß Englands; Hannover, mit England verbunden, übt Einfluß auf deutschen Geist, besonders durch die Universität Göttingen, gegründet 1734. Joh. Matthias Gessner. Dann Heyne und Heeren: neue reale Philologie, auf die Griechen und auf ihre bildende Kunst gerichtet. –

Michaelis bildet die orientalischen Arbeiten der Engländer fort. – Ebenso englisch bedingt das universalgeschichtliche Denken von Gatterer, Schlözer, die pragmatische Geschichte von Spittler und Planck. Von dieser Schule ging realistische, pragmatische, weltlich freie Geschichtsschreibung und Publizistik nach dem Vorbild von Frankreich, besonders aber England aus.

3. Französische Schule unter Einfluß von Voltaire, Marmontel usw. im Westen Deutschlands: Wieland (1733–1813) nach seiner seraphischen Periode Verteidiger [einer] epikureisch-voltaireschen Lebensansicht, wirksam auch als Journalist in Erörterung der philosophischen und politischen Probleme, später Verteidiger der französischen Revolution. Ebenso wie seine Romane ist auch der *Ardinghello* von Heinse (1787) durchzogen von philosophischen Gesprächen. Thümmel (1738–1817).

4. Der Charakter des neuen Preußen machte sich in der Verbindung von Aktualität, rücksichtsloser Erwägung der Möglichkeiten des Denkens mit einer inneren stoisch-festen Lebenshaltung geltend. Höhe des Prosastiles der Aufklärung in Friedrich II., Lessing und dem jugendlichen Kant. Friedrich der Große, 1712–86, Antimachiavell 1739, Œuvres du philosophe de Sans-Souci 1750. Einfluß Voltaires. Mémoires de Brandenbourg 1751, De la littérature allemande 1780, Abhandlungen in der Akademie, *Sur l'amour-propre envisagé comme principe de morale, Kritik des Systéme de la nature*. Er ist mit dem philosophischen Deismus Voltaires einverstanden in bezug auf Existenz Gottes, Verantwortlichkeit, Leugnung der Unsterblichkeit aufgrund naturalistischer Auffassung des Menschen, vertieft aber diesen Standpunkt durch sein königliches Pflicht- und Staatsbewußtsein und die römische Stoa. Vgl. meine Abhandlung in: Deutsche Rundschau XXVI, Heft 10.[8] Von ihm geht eine Richtung der Geschichtsschreibung aus, welche die Faktoren der Gesamtkraft des einzelnen Staates und die Kraftverhältnisse der Staaten untereinander zum Ausgangspunkt macht.

Der preußische Geist in Gleim, Ramler, Kleist, besonders Nicolai und Lessing (1729–81). Lessing kommt 1748 nach Berlin, gibt das Muster produktiver Kritik in den Literaturbriefen 1759 ff. Laokoon 1766 bestimmt die Grenzen der Poesie und der Malerei (gegen alle malende Poesie) durch eine Untersuchung von methodischer Vollendung, welche die Schlüsse aus den ästhetischen Tatsachen als einstimmig mit denen aus der Natur der Raumkunst und der Zeitkunst aufweist. Hamburgische Dramaturgie 1767–69, stellt in Widerlegung der französischen Mißverständnisse den echten Aristoteles über das Drama her. Fortsetzung der Lessingschen Kritik durch Herder, Fragmente 1767, Kritische Wälder 1769. Reale Ergänzung der Ästhetik durch Heynes archäologische und literar-historische Arbeiten und Winckelmanns Geschichte der Kunst des Altertums 1764, welche zuerst die Stilepochen in der Kunst eines Volkes unterschied (Vorbild für Friedrich Schlegels Literaturbetrachtung). Ausbreitung dieser ästhetischen Untersuchungen. Neben Abhandlungen Merians die *Allgemeine Theorie der schönen Künste* (in Form eines Wörterbuches) von Sulzer 1771-74, vielfach rückständig. Zusammenhängend hiermit Untersuchungen über den Ursprung der Sprache, das Alter der Poesie, das Volkslied bei Hamann (1730-88); Herder, Über den Ursprung der Sprache 1772 (Preisaufgabe der Berliner Akademie), über Volkslieder usw.

Das Erziehungswesen reformieren aus dem psychologischen Begriff der Entwicklung des Kindes von der Anschauung zum Denken, vom Konkreten zum Abstrakten, vom Nächsten zum Ferneren usw. Basedow, Campe, Salzmann, aus einer tieferen psychologischen Intuition über die Mittel der Ausbildung der Anschauungskraft selbst Pestalozzi (1746-1827, Wie Gertrud ihre Kinder lehrt 1801).

Unter dem Einfluß des Deismus und der ausländischen Bibelkritik entstand der deutsche Rationalismus: Ist die Welt ein in sich geschlossener Mechanismus von höchster Vollkommenheit, so sind Wundereingriffe unglaubhaft; ist die Vernunft der Erkenntnis Gottes und der Unsterblichkeit fähig, so kann Offenbarung sie höchstens äußerlich bestätigen. Moralische Kritik, historische Kritik. Reimarus, Abhandlungen von den vornehmsten Wahrheiten der natürlichen Religion 1755. Aufgrund ausländischer Bibelkritik aus Baumgartens Schule Semler, Abhandlung von freier Untersuchung des Kanons 1771-75. Reimarus' Apologie oder Schutzschrift für die vernünftigen Verehrer Gottes, von der Teile Lessing als Fragmente eines Wolffenbütteler Ungenannten 1774 und 1777/8 veröffentlichte. Lessing, Anti-Goeze 1778, Historische Untersuchungen Lessings über das Urchristentum, Erziehung des Menschengeschlechtes 1780. Vgl. meine Abhandlung über Lessing, [in:] Preussische Jahrbücher XIX, 1867.[9] Versuch einer poetischen Rettung der Überlieferung nach Hamanns Vorbild in Herder, Älteste Urkunde 1774-76. Aufgeklärte theologische Schriftstellerei von Jerusalem, Spalding, Sack in moderantistischem Sinn. Streng rational Teller, Zöllner, Steinbart.

Hieraus fließende optimistisch aufgeklärte Lebensauffassung bei Nicolai (1733-1811), Roman Nothanker 1773-6; Engel, Philosoph für die Welt 1775-80; Garve, Übersetzung und Kommentar von Cicero *De officiis*; Abbt, Vom Verdienst 1765; Mendelssohn 1729-86, der in Phädon 1767 die Unsterblichkeit, in den Morgenstunden 1785 die persönliche Gottheit verteidigt (Philosophische Schriften, herausgegeben von M. Brasch, 2 Bd.e 1880); Sturz u. a.

Eigenste deutsche Leistung im Entwurf einer Entwicklungsgeschichte der menschlichen Kultur. Die Göttinger pragmatische Geschichtsschreibung. Mösers patriotische Phantasien, sein Entwurf einer deutschen Geschichte am Beginn der osnabrückischen; Blumenbachs, Forsters und Kants Arbeiten über

Menschenrassen und das Verhältnis der geographischen Bedingungen auf der Erde zur geschichtlichen Entwicklung: alles Grundlagen für die drei Entwicklungslehren: Lessing, Erziehung des Menschengeschlechts 1780; Kant, aufgrund der *Naturgeschichte des Himmels, Entwicklungsgeschichte der Erde* und *Physischen Geographie*, Idee zur allgemeinen Geschichte in weltbürgerlicher Absicht 1784; Herder, Ideen zur Philosophie der Geschichte der Menschheit 1784–91.

3.

Immer mehr wurde der Mensch und seine Entfaltung in der Geschichte Mittelpunkt des deutschen Interesses. Die beschreibende und zergliedernde Psychologie, welche sich nun ausbildete, war von dem Begriff eines einheitlichen Seelenwesens, wie Leibniz ihn gebildet hatte, bestimmt, nahm aber die Ergebnisse der Analysen der Engländer in sich auf. Sie unterschied sich jedoch von der englischen Psychologie durch das ausschließende Interesse für das Innenleben der Person, die wissenschaftliche Analyse und die künstlerische Darstellung derselben.

Sulzer 1720–79 (*Recherches sur l'origine des sentiments agréables et désagréables* in den Abhandlungen der Berliner Akademie 1751/52) unterscheidet das Gefühl als selbständige Lebensäußerung vom Erkennen durch das Merkmal des Angenehmen und Unangenehmen (Gefühl damals als Empfindung bezeichnet), ihm kommt Gefallen und Mißfallen, Billigung und Mißbilligung zu. Er entwickelt die Theorie unabhängig von den Engländern aus Leibniz' [Lehre] von den dunkeln und verworrenen Vorstellungen. Dreiteilung des Seelenlebens bei Mendelssohn, Briefe über die Empfindungen 1755: Erkennen, Empfinden, Begehren („Billigungsvermögen" Morgenstunden 1785).

Höhepunkt der psychologischen Analyse Tetens (1736–1807). Interpretation des Seelenlebens aus einer einheitlichen Kraft, die, nicht erfahrbar, sich in den Äußerungen als ein „Vermögen zu fühlen und mit perfektibler Selbsttätigkeit zurückzuwirken" manifestiert. „Gefühl", Verstand, Wille die „ersten Sprossen dieser Grundkraft". Die Begriffe „Verbindung" und „Verstärkung". Bedeutung der Aufmerksamkeit. Das Selbsttätige in den Sinneswahrnehmungen. „Es besteht nicht alle Ausbildung der Seele in einer Entwicklung schon vorhandener Formen." Die Prinzipien der Erkenntnistheorie, Moral und Ästhetik auch von ihm wie von Sulzer u. a. aus der Psychologie als Grundwissenschaft abgeleitet. Der Inhalt der Erkenntnisse aus der Erfahrung, ihre Form aus dem Verstand. Das, was die Phänomena hervorbringt, als Seele und Welt, im Wesen unerkennbar.

Rüdiger, Lossius, Irwing, Feder, Maass, Daries etc. Der freieste Kopf: Lichtenberg (1742–1799). Das Suchen nach den Heimlichkeiten der Seele. Moritz

(1757–1793), Anton Reiser 1785–90, Magazin zur Erfahrungsseelenlehre 1783–93, Über die bildende Nachahmung des Schönen 1788. Lavater 1741–1801. Das Nachspüren nach Individualitäten und Zuständlichkeiten in Jacobis Allwill 1776 und Woldemar 1779. Goethes Bekenntnisse einer schönen Seele.

Diese Beschreibungen und Zergliederungen erfüllen die ganze Zeit mit der intimen Seelenkenntnis, mit der Kultur seelischen Verständnisses, welche unserer klassischen Literatur zugrunde liegt. Zugleich Vorbereitung auf Kant.

4.

Die zunehmende Opposition gegen die Aufklärung. Justus Möser (1720–1794, Werke siehe S. 134) trat von der zweiten Hälfte des Jahrhunderts ab auf politischem Gebiet für das historische Recht, die Eigenart der Landschaften und der Stände, die Erhaltung des geschichtlich Gewordenen gegenüber der Aufklärung und der französischen Revolution ein. Wiederverständnis der deutschen Vergangenheit nach ihrem historischen Werte. Joh. Joachim Winckelmann (1717–1768), 1755 Gedanken über die Nachahmung der griechischen Werke in der Malerei und der Bildhauerkunst, 1764 Geschichte der Kunst im Altertum; schuf die Methode der kongenialen Interpretation der antiken Kunstwerke. Joh. Georg Hamann, der „Magus des Nordens", geboren 1730, lebte in Königsberg, gestorben 1788. Seine kleinen Schriften haben in einem dunklen Stil, in einer Mischung von Humor und Enthusiasmus, Poesie als Muttersprache des Menschengeschlechtes, die wahre Natur und das Recht der religiösen Vorgänge ausgesprochen. Schwächer und weniger echt ist die Wirkung Lavaters (1741–1801) in derselben Richtung.

Die Befreiung des Gefühls und der Leidenschaften von den Regeln des Verstandes in der Sturm- und Drangperiode. Herder (über ihn siehe S. 123) wendet die Methode der genialen Interpretation, die Winckelmann und Hamann geschaffen hatten, auf die Literatur aller Zeiten an, mit besonderem Glück auf die hebräische. Darstellung seines Panentheismus in der Schrift über Gott 1787. Von diesem Standpunkt aus Entwicklung des Universums und des Menschengeschlechts in den Ideen zur Philosophie der Geschichte der Menschheit 1784–91. Bedient sich dabei der Untersuchungen seines Lehrers Kant über die Entstehung und Verfassung des Sonnensystems, die Stellung der Erde in ihm und die Folgen derselben für die menschliche Geschichte, die menschlichen Rassen und den geographischen Untergrund der Geschichte. In der Völkergeschichte ist er original, besonders in den Relationen von Volksgeist, Sprache und Literatur. Bekämpft Kant in Verstand und Erfahrung. Eine Metakritik zur Kritik der reinen Vernunft 1799, Kalligone 1800. Fr. H. Jacobi entwickelt von dem Standpunkt des Gefühls und des Glaubens aus seinen Dualismus der Freiheit (siehe S. 137). Verwandt Jean Paul (1763–1825).

5.
Höhepunkt und Überwindung der Aufklärung. Immanuel Kant und die Begründung der Transzendentalphilosophie. Immanuel Kant steht in engem Zusammenhang mit der Aufklärung nach dem Briefwechsel; Fortbildung derselben Weltansicht, aber nach Zerstörung der Metaphysik, gegründet auf dem moralischen Bewußtsein. Die ersten Theorien der Evolution des Universums von Descartes und Buffon bildet er fort in seiner *Allgemeinen Naturgeschichte und Theorie des Himmels*. In dieser leitet er aus der Materie nach mechanischen Gesetzen die geordnete Verfassung des Weltgebäudes ab und antizipiert damit Laplace. Er führt die Erkenntnistheorie über den Streit der Empiristen und Nativisten hinaus durch die neue Methode seiner Erkenntniskritik. Ebenso versucht er die psychologischen Begründungen der Moral, die sich im 18. Jahrhundert gegenüberstanden, durch ein allgemeingültiges Moralprinzip zu überwinden, das aus der bloßen Form des sittlichen Gesetzes abgeleitet ist. Als Bedingung des Sittengesetzes ergibt sich die Freiheit des Willens; aus dem Verhältnis des Unvermögens zur moralischen Forderung des Sittengesetzes ergibt sich das Postulat der Unsterblichkeit; aus dem Verhältnis der Sittlichkeit zur Glückseligkeit das Dasein Gottes. So ist der Glaube an eine göttliche Weltordnung moralisch begründet. Und da nun die reflektierende Urteilskraft die Einheit der empirischen Gesetze der Natur nur durch den Begriff der Zweckmäßigkeit erwirken kann, so wird durch diesen Begriff der Zweckmäßigkeit die Gesetzmäßigkeit der Natur mit der Forderung der Verwirklichung der göttlichen Zwecke in Übereinstimmung gebracht. Aus diesem moralischen Idealismus ergibt sich als Prinzip des Rechts, die Freiheit eines jeden auf die Bedingungen einzuschränken, unter denen sie mit der Freiheit eines jeden anderen nach einem allgemeinen Gesetze zusammenbestehen kann. Religion wird auf das moralische Bewußtsein gegründeter Glaube an die göttliche Weltordnung. Neue Begründung der Ästhetik durch das Merkmal des Schönen im uninteressierten Wohlgefallen, das durch die Form der Zweckmäßigkeit ohne Vorstellung eines Zwecks hervorgerufen wird und notwendig-allgemein wirkt.

Kant geboren 1724 zu Königsberg, aus schottischer Familie, aus dürftigem Handwerkerstande. Studiert in Königsberg seit 1740 Philosophie, Mathematik, Theologie. Einflußreich der pietistische Wolffianer Schultz und der Newton und die Leibnizsche Schule verknüpfende Knutzen. Hauslehrer 1746–55, habilitiert sich 1755, und seine Vorlesungen verbreiten sich über Mathematik, Naturwissenschaften, Anthropologie, physische Geographie und alle philosophischen Disziplinen. Erst 1766 kleine Bibliothekarstelle, endlich 1770 ordentlicher Professor. Über das Ansehen, das besonders seine Neubegründung der Moral und natürlichen Religion ihm erwarb, in dem Briefwechsel interessante Aufschlüsse. Verließ Königsberg nicht, lehnte andere Anerbietungen ab. Starb

1804. – Über seine Entwicklungsgeschichte verschiedene Hypothesen in dem *Kant* von Kuno Fischer, Paulsen, bei Adickes, Arnoldt u. a.

Hauptschriften: Gedanken von der wahren Schätzung der lebendigen Kräfte 1746, Allgemeine Naturgeschichte und Theorie des Himmels (anonym) 1755, Die falsche Spitzfindigkeit der vier syllogistischen Figuren 1762, Versuch, den Begriff der negativen Größe in die Weltweisheit einzuführen, Der einzig mögliche Beweisgrund zu einer Demonstration des Daseins Gottes 1763, Untersuchung über die Deutlichkeit der Grundsätze der natürlichen Theologie und Moral, Beobachtungen über das Gefühl des Schönen und Erhabenen 1764, Träume eines Geistersehers 1766, Von dem ersten Grunde des Unterschieds der Gegenden im Raume, De mundi sensibilis atque intelligibilis forma et principiis 1770, Kritik der reinen Vernunft 1781, Prolegomena zu einer jeden künftigen Metaphysik 1783, Idee zu einer allgemeinen Geschichte in weltbürgerlicher Absicht 1784, Grundlegung der Metaphysik der Sitten 1785, Metaphysische Anfangsgründe der Naturwissenschaft 1786, Kritik der reinen Vernunft, 2. Aufl. 1787, Kritik der praktischen Vernunft 1788, Kritik der Urteilskraft 1790, Religion innerhalb der Grenzen der bloßen Vernunft 1793, Zum ewigen Frieden 1795, Metaphysische Anfangsgründe der Rechtslehre, Metaphysische Anfangsgründe der Tugendlehre 1797, Streit der Fakultäten 1798, Anthropologie in pragmatischer Hinsicht 1798.

Beste bisherige Gesamtausgabe (chronologisch geordnet) ist die zweite von Hartenstein in 8 Bd.en, 1867–1868. Eine neue Ausgabe, welche auch noch nicht edierte Briefe, die Reflexionen und losen Blätter, Vorlesungen usw. enthalten soll, wird von der Berliner Akademie der Wissenschaften herausgegeben: bisher erschienen Bd. I (Werke), Bd. X–XII (Briefwechsel). Handlichste Ausgabe der Hauptwerke von Kehrbach in Reclams Universal-Bibliothek.

Zwei Grundauffassungen seines Systems: die eine, an die Auffassung der Zeitgenossen anschließende, vertreten von Kuno Fischer, Kant (letzte Ausgabe 1900); F. Paulsen, Kant (in Frommanns Klassikern) u. a.; die andere von Cohen, Kants Theorie der Erfahrung., 2. Aufl. 1885; Riehl, Der philosophische Kritizismus I u. a.

Tafel (der Urteilsformen und) Kategorien

Quantität	Qualität	Relation	Modalität
(Urteil: einzelne)	(bejahende)	(kategorische)	(problematische)
Kategorie: Einheit	Realität	Substanzialität	Möglichkeit
(besondere)	(verneinende)	(hypothetische)	(assertorische)
Vielheit	Negation	Kausalität	Dasein
(allgemeine)	(unendliche)	(disjunktive)	(apodiktische)
Allheit	Limitation	Wechselwirkung	Notwendigkeit

System der Grundsätze des reinen Verstandes

I. Axiome der Anschauung. Alle Anschauungen sind extensive Größen.
II. Antizipationen der Wahrnehmung. In allen Erscheinungen hat das Reale, was ein Gegenstand der Empfindung ist, intensive Größe, d. i. einen Grad.
III. Analogien der Erfahrung. Erfahrung ist nur durch die Vorstellung einer notwendigen Verknüpfung der Wahrnehmungen möglich.
 1. Bei allem Wechsel der Erscheinungen beharrt die Substanz, und das Quantum derselben wird in der Natur weder vermehrt noch vermindert.
 2. Alle Veränderungen geschehen nach dem Gesetz der Verknüpfung der Ursache und Wirkung.
 3. Alle Substanzen, sofern sie im Raume als zugleich wahrgenommen werden können, sind in durchgängiger Wechselwirkung.
IV. Postulate des empirischen Denkens überhaupt.
 1. Was mit den formalen Bedingungen der Erfahrung (der Anschauung und den Begriffen nach) überein kommt, ist möglich.
 2. Was mit den materialen Bedingungen der Erfahrung (der Empfindung) zusammenhängt, ist wirklich.
 3. Dessen Zusammenhang mit dem Wirklichen nach allgemeinen Bedingungen der Erfahrung bestimmt ist, ist (existiert) notwendig.

System der transzendentalen Ideen

Alle transzendentalen Ideen lassen sich unter drei Klassen bringen. Davon die erste die absolute Einheit des denkenden Subjekts, die zweite die absolute Einheit der Reihe der Bedingungen der Erscheinung, die dritte die absolute Einheit der Bedingung aller Gegenstände des Denkens überhaupt enthält.

I. Die rationale Psychologie. Von den Paralogismen der reinen Vernunft. Sie wollen erweisen:
1. Die Seele ist Substanz;
2. ihrer Qualität nach einfach;
3. den verschiedenen Zeiten nach, in welchen sie ist, Einheit;
4. im Verhältnis zu möglichen Gegenständen im Raum.
Der erste Paralogismus wird durch folgenden Vernunftschluß dargestellt: Was nicht anders als Subjekt gedacht werden kann, existiert auch nicht anders als Subjekt und ist also Substanz. Nun kann ein denkendes Wesen, bloß als ein solches betrachtet, nicht anders als Subjekt gedacht werden. Also existiert es auch nur als ein solches, d. i. als Substanz.

II. Die rationale Kosmologie. System der kosmologischen Ideen.
1. Absolute Vollständigkeit der Zusammensetzung des gegebenen Ganzen aller Erscheinungen.
2. Absolute Vollständigkeit der Teilung eines gegebenen Ganzen in der Erscheinung.
3. Absolute Vollständigkeit der Entstehung einer Erscheinung überhaupt.
4. Absolute Vollständigkeit der Abhängigkeit des Daseins des Veränderlichen in der Erscheinung.

Die Antinomien der reinen Vernunft.
Erste Thesis: Die Welt hat einen Anfang in der Zeit und ist dem Raum nach auch in Grenzen eingeschlossen.
Antithesis: Die Welt hat keinen Anfang und keine Grenzen im Raume, sondern ist sowohl in Ansehung der Zeit als des Raumes unendlich.
Zweite Thesis: Eine jede zusammengesetzte Substanz in der Welt besteht aus einfachen Teilen, und es existiert überall nichts als das Einfache oder das, was aus diesem zusammengesetzt ist.
Antithesis: Kein zusammengesetztes Ding in der Welt besteht aus einfachen Teilen, und es existiert überall nichts Einfaches in derselben.
Dritte Thesis: Die Kausalität nach Gesetzen der Natur ist nicht die einzige, aus welcher die Erscheinungen der Welt insgesamt abgeleitet werden können. Es ist noch eine Kausalität durch Freiheit zur Erklärung derselben anzunehmen notwendig.
Antithesis: Es ist keine Freiheit, sondern alles in der Natur geschieht lediglich nach Gesetzen der Natur.
Vierte Thesis: Zu der Welt gehört etwas, das entweder als ihr Teil oder ihre Ursache ein schlechthin notwendiges Wesen ist.
Antithesis: Es existiert überall kein schlechthin notwendiges Wesen, weder in der Welt noch außer der Welt, als ihre Ursache.

III. Die rationale Theologie. Das Ideal der reinen Vernunft. Es sind nur drei Beweisarten vom Dasein Gottes aus spekulativer Vernunft möglich (der 1. ontologische, 2. kosmologische, 3. physikotheologische Beweis).

Der kategorische Imperativ:
Handle so, daß die Maxime deines Willens jederzeit zugleich als Prinzip einer allgemeinen Gesetzgebung gelten könne.
In der *Grundlegung zur Metaphysik der Sitten* hat Kant drei Formeln:
1. Handle nach solchen Maximen, von denen du wollen kannst, daß sie zu allgemeinen Gesetzen dienen sollen, oder: so, als ob die Maxime deiner Handlung durch deinen Willen zum allgemeinen Naturgesetz werden sollte.

2. Handle so, daß du die Menschheit sowohl in deiner Person als in der Person eines jeden andern jederzeit zugleich als Zweck, niemals bloß als Mittel brauchst.
3. Handle nach der Idee des Willens eines jeden vernünftigen Wesens als allgemein gesetzgebenden Willens.
Entwicklung dieser Transzendentalphilosophie in Kants Schule siehe nächstes Jahrhundert.

Neunzehntes Jahrhundert

Die große Naturforschung des 18. Jahrhunderts breitet sich in stetigem, unerhört schnellem Fortschreiten während des 19. Jahrhunderts auf immer weitere Gebiete aus durch das Zusammenwirken der europäisch-amerikanischen Kulturvölker in einer vollkommeneren Organisation der wissenschaftlichen Arbeit mit ihren zahlreichen wissenschaftlichen Instituten, ihrem beschleunigten leichteren Gedankenaustausch. Verwirklichung des Kulturideals der technischen Beherrschung der Naturkräfte.

Die Theorie gelangt zu grundlegenden Einsichten für die rein mechanische Ableitung der Naturvorgänge: die gegenseitige Verwandelbarkeit der Arbeitsformen (Faraday), das Gesetz der Erhaltung der Energie: Sadi Carnot 1824, Rob. Mayer (Mediziner) 1842, Joule (Bierbrauer) 1843, Colding (Ingenieur) 1843, Helmholtz 1847; die Feststellung des Sinnes, in dem die Verwandlung der Arbeitsformen stattfindet (Carnot, Clausius, der zweite Hauptsatz der Wärmetheorie), die Kinetik der Materie und des Äthers (Maxwell, Helmholtz, Hertz, Boltzmann).

Mechanik: Poinsot (1777–1859), Gauss, Hamilton, Jacobi. Die Brüder Weber. Nach der Systematisierung durch Lagrange tiefere Erfassung der Einheit der Mechanik aufgrund des Gesetzes der Erhaltung der Energie; die theoretische Betrachtung wird immer strenger in positivistischem Sinne durchgebildet: Kirchhoff, Mach, Dühring, Heinrich Hertz.

Optik: Young (1773–1829), Fresnel, Brewster, Fraunhofer, Bunsen, Kirchhoff (Spektral-Analyse 1859), Helmholtz (1821–94). Das zusammengesetzte Mikroskop.

Wärmelehre: Fourier, Dulong, Petit, Magnus, Régnault, S. Carnot, R. Mayer, J. P. Joule (das mechanische Wärmeäquivalent), Clausius.

Akustik: Helmholtz.

Elektrizitätslehre: Ampère (1775–1836), Ohm (1789–1854), Poisson (1781–1840). Die neue Anschauung von den elektrischen Vorgängen: Faraday (1791–1867). Maxwell (1831–79). H. Hertz.

Chemie: analytische Feststellung der Elemente (Davy, Berzelius, Bunsen, Ramsay u. a.). Wöhler stellt 1828 einen nur beim Lebensprozeß der Tiere entstehenden Körper (Harnstoff) auf künstlichem Wege her. Begründung der physiologischen Chemie. Liebig. Synthese fast aller organischen Verbindungen (natürliche Farbstoffe, Alkaloide etc., noch nicht Eiweiß). Durch die Übertragung der physikalischen Methoden entsteht die Spektroskopie (Bunsen, Kirchhoff) und die Elektrolyse (Clausius, Arrhenius). Ausbau der Atomistik: Molekulartheorie, Volumgesetze, Valenzlehre, Stereochemie (Gay-Lussac, Avogadro, Kekulé); Gegner: Ostwald. Durch den Ausbau der physikalischen Chemie erhält die Chemie in der Übertragung der mechanischen Grundsätze eine vollkommen sichere Grundlage (Horstmann, Gibbs, Helmholtz, Duhem, van't Hoff).

Biologie: Entwicklung der mikroskopischen Anatomie. Begründung und Durchbildung der Zellenlehre: Schwann, Schleiden, Nägeli, Virchow, Brücke (Zellen- und Protoplasmatheorie). Erforschung der einfachsten einzelligen Organismen. Die Mikroorganismen: de Bary, Pasteur, R. Koch (Bakteriologie); experimentelle Widerlegung der Urzeugung (omne vivum e vivo, omnis cellula e cellula).

Die seit dem 18. Jahrhundert begründete Entwicklungslehre wird auf dem Gebiete der Ontogenie zum Abschluß gebracht. Durch das Zusammenwirken der europäischen Embryologen seit Pander und Karl Ernst von Baer ist das Wesen der individuellen Entwicklung nach der morphologischen Seite aufgeklärt (Entwicklung des Tieres aus einer einzelnen Zelle, Zellteilung, Anordnung in Keimblätter, aus ihnen Ursprung der Organe, Metamorphosen durch Vergesellschaftung der sich vermehrenden Zellgemeinde). Auf dem Gebiet der Phylogenie wird durch das Zusammenwirken der vergleichenden Anatomie (Cuvier, Meckel, J. Müller, Gegenbaur), Geologie, (Lyell) u. a. die allgemeine Anschauung einer Geschichte der Erde und Entstehung und Evolution der Organismen aus einfachsten Formen wissenschaftlich festgestellt, die natürlichen Ursachen dieser Entwicklung aber bleiben im einzelnen unaufgeklärt und hypothetisch. Nach Lamarck 1859 Charles Darwins epochemachendes Werk über die Entstehung der natürlichen Arten (Selektionstheorie; Haeckel, Weismann. Andere Bildungsursachen bei Nägeli, Wagner, de Vries).

In der Physiologie macht Joh. Müller Epoche: physiologische Begründung der Lehre von der Subjektivität der Sinneswahrnehmung; Anfang einer experimentellen, vergleichenden, entwicklungsgeschichtlichen wissenschaftlichen Theorie der Sinneswahrnehmungen; Einführung des entwicklungsgeschichtlichen und vergleichenden Verfahrens auf verschiedenen Gebieten der Physiologie. Vornehmlich durch den genialen Freundeskreis, der sich an ihn anschloß, wurden die physikalisch-mathematischen Methoden zur Herrschaft gebracht:

Helmholtz, Du Bois-Reymond, Weber, Ludwig, Brücke, Pflüger u. a. Die physikalisch-chemische Erklärung der Lebensprozesse: Der Ausschluß einer besonderen Lebenskraft wird besonders durch Virchow, Ludwig und Lotze vollzogen. Die chemischen Lebensprozesse werden durch die Untersuchungen und Experimente von Claude Bernard, Pettenkofer, Voit u. a. aufgeklärt. Doch macht sich der so entstandenen einseitig mechanistischen Biophysik und Biochemie gegenüber auch hier eine andere Richtung geltend, welche in anatomisch-biologischer Betrachtung von der Eigenartigkeit der organischen Welt ausgeht (Physiologie der Entwicklung und Zeugung).

Durch den Nachweis der Herrschaft des Gravitationsgesetzes und der Gleichartigkeit der Materie (Eisen, Wasserstoff und etwa zwanzig andere Elemente) im Universum und durch die Erkenntnis der Gesetze der Erdentwicklung sind festere Grundlinien unseres Weltgebäudes gewonnen worden.

So erhielten die Wissenschaften des Menschen, der Gesellschaft und der Geschichte feste Grundlagen. Den Übergang von der Geschichte der Erde zu der Entwicklung der Menschheit hatten Kant, Forster, Herder gemacht; Ritter und seine Schule schufen die neue Geographie; die Kritik der geschichtlichen Quellen begründeten Niebuhr, Schleiermacher, Boeckh, Chr. Baur; das Verständnis alles Geschichtlichen von der älteren Romantik vorbereitet, von der späteren Romantik, der historischen Schule fortgeführt.

Die letzte Entscheidung über das Verhältnis der Natur zum Geiste blieb als das Unerforschliche dem Zwiestreit der Weltansichten anheimgegeben. Dieser aber hing mit den großen Gegensätzen zusammen, welche im menschlichen Bewußtsein gegründet sind. Sie traten nun, tiefer gefaßt, im Revolutionszeitalter hervor.

Von England ging der Gegensatz gegen die Revolution in der Schrift von Burke, Reflections on the revolution in France 1790, aus, welche den Standpunkt der historischen Schule begründete. Sein parlamentarischer Gegner Ch. Fox, sein schriftstellerischer James Mackintosh, Vindiciae gallicae etc. 1791 (Verteidigung des Vernunftrechts und Fortschritts). Paine, Rights of man [1791]. Price und Priestley. Bentham, gleichzeitig mit der Revolution, Introduction to the principles of morals and legislation (in ihrer ersten Gestalt bereits 1789 veröffentlicht), sucht aus dem Prinzip der Utilität feste Grundlagen für die Aufgaben der Gesetzgebung abzuleiten: ein Gegenstück zur Revolution, der Ausgangspunkt der radikalen englischen Schule.

In Frankreich selbst gegen die Prinzipien der Revolution das ganze Wirken der Frau von Staël seit der Schrift Über die Literatur 1800; verwandt gegen Anarchie und Napoleon ihr Gefährte Benjamin Constant. Vor allem aber die Theokraten: zuerst de Bonald, geboren 1754, Pair der Restauration, starb 1840; Théorie du pouvoir politique et religieux dans la société civilisée 1796, Législation primitive 1802. Joseph de Maistre, geboren 1753, Botschafter in Petersburg, starb 1821. Considérations sur l'histoire de France 1797, Soirées de St. Pétersbourg seit 1806, Du Pape 1819. Sie setzten sich der Philosophie des 18. Jahrhunderts entgegen. Wahre Philosophie nicht die der Natur, sondern die der Gesellschaft. Das Individuum eine Abstraktion. Nach der auflösenden Periode der Revolution Notwendigkeit einer obersten geistigen Gewalt, Verteidigung der geschichtlichen Mächte, da dauerhafte Einrichtungen nur historisch langsam erwachsen. – Châteaubriand 1768–1848, Génie du christianisme 1802. Wissen begrenzt, Befriedigung des Gemüts in Religion, und zwar Katholizismus. – Lamennais 1782–1854. Fortsetzung der Begründung der Religion durch die Skepsis in der Wissenschaft wie Pascal. Die Wahrheit wird intuitiv von der unfehlbaren Menschheitsvernunft besessen. Ihre höchste Repräsentation in der katholischen Kirche. Soziales Christentum. Essais sur l'indifférence en matière de réligion 1817–23, Paroles d'un croyant 1834. Abfall zur Demokratie. – Gegenüberstehend die mit den Ideen der Revolution verbündete ideologische Schule; aus ihr Volney, Les ruines 1791: die Revolution Verwirklichung des Vernunftideals.

In Deutschland seit Hinrichtung des Königs Abwendung von der Revolution. Möser vertritt ihr gegenüber das Prinzip langsamen geschichtlichen Wachstums, ständischer und örtlicher Unterschiede. Gentz übersetzt und kommentiert Burke 1793. K. L. von Haller (1768–1854), Restauration der Staatswissenschaften 1816–34. Adam Müller, geboren 1779, Publizist und Diplomat, Übertritt zum Katholizismus 1805, gestorben 1829. Die Elemente der Staatskunst 1809, Von der Notwendigkeit einer theologischen Grundlage der gesamten Staatswissenschaften 1820. Auch Fr. Schlegels späteres Wirken dient dem Katholizismus und der österreichischen Reaktionspolitik. Görres. Gegenüber steht die Schriftstellerei Georg Forsters.

Zwischen diesen Gegensätzen bildeten sich neue Anfänge einer Philosophie, Geschichte und Politik, welche das Problem des Verhältnisses des Rationalen zum Historischen zu lösen versuchten. In Frankreich Verbindung dieser politisch-historischen Richtung (Guizot) mit einer neuen philosophischen Begründung (Laromiguière, Royer-Collard, Maine de Biran). In Deutschland die historische Schule in Verbindung mit der späteren Romantik (Beziehungen von Brentano, Arnim, den Grimms untereinander) und die verschiedenen philosophischen Versuche, die Vernünftigkeit des Geschichtlichen zu begreifen. Hegel. Die Idee der Entwicklung als Mittel der Auflösung bei Schelling und Hegel, die einer sich verwirklichenden Kulturwelt bei Schleiermacher. So trifft die naturwissenschaftliche Entwicklungslehre mit den Forderungen der gesellschaftlichen Lage, der Philosophie und der Geschichte zusammen.

Erstes Stadium des 19. Jahrhunderts

I. Deutsche Philosophie

In Deutschland wurde die Philosophie Kants in ein psychologisches System gebracht von Reinhold (1758–1823; Briefe über die Kantische Philosophie 1786–87, Versuch einer neuen Theorie des menschlichen Vorstellungsvermögens 1789), und unter Benutzung der Polemik Jacobis gegen Kant zu phänomenalistischer Folgerichtigkeit entwickelt von [Gottlob] Ernst Schulze (1761–1833; Aenesidemus 1792), Salomon Maimon (1754–1800, Versuch über die Transzendentalphilosophie 1790, Kritische Untersuchungen über den menschlichen Geist 1797), Jakob Sigismund Beck (1761–1840, Erläuternder Auszug aus den kritischen Schriften des Herrn Prof. Kant 1793–94, Einzig möglicher Standpunkt, aus welchem die kritische Philosophie beurteilt werden muß, Grundriß der kritischen Philosophie 1796; siehe meine Abhandlung, [in:] Archiv für Geschichte der Philosophie II, S. 592–650).[10]

In diesem Zusammenhang entwickelte sich der Idealismus von Johann Gottlieb Fichte, 1762 in der Oberlausitz geboren, 1794–1799 Professor in Jena, das er infolge des sogenannten Atheismusstreites verließ, dann in Berlin, 1805 Professor in Erlangen, 1806 in Königsberg, hielt 1807/8 in Berlin seine *Reden an die deutsche Nation*, 1809 Professor daselbst, † 1814. I. H. Fichte, Fichtes Leben und sein literarischer Briefwechsel 1830, 2. Aufl. 1862. Entwicklungsgeschichte: Verschiedene Ansichten.

Hauptschriften: Versuch einer Kritik aller Offenbarung (anonym) 1792, Grundlage der gesamten Wissenschaftslehre 1794, Grundriß des Eigentümlichen der Wissenschaftslehre 1795, Naturrecht 1796, System der Sittenlehre, die beiden Einleitungen in die Wissenschaftslehre 1797, Über den Grund unseres Glaubens an eine göttliche Weltregierung 1798, Appellation an das Publikum gegen die Anklage des Atheismus 1799, Die Bestimmung des Menschen, Der geschlossene Handelsstaat 1800, Grundzüge des gegenwärtigen Zeitalters, Anweisung zum seligen Leben 1806, Reden an die deutsche Nation 1808; sämtliche Werke, herausgegeben von I. H. Fichte, 8 Bd.e 1845–46.

[Sein System:] „Ich glaube den Weg entdeckt zu haben, auf welchem die Philosophie sich zum Rang einer evidenten Wissenschaft erheben muß."

Allgemeine Wissenschaftslehre:

Thesis: „Das Ich setzt sich selbst, und es ist vermöge dieses bloßen Setzens durch sich selbst. Diese Setzung ist Tathandlung." (Kategorie der Realität.)

Antithesis: „Das Ich setzt sich entgegen ein Nicht-Ich." (Kategorie der Negation.)

Synthesis: »Das Nicht-Ich ist im Ich gesetzt wie das Ich selbst. Sie sind sich im Ich entgegengesetzt. Dies ist nur möglich, indem sie sich gegenseitig einschränken. Einschränken heißt die Realität von Etwas durch Negation zum Teil aufheben." So entsteht der dritte Grundsatz: Das Ich setzt im Ich dem teilbaren Ich ein teilbares Nicht-Ich entgegen. (Kategorie der Limitation, Satz vom Grunde.)

Hierin sind die zwei Sätze enthalten, deren einer die theoretische Wissenschaftslehre begründet, der andere die praktische. „Das Ich setzt sich als beschränkt oder als bestimmt durch das Nicht-Ich" (Grundlage des theoretischen Verhaltens), „das Ich setzt das Nicht-Ich als bestimmt durch das Ich" (Grundlage des praktischen Verhaltens).

Grundlage des theoretischen Wissens. Der Satz: „das Ich setzt sich als bestimmt durch das Nicht-Ich" enthält in sich: 1) das Nicht-Ich bestimmt als tätig das Ich, welches insofern leidend ist, 2) das Ich bestimmt sich selbst, ist also tätig. Dieser Gegensatz wird nun wieder aufgelöst durch den Begriff der Wechselbestimmung: das Ich setzt Negation in sich, sofern es in das Nicht-Ich Realität verlegt, und es setzt Realität in sich, sofern es in das Nicht-Ich Negation setzt. (Hieraus: Kategorie der Kausalität und der Substanz.) Im Ich ist alle Realität enthalten. Sonach stellen wir Gegenstände vor, indem das Ich eine Realität in sich aufhebt und sie in ein Nicht-Ich setzt. Das unendliche Streben des Ich (Produktion) und entgegenwirkend die Begrenzung der an sich unbeschränkten Tätigkeit (Reflexion) erzeugen die Stufen des theoretischen Geistes: Empfindung, Anschauung etc. bis zur Vernunft. – In derselben Linie einer transzendentalen Ableitung der Stufen des Bewußtseins liegt Schellings *System des transzendentalen Idealismus* (1800) und Hegels *Phänomenologie* (1807). Schelling ordnet diesen Stufen die der Natur ein, Hegel die des historischen Geistes.

Grundlage der praktischen Wissenschaftslehre: „das Ich setzt das Nicht-Ich als bestimmt durch das Ich". Die unendliche Tätigkeit des Ich kann nur kausal werden, wenn sie sich im Nicht-Ich ein Gegenstreben gegenübersetzt. So wird in der praktischen Philosophie der Anstoß begreiflich gemacht, der die Selbstbeschränkung des Ich durch das Nicht-Ich herbeiführt. Das Nicht-Ich und näher dann die Existenz anderer vernünftiger Wesen sind Bedingung des sittlichen Handelns, um dessen Willen wir da sind. Die äußere Natur und die Mannigfaltigkeit der Individua sind da, damit das reine Ich das Sittengesetz verwirkliche.

Stufen des sittlichen Bewußtseins. Naturtrieb, Glückseligkeitsstreben, heroische Denkart, Moralität. Das Sittengesetz fordert, daß die Intelligenz ihre Freiheit nach dem Begriff der Selbständigkeit schlechthin und ohne Ausnahme bestimmen soll. Da aber die Abhängigkeit von der Natur unendlich ist, so kann die Selbstbestimmung nie verwirklicht werden. So kann das Sittengesetz nur eine Reihe von Handlungen fordern, bei deren Fortsetzung sich das Ich als in unendlicher Annäherung zu absoluter Unabhängigkeit denken kann. Neue Formel: Erfülle jedesmal deine Bestimmung. Postulat der Unsterblichkeit. Religion als Glaube an eine sittliche Weltordnung. Die Kunst „macht den transzendentalen Gesichtspunkt zum gemeinen". Das allgemeine Rechtsgesetz: Es muß jeder seine Freiheit durch den Begriff der Möglichkeit der Freiheit der anderen beschränken unter der Bedingung, daß die anderen in bezug auf ihn das gleiche tun.

Über ihn Loewe, Die Philosophie Fichtes 1861; Kuno Fischer, Geschichte der neuern Philosophie Bd. VI (Jubiläums-Ausgabe).

Dieser transzendentale Idealismus, dessen Mittelpunkt das schöpferische Ich, seine Freiheit und unendliche Vervollkommnung ist, wird ferner vertreten von Jacobi, Schiller und Humboldt.

Friedrich Heinrich Jacobi (1743–1819), von der schottischen Schule bedingt, repräsentiert die Reaktion des Gefühls, der Individualität, des Freiheitsbewußtseins gegen die Dialektik. Gespräch mit Lessing: Über die Lehre des Spinoza in Briefen an Moses Mendelssohn 1785 (gegen den Pantheismus), David Hume über den Glauben (für das unmittelbare Wissen gegen die abstrakte Vernunftwissenschaft), Brief an Fichte 1799, Über das Unternehmen des Kritizismus, die Vernunft zu Verstande zu bringen (gegen die Transzendentalphilosophie), Von den göttlichen Dingen (1811) gegen Schelling, der im *Denkmal* usw. antwortet.

Schiller, geboren 1759, dann in Jena und Weimar, † 1805. Studium Kants, geschichtliche Arbeiten, Freundschaft mit Goethe, philosophische Gedichte als höchste künstlerische Darstellung seines Transzendentalidealismus. Ästhetik aus Kantischen Prinzipien, mit historischer Wendung. Über Anmut und Würde 1793, Über das Pathetische 1793, Über das Erhabene 1793, Briefe über die ästhetische Erziehung des Menschen 1793–95, Über naive und sentimentalische Dichtung 1795–96.

Wilhelm von Humboldt, geboren 1767 zu Potsdam, Freundschaft mit Forster, Jacobi, Schiller und Goethe, lebte in Rom, Berlin, Wien, Tegel, † 1835. Führt ebenfalls die Transzendentalphilosophie über das Verständnis der geschichtlichen Welt. Ausgangspunkt Individualität, Charakteristik der Völker, Ästhetik, findet das Organ seiner Betrachtungsweise in der Sprachwissenschaft. Ästhetische Versuche 1799, Über Mahabharata 1826, Khawisprache 1836–40, Einleitung zum Briefwechsel mit Schiller.

Dem Idealismus der Freiheit gegenüber bildet sich der Pantheismus und mit ihm verbunden ein neues Verhältnis zum Leben aus. Grundlage in Goethe. Freiheit im Verständnis jeder Lebensgestalt in seiner Jugendepoche. Weimar, und aus Naturstudium entwicklungsgeschichtlicher Pantheismus. Das Nähere in meiner Abhandlung über Goethe, [in:] Archiv VII.[11] In der letzten Lebensepoche Synthese mit Leibniz, Kant, Schiller usw. Ausdruck davon letzte Zusammenfassung des *Faust*.

Von Fichte, dann von Schelling, andrerseits von Goethe und der Philologie Wolfs war die ältere Romantik bedingt. August Wilhelm von Schlegel (1767–1845) gemeinsam mit seinem Bruder Friedrich: Athenäum (1798–1800), Charakteristiken und Kritiken, Vorlesungen über schöne Literatur und Kunst 1801–1804, Vorlesungen über dramatische Kunst und Literatur 1809–11. Erste Begründung der Ästhetik auf die Geschichte der Kunst.

Friedrich von Schlegel, geboren 1772. Ruheloses Wanderleben in Dresden, Berlin, Jena, Paris, Köln (wo er 1808 zur katholischen Kirche übertrat), Wien. † 1829 in Dresden. 1. Periode: Geschichte der Poesie der Griechen und Römer 1798. Sein Programm im *Athenäum*. Über Boccaccio, über Goethes Bildungsgang und Lessing. 2. Periode: Die Europa. Über die Sprache und Weisheit der Inder 1808. 3. Katholische Periode: Vorlesungen über neuere Geschichte, Geschichte der alten und neueren Literatur, Philosophie des Lebens, Philosophie der Geschichte, Philosophie der Sprache. Das produktive Ich der Transzendentalphilosophie wird in Verbindung gesetzt zu der gesetzmäßigen Entwicklung in Individuum, Volk und Menschengeschlecht.

Friedrich von Hardenberg, Novalis, geboren 1772 in Mansfeld, † 1801. Von den dichterischen Werken philosophischer Gehalt in den *Lehrlingen von Sais*, in den *Hymnen an die Nacht*, in dem *Heinrich von Ofterdingen*. Seine Philosophie in Fragmenten, im *Athenäum* und in seinem Nachlaß herausgegeben, darunter für die katholische Bewegung wichtig das Fragment über *Die Christenheit*. Siehe meine Abhandlung über Novalis in den Preussischen Jahrbüchern 1865.[12] Pantheistische Naturphilosophie. Idee einer Anthropologie. Die von Schleiermacher ausgehende religiöse Bewegung geht in das Geschichtliche und Katholische über. Ebenso in Wackenroder (*Herzensergießungen eines kunstliebenden Klosterbruders*), Tieck. Über die ältere Romantik vgl. R. Haym *Die romantische Schule* und mein *Leben Schleiermachers*.[13]

Schelling, geboren 1775 in Württemberg, mit Hölderlin und Hegel im theologischen Seminar in Tübingen, 1798 Professor in Jena, 1803 in Würzburg, 1806 Mitglied der Akademie der Wissenschaften in München, 1820–26 in Erlangen, 1827–1841 in München, dann als Mitglied der Akademie der Wissenschaften nach Berlin, † 1854. Aus Schellings Leben in Briefen, herausgegeben von L. Plitt. Aufgrund der ästhetisch gearteten und so dem griechischen Denken verwandten Entwicklungslehre von Herder und Goethe, der ästhetischen Interpretation Kants durch Schiller und W. von Humboldt faßte Schelling die Wirklichkeit als schöne Entfaltung der Weltvernunft.

Hauptschriften: Ideen zu einer Philosophie der Natur 1797, Von der Weltseele 1798, System des transzendentalen Idealismus 1800, Bruno oder über das göttliche und natürliche Prinzip der Dinge 1802, Vorlesungen über die Methode des akademischen Studiums 1803, Philosophische Untersuchungen über das Wesen der menschlichen Freiheit 1809, Denkmal der Schrift Jacobis „Von den göttlichen Dingen" 1812, Philosophie der Mythologie und Offenbarung, dazu aus den Berliner Vorlesungen Frauenstädt, Paulus; Sämtliche Werke, herausgegeben von F. K. A. Schelling 1856–61, 14 Bd.e; über Schelling vgl. Kuno Fischer, Geschichte der neuern Philosophie Bd. VII; Ed. von Hartmann, Schellings philosophisches System 1897.

Von Schelling bedingt: Oken (1779–1851, Über das Universum 1808, Lehrbuch der Naturphilosophie 1809–11, Isis, enzyklopädische Zeitschrift 1817 ff., in der Naturphilosophie tiefer als Schelling), Görres, Schubert (1780–1860), Carus (1789–1869), Oersted (1777–1851), Solger (1780–1819), Steffens (1773–1845, Norweger, seit 1804 in Deutschland), J. E. von Berger (1772–1833), Stahl (1802–1861). Teilweise durch die Naturphilosophie angeregt war K. E. von Baer (1792–1876) in seinen entwicklungsgeschichtlichen Arbeiten. Der späteren mystisch-christlichen Epoche verwandt Fr. von Baader (1765–1841, Werke, herausgegeben von Hoffmann). Selbständige Fortbildung des Identitätssystems Krause (1781–1832); Panentheismus, überschätzt; von Wichtigkeit war die Rechtsphilosophie, an die Ahrens, Leonhardi u. a. sich anschließen.

Zum Panlogismus bildete Hegel den Idealismus fort, geboren 1770 zu Stuttgart, studierte in Tübingen, Hauslehrer in Bern, 1797 in Frankfurt, 1801 nach Jena, dort Dozent neben Schelling, 1805–1808 Redakteur der *Bamberger Zeitung*, von da an bis 1816 Direktor des Aegidiengymnasiums in Nürnberg, 1818 Professor in Berlin, † 1831.

Entwicklungsgeschichte. Von den nachgelassenen Jugend-Manuskripten wenig gedruckt. Aufgabe einer Entwicklungsgeschichte aus ihnen und dem Veröffentlichten noch ungelöst. Hierüber und Perioden seiner Entwicklung [in] meinem Aufsatz in der Deutschen Literaturzeitung 1. Jan. 1900.[14]

Hauptschriften: Entwicklungszeit: die Abhandlungen, besonders gegen die „Reflexionsphilosophie". Abschluß Phänomenologie des Geistes 1807. Absage an Schelling in der Vorrede. Erster Versuch, aus der Verbindung des Idealismus mit der Historie eine Philosophie der Geschichte herzustellen. Systematische Periode: Wissenschaft der Logik 1812–16, Enzyklopädie der philosophischen Wissenschaften 1817, Philosophie des Rechts 1821. Die bewunderungswürdige Durcharbeitung des Grundgedankens durch alle Teile des Systems vollzog sich in den Berliner Vorlesungen, die erst von den Schülern vortrefflich bearbeitet wurden. *Enzyklopädie* in der Erweiterung der Vorlesungen als Logik, Naturphilosophie und Philosophie des Geistes. Philosophie des Rechts, Philosophie der Geschichte, Ästhetik, Religionsphilosophie und Geschichte der Philosophie. Sämtliche Werke, herausgegeben von seinen Schülern, 1832 ff. 19 Bd.e.

Das System Hegels, ein architektonisches Meisterwerk, gliedert sich in Logik (Metaphysik), Naturphilosophie und Geistesphilosophie. Die Logik begreift das absolute Subjekt (die absolute Vernunft) als den Zusammenhang der reinen Denk- (und Seins-) Bestimmungen. „Gott metaphysisch definieren heißt, dessen Natur in Gedanken als solchen ausdrücken, die Logik aber umfaßt alle Gedanken, wie sie noch in Form von Gedanken sind." Die absolute Vernunft als Idee, wie sie nach ihren reinen Denkbestimmungen von der Logik durch das in sich zurückgezogene Denken entwickelt wird, ist das Prius von Natur und Geist (Bewußtsein ausgeschlossen). Die Naturphilosophie begreift dann dies absolute Subjekt in der Form seines Andersseins, der Entäußerung. In der Geistesphilosophie wird das Beisichsein der Idee, die aus ihrem Anderssein in sich zurückkehrt, durch die Stufen des subjektiven, objektiven und absoluten Geistes hindurchgeführt. So stellt das System die Selbstentwicklung des absoluten Geistes zu seiner Realisation in der Totalität der Wirklichkeit dar. Das Vernünftige ist wirklich und das Wirkliche vernünftig. Die Idee muß, um wirklich das zu sein, was sie ist, die Vernunftordnung einer Welt und das denkende Bewußtsein dieser in der Natur realisierten Vernunftordnung sein.

Logik (Metaphysik) ist „die Darstellung Gottes, wie er in seinem ewigen Wesen vor der Erschaffung der Natur und eines endlichen Geistes ist". Schelling erfaßte das höhere, wahre Prinzip: das Absolute, das sich in der Totalität der Welt verwirklicht. Aber das Absolute wurde von ihm als Substanz und in der intellektualen Anschauung erfaßt; es ist vielmehr Subjekt und seine Bestimmungen sind als Zusammenhang der Kategorien erkennbar. Die Dialektik überwindet die Widersprüche, in welche der Verstand verfällt, wenn er das Absolute denken will, durch eine höhere Logik des Unendlichen. Ihr Grundgedanke: Der Widerspruch ist dem Absoluten selbst immanent und die treibende Macht seiner Entwicklung. Die Logik entwickelt in Thesis, Antithesis, Synthesis, neue Antithesis, höhere Synthesis (Methode Fichtes) den Zusammenhang der Kategorien, in denen als seinen Prädikaten das Absolute sich ideell (zeitlos) entfaltet. Logik = Lehre vom:

I. Sein.	II. Wesen.	III. Begriff.
1. Qualität, Sein, Nichtsein, Werden etc.	1. Wesenheit als Grund der Existenz	1. Der subjektive Begriff
2. Quantität.	2. Erscheinung.	2. Das Objekt.
3. Maß.	3. Wirklichkeit.	3. Die Idee.

Naturphilosophie. „Wie kommt Gott dazu, sich zu einem schlechthin Ungleichen zu entschließen? Die göttliche Idee ist eben dies, sich zu entschließen, dieses Andere aus sich heraus zu setzen und wieder in sich zurückzunehmen, um Subjektivität und Geist zu sein."

Folge der Stufen = fortschreitende Realisierung der Tendenz zum Fürsichsein, der Subjektivität. Nicht moderne Entwicklungsgeschichte, sondern zeitlose Stufenordnung der Werte.

I. Mechanik.	II. Physik.	III. Organik.
Raum, Zeit, Bewegung, Materie, Schwere, allgemeine Gravitation.	Weltkörper, Elemente, spezifische Schwere, Kohäsion, Klang, Wärme usw., chemischer Prozeß.	Erdorganismus, Pflanze (Gestaltungs-, Assimilations-, Gattungsprozeß), Tier (die Funktionen seines Organismus nach derselben Einteilung).

Philosophie des Geistes. „Das Ziel der Natur ist, sich selbst zu töten, sich als Phönix zu verbrennen, um aus dieser Äußerlichkeit verjüngt als Geist hervorzutreten." Die Stufen des Geistes: „Die ganze Entwicklung des Geistes ist nichts anderes als sein sich selbst Erheben zu seiner Wahrheit, und die sogenannten Seelenkräfte haben keinen anderen Sinn als den, Stufen dieser Erhebung zu sein."

I. Subjektiver Geist.	II. Objektiver Geist.	III. Absoluter Geist.
Anthropologie, Phänomenologie, Psychologie.	Recht, Moralität, Sittlichkeit.	Kunst, Religion, Philosophie.

Stufen der Kunst: die Kunstformen.

I. Symbolische.	II. Klassische.	III. Romantische.
Orientalisch.	Griechisch.	Christlich.

Stufen der Religion.

I. Naturreligion.	II. Religion der geistigen Individualität.	III. Christliche Religion.
chinesisch indisch, buddhistisch etc.	jüdisch, griechisch, römisch.	(offenbare.)

Über ihn Rosenkranz (in dessen *Leben Hegels* Mitteilungen aus den Manuskripten), Haym (Ergänzung der Untersuchung der Manuskripte) und K. Fischer, Geschichte der neuern Philosophie Bd. VIII.

Die Hegelsche Schule schied sich in die Rechte (Gabler, Göschel, Daub, Marheineke), die Linke (Ruge; Strauß, Leben Jesu 1835–36; Dogmatik; Feuerbach, Wesen des Christentums 1841), die Mitte (Rosenkranz, Erdmann, Schaller). Theistische Gegner: Weiße, I. H. Fichte, Ulrici, Trendelenburg, von katholischer Seite Günther.

Die selbständige Bedeutung der Religion im Zusammenhang einer Philosophie als Vernunftwissenschaft entwickelte Schleiermacher, geboren Breslau 1768, Herrnhuter Erziehung, Studium im aufgeklärten Halle, 1796–1802 Charitéprediger in Berlin, Umgang mit den romantischen Freunden, 1802–1804 Hofprediger in Stolpe, dann Professor in Halle, nach Auflösung der Universität in Berlin, als Prediger, Professor, Mitglied der Akademie. † 1834. Leben Schleiermachers in Briefen, herausgegeben von der Familie, Jonas und Dilthey.

Entwicklungsgeschichte: Aus den Manuskripten mein *Leben Schleiermachers* Bd. 1.

Hauptschriften: 1. Ungedruckte der Jugendzeit, in meinem *Leben Schleiermachers* veröffentlicht. 2. Intuitive Epoche: Reden über Religion 1799, Monologen 1800, Lucindenbriefe 1800. Sammlung der Rezensionen von mir im IV. Bande der Briefe beigegeben. 3. Kritische Periode: gleichzeitig gearbeitet Kritik der Sittenlehre, Platon-Übersetzung 1804–28. 4. Systematische Periode: Weihnachtsfeier 1806, Der christliche Glaube 1821/22, Kritische Schriften über Paulus und die Evangelien, Herakleitos, systematische Abhandlungen in der Akademie der Wissenschaften.

Sein System im Zusammenhang durchgeführt in den Berliner Vorlesungen, aus ihnen veröffentlicht: Geschichte der Philosophie, Dialektik, Psychologie, Sittenlehre, Ästhetik, Lehre vom Staat, Erziehungslehre, Hermeneutik und Kritik sowie die einzelnen Teile des theologischen Sytems, welche ebenfalls viel Philosophisches enthalten. Die Ausgaben von Jonas als Materialbearbeitung eminent, Schweitzers *Sittenlehre* nachlässig, doch nach Methode von Jonas. Alles andere mangelhaft. Dies war sehr nachteilig für die Fortwirkung seines Systems.

Weite und freie Wirkung vor allem auf Geschichte der Philosophie in Brandis und Ritter; auf Logik und Erkenntnistheorie in Ueberweg und Sigwart, Psychologie in George, auf Auffassung der Religionsgeschichte und Kritik in Baur, Strauß, Neander, Rothe, auf Theorie der Auslegung in Boeckh.

Lehre vom höchsten Gut, Tugendlehre, Pflichtenlehre stellen denselben Prozeß der Bildung der sittlichen Welt auf drei verschiedene Arten dar.

Lehre vom höchsten Gut.

| organisierend identisch: Verkehr. | organisierend individuell: Eigentum. | symbolisierend identisch: Wissen. | symbolisierend individuell: Gefühl. |

Verhältnisse der einzelnen untereinander in diesen Beziehungen.

| Recht. | Freie Geselligkeit. | Glaube. | Offenbarung. |

Güter.

| Staat. | Stand, Haus, Freundschaft. | Schule und Universität. | Kirche. (Kunst). |

Tugendlehre.
Vier Kardinaltugenden: Weisheit,
Liebe, Besonnenheit und Beharrlichkeit.

Pflichtenlehre.
Rechtspflicht, Berufspflicht, Gewissenspflicht und Liebespflicht.

Das Bewußtsein des Irrationalen, Unergründlichen, das Lavater, Hamann, Goethe, Jacobi vertreten hatten, war auch in Schleiermachers Religionsbegriff, Individualitätsgedanken und Auslegungsmethode enthalten und seiner Ethik als der Kulturwissenschaft eingefügt.

Von Hegel aus entwickelte es als Standpunkt des Anthropologismus Feuerbach 1804–72. Das Wesen der Religion 1851 („Gott war mein erster Gedanke, die Vernunft mein zweiter, der Mensch mein dritter und letzter").

In einer selbständigen Metaphysik als Lehre vom Willen in der Natur trat es, verbunden mit der Ideenlehre des damaligen Platonismus, auf in Schopenhauer, geboren 1788 in Danzig, Reisen in England und Frankreich, studiert in Berlin, promoviert 1813 in Jena, 1814–18 in Dresden, Reise nach Italien, 1820–31 in Berlin als Privatdozent, von dann bis zu seinem Tode 1860 in Frankfurt. Beruht auf der Kombination des transzendentalen Idealismus, auch in dem von ihm geschmähten Fichte und Schelling, mit der pessimistischen Literatur, den Indern und Platon. Grundlage in: Vierfache Wurzel des Satzes vom zureichenden Grunde 1813. Hauptwerk: Welt als Wille und Vorstellung 1819, zweiter ergänzender Band 1844, Über den Willen in der Natur 1836, Die beiden Grundprobleme der Ethik 1841, Parerga und Paralipomena 1851; Sämtliche Werke, ed. Grisebach 6 Bd. e. Zur Lebensgeschichte: Memorabilien usw. von Frauenstädt,

Gwinner (2. Aufl. 1878). Über ihn Kuno Fischer, Geschichte der neuern Philosophie Bd. IX; R. Lehmann, Schopenhauer 1894. Anhänger Bahnsen, beachtenswert seine Charakterologie.

Erneuerung des monadologischen Systems, Begründung der Psychologie als einer auf Beobachtung und Rechnung gegründeten Mechanik der Vorstellungen, erste wissenschaftliche Begründung der Pädagogik durch Johann Friedrich Herbart, geboren 1776 zu Oldenburg, studiert in Jena, 1797–1800 Hauslehrer in Interlaken, 1802 als Dozent in Göttingen, 1809 Professor in Königsberg, 1833 wieder in Göttingen, † dort 1841. Verschiedene Ausgangspunkte in seinem System künstlich zusammengefügt: sein Lehrer Fichte und dessen Theismus, der Pluralismus von Leibniz, die Antinomienlehre der Skeptiker und Kants, die mechanische Denkweise der großen Naturforscher der Zeit, Pestalozzi. Entwicklungsgang noch nicht aus dem Material untersucht. Pädagogische Beschäftigung und Theorie führt auf: Allgemeine Pädagogik 1806, Hauptpunkte der Metaphysik 1808, Hauptpunkte der Logik 1808, Allgemeine praktische Philosophie 1808, Lehrbuch zur Einleitung in die Philosophie 1813, Lehrbuch zur Psychologie 1816, Psychologie als Wissenschaft 1824/25, Allgemeine Metaphysik 1828/29. Ausgaben der sämtlichen Werke von Hartenstein und von Kehrbach (unvollendet).

Schüler: Drobisch (besonders noch jetzt benutzbar: *Empirische Psychologie und Logik*); Waitz (höchst bedeutendes Werk: Anthropologie der Naturvölker, 2. Ausg. 1877 ff., 6 Tl.e). Steinthal und Lazarus suchten eine Wissenschaft der Völkerpsychologie in der Zeitschrift für diese (1860–1890) anzubahnen. Steinthal setzte Humboldts Richtung auf allgemeine Sprachwissenschaft fort. Zimmermann: Ästhetik. Besonders einflußreich die pädagogischen Gedanken: Herrschaft der Schule in Österreich durch Exner und Bonitz. Pädagogisches von Rein, Stoy, Ziller u. a. – Verwandt Friedrich Eduard Beneke (1798–1854; Lehrbuch der Psychologie 1833, Erziehungs- und Unterrichtslehre 1835/36).

II. Französische Philosophie

1. Der Spiritualismus

Die neue Richtung ging aus der ideologischen Schule selber hervor. Condillac (in der 2. Aufl. *Über Empfindungen*) hatte Erkenntnis und Existenz äußerer Objekte aus Erfahrung des Widerstandes abgeleitet, Destutt de Tracy aus willkürlicher Bewegung und Widerstand: so Studium der Aktivität das Problem. Die Untersuchungen von Ampère und Maine de Biran seit Anfang des Jahrhunderts knüpfen an die Preisaufgaben der zweiten Klasse des Instituts an, in gemeinsamer Arbeit gelangen sie zur Loslösung von der ideologischen Doktrin, werden Mittelpunkt philosophischer Zusammenkünfte, denen dann auch Royer-Collard, Cousin und Guizot beiwohnen.

Laromiguière und Royer-Collard bringen in ihren Vorlesungen seit 1811 die Aktivität des Seelenlebens zur Anerkennung. Laromiguière, Sur les paradoxes de Condillac 1805, Leçons de philosophie 1815–18. Royer-Collard (1763–1845) verteidigt auch in der zweiten Kammer die Notwendigkeit eines stabilen Elementes in der Ordnung der Gesellschaft, bestehend in den sozialen „Überlegenheiten"; führt die Philosophie Reids ein. Bruchstücke seiner Vorlesungen hat Jouffroy in seinen Übersetzungen der Werke Reids veröffentlicht.

Ampère, der berühmte Mathematiker und Physiker, 1775–1826, Essai sur la philosophie des sciences (seit 1801 in Vorlesungen entwickelt) 1834–43. Die Noumena sind die konstanten Relationen, sie verbürgen die Realität der Außenwelt, gerade sie sind (im Gegensatz zu Kant) das Erkennbare als Gegenstand der Wissenschaft. Gegenständliche Einteilung der Wissenschaften. Für seine philosophischen Ansichten der Briefwechsel mit Biran wichtig.

Maine de Biran, 1766–1824, der tiefste Analytiker in dieser französischen Bewegung, verband die Aktivitätslehre wie Royer-Collard mit der Kenntnis der schottischen Philosophie und der Kants, auf den Destutt de Tracy und Madame de Staël hingewiesen hatten. Das Apriori in uns ist die Selbsttätigkeit selbst: indem sie Widerstand erfährt, entsteht die Begrenzung unseres Selbst und aus dem Stoff unserer Empfindungen das äußere Objekt; aus der Reflexion auf diese Selbsttätigkeit entstehen die Kategorien. Essai sur les fondements de la psychologie, Œuvres posthumes 1859. Über ihn A. Kühtmann, Berlin 1901. Jouffroy 1796–1842, Les sentiments du beau et du sublime 1816, Cours de droit naturel 1834–35. Übersetzt und kommentiert Reid. Selbständigkeit der Psychologie als Forderung.

Victor Cousin, geboren 1792, hörte bei Laromiguière, schöpfte aus dem Verkehr mit Ampère und Biran seine glänzenden Vorlesungen seit 1814, Verbot derselben durch die Reaktion 1820, Reisen nach Deutschland 1817–18 (besucht Hegel, Jacobi, Schelling und Goethe), 1824–25 (sechsmonatliche Gefangenschaft in Berlin als Karbonaro). Einwirkung Hegels, der 1827 nach Paris kommt. Seit 1828 die berühmten Vorlesungen über die Geschichte der Philosophie, von Hegel bedingt. Neben ihm Villemain und Guizot, bei ihm hört Aug. Thierry: Es ist die klassische Epoche der französischen Geschichtsschreibung. Unter der Juli-Regierung ist Cousin Pair de France, Staatsrat, Rektor der Universität, Minister des öffentlichen Unterrichts. Herrschende Stellung im Unterrichtswesen. Seit 1848 wie sein Freund Guizot von der Politik zurückgezogen, stirbt 1867. Fragments philosophiques 1826, Introduction à l'histoire de philosophie 1829, Histoire générale de la philosophie jusqu'à la fin du XVII. siècle 1829, Du vrai, du beau et du bien 1817. Arbeitet an der unlösbaren Aufgabe, den französischen Spiritualismus mit dem objektiven Idealismus von Schelling und Hegel in eine innere Verbindung zu bringen. Seine eigentliche Genialität als historischer Forscher, insbesondere über Philosophie des Mittelalters (auch Descartes). Barthélemy-Saint-Hilaire, V. Cousin, Paris 1895. Wie Paris das Zentrum der mittelalterlichen Philosophie gewesen, so ging nun von seiner Schule in Paris das Wiederverständnis derselben aus. Eklektizismus, der irrigerweise das Wahre aus verschiedenen Systemen sammeln zu können glaubt.

Neben Cousin die anderen großen französischen Historiker: Guizot, 1787–1874, Staatsmann, Historiker und Publizist; Histoire générale de la philosophie en France, Histoire de la civilisation en Europe 1828–30; Aug. Thierry (vorübergehender Zusammenhang mit Saint-Simon); Villemain, einer der Begründer der modernen Literaturgeschichte. Alle diese Männer sind durch eine gemeinsame theistische, ernstmoralische, gemäßigt liberale Philosophie verbunden. Repräsentanten der bürgerlichen Politik von Louis Philippe.

2. [Positivismus und Sozialismus]

Gegenüber dieser Philosophie entwickelte sich seit der Revolution eine Richtung, in welcher die Herrschaft des naturwissenschaftlichen Geistes sich verband mit der Fortbildung der revolutionären Ideen zu sozialen Lehren. Von dieser Bewegung ist getragen die letzte Konstituierung des Positivismus zu einer auf die Leitung der Gesellschaft abzielenden Systematik der Wissenschaften sowie andrerseits die Ausbildung sozialistischer Doktrinen.

[a)] Der Positivismus. Im Zusammenhang mit der Ausbreitung der Naturerkenntnis hat sich der Positivismus im 19. Jahrhundert zu einer herrschenden Gestalt der Weltanschauung entwickelt. Persönliche und sachliche Kontinuität des von d'Alembert und Turgot begründeten französischen Positivismus bis zu Comte hin in einer philosophischen Bewegung, welche die positiven Arbeiten der Naturforscher begleitet und allenthalben die allgemeinsten Grundzüge dieses Standpunktes herausstellt. In dieser Bewegung wird durch die Begründung der physiologischen Psychologie die Wendung von dem allgemeinen Positivismus zu dem engeren Standpunkt Comtes vollzogen, und im Zusammenhang mit der Revolution setzt allenthalben der Versuch an, über politische Ökonomie, Ethik und Politik hinauszugelangen in eine „Sozialwissenschaft" und „soziale Kunstlehre", die zugleich „die Wissenschaft vom Menschen" und „die wahre Philosophie" sein wird.

Condorcet 1743–94, der unmittelbare Fortsetzer von d'Alembert und Turgot. Esquisse d'un tableau historique des progrès de l'esprit humain 1793–4, im Angesicht des Todes verfaßt. Cabanis, Destutt de Tracy u. a., die „Ideologen". Die Errichtung der zweiten Klasse (sciences morales et politiques) des Institut de France. Weitere Mittelglieder: die 1795 gegründete École polytechnique und Saint-Simons agitatorische Schriftstellerei.

Auguste Comte, der große Systematiker des französischen Positivismus. Geboren 1798 zu Montpellier, Schüler der École polytechnique, Verkehr mit Saint-Simon. Einwirkung der Pariser Biologen und J. de Maistres. In der glänzenden Reihe seiner Jugendwerke 1819–26 durchläuft er den ganzen Plan seiner Lebensarbeit (Système de politique positive 1824, Considérations philosophiques sur les sciences et les savants 1824, Sur le pouvoir spirituel 1826): Der Reform der Gesellschaft muß grundlegend eine geistig-sittliche Erneuerung vorausgehen, die Aufrichtung eines „von allen Klassen anzunehmenden Kodex politischer und moralischer Anschauungen", bestehend in dem Zusammenhang des positiven Wissens. Gesetz der drei Stadien der geschichtlichen Entwicklung: das theologische, metaphysische, positive Stadium. Die logische Hierarchie der Wissenschaften und das geschichtliche Nacheinander ihrer Entwicklung: Mathematik, Astronomie, Physik, Chemie, Biologie, Soziologie. Papsttum der naturwissenschaftlichen Intelligenz.

Hauptwerk: Cours de philosophie positive, seit 1826, niedergeschrieben 1830–42, 6 Bd.e (brauchbare Verkürzung von J. Rig 1880, deutsch von Kirchmann). Die „Soziologie" (soziale Statik und Dynamik. Solidarität und Fortschritt). Discours sur l'esprit positif 1844, Sur l'ensemble du positivisme 1848, Système de politique positive ou traité de sociologie instituant la religion de l'humanité 1851–54. Organisation des ganzen menschlichen Lebens, des öffentlichen wie des privaten („L'amour pour principe, l'ordre pour base, le progrès pour but, vivre pour autrui et pour le grand jour"). Kultus der Menschheit als des einzig realen „Großen Wesens" in ihren großen Genies; „le Grand Fétiche" (Erde), „le Grand Milieu" (Raum): bewußte religiöse Fiktionen. Positivistische Mystik. Calendrier positiviste 1849–60: Benennung der Monate und Tage nach den großen Menschen. Von seinem letzten umfassenden Werke *Synthèse subjective ou système universel des conceptions propres à l'humanité* etc. gelangte nur der 1. Band zur Ausführung: Système de logique positive ou traité de philosophie mathématique 1856. Starb 1857.

Die orthodoxe Schule Comtes wirkt in Frankreich (P. Lafitte, Robinet), England (Congreve, Harrison, George Eliot, Lewes), Schweden, Südamerika u. a. für die Ausbreitung der positivistischen Menschheitsreligion und gelangt z. T. zu politischer Macht. Die auf die *Philosophie positive* sich beschränkende wissenschaftliche Schule Comtes gelangt im französischen Geiste zur Herrschaft: Littré. De Roberty.

Die sozialistischen Doktrinen. Ausgangspunkt Saint-Simon, 1760–1825, Système industriel 1821, Nouveau christianisme 1825. Radikale Umbildung zum Sozialismus durch die Saint-Simonisten: Bazard und Enfantin (Phantast).

Fourier (1772–1837), Traité de l'association domestique agricole 1822, Phalanstère. Proudhon, Qu'est-ce que la propriété? 1840. Louis Blanc (1811–82), Organisation du travail 1840. Bei all diesen ökonomischen Idealisten starker Einfluß der Philosophie. Anwachsen der Bewegung, so daß die Revolution von 1848 von ihr wesentlich beeinflußt ist.

III. Englische Philosophie

In der ersten Hälfte des 19. Jahrhunderts regierte die psychologisch-kritische Bewußtseinsstellung der englischen Aufklärung fort: Phänomenalität der Außenwelt, Analysis des Bewußtseins und, auf sie gegründet, der gesellschaftlichen Welt. Der Gegensatz von Hume und Reid nimmt erweiterte Formen an, indem dort Condillac, Hartley, Cabanis aufgenommen werden, schließlich Comte, hier die deutsche Transzendentalphilosophie. Die Annäherung der Naturwissenschaften an einen die Geisteswissenschaften begründenden Zusammenhang führt weder wie in Deutschland zu einer Metaphysik der Entwicklung noch wie in Frankreich zu einer Ableitung der Prinzipien der geistigen Welt aus denen der Natur. Für die Mills wie Hamilton bildet die Analysis des Bewußtseins den festen Ausgangspunkt der Philosophie.

Aber die Reife der Wissenschaft äußert sich darin, daß nun die von Bacon und Hobbes erfaßte Aufgabe aufgelöst, die Klassifikation der Wissenschaften und das Verhältnis ihrer Geschichte zu dieser von Hamilton, Whewell, Mill, später Spencer durchgeführt wird, und in der Schule der Mills äußert sich das Übergewicht des naturwissenschaftlichen Geistes in der Übertragung der Methoden der Naturkenntnis auf das Studium der geschichtlichen Welt. Der nahe Zusammenhang dieser Analysis der geistigen Welt mit den politischen Wissenschaften, insbesondere der Nationalökonomie, der Geschichtsschreibung, dem Roman als der dichterischen Darstellung des Lebens, dem sozialen und politischen Leben selber, welcher die Größe der englischen Philosophie ausmacht, steigerte sich in dem Verhältnis, in welchem Prinzipien festgestellt werden konnten, die für die Leitung der Gesellschaft ausreichend erschienen. Die Schule von Bentham, den beiden Mill (utilitarische) beanspruchte wie die von Comte die Leitung der Gesellschaft durch die Prinzipien der Wissenschaft. Und wie in Frankreich standen die Philosophen in innerem Verhältnis zu den Nationalökonomen, den Geschichtsschreibern und den Parteiführern. Die von Bentham gegründete utilitarische Schule erstrebte eine rationale Regelung der Gesellschaft aus dem Prinzip der allgemeinen Wohlfahrt; sie griff in die Politik ein in Sachen des Wahlgesetzes, des Freihandels, der Frauenrechte, der Entwicklung der geistigen Freiheit. Mills politische Ökonomie ist Fortsetzung von

Adam Smith; Ricardo mit ihm befreundet. Die Geschichtsauffassung Buckles ist von ihm bedingt. Standpunkt der zur Herrschaft strebenden kaufmännisch-industriellen besitzenden Klassen.

Der Standpunkt, der Reid und die Transzendentalphilosophen verknüpfte, hatte ebenfalls in der Analysis des Bewußtseins seinen Mittelpunkt und war ebenfalls mit der Richtung auf Beeinflussung der Politik verbunden. Nun verband sich aber mit der Kontinuität des englisch-schottischen Geistes in diesen beiden Richtungen die Einwirkung der deutschen Literatur der Romantik und der historischen Schule.

1. Die deutsche große Literatur mischte sich auch in England mit dem nationalen Geiste. Walter Scott hatte mit Übersetzungen aus dem Deutschen von 1796 ab begonnen und bildete dann seit 1805 aus dem Fortleben der alten Zeit in Schottland ganz original und doch von der deutschen Dichtung innerlich erweitert den historischen Roman aus. Wordsworth und Coleridge in der Jugend Anhänger der Revolution, Coleridge von der lebendigen pantheistischen Naturauffassung der älteren Schellingschen Schriften bestimmt, auch der deutschen Romantik, Spinoza und Böhme hiermit unifizierend; bestimmt Wordsworth. Im Gegensatz gegen die Aufklärungspoesie nun auch in England die der pantheistisch lebendigen Naturanschauung (Abhängigkeit Byrons hiervon).

Im Gegensatz gegen die rationale Regelung der Gesellschaft (Bentham) Coleridge, 1772–1834, (über den Zusammenhang mit der deutschen Literatur: A. Brandl, S. T. Coleridge und die englische Romantik) im Sinne der deutschen Romantik: Vertiefung in die Bedeutung einer nationalen Staatskirche, Erkenntnis, daß der große Grundbesitz die Konstanz, die industriellen Kräfte den Fortschritt in der Gesellschaft repräsentieren. The statesman's manual 1816, Aids to reflection 1825, On the constitution of Church and State 1830, Confessions of an inquiring spirit 1840, Treatise on method 1845; vgl. über sein System J. H. Green, Spiritual philosophy 1865.

Wordsworth, 1770–1850, deutsche Naturbeschreibung in The excursion 1814. Southey, 1774–1843, ging ebenfalls vom Kultus der Revolution aus, Freund und Schüler von Coleridge, hat als Poeta laureatus die Legitimität und Staatskirche in Versen und Prosaschriften verteidigt. Book of the Church, 3. Aufl. 1825, Letters from England 1807, Sir Thomas More or colloquies on the progress of society 1829, Political essays.

Diese „Seeschule" und Walter Scott übertragen den philosophischen Idealismus, die Romantik, die historische Schule nach England. Sie entsprechen dem ruheseligen, die Vernunft in der Geschichte und den vorhandenen Institutionen suchenden Geiste der Zeit der heiligen Allianz, welche auch das politische Leben Englands bis zur politischen Führung Cannings (1822 und siegreich seit 1827) beherrscht.

2. Hiergegen neben der Schule Benthams die Opposion von Landor 1775–1864, Shelley 1792–1822 und Byron 1788–1824. Rousseau, französische Revolution, deutsche Dichtung, Unabhängigkeitssinn in stolzen, exzentrischen, adligen Geschlechtern erwirkten eine von einer Philosophie des souveränen Subjekts, des Kultus der Natur getragene Opposition gegen die ganze bestehende europäische Gesellschaft.

1. [Der Utilitarismus]

Jeremy Bentham, 1748–1832, erkannte als Advokat die Mißbräuche des englischen Rechts und widmete sein Leben der Aufgabe, aus dem Prinzip der Utilität eine Reform aller Gebiete des Rechts und seiner Handhabung herbeizuführen. Prinzip des größtmöglichen Glücks der größtmöglichen Zahl = Maximation der Glückseligkeit. 1776 A fragment on government, 1781 vollendet On the principles of morals and legislation, 1785 Paley, Moral and political philosophy: im Utilitätsprinzip so verwandt, daß Benthams Freunde diese Vorausnahme des nun 1789 veröffentlichten Werks *Introduction to the principles of morals and legislation* bedauerten. Eine französische Bearbeitung (teils Auszug, teils Kommentar) und Erweiterung dieses Werks aus den Papieren Benthams vollzog sein Schüler Étienne Dumont in dem Traité de législation civile et pénale précédé des principes généraux de législation 1802. Eine Gesamtausgabe des Gedruckten und Ungedruckten kam 1843 durch ein Comité von Freunden und Gesinnungsgenossen zustande.

Ebenso beruht auf der Kontinuität mit Hume und Hartley das Hauptwerk der psychologischen Analyse: James Mill, geboren 1773, History of British India 1818–19, Beamter der ostindischen Kompanie, stirbt 1836. Analysis of the phenomena of the human mind 1829. Über ihn Alex. Bain, James Mill, London 1882. Analysis in Elemente, dann rückwärts Zusammensetzung. Psychologie Hartleys unter Verzicht auf die physiologischen Relationen. Assoziation und Verschmelzung Grundprozesse, Auflösung des Willens in zusammengesetzte und verschmolzene Bestandteile, Bewußtsein Abstraktion, seine Einheit Produkt.

David Ricardo, Principles of political economy and taxation 1817, Hauptwerk der abstrakten deduktiven Nationalökonomie nach Smith. Gibt aus den Erfahrungen seines Bankierlebens eine Einkommen-, Geld- und Wertlehre in Form allgemeiner Begriffe und abstrakter Lehrsätze.

John Stuart Mill, geboren 1806, nach den Prinzipien der Philosophie seines Vaters von diesem erzogen, früh reif, nimmt nun Benthams Lehren fast noch als Knabe begeistert in sich auf. Studium der Jurisprudenz mit seinem Freunde Austin zusammen (1823–58); Stellung in der ostindischen Kompanie. Vorübergehend (1865–68) Unterhausmitglied. Verbindung mit Comte, für dessen Unterstützung er ein Comité bildet. Er erfaßt das Problem der Möglichkeit einer Logik auf dem Boden von James Mill, begonnen 1832; 1837 liefert ihm Whewells *Geschichte der induktiven Wissenschaften* das Material zur Auflösung desselben, 1843 A system of logic, ratiocinative and inductive, being a connected view of the priciples and the methods of scientific investigation. Der Syllogismus wie die Induktion nur ökonomisch verschiedene Formen einer primitiven Schlußart, die von Besonderem zu Besonderem fortgeht. Rechtsgrund dieses Verfahrens in dem gleichförmigen Gang der Natur. Bedeutende Darstellung der induktiven und experimentellen Methoden. Methode der Übereinstimmung, der Differenz, des Rückstandes, der korrespondierenden Veränderung (verwandt Herschel, Preliminary discourse on the study of natural philosophy 1831). Erste Logik der Geisteswissenschaften, aufgrund der Gesetzlichkeit geistigen Geschehens, in Auseinandersetzung mit Comte. 1848 Principles of political economy with some of their applications to social philosophy. Der Freund und Schüler Ricardos verteidigt die Ableitung des wirtschaftlichen Lebens aus dem Prinzip des Eigeninteresses als eine für die Bildung einer Theorie notwendige Abstraktion (Zweiteilung von Ad. Smith). On liberty 1859, Utilitarianism 1863, Examination of Sir William Hamilton's philosophy 1865: scharfsinnigster Angriff auf die intuitive Schule. Auguste Comte and positivism 1865 wendet sich gegen die positive Politik und Menschheitsreligion im Sinne des rein wissenschaftlichen Positivismus. Unter dem Einfluß seiner edlen hochbedeutenden Frau eröffnet er sich dem Rechte von Coleridge, Wordsworth, Carlyle, humanitären, sozialen und Arbeiterinteressen, den Frauenrechten: The subjection of women 1869, spätere Auflagen der politischen Ökonomie, Autobiography 1873, nachgelassen Essays on religion. Stirbt 1873. Deutsche Übersetzung der Gesammelten Werke von Gomperz 1869 ff.; über ihn Sänger, Stuttgart 1901.

Die vernunftgemäße Gestaltung der Gesellschaft aus dem Prinzip der Utilität war der reformatorische Gedanke, welcher Bentham, die beiden Mill, Grote, John Austin zu der Schule der Utilitarier verband. Von diesem radikalen Gesichtspunkt aus Grote, History of Greece 1846–56: Verteidigung der griechischen Demokratie und der Sophisten. Buckle, History of civilisation in England 1857–61: Fortschritt vorbereitet durch Skepsis, herbeigeführt durch positive Wissenschaften. – Weiterbildung dieser psychologischen Analyse Alex. Bain, The senses and the intellect 1855, The emotions and the will 1859, Education as a science 1879. Fortbildung der Millschen Logik Fowler 1869, John Venn 1889. Begründung des Utilitarismus Sidgwick, The methods of ethics 1874.

2. Schottisch-deutsche Schule

Kontinuität: auf Lehrstuhl für Moralphilosophie in Glasgow Hutcheson, sein Nachfolger Ad. Smith, dem Th. Reid folgte; innigst verbunden mit ihm Dugald Stewart, der Nachfolger Fergussons in Edinburgh; Stewarts Schüler Th. Brown, sowie Mackintosh und Hamilton schließen sich an.

Hamilton geboren 1788, Advokat, dann 1821 Professor der Geschichte, später der Logik und Metaphysik in Edinburgh, gestorben 1856. Trat zuerst mit seinen Grundgedanken 1829 in Artikeln der *Edinburgh Review* hervor, gegen Philosophie des Absoluten bei Schelling und Cousin. Discussions on philosophy and literature 1852, Lectures on metaphysics and logic, nach seinem Tode herausgegeben 1859/60. Herausgabe der Werke von Reid. Phänomenologie des Geistes, Nomologie (nach den drei Vermögen Logik, Ästhetik, Ethik), Ontologie als Schluß auf das Unbekannte. Prinzip der Relativität: Denken verläuft in bedingten Sätzen, das Unbedingte Ausdruck für Grenze des Erkennbaren. Auch er geht schottisch-kantisch von Aktivität und Verhältnis der Rezeptivität zu ihr aus, und wie Kant öffnet ihm das moralische Bewußtsein Idealismus der Freiheit und göttliche Persönlichkeit. Sein Schüler Mansel (1820–1871) [lehrte], wie Jacobi, daß die Philosophie des Unbedingten zu Atheismus oder Pantheismus führe. Widersprüche der metaphysizierenden Vernunft. Verteidigung der Offenbarung. Metaphysics or the philosophy of consciousness 1860.

Whewell, geboren 1794, Naturforscher und Philosoph, History of the inductive sciences 1837 (deutsch von Littrow): nach den genialen Einzelarbeiten der Franzosen erste Geschichte der Naturwissenschaft im großen Stil. Philosophy of the inductive sciences founded upon their history 1840. Stirbt 1866. Stoff der Eindrücke durch Funktion des Denkens in Wahrnehmungen und Wissenschaften verknüpft. Weg vom sittlichen Bewußtsein zum persönlichen Gott.

5. Die Reformversuche der traditionellen Logik führen bei diesen englischen Denkern zu der Ausbildung des sogenannten Algorithmus der Logik. Quantifizierung des Prädikats. Indem das Urteil als eine totale, partiale usw. Identität des Subjekts- und Objektsbegriffes gedacht wird, läßt es sich unter Benutzung algebraischer Symbole als Gleichung darstellen, deren nach mathematischer Methode entwickeltes System den Umgang möglicher Formen, in denen sich das Denken bewegen kann, ausschöpft und so die Grundlage für den methodischen Erkenntnisfortschritt bildet. Die Grundlinien dieser neuen Analytik gaben G. Bentham (Botaniker, Neffe von Jeremy Bentham) in Outlines of a new system of logic 1827 und Hamilton in verschiedenen Aufsätzen seit 1833. Sein in Vorlesungen entwickeltes logisches System dargestellt von seinem Schüler Th. Sp. Baynes, An essay on the new analytic of logical forms, Edinburgh 1850. Die weitere mathematische Durchbildung De Morgan (1806–71), Formal logic

1847, Syllabus of a proposed system of logic 1860. George Boole (1815–1864), The mathematical analysis of logic, Cambridge 1847, An investigation of the laws of thought, on which are founded the mathematical theories of logic and probabilities, London 1854. W. Stanley Jevons, The principles of science 1874. John Venn, Symbolic logic, London 1881.

Über die Entwicklung dieser mathematisierenden Logik vgl. Liard, Die neuere englische Logik, deutsch von Imelmann 1883. – In Deutschland Vertreter dieser Richtung E. Schröder, Vorlesungen über die Algebra der Logik, Leipzig 1890.

Zweites Stadium des 19. Jahrhunderts

Die neue Zeit der Philosophie, in der wir leben, ist dadurch bestimmt, daß die Philosophie sich zu einer neuen Funktion in der Gesellschaft erhebt. Wo noch heute ein Natur und Geist umspannendes systematisches Lehrgebäude hervortrat, hat es nicht vermocht, auf die Gestaltung des Lebens zu wirken.

1. Die Funktion des philosophischen Geistes, das Leben zu leiten, ist von der großen systematischen Metaphysik übergegangen in die Arbeit der positiven Forschung. Verschiedene Momente führten seit der Mitte des 19. Jahrhunderts zu einer außerordentlichen Minderung des Einflusses der systematischen Philosophie auf die Wissenschaften, die Literatur, das religiöse Leben und die Politik. Die Kämpfe seit 1848 um die Volksfreiheit und die Bildung der nationalen Staaten Deutschland und Italien, die rapide wirtschaftliche Entwicklung und die so bedingte Verschiebung in der Macht der Klassen, endlich die Weltpolitik ließen das Interesse an der abstrakten Spekulation zurücktreten.

Die Naturwissenschaften faßten Gesichtspunkte, die in ihnen selber zunächst durchgearbeitet wurden. R. Mayer, Über die Kräfte der unbelebten Natur 1842. R. Wagner, Handwörterbuch der Physiologie 1842–53. H. Helmholtz, Physiologische Optik 1867, Lehre von den Tonempfindungen 1863. Justus Liebig, Chemische Briefe 1844. Helmholtz, Über die Erhaltung der Kraft 1847. Mayer, Bemerkungen über das mechanische Äquivalent der Wärme 1850. Fechner, Elemente der Psychophysik 1860. Spencer, Social statics 1851. Darwin, On the origin of species by means of natural selection 1859. – Blüte der Geschichtsschreibung in Ranke, Guizot, Thierry, Macaulay, Carlyle, Mommsen, Treitschke. An das naturwissenschaftliche Denken schließt sich, obwohl von Hegel mitbestimmt, die neue sozialistische politische Ökonomie: Marx (Kapital 1867 ff.), Engels.

Die Dimensionen des Wissens machen seine Beherrschung in Einem Geiste schlechterdings unmöglich, der ungeheure für Begründungen erforderliche Stoff sprengt den systematischen Zusammenhang. Vor allem aber hatte seit Hegel, Schleiermacher, Boeckh, Brandis die Erforschung der Geschichte der Philosophie den Einblick in den ganzen Umfang der Probleme und in die grenzenlose Menge der Lösungsversuche eröffnet. H. Ritter, Geschichte der Philosophie 1829–53, von dem universalhistorischen Geiste seines Freundes Ranke bestimmt und hierdurch noch heute beachtenswert. Dem Wiederverständnis Platons durch Schleiermacher, Hermann, Boeckh usw. folgte das des Aristoteles durch Trendelenburg, Bonitz, Spengel, Bernays usw. Das klassische Werk über die Philosophie des Altertums: Zeller, Philosophie der Griechen (seit 1844 in 5 Aufl.en bis heute). Wiederverständnis der mittelalterlichen Philosophie durch A. Jourdain, Cousin, Hauréau, Prantl, H. Denifle usw. Renaissance noch im Rückstand. Moderne Zeit: J. E. Erdmann, Kuno Fischer. Bewußtsein der Geschichtlichkeit der Systeme, der Vielseitigkeit der Probleme, der zahllosen Möglichkeiten von Lösungen, Relativität in aller Spekulation. Die positive Forschung ist fähig geworden, allgemeine Probleme aufzulösen. Sie entscheidet darüber, was Entwicklung sei, ob die Lehren Spencers vom Milieu, die Darwins von der Zuchtwahl oder die von Nägeli u. a. die Bildungskräfte richtig bestimmen, ob das Atom ein notwendiger Hilfsbegriff oder durch abstraktere ersetzbar sei, welchen Umfang der Satz von der Erhaltung der Energie habe, ob er an der geistigen Welt seine Grenzen finde. Positive Forschung entscheidet die Probleme, über die früher die Geschichtsphilosophie spekulierte, die Begriffe eines gesellschaftlichen Ganzen, seiner Bestandteile, ihrer Verhältnisse zueinander, die Bedeutung von Boden, Rasse, Arbeitsteilung, Klassenbildung für die Geschichte. Und diese positive Forschung dringt beständig vorwärts zur Leitung der Gesellschaft. Auf die sozialen Bewegungen, auf das wirtschaftliche Leben überhaupt, auf Gesetzgebung und Kriegskunst, auf die soziale Erziehung, die völkerrechtliche Regelung des Kampfes der leitenden Kulturvölker gewinnt die Theorie einen wachsenden Einfluß.

2. Philosophie ist nun das den Forschern einwohnende Bewußtsein des Zusammenhangs, der Rechtsgründe, Methoden und Voraussetzungen der Erkenntnis. Und wo ehedem Metaphysik stand, steht seit Schleiermacher das Problem der Bedingungen, welche dem Wirken des Menschen und der Gesellschaft als Voraussetzungen eines rationalen Verfahrens zugrunde liegen.

3. Sie ist das durch den Fortschritt der geschichtlichen Forschungen über sie ermöglichte Bewußtsein über die Bildung der Weltansichten, ihre Hauptformen und deren relativen Wahrheitswert.

I. Deutsche Philosophie

So entsprangen in Deutschland systematische Versuche, der Vielseitigkeit der Probleme und Ansichten mehr genug zu tun. Schon in Herbart diese Tendenz: Trendelenburg, Fechner, Lotze, welche alle Unausgleichbares ausgleichen wollen.

Trendelenburg, geboren 1802, seit 1833 Professor in Berlin, † 1872. Logische Untersuchungen 1840, 3. Aufl. 1870; Naturrecht auf dem Grunde der Ethik 1860, 2. Aufl. 1868. Aristotelische Zwecklehre. Machte Berlin zum Mittelpunkt von Studien der Geschichte der Philosophie.

Fechner, geboren 1801 bei Muskau, studiert 1817 in Leipzig, daselbst Professor, † 1887. Ging von der Physik zu den psychophysischen Untersuchungen über, in denen er nach Herbarts Vorgang Messung auf das Studium des psychischen Lebens anwandte. Fechnersches Gesetz. Seele und Leib zwei verschiedene Erscheinungsweisen eines Realen. Weltbeseelung. Schriften: Das Büchlein vom Leben nach dem Tode 1836, Nanna oder über das Seelenleben 1848, Zendavesta 1851, Elemente der Psychophysik 1860 (In Sachen der Psychophysik 1877, Revision der Hauptpunkte der Psychophysik 1882), Vorschule der Ästhetik 1876, Die Tagesansicht gegenüber der Nachtansicht 1879. Sein Leben hat J. E. Kuntze 1892 beschrieben. Vgl. K. Lasswitz, Th. Fechners Leben und Lehre, Stuttgart 1896.

Lotze, geboren 1817 in Bautzen, als Mediziner und Philosoph habilitiert in Leipzig, Professor der Philosophie in Göttingen und Berlin, † 1881. Vgl. Falckenberg, Lotze, Stuttgart 1901. Sein System dreimal dargestellt. 1. Metaphysik 1841, Logik 1843, Medizinische Psychologie 1852. 2. Fortgeführt zur Philosophie der Geschichte in Mikrokosmus, Ideen zur Naturgeschichte und Geschichte der Menschheit 1856–64. 3. System der Philosophie, 1. Teil Logik 1874, 2. Teil Metaphysik 1879; die anderen Teile seines Systems nur in den Diktaten aus seinen Vorlesungen und in Geschichte der Ästhetik in Deutschland 1868. Streitschriften [1857]. Von Lotze bedingt: Teichmüller, Class, Busse, Edm. Pfleiderer.

Eduard von Hartmann, geboren 1842. Ausgegangen von Schopenhauer, Schelling und Hegel. Philosophie des Unbewußten 1869 (bisher 10 Aufl.en), Phänomenologie des sittlichen Bewußtseins 1879, Das religiöse Bewußtsein der Menschheit 1881, Die Religion des Geistes 1882, Das Grundproblem der Erkenntnistheorie 1889, Kategorienlehre 1896.

Wilhelm Wundt, geboren 1832 in Baden, 1864 Professor der Physiologie in Heidelberg, 1874 in Zürich als Professor [der] Philosophie, seit 1875 in Leipzig, wo er das erste Institut für experimentelle Psychologie in Deutschland begründete. Beitäge zur Theorie der Sinneswahrnehmung 1862, Vorlesungen über Menschen- und Tierseele 1863 (2. sehr veränderte Aufl. 1892), Physiologische Psychologie 1874, 4. Aufl. 1893, Logik, 3 Bd.e 1880–83, 2. Aufl. 1893–95, Ethik 1896, System der Philosophie 1889. Schüler von Fechner und Wundt: Fr. Paulsen, Külpe.

Die Rückkehr zu Kant (Neukantianismus) wurde von Helmholtz, Über das Sehen des Menschen 1855 und seinem Freunde Zeller, Über die Bedeutung und Aufgabe der Erkenntnistheorie 1862, begonnen, durch Kuno Fischers Geschichtswerk unterstützt. O. Liebmann, Kant und die Epigonen 1865. F. A. Langes Geschichte des Materialismus 1866 gab die eigentliche Formel für die Vereinigung Kants mit der Naturwissenschaft. Diese Verbindung fortgeführt in den Schriften von Helmholtz (abschließend: *Tatsachen [in] der Wahrnehmung*), Fick, Rokitansky, Classen, Hertz, H. Cohen (Kants Theorie der Erfahrung 1871, 2. erweiterte Aufl. 1885), Lasswitz (*Kritizismus und Atomistik, Geschichte der Atomistik*) usw. Natorp (*Sozialpädagogik*) und Stammler (*Wirtschaft und Recht*) gehen auf Kants praktische Philosophie in wirksamer Weise zurück. Auf Kant ging auch die einflußreiche Schule Ritschls zurück, der Herrmann, Kaftan, Harnack u. a. angehören.

Die Vorherrschaft der Naturwissenschaft, insbesondere die Ausbildung der organischen Chemie und der Physiologie des Gehirns brachten eine materialistische Bewegung hervor, welche von den Stimmungen des Jahres 1848 und der Reaktionszeit mächtig gefördert wurde. Vogt, Physiologische Briefe 1845–47, Köhlerglaube und Wissenschaft 1854. Moleschott, Kreislauf des Lebens 1852. Büchner, Kraft und Stoff 1855. Czolbe, Grenzen und Ursprung der menschlichen Erkenntnis 1865, Grundzüge einer extensionalen Erkenntnistheorie 1875. Wie in der französischen Bewegung des 18. Jahrhunderts wurde auch jetzt vom naturwissenschaftlichen Geiste selber aus diese Richtung kritisch eingeschränkt zum Positivismus. Auf der Grenze zwischen Neukantianismus und Positivismus: Alois Riehl, Der philosophische Kritizismus 1876 ff.; Benno Erdmann, Die Axiome der Geometrie 1877, Logik 1. Bd. 1892. Scharfe Sonderung des Positivismus in Laas, Idealismus und Positivismus, 3 Tl.e 1879–1884. Der bedeutendste deutsche philosophische Vertreter des Positivismus Eugen Dühring, Natürliche Dialektik 1865, Kritische Geschichte der allgemeinen Prinzipien der Mechanik 1872, Kursus der Philosophie 1869, Logik und Wissenschaftstheorie 1878. R. Avenarius, Kritik der reinen Erfahrung, 2 Bd.e 1888–90, Der menschliche Weltbegriff 1891. E. Mach, Beiträge zur Analyse der Empfindungen 1886, 2. Aufl. 1900, Die Mechanik in ihrer Entwicklung, 4. Aufl. 1901.

In der Zeit lag auch die Loslösung der physiologischen und experimentellen Psychologie aus dem philosophischen Verbande, ihre Konstituierung als eine selbständige Wissenschaft: am entschiedensten bei Elias Müller in Göttingen und seinen Schülern. Blüte der Psychologie in der zweiten Hälfte des Jahrhunderts in Deutschland wie in den anderen Kulturländern. Psychologie als Grundwissenschaft der Philosophie bei Lipps, Grundtatsachen des Seelenlebens 1883.

An Schopenhauer und Feuerbach schloß sich der Standpunkt Richard Wagners, welcher die Offenbarung der Wahrheit nicht in philosophischer Systematik, sondern in der lebendigen Intuition, insbesondere im künstlerischen Genius erblickt. Über Schiller und Goethe hinaus Steigerung der Funktion der Kunst für die Kultur (Kunstwerk der Zukunft 1850, Oper und Drama 1852).

An Schopenhauer und Wagner anfangs angeschlossen, wandte sich dann innerhalb derselben Richtung, nur aus der lebendigen Tiefe des Subjekts beobachtend, erlebend, intuitiv das Wissen schöpfen zu wollen, gegen sie Friedrich Nietzsche (1844–1900). Geburt der Tragödie aus dem Geiste der Musik 1872, Unzeitgemäße Betrachtungen 1873–76, Menschliches, Allzumenschliches, 2 Bd.e 1878–79, Morgenröte 1881, Die fröhliche Wissenschaft 1882, Also sprach Zarathustra 1883/85, Jenseits von Gut und Böse 1886, Genealogie der Moral 1887, Götzendämmerung 1889; Gesamtausgabe, auch den Nachlaß enthaltend, im Erscheinen. Sein Leben dargestellt von E. Förster-Nietzsche. Diese Richtung beherrscht gegenwärtig die Dichter und freien Schriftsteller (Schriften von Chamberlain), sie drängt die ganze Kunst, damit sie diesem höchsten Ideal entspreche, in die symbolische Form (Maeterlinck, Klinger usw.).

Beständige Zunahme der Richtung auf eine systemfreie Philosophie, welche das Leben aus ihm selber verstehen und werten will. Aus dem Auslande wirken in dieser Richtung Kierkegaard (1813–1855), Tolstoj (geboren 1828), Maeterlinck u. a.

II. Französische Philosophie

Die Revolution von 1848 und die Aufrichtung des zweiten Kaiserreichs bestimmen die wachsende Macht der arbeitenden Klassen, der materiellen Interessen und der sozialen Ideen. Der Comtismus bildet sich zu einer humanitären Sekte aus. Den Geist des Kaisertums sprechen die Männer aus, welche die physiologische Auffassung des Menschen, das Affektive, assoziativ Bestimmte in der Seele und der Gesellschaft, die Skepsis über die letzten Dinge herausheben. Der Literaturhistoriker Sainte-Beuve. Der Semitist, Kritiker des Urchristentums, Darsteller des Averroes Erneste Renan, 1823–1892, Essais de morale et de critique 1859, Dialogues et fragments philosophiques 1876. Gemäßigter Skeptizismus.

Das medizinische Studium der pathologischen Erscheinungen (Höhepunkt der französischen Physiologie der Epoche: Claude Bernard, Introduction à l'étude de la médecine expérimentale 1865) bestimmt Hippolyte Taine, 1828–93, De l'intelligence 1870. Er schafft eine neue Geschichtsbetrachtung von diesem Standpunkt aus. Theorie des Milieu und des sekundären Charakters der Vernunft in den sozialpolitischen Bewegungen. Histoire de la littérature anglaise 1864, Les origines de la France contemporaine 1875–93 (Fortführung von Tocquevilles wirtschaftspolitischer Analyse). In der physiologisch-psychologischen Ästhetik (Philosophie de l'art 1865) ist er mit den Genossen desselben Kreises, den Goncourt, verbunden, welche dann zu Flaubert und Zola hinführen.

In den Universitätskreisen setzt sich der Spiritualismus Cousins fort in Paul Janet (1823–99); auf Grundlage von Aristoteles, Leibniz, Schelling setzt ihn Schellings Zuhörer Ravaisson (1813–1900) fort. Schellings Zuhörer auch Secrétan, geboren 1815. Vom deutschen Idealismus abhängig auch Vacherot, geboren 1809. In der Bahn von Leibniz, Kant, Schelling, Schleiermacher auch der Bedeutendste dieser Richtung, Renouvier (geboren 1818), Essais de critique générale 1854–64: auf die Tatsachen des Bewußtseins gegründete Philosophie der Freiheit. Monadologie, Lachelier (geboren 1832). Vgl. meine Abhandlung, [in:] Archiv für Geschichte [der] Philosophie XI, [Heft] 4.[15] – Experimentelle Psychologie: Ribot. Evolutionslehre: Fouillée, Guyau.

III. Englische Philosophie

Die Assimilation der Dichtung, Philosophie und Geschichtserkenntnis Europas, vollzogen in der Kontinuität der sich behauptenden englischen Eigentümlichkeit, hatte in dieser Periode größter englischer Machtentfaltung eine Blüte der ganzen englischen Literatur zur Folge. Diese Entwicklung ist anglo-amerikanisch. Dem historischen Roman Walter Scotts folgte, ermöglicht durch den Reichtum der englischen Gesellschaft an Charakteren und die Gliederung ihrer Klassen, der Roman als Darstellung der Gesellschaft. Dickens 1812–70, beeinflußt von Carlyle. Thackeray 1811–63. Bulwer 1803–73. Disraeli 1804–81. George Eliot 1819–80. Der Roman, die Philosophie und die Politik förderten die große Geschichtsschreibung in Hallam 1777–1859, Macaulay 1800–59, Carlyle 1795–1881. Dieselbe ursprüngliche Macht des Wirklichkeitssinnes äußert sich in Darwin u. a. großen Naturforschern. So erscheint der Gegensatz der beiden Standpunkte aus dem 18. und der ersten Hälfte des 19. Jahrhunderts in einer philosophisch höchst bedeutsamen Form in Spencer und Carlyle.

1. Die von der Naturwissenschaft bestimmte Philosophie setzt sich in der Entwicklungslehre von Herbert Spencer fort (gleichzeitig und unabhängig von Darwin konzipiert), die auf Grundlage einer positivistischen Erkenntnistheorie den gesamten Stoff der Erfahrungswissenschaften mit den Formeln der Integration und Differentiation in ein „System der synthetischen Philosophie" zu bringen sucht. Spencer, geboren 1820, Ingenieur, Schriftsteller, lebt dann der Darstellung seines Systems. The proper sphere of government 1843, Social statics 1851 (umgearbeitet 1892), The development hypothesis 1852, Manners and fashion 1854. Seitdem er 1853 von der Redaktion des *Economist* zurücktrat, widmete er sich ganz der Ausarbeitung seines Systems. The principles of psychology 1855, First principles 1860, Principles of biology 1865, Principles of sociology 1876–96, Principles of ethics 1884–93. Zwischen diesen sein System konstituierenden Schriften erschienen: Essays, scientific, political and speculative 1858–63, Education: intellectual, moral and physical 1861, The classification of the sciences 1864, The study of sociology 1873. In einer Reihe von Aufsätzen (1893/4) verteidigte er gegen A. Weismann die Lehre von der Erblichkeit erworbener Eigenschaften. Deutsche Ausgabe seiner Werke von Vetter 1875 ff.; gedrängten Auszug aus ihnen gibt Collins, An epitome of the synthetic philosophy 1889, deutsch von Carus 1900; über ihn O. Gaupp, H. Spencer, Stuttgart 1897.

2. Th. Carlyle (1795–1881), Abhängigkeit von der deutschen Literatur; vgl. Kraeger, Carlyles Stellung zur deutschen Sprache und Literatur 1899. Seine Philosophie enthalten in dem Roman *Sartor resartus*. Der Idealismus der Freiheit und göttlichen Persönlichkeit wird von ihm auf der Grundlage der Schotten und eines umfassenden Studiums der deutschen Philosophie und Literatur fortgebildet. Er macht aber diesen Idealismus dienstbar den Aufgaben, welche in der Lage der Arbeiter und sozialen Frage enthalten waren. Der Fortschritt der menschlichen Gesellschaft besteht in diesem Sieg des Grundsatzes der christlichen Brüderlichkeit gegenüber dem Kampfe aller gegen alle. Fordert sonach neben den Rechtsgarantien für die arbeitenden Klassen die Umbildung der Gesellschaft selbst. Carlyle und der Chartismus. Sartor resartus 1833–34, Heroes and hero-worship 1841, Sämtliche Werke, 37 Bd.e 1872–74; über ihn meine Abhandlung, [in:] Archiv für Geschichte der Philosophie IV, S. 260–285.[16] In derselben Weise sucht neben Carlyle John Ruskin (geboren 1819) die ästhetische Erziehung der Arbeiter zu fördern. Modern painters 1843–60, The stones of Venice 1851–53, deutsche Ausgabe Berlin 1902.

Th. H. Green, geboren 1836 zu Yorkshire, studierte in Rugby und Oxford. 1878 Whyte-Professor der Moralphilosophie zu Oxford. † 1882. Introduction to Hume's „Treatise on human nature" 1874, Prolegomena to Ethics, ed. by Bradley 1883 (erster Teil in *Mind* 1882 unter dem Titel *Can there be a natural science of man?*), Works, herausgegeben von Nettleship 1885 ff. – E. Caird, The critical philosophy of Immanuel Kant 1889, The evolution of religion 1893. – F. H. Bradley, Ethical studies 1876, Mr. Sidgwick's hedonism 1877, The principles of logic 1883, Appearance and reality 1893. – R. Adamson (Professor in Glasgow), On the philosophy of Kant 1879. – William James, der hervorragendste Philosoph Amerikas. Principles of psychology 1890, Will to believe 1897, Talks of teachers [on psychology] 1899.

B. DIE BERLINER VORLESUNG
ZUR ALLGEMEINEN GESCHICHTE
DER PHILOSOPHIE

(Berlin 1900 – ca. 1903)

Allgemeine Geschichte
der Philosophie bis auf die Gegenwart,
in ihrem Zusammenhang mit der Kultur
(Wintersemester 1900/01)

Geschichte der Philosophie in ihrem Zusammenhange der Kultur nur durch Kunstgriffe zu bewältigen. *Grundriß* von fünf Bogen.[17] Römische und mittelalterliche Philosophie hier auch inhaltlich.

Eine Geschichte des menschlichen Geistes schlechtweg, von den ersten Regungen des religiösen Empfindens bis zur Gegenwart.

Begriff der Kultur: Zivilisation nennen wir die Ansammlung der äußeren Hilfsmittel, die den Menschen von der Barbarei zur Kultur hinüberführen, z. B. die Behandlung des Eisens, der Metalle. Was ist nun cultura hominis? Bildung des Menschen, Entwicklung der Zweckzusammenhänge, zu denen er angelegt ist. Also: Wirtschaftliches,[18] Recht, Staat, Religion, Kunst.[19] Diese verwirklichen sich in den Gemeinschaften wie Familie, gens[20] etc. Immer höhere Stufen des wirtschaftlichen Daseins. Wozu ist das Menschengeschlecht da? Die Kultur zu entfalten, d. h. die in ihm vorhandenen Zwecke[21] zu differenzieren, [zu] entwickeln.

Was ist Kulturgeschichte? Schon der Anfang, das fürchtende, angstvolle Wesen ohne Kontinuität des Denkens, verglichen mit der Gegenwart, zeigt, daß die Kultur eine Geschichte hat. Sie ist kein totes Aggregat, kein Mechanismus, kein von außen Hinzutretendes, sondern ihr Wesen ist Entwicklung, ihre Geschichte Entwicklungsgeschichte.

Ihre Teile

Grundlage der Kultur ist der Fortschritt der wirtschaftlichen Arbeit. Im Zusammenhang damit Rechtsordnung, Familie, gens und Staat notwendige Glieder. Die Rechtsordnung setzt Macht voraus, den Staat; er bedarf eines Verwaltungssystems. So greifen in den tiefsten Wurzeln die einzelnen Elemente ineinander. Die Blüte des Kulturlebens ist das, was Hegel den „Geist" nennt: Religion, Philosophie [und] Wissenschaft, Kunst; [Philosophie ist] die Besonnenheit des Menschen über sich selbst. Religiosität das Bewußtsein des Verhältnisses zur Gottheit. Die Kunst eine Bildersprache. Philosophie ist das Umfassendste, die allseitigste jener Funktionen, durch die der menschliche Geist zum Bewußtsein seiner Zwecke gelangt: Sinn des Lebens und Universums. Der immer rege Zusammenhang des menschlichen Geistes in sich selbst. Das Letzte, das Höchste der menschlichen Kultur überhaupt.

Die Epochen der Kultur sind in ihren Formeln versteinert. Aus diesen Formeln lesen wir die Weltgeschichte. Sie sind das Behältnis, in dem der Sinn, die Struktur des Zeitalters erhalten sind. Wozu studieren wir die Geschichte dieser Formeln? Wie könnte jemand von Rechtswissenschaften sprechen, ohne von der Stoa, Grotius, Kant zu reden. Das Dogma vom λόγος, des ganzen Christentums, woher stammen sie? Aus der griechischen Philosophie. Der Philologe: die alte Philosophie.

Neuere Philosophie gibt es nicht: Es gibt nur eine Geschichte der Philosophie. Aber [sie dient] nicht nur zur Unterstützung des Fakultätsstudiums; ein höheres Bedürfnis lebt in jedem. In der Zersetzung der heutigen Zeit: nichts so wichtig als eine einheitliche, vorurteilsfreie Weltanschauung. Nicht um sich einer in die Arme zu werfen, noch zum Eklektizismus: sondern das höhere Bewußtsein, daß sie verschiedene Seiten der menschlichen Natur darstellt. Das Rücken der Menschheit von Stufe zu Stufe. Dann auch ihr Höchstes: die Betrachtung des Universums unter dem Gesichtspunkt der Entwicklung. Was der Mensch sei, erfährt er nur aus der Geschichte, [aus] der Entwicklung.[22] In ihr entfaltet sich der Mensch: Sie ist der sich entwickelnde Mensch. Sie allein belehrt über seine Zweckzusammenhänge und Ziele. Also eine gänzliche Umwälzung Ihres Bewußtseins ist das Ziel dieser Vorlesung.

Übersicht über den Anfang der Geschichte der Philosophie

An dem Anfang aller Vorstellung des Menschen über sich und die umgebenden Kräfte der Natur stehen die primitiven Stufen: Gottheitsideen, Leben nach dem Tode. „Die primitiven Ideen der Menschheit". Dann drei Generationen von Kulturen:

1) Die Kultur des Ostens. Ägypter, Babylonier, Assyrier, Israeliten, Perser, Inder, Chinesen: älteste Generation. Als letzte Evolutionen: Mysterien der Priester, Spekulationen der Einsiedler. Große dauernde Weltanschauungen, die das Fundament aller folgenden [bilden]. Alle großen Formen entwickeln sich schon hier. Die indische Spekulation ist zur „Philosophie" fortgeschritten. Die große monistische Bewegung vom 8. bis 6. Jahrhundert spült die Wellen hinüber an die Gestade Südeuropas.

2) Nun die zweite Generation, die Kultur des Mittelmeeres. Die neue Bedingung ist die Entstehung der Wissenschaft. Denn diese setzt die Philosophie voraus.[23] Die schönste Zeit des menschlichen Geschlechtes. Von hier die Übertragung auf den römischen Geist: Es gibt eine römische Weltanschauung, die ein noch wichtigerer Faktor als der hellenische für die Weiterentwicklung geworden. Eklektizismus und Verbindung mit den Ideen des Ostens erzeugen die neue Bewegung: Neuplatonismus, Gnosis. Als Justinian römisches Recht kodifizierte, Johannes Damascenus die Lehre der Kirche festlegte, erstarrte der Osten, und er schied aus von der Kulturentwicklung.

3) Im Westen aber seit Theodosius entsteht die neue Generation unserer Vorfahren. Nunmehr beginnt die germanisch-romanische Periode: ganz neue Kräfte, ein neues Geschlecht, bis nach Amerika: Es ist ein geschichtlicher Aberglaube, das Mittelalter zwischen die alte und neue Welt zu setzen. Es ist die Entfaltung unserer Vorfahren.

Rassen und Kulturen

Einteilung der menschlichen Rassen ein Problem, seit Forster, Kant etc. behandelt, im ganzen noch nicht gelöst. Sprachbau ein wichtiges Element: Aber Sprachen sind übertragbar. Heute sind Schädel und Haare das Wichtigste. Sie sind ziemlich fest, aber doch abänderlich und von Mischung beeinflußt. Hier nur gewisse große Typen:

I. Naturvölkerrassen:
1. Die Australier (Festland, Küsteninseln).
2. Die Papuaner.
3. Hottentotten und Buschmänner, gesondert von den Negern.
4. Die amerikanischen Urvölker scheinen eine Einheit zu bilden.
5. Malayen.

Dies sind die sogenannten Naturvölker, im vorigen Jahrhundert: „Wilde". Eine Kultur aber haben sie alle hervorgebracht: „Naturvolk" brauchbar für eine in bestimmten Naturzwängen entwickelte Kultur. An einigen Orten höchstens eine Halbkultur.

Neben diesen die Träger der Kultur:

II. Halbkulturen:

Die mongolische, in China und Japan die ostasiatische Kultur; eine Einverleibung in die moderne Kultur bei den Japanesen.

III. Vollkultur:

Mittelländische Rasse: Vollkultur (d. h. die Kraft, die Kultur im Zusammenhange der Nationen fortzuentwickeln).

1. Der hamitische Zweig: die altägyptische Kultur neben der babylonischen.

Daneben 2. der semitische Zweig: Phönizier, Semiten, Araber, Syrier etc. bilden die großen Offenbarungsreligionen aus.

3. [Der] indoeuropäische [Zweig]: Perser und moderne europäisch-amerikanische Kulturvölker.

Gang der Kultur auf diesem Planeten: Zuerst scheiden die Naturvölker aus dem Kulturprozeß ab. Die ersten Stufen gemeinsam. Dann bleibt die mongolische Rasse zurück. Zersetzt sich diese jetzt, oder wird sie durch Reformen bei Festhalten an der Eigenart zu neuer Entwicklung aufblühen?

Der Kreis der fortschreitenden Völker wird immer enger: jetzt die romanisch-germanischen Völker im Vordergrunde.

[A. Die Geschichte der Religiosität]

[Erste Stufe der Religiosität]: Religiosität und Glauben der Naturvölker.
Die primitiven Ideen der Menschheit

Alle Völker auf primitiver Stufe, soweit sie noch zugänglich, zeigen eine erstaunliche Ähnlichkeit. Schon äußerlich: 1) Jünglingsweihe, Bräuche, bis zur Konfirmation; 2) Tänze als Zaubermittel; 3) Zaubersysteme, Priestermasken, Spiritismus. All das bei allen analog.

Tiefer: Auch die Ideen dieser Völker sind höchst analog. Rohde, Psyche,[24] Stade für die Israeliten.[25] Bei Natur- und Kulturvölkern Übereinstimmung.

Die wirtschaftliche Stufe von Einfluß: Okkupation ist die älteste wirtschaftliche Stufe. Aneignung von Wurzeln, Beeren. Der Mensch ist der Almosenempfänger der Natur. Die primitiven Ideen müssen außerordentlich einfach, niedrig sein. Dann: Waffen, Geräte, Ackerbau, allmähliche wirtschaftliche Entwicklung. Sobald die Pflege der Haustiere zum Ackerbau hinzutritt, trennen sich die Kulturvölker.

Soziales Leben: 1) Horde, Wanderleben. 2) Es differenzieren sich Familie und gens. Dies die allgemeinen Bedingungen für die Entwicklung der primitiven Ideen, von denen wir zunächst ungemein wenig wissen. Die bezügliche Wissenschaft besitzt noch nicht genug Material. Ein zweiter Umstand: Sowohl die Uramerikaner als die Neger haben Halbkultur hervorgebracht. Im Völkermuseum die Denkmale der bildenden Kunst der Halbkultur in Ostafrika: Eisenbearbeitung. Alle Zeichen einer eigentümlichen Kultur. Ebenso an der Westküste unter arabischem Einfluß. Ebenso in Peru und Mexiko. Das muß uns stutzig machen: Die Naturvölker besitzen also die Fähigkeit, eine eigentümliche Kultur zu erzeugen. Aber auch diese Halbkulturen sind noch in bestimmte Naturgrenzen eingeschlossen. Allerdings sind wir unfähig, in diese eigentümliche fremde Welt uns einzuleben. Das Wichtige ist: Es sind zwar fremdartige Kulturen, aber all das bleibt in gewissen Grenzen. Darin liegt das Recht des Herrengeschlechtes auf der Erde, mit der Zeit diese Völker zu ersetzen.

Ursprung der Religion, Wesen der Religiosität

Die primitive Art des Glaubens ist noch nicht differenziert in Religion, Wissenschaft oder Philosophie, sondern ist zurückgeblieben auf einer vorwissenschaftlichen Stufe. Denn Philosophie setzt[26] das Vorhandensein der Wissenschaft voraus.[27]

Begriff der Religion oder Religiosität im Unterschied von der Philosophie. Wirtschaftliches Leben setzt eine gewisse Regelmäßigkeit in der Natur voraus: Gesetzmäßigkeit des Wachstums, Blühens, Tages- und Nachtwechsels etc. Ohne diese Vorstellungen keine wirtschaftliche Tätigkeit. Religiosität in ihrem Ursprunge beruht darauf, daß diese Gesetzmäßigkeit erstens eng begrenzt, zweitens unerklärlich für den primitiven Menschen [bleibt]. Das bedrängt ihn, läßt ihn fürchten. 1) Was ist dies Unbekannte? 2) Wichtiger aber: Wie beherrsche ich das alles? Magie ist das Mittel, die Dämonen und Ahnengeister zu besänftigen.

1) Alle religiösen Vorstellungen der früheren Stufen, ja alle Vorstellungen der früheren Stufen entwickeln sich aus diesen Kulthandlungen.

2) Die Klassen dieser Vorstellungen sind göttliche Kräfte oder Personifikationen.

3) Die Bildungsprozesse beziehen sich alle auf die Kulthandlungen.[28]

In dieser Doppelreihe von Wesen baut sich die höhere Welt, in der sich Personifikation, Symbol, religiöse Metapher entwickeln.

Der große Untergrund menschlichen Denkens ist der religiöse Prozeß.

Der Kreis der Gesetzmäßigkeit dehnt sich nur langsam und schwer in der menschlichen Entwicklung aus. Die Menschen der ersten Zeiten sind in fremden Händen, nicht in ihrer eigenen Gewalt. Das ist der Ursprung der Religiosität. Die Träger derselben sind auf der primitiven Stufe die Zauberpriester. Ihre Operationen: Heilung von Krankheiten, Prophezeiungen, Vorbereitung der Jagd, des Sieges. Nichts von einer Vorstellung von gut und böse in einem anderen Sinne als nützlich und nicht nützlich. Die Kulthandlungen der primitiven Stufe sind die Vorstufe der Opfer, Gebete des ästhetisch-religiösen Kultus. Es ist das praktische Verhältnis des in dem engsten Druck lebenden Urmenschen, aus dem seine höheren Vorstellungen hervorgegangen sind.

Nutzen oder Schaden des Menschen von dem Unbeherrschbaren, darauf bezieht sich alles. Nicht „gute und böse" Wesen, nur „nützliche und schädliche" Wesen.

1) Der Grundprozeß ist die Personifikation: einer der wichtigsten Prozesse. Die Naturkräfte werden so zu den mythischen Personen. Der Mensch versteht nur, was seinesgleichen oder ihm verwandt ist. Der ursprüngliche Mensch führt alles, was ihm nützt oder schadet, auf Willen zurück. Dilthey aber behauptet, dies sei kein reiner Naturprozeß, sondern herbeigeführt von den Kulthandlungen. Es sei deren notwendige Folge.

2) Der zweite Prozeß ist der, in dem die Vorgänge, die sich in dieser dunklen Welt vollziehen, zur Auffassung gebracht werden in Form einer Metapher. Deren Produkt ist der Mythos. Die Metapher mischt sich mit dem Vorgange selbst. Tierfabeln sind es, Ahnenmythen. Säulen im Museum für Völkerkunde: die Metapher der übereinander sitzenden Ahnenreihe. So entsteht der Mythos.

Nun beginnen jene Prozesse, in denen der fortschreitende menschliche Geist unternimmt, dies auszuspinnen, was sich seinen Beobachtungen darbietet. Primitive Logik mittels erstens Experiment, zweitens Verallgemeinerung. Dieses Verfahren steht uns zugleich sehr nah und sehr fern. Die Kräfte der Kriegsgefangenen eignet er sich an, indem er sie aufißt, die der Götter, indem er das ihnen Geweihte aufißt. Indem er sich Vorstellungen bildet, breiten sie sich aus in seinem Stamm, werden zu einem festen Besitztum.[29] Er verwechselt das post hoc und das propter hoc. Der Weg dieser Logik ist für uns oft gar nicht mehr aufzufinden. Cf. Steinen, Brasilianische Reise,[30] berichtet [über] solche wunderbaren Gedankenwege.

Über den primitiven Stufen dann die große monistische Bewegung. Es wird dann die Zeit eines höheren Ackerbaues kommen, Städte etc. Dann werden diese losen Gebilde zu einem festen System der Gottheiten. Verbindung der Mathematik und Astronomie mit diesen Kulthandlungen erzeugt die scheinmetaphysischen Systeme, die im Grunde theologisch sind. So bei den Indern, Babyloniern, Persern. Sie alle aber setzen die Welt herab gegenüber der Fülle der Gottheit. Wir müssen sondern diejenigen Weltansichten, die in diesem religiösen Prozeß in der Menschheit entstanden sind, und die, die auf dem Boden der Wissenschaft[31] aus dem Bedürfnis der Aufklärung hervorgegangen sind. (Thomas [von] Aquin und Duns Scotus stehen auf dem Boden der religiösen Spekulation, wo die Übermacht der Gottesvorstellung zur sieghaften Kraft emporgehoben wird.)

Alle Religiosität aber hat zur Voraussetzung die primitiven Ideen und Kulte, die auch den oben angedeuteten Prozessen der Personifikation und Metapher vorangehen.

Die primitiven Kulte

Spätere Zeiten mögen die Urkulturen zusammenhängend darstellen können. Wir haben nur Hypothesen, noch kein ausreichendes Rohmaterial.

1. Die erste Gruppe: der Toten- und Ahnenglaube
Alle Völker beginnen ihre Entwicklung mit folgender Grundvorstellung: In den beseelten Körpern wohnt ein Schatten, ein Geist, der den Körper vorübergehend verlassen kann im Traum, [in der] Katalepsie – auf immer im Tode. Er ist ein Schemen des Körpers, halbmateriell. (Spencer und Tylor weisen diesen Glauben bei allen Völkern nach. Für die Griechen Rohde, Psyche.) Wie kommen die primitiven Stufen zu diesem Glauben? Die Anthropologen: Der Traum veranlaßt es. Diese Kinder des Augenblicks, selbst wie flüchtige Schatten, halten das Bild für das Wirkliche selbst. Der Wilde schließt: Das im Traum Vorkommende, das ist gerade das Außerordentliche. Steinen erzählt solche Fälle. Ferner die abnormen Zustände: der Scheintod (Rückkehr des Geistes).

Das Leben ist uns allen verständlich, der Tod ist eine Tatsache, aber eine unerklärliche. Alles fordert zu seiner Erklärung immer wieder dasselbe.

Spencer und Tylor sehen in dem Toten- und Ahnenglauben den Ursprung aller Religionen. Dilthey tritt dem entgegen: Auf drei[32] primitive Ideen muß man sie zurückführen.

[I. Grundidee: die Fortdauer der Seele]

[1.] Die Erscheinung fremder Personen im Traum übte eine mächtige Wirkung. Und die Physiognomien dieser Traumgestalten sind von einer Tiefe, wie sie uns im Wachen nie begegnen. Der Träumende konnte sich nicht denken, daß er diese Gestalten hervorgebracht habe.

Ferner das Geheimnis des Scheintodes. Die Seele also kann den Körper verlassen, doch als etwas dem Körper Ähnliches. Bei den Zulus der Glaube, daß die abgeschiedene Seele ein Geist werde, der den Lebenden erscheinen kann. Aus der *Ilias*: der schlafende Achilleus mit dem Schatten des Patroklos.

So entsteht das Bild von Seele oder Seelenschatten. Kein Hindernis gibt es für sie. Ein Rückständiges der Spiritismus. *Faust II*: Könnt ich Magie verlernen und das folgende.[33]

2. Worüber die Seele Herrschaft hat im Leben, darüber herrscht sie auch nach dem Tode, darauf hat sie auch dann noch Anspruch: Diener werden begraben, die Frauen der Peruaner erhängen sich. Mit Patroklos werden Trojaner, Pferde, Hunde verbrannt. Witwenverbrennung in Indien. Solche Begräbniszeremonien dauern bis in unser Jahrhundert.

3. Das Rätsel von dem Aufenthalt der abgeschiedenen Seelen wird verschieden durch analogisches Denken gelöst: 1) Sie bleiben in der Heimat, 2) sie sind im Totenreich unter der Erde, 3) auf Bergen, 4) die vollkommenste: Sie leben im Westen, gen Untergang der Sonne.

Geburt und Sterben stehen in der Welt in einem geheimnisvollen Zusammenhang. Seelenwanderungslehre ist nichts anderes. Sie sterben, um wiedergeboren zu werden. So schon bei den niederen Völkern, Negern, redet man das neugeborene Kind an: Du bist gekommen, d. h. du mein Ahnengeist bist wieder da. Die Seelen können aber auch in Tiere eingehen: Hausschlangen, Schakale etc. Die Witwe des Nordamerikaners redet stundenlang mit dem Geiste des abgeschiedenen Gatten.

4. Die älteste Pathologie steht mit diesem Glauben in Verbindung: Heilkunde mit Dämonenglauben.

Zusammenfassung: Überzeugung von der Fortdauer der Menschen nach dem Tode bei allen Völkern auf primitiver Stufe pflanzt sich fort. Daher fassen die griechischen Philosophen noch die Seele als wirkende Kraft.

II. Grundidee: Beseelung der Natur[34]

Die ganze Natur ist belebt von geistartigen Wesen, sie wirken auf den Menschen: Sie sind eingesperrt in Fetische, Steine, Bäume etc. Nicht anders versteht der Mensch die Natur als durch die Kraft, die auch in ihm Tätigkeit hervorbringt: Willen. Diese Auffassung bleibt in irgendeiner Form dauernd bis zum 17. Jahrhundert, dem Anfang der mechanischen Naturvorstellung, wenn auch verfeinert.

Einen Standpunkt des Fetischismus hat es nie gegeben: Der Fetisch ist irgendein Naturobjekt, dem geistartige Kräfte innewohnen sollen, besonders bei den Negern: kleine Figuren. Verwandt der Glaube an das Totem, ein Tier, das den Ahnherrn des Stammes ausmacht. Federn und Haut desselben werden getragen als Zeichen der Zugehörigkeit. Mana bei den Melanesiern sind solche Personen oder Gegenstände von dämonischer Kraft, z. B. ein Stein. Von hier Verehrung der Steine bei allen Naturvölkern; in einer Zeit, wo man nicht verstand, daß sie früher bearbeitet worden seien, nannte man abgerundete Steine Donnerkeile. In Kulturzeit: Verehrung des schwarzen Steines in Mekka.

Baumkultus (wegen des geheimnisvollen Wachstums) nur beschränkt in Asien, indischen Ländern. Sonst herrscht das Verhältnis zur Tierwelt vor. Verehrung der Lotusblume. Der Buddhismus kämpft dagegen. Mächtiger der Tierkultus. Er lebt noch in den Wappen, Fahnen etc. Wie könnte man ihn noch verstehen? Er erfordert eine Nähe wie in der nordamerikanischen Wildnis. Die Grenze ist hier nicht so scharf. Die Tiere haben Zähne und Klauen, die der Mensch braucht. Er entreißt sie ihnen. Man nennt Menschenfresser Papuare [?], auf dem Wasser Lebende: Fische. Die Ahnen in Nordamerika werden als Tiere aufgefaßt; Tiere können sich in Menschen umwandeln und umgekehrt.

Es entwickelt sich in allen diesen Ideen eine Grundvorstellung von der Beseelung der Natur, aus der der Glaube an Allbeseelung entspringt. Dieser Gedanke geht durch die ganze Geschichte des menschlichen Geistes.

III. [Grundidee:] die Verehrung, Glaube und Kult, die sich auf Sonne und Sterne als Sitz der göttlichen Naturkräfte beziehen

Sonne und Mond als Bruder und Schwester bei Naturvölkern und den Kulturvölkern: Ja, das Überwiegen dieses Glaubens ist ein Zeichen des Fortschrittes der Kultur. Bei den Ägyptern ist der Sonnendienst das Zentrum des Gottesdienstes; bei den Babyloniern, Akkadiern etc. Bis in die Träume der Astrologie, bis zu Seni reicht der Glaube an die geheimnisvollen Kräfte der Planeten. Bei syrischen und arabischen Semiten, bei den indogermanischen Stämmen Bevorzugung des Himmels, des Lichten, ein allgemeinerer Begriff,[35] der den Charakter des Unbegrenzten, geheimnisvoll Unbestimmten gibt. Zeus, Jupiter, das Auge Wodans, das eine [Auge] des Halbgeblendeten ist die Sonne. Daran schließen sich die Mythen über Gewitter, Sturm; die besondere Erhabenheit [dieser Idee] liegt in dem rein Optischen, Untastbaren des Himmels und der Gestirne. An[36] die Grenzenlosigkeit des Himmels schließt sich die erste Idee von der Unendlichkeit der Gottheit. Gericht kann nur gehalten werden, solange die Sonne scheint.

Auch hier ein ursprünglicher Ausgangspunkt für religiöse Ideen.[37]

Ideen, die sich auf die Lebensordnung der Menschen beziehen. Der Prozeß der Religionsbildung selbst vollzieht sich in den Kulthandlungen, deren Träger die Zauberpriester sind, aber auch das Haupt des Stammes darf das Gebet sprechen. Ein doppelter Ausgangspunkt: erstens der Zauberpriester Träger geheimnisvoller Einwirkung, zweitens der Häuptling umstrahlt vom Lichte göttlicher Kräfte. Jene langen in die transzendente Welt hinein. Der Häuptling repräsentiert die Heiligung des Lebens selbst. Ein Nachklang in den Tänzen, die der Stamm für sich oder mit anderen Stämmen bei großen Festen ausführt. Mit Masken. Oft zimmerhohe Kopfbedeckungen, die irgendein Tier repräsentieren. Tanz vor dem Auszug in den Kampf.

Wichtiger die Grundkonzeption von einem göttlichen Vorfahren, der z. B. als Tier vorgestellt wird. Dieser Glaube der Ursprung des Heroenglaubens, das Band, alle Arten des Glaubens in Verbindung zu setzen mit der göttlichen Abkunft. Ausdrucksformen: alle Arten von Zauberei. Ferner die Opfer, Menschenopfer in weitem Umfang. In Amerika auch auf der höchsten Stufe der mexikanischen Kultur. Bei den Babyloniern zur Grundsteinlegung des Tempels: Sie sollen Wächter des Gebäudes sein. Abrahams Opfer. Blutige Tieropfer substituieren unblutige Pflanzenopfer. Allen Stufen der Kultur gemeinsam ist das Gebet. „Sing gegen meine Feinde, schaff mir die Skalpe derselben." Die Indianer vor der Fahrt auf dem See. – „O du großer Geist dort oben" etc. Eine letzte Form: das Tabu. Die Dinge und Menschen werden geteilt in das, was den Göttern heilig ist, und was zu allgemeinem Gebrauch ist.

Die Art, wie die primitive Logik diese Fundamentalideen in Zusammenhang setzt. Sie strebt nach abschließenden Ideen, nach dem Ersten Ursprünglichen. Z. B. bei den Bakairi zwei Konzeptionen: 1) die erste Ursache, 2) der Anfang der Welt und der Ursprung der Stämme. Reich an Erfindungen und wechselnden Gebilden.

Zweite Stufe der Religiosität: [die] Vollendung der Personifikation, der Mythologie und des heroischen Epos

Auf der ersten Stufe keine Kontinuität staatlicher Bildungen und religiöser Vorstellungen, die in beständiger Unruhe und Veränderung sind. Mangel der Schrift. Erst die Veränderung der wirtschaftlichen Lage und der sozialen Zustände ermöglichen eine höhere Entwicklung. Der Ackerbau, verbunden mit Viehzucht, macht bessere Schutzwaffen nötig. Die sittigende Macht des Ackerbaus vertreibt die rohen Lebensweisen. Priesterschaften bilden sich, ein System von Kulten wird überliefert. Die Schrift tritt hinzu. Religiöse Hymnen.

Die Angst tritt zurück aus dem Leben der Menschen. So bilden sich Personifikation und Metapher in regelmäßiger Entwicklung fort. Mildere Züge bilden sich an den Gottheiten aus. Die neue gesellschaftliche Ordnung hat ihre

Abbildung im Götterleben. Die Naturgottheiten teilen sich in ihre Funktionen. Am wichtigsten der Ursprung der Mythen, und in ihren Zusammenhang treten die Ahnherren der Stämme als Götter: das heroische Ideal. Der Held ist das Ideal aller kommenden Geschlechter. Von ihm singt das indische Epos, die Parsen. Achill die Personifikation des Heldengeistes. Siegfried. Dies ist einer der größten Vorgänge der menschlichen Geschichte. Verknüpfung der Personifikation mit der Sonne: Verbindung des Helden mit dem Göttlichen. (Auf der dritten Stufe wird kommen der Weise, der im Anschauen der Gottheit versinkt. 4. Stufe: Solon.)

Die menschliche Weltanschauung entwickelt sich zunächst in den Formen der Religiosität. Solange Priester die Träger dieser Spekulationen sind, überwiegt die Gottheit der Welt gegenüber.

Dritte Stufe [der Religiosität]: der religiöse Einheitsglaube und die moralisch-religiöse Schulung des Willens

Diese Stufe hatte sich langsam vorbereitet. Einheit der Gottheit: als Theismus (Israeliten), als Evolution (bei den Babyloniern), als Dualismus (Kampf gegen das Böse im Parsismus) usf. Hervorgegangen aus den verschiedensten Ideen, entwickeln sich mannigfaltige Formen. Ein neues Geschlecht denkender Männer. Asien ist die Heimat dieses gewaltigen Vorganges. Auch die höchsten Zivilisationen der Naturvölker lassen wir hinter uns. Eine Einheit der Gottheit, ein bewußter Einheitsglauben bei den Amerikanern nicht. Träger sind vielmehr Mongolen (China, Japan), Semiten und Perser, Inder. Hinzutritt bei den Hamiten die ägyptische Kultur.

Propheten vollziehen unter eigentümlichen Bedingungen diesen Fortgang. Ungeheure Kulte von den feinsten Durchbildungen. Sie steigen aufwärts zu den Sternwarten, zur ewigen Gesetzmäßigkeit des nächtlichen Himmels. Der Mensch überhebt sich über die Stufe, die sein Glück als winzigen Zweck der Religiosität ansieht.

Die mongolische und chinesische Religiosität und Philosophie

Die zahlreichste der Rassen (Nordamerikaner und Malayen jedenfalls stammverwandt. Magyaren, Türken). Aus dieser Welt kommen die mächtigen Eroberer. Als höchste Kultur das chinesische Weltreich. 400 Millionen Menschen. Wie eine Festung. Erwachsen aus einer in ihr liegenden Fähigkeit. Ein in sich geschlossenes, sittliches, politisches Volk.

Eine religiöse Philosophie. Die Weltanschauung selbst entsprechend dem realen Bedürfnis der Menschennatur. Also: Diese Rasse hat ein solches organisches Wachstum nur darum erhalten, weil sie vor der Stufe [ ]³⁸ stehen blieb. Dieses Reich besitzt keine Priesterschaft wie die anderen. Es sind Beamte, und [sie] behalten ihren Charakter als solche. Also eine Einheit der Religion und der bürgerlichen Ordnung. Die religiös-sittlichen Vorstellungen also müssen den Bedürfnissen des bürgerlichen Lebens entsprechen.

Religiöse Grundvorstellungen. Die Art der Verknüpfung mit den primitiven Ideen konstituiert die Religion. Zwei Ideen: 1) die Verehrung des Göttlichen in der Anschauung des Himmels (von hier ging die primitive Religion der Japaner aus); 2) damit verbunden der besonders ausgebildete Ahnen- und Totenglaube. Der Schamane in epileptischen Zuständen sucht die Seele des Toten in das Totenreich hinabzuführen durch seine Künste.

Kombination der drei oder vier großen primitiven Ideen: Himmel als höchste Gottheiten, Ahnenkultus, mit ihm verbunden die Verehrung des Kaisers (Museum für Völkerkunde, chinesische Abteilung). Inniger Familienzusammenhang dargestellt durch Figuren aus Korallen. Verehrung des Himmels, Sitz der Vernunft, die sich in der Natur offenbart. Dies ist die Vernunft als Regelhaftigkeit des Naturgeschehens, wie sie auch in der moralischen und bürgerlichen Welt herrschen soll. Jede Verletzung dessen hat ihre Ursache in der Durchbrechung jener Gesetzmäßigkeit.

Zusammenfassung dieser Begriffe im 6. Jahrhundert v. Chr. durch Kung-tse – ein Herrscher über 400 Millionen Menschen – nicht durch Originalität, sondern durch Zusammenfassung des Haltbaren, philosophisch noch Denkbaren; denn er ist Geschichtsschreiber und Philosoph. Neben ihm der Mystiker Lao-tse. Das eigentümliche seiner Religiosität: Die asiatische Kultur geht über in die philosophische Spekulation, die Welt [ist] die Manifestation der himmlischen Vernunft. Die Theologoumena der alten Zeit versinken: Kung-tse begründet eine Vernunftreligion oder Lao-tse der erste Mystiker: Sie beide stellen die zwei Seiten dar, die das Prinzip der Weltvernunft in diesem Volke annehmen mußte.

Alle Möglichkeiten der Gottesidee werden auf dieser Stufe erschöpft.

Disziplinierung des sittlichen Bewußtseins.

Tao, das Gesetzliche.

Frei von Priesterschaft, Ritus, Mythus kann Kung-tse die Vernunft zur Richterin über das, was getan werden soll, machen. Also eine Religion, die zugleich Philosophie ist. Ohne Innerlichkeit.

Ein Zusammenhang der Vernunft nach Regeln und in zweckhafter Art: das alte Tao. So kann Religion durch bloße Vernunft entdeckt werden. Der Mensch findet in sich die zweckmäßigen Beziehungen, dann in der sittlichen Entwicklung der Gesellschaft. Also Optimismus, rational – Eudämonismus. Bescheidung auf den eigenen Lebenskreis: Das ist die Art, wie der Weise sich der Vernunft in der Welt anpaßt. Ein kühler Theismus.

Der Begründer [der] Mystik: Lao-tse, 604 geboren. Wieder erweist sich an ihm die Gesetzmäßigkeit in der Entwicklung des menschlichen Geistes. Ist der Mensch eine Manifestation der Gottheit, so kann er in ihr wirken oder sich zurückziehen in die Ruhe und Tiefe. Wie im Christentum des Mittelalters. Die beiden Seiten werden sich auf der monistischen Stufe immer entwickeln. Was ohne Tao ist, endet schnell. Das Gute siegt und kann es nicht vermeiden zu siegen. Begegnung des Kung-tse und Lao-tse. „Denen, die mir wohl tun, tue ich wohl, und denen, die mir nicht wohl tun, tue ich dennoch wohl." (Lao-tse).[39] [„]Womit willst du denn die Güte vergelten. Vergilt Güte mit Güte und Übel mit Gerechtigkeit.["] (Kung-tse).[40]

Lao-tse war ein verborgener Weiser. Als ein Usurpator aufkam, wanderte er fort (schrieb sein Buch Tao, übersetzt von Strauss – sehr schön). Tao ist der „Urgrund des Himmels und der Erde."[41] „Der alles erzeugt hat, will nicht herrschen."[42] Das Herrenrecht der Gottheit (wie im Koran) leugnet der einsame Denker. Erzeugen und nicht besitzen, tun und nichts darauf geben, großziehen und nicht beherrschen – ist tiefste Tugend.[43] „Der heilige Mensch" wendet sich ab von der äußeren Welt. Er spricht von einem verborgenen Reich, das die Heiligen vereint.

Dialektische Weiterentwicklung durch zahlreiche Philosophen (u. a. Eudämonismus).

Monismus der Ägypter

Die höchste Erscheinung der hamitischen Kultur. 2830 v. Chr. Epoche des Königs Nebre (vielleicht älter als die chinesische Kultur). Wieder aufgebaut auf den primitiven Ideen. Totenglaube.[44] Sonnenkultus. Verehrteste Gestalt: Osiris. Symbol des Menschenschicksals. Die Seele ist Osiris selbst. Im Totenkult wird von der Seele alles gesagt, was von Gott gesagt wird.

Semitische Kulturen

Drei große Weltreligionen: Judentum, Christentum, Islam. Der Monotheismus, der die Transzendenz gegenüber allen Kausalverhältnissen begründet: Gott als Schöpfer. Renan glaubt an eine monotheistische Anlage dieser Rasse, dagegen aber spricht die babylonische Religion. Der Sinnenglaube steht unter dem Eindruck des Todes. Daher die Konzeption einer Totenwelt, in der die Seelen gefesselt sind. (Also ein Unsterblichkeitsglaube, der ein Schlechteres erwartet.) Daraus entspringt das Herrenverhältnis der Gottheit zu den Menschen. In der Annahme einer Verwandtschaft der Gottheit dagegen liegt das Eigentümliche der indogermanischen Rasse.

Die babylonische Religiosität ist ein Ding für sich, höchst belehrend in ihrer Gesetzmäßigkeit. Ein evolutionistisches monistisches System: hier in der letzten erhaltenen Form. Hauptgott: Marduk – Sonnengott. Die Schöpfungslehre parallel der semitischen. – Die Sintflut-Erzählung: Es liegt in der Gottheit ein Prinzip von Ruhe und Ordnung. Indem die Menschen diesem Gesetz nicht entsprechen, bricht die Sintflut herein. Die Hymnen, die man bei den Assyrern gefunden hat, sind Bußpsalmen.

Die Konzeption der Evolution wird besonders für die Griechen von Bedeutung. Die lichte Gottheit der Kultur siegt über die finsteren Dämonen.

Der Gang der israelitischen Kultur. Bund der Gottheit mit dem Stamm. Gehorsam gegen[45] die Segnungen des Lebens. Die höchste Form von dem Bewußtsein der göttlichen Persönlichkeit. Persönlichste Tiefe. Eine Fratze dieser Religiosität ist der Koran.

Parsische und indische Kultur

An der Wende des 7. und 6. Jahrhunderts Übergang vom alt-arischen Polytheismus zum Monismus. Höchster Gott: Ahura Mazda. Sein Verkünder: Zarathustra. Wunderbare Träume verkünden seine Geburt. Bei dieser weint er nicht, sondern lacht. Er lebt in den vornehmsten Verhältnissen. Hüter und Schöpfer, Erhalter und Wisser ist Ahura Mazda. Sieben gute Geister. Der böse Geist mit seiner Gefolgschaft ist Ahriman. Dualismus: ein Doppelreich: Der Sieg aber gehört dem Guten. Dieser Gedanke begeisterte die Streiter.

Vedantaphilosophie

Schon in den *Veden*: Übergang der Seele in ein lichtes Reich. Totenglaube in der Form der Vorstellung vom Paradiese und Sonnenglaube vereinen sich zu der Grundkonzeption: Der Mensch ist der Gottheit wesensverwandt. Dieser Gedanke wird zuerst dargestellt, wo die vordringenden Indogermanen die Ruhe des Südens überkommt. Jene *Upanishaden* erklärt Schopenhauer für die höchste Leistung des menschlichen Geistes überhaupt. Die Formel des Pantheismus: Wie bringt das Ureine aus sich die Welt hervor? Lösung dieses Urrätsels durch Bilder. Herakleitos: das Ruhende und Bewegte, das Viele und das Eine – dieses Problem bewegt jetzt schon die Inder.

Aber im religiösen Prozeß liegt noch ein tieferes Motiv hierzu. Diese Vertiefung in das All-Eine bringt den Samen für diesen Gottesbegriff hervor: Brahman (Neutrum). Indem das Bewußtsein sich versenkt in dieses Eine, wird die Welt entwertet. Sie ist wohl seine Emanation, aber das ist nicht das Letzte, sondern sie ist seine Erscheinung. Vedantaphilosophie, die letzte und höchste Stufe der asiatischen Philosophie.

Grundlegung als Erkenntnistheorie

In Europa diese Grundlage erst seit Augustin und Cartesius.

1) Ich muß alles bezweifeln. Fragt man mich nach dem Warum der Dinge, so kann ich nur mit Räsonnement antworten: Daran aber ist unmittelbar gewiß nur das Denken. Ausgangspunkt des menschlichen Denkens ist das Bewußtsein des Selbst.

2) Gott ist Geist. Menschlicher und Gottes Geist sind dasselbe. Brahman ist Atman (Selbst). In dem Selbst wird die Gottheit aufgehen müssen. Atman heißt das, was zurückbleibt, wenn wir von uns alles abziehen, was uns mit der äußeren Welt verstrickt. Alles dies (also alle Erscheinung) ist Azadi [?] (auch logisches Denken, Sinne, Begehren). Der Mensch setzt sich als Subjekt dem Objekt gegenüber. Diesen Dualismus muß der Mensch aufgeben,[46] um das Absolute zu erfassen. Identitätsphilosophie in Deutschland. Indem der Mensch begehrt und will, verliert sich der Mensch an das äußere Objekt. Aufhebung der Begierde selbst, ja der Tat. Alles Begehren, alles Lebenwollen ist Leib – ist leidvoll. Aufhebung dieses Leidens ist die Seligkeit, die dem Beschaulichen möglich ist. Dilthey zitiert Stellen:

Der Mann, der am Selbst sich freut – für den ist keine Pflicht mehr bindend.[47]

Jenes universale Mitleid ist die schönste Frucht der Vedanta. Wer erkennt, daß ein Bruder [sein] Selbst ist, der wird sich scheuen, dies Selbst in ihm zu verwunden (cf. Schopenhauers Lob).

3) Die Welt ist Erscheinung. Daraus entspringt das Problem: Wie kann dieses Phänomen entstehen? Das Problem jeden Idealismus schlechthin. Die Welt ist das Phänomen des Brahman. Er ist der Zauberer, sein Zauber die Welt, der Zauber die Maja.[48] Wie im Traum Phantasiebilder, so ist die Welt das Traumbild Brahmans. Keine begriffliche Leistung will dies sein, sondern ein tiefes Bild. Wir träumen diese Welt mit (gleichfalls in Bildern).

4) Seelenwanderung und Erlösung. (Ihr Ursprung auf der primitiven Stufe – hier ihre höchste Stufe). Aus obigem folgt: Es gibt keinen auswärtigen Ort als

Totenheimat: Lessing, Novalis finden in diesem Begriff eine höchste Lösung dieses Problems. Samsara, der Kreislauf der Seelen. Dieser ist beherrscht von dem höchsten Begriff der Vergeltung, die im Sinn dieser Mystik betrachtet wird. Alle Begierde treibt zur Tat, solange Tat ist, ist Schuld – denn es gibt keine Tat ohne Schuld. Erst wer nicht mehr begehrt, wer in Brahman einkehrt, ist schon auf dieser Erde der Erlöste.

„Der Seele Not wird verbrannt vom Wissen."[49]

[Der Buddhismus]

Der Buddhismus ist eines der höchsten Phänomene des menschlichen Geistes: Er geht hervor aus der Vedantaphilosophie, aber gegen ihre Spekulation setzt er sich in Gegensatz. Legende von der Geburt des Gotama Buddha.

Das Leben ist Leid. Die Aufhebung des Leidens geschieht durch Aufhebung des Durstes nach dem Genuß des Lebens, der Körperlichkeit. Was in der Vedantaphilosophie liegt, wird nicht spekulativ angesehen, sondern praktisch: Brüderlichkeit, Mitleid mit dem Tier.

Worauf beruht seine Macht? Die Erscheinung: dieses Entsagende, Lehrende, Wissende in einer Person; die Legende des Buddha, das Leben nach Buddha (dasselbe, was in der christlichen Mystik). Entstehen einer großen Kunst, die die Gestalt des Buddha zum Gegenstand macht (Völkermuseum, japanische Nachbildungen).

Ende der Geschichte der Religiosität bis zur Vedantaphilosophie – eine gesetzmäßige Entwicklung.[50]

[B. Die Kultur des Mittelmeeres]

Von der Grenze des 6. Jahrhunderts v. Chr. bis etwa 476 die neue Periode. Dieser lange Zeitraum enthält drei große Kulturkreise: [I)] Hellenen; [II)] Römer (in den vom 2. Jahrhundert v. Chr. die griechische Philosophie eintritt bis zur populären Stoa); III) eine Mischung von Orient und Okzident, von Spekulation und Religion – in Alexandrien (Philon, Neoplatonismus, Kirchenväter).

Dann beginnt die letzte – unsere Epoche – germanisch-romanisch-slawischer Völker, beginnend mit einer Zeit der Erziehung, Mündigsprechung in Renaissance und Reformation.

I. Die griechische Philosophie

[1] Erste Entwicklung in den griechischen Kolonien ca. 600–450. [2] Dann Zentralisierung in Athen (Sokrates, Platon, Aristoteles – Demokrit) 450–300 etwa. 3) Verfall des nationalen Geistes. Gründung der positiven Wissenschaften, Gründung der moralischen Philosophenschulen. Dann Übergang zur römischen Philosophie.

1) Entwicklung der Philosophie in den griechischen Kolonien. Etwa 600. Psammetich hat das ägyptische Reich geöffnet, seine Kultur kann auf andere Länder übergehen. Der Ort [sind] die Kolonien Kleinasien und Großgriechenland; das geistige Leben entwickelte sich rascher und mächtiger dort. Studien und Reisen. Milet, die Meereskönigin, der erste Sitz der Philosophie, von dem nahen Samos kommt Phythagoras. Die Personen nicht Priester, sondern Kaufleute, Politiker, unabhängig von jeder religiösen Tradition. Thales, Anaximander, Anaximenes. Verbindung der Spekulation mit der Wissenschaft (statt mit der Religion). Eine weltgeschichtliche Kombination ist es, in der diese Verbindung entstand. Die griechischen Völker waren herangereift, Ägypten öffnet sich den Söldnern und Kaufleuten. Was hatten die Babylonier und Ägypter mitzuteilen? Denn sie hatten schon Astronomie und Mathematik ausgebildet. Ihre Anfänge von ihnen zu den Hellenen, wie einstimmig bezeugt wird: eine Kontinuität der menschlichen Kultur.

Bei Thales und Phythagoras finden wir Kenntnis der Konstellation (Periode von 18 Jahren 11 Tagen), die nur auf Sternwarten zu erwerben, und diese gab es nur in Babylon und Ägypten. Die Regulierung des Nil und die großen Bauten erfordern Mathematik. – Eine technische Geometrie, in einzelne Fälle zerrissen. Nichts hiervon läßt sich bezweifeln.

Anders. Haben Spekulationen des Ostens auf die Griechen Einfluß gewonnen? Die Frage ist noch nicht spruchreif – weder zu bejahen noch zu verneinen. Wenn sie es jemals wird, so lautet die Antwort vielleicht bejahend.

[1.] Anfang der griechischen Philosophie: das Zeitalter der sieben Weisen

In diesem Zeitalter entsteht ein neues Ideal der Menschheit: das Ideal des in sich gefaßten, harmonischen Menschen, der die geordneten Verhältnisse der Gesellschaft zum Schauplatz seines Wirkens hat und auch dort Maß und Harmonie zu verbreiten sucht. Das Ideal eines Volkes ohne Priestertum. Unter diesen Denkern Thales: Er stellt die Verbindung zwischen den Weltweisen und [der] Naturphilosophie her. Er begann zuerst physikalische Forschung. Er sah die politische Größe von Babylon und Ägypten, das er selbst bereiste.[51] (Voraussage der Sonnenfinsternis). Diese Kenntnis konnte er nur von den Orientalen haben, muß also bei ihnen gewesen sein. Freund des Thrasybulos. Zusammenstoß mit dem persischen Weltreich.

Sein Ausgangspunkt: das Weltbild der sinnlichen Anschauung. Erdscheibe, Himmelshalbkugel (wie bei Homer und Hesiod). Okeanos umfließt die Scheibe. Sie lagert auf dem Wasser. Also lag es nahe, sie sei aus dem Okeanos hervorgetaucht. *Ilias* 14, 201. Aus ὕδωρ als dem Ursprünglichen, Mütterlichen hat sich Erde, Luft und Feuer gebildet.[52] (Nicht der chemische Begriff von Wasser, sondern = Okeanos). Aristoteles: στοιχεῖον, Element, Prinzip. Thales der ἀρχηγός der Naturphilosophen.[53] Feuchtigkeit des Samens, Fruchtbarkeit des Schlammes, Sagen von einer allgemeinen Flut. Dieser Okeanos, diese Wassermasse ist von göttlichen Kräften erfüllt – πάντα πλήρη θεῶν εἶναι soll Thales gesagt haben. Primitiver Pantheismus, Beseelung der Materie. Nähere Ausführung durch

Anaximander (unbezweifelbare Reihe) πρῶτος ἐτόλμησε eine Tafel der Erde zu entwerfen. Erste vorläufige Vorstellung – Delphi der Nabel der Welt, herum eine kreisrunde Scheibe. Verbesserung durch Hekataios und Demokrit.

(Anfang der Geometrie und Geographie). Es tritt die Ansicht auf, daß die Scheibe ⅓ des Durchmessers dick sei – sie falle nicht, weil sie von allen Seiten durch Luft umgeben sei. Anaximander lehrte, die Erde sei zuerst eine flüssige Masse gewesen; der Urgrund aber sei eine alle Möglichkeiten enthaltende Urmaterie – also schon ein abstrakter Begriff.

In Kleinasien die Forschung in der Natur, der lichte Homer, in Italien Verknüpfung mit den Mysterien und ihren tiefen Spekulationen. Hier Herakleitos, dort die Eleaten. Noch in der Atomistik entspricht der ionischen Seite Anaxagoras, der sizilianischen Empedokles. Bis aus allem die Skepsis, die Aufklärung, die zweifelnde hervorgeht.

Anaximander: Es gab einmal eine allgemeine Wasserflut, der Rest ist der Ozean. Aber ist wirklich Wasser der Anfang der Dinge? Wie sollte daraus das Mannigfaltige hervorgegangen sein? Vielmehr das Unbestimmte, die Urmaterie ἄπειρον (das alte Chaos). Dieses ist das Ursprüngliche. Denn erstens gäbe es kein solches Unermeßliches, so würde sich die Folge der Schöpfungen erschöpfen; zweitens wäre es ein bestimmter Stoff, so würde er die anderen gar nicht entstehen lassen. Es muß alle Möglichkeiten enthalten: Materie schlechthin, Mutter aller Dinge. Sie ist das All-Lebendige, das Unsterbliche. Er zuerst nannte sie ἀρχή Grund und Anfang (wir: Prinzip).

Nach Aristoteles: Diese ἀρχή ist ἀθάνατον καὶ ἀνώλεθρον, περιέχειν ἄπαντα καὶ πάντα κυβερνᾶν (speziell die Planeten gemeint) καὶ τοῦτ εἶναι τό θεῖον. Hier zuerst die klare Formel des Pantheismus. Thales hatte nur gefragt: πάντα πλήρη θεῶν εἶναι?

Wie verhält sich der Pantheismus zu den orientalischen Weltansichten? Man bezeichnet die Richtung unserer Philosophie bis Herakleitos als Hylozoismus. Materie als Grund von allem und in allem enthalten und gegenwärtig. Soll diese nun die Zweckmäßigkeit der Dinge erklären, so muß sie als lebendig aufgefaßt werden – nach dem damaligen Standpunkt. Jenseits dieser Materie gibt es nichts. So entsteht der Begriff einer Zweiseitigkeit der Materie, sowohl in ihrer göttlichen Bedeutung als in ihrer Weltentfassung [?]. Physisch und dynamisch psychisch. Diese seelische Kraft ist die andere, die Innenseite der Materie. Dies ist der Pantheismus oder Hylozoismus, der von Thales zuerst ausgesprochen und von Herakleitos geschlossen.

Blicken wir auf die Philosophie des Ostens zurück: Tao und Brahman ist ein bewußt Göttliches, eine personifizierte Gottheit mitten in der pantheistischen Denkreihe. Weder Inder noch Chinesen haben unseren (christlichen, israelitischen, mohammedanischen) Schöpfungsbegriff, sondern den der Emanation, der Entfaltung. Das ist das Gemeinsame mit dem Hylozoismus. Jenes aber ist religiöse Lebendigmachung, Entwertung der Welt, während hier wissenschaftliche Spekulation.

Wie entsteht aus diesem θεῖον die Welt? – eine Urfrage der menschlichen Entwicklung. Welches ist Anaximanders Antwort? Es sind zwei. Nirgends deutlicher Grenze von Mythos und Wissenschaft.

Simplikios: ἐξ ὧν δε ἥ γένεσις ἔστι τοῖς οὖσιν καὶ τήν φθοράν τοῖς τούτοις γίγνεσθαι κατὰ χρεών,[54] in das müssen sie nach dem Gesetz, d. h. der Billigkeit, auch wieder untergehen. Siehe *Grundriß*.[55] Die alte Grundvorstellung: Die einzelnen Dinge vollbringen eine ἀδικία, indem sie sich aussondern, und die Buße für diese Schuld ist ihr Untergang.

Zweite Antwort (das mythische Denken gab die erste): Der Naturforscher: Das ἄπειρον ist das Unbestimmte, in dem die Möglichkeit von allem liegt. Das einzelne also kommt durch eine Ausscheidung aus dem Umfassend-Einen hervor. Debatte über das ἄπειρον schon im Altertum: 1) μῖγμα – Aristoteles, 2) μία φύσις ἀόριστος – Theophrastos.

Die erste korrespondiert der Aussonderung, dem ἐκκρίνεσθαι. Das ist sicher nicht Anaximanders Konzeption. Es ist keine Mischung, sondern ein Neutrales. Sonst hätte es nicht das Göttliche sein können. ἐκκρίνεσθαι heißt der Prozeß vom Unbestimmten zum Bestimmten. Die anderen (Thales, Anaximenes, Herakleitos) konnten nicht Aussonderung, sondern mußten Metamorphose (Umwandlung) annehmen.[56]

Die Aussonderung denkt sich Anaximander geometrisch: Zuerst lagert sich ab das Feste, Schwerste, die Erde. Es trennen sich Wasser und Erde. Die Luft steigt aufwärts. Über ihr das Warme, Feuer. Ein Feuerkreis umgibt die Welt: Er zerspringt, es bilden sich radförmige Hülsen, in denen die brennende Luft glänzt. Verstopfungen, Finsternisse. Luftströmungen lassen sie rotieren. Die Kreisbewegung der Gestirne erklärt durch diese Hypothese – die älteste Form von griechischer Astronomie. (Platon: Es sei, als läse man alte Märchen.) Die Erde zuerst flüssig – aus dieser Flut setzt sich ab der Urschlamm. Die Sonne brütet lebende Wesen aus: zuerst dem [...] angepaßt, bald aber passen sie sich den neuen Umständen an: ein erster Darwin.

Es bleibt fraglich, ob er schon wie Herakleitos Weltperioden gelehrt hat.

Neben Anaximandros steht Hekataios, Historiker und Geograph. Zuerst den Geist der historischen Kritik gebracht. Das ist das große Ereignis: Ganz wie die Astronomie die Kosmogonien der Griechen zerstört hat, so hat die Lehre des Hekataios, daß die Griechen mit einer Jahrtausende langen Vergangenheit zu rechnen haben, den Heroismus über den Haufen geworfen. Schon ganz rationalistische Kritik. Der erste Entwurf einer Erdbeschreibung erweitert ebenfalls die Enge des mythischen Horizontes.

Anaximenes, sein Leben fast ganz unbekannt, in Milet. Fast unbeteiligt am Fortgange der mathematischen Studien seiner Zeit. Aber er hat einen Begriff vom Universum, der weiterwirkend. Pantheist und Hylozoist. Vom ἄπειρον folgert er weiter: in der Sinnenwelt selbst ein Unendliches, die Luft. Sie ist grenzenlos, umfaßt alles. Sie vor allem gibt den Erklärungsgrund des Sinnlichen zu der Urmaterie, das bei Thales und Anaximander unerklärt. Wie konnte das Wasser beseelt sein? Die Luft ist es, die im Atmungsprozeß das Leben des Tieres und des Menschen erhält. Was ist der Tod? Das Ende des Atmungsprozesses und des vernünftigen Denkens. Wie die Luft das Lebendigste, so ist sie Träger des Lebens. So entdeckte Anaximenes das Prinzip des Universums, das Anaximander in einer nirgends nachweisbaren Urmaterie fand.

Geist ist Luft. Auch im Universum ist die Luft Träger des Lebens. Nicht die chemisch bestimmte Luft, sondern die Atmosphäre, die das Wasser in sich enthält.[57] Die Möglichkeit, daß die Luft Wasser aus sich entläßt. Wenn Wasser verdampft, sieht man Wasser in Luft übergehen. Wie ist es nun mit der Entstehung der einzelnen Stoffe. Ausscheidung unmöglich. Also Umwandlung. Dabei bleibt er nicht stehen. Physikalischer: Verdichtung und Verdünnung.

Bedeutung: Der biologische Ausgangspunkt, den Anaximenes hier ergriff, ist der Ausgangspunkt aller medizinischen Schulen.[58] Ein warmer ätherischer Stoff durchdringt den Körper als Lebenskraft, als Seele selbst. Euripides sagt: Siehst du den grenzenlosen Äther über uns, der diese Erde rings in feuchten Armen hält, der, wisse, der ist Zeus, in dem erkenne Gott![59]

Wie Spieler und Gegenspieler verhalten sich die ionischen Pantheisten zu den Pythagoreern und Eleaten.[60] Ehe Vollendung des ionischen Pantheismus in Herakleitos:

[2.] Die Pythagoreer

Besonders schwer [zu betrachten]: erstens Unsicherheit der Quellen; zweitens nicht ein Denker, sondern Entwicklung einer Philosophie in einer Genossenschaft bis Platon. Also die großen Züge des Denkens festzustellen. Dilthey glaubt die Dinge wirklich zum Verständnis bringen zu können. Der schwierigste Teil der antiken Philosophie.

Die Schule führt sich zurück auf Pythagoras (ähnlich Buddha, Zarathustra), wirkte politisch, reformatorisch etc. An der Grenze von Mythos und Wissenschaft: Aber er ist unabhängig von jeder Art von Priestertum. Erhebung der orphischen Religion. Gestalt und Zahl sind überall das Göttliche. Wo man Gestaltung und Abmessung sieht, da ist Vernunft und Gottheit. Aus dieser Uridee entspringt eine mächtige Bewegung: Mathematik, Astronomie, mathematische Physik. Kurz, eine Beachtung der Zahlenverhältnisse des Weltalls. Die größte und wichtigste Bewegung des griechischen Geistes. Der Gedanke der Gesetzlichkeit wird zum Leitmotiv des ganzen griechischen Philosophierens. Vorläufer des Galilei und [des] Descartes.

[a)] Das Leben des Pythagoras und die Geschichte seiner Genossenschaft

Je weiter vorwärts in der Tradition, desto phantastischer die Legenden. Und die Legende ist immer der Ausdruck einer großen Persönlichkeit. Geboren in Samos. Reisen überliefert, die nicht in Zweifel zu ziehen sind. Herodot: In Ägypten empfing er die Anregung zu seiner Seelenwanderungslehre. Die von Herakleitos erwähnte ἱστορίη ließ sich nur auf Reisen erwerben, nicht aus Büchern. Ferner [waren] viele Einrichtungen seiner Genossenschaft von ägyptischen Priestern entlehnt. Er war ägyptifiziert.

Er siedelte nach Kroton über (dorisch, achaiisch). Berühmt durch Gymnastik, Medizin, dorischen Charakter. Hier gründete er seinen Bund. Was war er? Die einzige philosophische Schule, die einen politischen Bund gründete. Die Art, wie er funktionierte, zeigt, daß er politisch war. Jede griechische Genossenschaft ist religiös fundiert. Diese Kulturgemeinschaft schloß sich an die griechischen Mysterien und griechischen Priesterschaften an. Ähnlichkeit mit den Freimaurern. Grade, Lebensordnung, Geheimlehre, Prüfungen. Eine Zeitlang Übermacht über die Demokratie. Katastrophe: großes Morden. Der Bund unterlag. Entflohen u. a. Philolaos. Zweite Hälfte des 5. Jahrhunderts. Er veröffentlichte die Philosophie der pythagoreischen Schule.

[b)] Das System der pythagoreischen Schule

Nicht in dem Sinne der geschlossenen Einheit des herakliteischen oder des parmenideischen. Die pythagoreische Schule umfaßt alle großen Kulturmomente des 6. Jahrhunderts: die ägyptischen Ideen, das Ideal des Weisen, wie wir diese Erscheinung erst wieder in dem universalen Geiste Platons wiederfinden. Sollte das nicht in Pythagoras selbst vorgebildet gewesen sein? Neuerdings will man ihn als vorwiegend religiöse Persönlichkeit hinstellen. Aber er muß die ionischen Naturphilosopheme in sich aufgenommen haben, sonst hätte sich in seiner Schule das System nicht in dieser Weise weiterentwickeln können. So dunkel diese Philosophie: Sie ist das Wichtigste.

1) πέρας ([das] Begrenzende) und ἄπειρον sind die getrennten Prinzipien der Welt: der κόσμος die harmonische Verbindung dieser Gegensätze. Dieser Dualis macht die herrschende griechische Philosophie überhaupt aus. Anaxagoras, Platon, Aristoteles haben ihn analysiert. Es ist die Form, in der die Griechen den Monotheismus besaßen. Kein Widerspruch: Die Griechen haben von Anfang an naturwissenschaftliche Forschung, daher haben sie den Begriff der Schöpfung überhaupt nicht besessen, daß in der Gottheit transzendent ein Hervorbringen aus dem Nichts stattfinde. Daher kennen sie nur den Weltbildner (Künstler), der aus dem Stoff der Materie das Universum bildet: Anaxagoras' νοῦς, Platons Gegensatz: Ideen = göttliche Kräfte und das ἄπειρον, Aristoteles: νοῦς gegenüber der ὕλη. So hat sich diese Weltansicht in Griechenland entwickelt.

Stellen über diesen Dualimus: Aristoteles: Der Himmel sei eines, er atme aber aus dem ἄπειρον, dem Grenzenlosen, ein den Hauch, das Leere.

Philolaos: Es gibt zwei Prinzipien, das Begrenzende und das Unbegrenzte; aus diesen der κόσμος, das begrenzte Unbegrenzte. In Zusammenhang mit dem damaligen mystischen Denken überhaupt [steht] Pherekydes: Mitte zwischen Orphikern und Philosophie, neben Zeus Chronos und [ ].[61]

So entsteht die zahlenmäßige und räumlich reguläre Form des Universums. In die Kombination seiner Ideen nehmen Pythagoras oder seine Schüler auf: Sintflut, Seelenwanderung, Weltenjahr etc. Hier haben wir denjenigen Punkt, an dem die uralten Ideen der Menschheit (wie bei Orphikern, Aischylos, Pindar) auch in die Philosophie eintreten und ihren Hintergrund ausmachen.

Dieser „dualistische Monotheismus" nimmt in sich die Zahlenlehre auf: Das Wesen der Dinge ist die Zahl. Sie sind Zahl. ἀριθμοὺς εἶναι αὐτὰ τὰ πράγματα. Daneben auch die Lehre: Zahlen παραδείγματα, Vorbilder der Dinge. Wie ist diese ungeheure Paradoxie zu verstehen?

2) Die mathematischen Studien der Pythagoreer. Ihre Metaphysik der Zahlenlehre. Problem und Schlüssel der Lösung vorausgeschickt, im Grunde fol-

gender Satz: ἄπειρον und πέρας sind identisch mit dem Geraden und Ungeraden. Dies die Prinzipien der Zahlen, also auch der Welt:[62] πέρας Ungerade, ἄπειρον Gerade. Wie das Zahlensystem das eine, so hat das Weltsystem das andere Prinzip.

Durch welche Argumentation? Das Unbefriedigende liegt ja am Tage. Das Verdienst und die Weltaufgabe der Pythagoreer waren es, die Zahl in der Welt überhaupt nachzuweisen. Vielleicht kein größerer Schritt als dieser: [Die] ganze Physik und Astronomie ruhen darauf: Das Universum ist mathematisch verfaßt. Ein Kunstgriff gleichsam des menschlichen Geistes, die Wissenschaft, die über das Praktische hinausgeht, mit den göttlichen[63] Ideen zu verknüpfen.

In der Geometrie speziell Planimetrie der gradlinigen Figuren. Kreislehre blieb noch zurück. Rein szientifische Beschäftigung, abgesondert von dem Zweckbedürfnis, dem sie bei den Ägyptern gedient hatte. Ebenso die Zahlenlehre. Eine allgemeine Zahlenlehre: Einteilung der Zahlen (Gnomonen, Proportionen, Primzahlen).

Aristoxenos: Die Arithmetik scheint Pythagoras besonders wertgehalten und deshalb aus dem kaufmännischen Bedürfnis hervorgezogen zu haben.

Diese heiligen Beziehungen: Zahlenmystik, Zahlensymbolik. Die Zehnzahl war ihm die vollkommene Zahl: Die zehn ersten wiederholen sich immer wieder. τὸν οὐρανὸν εἶναι ἕνα. In der Einheit ist das Gerade und Ungerade noch nicht geschieden. Auch die drei ist wieder Symbol des Alls und der Zeit. Tetraktys der Inbegriff der Zahlen, die in der Vierzahl enthalten: $1+2+3+4=10$. Zahlen mit den Raumgrößen in Verbindung gesetzt. Schon Begriff des Irrationalen entwickelt.

(Die beiden Prinzipien zuerst in mythischer Fassung in Zusammenhang mit Pherekydes und den Orphikern. Dann schärfere Fassung, die bis Platon wirkt: die Kraft, welche formt, und die Materie, die geformt wird. Die deutlichste Vorstellung in der Tafel der Gegensätze. Auf die eine Seite fällt gleichsam das Lichtreich der Zarathustra-Religion, auf die andere das Dunkelreich. Beachtenswert, wie seltsam schon hier der Gegensatz von Form und Stoff ineinanderspielt mit dem des Guten und Bösen.)

Fortsetzung des obigen. Wenn die Welt eine zahlenmäßig bestimmte ist, so müssen die Prinzipien der Welt mit denen der Zahlen übereinstimmen. Begründung: Das Ungerade setzt der Zweiteilung eine Grenze. Das Gerade setzt keine Grenze, es kann also in das Unbestimmte fortgesetzt werden. Hieraus gefolgert: Das Gerade[64] ist das ἄπειρον, das Ungerade πέρας. Gnomonenlehre: $1^2 / 2^2 = 1^2+3 / 3^2 = 2^2+5 / 4^2 = 3^2+7 /$ etc. Wie sie nun überhaupt das Arithmetische in Beziehung setzten und den Begriff des Irrationalen fanden, so stellten sie dar, daß das Ungerade immer das vorhergehende Quadrat umschließt. So suchten sie ihr Postulat zu begründen. Jetzt die fertige Darstellung des Philolaos.

Die Welt ist die Verbindung des Geraden mit dem Ungeraden oder des πέρας mit dem ἄπειρον. Der κόσμος besteht in harmonischer Weise aus Begrenzendem und Unbegrenzten: συναρμόχθη. Es besteht ein ewiges Prinzip der Harmonie in der Welt. πέρας in der Mitte der Welt zieht und ordnet an das ἄπειρον, so entsteht die astronomische Ordnung der Welt. Wenn also die Prinzipien der Zahl identisch sind mit ἄπειρον und πέρας, wenn jedes Ding daraus zusammengesetzt ist, so ergibt sich: Jedes Ding ist Zusammensetzung des Geraden und Ungeraden: realiter. Jedes besteht seinem Substrat nach aus dieser Zusammensetzung. Dies geometrisch so ausgeführt: Was den Körper im Raum konstituiert, das sind die Grenzen. Auch Qualität und Aggregatzustand sollen nun hierin aufgelöst werden. Das ist die innere Dialektik ihres Systems, die sie unbewußt zur Wahrheit erhebt. Alle Qualität beruht auf Quantität.

Tafel der Gegensätze. Nicht alle Pythagoreer mögen sie akzeptiert haben. Zehn ἀρχαί – Anfang aller Kategorientafeln Europas.

1. Grenze und Unbegrenztes
2. Ungerades und Gerades
3. Eins und Vieles
4. Rechts und Links (Wahrsagerei)
5. Männliches und Weibliches
6. Ruhendes und Bewegtes
7. Geradliniges und Gebogenes
8. Licht und Finsternis
9. Gutes und Böses (Tüchtiges und Schlechtes)
10. Quadrat und Oblongum.

Diese Tafel sagt nicht, diese Gegenstände seien identisch, sondern: Auf der einen Seite, die durch die ganze Welt hindurchgeht, steht die eine Reihe und umgekehrt.

Die ganze Mathematik, mathematische Naturwissenschaft und Astronomie der Pythagoreer ist nur eine zusammenhängende Beweisfigur dafür, daß der κόσμος aus Zahlenverhältnissen besteht und eine Harmonie ist. Oder, nach der anderen Seite, diese Zahlenlehre war das große Hilfsmittel, diesen κόσμος als vernünftig zu erweisen und gesetzliche, harmonische Verhältnisse aufzuzeigen.

Die griechische Musik zuerst von Pythagoreern theoretisch ausgebildet. Sie bedienten sich zum Nachweis des Monochords: Resonanzkasten mit einer Seite: verschiedener Spannung fähig. Wenn in drei Teile zerlegt und Steg so gestellt, daß ⅔ und ⅓ getrennt, so verhält sich der Ton auf ⅔ zu der halb so großen wie Grundton zu Oktave. Statt in 3:5 Teile, 3 hier, 2 dort: Verhältnis der Quint. In 7 Teile 4 hier, 3 dort, so entsteht die Quart.

Diese drei Verhältnisse bevorzugten die Pythagoreer als Konsonanzen. Den Grund dafür, daß sie Konsonanzen waren, fanden sie in den einfachen Verhältnissen 1:2, 2:3, 3:4, 4:5. Mit dieser Entdeckung verbunden die Einsicht: Der ganz qualitative Ton erweist sich dem Pythagoreer als ein Zahlenverhältnis. Noch grandioser der Nachweis der geometrischen Gesetzlichkeit in den Bahnen der Sterne. Die Pythagoreer sind der Sitz der Astronomie in Griechenland.

1) Wir wissen nicht, ob sie zuerst entdeckt: Die Erde ist nicht eine flache Scheibe, sondern eine Kugel. Zu dieser Entdeckung sind sie durch die Erscheinung der Finsternisse gekommen: der kreisförmige Schatten.

2) Tägliche Bewegung der Erde von West nach Ost. Der Sinnenschein wurde aufgrund denkender Beobachtung zum ersten Male aufgelöst. Dies erschlossen sie aus der Gemeinsamkeit der scheinbaren Bewegung der Gestirne von Ost nach West.

Folge: In der Mitte der Welt ist das Herdfeuer des Zeus, um das die Gestirne und Gestirnkombinationen rotieren.[55] Am weitesten entfernt die Fixsternsphären etc. Erde und Gegenerde (? uns unfaßlich).

[c)] Die ethischen und religiösen Ideen

Totengericht, Seelenwanderung, Weltenjahr. Sühnen und musikalische Erziehung. Die Harmonie der Sphären

Allgemein bezeugt: Die Pythagoreer sind die ersten gewesen, die über Ethik philosophiert haben. Im Zusammenhang mit der metaphysischen Spekulation? Viele betrachten beides als ganz getrennt. Dilthey findet das nicht richtig, sondern will den Zusammenhang zeigen. Die Pythagoreer stehen mit den Orphikern, Pherekydes und der ganzen mythischen Bewegung in Verbindung, auch andererseits mit ägyptischen Spekulationen. Es besteht zwischen beiden Einwirkungen ein innerer Zusammenhang. Die Seelenwanderungslehre ist durch die Pythagoreer in die griechische Spekulation verflochten worden. Spielt große Rolle. Herodot: diese Lehre stamme aus dem Osten, Ägypten. Das Totenbuch kennt [zwar] das Vorrecht der guten Seelen, in mannigfache Dinge einzugehen. Aber Seelenwanderungslehre in engerem Sinne ist bei den Ägyptern nicht nachzuweisen.

Bei Orphikern und Pythagoreern: 1) die Lehre vom Sündenfall der Seele (sie ist göttlichen Ursprungs, σῶμα σῆμα.) Schon bei Anaximander: Einzelnsein = ἀδικία, also Idee von einem Fall der Seele (cf. Platon: Körper, Grab und Gefängnis). Ein neuer Fund in unteritalienischen Gräbern drittes und viertes Jahrhundert. Gegend, wo Pythagoreer gelebt. Goldtäfelchen mit Versen, die aus Proklos schon bekannt, aber nicht geglaubt. Die Seele spricht: Sie hat volle Buße getan für das unrecht Getane etc. (Beinahe erinnernd an die indische Samsara.)

Das erlösende Wort: Ein Gott wirst Du sein statt eines Sterblichen. Wie mythisch sind in diesem Kreise die Ideen. Alle Gedanken Platons sind schon bei ihnen angelegt.

[2)] Begriff vom Weltenjahr. Eudemos (Schüler des Aristoteles) berichtet etwas derartiges: In gewissen Perioden kehren genau dieselben Verhältnisse in der Welt wieder. (Nietzsches Metaphysik in späteren Jahren!)

[3)] Wie steht diese Mystik mit der Zahlenlehre in Zusammenhang? Was ist nach ihnen die Seele? Eine Harmonie, eine Zusammenfügung des ἄπειρον mit dem πέρας. Das ergibt sich auch aus gewissen Sätzen der Ethik, die Tugend mit Zahlen zusammenbringen. Die Zahlenlehre muß also anwendbar sein auf Tugenden und Eigenschaften der Seele. Das ist ganz konsequent gedacht.

Die vollkommenste Gestalt, in der das ἄπειρον das πέρας in sich aufgenommen hat; dieses kann als unsterblich gedacht werden, aber es ist nicht ewig. Nach den Quellen Widersprüche. 1. Die Seele sei Harmonie, vergleichbar mit den Sonnenstäubchen. Die herrschende Auffassung aber war die Fortdauer der Seele. [2.] Die Tugenden bestehen in Harmonie: die Gerechtigkeit das gleichmal-gleiche, die Quadratzahl, weil sie Gleiches mit Gleichem vergilt. Die Ehe ist die Fünfzahl, die erste männliche und die erste weibliche Zahl; Vernunft = 1. Diese Paradoxien beweisen, daß man Anwendungen machte.

Die Seele wird aus der Natur des Weltlaufs ihr Schicksal empfangen. Den Weltlauf aber bestimmt die δίκη. So Seelenwanderung.

[4)] Der letzte und höchste Begriff, die Harmonie der Sphären: die Welt sei ein κόσμος, verfaßt nach mathematischen Prinzipien. Die Linien, die diese Sphären beschreiben, sind die Vollkommenheit des Kreises. Aus dem Kreislauf der Gestirne entsteht jene Musik: die Harmonie der Sphären. Wie die Musik sie mächtig bestimmte, so schreiben sie dem Universum eine solche Musik zu.[66] – Man hat jetzt einen Bericht gefunden über die letzte Nacht des Platon: Er läßt sich mit Musik umgeben! Die Harmonie der Sphären lebt in der Geschichte der menschlichen Dichtung. – Schiller.

[3.] Herakleitos von Ephesos

Zurück zu den Ioniern. Das Problem entsteht jetzt: Wie ist das Verhältnis der Einheit zu der Vielheit? So vollendet sich die ionische Spekulation in Herakleitos. In Unteritalien ein Weiterdenken in den Eleaten. Einheitslehre ist die eine wie die andere. Aber hier im „Weltprozeß", dort das „Eine-in-sich-Ruhende". So löst sich die Zweiseitigkeit in zwei getrennte Linien. Die Frage: „Wie kommt aus dem Einen das Viele", gestattet zwei denkbare Auffassungen: Entweder man betont den Prozeß oder das Sein! Ein Problem, das seiner Natur nach logisch unauflöslich ist. Xenophanes verlegte in Gott Einheit, Konstanz, in die Welt Vielheit, Veränderlichkeit. Herakleitos sah in dem Prozeß, dem Veränderlichen das Prinzip. Aber: Er ist etwas gesetzlich Ablaufendes, Zahl und Maß walten in ihm. Herakleitos wendet sich gegen Xenophanes, gegen jenen Parmenides, indem er die Wirklichkeit des Werdens leugnet. Die dialektischen Konsequenzen in Zenon und Melissos. Dies der geschichtliche Gang. Beginn mit Herakleitos, der ohne den früheren Xenophanes verständlich.

Seine Zeit sicher bestimmbar aus den Überlieferungen und Fragmenten: zwischen Pythagoreern und Parmenides. Vornehm, religiöses Ehrenamt βασιλεύς in seiner Familie. Legende. Aristokrat. Mit Hermodoros, dem Leiter dieser Partei, befreundet. (Zwölf Tafelgesetzgeber fragten ihn um Rat.) Nach seiner Verbannung Herakleitos noch verbitterter. Voll Haß gegen den δῆμος (wie Schopenhauer, Nietzsche und Hegel). Es war Sturm in dieser Natur. Seine Schrift niedergelegt im Artemis-Heiligtum. Er selbst starb in der Waldeinsamkeit. Schrift περὶ φύσεως sehr dunkel ὁ σκοτεινός.

In diesem System liegt der Pantheismus der alten Welt in seiner klassischen Form vor. Die normale Gestalt des antiken Pantheismus. Lassalles gelehrtes Buch, voll von verwegenen Hypothesen, erklärt dieses System für eines der größten der alten Welt, auch dasjenige, das uns am nächsten steht.[67]

[a)] Philosophische Form: denkende Anschauung.
[b)] Metaphysisches Prinzip: Weltprozeß. Gesetz desselben.
[c)] Ethik.

Eine Physik hat Herakleitos nicht entwickelt, nur kindliche Versuche verglichen mit Anaximandros und anderen.

[a) Philosophische Form: denkende Anschauung]

Die Methode der Philosophie ist die denkende[68] Anschauung, die an den Erscheinungen das Typische erfaßt. Herakleitos setzt sich der Menge, den polytheistischen, mythologisierenden Dichtern und der Polymathie des Hekataios, Xenophanes, Pythagoras entgegen. Dem gewöhnlichen Bewußtsein fehlt die Besonnenheit. Das Merkmal des Philosophen ist wahrzunehmen, das Wahrnehmen aber im Denken zu verknüpfen. „Sie hören und verstehen nicht, gleichen doch tauben Leuten." „Sie vergessen, was sie wachend tun, als hätten sie es im Schlaf getan."[69] Gerade das Nahe, beständig Gegenwärtige ist der eigentliche Gegenstand des Philosophen. „Den meisten liegt ganz fern, was sie in der Nähe beständig umgibt."[70] Spinoza: die philosophische Erkenntnis erfasse quod atque in parte atque in toto est. Was hat Schopenhauer gesucht? Den Willen des Ganzen, der sich im einzelnen offenbart. Hegel: Die Weltvernunft, die an jeder Stelle erfaßt und erkannt werden kann. Die Welt als Wille, die Welt als Vernunft, als Einheit von Ausdehnung und Gedanke (Spinoza). Wie nahe stehen sich diese Gedanken! Dieselbe Verachtung gegen den Polytheismus der Dichter. Homer und Archilochos müßten mit Ruten gezüchtigt werden. So beginnt mit ihm die Mythendeutung.

Der Hauptkampf seines Lebens aber gegen die Philosophen seiner Zeit, die in der Einzelforschung die Wahrheit suchen: Sie vermögen nicht, das All zu erkennen, sondern verlieren sich an das einzelne. πολυμαθίη, ἱστορίη nennt er κακοτεχνίη. Allerdings: „Wohl müssen vieler Dinge Wisser wahrheitsliebende Männer sein."[71] πολυμαθίη νόον οὐ διδάσκει. In einer Weltformel suchte er den Weltprozeß auszudrücken. Dennoch ist Organ des Philosophen zunächst die sinnliche Anschauung. Aber die Sinne müssen von dem Verstand gleichsam durchdrungen sein. „Schlechte Zeugen sind Augen und Ohren, wenn sie ungebildete Seelen haben."[72] In dem Geruch noch würde man die Wirklichkeit erfassen, wenn das Denken in ihm ist. Man muß den Sinn der Welt suchen: „Wenn Du nicht hoffst das Ungehoffte, wirst Du nicht auffinden, was sonst unzugänglich ist."[73] Was erkennt der menschliche Geist durch dieses Verfahren, das nicht syllogistisch deduktiv (Hegel, Lassalle), noch Induktion (Schuster),[74] sondern Kontemplation wie Spinoza, Hegel, Schopenhauer.

Thales etc. hatten alle anerkannt, das Universum besteht in Prozessen (Verdünnung, Ausscheidung, Umwandlung etc.). Also Weltprozeß ist die Formel. Dieser ist geknüpft an die Weltmaterie. Also: die beseelte Weltmaterie, die von Regel, Gesetz, Vernunft durchdrungen. Welches wird die Weltmaterie sein? Hier liegt die Grenze jenes alten Denkens; für es muß eine Urform ἀρχή konstruiert sein. Noch nicht der Gedanke einer ewigen Welt (erst Aristoteles). Urzustand ist für Herakleitos das Beweglichste: πῦρ τὸ στοιχεῖον. Ist Herakleitos vom Feuer ausgegangen und hat er aus ihm den Weltprozeß entwickelt? Oder umgekehrt? Lassalle: das parsische Feuer sein Ausgangspunkt. Wir kennen seinen Entwicklungsgang nicht. Aber Spiritualisierung des Feuers ist irrtümlich: Herakleitos hat das Feuer, wie es brennt, gemeint. Aber aus diesem materiellen Prinzip hätte er niemals die Regeln und Gesetze ableiten können. Der entscheidende, herrschende Begriff seines Systems ist der Weltprozeß und die Gesetzmäßigkeit. Wenn die Welt aus der Einheit des all-lebendigen Feuers sich entwickelt hat, so muß sie auch einmal dahin zurückkehren. Gibt es eine solche Weltperiode, so kann doch diese Rückkehr nicht das Ende der Dinge sein. Die Weltmaterie hat in sich die Kraft, die neue Periode wieder hervorzubringen. Ewigkeit der Welt bei den Pantheisten nur in dem Sinne, daß die Perioden sich endlos wiederholen.

[b)] Die Metaphysik:
der Weltprozeß. Vernunft, Maß, Regel in ihm

Alle bezeugen, mit welcher stürmischen Gewalt Herakleitos zum Ausdruck brachte: πάντα ρεῖ. οὐδεὶς τὸν αὐτὸν ποταμὸν ἔστι δὶς ἐμβῆναι. Krankheit und Gesundheit, Hunger und Sättigung etc. gehören zusammen: aus dem einen immer das andere. Welchen Wert hat dieser Gedanke? In ihm besteht die ganze Betrachtung der Sinnenwelt. Wo wir etwas Ruhendes zu erfassen glauben, da ist ruhelose Bewegung. Herakleitos hat recht in seinen Grundgedanken. Goethe: „nichts Erschütterlicheres und Beweglicheres als das menschliche Herz."[75] Wir sind und sind nicht. Aber in dem Wechsel [erscheint] die Konstanz als Gesetz! Auch wir besitzen sie nicht anders.

Das System des Herakleitos zerfällt in Logik, Metaphysik, Ethik und Politik.

Die erkenntnistheoretische Grundlegung: das Prinzip der intellektualen Anschauung. Der zweite Teil: die Metaphysik in zwei Abteilungen: 1. die Lehre vom Weltprozeß und dem Feuer als Substrat, 2. Gesetz und Vernunft in diesem Weltprozeß.

Das Feuer als Substrat.[76] Die Lebenswärme, das Feuer scheint dem Weltprozeß am meisten zu entsprechen. πῦρ τὸ στοιχεῖον. Bei verschiedenen Historikern verschieden: Hegel, Lassalle: Bestreben, das Feuer zu intellektualisieren. Letzterer besonders: das Feuer das Symbol für das Symbol des Wesens: „Die logische Wesenheit einer physikalischen Tatsache".[77] Was soll man sich darunter denken? Bei Herakleitos ist das eben das Wesentliche, daß ihm die Weltmaterie, der physische Urstoff eine seelische Innenseite hat. Folglich ist das Feuer die physische Tatsache selbst. Die parsische Feuerlehre mag ihm eine Anregung gegeben haben. Herakleitos brütet über die Natur des Werdens, das an das Feuer geknüpft ist. „Alles wird gegen Feuer umgesetzt wie Gold gegen Ware." Hegel sagt: Die Einheit des Feuers ist die Einheit des Seins und des Nicht-Seins (der Begriff des Werdens). Ebenso Lassalle.

Unsere Quellen bezeugen das nicht, sondern widerlegen es. Herakleitos bleibt in der sinnlichen Anschauung; Parmenides stellt erst den Begriff des Seins auf; jetzt erst der Gegensatz von Sein, Werden oder Nicht-Sein.

Aus dem All-Einen entsteht ein Auseinandergehen in reale Gegensätze. Seine mächtige Phantasie drückt dies aus: πόλεμος πάντων μὲν πατήρ ἐστι πάντων δὲ βασιλεύς. Wo Leben ist, ist Kampf. Im Streit entfaltet sich die Wirklichkeit der Dinge. Krieg ist das Leben selbst, Homer beklage ihn mit Unrecht. In den Gegensätzen bleibt das All-Eine gegenwärtig. Der Gott ist Tag und Nacht, Sommer und Winter, Krieg und Frieden. Ein anderes Fragment, das ein Teil der Polemik gegen die Pythagoreer. Das Gefüge der Welt beruht auf entgegengesetzter Spannung wie das Gefüge des Bogens oder der Leier. Wie in diesen die entgegengesetzte Spannung den Schein der Ruhe hervorbringt, so ist es im Weltall. Die Harmonie nicht in der Zahl, sondern im Widerspiel der Kräfte. Alles wird nicht in das Feuer zurückkehren: κόρος, Sättigung. Sobald sie erreicht, folge die Entzweiung.

Vom Feuer eine gesetzmäßige Folge der Umwandlung: Feuer zu Luft, Luft zu Wasser, Wasser zu Festem.[78] Der Tod des einen ist das Leben des anderen. ὁδὸς ἄνω κάτω μία. Der Weg abwärts die Materialisierung, aufwärts derselbe, dieselben Stufen. Gesetzmäßigkeit im Weltprozeß ist also vorhanden.

Schon der Weltprozeß also zeigt eine Gesetzlichkeit. Mit seinem Grundbegriff verbindet er die Prinzipien des Anaximanders und Anaxagoras: der Zahlenmäßigkeit. Die Sonne wird in ihrem gesetzmäßigen Lauf durch die δίκη gehalten. Rede λόγος und da Rede Ausdruck des Vernünftigen: Vernunft. λόγος ist der Grund der Gesetzmäßigkeit. Wie im Staat ein Gesetz, so gibt es ein Gesetz, das wirksam im Prozeß der Welt: νόμος. Zuerst der Begriff des Naturgesetzes. Die Sonne entzündet sich im Osten, muß aber im Westen jeden Tag wieder erlöschen. Das Eine kann und will nicht ausgesprochen werden: Zeus, der umgeben ist vom λόγος. Sein Verhältnis zu den Mythen, mit denen sich die Griechen auf zwei Weisen auseinandersetzten: 1. Rationalisten verhalten sich negativ. Die Mythen sind Erfindungen. 2. Die anderen sehen in ihnen die geheimnisvollen Symbole der Wirklichkeit (Herakleitos zuerst, dann Platon, Stoa). Oft sehr hart gegen gottesdienstliche Zeremonien. Aber er entschuldigt es, Hades und Dionysos sind eines, Leben und Tod sind eines. Die Sonne bildet sich nach ihm täglich neu: Sie ist eine Dunstmasse. Alles befaßt in der erwähnten Lehre von den Weltperioden. Das Weltenjahr bereits bei Pythagoras. Hat das Universum einen Anfang, so muß es sich in diesen Anfangszustand wieder zurückbilden, um eine neue Bildung zu beginnen. Dies die allgemeine Vorstellung aller alten Philosophen. Die Ewigkeit des Universums nur [denkbar] in der Form der Wiederkehr (sic Nietzsche).

[c)] Psychologie, Ethik, Politik

Die Seele des Menschen ist in dem Weltprozeß als ein Teil enthalten. Sie ist nicht abgegrenzt gegen den Körper. Dieser ist Feuer wie sie. Auch die Gottheit ist Feuer, ein σοφόν, mit Bewußtsein verbunden. So die Seele. Aber sie unterliegt einem unauflöslichen Wechsel, sie verliert Lebensbestandteile und entnimmt sie aus ihrer Umgebung: Einatmung erhält den Prozeß des Lebens. Der Zusammenhang gelöst im Schlaf und Tod. Die Seele ist das Trockenste und das Weiseste (daher der Rausch). Herakleitos sagt vom Tod: Den Menschen erwartet nach dem Tode, was er nicht hofft oder vermutet: der Tod ein Mysterium. Aber er scheint sich eine Art der Seelenwanderung gedacht zu haben.

Nach einem merkwürdigen Fragment werden die weisen und gerechten Seelen dereinst als φύλακες die Gottheit umgeben. Welches werden das Ziel des Menschen und seine sittliche Aufgabe sein? Auch der Mensch als Individuum unterliegt der Korruptibilität des zeitlichen Daseins. Der gewöhnliche Mensch ist dem Weltprozeß widerstandslos hingegeben. Die Helden und Weisen aber werden das Gesetz in sich aufnehmen; denn aus dem Weltgesetz fließen die Verfassungen der einzelnen Staaten. Demgemäß ist es für den Weisen Pflicht, sich dem Gesetz zu unterwerfen. Jede menschliche Gesetzgebung ist ein Ausfluß des göttlichen Gesetzes, eine irdische Repräsentation. Die, die die Weisheit in sich aufgenommen, werden sie achten. Das griechische Naturrecht.

„Das Volk muß kämpfen für das Gesetz wie für eine Mauer."[79] Sich wählte er den Ruhm, der Masse steht es zu, sich zu mästen wie das Vieh. Der Ratschluß des einzelnen ist wie Gesetz zu befolgen, wenn das σοφόν in ihm ist. ἦθος ἀνθρώπου δαίμων: Goethe: der Charakter des Menschen ist sein Schicksal.

Der Verlauf der Philosophie des Herakleitos in seiner Schule: Die einen geben sich hin dem Begriff des Weltprozesses, der Gegensätze; daher leiteten sie aus ihm den Skeptizismus ab. Dagegen hob später die stoische Schule den Begriff des σοφόν, λόγος, νόμος hervor. Das Schicksal des Systems zeigt, welche verschiedenen Seiten aus der inneren Dialektik dieses Systems hervorgehen konnten.

[4.] Die eleatische Schule

Parmenides bezieht sich auf das System des Herakleitos zurück. Der Fortgang dieser drei Generationen ist ein völlig gesetzmäßiger. Den Ausgangspunkt bildet Xenophanes, der sich theologisch zum Einen verhält. Parmenides ist der Metaphysiker; wie sich aus der Brahmanen-Religion die Vedanta-Philosophie entwickelt hatte, die die Welt zum Schein herabsetzt, so leugnete Parmenides die Denkbarkeit des Realen.[80] In diesem Standpunkt lag die Notwendigkeit, ihn dialektisch zu begründen: Zenon, Melissos.

Aus der Beseelung des Universums schlossen sie: Dieses Göttliche muß eines, konstant, unveränderlich sein. Derselbe Verlauf wie im indischen Pantheismus.

[1) Xenophanes]

Xenophanes geboren 576–572, bei Ephesos. Rhapsode von Beruf. Seit seinem 25. Lebensjahre wanderte er umher bis zum 92. Zeitweise sein Aufenthalt: Elea. In mehr als tausend Versen schilderte er die Gründung der Stadt

Elea. Ein Lehrgedicht im epischen Versmaß über die Natur, Elegien, Erzählungen.

Sein System: aus der geschichtlichen Lage sein Grundbegriff. Einen einmütigen Grund des Weltalls hatten die Ionier gesucht. Anaximander hatte im ἄπειρον ein jenseits der Einzeldinge Gelegenes erfaßt. ὡς ἑνὸς ὄντος τῶν πάντων καλουμένων. Die Astronomie Bestätigung. Cf. Aristoteles, Metaphysik I, 5. Das Eine ist nicht entstanden und geht nicht unter, es ist ewig, unveränderlich. Von dieser Anschauung aus wendet er sich gegen Homer, Hesiod etc. Hierin Vorläufer des Herakleitos; aber während dieser symbolisch auffaßt,[81] ist er Rationalist. Als solcher bekämpft er die Vielheit der Götter. Es können nicht zwei Stärkste sein. εἷς θεὸς ἔν τε θεοῖσι καὶ ἀνθρώποισι μέγιστος. Sind die θεοί nur epische Sprache oder Zwischenstufe? Unentschieden. Ferner bekämpft er die Genealogien der Götter: Die Götter entstehen nicht und sterben nicht. Was entstanden ist, muß auch untergehen. Sind die Götter entstanden, so müßten sie auch untergehen. Dasselbe folgt aus ihrer Unveränderlichkeit. Drittens bekämpft er alle Mythen, die die Götter menschlich ausstatten mit Fehlern und Leidenschaften. Jeder denkt sich seine Götter nach seiner Analogie (Thraker, Pferde, Rinder). Das Eleaten-Geschlecht hat erklärt (Platon), das All sei eines. Dieser Grund des Weltalls ist dann einmütig in den Teilen. οὖλος ὁρᾷ, οὖλος δὲ νοεῖ, οὖλος δὲ τ' ἀκούει. Diese Gottheit von der Welt als dem Schauplatz der Veränderlichkeit geschieden. Diese aber hat er nie geleugnet. Die Seetiere auf dem Lande bestätigten ihm die große Flut. Ein großer Naturforscher war er nicht.

[2)] Parmenides

Er wird bezeichnet als ἀνήρ Πυθαγορεῖος. So tritt er uns in dem tiefsinnigsten platonischen Dialog entgegen. Schüler des Xenophanes, aber er vollzieht nun den Fortschritt, daß die Welt als Schein, minderwertig, [als] eine bloße Erscheinung aufgefaßt wird. Wie in der Vedanta-Philosophie, aber hier mit strenger Argumentation. Schon die Pythagoreer hatten den Sinnenschein der astronomischen Vorgänge aufgelöst. Parmenides löst auch den metaphysischen Sinnenschein auf. Eine der äußersten Abstraktionen, zu denen das Denken je fortgeschritten.

Es ist ein Lehrgedicht, in dem Parmenides es niedergeschrieben; es sind größere Fragmente vorhanden. Erst Entwicklung der Grundgedanken:

Parmenides geht von dem Ruhenden, Einen, das im Raum sich erstreckt, aus; dies nennt er τὸ εἶναι (eine Abstraktion aus dem „Ist"). Diese Existenz ist sich selbst gleich. Hieraus folgt, daß diese Existenz, die raumerfüllende Masse, das im Denken Gegebene ist. Was uns in den Sinnen erscheint, ist demgegenüber bloßes Phänomen. So vollzieht sich die Sonderung. Ein metaphysisches Seiendes jenseits der Sinne mit dem Denken erfaßbar. τὸ εἶναι ist allein das metaphysisch Wirkliche, das allein vor dem Denken bestehen kann. Er erweist das, indem er zuerst Denkgesetze aufstellt, die ihm Prinzipien des Seins sind. Das allgemein Erste, was vom Sein ausgesagt werden kann, ist zugleich die Grundform des Denkens.

1. Nur vom Sein kann man prädizieren, daß es wirklich ist. Diesem Satz entspricht das Denkgesetz der Identität, bei dem es bei der Setzung dessen, das ich setze, sein Bewenden haben muß.

2. Das Nicht-Seiende ist nicht. Denn nichts ist, noch wird sein anderes außerhalb des Seienden. Sage ich, eine Chimäre ist nicht, so hebe ich die Setzung durch den verneinenden Satz auf. Es ist also ein Nonsens, von dem Nicht-Seienden irgendeine Realität auszusagen (enthalten in dem Gesetz des Widerspruchs). Fruchtbar aber wird dieser scheinbar selbstverständliche Satz im System des Parmenides, da das Sein die raumerfüllende Substanz ist. Dadurch wird ihm der leere Raum widersinnig!

3. In diesem Sein ist auch das Denken mitbefaßt. Was ich denke und das Denken selbst gehören derselben Wirklichkeit an: ταυτὸν ἐστι νοεῖν καὶ οὕνεκα ἐστιν νόημα. Denn nichts ist oder wird sein außerhalb des Seienden.[82]

Aus diesen drei Sätzen zieht Parmenides seine verneinenden Schlüsse:

1. Es gibt keine Vielheit von Dingen. Denn gäbe es eine Vielheit, dann müßten die einzelnen Dinge jedes etwas für sich sein; ist aber jedes etwas für sich, so muß es vom anderen durch einen Zwischenraum getrennt sein. Ist ein solcher Zwischenraum, so ist er eine Wirklichkeit und folglich ein Sein, das [z. B.] zwischen dem Sein von A und C als B ist. Getrennt sind Dinge aber nur, wenn zwischen ihnen ein Nichts ist; folglich sind die Dinge nicht getrennt, und es gibt keine Vielheit von Dingen.

2. Er löst nunmehr auch den Begriff des Werdens auf. „Welche Entstehung des Seienden sollst du denn denken und suchen?" – Setze ich ein Werden, so behaupte ich ein Entstehen neuer Wirklichkeit. Woher soll diese kommen? Aus dem Nichts? Das ist unmöglich; war es also schon vorher, so gibt es kein Werden. Diese Schwierigkeit, meinte Parmenides, könne niemals von dem Verstand aufgelöst werden. Auch diese Argumentation ist von gewaltiger Tragweite für die spätere Metaphysik. Die Atomistik knüpft an dieses Problem an. Leukipp war ein Schüler der Eleaten.

So bestritt Parmenides die Vielheit, das Werden, den Fluß der Erscheinungen. Seine lebhafte Polemik gegen die Herakliteer wird so begreiflich.

Es bleibt die Aufgabe, die Erscheinungen zu erklären: dies ist der Inhalt des zweiten Teils [des Gedichts], der die Erscheinungen, die doch einmal da sind, einer Theorie zu unterwerfen [versucht]. Wie dies mit seiner metaphysischen

Lehre im Zusammenhang steht, wissen wir nicht; aber das Problem ist überhaupt unlösbar!

Aus den Fragmenten. Es ist wieder eine metaphysische Anschauung, von der er ausgeht. Ein Rossegespann ziehe ihn aufwärts zum Sitze der Wahrheit etc.

Zweiter Teil: Zu ihrem Grundgedanken hat jene Theorie die pythagoreische Dualität. Wir setzen voraus die Wahrheit von Sein und Nicht-Sein. Aus Sein und Nicht-Sein ist alles gemischt, aus Licht und Finsternis. Die Theorie ist uns jedoch nur dürftig erhalten.

[3) Zenon]

Theologisch hatte Xenophanes das Problem gefaßt. Parmenides leugnet die Vielheit. Dialektisch ist das Verfahren des Zenon und des unbedeutenderen Melissos.

Zenon Schüler des Parmenides. Nur eine Prosaschrift aus jüngeren Jahren bezeugt, enhaltend Beweisreihen: λόγοι, in denen er von einer ὑπόθεσις ausging. Aristoteles: der Begründer der Dialektik. Dialektisch ist diejenige Methode, die nicht direkt den positiven Inhalt eines Satzes erweist, sondern die Möglichkeiten prüft. Grundlage jedes indirekten Verfahrens ist Begrenzung der Möglichkeiten. Dieses Verfahren befreit den menschlichen Geist: Der Mensch muß das Problem vielseitig anfassen. Die befreiende Methode des griechischen Geistes. Wie jedes Gespräch auf solche Möglichkeiten ausgeht, so auch die Untersuchung des einsamen Denkers. Nach Platon der mächtigste aller dialektischen Köpfe Hegel.

Zenon der erste Grieche, der die Schwierigkeiten der Welt in dialektischer Weise behandelt. Kant ebenso in den Antinomien. Schon Parmenides hatte die Schwierigkeiten gesehen. Schon er hatte nachgewiesen: Werden ist nicht: ausgestoßen und verschollen ist es. Zenon hat dies Verfahren nur durchgeführt und entwickelt.

I. Es gibt (erste Argumentationsreihe) keine Vielheit der Dinge (d. h. der räumlichen Größen). Diese können nicht als eine Vielheit gedacht werden: Sie sind entweder ohne Größe – dann sind sie nichts; oder sie sind unendlich groß – dann kann eine Vielheit nicht gedacht werden.[83] Jede Vielheit ist eine Anzahl von Einheiten. Eine wirkliche Einheit ist ein Unteilbares, sonst wäre sie ein Vieles. Welche Forderung stellt nun das Denken an den Begriff einer unteilbaren, räumlichen Einheit? Was physische Größe hat, ist teilbar. Was wir als Körper denken, hat Teile, ist also keine Einheit; also müssen wir die Voraussetzung räumlicher Größe aufheben: Die Einheiten werden unendlich klein, ein Nichts. Setze ich sie zusammen, so wird ein Etwas nie aus ihnen!

Die andere Seite: Wir haben einen Körper, der in der Vielheit der Dinge mit anderen zusammen, aber doch getrennt [ist]. Wodurch? Durch einen anderen Körper. Das Problem wiederholt sich ins Endlose! Ein leerer Raum wäre ein Nichts; das ist ein Widerspruch in sich selbst. Eine Erstreckung fordert immer etwas, das sich erstreckt. Diese Vielheit also kann durch keines, weder Nichts noch Etwas, voneinander getrennt sein.

Wenn ein physisch Wirkliches sich erstreckt und teilbar ist, so enthält es immer eine unendliche Zahl von Teilbarem. Zu einem Unteilbaren komme ich nie. Was ich klein nenne, ist immer noch unendlich groß, weil es unendlich viele Teile enthält.

Jede Einheit, jede physische[84] Tatsache ist unendlich groß oder unendlich klein. Das Denken der Vielheit also will dem menschlichen Geist überhaupt nicht gelingen. Probleme, die in letzter Instanz vom menschlichen Geist unmöglich aufgelöst werden können. Setze ich Atome, so mache ich die Wirklichkeit erst der Rechnung zugänglich. Weder Chemie noch Physik aber schaffen die Schwierigkeit aus dem Begriff des Atoms weg. Der Verstand kann sagen: Ich bedarf der Atome, um die Prozesse zu begreifen. Aber die Schwierigkeit des Begriffs ist nicht zu lösen. Darin der Grund, die Phänomenalität der Erscheinungen zu behaupten.

II. Die zweite Argumentationsreihe wendet sich gegen den Sinnenschein schlechthin. Ich schütte einen Scheffel Hirsekörner hin und höre ein Geräusch; einzeln bringt keines ein Geräusch hervor. So wird Null plus Null plus Null plus Null zu einer endlichen Größe. Das bereitet die Kritik der Sinneswahrnehmung vor. Psychophysik löst dies durch den Begriff der Empfindungsschwelle. Das einzelne Hirsekorn besitzt diese Reizstärke nicht. Diese Lösung zeigt, daß Reize zu den Empfindungen in einem Verhältnis stehen, das vom Subjekt bedingt ist.

III. Die dritte Argumentationsreihe (bei ihm eingefügt in die Beweise gegen die Bewegung, besitzt aber selbst Bedeutung)

Ich mag eine Summe von Dingen so groß denken, als ich will: Jenseits muß immer noch etwas sein: Sie hat ringsum Grenzen. Jede Grenze ist Grenze von zweierlei.[85] Soll dies der leere Raum sein? Er ist ein Nichts; soll er ein Etwas sein, kann er nicht leer sein. Die Schwierigkeit ist also: Die räumliche Größe weist eben durch die Grenze ins Unendliche hinaus. Das Unendliche wird zur bloßen Möglichkeit, meine Vorstellung ins Unendliche zu erweitern. (Das bereitet Kant vor. Grenzenlosigkeit im Fortgange der Anschauung.)

IV. Die vierte und wichtigste Reihe von Argumenten: Es gibt keine Bewegung, denn jede Bewegung enthält in sich einen Widerspruch.

1. Erste Form: Ich denke mir einen bewegten Körper – von Punkt A zu Z, dem Endpunkt. Um A bis Z zu durchlaufen, muß er zu M. Um hierhin zu kom-

men nach E. Um von A nach E zu kommen, müssen unendlich viele Stationen durchlaufen werden. Also eine endliche Größe ist trotzdem unendlich. Der Weg kann niemals durchlaufen werden. Die Zahl der Strecken ist eben unendlich: das tiefe Problem der unendlichen Teilbarkeit einer endlichen Größe. Drastischer: Achill und die Schildkröte. Achill gibt der Schildkröte einen bestimmten Vorsprung.[86] 1) Achill A, Schildkröte D. 2) Achill D, Schildkröte E etc. Bestimmte Zahlen. Achill laufe zehnmal so schnell als die Schildkröte. Der Vorsprung 1 m. Wenn dieser durchlaufen von Achill, ist die Schildkröte 1 dm, dann 1 cm vorwärts gekommen. Der bekannte Erfolg dagegen: Wenn die Schildkröte $\frac{1}{9}$ der vorausgegebenen Strecke durchlaufen, so hat Achill $\frac{10}{9}$ durchlaufen. Sie haben sich also erreicht. Die Reihe, welche durch $\frac{1}{10}$, $\frac{1}{100}$, $\frac{1}{1000}$ etc. gebildet wird, bleibt nach Zenon immer hinter $\frac{1}{9}$ zurück. Wie können wir das Problem auflösen? Praktisch durch die Differentialrechnung, theoretisch nicht. — Worauf beruht diese innere Diskrepanz zwischen Wahrnehmung und Denken? Die Kontinuität der Wahrnehmung und das Rechnen mit Einheiten gehören zwei ganz verschiedenen Gebieten an.

2. Der fliegende Pfeil. Er durchmißt den Raum. In einem gegebenen Moment ist er an einem gegebenen Ort. Ist er so an jedem Ort zu fixieren, so ruht er an jedem Ort, also ruht er überhaupt. Ein stetig bewegter Körper: Der kontinuierliche Raum wird vom Denken in ein Diskontinuierliches aufgelöst, also die Wahrnehmung selbst aufgelöst.

Diese Argumentationen der Ausgangspunkt einer mächtigen dialektischen Arbeit (Platon, Sophisten und Skeptizismus). Erst Kant brachte sich diese Schwierigkeiten noch einmal zum Bewußtsein.

[4)] Melissos

Wird von Aristoteles als ἀγροικότερος bezeichnet. Er geht davon aus: Wenn das Seiende keinen Anfang und kein Ende hat, so hat es auch keine Grenze im Raum. Wäre das Wirkliche endlich, so wäre es begrenzt, so etc. wie bei Zenon. Ist das Seiende unbegrenzt, so muß es auch als eines gedacht werden. Spinoza schließt ebenso von der Unendlichkeit auf die Einheit der Substanz. Diese Schlußweise von Gorgias wieder aufgenommen.

[5. Die Theoretiker der Massenteilchen]

Empedokles, Anaxagoras, Leukipp, Demokrit nennt Dilthey die Theoretiker der Massenteilchen. Die Atomistik ist die Grundlage der Naturwissenschaft geworden. Dilthey behauptet, daß die Voraussetzung dieser Theorie in dem

Standpunkt des Parmenides[87] etc. gelegen hat. Sie gehen davon aus: Aus Nichts wird nichts. – Gibt es keine Entstehung und gibt es keinen Untergang, so gibt es auch keine Veränderung. Empedokles benutzt diesen Satz augenscheinlich im Anschluß an Parmenides[88]. Die Gründe hierfür findet Dilthey in denselben wie Zeller.[89]

[1)] Empedokles

Er war etwas jünger als Anaxagoras. In Agrigent geboren. Sein Vater Demokrat. Er selbst trat an die Spitze der demokratischen Partei, soll aber die Tyrannis ausgeschlossen haben. Er wird von Aristoteles als Begründer der Rhetorik bezeichnet. Nach dem Vorbild der Pythagoreer trat er als Zauberer und Wundertäter auf. Sein Werk καθαρμοί bezeugt es. Aus diesem mystischen Treiben folgen seltsame medizinische Spekulationen. Naturwunder! Hölderlins Drama Empedokles. Der Sage nach soll er sich in den Ätna gestürzt haben. Vergleiche Lukrez' begeistertes Lob. Fragmente von zwei Werken περί φύσεως (Titel, den die Bibliothekare solchen Werken allgemein gaben), καθαρμοί. Schon der Gegensatz dieser beiden Schriften deutet auf die Zwiespältigkeit seines Wesens: Mystiker und Naturforscher. Der Begriff des σφαῖρος zeigt den Zusammenhang.

Es gibt kein Entstehen, und es gibt keinen Untergang: sein Ausgangspunkt, den er akzeptiert von Parmenides. Ist dies der Fall, so doppelter Weg offen: Entweder sie vereinen das Spiel der Erscheinungen, oder sie durchbrechen die Schranken und ermöglichen eine Naturerklärung. Alle Erscheinungen der Wirklichkeit werden von den Theoretikern der Massenteilchen gleichmäßig[90] aus ihren Eigenschaften erklärt. Zwei Fragen: 1. Welche muß man ihnen beilegen, damit sie das Werden erklären? 2. Welche Kräfte muß man annehmen?

1. Empedokles: Es gibt nur vier Grundunterschiede. Anaxagoras: Soviel reale Qualitäten, soviel Unterschiede. Demokrit: Sie sind alle gleich.

2. Wie ist Verbindung möglich: drei Antworten: a) Empedokles zwei Kräfte mythisch, Liebe φιλία und Haß νεῖκος. Pythagoreischer Dualismus. b) Eine Ursache des νοῦς bei Anaxagoras. c) Demokrit: Der Grund der Bewegungen [liegt] in den Elementen selbst – eine rein mechanische Weltansicht. Sie sind es, die die lebendigste Theorie der Massenteilchen ausbildeten – bis heute.

Seine Elementenlehre. Wasser, Feuer, Luft waren schon von den älteren Ioniern als Prinzipien aufgestellt worden; dazu fügt er die Erde. Gewissermaßen die Sonderung der Aggregatzustände. Die Verbindung der Elemente vergleicht er mit der Mischung der Farbe auf der Palette.

Es gibt ursprünglich nur vier Qualitätengruppen: die vier Elemente. Ihre Mischung läßt neue Qualitäten entstehen. Sie hängen ab von der quantitativen

Verteilung. In den Teilchen denkt er sich Poren, in die die anderen Teilchen hineintreten. In einem grünen Blatt sind wässrige, feste, luftige Bestandteile verbunden. Die Art der Verbindung erklärt die neuen Qualitäten. – Wie wird nun die Mischung hervorgebracht? Liebe und Haß – Verbindung und Trennung: Sie stehen unter dem Verhältnis, daß das Gleichartige sich anzieht. Aber seine ganze Weltanschauung überhaupt ist erfüllt von einem ausschweifenden Panpsychismus: Die Elemente selbst sind Träger von geistigen Kräften. Besonders Beseelung der Pflanzen: Aber es gibt überhaupt nichts Seelenloses. Lukrez: Er sei der größte Dichter. Weiter: Es gibt Dämonen, die Menschenseelen sind. In diesem Zusammenhange [steht] seine Seelenwanderungslehre. Es gibt auch Götter, aber sie sind nicht ewig, sondern nur sehr langlebig.

Die Liebe, φιλία, ist der Grund aller Verbindung im Weltall, der Haß dagegen trennt die Elemente. Wir müssen zurückgehen auf den Zustand des σφαῖρος, wo der Haß außerhalb der Welt weilt. Die Elemente sind geeint in einem seligen Zustand durch die Liebe. Der entgegengesetzte Zustand ist völlige Trennung. Unser menschlicher Zustand liegt in der Mitte zwischen beiden Extremen: Liebe und Haß ringen miteinander und bestimmen gemeinsam die Gestalt der Welt. Also eine Entwicklung, in der sich u. a. die Organismen bilden. Seine Lehre bereitet gewissermaßen die darwinistischen Ideen vor. Erst viele Mißbildungen, dann die zweckmäßigen unserer Zeit.

Untersuchungen über die Sinneswahrnehmungen und Atmungsprozeß. Gleiches muß durch Gleiches erkannt werden: Es muß also im Augapfel alles vorhanden sein, was auf ihn wirkt.

In seiner Lehre verbindet sich Mythisches eng mit Wissenschaftlichem (z. B. der σφαῖρος); eine durchgehende Zwiespältigkeit. Seelenwanderung: von sich selbst erzählt er die Stadien seiner Wanderung. Hieraus entstehen die Sühnelieder καθαρμοί. In ihnen endigt eine Philosophie, die mit der Elementenlehre beginnt: Das Mythische liegt noch im Streit mit der Wissenschaft. Wir wenden uns von hier in das helle Licht des Tages:

[2)] Anaxagoras

Ionier. Der Vertreter des griechischen Monotheismus, der Lehre von dem einen Gott, der von der Natur unterschieden ist, nicht nur begrifflich (dies auch im Pantheismus), sondern sachlich. Der Monotheismus trennt Gott und Natur: Sie sind nicht zwei Seiten derselben Sache, sondern streng gesondert. Zuerst ausgesprochen von Anaxagoras, ausgebildet von Sokrates, Platon, vollendet von Aristoteles. Eine geistige Kraft wird von den physischen Dingen gesondert. Dieser Gedanke entsteht auf dem Boden der wissenschaftlichen Astronomie.

Der Monotheismus der Griechen steht unter dem höchsten Begriff der Erklärung der Natur: Er unterwirft das Verhältnis Gottes zur Welt dem Kausalgesetze. Aus nichts wird nichts. Das Kausalbedürfnis konnte also nur befriedigt werden, indem man die Materie von Anfang an neben die Gottheit setzte. Aus dem Geist kann niemals eine Materie werden. Entweder sind sie eines (pantheistisch) oder existieren nebeneinander (strenge Duplizität).

Ferner: Die jüdische Religiosität nahm ein Prinzip des Bösen auf, um die Unvollkommenheit zu erklären. Auch die Griechen fühlen dieses Bedürfnis, aber sie schieben den Rest in die Materie hinüber, wovon jedoch bei Anaxagoras noch nicht die Rede ist.

Anaxagoras der erste Monotheist in Europa, lange vor dem Christentum. Der Monotheismus blieb bis in die neueste Zeit die wichtigste Gewalt zur Erklärung der Natur: Religiöses Bedürfnis und physische Erklärung blieben immer zusammen.

Vergleiche die *Eudemische Ethik* über Anaxagoras: das Leben nur lebenswert um der astronomischen Studien willen.[91] Seine Lebensruhe wirkte mächtig auf Perikles. Denn in Athen konzentriert sich von jetzt an die Philosophie.[92] Nur der große Demokrit bleibt draußen.

Den Anfang seines Werkes vergleicht man unwillkürlich mit der jüdischen Schöpfungsgeschichte. Der Anfangsbegriff dem Chaos, dem ἄπειρον des Anaximander verwandt.

[a)] System des Anaxagoras

Die allgemeinen Prinzipien der Naturerkenntnis und der Bestandteile der Natur

1. Es gibt kein Entstehen und kein Vergehen (wie Empedokles von den Eleaten akzeptiert). Kein χρῆμα entsteht oder geht unter, sondern aus bestehenden χρήματα entstehen Mischungen und Entmischungen. Statt Entstehung also richtiger Mischung und Entmischung der Massenteilchen. Es vermindert und vermehrt sich nichts. Dieses All verbleibt immer sich selber gleich: der erste Ausdruck des Prinzips von der Erhaltung der Masse.

2. Die Relativität der Größe. Es gibt kein Kleinstes: denn im Seienden gelangt man nie zum Nicht-Sein. Ebenso gibt es kein Größtes. An sich selbst ist jedes sowohl groß als klein. Das folgt aus der Grenzenlosigkeit der Teilbarkeit. Ein Kleines enthält eine unendliche Mannigfaltigkeit. (Dieser Begriff negativ von den Sophisten oberflächlich ausgebeutet.)

3. Welches sind die Teilchen und wie beschaffen? Anaxagoras mußte die Mannigfaltigkeit[93] der Qualitäten aus den objektiven Qualitäten selbst erklären. Er ist härter realistisch noch als Empedokles: Alle wirklichen Nuancen von Qualitäten sind real. Da die Teilbarkeit unendlich, so gibt es keine unteilbare

Einheit. Es kann nur von Elementen gesprochen werden, da von einer gewissen Kleinheit sich in allen Mischungen und Entmischungen erhalten. Diese Teilchen nennt er σπέρματα τῶν χρημάτων oder kleine χρήματα. Ihre Grundeigenschaften sind alle die Nuancen der wirklichen Qualitäten. Aristoteles überträgt seinen Begriff ὁμοιομέρης auf diese σπέρματα. Er will sagen: Ein solches Element selbst ist homogen.

Wie erklärt es sich, daß die Sinnesqualitäten vor meinen Augen wechseln? Protagoras würde auf die Subjektivität der sinnlichen Wahrnehmung hinweisen. Anaxagoras muß es durch Mischung und Entmischung erklären. Aber: Unsere Sinne haben bestimmte Grenzen, sind im Grunde stumpf: Wegen der Kraftlosigkeit der Sinne können wir die Wirklichkeit nicht unterscheiden. Schon er beweist dies durch das Experiment der Farbenmischung. Das Argument Zenons der fallenden Körnchen ist diesem ganz homogen. Die σπέρματα können wir aus diesem Grunde nicht sinnlich wahrnehmen.

[b)] Die Astronomie des Anaxagoras und sein Schluß
auf den νοῦς, die Weltvernunft

Wo Empedokles mythologisch verfährt, begründet Anaxagoras den astronomischen Monotheismus: Es muß eine Kraft im Weltall sein, die die Drehung der Gestirne um eine gemeinsame Achse bewirkt. Den Fall des Meteorsteines bei Aigospotamoi erklärte er als aus der Gestirnwelt. Also: Die Gestirne bestehen aus denselben Stoffen wie unsere Erde. So dachte er sich die Gestirne als ungeheure Steinmassen. Die Sonne, eine glühende Steinmasse, größer als der Mond, der = Pelopames. Wichtig: Die Gleichartigkeit der physischen Teile des Universums ist eine der wichtigsten Entdeckungen des Anaxagoras.

Die gemeinsame Drehung aller dieser ungeheuren Massen im Weltraum: Hörte sie auf, so würden die Gestirne durch ihre Schwere ins Grenzenlose nach unten fallen. Es muß also eine zweite Kraft geben, die ihnen den Umschwung erteilt. Der geschleuderte Stein fällt nicht, das herumgewirbelte Wasser fließt nicht aus: So muß eine unermeßlich große Kraft die Bewegung der Himmelskugel erzeugen. Ihre Achse geht durch den Nordpol, wo die kleinsten Kreise beschrieben werden. Eine gleichmäßige, gesetzlich gleichartige Drehung ist es. Es muß eine der Schwere überlegene Kraft geben, die vernünftig und zweckmäßig wirksam ist. Es muß also ein νοῦς sein, der die Drehung und durch die Drehung Mischung und Entmischung und in allem diesen die Zweckmäßigkeit der Welt erzeugt.

[c)] Materie und Weltvernunft

„Im Urzustand war alles zusamt"; ähnlich dem ἄπειρον des Anaximander und dem Chaos des Hesiod.

Bevor sich diese Mischung schied, war nicht einmal eine Farbe. – Nun beginnt der νοῦς zu wirken; er erzeugt allmählich die Bewegung, deren Größe noch immer zunimmt. Diese Bewegung [be]wirkt die Scheidung, es trennen sich die Gegensätze. Gänzlich gesondert wird nichts von dem anderen.

Die Eigenschaften des νοῦς: Die Zweck- und Regelmäßigkeit der Bewegung kann nur von dem erzeugt werden, das Vernunft hat. Erste Ursache. Diese Weltkraft muß wirken wie eine physische Kraft, wie ein Maschinengott. Sie ruht allein auf sich selbst. Sie ist rein, einfach, ungemischt, ein λεπτότατον. Man hat daraus schließen wollen, daß Anaxagoras keine Gottheit, sondern eine physische Kraft gemeint habe. Aber er betonte immer besonders die Vernunft. Den Ausdruck Gott hat er offenbar absichtlich vermieden – aus Vorsicht. Dieser νοῦς – in Splittern gleichsam – ist in allen Menschen. Also muß jeder Einzelgeist dem anderen gleich sein: Die Differenzen leitet er ab aus dem Physischen.[94]

Aber es blieb das Problem: Wie erklärt man die irregulären Bahnen der Planeten? Anaxagoras: aus Zufälligkeiten.

[6.] Das Zeitalter der Sophisten oder die griechische Aufklärung

Um die Mitte des 5. Jahrhunderts eine Umänderung intellektueller Art, verwandt mit der Aufklärung des vorigen Jahrhunderts. Die naturphilosophischen Schulen standen in entschiedenem Gegensatz gegeneinander. Das Ergebnis [war] der Zweifel an der Metaphysik überhaupt. Damit verband sich der Zweifel an der Religiosität, denn der astronomische Monotheismus war eine beständige Widerlegung des alten Polytheismus. Vergeblich war das Bestreben des Aischylos, die alte Mythologie noch einmal zu beleben. Ein Neues kam langsam herauf. Es sank die Metaphysik: Es blieb übrig das souveräne Subjekt: der einzelne mit dem, was ihm erscheint. In dem alten Geschlechterstaat der Griechen hatte der einzelne sich gefühlt als ein Glied des Ganzen. Der tragische Gedanke: Die Schuld vererbt sich in dem Geschlecht, weicht dem, daß der einzelne verantwortlich ist für sein Tun: die demokratische Reformation des Kleisthenes drängt auf das eine hin: Loslösung des Individuums.

Dieses souveräne Individuum macht sich geltend in der Aufklärung. Prosaschriftstellerei der Sophisten: Sie sind Künstler der Prosa, sie sind glänzende Redner und Stilisten. Mit dieser Lage verknüpft sich eine Veränderung des Unterrichtswesens. σοφισταί Personen von geistiger Ausbildung. Protagoras selbst bezeichnet sich zuerst so und erbot sich, Unterricht in ganz neuer Form zu erteilen. Der γραμματικός (Elementarlehrer) und μουσικός hatten bisher unterrichtet. Jetzt tritt das Bedürfnis nach einer Bildung auf, die Macht im Staat verleiht.

Diese aber war an die Überzeugung der Massen gebunden. Kurz, die Beredsamkeit war das Mittel der demokratischen Regierung. Jeder mußte die Kraft der Selbstverteidigung besitzen; er mußte die Schönheit der Rede besitzen, für die die Griechen eine so feine Empfindlichkeit hatten. So entstand nun ein Stand, der es übernahm, die formale Bildung in politischem Wissen und logischer Diskussion zu geben. Ihre Preise waren sehr hoch. Ihr Unterricht aber ging nicht auf den Inhalt, nur auf die Schale (cf. Platon, Protagoras und Gorgias).

An diese Tätigkeit als Redner und Lehrer und Schriftsteller knüpft sich auch eine Stellung in der Philosophie. Sie wendet sich jetzt an die Gebildeten des ganzen Volkes. Diskussion über die Probleme der Theologie, Beredsamkeit, Politik.

Zwei Generationen der Sophisten:
1. Protagoras, Gorgias, Prodikos. Übergang: Hippias.
2. Thrasymachos und eine große Zahl anderer.

Beide Generationen unterscheiden sich durch den Grad der Skepsis. Die zweite Generation zweifelt auch an der bestehenden Moral und den politischen Prinzipien. Von der ersten Generation sind sie durch den auflösenden großen Krieg getrennt.

Erste Generation: Führer und der leitende Kopf ist:

[1)] Protagoras

Geboren 480 oder 81 in Abdera – nach Wieland Sitz der Dummen – Sitz der Atomistik. Protagoras übte in den Städten Griechenlands eine lange Tätigkeit, die den Jünglingen die ἀρετή mitteilen sollte: Elemente von Politik, Logik, Grammatik, Beredsamkeit. Sein Ruf zieht Schüler von weit herbei. Er polemisierte gegen Gorgias und Hippias. Mancherlei Haß häufte sich gegen ihn, besonders wegen seines Unglaubens. Anfang seiner Schriften: Von den Göttern weiß ich nicht, ob sie sind oder nicht etc. Angeklagt floh er nach Sizilien und ertrank auf dieser Flucht.

Der Mensch ist das Maß aller Dinge: des Seienden, wie es ist, des Nicht-Seienden, wie es nicht ist. Was dem Menschen als wahr erscheint nach seiner Verfassung, wird wahr sein. Begründung dieser Skepsis durch folgenden[95] Schluß:

Alle Erkenntnis ist äußere Wahrnehmung oder darauf gegründet. In diesem Obersatz liegt die Schranke des griechischen Denkens überhaupt: Es war unmittelbare Anschauung: Sie war ihnen das Organ der Erkenntnis, die intellektuell gebundene Erkenntnis der Sinneswahrnehmung.

Untersatz gebildet durch die Zergliederung der sinnlichen Erkenntnis,[96] deren Resultat: Die Wahrnehmung ist verschieden, wechselnd.

Schlußsatz sonach: Die Erkenntnis ist nicht allgemeingültig, sondern was wahr sei, wechselt mit der Person.[97]

Der erste geniale Versuch einer Erkenntnistheorie; ihr Schwerpunkt die Zergliederung der Sinneswahrnehmungen. Sie hat die große Erkenntnis zur Folge: die Sonderung des äußeren Gegenstandes von dem im Bewußtsein erscheinenden Objektbilde.

„Ich muß unterscheiden Bild (Zeichen) und objektive Ursache." Das ist sein großer Gedanke.

Die einzelnen Glieder seines Schlußprozesses: Wahrnehmen, Einwirken der Dinge auf die Sinne. Also ihre Ursache gehört der allgemeinen Kategorie der Bewegung an. Und zwar zwei Bedingungen: 1. die aktive von außen, 2. die passive Reaktion von innen. Aus der Berührung von Objekt und Subjekt entsteht also zweierlei: 1. das Sehen, das Hören, der Prozeß im sinneswahrnehmenden Subjekt; 2. das subjektive Bild: der farbige Gegenstand, der Ton etc. Beide sind unmittelbar verbunden. Sonach bestehen die Sinneswahrnehmungen nur solange, als der Sinnesvorgang dauert. Die Bilder sind Produkte der Sinnestätigkeit.

Ist dies der Fall, so entschwindet das Objekt, wenn das Subjekt nicht mehr empfindet. Sie sind also Zustände: Von den äußeren Gegenständen wissen wir nichts. Die Dinge verändern sich mit der Veränderung und der Zuständlichkeit des Subjekts. – Es gibt keine objektive Erkenntnis.

Das Objektbild, die ganze umgebende Welt, ist das Korrelat des Sehens, Hörens, Fühlens, ist in diesem Akt und ist nichts ohne diesen Akt. Das ist das erkenntnistheoretische Verdienst des Protagoras.

Das folgende viel schwächer.

Alle Erkenntnisse sind verschieden nach den Zuständen des Subjekts. Die Frage: was ist denn nun die normale Wahrnehmung, was ist das Allgemeingültige, hat sich Protagoras nicht vorlegen wollen, nicht aus Kurzheit des Denkens oder Leichtsinn, sondern es ist die Freude des Griechen an der eigenen paradoxen Theorie.

In bezug auf Moral und Politik ist Protagoras nicht radikal konsequent gewesen. Denn er verspricht, die ἀρετή zu lehren. Cf. den Mythos des Protagoras bei Platon, der offenbar original. Die Tiere hätten Waffen, die Menschen αἰδώς und δίκη. Dadurch seien sie siegreich. Wer sie nicht besitzt, soll aus der Gesellschaft ausgestoßen werden.[98]

Dagegen radikale Kritik des Götterglaubens: in dem Menschen selbst sei ein sittlich-rechtliches Bewußtsein, das ihm den rechten Weg weise. Hierin zeigt sich der männliche Geist des Protagoras.

[2)] Gorgias

Geboren 490–480, Sizilianer, knüpft an Rhetorik an (cf. Empedokles). Die Kunstmäßigkeit der Rede wollte er auf Regeln bringen. Andererseits entwickelte er aus dem eleatischen Denken die negativen Konsequenzen: Der Skeptizismus entspringt aus der eleatischen Dialektik, insofern Gorgias leugnet, was die Eleaten indirekt hatten beweisen wollen.

Brandschrift mit auffallendem Titel: *Über das Nicht-Sein oder die Natur:* περὶ τοῦ μὴ ὄντος ἢ περὶ τῆς φύσεως. Absage an die Philosophie. Dann ausschließlich Lehrer der Rhetorik. Seine Sprache scheint uns heute abgezirkelt und nüchtern, aber sie bedeutete einen riesigen Fortschritt.

Begründung des Skeptizismus, ebenso scharfsinnig wie leichtsinnig (erinnert an Diderot). Er beweist: Die Natur ist das Nicht-Seiende. Drei Gründe, drei Netze, die den Schüler unweigerlich fangen:

1. Das Sein ist sich selbst widersprechend.[99]
2. Wäre das Sein vorhanden, so wäre es unerkennbar.
3. Wäre es erkennbar, so ließe es sich nicht mitteilen.

[zu] 1. Wäre das Seiende, so müßte es seiend oder nicht-seiend oder beides sein. Wäre es nicht-seiend, so wäre nach den Eleaten schon alles aufgehoben. Soll man das Seiende nun entstanden oder unentstanden denken? Wäre es entstanden, so aus dem Nichts. Das Nichts müßte sein, was nicht der Fall ist. Das Sein ist also unentstanden. Hiergegen eine schwache, nicht-eleatische Argumentation: Hat es keinen Anfang, so hat es kein Ende. Hat es beides nicht, so ist es unendlich, hat keine Grenzen im Raum. Dieser Gedanke will dem Denken niemals gefallen.

Das Seiende könnte aus Sein und Nicht-Sein gemischt sein. Da aber beide Bestandteile wie bewiesen nicht existieren, so etc.

Das Seiende kann weder als Eines gedacht werden – denn alles Ausgedehnte ist teilbar (cf. Eleaten) – noch als Vieles, denn wir haben keine Einheiten, aus denen wir zusammensetzen. Eine räumliche Größe kann nicht aus Unräumlichem entstehen.

[zu] 2. Das Seiende ist nicht identisch mit dem Denken.[100] Das Gedachte im Denken ist verschieden von dem gedachten Außenobjekt. Ein tiefer Einwand gegen die Erkennbarkeit des Wirklichen.

[zu] 3. Wäre es denkbar, so wäre es nicht in Worten mitteilbar: Wie kann man in Worten eine Farbe mitteilen: Das Ohr hört nur Worte. Mitteilbar also nur Worte. Die durch sie übermittelten Vorstellungen sind in jedem Subjekt verschieden. (Humboldt, Sprachphilosophie). Der Sophist schneidet ab, aus Freude am Paradoxen, nicht aus Denkfaulheit.

Auch er war vorsichtig in der Polemik gegen den Volksglauben. Er wollte nur die Kunst der Rede mitteilen: daß der Empfangende sich ihrer mit Anstand bediene, hielt er nicht für seine Sache. Die Tugend lasse sich nicht auf allgemeine Begriffe bringen. Die Tugend sei nicht dieselbe für den Jüngling wie für das junge Mädchen.

3) Prodikos

Obwohl jünger, zur ersten Generation gehörig; er hielt erstens teure Privatkollegien – Wortbedeutungstheorie,[101] eine Art Wortschatz[102] –, zweitens Publika. Weiche Moralität. Beispiel dieser süßlichen Moral im *Herakles [am Scheidewege]* (verkürzt bei Xenophanes). Sokrates: er sende ihm gern die Zuhörer zu, die er nicht für fähig halte, dem sokratischen Vortrage zu folgen.

[4)] Übergang zur zweiten Generation. Hippias

(Cf. Platon, wenn echt). Ein Allerweltskünstler (cf. Jacob Burckhardt nach einem bedauerlicherweise herausgegebenen Kollegheft, Griechische Kultur, 3. Bd. etc.[103]). Eine Verhöhnung des Hippias.

Er führte die Verfassung seiner Vaterstadt auf den göttlichen Heros zurück. Cf. Herakleitos' hohe Auffassung, die die Rechtsphilosophie begründet. Von hier aus Hippias: in jeder Verfassung ein Unterschied zu machen. In allem bleibt das Naturrecht (φύσις) – Barbaren und Griechen gemeinsam. Dagegen das Besondere der einzelnen Satzungen ist positives Recht: Satzungen: θέσις. Dieses steht jenem ersten nach. Nichts aus ihm, das dem Naturrecht widerspricht, hat Anspruch auf Gültigkeit. Darauf beruht die *Antigone*.

[5)] Zweite Generation

Haupt Thrasymachos. Inzwischen große Veränderung in Griechenland: der große Krieg. Recht wird Macht. Die Sophisten drücken dies nur in der Formel aus: Recht ist Macht. Drei Zeugnisse dafür: 1. die Stücke des Euripides; 2. Aristophanes, Streit zwischen Recht und Macht; 3. Thukydides an vielen Stellen, besonders Streitrede zwischen Athenern und Meliern. Dies die Umstände, in denen die letzte Generation der Sophisten ersteht und die Rhetoren. Sophistische Rhetorik und Trugschlüsse von großer Macht. Trugschlüsse von Aristoteles gesammelt: περὶ σοφιστικῶν ἐλέγχων, um dem Umherschwirren dieser Sophistik ein Ende zu machen. Platon wendet sich gegen diese gefährliche Rhetorik.

Begründung von Rhetorenschulen fördert die Zersetzung des griechischen Geistes.

Das Naturrecht der Sophisten (cf. Hippias, der Recht nach φύσις von göttlichem Ursprung gleichsam und positives Recht unterschied). Davon verschieden das Naturrecht des Thrasymachos, Kritias, etc.

1. Satz: Der Mensch handelt aus Interesse; die Handlungen sind von ihrem eigenen Interesse bedingt. Jeder handelt so, wie er es für sein Glück, Macht, Reichtum als vorteilhaft erkennt.

2. Satz: Aus dem Kampf der selbstsüchtigen Interessen entspringt der allgemeine Krieg (Hobbes: bellum omnium contra omnes). Macht und Stärke regieren allein.

3. Satz: Indem nun aber erfahren wird, daß der Kampf den Menschen unselig macht, so entsteht daraus der Vertrag, indem die Schwachen sich zusammentun, um die Willkür der einzelnen durch Rechtssätze zu zügeln. Denn der Mensch ist ständig bewegt von Hoffnung und Furcht. Der Vertrag erreicht, daß weniger erlangt, aber mehr besessen wird. So entsteht nun aus dem Egoismus das Recht.

[4. Satz:] Aber das Eigeninteresse ist stärker und durchbricht den Vertrag, wenn die Machtverhältnisse sich verschieben. Also erweist sich das Streben nach Macht noch im Rechtszustand als auflösend wirksam.

[5. Satz:] Damit auch da, wo der Mensch vom Gesetz nicht erreicht wird, das Interesse der anderen gewahrt wird, erfindet der Mensch Götter und Moral. Nun soll das Auge der Gottheit die Schuldigen erreichen. Die vollkommenste Vorstellung im Anfang der *Politeia* des Platon, wo Thrasymachos und seine Schüler auftreten. Wie modern diese Theorien! Marx, Nietzsche – von dieser Zeit an sind solche Gedanken wirksam.

Zwei Formen des Naturrechts: 1. das von Hippias: Lehre von der geselligen Natur des Menschen und seinen rechtlichen Anlagen – durch Cicero, Stoa, Grote etc. 2. Epikureische Philosophie – Hobbes.

[7. Demokrit]

Über die abweichende Auffassung und Zusammenstellung Diltheys[104]

Bei Ueberweg, Zeller Demokrit als dritter Theoretiker der Massenteilchen. Aber er ist ganz bedingt durch Protagoras und die Sophisten. Windelband stellt ihn sogar hinter Sokrates.[105]

Demokrit geboren 470–460. Die von Dilthey benutzte Tradition 460. Also erheblich jünger als Anaxagoras und Empedokles. Er ist Zeitgenosse des Zenon und Sokrates. Richtige Stellung also wohl diese: Empedokles, Anaxagoras, Leukipp gehören zusammen (cf. oben die Prinzipien in ihrem logischen Zusammenhang). Leukipp war Schüler des Parmenides, dessen homogenes Sein er in Atome zerschlägt.

Aber erst das Auftreten des Protagoras rechtfertigt, daß die objektive Realität nun quantitativ bestimmt ist, während die Qualitäten als subjektiv betrachtet werden. Erst nach den Sophisten wird der Standpunkt des Demokrit wissenschaftlich möglich.

Also drei generelle Richtungen: unter dem Gesichtspunkt der Sophistik. 1. Der alte Pantheismus bildet sich naturwissenschaftlich fort. 2. Von ihm trennt sich die Atomistik (Mechanismus). 3. Der Idealismus (vertreten durch Platon).

[a)] Die allgemeine Naturlehre des Demokrit

In ihm tritt uns ein Naturforscher großen Stiles entgegen. Er besitzt die Prinzipien der modernen Naturerkenntnis.

Erster Satz: Es gibt kein Werden und keinen Untergang. Es kann also nur Konstantes und Unveränderliches sein. Dieses aber muß so erklärt werden, daß es die Wirklichkeit und ihre Veränderungen erklärt (Platon: σώζειν τὰ φαινόμενα).

2. οὐδέν χρῆμα μαθήν γένεται ἀλλὰ πάντα ἐκ λόγου τε καὶ ἀνάγκης. In diesem Satz ist enthalten: die Glieder der Welt in einem Zusammenhang, nach welchem sie als notwendige Teile miteinander verbunden sind. Veränderungen miteinander allgemein durch Notwendigkeit verbunden. Hier zum ersten Mal der Satz vom Grund als Satz alles Geschehens aufgestellt in einem System.

3. Aristoteles bezeugt: Demokrit habe die Zweckursachen geleugnet.

4. Wenn die Atome konstant sind und kein Atom austreten kann noch eintreten, so ist der Satz von der Erhaltung der Masse implizite wenigstens gegeben.

5. Wie Anaxagoras betrachtet auch Demokrit die Atome im irdischen Lauf als völlig homogen denen im Universum der Gestirne. Dies die allgemeinen Prinzipien der Natur von Demokrit.

b) Erkenntnistheoretische Prinzipien der Naturauffassung

ἐν βύθῳ ἡ ἀλήθεια Demokrit. Das heißt nicht: die Wahrheit unerkennbar, sondern in einer Tiefe, in die das Denken allein hineinreicht. Die Welt als νοούμενον (vom Verstand hinzugedacht) und als phänomenale. Aufgabe ist zu finden, was hinter der phänomenalen Welt liegt und die Unterscheidung beider.

δῆλοι μὲν δὴ καὶ οὗτος ὁ λόγος, daß wir nichts wissen über irgend etwas, sondern durch den Zufluß entsteht allen ihre Vorstellung von den Dingen. Alle sinnlichen Qualitäten sind subjektive Beschaffenheiten: der Grundsatz aller mechanischen Philosophie zum ersten Mal. Objektiv ist allein das Quantitative hinter den subjektiven Qualitäten (Galilei, Hobbes, Descartes). Dann wird echte Naturwissenschaft erst möglich.

Demokrit ging aus von einer allgemeinen Naturlehre. Metaphysische oder physikalische Sätze.

Der scharfe Geschmack von scharfen, spitzen Atomen, der süße von runden; sie erzeugen die subjektiven Empfindungen. Vier Grundfarben: weiß, schwarz, rot, grün – Andeutung der Jung-Helmholtzschen Theorie.

In Demokrit ein gesetzmäßiger Zusammenhang aller Tatsachen nach Notwendigkeit. Alle Teile sind homogen, die Gestirne ebenfalls. Auch die psychischen Tatsachen sind Atome. Es gibt nichts Ausdehnungsloses und Gestaltloses. Alle diese Atome erhalten sich konstant und sich selbst gleich. Dieses wahrhaft Bestehende, Wirkliche, die Atome im leeren Raum, ist das Wirkliche, das der Verstand erfaßt. Dieser aber könnte es nicht erfassen, wären ihm nicht die Phänomene in den Sinnen gegeben.

Alles, was so oft großen Denkern mit Bewunderung zugesprochen wird, stammt von diesem gewaltigen Denker.

[c)] Die Prinzipien der Welterkenntnis

Auf Konstantes, Meßbares, Zählbares müssen die Erscheinungen zurückgeführt werden: Das ist die Aufgabe, die aus der Atomistik erwächst. (Jede Atomistik muß ein mechanisches Weltsystem sein.) In Wirklichkeit nur Atome und der leere Raum. Atome: Atomistik; Bewegung: Mechanistik.

1. Die Atome sind, das ihre Wortbedeutung, ἄτομοι unteilbare letzte Einheiten. Sie sind ihren Eigenschaften nach nur durch Größe, Gestalt und ihre Stellung im Zusammenhang [verschieden]. Ausgeschlossen alles Licht und alle Farbe, aller Klang und alle Schönheit: alles dies fällt in die Sinneswahrnehmung. Alles an den Atomen durch geometrische Betrachtung zunächst zu erfassen.

Scheidung 1) A und N Gestalt
2) N und Z Stellung.

Die einen haben Haken, die anderen sind rund, die einen gehöhlt, die anderen spitz. – Warum unteilbar? Bis jetzt kämpften wir mit der Dialektik und der Antinomie im Begriff des Teilbaren (Zenon). Grundproblem aller Philosophie. Demokrit antwortet: Diese Atome, jedes erfüllt den Raum kontinuierlich. Alles dies nun ist überhaupt per se unteilbar. Teilbarkeit als endlose[106] geht den Mathematiker an. Woraus entsteht denn die Teilbarkeit? Alle Dinge sind aus Atomen zusammengesetzt. Teile ich sie, so habe ich kein Atom zerrissen, sondern nur einen Atomkomplex gelöst. Es liegt hierin die Unterscheidung der mathematischen (ideellen) und der tatsächlichen, physikalischen Teilung.

2. Der leere Raum:[107] für Parmenides das Nichts. Hierauf erwidert Demokrit: Es gilt mir nicht, theoretisch über Leeres und Nichts zu spekulieren. Die Natur zeigt, daß ich des Leeren bedarf. Denn Bewegung [ist] nur möglich, wenn

etwas da ist, in das hinein das Bewegte sich bewegen [kann]. Wäre das nicht, so wäre, wie Parmenides sagt, Bewegung ausgeschlossen.

Ein Atom hat nach seiner Größe ein bestimmtes Gewicht. (Hier die Homogenität der Materie.) Der Sinnenschein sagt: Was größer ist, ist schwerer. Von der Masse ist abhängig das Gewicht. Dem widerspricht, streng genommen, die Erfahrung: nur durch Zwischenräume zu erklären, daß bei gleichem Volumen der eine Körper schwerer als der andere.

3. Die Bewegung ist für den Atomisten nicht die Wirkung von Gottheit oder Liebe und Haß. Sie kommt nicht von außen, sondern wohnt als eine Eigenschaft den einzelnen Atomen und Atomkomplexen bei. Die Bewegung wird als dem Universum immanent aufgefaßt. Welches ist die ursprüngliche Bewegung der Atome? (Diese Frage nach der Dürftigkeit der Fragmente nicht zu entscheiden. Cf. Diltheys Ansicht in den Geisteswissenschaften.[108] Der „senkrechte Fall mit Ablenkung" ist eine Erklärung, die ihm unter keinen Umständen zuzuschreiben ist. Epikur ist dieser Nonsens zuzuschreiben.) Alle in sich zurückkehrende Bewegung scheint er seinen Atomen zuzuschreiben: die Grundformen für die Rotation der großen Massen. Die einzelnen Bewegungen bestimmt durch die Art, wie Leeres und Atome im Komplex verbunden sind.

[4.] Das Universum. Nach dem Vorangehenden muß das Universum in der Zeit entstanden sein. Die Konzeption, die die Kopernikaner etc. weiterbilden: zahllose Welten, getrennt durch das Leere; jede aus denselben Atomen, die überall in Aggregaten verknüpft. Überall dieselben objektiven und subjektiven Eigenschaften der Wirklichkeit. Objektiv die Eigenschaften der Atome selbst. Die Atomkomplexe haben Ausdehnung, Gestalt, Lage, Schwere, Härte, Dichtigkeit. Alles andere ist subjektiv, ausgenommen die Bewegung.

Grundunterschied: die einen Feuer- oder Seelenatome: kugelgestaltig, leicht bewegt, ihrer selbst bewußt. Sie nun gehören dem ganzen Universum an. Ein Feueratom zwischen zwei physischen. Dieses Universum Demokrits also ist belebt, denn jedes Feueratom enthält zweckmäßige Bewegung. Stellung zwischen Pantheismus und Materialismus.

Das Ergebnis der Weltentwicklung in der gegenwärtigen Welt ist eine Vielheit von Welten, getrennt durch Intermundien, in denen die Götter leben (das geht auch auf Epikur über). Sie sind entstanden und sind nicht der Grund der Welt. Sie repräsentieren das Ideal des glücklichen Menschen.

[5.] Wie ist das Organische auf der Welt ausgedehnt? Demokrit hat ihm ein besonderes Studium gewidmet: der hervorragendste Biologe vor Sokrates. Er bedient sich des Begriffes der Zweckmäßigkeit. Das scheint höchst inkonsequent, daß der, der den Zweck im Anfang ausschließt, ihn nachher wieder einführt. Das ist nur Schein. Demokrit hat zuerst den Begriff einer immanenten zweckmäßigen Kausalität.[109]

[6.] Den Sinnesempfindungen hat Demokrit besondere Aufmerksamkeit gewidmet: Es gehen von dem Auge Idole, schattenhafte Bilder (denn alles ist physisch) aus. Es finden beständige Ausstrahlungen von den Objekten statt. Wenn diese mit den Wirkungen der Sinnesorgane zusammenkommen, so entsteht das subjektive Bild. Diese Vorstellung hat lange die Erklärung der Sinneswahrnehmung beherrscht. Diese werden im Traum wirksam. Im Traum finden in den Orakeln wirkliche Erscheinungen statt. Selbst der scharfsinnige Demokrit hat sich von dieser allgemeinen Grundvorstellung nicht frei gemacht; denn es gab noch keine historische Kritik. Von den Gottheiten läßt er große Idole ausgehen, die der Pythia, den Priestern, dem Träumenden erscheinen.

Wie sich Demokrit den Denkprozeß als physisch und psychisch zugleich gedacht hat, können wir nicht beurteilen. Windelbands Vermutungen zu verwegen.[110]

[d)] Seine Ethik

Wertabstufung: wie zwischen Sinnen und Denken so zwischen Begierde und kontemplativer Befriedigung in sich. Ziel des Menschen ist die εὐθυμίη, ἁρμονίη – harmonischer fester Seelenbestand. Auch diese gegründet im allgemeinen Gesetz des Lebens. Das Maß für das Lebensziel ist die Summe des Glücks, die möglichst geringe Zahl schmerzlicher Stunden. τέρψις. Stufenreihe des Glücks: an ihrer Spitze die echt griechische Kontemplation, wie sie aus Musik, Freundschaft, Philosophie etc. entspringt. „Es ist Meeresstille der Seele",[111] jene leichten Wellen, wie sie erregt werden durch Kunst, Geselligkeit, Wissen.

Mit ihm beginnt der den griechischen Philosophen eigentümliche Kultus der Freundschaft.[112]

[8.] Sokrates[113]

Der Atomistik steht die Bewegung in Athen gegenüber, wo sich schon seit Anaxagoras die Philosophie konzentriert hatte. Stadt der Götter, der Bildsäulen, der Tempel und der Prozessionen. Aus ihrer Bürgerschaft kam Sokrates, der Gründer der athenischen Philosophie.

Bedingungen, Standpunkt, Aufgabe des Sokrates

Die geistvolle Konstruktion des Alls hatten die Sophisten aufgelöst. Die Theorie der Massenteilchen enthielt unlösbare Schwierigkeiten. Die Philosophie also wendet sich der geistigen Welt zu.

Es herrschte eine flimmernde, wachsende geistige Masse von Fragen. Hier hinein war Sokrates gestellt. Nirgends ein festes Wissen (wie heute Nietzsche: Es gibt kein sicheres, allgemeingültiges Wissen; und ähnlich die Naturwissenschaft). Sokrates schreitet hinein in den Nebel von Nichtwissen. So hat ihn Platon dargestellt. Eine unerschütterliche Zuversicht zu einem geistigen Zusammenhang der Dinge.[114] Die alt-attische Sittlichkeit und gläubige Naivität hatten sich in ihm erhalten. Er behauptete, ein δαιμόνιον, das ihn negativ bestimme, lebe in seiner Seele, was die Anklage gegen ihn gewandt hat.[115]

In diese Natur tritt der wissenschaftliche Zweifel, eine dämonische Macht, die ihn zur Forschung nach sicherem Wissen treibt. In der Jugend Studium der Natur, Streben nach sicherer Naturerkenntnis. Als dies vergeblich, suchte er im Menschen die Regeln und Ziele, die die Gottheit in ihn hineingelegt haben mußte. Es gibt feste Ziele des politischen Daseins, feste sittliche Zwecke. Daran hat er stets festgehalten. Dazu aber kam ihm ein Neues: die Bewußtheit des Menschen über seine Zwecke, die σωφροσύνη. Vorüber ist es nun mit jener naiven Genialität des griechischen Geistes, mit jenem künstlerischen Sich-Gehenlassen. Nietzsche hat mit Recht hierin den Untergang, die eigentliche Korruption des griechischen Geistes [gesehen]. Hier liegt der Bruch. Die Griechen haben diesen Gegensatz gegen alle alten Anschauungen in ihm erkannt: Alkibiades: ἀτοπία. Er war ein ganz neuer Mensch. Ein Neues dringt ein in das alte Griechenland. Daher seine Feinde, z. B. Aristophanes.

Leben und Entwicklungsgang des Sokrates

Besser als über die Vorhergehenden sind wir über ihn unterrichtet. Und doch zwei ganz verschiedene Charakterbilder. Xenophon – Memoiren. Dieser aber oft als Feldherr abwesend. Zugleich aber ein begrenzter Mann, der unfähig war, das Letzte zu verstehen. Platons Gespräche haben immer Sokrates zum Hauptunterredner. Die platonischen Theorien jedoch werden entwickelt. Trotzdem: Leben und Charakter des Sokrates sind jedenfalls historisch, wenn auch idealisiert. Die *Apologie* müssen wir als ein sicheres Zeugnis ansehen: Wollte ihn jemand verteidigen, so mußte er historische Züge bringen. Ebenso im *Symposion, Kriton, Phaidon*. Außerdem in Aristoteles ein Hauptrichter.

Geburt bestimmbar nach der Verurteilungszeit: 470–469, da 399 im Mai hingerichtet. Eine Generation jünger als Empedokles. Zeitgenosse des Anaxagoras und Demokrit. Mutter Hebamme, Phainarete. Aus altem, attischem Geschlecht: Vater Bildhauer, dessen Beruf auch er ergriff (noch Pausanias sah Huldgöttinnen von ihm). Bald wurde er von der intellektuellen Bewegung ergriffen, die damals ganz Athen durchzog. Er war altbürgerlich und altgläubig: erfüllt von dem Glauben an eine göttliche Vorsehung.

Indem er sich der Philosophie zuwandte, mußte er zunächst von Anaxagoras erfüllt werden. Als er seine Schrift las (Dilthey hält dies für authentisch), sagte er: über den Gedanken des νοῦς habe er sich zuerst gefreut; dann aber habe auf ihn dieser Maschinengott den Eindruck [gemacht], als sagte man von dem gefangenen Sokrates: die Anordnung seiner Muskeln solle begreiflich machen, daß er im Gefängnis sitze; begreiflich aber werde diese Welt nur durch eine geistige Ursache. Darum habe er unter die Naturphilosophen einen Strich gemacht und eine zweite Fahrt unternommen. Abwendung von der Natur (vom 17. Jahrhundert an machte man den umgekehrten Schluß). Von der Erforschung des Inneren aber erwartete er die größten Aufschlüsse.

Was er suchte, war das Wissen von sich selbst, vom Menschen: ein Allgemeingültiges, Konstantes. Welches wird die Methode sein, um ein solches Wissen zu finden? Man muß erkunden, was die anderen denken und fühlen, um durch Induktion aus ihnen herauszulocken, was in allen menschlichen Seelen gemeinsam ist. So war er von Morgen bis Abend auf der ἀγορά beschäftigt. Schüler wurden angezogen durch seine magische Persönlichkeit. Er wandte sich an die Handwerker, Hetären, Politiker etc. etc., um über ihr Ziel, ihr Geschäft Aufschluß zu erhalten. Wie eine Bremse plagte er das edle Roß Athen. Alles dies aber: ein gemeinsames, einmütiges Bewußtsein über das Ziel des Menschen zu erreichen: ein gewaltiger Gedanke, ein Bruch mit dem Unbefangenen der griechischen Natur. Der Mensch soll zum Bewußtsein über alle seine Handlungen kommen: σωφροσύνη. Da erlebte die Philosophie den Tag, an dem sie sich besann auf ihr letztes Ziel: das Problem vom Menschen und vom Ziel des menschlichen Lebens. Und mit einer gewaltigen Macht des Geistes.

Sokrates war kein so waschlappiges Tugendideal, zu dem ihn Xenophon gemacht hat. Er war überzeugt von seiner Mission. Damit hängt das δαιμόνιον zusammen. Xenophon behauptet zwar, er sei der Beste und Glücklichste der Menschen gewesen. Aber Familie und Hauswesen hat er vernachlässigt: Xanthippe hatte ganz recht. Er trinkt mit den Trinkern: Aristophanes und Sokrates allein bleiben nüchtern. Im Felde fest und tüchtig; rettet den Alkibiades. Sein Verhalten auf der Flucht. In politischen Dingen gab er bald der Demokratie, bald – wenn es ihm richtig schien – der Aristokratie recht. Wie sonderbar mußte er den meisten Griechen erscheinen! Schon äußerlich: Er war sehr häßlich und glich einem Satyr. Keine regelmäßigen Züge: zerrissen von der mächtigen Innerlichkeit. Über seine Reden cf. *Symposion*. Die erste Form von Humor in der menschlichen Geschichte. – Eine wunderbare Anziehungskraft auf die Jünglinge jener Zeit. Alkibiades über die Macht seiner Persönlichkeit. θαυματτὴ κεφαλή. Zerrissen war die naive Harmonie des griechischen Geistes: Von diesen Tagen schreitet fort das Bewußtsein von der Macht des Wissens über den Geist.

Man begreift, wie wenig Sympathie er bei allen Besuchern des Marktes finden konnte. Das erste Zeichen der Abneigung *Die Wolken*. Die Älteren fühlten in seiner Tätigkeit eine Verführung der Jugend. Eine natürliche auch heute wirksame Tatsache.

Sokrates wollte eine Aristokratie des Geistes unter der Leitung des Staates durch das Wissen. Wie nahe lag die junge athenische Aristokratie jener Tage dieser Tendenz des Sokrates. Daher sah der alte demokratische Bürger einen Bund beider. Er wurde verletzt durch die fortwährenden Fragen und durch die Verwerfung der Losdemokratie. So kam es zu dem Prozeß. Ankläger: Dichter, Staatsmann, Lederhändler. Jeder hat seinen speziellen Vorwurf. Aber gemeinsam der Haß der Demokratie gegen das Aristokratische in Sokrates. Er verführe die Jugend und führe neue Götter ein (das bezog sich auf das δαιμόνιον). Cf. die *Apologie* des Platon, die sicher die Hauptsätze enthält. Mit geringer Majorität verurteilt. Strafantrag und der des Angeklagten selbst gegenübergestellt zur Wahl – nichts Mittleres kann entschieden werden. Also die Wahl zwischen[116] Tod und einer Mine, höchstens dreißig Minen. Er wurde verurteilt. Seine letzten Tage in *Kriton* und *Phaidon*. Opfert dem Asklepios einen Hahn: dem Gott der Genesung.

Das System des Sokrates

[a)] Das Problem der Erkenntnis der moralischen Welt
und die neue Methode

Aufgabe: ein fester Punkt für das Wissen. Sein Merkmal: die Beweisbarkeit und Konstanz der Begriffe und Sätze. In der moralischen Welt die Beweisbarkeit gegründet auf die Induktion, die, was im Menschen enthalten ist, zum Bewußtsein bringt. Die Gesprächsführung das äußere Mittel.

Philosophie ist also φρόνησις, Bewußtsein über sich selbst, Erhebung zur Erkenntnis und Beweisbarkeit alles dessen, was im Subjekt enthalten ist. Eine neue Methode erforderlich, um das Bewußtsein methodisch zu machen. Lösung nach Aristoteles: Sokrates habe zwei logische Verfahren eingeführt: τοὺς ἐπακτικοὺς λόγους καὶ τὸ ὁρίρεσθαι καθόλου: die Induktion (1) das Hilfsmittel für (2) Definition. Beide greifen ineinander. Dies finden wir in seiner Praxis, z.B. Begriff der Gerechtigkeit: Es muß zum Bewußtsein gebracht werden, was A, B, C darunter denken. Dies verdeutliche ich mir besser daran, was ich ungerecht nenne, da hiergegen mein Gefühl revoltiert etc. (cf. Original). – Das sittliche Bewußtsein der Mitunterredner wird erregt, ins Spiel gebracht, und so wird eine Definition herausgehoben aus dem ganzen Gebiet des sittlichen Lebens. Der Geist also versenkt sich zum ersten Male in sich selbst.

Oder: Nur die Wissenden können ein Geschäft versehen: der Kriegskundige das Feldherrenamt etc. Die Kriegskunst liegt dem Individuum ja fern, aber der Selbsterhaltungstrieb liegt nahe: Nur dem Kundigen vertraut man sich an.

Schluß aus alledem: In jeder Handlung findet er sich geleitet von einem Streben nach Befriedigung: in jeder Handlung eine Bewegung nach Freude, nach Glück etc. Diesen Satz als Eudämonismus zu schelten, ist lächerlich. Dieser tritt erst auf, wo man diese ganz generelle Wahrheit dumpf und borniert begrenzt auf Addition und Subtraktion von Lustempfindungen. Die Griechen nennen εὐδαιμονία den Inbegriff alles dessen, was Befriedigung irgendeiner Art herbeizuführen imstande ist. Alle streben nach εὐδαιμονία (Unsinn: Glückseligkeit, sondern Befriedigung alles dessen, was in uns als Kraft wirkt).

Die einen finden Befriedigung in ihrem naiven Treiben, in dem sie irgendeiner Klasse von Lust nachgehen; andere streben nach Macht; der Philosoph untersucht, worin in Wirklichkeit für den Menschen die gemeinsamen Züge der Glückseligkeit bestehen. Sie sind zum Teil formaler Art: Bringe Dir zum Bewußtsein, was εὐδαιμονία gewähren kann; in diesem Wissen liegt die „Glückseligkeit". Nur eine Grundlage für sie: die methodische Erkenntnis dessen, was der menschlichen Natur unter allen wechselnden Umständen des Lebens die Eudämonie gewährt. Also ist Tugend Wissen, φρόνησις. Wenn ich erst weiß, was ich erstrebe, so werde ich es auch erstreben. Es ist kein Zweifel, daß ich tun werde, was ich erreichen will. Insofern ἀρετή ein Wissen. Freiwillig kann kein Mensch wider dieses Wissen handeln. Das Wissen also ist das große Mittel, der Menschheit den Weg zur Eudämonie zu zeigen. Das Wissen wird zum ersten Mal zur Lebensführung gemacht. Denke zurück an die Askese der östlichen Priester als Maßstab der Lebensführung.

Hier also wird das Verfahren des Sokrates eigentlich erst vor die unlösbaren Schwierigkeiten gestellt.

b) Die Prinzipien der moralischen Welt

Worin, ist jetzt die Frage, besteht die Eudämonie, welche Mittel führen zu diesem Ziel? Die Lebensarbeit des Sokrates und seiner Schule ist dieser Frage zugewandt und der vergeblichen Bemühung, sie zu lösen. (Wie wechseln die Gefühle des Menschen über das, was er Glück, was er Seligkeit nennt!)

Es gibt, sagt Sokrates, eine gewisse Wertabstufung der Befriedigung: dauernde und temporäre. Was seine Eudämonie will, muß das wollen, was anhält (z. B. keine Feindschaft erweckt). Sinnliches Glück das Niedere; höher Freundschaft, Zufriedenheit mit sich; das Höchste aber die Weisheit, die Ataraxie, die nicht abhängig ist vom flüchtigen Urteil der Menschen.

Stellen, die den platten Eudämonismus widerlegen: Die höchste Lust ist, selbst besser zu werden und Freunde zu haben, die mit uns selbst besser werden. (Das ist schließlich der Kern der menschlichen Weisheit). Die δίκαια, die καλά, sie haben eine Anziehungskraft auf den menschlichen Geist, alles was schön ist, was gerecht ist, was gut ist. Im menschlichen Geist strebt ihnen ein Zug entgegen. (Eine Tatsache, die er gar nicht weiter erklärt, und wer könnte es erklären!)

Wenn jemand fragte: Was meint nun eigentlich Sokrates: Worin besteht die Eudämonie? Sokrates steht über diesen Fragen: Er hebt die Grundzüge der menschlichen Natur hervor.

Dieselben Prinzipien angewandt auf die Gesellschaft: Ihre Leitung soll sich vollziehen durch das Wissen, durch die, die von der Eudämonie des einzelnen und des Ganzen Kenntnis haben. Eine neue Epoche, hätte man auf diesen Gedanken eingehen können, der griechische Geist vermochte es nicht.

Ein Wort des Platon in der *Apologie*: Sokrates habe gesagt, er wisse nichts! (Das widerspricht der gangbaren platten Auffassung). Es ist das Letzte und Tiefste des sterbenden Sokrates.[117]

[9.] Die unvollkommenen Sokratiker

Im sokratischen System lag ein Prinzip des Nichtwissens. Ein Punkt, der, unentschieden, viele Möglichkeiten enthielt. Diese werden jetzt in verschiedenen Positionen auseinandergefaltet. In Sokrates 1. Untersuchung des Wissens, 2. Ant[wort] über das höchste Gut. Also zwei Seiten.

Nach seiner Verurteilung die meisten Schüler nach Megara, wo die megarische Schule gegründet. Eine dialogische Literatur entstand. Der Dialog war die Form, in der die Wahrheit zu suchen und zu finden war. In der Kunstform des Dialoges wurden die Resultate niedergelegt. Diese Form seitdem gepflegt, hat ihre tiefste Wurzel in der Aufstellung eines Problems und der Behandlung der Möglichkeiten seiner Lösung. In der Art, wie Platon dies tat, lag ein Keim von dialogischer Schriftstellerei weitesten Umfangs. Für jene Tage der Problematik und Dialektik war diese Form das Angemessenste. Sonst das Ungeeignetste für philosophische Untersuchungen. Wo grenzenlose Möglichkeiten, da ist er am Platz. Diderot: *Traum d'Alemberts*, eines der höchsten Kunstwerke aller Zeiten. Auch bei Lessing; am genialsten das persönliche Gespräch mit Jacobi, von diesem aufgezeichnet.

[1)] Der erste Dialogist und der treueste Sokratiker: Xenophon: *Memorabilien* aus eigener Erforschung. Von der Weite des Sokrates hatte er keine Ahnung. Auch in der *Kyropädie* die dialogische Form: der erste Staatsroman (Mohl). Verherrlichung der Monarchie als dem Ideal des Sokrates am besten entsprechend. Diese zweifellose Wahrheit zuerst von Xenophon an den Persern romanhaft expliziert.

2) Aischines (Dialogist, nichts erhalten. Gespräche des Sokrates).

[10.] Die megarische Schule

In bezug auf die Quellen seit Schleiermachers Tagen mißverstanden. Eine Stelle des *Sophistes* über Ideenlehre hat er auf die Megariker bezogen. Dieser Dialog gehört in die Zeit des alten Platon und enthält eine Polemik gegen die Ideenlehre seiner Jugend. Schleiermacher mußte diese vorplatonische Ideenlehre unterbringen. Für uns besteht diese Notwendigkeit nicht mehr.

Sie verknüpfen den eleatischen Standpunkt und [die] Methode mit Standpunkt und Methode des Sokrates.

Das Gute ist zugleich das Eine; es schließt jede Veränderung aus. In der Vielheit der Tugend immer nur die eine Einheit. Diese identifiziert mit der Einheit des Seins bei Parmenides. Um diesen Satz durchzuführen, bedarf es derselben Dialektik wie bei Zenon. Diese verbindet sich mit der des Gorgias und Protagoras: Dialektik wird Eristik. Trugschlüsse werden das Metier dieser Schule. Hochnotpeinliche Frage, auf die nur ja und nein zu antworten. Wenn in den Voraussetzungen unlösbare Schwierigkeiten, so Antwort unmöglich. Beispiele:

1. Der ψευδόμενος.
2. Der κεκαλυμμένος.
3. Haufenschluß (Sorites). (Haufe ein unbestimmter Ausdruck. Also Widerspruch, eine bestimmte Zahl zu fordern.)
4. Kahlkopf.
5. κυριεύων.

(Begriff von Möglichkeit: nicht alle Bedingungen bekannt, die das künftige Ereignis bestimmen, z. B. Wetter. Wäre die Meteorologie eine vollkommene Wissenschaft, so könnte sie eine Antwort geben. Der Megariker nimmt dies als objektive Relation.)

[11. Die Kyniker]

Selbständige Energie und großer Einfluß in Antisthenes, Gründer der kynischen Schule, die die mächtige Stoa vorbereitet.

Quellenkritik auch hier sehr nötig. Von Antisthenes wird große Schriftstellerei voll Selbstbewußtsein berichtet. Nur die im letzten Buch aufgezählten werden angezweifelt, die anderen echt. Er hat in der Tat gesagt: Es gibt eine höchste Gottheit; nur einen Weltstaat unter ihr; Charakterkraft die höchste Tugend.

Daneben aber fragmentarisch folgende Sätze: Es gibt keinen Widerspruch – nur Tautologien. Diese Worte müssen aus einem Zusammenhang herausgerissen und nur in ihm verständlich sein. Nie können sie Nicht-Wissen behauptet haben.

Erster Satz: Jede Rede ist zusammengesetzt aus Bestandteilen, so auch die Wirklichkeit.

Zweiter Satz: Man kann die einfachen [Bestandteile], welche schließlich nicht weiter zergliedert werden können am Wirklichen, nicht definieren: ἕν ἐφ' ἑνός. Denn der λόγος[118] kann nicht durch Vieles ein Eines aussprechen. D. h. man kommt im Denken auf letzte Elemente, die nicht definierbar sind.

Dritter Satz: ἐπιστήμη ist die wichtigste Vorstellung, welche verknüpft ist mit ihrem Rechtsgrunde von einem Gegenstand.

στοιχεῖα lassen sich vergleichen, aber nicht definieren, z. B. zwei blaue Farben.

Antisthenes klammert sich mit allen Gewalten seiner Seele an das Wahrzunehmende, Greifbare.[119] Wirklich nur, was in der Wahrnehmung gegeben ist.

Der nächste Satz: Hieraus folgt gegen Platon, mit dem er in beständigem Krieg, offensiv: Ideen kann es nicht geben. Einen Gaul sehe ich, aber die Pferdheit nicht. Platons Antwort: Dafür fehlt Dir das Auge.

Von diesem empiristischen Standpunkt natürlich Schwierigkeiten, die wir heute gar nicht mehr lösen können. So z. B. jenes οὐκ ἔστιν ἀντιλέγειν.

Aber: Alle abstrakten Begriffe können nicht Voraussetzungen der Tugenden sein (Sokrates), sondern die Tugend ist etwas Massives, Charakterkraft, ἐγκράτεια, αὐταρκία, so, sagt Antisthenes, hat Sokrates es gemeint. Diese Tugend das einzige Gut im Universum, das nie versagt. Alle Übel des Lebens sind keine Übel.

Die radikale Unabhängigkeit der Person fordert ihre Loslösung vom Staat. Dann müssen die üblichen Begriffe von Ehre und Scham einer Kritik unterzogen werden. Denn die Ehre verlegt die Glückseligkeit des Menschen in die Schätzung anderer. Antisthenes akzeptiert den Glauben an Gott und Vorsehung. Dennoch sind alle Personen einander koordiniert, der Gottheit subordiniert. Alle sind gleichwertig. Die politischen Vorurteile werden aufgehoben. Die Personen sind gleichsam die Herde der Gottheit, verbreitet auf der Erde, verbunden untereinander durch gemeinsame Liebe, überall unter dem gleichen Schutz der Gottheit.

Die kynische Schule erstreckt sich Glied auf Glied auf die Stoa. Die sonderbarste Gestalt der „verrückt gewordene Sokrates", Diogenes. Diese Kyniker sind heimatlos, Proletarier, unbekannt mit jedem Schamgefühl. Alles, was dem

Menschen moralisch nicht verboten sei, müsse er auch öffentlich vornehmen können. Die Philosophie der mittelalterlichen Bettelmönche.

[12.] Die Kyrenaiker

Aristipp ist der Gründer; geboren in Kyrene. Kam von den Sophisten, unheilbar verdorben durch sie, zu Sokrates. Nach dessen Unterricht wurde er rückfällig. Wanderleben. Seine Tochter und sein Enkel führten seine Gedanken fort. Erneuerung des Protagoras und [des] Demokrit. Prinzip: Maximum von Lust, Minimum von Unlust. Konsequenter Eudämonismus. Begründung nach Protagoras auf die Wahrnehmung (also antisokratisch). Empirisch: die sinnlichen Gefühle erscheinen ihm als primäre Gefühle. Das ist für sein System von höchster Bedeutung. Die die Wahrnehmung begleitenden Gefühle sind die Grundlagen alles glückseligen Lebens. Drei πάθη: ἡδονή, πόνος und ἀπονία oder ἀηδονία (Indifferenz). Diese Zustände sind physisch. Die Objekte sind entscheidend für sie. Sanfte harmonische Bewegungen von außen erzeugen Lustgefühle in uns: reine Farben, harmonische Töne. Dagegen das harte Eindringen von Bewegungen, ihre Unregelmäßigkeit, ihre Heftigkeit erzeugen Unlust. Die Abwesenheit von solchen Außenbewegungen läßt unsere φύσις im Zustand der Neutralität.

Also bei der Verrechnung des Lebens kommt es nicht auf Qualität, sondern Intensität und Summe der Lustempfindungen an: ein Rechenexempel. Tugend ist die Beschaffenheit der Seele, die weise, klug rechnend, genußfähig der Wirklichkeit gegenübersteht. Hier entsteht das Ideal des Weisen, das wir von den Epikureern bis zu Wieland und den Neuesten verfolgen.

Der Charakter des wirklichen Lebens spottet solcher Theorien. Diese Erfahrungen machen schon diese Hedonisten. Die Folge [ist] ihre pessimistische Stimmung, das Erreichbare sei möglichst Schmerzlosigkeit (Schopenhauer, Leopardi, Byron). Hervorragend ist diese Schule ferner durch folgerichtige Ausbildung der Theorie des Atheismus. Theodoros. Euhemeros deutet die Mythen rationalistisch.

[13.] Platon

(Vergleiche den *Grundriß*, ausführliche Darstellung S. 26–32.)[120] Daher hier die Darstellung des Systems, unter Voraussetzung des *Grundrisses*.[121]

a) Die Entwicklungsgeschichte des platonischen Systems
und der Kräfte, die es hervorgebracht haben

Es ist der Höhepunkt der Kultur von Athen. Er fällt in den großen Krieg. Perikles, Phidias, Sophokles, Euripides. Die Stadt erfüllt von Kulten, Lebensfreude, Prozessionen, Dialektik, politischer Betätigung, Beredsamkeit. Eine Sammlung nie dagewesener Menge menschlichen Geistes. Der Mann des Schicksals der griechischen Philosophie schlechthin: Platon befaßt in sich diese ganze geistige Welt. Es lag in der Philosophie des Sokrates, daß er, Platon, alles, was den griechischen Geist ausmachte, in sich zu einem einheitlichen Bewußtsein erhob. Alles, was vor ihm bestand, ging in gewisser Weise in sein System ein.

Aristoteles (obwohl nicht frei von der Neigung, Platon den Pythagoreern zuzuschieben) sagt Metaphysik I, Kap. VI: μετὰ δὲ τὰς εἰρημένας φιλοσοφίας (alle oder die Pythagoreer) ἡ Πλάτωνος ἐπεγένετο Πραγματεία. In den meisten Punkten schloß er sich an diese an; er hatte aber auch einiges, was abwich von diesen Italikern. Denn von Jugend auf war er vertraut geworden mit Kratylos und der heraklitischen Lehre, daß alles Sinnliche in einem beständigen Flusse begriffen sei und daß eine Wissenschaft von diesem nicht möglich sei, [und] blieb dieser Ansicht auch getreu.

Zugleich aber eignete er sich die sokratische Philosophie an. Diese beschäftigte sich mit etlichen Fragen unter Ausschluß der Naturwissenschaft etc. So kam er zu der Ansicht, daß sich dieses Aufsuchen von Begriffsbestimmung auf ein anderes als das Sinnliche beziehe, da dieses im beständigen Fluß. (cf. Original) „Er nannte nun diese Klasse des Seienden Ideen; die sinnlichen Dinge bestünden neben ihnen und würden nach ihnen genannt."[122] Die Malice in dieser Darstellung ist unverkennbar: Sie macht sein System zu einem compositum mixtum, „ich Aristoteles bin der wahre Sokratiker." So wichtig, so wenig Einblick in Platons Bedeutung.

[1.] Ideenlehre, d. h. die Lehre: dasjenige, was im Begriff erfaßt wird, ist ein Allgemeines und Konstantes. Die Menschen werden geboren und sterben, der Mensch besteht immer fort. Der Begriff also sagt: Es gibt Inhalte, die im ganzen Geschehen, unabhängig von Ort und Zeit, unveränderlich bestehen. Diese allein haben Realität. In der Korruptibilität der Dinge gibt es ein solches Standhaltendes, Allgemeines: ein Immaterielles neben dem Materiellen. Der Inbegriff, der die höchsten Werte aller Wirklichkeit einschließt. Er besteht außer der Sinnenwelt für sich. Dieselbe Paradoxie im Pythagoras. Aber diese Lehre hängt bei Platon mit ebenso wichtigen anderen zusammen.

2. Der Mensch ist angehörig einer Mittelwelt zwischen Ideen und Korruptibilität der materiellen Welt. Er ist in dem Körper eingeschlossen wie in einen

Kerker. Er unterliegt dem Gericht eines höchsten und ist zum unsterblichen Dasein bestimmt.

3. Der Staat muß wieder aufgebaut werden durch Gesinnungsumwandlung des griechischen Menschen. Ausgehend von Sokrates – platonische Schule: Der Staat soll die höchsten Ideale des Guten, Weisen, Tapferen in sich verwirklichen. Er ist nicht Macht, sondern ein sittliches Ganzes, Vereinigung zur Verwirklichung der moralischen Ideen. Erst ein solcher Staat wird Griechenlands Staatsleben Bestand geben.

Das Ganze: Ideenlehre, das Zentrum der platonischen Philosophie, bezeichnet den Satz: Was sich in den Begriffen als konstant und allgemein darstellt, das ist ein Wirkliches; diese ideellen Dinge heißen Ideen. 2. Die ganze Wirklichkeit ist die Nachahmung und Darstellung dieser Ideen. 3. Und zwar sind die menschlichen Seelen eine Mischung des Seienden und dieses korruptiblen Nicht-Seienden, welche die Gottheit in sich trägt. Diese Seelen der Menschen verwirklichen in sich das in der Ideenwelt Enthaltene als das System der Tugenden. Ihr Schicksal ist Unvergänglichkeit. Totengericht. 4. Sie sind in den Staaten zu ideellen Ganzen vereinigt, die ebenfalls diese Ideen darzustellen haben, wodurch sie Dauer empfangen.

[b)] Weg zu dieser Ideenlehre

1. Von Sokrates aus: Begriff des Wissens (das erweitert durch Mathematik und Prinzipien der Mechanik). Ein ideeller Zusammenhang der Wirklichkeit unter dem Gesichtspunkt des Guten, Wahren, Schönen. Also eine Erweiterung des Sokrates durch die pythagoreischen Gedanken.

Warum setzt Platon den Gegenstand des Wissens nicht in die Welt der Erscheinungen als etwas Transzendentes? Aristoteles hat diese Trennung nicht vollziehen wollen. In der damaligen Dialektik waren dazu bestimmende Momente vorhanden. Das Entscheidende aber lag in der religiös-dichterischen, ethischen Strömung, der Platon hingegeben war.

Überall in den Dichtern dieser Epoche die vorhandene Religiosität zu steigern (deutlich Pindar, Aischylos). Nicht der homerische Glaube, sondern mächtiger die aus [dem] Norden stammenden dionysischen Mysterien. Es waren die pythagoreischen und orphischen Mysterien entstanden. Alle diese Ideen waren in Griechenland machtvoll verbreitet. Pindar nimmt an: Es dauert nach dem Tode ein Idol, das allein von den Göttern stammt; es ist unsterblich. Gedanken, die nahe legen, wie wenig der metaphysische Kern des Christentums neu gewesen. Die Lehre von der Seelenwanderung bei Pindar. Die Seele nach dem Tode: Einer spricht den Spruch über die Taten des Lebens etc.

Aischylos: der Frevel der Ahnen gestraft in den Nachkommen. Die Eumeniden vertreten das Recht der Abgeschiedenen. Der Lichtgott erlöst vom Fluch.

Sophokles: einfacher Glaube an die Gottheit voll moralischer Kraft. In der Gottheit ist das Recht der Natur begründet.

Alles erfüllt, durchdrungen vom Glauben an die göttlichen Kräfte: Das Drama will die letzten Tiefen des religiösen Bewußtseins sehen, erscheinen lassen. (Darauf beruht die Wirkung des Passionsspiels.) So erscheinen die Götter in den Statuen sichtbar. Dieser Inbegriff von Religiosität hat Platon ergriffen und sein Denken in einer zweiten Strömung bestimmt. Der zweite Satz wird ihm zur Gewißheit: Die Seele ist göttlichen Ursprungs, verwandt mit der Gottheit. (*Orestie* in der Szene Orest vor Apoll.)

Das ist der Inbegriff der griechischen Religiosität. Die Seele trägt in sich die Erinnerungen an jene immaterielle Welt. Vor dem Ewigen, dem Wahren, dem Erhabenen, dem Guten muß sie vor Gericht kommen, ganz nackt, sie allein.

Dies also sind die Gedanken, die Platon weiterführen, ihm den Zug geben zu jener übersinnlichen Welt. Daher wird ihm die Trennung beider Welten notwendig. Das Verhältnis der Seele zu dieser Welt aber darstellbar zu machen, ist sein zweites Bestreben.

Drittens aber der Ausdruck der Schönheitsherrlichkeit dieser Welt. Das Höchste, was darüber geschrieben. Ein Glück des Lebens entspringt aus dem tiefen Bezug der Seele zum Wahren, zum Schönen. Der Glanz, der über den Statuen dieser Zeit schwebt – so ist er ausgegossen über diesen Mann. Und die Welt der Erscheinungen ist verklärt durch die παρουσία der Ideen: eine μίμησις des Schönen, Guten, Wahren.

Der letzte Punkt: Zweiseitigkeit des Lebensgefühls: das schönheitstrunkene Gefühl und doch die Sehnsucht der Seele nach dem an sich Wahren, Reinen, Guten, der Zug in die jenseitige Welt.

Wie bildete sich dieses System in Platons Geist? Wie verbanden sich die Gedankenmassen jener Zeit in ihm? Wir kennen den Grad ihrer Wirkung, aber nicht ihre Abfolge in der Zeit. Vielleicht auch waren sie alle zugleich in ihm wirksam, und er rang danach, sie zu verbinden. Eine Entwicklungsgeschichte unmöglich.

[c)] Die einzelnen Teile

Dialektik (zum ersten Mal eine Gruppierung des Systems: die natürliche Folge, daß in der Ideenlehre ein Fundament gefunden war.)

Grundwissenschaft: Dialektik: Begriffe des Seienden gesucht und verbunden und zugleich die Wissenschaft von den Gegenständen. Von den Methoden des

Denkens und dem durch sie bestimmten Seienden. Von ihr zweigen sich ab: Physik, Ethik.

Aristoteles trennt die Logik von der Dialektik – als Wissenschaft von den Formen des menschlichen Denkens; demgegenüber stellt er getrennt: die πρώτη φιλοσοφία (nach der Stellung Metaphysik genannt). Aristoteles löst aus der Einheit der platonischen Dialektik die Logik als Organon und die Metaphysik als den Gegenstand der allgemeinsten Wissenschaft.

Von der Physik löst sich Biologie, Psychologie etc. etc. Kurz, es bildet sich sukzessive das System der Philosophie, wie es bis auf Locke geblieben ist. (Dann löst sich Erkenntnistheorie los.)

Alle Philosophie, das ist das Resultat der sokratischen Schule, ist Besinnung des menschlichen Geistes über sich, über sein Geschäft, über die Gesellschaft, in der er lebt. Erhebung zur Helle des Bewußtseins, zum begrifflichen Denken. Die ältesten Dialoge haben dies zu ihrem Gegenstande (die sogenannten sokratischen). Dieses Bewußtsein des Menschen, Selbsterkenntnis von Sokrates genannt, findet in sich den absoluten Wert der moralischen, ästhetischen, intellektuellen Persönlichkeit des Menschen. Alles höhere Leben entspringt aus dem Enthusiasmus (μανία). Hier liegt nach Platon der Ursprung der Religiosität. Das uns umgebende Göttliche, zu dem der Enthusiasmus der Seele sich hinwendet. Religiosität ist die Form des Enthusiasmus. Auch der Künstler ist von ihm getragen: Sein Werk ist Nachbildung: aber voller Begeisterung: es ist ἔρως. Schöne Leiber sind das erste. Dann leuchtet dies Schöne heller in der Schönheit der Seele. Von da aber wende sich der Mensch in die vollkommene Schönheit des Reichs der Ideen. In der Isolierung des Künstlers liegt der Mangel an Bewußtsein über sein eigenes Tun. Diese Bewußtheit, die die Philosophie gibt, zu ihr muß auch der Künstler sich erheben. Gegenstand der Kunst: die Freundschaft, die sittlich-moralischen Güter etc. Die höchste Form hat dieser Enthusiasmus im philosophischen Trieb. Ein Erzeugen, ein Hervorbringen, ein Suchen des Allgemeinen, des Konstanten, des Göttlichen, eine Freundschaft zu Jünglingen, die das Göttliche in sich haben – das ist Kunst, Philosophie.

Es ist in uns eine philosophische Anlage, die nicht auf irgendeine Art von Nutzen gerichtet ist, sondern göttlichen Ursprungs: Das Wissen wird gesucht um seiner selbst willen. Hieraus ergibt sich die Dialektik. In der gesamten sokratischen Schule gemeinsam die Gedankenerzeugung, Lebendigkeit des Denkens; Platon ein philosophischer Künstler. In ihm erweitert sich das Problem unter dem Einfluß der pythagoreischen Schule. Methode der Begriffserzeugung angewandt auf die mathematischen Fragen. Welche Begriffe liegen den mathematischen Operationen überhaupt zugrunde. „Die Älteren erschienen ihm wie Märchenerzähler: Jeder hat sein Geschichtchen erzählt: Das ist die Märchenzeit der griechischen Philosophie."[123]

Er stellt (nach Sokrates) keinen Satz auf, der nicht einen klaren Rechtsgrund für sich hat. Dies entwickelt die Logik. Bei Platon ist sie Wissenschaftslehre. Er begründete eine Schule in dem Verstande, daß sich Lehrende und Lernende zu einer wissenschaftlichen Organisation, Akademie, verbanden. So wurde das Werk der pythagoreischen Schule übernommen und fortgeführt. Alles, was über Methodik und Logik hier auftrat, war in enger Verbindung mit der Wissenschaft als dem Ziel jeder dialektischen Operation.

In welchem Verhältnis steht das Denkende zu dem Seienden? Wie verhalten sich die Operationen des menschlichen Denkens zu den Gegenständen? Welche Bestimmungen hat Platon über das Denken aufgestellt? Anknüpfend an Sokrates, der nach Aristoteles Induktion und Definition zuerst angewandt. Aber er brachte dies nicht in logische Formeln: Er bediente sich dieser Methode, ohne sie zum abstrakten Bewußtsein zu bringen. Platon entwickelt daraus zuerst die Logik. Den Gesichtskreis der logischen Methode erweiterte er entsprechend seiner umfassenderen Aufgabe: Deduktion in der Form der Einteilung (διαίρεσις): einen Begriff teilen hinsichtlich seines Umfangs in die in ihm enthaltenen Begriffskreise: Mensch in Rassen (Koordiniertes). Dies ist Einteilung (Klassifikation), deren Regeln Platon zuerst aufgestellt. Es handelt sich nicht darum, nach der Induktion den Weg deduktiv wieder rückwärts zu machen. Von einzelnen Handlungen aufsteigend zum Begriff der Ungerechtigkeit. Das so gefundene Allgemeine wird geteilt, gliedermäßig, wie jedes gewachsen ist (*Phaidros*). Induktion und Teilung ist Platons dialektische Kunst. Verknüpfung beider Methoden ist die analytische Methode (besonders auf Mathematik angewandt).[124] Das Problem wird als gelöst angenommen, die Konsequenzen der gefundenen Möglichkeiten werden erprobt. Dies ist eine der wichtigsten Methoden.

Dazu aber entspringt aus der letzten Methode der Begriff des Problems und möglicher Lösungen (schließlich besteht in der Zugrundelegung dieser Begriffe die Größe der platonischen Dialektik: cf. *Parmenides*, das größte dialektische Kunstwerk). Dieses Aufwerfen von Problemen, dieses Entwerfen von Möglichkeiten und dieses Verfolgen derselben bis in ihre letzten Konsequenzen zeigt den eigentlichen großen Charakter der griechischen Dialektik. (Bei Aristoteles mit glänzendem Erfolge verwandt.) Platons Resultate über Urteilen, Schließen, etc. sind eingegangen in die aristotelische Logik und in ihr verschwunden.

Zusammenfassung der dialektischen und logischen Leistungen: Weder die sittlichen Idealgebilde noch die geometrischen Gebilde ließen sich durch die sokratische Methode zur Erkenntnis bringen. Deshalb erweitert sie Platon durch die oben bezeichneten Methoden.

[d)] Die Begründung der Ideenlehre und der mit ihr verbundenen strengen Erkenntnis

Eine Relation ästhetischer Art liegt im griechischen Geist: Denken ist für ihn eine Art von Abbilden des Seienden im denkenden Subjekt. Das ist überhaupt die ursprüngliche Auffassung. Wahrnehmungen sind ihm Bilder, die das Denken in Begriffen etc. nachahmt. Von dieser Voraussetzung hat er sich erst in Kant losgemacht. So betrachtete Platon alles Erkennen als das Erfassen des Seienden durch Denkoperationen: Ich kann die Eigenschaften des Wirklichen, das im Denken erfaßt wird, ablesen an den Eigenschaften, die in den Begriffen und den Beziehungen der Begriffe bestehen. Der griechische Geist legt eine Verwandtschaft zwischen Denken und Gegenständen zugrunde. Wenn wir Eigenschaften des Denkens erwägen, so sind sie erstens konstante (von Zeit unabhängige), zweitens allgemeine (wiederkehrende Merkmale), drittens stehen sie in Relationen logischer Art zueinander: Subordination, logische Systematik. Dies wenden wir auf die Welt des Seins an. In ihr muß es Allgemeines, Konstantes geben, das dem Begriff entspricht; dieses ist eine Idee. Sie befinden sich in einem σύνδεσμος Systematik, συμπλοκή. So entsteht dem Platon ein Reich der Ideen, in dem er die Eigenschaften, die im Denken sich vorfinden, anwendet.

Notwendig also mußte Platon die Sinneswelt und die Welt des Denkens sondern. Platonischer Dualismus: Sonderung von Lust und Gutem, Gestalt und Schönheit, von Erscheinungen und Ideen. Die Ideenwelt ist Vernunft: logischer Zusammenhang der Wirklichkeit und System der Werte.

So begründet sich die Ideenlehre vor allem darauf, daß man den Unterschied von Sinnlichem und Ideellem zum Bewußtsein bringt.

Hier beginnt sein Kampf mit den Sophisten, die ausdrücklich noch einmal Wahrnehmen und Denken, Lust und Gutes verknüpft haben.

Alles Erkennen ist gemischter Art. Es ist eine Verbindung von Wahrnehmungselementen mit logischen Operationen. Aber was dem Erkennen sein Verhältnis zum Sein gibt, ist das Apriori, das Mitgegebene, d. h. seine Verwandtschaft mit den Gegenständen. Das Wahrnehmen ist Erfassen des beständig Veränderlichen. Dieses Ruhelose ist kein wirkliches Sein: Es ist und ist nicht, Verband von Sein und Nicht-Sein. Von ihm gibt es kein Erkennen, denn dieses hat es mit Konstantem zu tun. Es ist in uns, wir bringen es mit, und es ist mir ἀνάμνησις: Wir sind göttlichen Geschlechtes und haben einmal angeschaut die Welt der Ideen. Dies ermöglicht uns, das Wirkliche zu erfassen. Die Wahrnehmung ist von Sinnen und subjektivem Zustand abhängig.

Wo ist die Anlage zum Denken begründet? *Theaitet:* In mehreren Sinnesorganen ist uns die erscheinende Welt gegeben. Was in der Seele ist, was sie zur Einheit des Gegenstandes vereinigt, das ist ein Gemeinsinn, ein αἰσθητήριον κοινόν.¹²⁵ Diese logische Aktion in uns ist eine dem menschlichen Geiste a priori einwohnende Kraft.

Wir vergleichen. – Auch dieses ist ein Beweis, daß in uns eine Fähigkeit liegt, zu verbinden, zu trennen.

Am besten gewahren wir diese Fähigkeit in der Mathematik (cf. *Menon*). Gleichwie, ob jemals konkrete Figuren gesehen.

Also: Es gibt κοινά, die die Voraussetzung für alle logischen Operationen enthalten.¹²⁶ Später nannte man diese κοινά Kategorien. Genau Kants Begriff von a priori. Der Unterschied: Für Kant liegt es in den Tiefen des schöpferischen menschlichen Geistes; für Platon, den Griechen, in einem Schauen! Das Ideelle ist Gegenstand einer intellektuellen Anschauung, die in eine vorzeitige Existenz verlegt wird. Das ist der Begriff der Erinnerung (ἀνάμνησις). Der Grundunterschied des germanischen Geistes von der Tiefe des menschlichen Subjektes und der griechischen Plastik.

Die Aufgabe war: Wie müssen wir das Seiende denken, damit es dem logischen Zusammenhang der Begriffe entspricht? Das Resultat: Es gibt eine immaterielle Ordnung von Wirklichkeit, der Wahrnehmung unzugänglich; denn das einzelne nur ist materiell existent, vielmehr ein geistiger Zusammenhang. Dieser κόσμος νοητός ist nur da für den Geist und existiert nur für den Geist. So sondert Platon eine jenseitige Welt von der Welt der Materie. Dies erweist er durch folgende indirekte Argumentation, die sich gegen die Sophisten wendet und Erscheinungen – Wahrnehmungen von der Erkenntnis und dem νοητόν sondert. Dadurch wird das griechische Gemenge von Denken und Anschauung geschieden.

Obersatz eine Disjunktion: Wissen entweder aus der Wahrnehmung oder aus selbständigem Denken.

Untersatz: Aus den Wahrnehmungen kann kein strenges Wissen entstehen, keine richtige Vorstellung:¹²⁷ Jedes Objekt ist beständigen Wandlungen unterworfen je nach Stellung und Beschaffenheit der Sinnesorgane des Subjekts. Sie bilden nicht die Objekte ab, wie sie sind, sondern Bilder, deren Verhältnis zur Wirklichkeit nicht zu bestimmen [ist] – also bedarf ich noch einer anderen Quelle.

Conclusio: Es muß eine von der Wahrnehmung unabhängige Kraft des Denkens geben. Eine solche entdecke ich in mir, wenn ich ein geometrisches Gebilde betrachte: Jedes ist quasi Idealfigur. A priori erfasse ich die Beziehungen ihrer Teile. Dasselbe zeigt sich, wenn ich die Begriffe verknüpfe (s. Kant). Es gibt verknüpfende Begriffe, durch die erst Wahrnehmung möglich wird: Einheit, Zahl, Gleichheit. Sogenannte κοινά. Diese verbinden die Wahrnehmungen. Sie sind Erinnerungen an die jenseitige Welt. Hier also tritt zum ersten Male der Begriff des Apriori auf. Platon aber geht weiter als Kant: Er behauptet, daß alles Wissen Anschauung intellektualer Art zur Voraussetzung habe; durch sie kommen erst jene κοινά ins Bewußtsein. Der Geist ist keine erzeugende Kraft, sondern alles, was für ihn ist, ist ein geschaut Gegenständliches: Deshalb müssen in einer vorzeitlichen Anschauung dem Geist jene κοινά, Urideen, erschienen sein! Herabgeworfen auf die Erde, bewahrt er die verdeckte Erinnerung an das aus seiner Präexistenz im Ewigen Mitgegebene.

Man hat gesagt, dies seien alles mit Bewußtsein ausgedachte Mythen, um eine intellektuale Anschauung verständlich zu machen. Zuerst aufgestellt von Schleiermacher. Platon aber ist immer zu betrachten als abhängig von den Mysterien: Dilthey ist also überzeugt, daß diese Wiedererinnerung nicht als mythisch zu fassen ist. Erst hieraus wird die Bedeutung der Ideen anschaulich. Dadurch ist auch der Unterschied [verständlich], den Kant deutlich bezeichnet. Am nächsten kommt dieser Lehre Leibniz. Sie hat für uns etwas Antipathisches und ist das Vergängliche an Platon. Unvergänglich ist die Lehre von den κοινά.

Zweite Ideenreihe, dieser korrespondierend: Es gibt auch von den Handlungen aus einen Weg, der den Geist zur Anerkennung der Notwendigkeit einer solchen äternen Welt führt. In der Systematik der Ideen ist das Regierende die Idee des Guten. Wie die Sophisten Wahrnehmung und Denken in eins gesetzt haben, ja wie die ganze Zeit vordem in einem solchen Gemenge ihre erkenntnistheoretischen Sätze bildete, gerade so besteht in dem ganzen früheren Altertum das Gemenge der Lust und des Guten. In dieser Mischung lebten die Sophisten, fühlten sich wohl und zeigten daher das Gemenge des Guten und der Lust recht deutlich. Sokrates ließ εὐδαιμονία als Ziel stehen, obwohl er Wertabstufungen machte. Denn: Wie Antisthenes mit seiner Autarkie die Stoa vorbereitet, so bereitet Platon Kant vor.

Obersatz: (disjunktiv) Das Ziel des Handelns für den einzelnen ist entweder aus der Lust abzuleiten oder aus einem von ihrer Vergänglichkeit abgetrennten Grunde des Sittlichen. Tugendhaftes Handeln entwickelt Streben nach Lust oder erzeugt von einer moralischen Selbständigkeit, unabhängig von der Lust. Dieses Problem hatte noch Sokrates überhaupt nicht erblickt.

Untersatz schließt erstes Glied der Disjunktion aus: Wir müssen einen von der Lust unabhängigen Beweggrund annehmen. Begründung im *Gorgias*, zum Größten Platons gehörig: Absage an die Sokratiker ist der mythische Platon. Wäre das Gute die Lust, so wäre es in die Wandelbarkeit verstrickt: Der Ekel folgte der Lust; nichts Bleibendes wäre im Guten. Oder:

Die Lust ist Befriedigung eines Begehrens. Nur wenn ein Ungenügen in uns ist, erstreben wir die Lust. Im Begehren aber ist die Unlust: So gäbe es keine volle Befriedigung (cf. Schopenhauer).

Tapferkeit, Einsicht etc. erstrebt ein jeder, nicht zu einem Zweck, sondern weil sie Glanz und Schönheit umgeben.

Die Lust enthält das Unendliche (ἄπειρον). Es gibt kein Gut, das diesen beständigen Hunger stillt. Es bedarf einer Grenze, eines πέρας, einer Geschlossenheit der Person: In der Lust kann das niemals liegen.

Die Lust macht den Menschen zum Sklaven. Erst Philosophie macht ihn frei im Gefängnis des Lebens: Sie ist ein beständiges Absterben dieser Leiblichkeit. Selbst eine Gesellschaft könnte [nicht] bestehen aus nach Lust strebenden Individuen, nicht einmal eine Räuberbande.

Conclusio: Die Lust ist nicht das Höchste. Wohl gibt es eine reine Lust (*Philebos*) ohne Begierde und Ekel: Sie begleitet das ästhetische Genießen und das wissenschaftliche Denken. Sie ist positiv, aber sie füllt kein Leben aus – sie gibt kein πέρας. Im Mythos vom Totengericht am Ende des *Gorgias*: Nackt gehen die Seelen ins letzte Gericht.[128] (Diese Ideen gehörten nicht den Philosophen, sondern der ganzen Welt! Gegenteil klägliche Verteidigung des Christentums.)

Weiter: Ist in uns die Idee des Guten, so muß sie in einer Äternität angeschaut sein von der menschlichen Seele. Das Gute ist nur deshalb in ihr: Das Sittliche eine μίμησις der Ideen des Guten und des Schönen. Sie erlöschen niemals, sie werden wieder angeregt durch alles, was Gutes und Schönes im menschlichen Leben vorkommt. Sie werden verwirklicht in jeder Art von Staat.

Das Christentum und Kant betrachten das Gute als einen der Seele immanenten Begriff. Christentum: durch Verwandtschaft mit der Gottheit. Kant: gleichviel wie.

Die Beweisführung: dreifach:

1. Erkenntnistheoretisch-methodische. Aus dieser ergibt sich Transzendenz der Ideen noch nicht.

2. Ausgang von der Unterscheidung von Lust und Gutem von den Ideen. Ausgangspunkt: Das Angenehme, Lustbringende ist nicht identisch mit dem Guten. Hieraus folgt ein gewisser Grad von Transzendenz des Guten. So ergibt sich, daß das System der Ideen seinen Gipfel erhält in einer moralischen Weltordnung.

3. (*Symposion* und *Phaidon*: Ausgangspunkt ästhetisch und andererseits religiös). Die Dialogform [ist] nicht bloße Hülle. Platon will in Sokrates darstellen die idealen Züge, die sich beständig den Ideen zuwenden. Hierin ist enthalten: das ästhetische Verhalten, die Seele, die in sich das Bild der Ideen trägt: Sokrates als der Schönste der Menschen, das vollkommenste seelische Gebilde. Hier im *Symposion* ist die Stufenfolge gegeben: von der Anschauung der Schönheit der Welt durch die Schönheit der Seele zur Schönheit der Welt der Ideen selbst. So ist in der Welt die Ideenordnung immanent, eine παρουσία in den Dingen, eine μίμησις. Der Gegensatz des schönheitstrunkenen Griechen und des Bewußtseins der Transzendenz.

Diese Transzendenz ist im *Phaidon* zum Ausdruck gelangt. Unsterblichkeit der Seele. Beständige Sehnsucht nach oben: Philosophieren sei ein beständiges Sterben, die allmähliche Loslösung des Geistes von dem Kerker, an den er gebunden [ist]. Dies ist die dritte Stufenfolge. So entstehen die Begriffe, aus dieser Welt kommt die menschliche Seele.

Somit sind alle Eigenschaften der Ideen erreicht: konstante, immaterielle, allgemeine Einheiten. Ihr System entspricht dem logischen Zusammenhang des Denkens. Die Idee des Guten ist die höchste und gleichzeitig die belebende Kraft.

[e)] Die Ideenlehre

ἰδέα, εἶδος (promiscue gebraucht) bezeichnet das, was den Gegenstand des Begriffes ausmacht. Dieser nun ist konstant und allgemein. Also muß die Idee als sein Gegenstand diese Eigenschaften teilen. Die Ideen bilden einen συνδεσμός. Diese Ordnung der Ideen ist das ὄντως ὄν. Dieses steht im Gegensatz zur Erscheinung, die Phänomen für die Wahrnehmung ist. Die Einzeldinge sind χωρίς dieser Ideenwelt und diese außerhalb der Einzeldinge. Aristoteles: die Ideen χωριστά, ἑνάδες, μονάδες. Die Dinge können sonach in einem Verhältnis zu den Ideen nur stehen, indem sie ihre künstlerische Nachbildung, μίμησις, sind. Es muß außerhalb der Welt ein Principium zur Erklärung geben: τό μὴ ὄν, das oft identifiziert mit ὕλη. Was ist darunter zu denken?

Zurück auf Herakleitos. In ihm ein Zug, der die Korruptibilität der Erscheinungen gleichsam leidend, schmerzhaft in sich aufnimmt. In ihm herrscht der Wechsel, die Sterblichkeit. Hieraus folgt für den Herakliteer Platon, daß er die Bestimmungen über das Werden, Einzeldinge, Korruptibilität in sich aufnimmt, die sich aus dem Zusammenstoß der Prinzipien des Parmenides und Herakleitos ergeben. Hierin ist verbunden: die metaphysische Begriffsbestimmung des endlichen Dinges als einer Verbindung von Sein und Nicht-Sein; Korruptibilität und Sein. Der metaphysische Begriff von Identität, von Sein und Nicht-Sein und die Wertbestimmung, wonach das Ding leidet unter der Korruptibilität, sind in Platon verbunden. Die Ideenwelt ist das ὄντως ὄν. Das Nicht-Seiende ist Unendlichkeit, Vergänglichkeit, Unvollkommenheit. Die Einheit beider ist die flüchtige Erscheinung, in der die Idee sich einen Augenblick gleichsam spiegelt. Platon hat nicht das Daseiende als das gar nicht wirklich Seiende angesehen im Sinne der transzendentalen Idealisten. Auch nicht die einseitige Betonung der Wertbestimmung ist der echte Platon. Sein im Sinne des Unvergänglichen, Dauernden etc. kommt der Welt nicht zu: Sie hat einen ganz besonderen metaphysischen Charakter, nur ein schwacher Abglanz der Ideen.

Wissenschaftlich die Bedeutung dieser Begriffe expliziert. Die Griechen haben eine wirkliche Analyse des Weltzusammenhanges in seine Faktoren und

Kräfte noch nicht vollbracht. Die Weltsystematik, bestehend in den Verhältnissen der Arten und Gattungen der Dinge, ist die Grenze ihrer Spekulation. Dieses aber sehen sie als das Unvergängliche an, das allgemein Konstante. Unser Denken an diese Stelle gesetzt, an die Stelle der Ideen setzen wir den Zusammenhang der Gesetze: Sie haben eine Art von Existenz an und für sich. Auch wir finden uns hier vor einem Letzten. Das drückt Platon durch die Ideenwelt aus. Ihr Ursprung in der dichterischen, religiösen, ästhetischen, künstlerischen Natur Platons; nicht wissenschaftlich. Von mächtigem Einfluß auf die künstlerische Entwicklung der Menschheit. Darstellung der Ideenwelt in dem Dialog *Phaidros* (wie im Anfang des parmenideischen Gedichtes). Mythische Darstellung. Vergleichbar dem Reich der Mütter. – Die Idee des Guten als die herrschende gleicht der Sonne. Wie sie in der sinnlichen Welt herrscht, so das Gute in der ideellen. „Wär nicht das Auge sonnenhaft, wie könnt's der Sonne Licht ertragen."[129] Die Bedeutung der platonischen Ideenlehre für alle Weiterentwicklung der Kunst (Schiller) ist unermeßlich.

Die Ideenlehre enthält: 1. die Ideen, 2. die Materie μὴ ὄν, 3. ihre Verbindung: die erscheinende Welt.

[f)] Panpsychismus und Weltbildung

In der Erkenntnis des Weltgebäudes vollzieht sich in der platonischen Schule eine bedeutende Fortbildung: Akademie Sitz der Mathematik. Platon selbst machte mathematische Entdeckungen; Versuch der begrifflichen Fassung der Elemente der Mathematik und analytisches Verfahren. So waren die mathematischen Wahrheiten neben denen der Dialektik für Platon die Grundlagen einer allgemeingültigen konstanten Wissenschaft. Wie die Verhältnisse der Mathematik unabhängig von zufälligen permanent gültig sind, so sind die Ideen ewige Wahrheiten. Das Prinzip der Mechanik wird von ihm als ein ewiges betrachtet: Die Bewegung selbst gehört unter die Ideen. In der *Politie*: die astronomischen Wahrheiten einzelne Beispiele der mathematischen und mechanischen Wahrheiten. Platon beginnt das System zu entwickeln, das im ptolemäischen seinen Abschluß findet. Eine Sphäre, die dem Fixsternhimmel eingeordnet wird, 1. diesem und seiner Bewegung eingeordnet, 2. hat sie ihre eigene Bewegung. Hier findet eine Annäherung an die Erklärung der Phänomene statt. Dies wichtig für die Auffassung des Universums bei den Alten. Ein Einschachtelungssystem der Sphären. Platon bezeichnet ausdrücklich dabei als seine Aufgabe, die Erscheinungen zu retten. Die andere von Pythagoreern ausgehende Erklärung von der Drehung der Erde drang noch nicht durch. Als diese Erklärung permanent sich verfeinerte und immer komplizierter, undurchführbarer wurde, ging man auf Pythagoreer und Hipparchos zurück (Tycho de Brahe etc.).

Die vollkommenste Bewegung ist die in sich zurückkehrende, daher ewige Kreisbewegung: Sie hat das Analogon der Äternität in sich selbst; sie kann mitgeteilt werden, ist ursprünglich, zugleich aber vernünftig, also nur auf seelische Prinzipien zurückzuführen. Überall da, wo eine Bewegung eines Gestirnes stattfindet, ist sie entweder einfach, dann Ausdruck der göttlich-lebendigen Kraft, die den Fixsternhimmel antreibt, oder zusammengesetzt, dann muß eine Vernunft die Bewegungen so geordnet haben, daß die Gestirne nicht zusammenstoßen.

Der Gegenstand der Naturwissenschaft ist Auffindung der dauernden mathematischen Verhältnisse. Eine solche Hypothese bei den Pythagoreern. Platon nimmt sie auf, auch ihre vier Elemente.

Das Weltgebäude ist eine Kugel. Sieben um die Erde (M) beschriebene Kreise, in ihnen Sonne, Mond, fünf Wandelsterne. Der äußerste Kreis der Fixsternhimmel, der sich nach Osten dreht von Westen, regiert von geistigen Kräften: gewordene Götter als Sphärengottheiten, [die] nicht willkürlich handeln. Sie vollbringen die Bewegungen, die das System ihnen vorschreibt: die Grenze dessen, was für Platon wissenschaftliche Naturerkenntnis ist.

Wie ist nun diese gesetzmäßige Welt geworden? Platonisches System hat keine streng wissenschaftliche Antwort: Wissen gibt es nur vom konstant Allgemeinen. Mit ihm endigt der Bezirk des strengen Wissens. Welcher Ursprung des Universums, vermag [die] Philosophie nicht zu sagen: ein Bezirk zwischen Erkenntnis und dichterischer Einbildungskraft. Der Mythos gibt die Anwort, die Wissenschaft scheint in ihn hinein. Die Darstellung, die Platon so gibt, ist in der Naturphilosophie immer wirksam gewesen. *Timaios*: Das Universum ist entstanden durch einen δημιουργός. (Dieser Begriff noch bis [zu den] Gnostikern und Neuplatonikern.) Aber nicht aus dem Nichts durch Schöpfung. Diese für den Griechen ein Nonsens. Es muß ein Stoff, eine Weltmaterie sein: Das ist das μὴ ὄν. Diese Materie ist Prinzip aller Irregularität, Unvollkommenheit, der Extension in Raum und Zeit. Der δημιουργός hinaufschauend zu den Ideen, bildet aus ihr die Wirklichkeit. Also die ästhetische Genialität ist es, unter deren Gesichtspunkt die Weltentstehung erfaßt wird auf diesem Höhepunkt des menschlichen Geistes.

Wie entsteht nun die Seele? Ewig sind nur die Bewegungen, die gegründet in einem physischen Selbst wie in den Gestirnen. Die menschliche Seele trägt darum Bewegung in sich, weil sie den Ideen verwandt ist. Die Art dieser Verwandtschaft fällt dem Gebiete des Mythos zu. Platon der Grenzen seines Wissens bewußt.

1. Seele immateriell und unsterblich. Die tiefste Garantie hierfür im Leben dieser Seele selbst: in der Sehnsucht, dem Zug nach Freiheit und αὐταρκία und dem sittlichen Bewußtsein. Veranschaulicht an Sokrates selbst: Des Erden-

lebens schweres Traumbild sinkt und sinkt. Dazu Beweise metaphysischer Art: Es ist ein Kind, das den Tod fürchtet, wie ein Gespenst in uns. Das müssen wir beruhigen durch diese Beweise: a) die ἀνάμνησις an die Ideen; b) alle selbsttätige, freie Kraft muß als unvergänglich angesehen werden; c) sie ist ein Einfaches in Gegensatz zum zusammengesetzten Körperlichen. Sonst wäre Erkennen unmöglich (im 18. Jahrhundert immer wiederholt – Mendelssohn, Phaidon[130]). An einem Unteilbaren müssen diese Akte sich vollziehen. Auch Lotze hat diesen Beweis für unwiderleglich erklärt.

[g)] Die Seelenlehre

Eine merkwürdige Theorie, Aristoteles vorbereitend. Die menschliche Seele, betrachtet in ihrer Lebendigkeit, zeigt den Widerstreit ihrer Teile gegeneinander, der Begehrungen gegen die Vernunft; beständig erlebt. Tapferkeit der Seele untersteht Vernunft gegen die Begierden. Dreiteilung.

1. Sinnliche Begierde, Leidenschaft, regiert von Lust und Unlust: der Begriff der Grenzenlosigkeit. τὸ ἐπιθυμητικόν (die Habsucht etc., kurz Welt der Begierden).

2. Der äußerste Gegensatz: Das νοητόν stammt aus der ätern Welt, Grund alles Wissens und sittlichen Handelns: Dieses [ist] unser unsterblicher Teil. Es ist auf Erden von Tang und Schmutz umstrickt.

[3.] Aber beide Seelenteile hätten keinen Zusammenhang ohne ein Mittleres, das ist der eiferartige Mut θυμός, der sich instinktiv dem Guten zuwendet. Also: Es gibt drei Seelenteile, verteilt an die Bezirke des menschlichen Körpers. Kopf, Herz, Bauch. Auch diese Seele ließe sich dann noch weiter auflösen. Der Gedanke, es gebe verschiedene Seiten des menschlichen Lebens, bildet die Grundlage für alle Weiterentwicklung der Psychologie.

Der letzte Begriff der Naturauffassung Platons, der Panpsychismus. Für Demokrit bestand das Universum aus Atomen und den ihnen einwohnenden Bewegungskräften. Platon: Alles das, was Grund einer vollkommenen Bewegung und freier Selbsttätigkeit ist, muß als Seele aufgefaßt werden. Das ganze Universum ist anzusehen als bewegt durch geistige Kräfte in konstanten Bahnen. Seele ist es, die die Bahn der Sonne lenkt, Seele wohnt in der Erde selbst, Seele lebt in jeder Pflanze (Fechner), Seele wirkt in den Tieren und in jedem menschlichen Dasein. Welches [ist] die Stellung dieser Seelen im Universum? Eine Mittelstellung zwischen Ideen und physischem Sein. In ihnen verwirklicht sich die höchste Verbindung, die zwischen der Ideenwelt[131] und der Weltmaterie besteht. Die höchsten Seelen sind unsterblich wie die Seelen der Gestirne.

[h)] Ethik und Politik

[Sie] bilden für Platon ein einziges System, denn der Staat ist für ihn der Mensch im großen. – (Was der Mensch sei, das lehrt nur die Geschichte: Das historische Bewußtsein allein gibt Aufklärung. – Diltheys Philosophie[132]). Die Tugendlehre Platons, anknüpfend an die Lehre von den Seelenteilen. Die Seelenteile stehen in notwendigen Idealverhältnissen zueinander: dieses der Ausdruck der Wertverhältnisse, in denen die Seelenteile zum Ganzen der Seele stehen. νοητόν bestimmt zu herrschen; θυμός ein Diener dieser Vernunft, die die Königin der menschlichen Seele; das ἐπιθυμητικόν, der Inbegriff unserer Begierden, all das ist seiner Geringwertigkeit entsprechend bestimmt, beherrscht zu werden. Wenn diese Verhältnisse der drei Seelenteile, die der Ausdruck des Wertverhältnisses [sind], in einer Seele verwirklicht werden, so haben wir die vollkommene Seele. ἀρετή = Vollendung der menschlichen Seele, nicht philiströse Tugendhaftigkeit, die ungriechisch.

Die Grundlage aller Tugenden (resp. Sokrates) ist die Weisheit σοφία, die Vollendung des νοητόν in uns, das Bewußtsein des Geistes über seine höchsten Ziele im Zusammenhang des Universums. Die zweite Tugend, die des eiferartigen θυμός, ἀνδρεία besteht in der Folgsamkeit gegenüber der Vernunft. Dritte Tugend, die des sinnlichen Teiles, ist σωφροσύνη, die maßvolle Unterordnung unter die oberen Seelenvermögen. Diese Tugenden bestehen nicht für sich, sondern sind nur durch ihr Zusammenwirken möglich.

Überall sind es Verhältnisbestimmungen über den Wert der drei Grundvermögen. So entsteht eine letzte und höchste Tugend, die diese Verhältnisbestimmungen selbst zum Gegenstand hat: δικαιοσύνη, Herstellung der harmonischen Verhältnisse in der Seele und zwischen den Seelen in der menschlichen Gesellschaft. Wo in ihr die Verhältnisse sich ausdrücken, in den Beziehungen der Klassen zueinander, da ist die Gerechtigkeit verwirklicht.

Schwelle der Politik. Wie wird der Staat beschaffen sein müssen, in dem die Seelen sich verknüpfen zu einem vollkommenen Gebilde? Nur durch Verwirklichung jener vier Kardinaltugenden, die zu einer vollkommenen Existenz zusammenwirken. Der Staat ist ein Mensch im großen und realisiert dessen Tugenden im großen. (Aristoteles: Staat zweckmäßige, vernunfterfüllte Einheit.) Der vollkommene Staat: Da Gerechtigkeit höchste Tugend, so müssen wir in ihr die Wertbestimmung sehen, die die Verhältnisse der Klassen zueinander gibt (Aristoteles, Taine, Treitschke contra Schmoller). Nicht die elende Gleichmacherei, nach der jeder dieselben Rechte mitbringen soll, kann Basis des Staatslebens sein. Sondern je nach dem Verhältnis der Leistungen Zuweisung der Rechte. „Solange die Rechte einer Klasse mit dem übereinstimmen, was sie für den Staat leistet, ist der Staat gerecht" (sic. Tocqueville und

Taine).¹³³ Dies bei Platon in der tiefsinnigen, fälschlich mißachteten Schrift über die Gesetze.

Den drei Teilen der Seele entsprechen drei Klassen der Gesellschaft und die Tugenden, die diese zu realisieren haben. Oberste Klasse verwirklicht Weisheit und Herrschaft der Wissenschaft über die Praxis: „Die Philosophen müßten Könige sein",¹³⁴ d. h. nichts anderes als Erkenntnis der Funktionen des Staates muß Grundlage für seine Leitung sein. Nicht Masse des Volkes oder Aristokratie kann regieren, sondern eine besonders vorgebildete Klasse. Diese Klasse zerlegt sich in zwei Abteilungen, die miteinander in Wechselbegriffen: die Forscher und Ausführenden des Erforschten. So realisiert sich die Vollkommenheit der Tugendweisheit im großen in einem Staate.

Die zweite Tugend ist Vollkommenheit des θυμός: ἀνδρεία. Ihre Verwirklichung in der Kriegerklasse doppelte Funktion: 1. Sie hält untere Klasse im Zaum und führt die Befehle der Herrschenden aus. 2. Sie erhalten die Macht des Staates nach außen.

3. Die erwerbende Klasse ist getrieben von Begierde. Ihre Tugend ist es, daß sie ihre Leidenschaft mäßigt, sich unterwirft. Was das Ziel des Lebens sei, das ist nicht in ihnen gegenwärtig. Sie haben kein Bedürfnis und keine Möglichkeit dieser Erkenntnis.

Diese neue Anordnung der Gesellschaft schwebt Platon vor. Nichts von historischem Recht, nichts von Geburtsansprüchen.

Das Interessanteste: wie Platon Mittel erfindet, [die] Möglichkeit eines solchen Staates zu erzielen. πόλις der Griechen war eine Entfaltung von Macht, die das Privatleben außerordentlich einschränkte. Er war nie etwas anderes als ein Kunstgewinn; Verfassung des Solon ein Kunstwerk: immer ein Ordner, der die Rechte als ein bloßes Material ansieht, das vorhanden ist. Von diesem Begriff des Staates, der die Individuen bildet, geht Platon aus. Eine Umwertung aller Werte war sein Staatsideal. Im römischen Staate lag ein Prinzip der Rechtskontinuität; man kann den griechischen Politien kein größeres Unrecht tun, als sie hiermit zu vergleichen. Die Zeiten des großen Krieges hatten den wüstesten Egoismus, Habsucht, Ehrgeiz herbeigeführt. Überall Zersetzung. Die Aristokratie selbst eigensüchtig geworden wie ein moderner Agrarier. Unter dieser Situation folgende Sätze Platons:

1. Es muß durch besondere Erziehung ein Stand der Wissenden geschaffen werden.

2. Dieser muß mit äußerster Gewalt losgelöst werden von Familie und allem persönlichen Interesse und Besitz, selbst ohne Kinder. So waren die Regierenden ohne Egoismus: Ganz verschmolzen mit Macht, Größe, Glanz und Schönheit der πόλις, in der sie regieren.

Ein Buch seines großen Werkes der Theorie von der Abwandlung der Verfassungsformen gewidmet. Diese muß er auf psychologische Veränderungen zurückführen: Sein Ausgangspunkt freilich ist verfehlt, denn er geht von der Vollkommenheit des ursprünglichen Zustandes aus (eine Art von goldenem Zeitalter). Er hat eine Schrift geplant, die den Urstaat als vollkommenen darstellen sollte (eine Aristokratie). Dieser vollkommene Staat hat bei der Natur des Menschen nicht auf Bestand zu rechnen: Er entartet in Timokratie, in der der Ehrbegriff eine vorherrschende Rolle spielt, etwa wie in Sparta. Aber schon hier sah er, wie die Timokratie in Oligarchie übergeht, Ehre dem Streben nach Reichtum weicht. Z. B. die Bourgeois-Verfassung unter Louis Philippe mit der Herrschaft des Kapitalismus, die in gewissen Epochen der modernen Staaten notwendig gestürzt werden muß. Sparta, Rom, Venedig und die anderen Staaten zeigen deutlich den regelmäßigen, notwendigen Umschlag der Oligarchie in Demokratie. Alles, was später über die Gesetzmäßigkeit in den Verfassungen gesagt worden [ist], beruht auf diesen Gedanken Platons. Mirabeau der glänzendste Repräsentant einer solchen Umwandlung der Oligarchie in die Demokratie. Die Ausgestoßenen stellen sich an die Spitze des Volkes. Sie setzen die demokratische Ordnung der Dinge durch: Es entsteht (Platon:) die regierungslose Verfassung. Man muß an die Stadtstaaten denken, wie sie in Griechenland existierten.

Platon entwirft ein großartiges Bild von der Unordnung dieses Staates, „das keiner von Ihnen ungelesen lassen darf". Diese Verhältnisse führen abermals zu einem Umschlag zur Tyrannis. Der Tyrann verspricht der gärenden Masse Vorteile aller Art. Er will alle Unzufriedenen zufrieden machen, das ist immer die Parole. Notwendig umgibt er sich mit einer Wache, er muß sich schützen, da er die Versprechen naturgemäß nicht erfüllen kann, er wird zum Gewaltherrscher, ein wahrer Wolf (Platon). Vertrieben, kehrt er mit Gewalt zurück, ein Wüterich, Despot. Das ist die furchtbarste Form der Verfassung. – So ist nach Platon bewiesen, daß diese Basis einen dauerhaften, glücklichen Staat nicht zu erzeugen vermag. Resultat also: Es muß eine Grundlage geschaffen werden, die auf Wissen und Befreiung von Egoismus gegründet ist, damit der Staat sich selbst erhalten könne.

Die Einrichtung nun seines Idealstaates ist Kommunismus für die zwei oberen Klassen: die regierende und Kriegerklasse. Schon bei der Geburt soll sie zur höheren Vollkommenheit bestimmt sein: Zuchtwahl (wie Darwin und Nietzsche). Die Behörden bestimmen die Verbindung.

Nun die Erziehung: Sie muß sich freimachen vom Mythos, von dem polytheistischen Priestertrug ringsumher. Der Stand der Wächter muß alle Mythen, welche Furcht im Herzen erwecken, ausschließen. Eine heitere, ideale Religiosität soll sie hinführen zur Tapferkeit und Verehrung für den Staat. Zum ersten Male eine Systematik der Erziehungsfächer: Dialektik, Mathematik,

Mechanik etc. der Reihe nach! Die so Erzogenen sollen kein Eigentum, keine Familie haben. Ähnlich den Lehren moderner Kommunisten. Die niederen Stände allein pflegen Besitz, Erwerb und schaffen das Material des Lebens für die Oberen.

Wie Verhalten zum sozialdemokratischen Ideal? Hier qualitative Gleichheit aller Arbeit etc. Bei Platon Verschiedenheit der Werte. Gleich darin, daß sie dem Staat eine Allmacht geben, wie sie in der griechischen πόλις bereits entwickelt. Bedingt ist für alle sozialen Staatsideale solche Art Aufhebung der Familie und des Eigentums.

[14.] Aristoteles[135]

[a)] Der Standpunkt des Aristoteles

Er tritt auf am Ende der Entwicklung. Ein logisch ordnender, ein sammelnder, ein vergleichender Geist. Er schließt einen Kompromiß zwischen ihm [Platon], Antisthenes und Demokrit. Alle bis dahin vernachlässigten Wissenschaften sucht er auszubilden. In seiner Schule entstehen Logik, beschreibende und vergleichende Psychologie, Botanik, Zoologie, Literaturgeschichte, Politik, Archäologie. Zentrum eines gewaltigen Systems der Wissenschaften ist seine Schule.

Er bedient sich der höchsten Gesichtspunkte, besonders des Begriffs der Entwicklung, der Methode der Vergleichung, also des Begriffs der Verwandtschaften zwischen Gattungen und Arten eines Gebietes. So wird er Lehrmeister, ja leider pedantischer Schulmeister der folgenden Kulturentwicklung. Er schafft wissenschaftliche Terminologie für Europa, bringt den Vorgang des wissenschaftlichen Denkens selbst zum klaren Bewußtsein. Alles dies mußte darin kulminieren, daß er die Vernünftigkeit des Weltzusammenhangs zum Prinzip erhob. Die Fortbildung des anaxagoräischen νοῦς. Damit ist das metaphysische Weltprinzip erreicht, das bestimmt war, viele Jahrhunderte hindurch den europäischen Geist zu leiten.

Stellung seiner Philosophie zu der Platons. Einfache Formel: Logisch angesehen ist das Allgemeine jederzeit abstrahiert aus dem Besonderen: Also das Allgemeine ist Regel und Gesetz des Besonderen. Die allgemeine Natur des Menschen, z. B. Regel und Gesetz, nach der jeder neugeborene Mensch geschaffen. Dieses Allgemeine ist das Gesetz, aus dem das Besondere verstanden werden kann. Wenn der Geist das Verhältnis der Vernunft zum Seienden zu bestimmen sucht, so viele Möglichkeiten. Vernunft ist das, was in den Gegenständen unserem Denken entspricht. Dieses Allgemeine kann nun getrennt werden vom Besonderen und gleichsam substantialisiert werden, sic. Platon. Fortschritt von ihm: entweder Betonung der Parusie (die Ideen haben ihre Existenz im Besondere, so Aristoteles und Stoa) oder Steigerung der Transzendenz der Ideen (so Platon in seiner letzten Lebenszeit: Verbindung der Lehre von den Zahlen mit den Ideen [wie] Pythagoras, eine Reihe von Abstufungen angenommen). Aristoteles, in dieser letzten Zeit des Platon lebend, wurde dadurch irregeführt. Daher seine bittere Kritik.

Der erste Fehler des platonischen Systems läßt [sich] nach Aristoteles so ausdrücken. Das Allgemeine, welches doch aus dem Besonderen abstrahiert, wird von Platon von dem Besonderen getrennt und substantialisiert. Das der logische Fehler, er verkennt den Ursprung.

Zweite Anklage: Dem entspricht die Unvollendung der Welterklärung. Die Ideen haben keine bewegende Kraft, sie sind ruhend. Woher soll ihnen die Macht kommen, etwas außer sich zu bewegen? Platon sagt im *Sophistes*: Die Bewegung befindet sich unter den Ideen. War das eine Antwort auf Aristoteles, oder genügte es dem Aristoteles nicht wegen des inneren Widerspruchs zwischen Idee und Bewegung? Ebenso widersprechen sich παρουσία und μίμησις. Platon aber behauptet gar nicht, dies Verhältnis erklären zu können: Entstehung sei und bleibe unerklärlich. Auch Aristoteles vermochte nicht aus seinem νοῦς die Bewegung zu erklären, auch er bediente sich psychischer Bilder. Sein Einwand also hinfällig.

Dritter Einwand: Es entsteht eine unnütze Verdoppelung durch Annahme von Urbild und παρουσία. Ferner: Was haben sie beide gemeinsam?

Diese Bedenken sind vernichtend, wenn wir annehmen, daß Metaphysik die Welt und den Ursprung der Dinge erklären kann. Ist dies nicht der Fall, so fallen sie in sich zusammen.

Aristoteles läßt das Seiende der platonisch-parmenideischen Welt hinter sich und wendet sich der γένεσις zu, höchst fruchtbar für die Naturerklärung, aber irreführend für die Metaphysik.

Die Gegenständlichkeit der Wirklichkeit, die induktiven Methoden stehen im Vordergrund seiner Arbeit. Dem entspricht sein Verhältnis zu den Ideen, die er rein logisch nimmt und deren tieferen Sinn er nicht versteht.

Wenn die Ideen eine transzendente Existenz nicht haben, so hebt er sie deshalb nicht auf, sondern betont ihre Immanenz, sie werden μόρφαι, formae substantiales. So können wir die Grundbegriffe der aristotelischen Philosophie bestimmen.

Platon war davon ausgegangen: Wir besitzen das Vermögen, das Seiende im Erkennen abzubilden. Dies Erkennen beruht auf einem vorzeitlichen Besitz; es ist ein Erblicken der formae substantiales in der Wirklichkeit durch Intuition. Für Aristoteles folgt aus der Verwerfung der Transzendenz auch die der ἀνάμνησις. Anstelle gesetzt: Wahrnehmen und das damit verbundene Denken.

Auch für ihn entsprechen sich Sein und Denken genau; auch ihm ist Denken Abbilden bis zur äußersten Härte des Realismus. Im Gebiet des Wahrnehmens entsprechen den Sinnen die Gattungen der Gegenstände. Aristoteles zweifelt nicht, daß Farben und Töne objektiv real [sind]. So rückständig ist er gegen Demokrit und Platon. Er geht so weit: Es gibt nichts, das sich nicht in einem Sinnesorgan abbilde. Voraussetzung, daß die Sinnesorgane gesund und vom Denken geleitet.

Vernunft (Erkennen) verhält sich auf einer höheren Stufe ebenso zum Sein wie das Wahrnehmen zu den Objekten. Wie das Sinnesorgan zum Wahrnehmbaren, so verhält sich das Denken zum Denkbaren. Die Kategorien sind entsprechend den Bestimmungen, die dem Sein anhaften. Die Natur ordnet ihre Gegenstände. Die Relationen des Denkens sind die des Seins ebenfalls. Eine Vernunft also erstreckt sich im Universum, deren Licht in uns leuchtet und deren Ausdruck auch die äußeren Gegenstände sind. Schon Empedokles sagte, Gleiches erkennen wir durch Gleiches in uns. Ähnliches bei Parmenides und Philolaos. Dieser Gedanke jetzt in der höchsten Formel: Der νοῦς, d. h. die göttliche Vernunft, ist das Prinzip, von dem die Vernunftmäßigkeit der Dinge und der Vernunftcharakter des Menschengeistes gleichmäßig abhängig sind. Wir sind der Natur verwandt, erfassen ihre allgemeinen Bestimmungen durch das Denken. Der νοῦς ist der große Garant für die Übereinstimmung. Alles wie bei Hegel, der dem Aristoteles so verwandt [ist].

Keine wesentliche Änderung an diesem Prinzip in der kommenden Metaphysik. Besonders Spinoza hat es mit derselben Härte zur Entwicklung gebracht. Die Durchführung bei Aristoteles aber ist bedingt durch die Schranken des griechischen Geistes. Vernunft ist für uns Gesetz und Gesetz Ausdruck kausaler Beziehungen. Für Aristoteles bleibt die Systematik der Natur die Vernünftigkeit des Universums. Zweck und Ursache sind für ihn ungetrennt.

1. Formae substantiales sind die allgemeinen und konstanten Wesenheiten, die wir in einer Definition ausdrücken, durch welche wir die Arten und Gattungen bestimmen.

2. Diese Bestimmungen stehen untereinander in klassifikatorischen Verhältnissen. Daher [sind] Vergleichung, Beschreibung, Einteilung die Aufgabe und [das] Verfahren der Wissenschaft.

Das Eigentümliche im Standpunkt des Aristoteles: Die substantialen Formen [sind] im Altertum in drei Richtungen vertreten:

1. Die Ideenlehre des Platon, verworfen von Aristoteles.

2. Die transzendente Wesenheit der Ideen wird in die göttliche Wesenheit selbst hineinverlegt. Das göttliche Bewußtsein als allgemeine Wesenheitsordnung. Eine geläufige Auffassung, weil dieser Standpunkt durch das christlich-

mittelalterliche Denken in jeden modernen Kopf verflößt [?] worden [ist]: Neuplatoniker.

3. Standpunkt des Aristoteles: Die Ideen sind im menschlichen Intellekte; sie drücken aber aus eine Realität an den Dingen. Die Ordnung besteht fort als System, während die Individuen geboren werden und sterben. Eine objektive Realität, eine gedankenmäßige also, die zur Realität der Einzeldinge hinzukommt. Wie nahe lag es dem mittelalterlichen Denken, die Transzendenz der Ideenordnung neuplatonisch und die Immanenz aristotelisch zu verbinden: Thomas von Aquino.

Wie nun verhält sich das einzelne Ding zur forma substantialis? Antwort: Das Einzelding [ist] gegeben in der Wahrnehmung. Was in der Wahrnehmung [gegeben ist], besitzt Realität im eminenten Sinne: πρώτη οὐσία = volle Realität. Ich kann keiner Sache gewiß sein als durch die Wahrnehmung. Sein, Realität heißt: in der Wahrnehmung gegeben sein.

Wie in der Wahrnehmung das Einzelding gegeben [ist], so im Denken die allgemeine Bestimmung. Diese allgemeinen Beziehungen abstrakter Art, das ist auch eine Wirklichkeit, das ist οὐσία κατὰ τὸν λόγον, gedankenmäßige Realität. Lotze: Gelten im Unterschied von Sein. Alles Erkennen hat das Erfassen dieses Gedankenmäßigen zu seinem Gegenstand. Jede solche Form wird erfaßt in einer[136] Definition. Wesen ist ein Inbegriff von Bestimmungen, der das, was an einer Vielheit von Gegenständen gemeinsam auftritt, ausdrückt. Dieses Wesen wird erkannt in der Definition τὸ τί ἦν εἶναι, das, was ohne Zeitbestimmung konstant und allgemein [ist]. Es ist das Allgemeine an den einzelnen Objekten, die Absicht der Natur, als sie den Menschen schuf. An diesem Punkte die Achillesferse dieses großen Systems. Das Verhältnis dieses τί ἦν εἶναι zum Einzeldinge konnte nie widerspruchsfrei bestimmt werden.

Dieses System erreicht die Grenze, die der griechische Geist überhaupt erreichen konnte: daß wir die Weltvernunft erfassen durch Wahrnehmen und durch Denken: all unser Auffassen ein Abbilden des Äußeren im Inneren. Auch die Natur denkt, aber nicht mit Bewußtsein. Diese Bestimmungen sind jedem vertraut. Aber: Uns ist diese Vernünftigkeit des Universums in den Gesetzen gegeben, die auch wir erfassen. Aristoteles, Neuplatoniker, Stoiker fanden die Vernünftigkeit gegeben in einer Weltsystematik. Denn die Analysis der Wirklichkeit als Natur begann erst mit Galilei: Hier also liegt die große Schranke, in der Aristoteles' System befangen [ist].

Grundlage des aristotelischen Systems ist Logik einerseits, πρώτη φιλοσοφία andererseits. Er ist der Schöpfer einer abgesonderten Logik. Er entwickelt, was bisher Technik war, in der Einheit einer in sich geschlossenen Disziplin. Diese aber ist nicht dem Zusammenhang der πρώτη φιλοσοφία entnommen, vielmehr: Erkenntnis ist das Denken, das dem Sein entspricht. Das Erkennen ist

Feststellen der konstanten Relationen, die entsprechen dem, was in dem Sein als das Vernünftige realisiert ist. So wird nun Aristoteles als Begründer einer getrennten Logik [gesehen], zugleich aber als der erste, der die Logik im Zusammenhang mit der ersten Philosophie entwickelt hat. Später löst sie sich los, bei Kant. Aristoteles' Logik bleibt im metaphysischen Verband.

[b)] Die Logik des Aristoteles

Man bezeichnet sie auch als *Organon* (später *Novum organon*, Bacon). Der Ausdruck [stammt] nicht von Aristoteles, sondern seine Schule sah in ihr das Werkzeug. Aristoteles sah in ihr die Zergliederung der menschlichen Erkenntnis. Er endet die ungestüme, gärende Epoche der sophistischen und eleatischen Dialektik, überall die Trugschlüsse aufdeckend. Aristoteles schließt diese Unruhe ab. Sein Ausgangspunkt: Wahrheit [ist] ein Erfassen des Seins in den Gedanken, es ist eine Art von Berührung θιγγάνειν. Korrespondenz ist das Endverhältnis, zu dem das wahre Erkennen dem Sein gegenüber gelangt. Irrtum ist Abweichung des Denkens von den Gegenständen. Wahr ist das Urteil, was in dem Wirklichen verbunden ist im Verhältnis von Subjekt und Prädikat.

Wir unterscheiden die unmittelbaren und mittelbaren Wahrheiten. Die Urteile sind von diesen beiden Arten. Die unmittelbaren sind aus keinem Schlusse mit Prämissen abgeleitet. Wenn ich [dagegen] zwei einzelne unmittelbare Wahrheiten verbinde, so bin ich auf dem Wege zu einer mittelbaren Wahrheit durch Induktion. Aber es gibt noch andere unmittelbare Wahrheiten, die keiner Demonstration fähig sind. Schon Platon hatte einige aufgezählt, auch Aristoteles gelangt noch zu keiner vollständigen Aufzählung.

[α)] Die Schlußlehre

Die mittelbaren Wahrheiten entstehen durch einen Schluß aus den unmittelbaren, also sie sind abgeleitet. Jedes geometrische Lehrbuch beginnt mit einer Reihe von unmittelbaren Wahrheiten, aus denen die folgenden mittelbaren durch mannigfaltige Verknotung und Verknüpfung entstehen. Aristoteles' Verdienst [ist es], die Formen dieser Verknüpfungen von mehreren Urteilen (eins nicht ausreichend) aufgefunden zu haben. Ein inhaltlich über die Prämissen hinausgehendes Urteil fordert eine Mehrheit von Urteilen, aus denen es abgeleitet wird. Die Zergliederung der Struktur des Schlusses führt auf die Urteile, die Zergliederung der Urteile auf zwei Begriffe (ὅδρος), Subjektsbegriff und Prädikatsbegriffe. Ihre Verbindung ist entweder bejahend oder verneinend. Zugleich entdecke ich einen zweiten Unterschied: Sie sind Einzelurteile oder allgemeine Urteile. (Diese Unterscheidung bei Aristoteles noch nicht ganz scharf. Modalität nur gelegentlich, Relationen überhaupt nicht aufgeführt.)

Welches sind die Formen des Schlusses? 1. Der vollkommene ist der συλλογισμός: Verkettung mehrerer, meist zweier, λόγοι (Urteile) zu einem neuen λόγος. In welchem Verhältnis stehen die beiden ersten zueinander, und wie kann ihre Vermählung ausreichend sein zur Erzeugung eines Urteils? Was den Schluß erwirkt, ist das Verhältnis, in dem die Begriffe zueinander stehen, die Urteile sind nur die Mittel, um zwei Verbände herbeizuführen. Diese ermöglichen nunmehr den neuen Verband. Zwei ganz fremde Begriffe [zu] verbinden würde eine Beziehung der beiden Urteile nicht ergeben: in der Nacht sind alle Katzen grau, und am Tag scheint die Sonne – ergibt keine Verbindung. Worauf beruht die Verbindbarkeit? Sie müssen einen gemeinsamen Begriff haben, Mittelbegriff. Die mit ihm verknüpften [heißen] die Außenbegriffe, τὰ ἄκρα. Sie liegen gleichsam rechts und links. Der Mittelbegriff in einem ἄκρον, im anderen mit dem anderen verbunden.

Die Macht des Schlusses liegt darin, den Mittelbegriff zu finden! Damit erledigt sich die Frage, ob der Schluß uns etwas Neues lehrt. Denn was geschieht, ist nur formal. Das Leben des Schließens ist nur das Finden des Mittelbegriffs. Eine formale Prozedur, wenn Obersatz und Untersatz gegeben. Löse die Urteile auf, finde den medius terminus, das ist das Wesen des Schließens.

In den beiden Urteilen muß das Verhältnis der Begriffe ein bestimmtes sein: Daraus ergeben sich die verschiedenen Möglichkeiten des Schließens. Der Mittelbegriff, als Heiratsvermittler, zieht sich nach der Ehestiftung zurück. Die σχήματα, figurae des Schlusses, sind die Möglichkeiten, welche bestehen in bezug auf die Möglichkeiten der Stellung der drei Begriffe zueinander. Nach Aristoteles gibt es drei. Die formale Logik enthält eine vierte Figur (dem Galen zugeschrieben). Eine bloß formale Verkünstelung.

1. MP
   SM   P>M>S + positiv
   ‾‾
   SP   P<M<S − negativ

Das ist die Urform des Schlusses. Die zwei anderen sind aus ihm abgeleitet.

2. PM
   SM
   ‾‾
   SP

Nur durch Stellung unterschieden. Welcher Schluß in dieser Verbindung möglich? a) Bejahend, b) bejahend. So P und S in Umfang von M, dann immer wird gar nichts ausgesagt, denn S wie P gehören in denselben Umfang M. Wenn beide Prämissen negativ, so leistet der Schluß gar nichts. Also, [wenn] eins positiv, eins negativ folgen nur verneinende Urteile.

3. MP
   MS
   ‾‾
   SP

M fällt in [den] Umfang von P und S. Also mindestens einiges gemeinsam. Folgen nur partikuläre Urteile.

[β)] Theorie der Induktion
Syllogismus und Induktion unterscheiden sich durch Abstieg vom Allgemeinen zum Einzelnen und Aufstieg vom Einzelnen zum Allgemeinen. ἐπαγωγή. Sie schreitet vom Einzelnen zum Generellen. συλλογισμός φύσει πρότερος und auch durchsichtiger; die Induktion ἡμῖν ἐναργέστερος. Nach dem Vorbilde der Praxis des Sokrates von Aristoteles zuerst in eine Theorie gebracht unter der Superiorität des syllogistischen Verfahrens. Wie es σχήματα des Syllogismus gab, so auch ein σχῆμα der Induktion.

$M_1 M_2 M_3 \ldots\ldots$ von ihnen prädiziert   P
$M_1 M_2 M_3 \ldots\ldots$ bezieht sich auf   S
                                     SP

Beispiel:
Mensch, Pferd, Esel, andere Tiere ... langlebig.
Mensch, Pferd, Esel, andere Tiere ... wenig Galle.

Tiere, die wenig Galle haben, sind langlebig.

Worauf beruht die Schlußkraft? Ich habe nicht alle Tiere aufgezählt, denen S und P zukommen. Es bleibt also ein Sprung. Sollte der Schluß stringent sein, so müßte ich den Untersatz konvertieren: Die Tiere, die wenig Galle haben, sind x, y, z etc. Vollständige Umkehrung. Von ihnen allen [ist] dann zu prädizieren, daß sie langlebig sind.

$S = M_1 M_2 M_3 M_4 \ldots\ldots M_x$

Was hat sich herausgestellt? Die Konversion ergibt den ersten Syllogismus, nur mit einer Reihe von Instanzenfällen.

Induktion [ist] das Verfahren, in dem die Fälle oder Instanzen gleichsam den terminus medius bilden, durch den der Schluß erwirkt wird. Soweit hat Aristoteles die Natur der Induktion für alle Zeiten völlig richtig bestimmt. Nun aber der Fehler: Er besteht darin, daß er künstlich in die erste Form der Figur die Induktion zwängen will. Unvollkommen ist die Induktion, in der die Reihe des Untersatzes[137] nicht vollständig geschlossen ist so, daß das S durch sie erschöpft wird. Vollkommene Induktion, wenn Reihe ganz geschlossen. Man bemerkt aber sogleich, daß die letztere viel seltener und weniger nutzbringend ist als die unvollständige[138] Instanzenreihe (Beispiel: Beweis der Ursache der Aphasie). Also überhaupt keine Induktion, wenn nicht von einer begrenzten Zahl von Fällen auf die übrig bleibenden geschlossen wird. Bacon: Welches ist der Rechtsgrund für dieses Verfahren? Das ist das Problem der Induktion. Verschieden gelöst von Bacon, Mill, Sigwart.

Dies sind nach Aristoteles die Verfahrungsweisen des menschlichen Geistes. In der Mitte seines Interesses ist die Definition, d. h. Wesensbestimmung: Wesen ist τὸ τὶ ἦν εἶναι ἀνθρώπῳ. Dieser Wesensbegriff entspricht der substantialen Form. Die Logik hat zu den Prämissen, aus denen sie schließt, einmal die logischen allgemeinsten Begriffe, daneben aber die einzelnen Fälle.

[c)] Die Metaphysik des Aristoteles

Ziel alles Wissens ist Korrespondenz von Denken und Sein. Das Denken bezieht sich auf das Sein: Dementsprechend muß es eine Wissenschaft geben, die die allgemeinen[139] Bestimmungen, die von allem Sein gelten, enthält. Dies ist die erste Aufgabe der πρώτη φιλοσοφία, Metaphysik. In der Verkettung der Gründe sind es die letzten Gründe, zu denen die Wissenschaft gelangt. Die Lehre von den Kategorien bildet ein Zwischenglied zwischen Logik und Metaphysik. γένη τῶν κατηγοριῶν, dies ist der eigentliche Begriff, nicht Aussagen κατηγορίαι, sondern Klassen der Aussagen. Indem sich Aristoteles diese Aufgabe stellt, hat er ein Problem geschaffen, das seitdem nicht zur Ruhe gekommen. Er entnahm sie aus der Analyse des Satzes der gesprochenen Rede. Folgende:

1. οὐσία   von dem ausgesagt wird.
2. πόσον   was ausgesagt wird.
3. ποῖον   dieses Quantum ist weiß.
4. πρός τί   Relation: dieses Zimmer größer als ein anderes.
5. ποῦ   Sokrates befindet sich auf dem Markte.
6. πότι   ich begegnete gestern dem Sokrates.
7. κεῖσθαι   Sokrates sitzt.
8. ἔχειν   Sokrates ist geschult.[140]
9. ποιεῖν   Messer schneidet.
10. πάσχειν   Finger ist geschnitten worden.

Dies die Kategorien, die Aristoteles auflas an den Sätzen der Sprache. Um so tiefsinniger, als darin eine Hinweisung liegt auf die allgemeinsten Verstandesbeziehungen[141] überhaupt.

Anwendung auf die Metaphysik. Das erste, was sie erkennt, ist das Seiende: οὐσία, Substanz. Wirklich in vollem Verstande sind nur die Substanzen selbst. Dingheit ist Realität. Alles, was wir sonst aussagen, sind Prädizierungen, die von dem Realen gelten. Sie sind von verschiedener Art, lassen sich aber schließlich zusammenfassen: Substanz, ein meßbares Quantum von eigenschaftlicher Bestimmtheit, in Relationen stehend von Raum und Zeit, von Tun und Leiden. – Diese Einsicht kann durch den Begriff Substanz aufgeklärt werden: Sie ist das, von dem Prädikate ausgesagt werden können, [was] selbst aber niemals Prädikat sein kann. Substanz ist das naturgegebene Subjekt von Sätzen. Diesem Satz entspricht der Grundbegriff der gesamten aristotelischen Metaphysik. Substanzen in Vollrealität sind nur die einzelnen Dinge, ihnen kommt Existenz zu. Sein harter Realismus kommt hier zum Ausdruck.

Die andere Seite: Diese Einzeldinge werden durch Denkbestimmungen erkannt, die notwendig, allgemein, konstant sind. Die Einzeldinge erkannt durch das allgemeine Denken, durch Allgemeinbegriffe. Jetzt beginnt der Platoniker zu reden. Die substantielle Form ist immanent den Einzeldingen. Nicht ἓν παρὰ τὰ πολλά, sondern ἓν κατὰ τῶν πολλῶν. Alles Sinnliche ist zufällig, veränderlich. Aber die Substanz erfaßt an ihm das Unveränderliche, die gedankenmäßige Wirklichkeit der Dinge selbst. In der Tiefe der Gegenstände ergreift er die allgemeine Vernunft.

Die Formen sind immanent dem Wirklichen als die Wesenheit in den Erscheinungen. Daneben ein zweites Weltprinzip: ὕλη, Materie, gröber als Platons μὴ ὄν. Sie ist nicht ein für sich bestehend Wirkliches, sondern an dem Wirklichen. Jeder Stoff ist geformt. δύναμις Möglichkeit, Energie ist in bezug auf die Form immer ein relativer Begriff: Same schon ein geformtes Gebilde, aber δύναμις in Rücksicht auf den Baum. Marmor an sich schon ein Gebilde, in Rücksicht auf die Statue erst Energie. Sonach ist das Prinzip, das sich in der konstanten Wirklichkeit realisiert: Entwicklung. Dieser Begriff tritt uns hier zuerst selbstherrlich und mächtig entgegen.

Wir fragen jetzt nach den Gründen, die der konkreten Wirklichkeit unterliegen. Die Errichtung eines Hauses, die Erklärungsgründe, daß ein Haus sein könne, sind vier: 1. Es bedarf eines Stoffes. 2. Es bedarf einer bewegenden Kraft, die die Baumstämme zusammenbringt: Ursache, ὅθεν ἡ κίνησις. 3. [Es bedarf] eines Zweckes, der durch dies Haus hergestellt werden soll. τέλος ist also τὸ ὂν ἕνεκα. [4.] Damit dieser Zweck verwirklicht werde, bedarf es eines Bauplanes, es muß irgendwo ein Begriff dessen, das werden soll, existieren: Das ist die Form, μόρφη (bei Platon ἰδέα). – Der Hauptsatz dieses Teiles der aristotelischen Philosophie: diese vier erforderlichen Gründe sind hier getrennt, in der Natur aber fallen drei dieser Prinzipien schlechthin zusammen. Die Form ist der Zweck, der an einem Begriff realisiert ist. Diese Form, welche Zweck ist, ἐντελέχεια, ist zugleich auch bewegende Kraft. Hier zum ersten Mal ein System, das die bewegende Kraft mit dem Zweck identifiziert. Die letzte feinste Form des alten Panpsychismus. Der Mechanismus wird beseitigt: Alles ist Form, alles Energie.

Welche Stelle nun hat die ὕλη in diesem Zusammenhang? Sie ist nirgend für sich, sondern ist das Prinzip der Extension, aus der Zeitlichkeit, Unvollkommenheit etc. kommen. Diese ὕλη ist der Erklärungsgrund, daß überhaupt konkrete Dinge da sind. So entsteht die Welt, indem die formae substantiales sich verwirklichen in der Materie, an dem Stoff. Diese formae erfordern offenbar eine letzte Einheit, da sie Systematik sind, das ist die Gottheit. Der mächtige Begriff des anaxagoräischen νοῦς erhebt sich von neuem. Wie dies ganze System unter dem Begriff des künstlerischen Schaffens steht (ist es doch ein Künstlervolk, welches hier denkt), so wirkt der νοῦς bildend, schaffend wie Künstler. Einsam hatte Anaxagoras diesen νοῦς genannt. Diesen Begriff hat Aristoteles in die letzte Konsequenz verfolgt. Er ist für sich, er ist nun transzendent, sein Inhalt und sein Wesen ist, daß er sich selber denkt: νόησις νοήσεως, der erhabenste Begriff, der je gedacht. Dieser Einsame ist nicht ein Maschinengott, hat keine Bewegungskraft in sich, und durch seine Unendlichkeit, die Schönheit und Gewalt seines Denkens zieht er die Materie an, und diese streckt sich sehnend zu ihm. Eine seltsame Mystik in diesem so realistischen Denker, der die formae substantiales gar nicht in die Gottheit verlegt.

[d)] Die Physik des Aristoteles

Sie stellt die Arten der Bewegung auf, die Erklärungsgründe der Natur sein können. Demokrit hatte nur eine aufgestellt. Aristoteles hält fest an der Qualität, das Universum ist ihm volle Realität, wachsend und wieder abnehmend, dies alles in einem System von Raumbewegungen. Er sondert ein Diesseits (sublunarische Welt) und ein Jenseits. Die Form der Welt, die im Mittelalter festgehalten, auch bei Dante. Unten regiert das Gesetz der Schwere, der Zufall, das Schicksal, das konkret einzelne. Oben aber ist der Äther, ihm kommt zu die Kreisbewegung als die vollkommenste. Rings umgibt dies Universum die sublunarische Welt. Die Sphären, räderförmig sich bewegend (cf. oben), der Fixsternhimmel mit den an ihn angenagelten anderen Sphären. Alle Bewegung kommt aus dem obersten Gesetz, der still wirkenden Gottheit. Dieses Bild bestand bis ins 16. Jahrhundert hinein.

[e)] Psychologie, Ethik, Politik

Psychologie im System des Aristoteles eine ganz abweichende Stellung. Zuerst Psychologie als Wissenschaft, eine vergleichende, Menschen und Tiere gleichmäßig umfassend. Was er gewollt hat, ist heute noch nicht ausgeführt. Seine eigenen Erfolge schwach. Von ihm stammt – entsprechend seinem Dualismus – der Gegensatz, der durch den Menschen hindurchgeht.

Aristoteles ist Begründer der beschreibenden und vergleichenden Wissenschaft der organischen Wesen. Studium der Pflanzen und Tiere von ihm und seinen Schülern zu einer Vollkommenheit [gebracht], die selbst Johannes Müller und Baer mit Enthusiasmus verehrten.

Die Welt ist ihm eine Stufenordnung, das Universum ein Entwicklungszusammenhang. Die unterste Stufe die anorganische Welt. Über ihr die Pflanzenwelt, dann das Reich des tierischen Lebens, das alle Eigenschaften der anorganischen Welt und Pflanzen besitzt. Hinzu tritt aber die Empfindung als Eigenschaft der tierischen ψύχη. Endlich die Menschenwelt besitzt die Fähigkeit des logischen Raisonnements und der Willensfreiheit. – Jede niedere Stufe bleibt erhalten mit ihren Leistungen in den höheren. Bewegung im Raum allen eigen. Wachstum, Fortpflanzung, Ernährung bei den Pflanzen, Bewegung spontan bei den Tieren. Im Menschen erhält sich dieses alles. – Dieses Ganze ist begabt mit der Empfindung – Unterlage des Denkens –, freien Bewegung – Unterlage des freien Willens. Beides zusammen macht den Menschen, und zwar sein oberstes Stockwerk.

Der Mensch zerfällt durch doppelte Teilung in vier Kräfte: das untere Stockwerk animalische Tätigkeit, oberes die vernünftige. Das Vermögen zu empfinden, das Vermögen zu begehren – in beiden getrieben durch Instinkte. Diesem Stockwerk gehört auch das Gedächtnis an. Dem oberen kommt zu logisches Raisonnement und freier Wille. Wie schädlich mußte diese Zuspitzung des Dualismus, der den Menschen zerteilt, sein! Wie bitter hat er sich in der kommenden Metaphysik gerächt. Aber für das Christentum war er die unentbehrliche Grundlage.

Aus dieser Psychologie erhebt sich die Ethik: Ein Wertzusammenhang, Wertabstufung ist der Kern des aristotelischen Systems. Entwicklung mißverständlich, keine Evolutionstheorie (so dachten die Ionier). Er leitete die simultanen (!) Formen ab aus einer Vernunft. Im Menschen selbst nun ist der Mikrokosmos. Das Ziel also nur in einer Entwicklung des Individuums, die die höchsten Werte zur Entwicklung erhebt. Diese aber sind die, die dem Menschen eigentümlich sind im Unterschied von den Tieren. Eudämonie = Entfaltung der Humanität. (Gefühl der Verwandtschaft des Menschen mit dem höchsten Gott bei den Griechen; nie ein Verhältnis von Knechtschaft. Cf. oben in der *Orestie*). Hineinzuwachsen in das, was uns gemeinsam mit der Gottheit, das ist das höchste Ziel: ἀρετή. Die Mitte zwischen zwei Gegensätzen: überall da Tugend, wo Extreme vermieden [werden]. Was dem Menschen im Zweckzusammenhang des Universums als Lebenspreis[142] beschieden, das soll er entwickeln: damit erreicht er die Eudämonie.

Die höchste Leistung des politischen Denkens ist die aristotelische *Politik*. Aus der Menge des Materials zog Aristoteles durch die vergleichende Methode die theoretischen Resultate.

Der Mensch ein ζῶον πολιτικόν: Er existiert nur als Glied der Gesellschaft, schließlich des Staates. Die Formen, in denen die Verbindung steht, sind die Familie, Dorfgemeinschaft, Staat; sie sind miteinander genetisch verbunden:

schließlich hängt alles an der organischen Natur: Verhältnis der Geschlechter, von Mann und Weib, [von] Eltern und Kindern sind die organischen Grundlagen, aus denen alle Verbindung erwächst. Der Sklave tritt zur Familie hinzu: Antisthenes hatte Sklaverei verworfen. Aristoteles, echt griechisch, findet sie überall da berechtigt, wo in den Hörigen die Vernunft nicht stark genug ist, um zu einem tugendhaften Leben zu leiten. Denn das ist das Ziel des Lebens. Die Griechen darf niemand zu Sklaven machen. Barbaren aber, unfähig sich selbst zu regieren, sind die geborenen Werkzeuge der Familie.

Der Mann muß Herr sein; aber er soll verfassungsmäßig herrschen. Sein Verhältnis zu Kindern und Sklaven ist wieder ein besonderes.

Zum Begriff des Staates gehört die Autarkie, durch die er sich von den niedrigen Gemeinschaften unterscheidet. Sein Zureichen zum εὖ ρῆν macht ihn erst zum Staat. Nun analysiert Aristoteles diesen Staat mit unerreichter Meisterschaft: Der Staat ist eine Verbindung von Personen, ausreichend, um ein glückliches und tugendhaftes Leben seiner Bürger zu erreichen. Bürger also sind seine Bestandteile. Der Bürger besitzt zwei Merkmale: Er ist berechtigt zur Volksversammlung und kann unter Umständen amtliche Funktionen vollziehen. Die Bürger sind durch eine Ordnung untereinander verbunden: eine Verfassung πολιτεία, besonders hinsichtlich der souveränen Gewalt.

In einem Staat herrscht einer, mehrere, viele (alle) – Königtum, Aristokratie, Politie. Ist ein Bürger Haupt des Staates, so entsteht die Monarchie etc. Diese Ausdrücke bezeichnen den Normalstaat, den, in dem der Wille der Regierenden auf das Wohl des Ganzen gerichtet ist. Wo das Einzelwohl Ziel des Handelns ist, entstehen Entartungen. Solche wird es gerade so viel als normale geben: Tyrannis (in Griechenland oft aus der Demokratie hervorgegangen), Oligarchie (die Regierung der wenigen in ihrem Eigeninteresse), Demokratie (wenn jeder seinen Vorteil verfolgt; also nicht unser Begriff). Aristoteles fragt jetzt: Welches ist das Gesetz, das die Verteilung der Gewalten im Staate bestimmen soll? Er fragt nicht: Welche Kraft ist es, die die Verteilung der Macht erwirkt? Hierauf gab er keine einfache Antwort. Aristoteles fragt nach dem Soll, nach dem im Idealstaat herrschenden Prinzip. Aristoteles Antwort ist: die Gerechtigkeit, nach geometrischer Proportion.

Wo die Gerechtigkeit in arithmetischem Verhältnis verteilt, entsteht der Satz der Gleichheit aller vor dem Gesetz (Rousseau). Die Werte der Staatselemente sind ungleich, sagt Aristoteles. Im Verhältnis der Leistungen sollen sich die Rechte im Staat verteilen. Eine Proportion zwischen politischem Wert und Recht. So viel ein Stand leistet (politisch), so viel soll er Rechte erhalten. Hiermit ist zum ersten Male das Grundgesetz des Staatslebens ausgesprochen worden.

Von hier aus kann er tiefer hineingehen in die Natur der Verfassungsformen. Im normalen Staat ist die Teilnahme an der Regierung bedingt durch die Leistungsfähigkeit jedes Standes. Wenn eine besonders geniale Familie (in politisch-militärischer Hinsicht) oder wenn das allgemeine Niveau sehr niedrig etc., kurz, es können Verhältnisse eintreten, wo das Königtum geboten. (Hier lückenhaft: Kontinuität des Staatslebens nicht beachtet.) Monarchie oft gefordert gegenüber der Expansionskraft der Nachbarstaaten: Amerika kann Republik sein, weil es nicht von Monarchien umgeben ist. In Frankreich wird sie sich nicht erhalten können. Kleine Staaten unter dem Schutz großer mögen Republiken sein.

Aristoteles hat besonders im Auge den makedonischen Staat Philipps und das niedrige Niveau der Barbarenländer. Vorherrschen der Reiterei bedingte für ihn die Ausbreitung der Aristokratie.

Demokratie erfordert nach ihm gleiche Ausbildung und Befähigung aller Bürger.

Sind nun diese Verfassungen gleichwertig untereinander? Aus dem Prinzip der Proportion von Recht und Pflicht entspringt der tiefe Gedanke, daß die Verfassung abhängig von den Wertverhältnissen der einzelnen Stände. Es gibt keinen absoluten Idealstaat, wie ihn Platon auch schon in den *Gesetzen* fallen ließ. Aristoteles' Schule, besonders Dikaiarchos, hat die natürlichen Bedingungen und Einflüsse, die die Verfassung bestimmen, aufgeführt. Aber darin ist Aristoteles Grieche: Es muß einen Idealstaat geben, in dem alle Werte gleich verteilt sind. Wie [ist] dies vereinbar? Es müssen ganz besondere Bedingungen sein: Er wächst nur an bestimmten Stellen: ein gemäßigtes Klima, die Lage am Meer, hinreichende Sicherheit durch seine Größe, Tüchtigkeit etc. Athen schwebte ihm vor: Athen, wie es sein sollte, nicht wie es geworden ist. Das wäre der glücklichste unter allen Staaten.

Das Grundgesetz des Staatslebens ergibt weiter: 1. Verfassungen müssen ineinander übergehen in dem Verhältnisse, wie sich die Verteilung der politischen Werte in den Klassen ändert. Wenn in einem Stadtstaat Handel, Gewerbe, Verkehr, Seefahrt[143] aufblühen, so ist das Ende der Aristokratie gekommen: Die Politie tritt ein. Oder wenn die Bildung der Bürger wächst, die regierende Familie entartet, so sinkt die Monarchie. Er denkt nicht daran, daß ein Volk gebunden sei durch das Prinzip der Legitimität.

Seine großartige Theorie über Ursprung und Schicksal revolutionärer Bewegungen: Unterschiede zwischen den Anlässen und den hervorbringenden Ursachen. Es gibt nur eine wirkende Ursache: Wenn eine Verschiebung stattgefunden hat der politischen Werte, dann entsteht das Unproportionierte, und wenn dies nicht beseitigt wird, so entsteht die Revolution durch die unterdrückte Klasse. Revolution also ist bisweilen notwendig.

Monarchie wird Aristokratie, diese Demokratie. – Aristoteles fordert Staatserziehung zur gleichmäßigen Ausbildung der Bürger.[144]

Die größte Epoche der griechischen Philosophie war zu Ende. Die aristotelische Schule freilich bestand fort und pflegte die Einzelwissenschaften: Theophrastos' und Dikaiarchos' Leistung sehr einflußreich.

Aber der Charakter der Zeit änderte sich nun. Hellenistische Bildung verschmolz nach Alexanders Eroberung im griechischen Denken mit orientalischer Religiosität. Eine wunderbare Mischung von Kulturen. Fürsten gründeten Museen, Bibliotheken, eine neue Epoche der Wissenschaften, der positiven besonders, beginnt. Grammatiker etc. Es sondern sich voneinander Erfahrungswissenschaft und Philosophie, die bis dahin so eng verknüpfte, naturgemäße Einheit. Die alten Völker treten in das Stadium der Erfahrungswissenschaften. Zwar vielfach noch eine Verbindung; aber die Gelehrten und Fachmänner in Alexandrien und Pergamon, nicht in den philosophischen Genossenschaften.[145]

Neben der Erfahrungswissenschaft drei Schulen der Lebensphilosophie: Stoa, Epikureismus, Skepsis.

Die Kenntnis von den Denkern dieser Zeit ist außerordentlich schlecht und ungenügend. Wenn es gelänge, die geistige Bewegung zu erfassen, die von den einzelnen Philosophen ausging! Nun aber haben wir vor Lukrez kein epikureisches Werk, keines aus der großen Zeit der Stoa und Skepsis.

Bei Laërtios Diogenes nur Darstellung des Gesamtinbegriffs.

Trotzdem wissen wir, daß diese drei Schulen in einem nahen geistigen Zusammenhange stehen; die positive Philosophie bestimmt mächtig die Lebensphilosophie und diese wieder jene. So greifen die Denker und Gedanken eng ineinander. Daher hier Lage für uns schlimm. Noch nicht einmal Fragmente gesammelt.

[15.] Die Schule der Epikureer

Epikur sagte, Philosophie sei eine Tätigkeit, die durch das Denken ein glückliches Leben herbeiführen wolle. Nur dazu diente ihm die Naturphilosophie und Mathematik. Überlastet von all der fruchtlosen Spekulation, wandte er sich ausschließlich der Lebensphilosophie zu. Er schrieb gegen die Mathematik, da ihre Wahrheiten nie vollkommen richtig seien (nie vollkommener Kreis!). Es gibt nur eine Lebensaufgabe: die Weisen hervorzubringen (vgl. wie Nietzsche und Tolstoj denken). Indem er nun den Weisen als Lebensideal faßt, liegt darin Loslösung von dem politischen Verbande, der bis dahin die Griechen bestimmte. Im Geburtsjahr Epikurs gab sich Demosthenes den Tod. Daher kein Glaube mehr an jenen σύνδεσμός. Um so mehr Wert darauf gelegt, daß Philosophie den Menschen freimacht von der Knechtschaft unter Staat, Gesellschaft, Aberglauben.

Lukrez in seinem Lehrgedicht hebt mit schönen Worten seine Bedeutung hervor. Hier das Lebensgefühl geschildert, das Epikur den Seinen mitteilt.

Erstens die Kanonik (Ausdruck der Schule für die Logik). Wir müssen handeln: Das können wir nur, wenn es für uns eine Wahrheit sei (cf. Helmholtz contra subjektiven Idealismus Fichtes). Alle rationalen Sätze nun sind nur gewonnen aus der sinnlichen Wahrnehmung: Alle Gewißheit also hängt schließlich an ihr. Unser Recht, den Sinnen zu trauen, ist daher nach Kräften zu behaupten.[146] Dagegen sprachen damals besonders die Sinnestäuschungen (Traum, Halluzination etc.). Epikur erklärt: Auch sie sind von etwas Wirklichem hervorgerufen. Jede Wahrnehmung bezieht sich auf eine Wirklichkeit. Was in jenen Täuschungen wirklich ist, sind die abnormen physiologischen Zustände; sie spiegeln sich in jenen. Die Erklärung ist vorzüglich, wenn auch nicht ganz ausreichend. Nun schließt er weiter: Überall da, wo Sinnfälligkeit (ἐνάργεια) vorliegt, d.h. ein objektives Erscheinen stattfindet in hellem Bewußtsein, ist die Erkenntnis Ausdruck eines objektiven Bestandes. Wiederholung der Wahrnehmung läßt πρόληψις entstehen, eine vorweggenommene Einsicht, die sich in meinem Gedächtnis gebildet hat.[147] Sie ist für mich ein Hilfsmittel, die Wahrheit zu erkennen. In den sinnlichen Wahrnehmungen und der πρόληψις liegt das gesamte Material der menschlichen Erkenntnis. Alle Sinneswahrnehmungen und προλήψεις bilden den Inbegriff der φαινόμενα, d.h. das, was im Bewußtsein erscheint von der Wirklichkeit, auf die sich das Bewußtsein bezieht. Aufgabe des Denkens ist es, das, was hinter den Phänomenen liegt, die ἄδηλα, zu erklären. Alle wissenschaftliche Arbeit ist Rückgang von den φαινόμενα zu den ἄδηλα. Hier die für alle Zeiten gültige Fassung des Problems.

Diese ἄδηλα, diese sinnlich unfaßbare Wirklichkeit, sind uns nur gegeben im logischen Denken, d.h. als Hypothese, die durch Induktion aus der Erfahrung abgeleitet ist. Diese Induktion ist daher das einzig mögliche Verfahren. (Einseitiger Gegensatz gegen die entgegengesetzte Einseitigkeit Platons und Aristoteles'.) Hypothesen sind also das Produkt der Induktion. Die Untersuchungen über diese Methode nähern sich den modernen, z.B. John Stuart Mill. Besonders Philodemos. Eine Reihe einzelner Fälle wird verbunden in einem allgemeinen Satz. Sie erhalten beständige Sätze durch Verifikation (in später geprüften Fällen). Vgl. die Newtonschen und Kopernikanischen Hypothesen in ihrem Schicksal. Dies bereits in der Logik des Philodemos entwickelt; diese ist die erste moderne Logik. Grenze hierbei nur diese, daß das deduktive Verfahren der Mathematik daneben nicht ganz gewürdigt [wird].

[a)] Die Physik der Epikureer

Die Induktionslogik muß der Grund aller wirklichen Erkenntnis sein: Diese gibt die Ursachen, die den Erscheinungen zugrunde liegen. Sie gibt die Erklärung für den kausalen Zusammenhang der unsichtbaren Tatbestände, welche den Phänomenen zugrunde liegen. Diese also werden erklärt durch Zurückführung auf die ihnen zugrundeliegenden ἄδηλα. Von Demokrit her waren die Regeln der Naturerkenntnis bekannt. Kein Satz bei Epikur, der nicht so oder besser bei Demokrit.

1. Aus nichts wird nichts; denn gesetzt..., so könnte aus allem alles entstehen, alles wäre möglich. – [2.] Wenn wir nun in der Welt Gleichförmigkeit erfassen, so erfordert das das Kausalgesetz (als eine Möglichkeit, das Erfahren selbst zu erklären). – [3.] Gleichartigkeit aller Teile des Weltalls. – Das Fundament der ganzen modernen Naturwissenschaft: Induktion, Hypothese, ausschließlich kausale Erklärung, Erhaltung der Masse und Kraft etc.; es fehlen nur die mathematischen Einsichten. Grundlage jedoch für die ganze moderne Naturerklärung. Hier die ganze Lehre Demokrits. Abweichungen:

1. Fallen der Atome durch Schwere, wobei Ablenkung, die mit Freiheit sonderbar zusammengebracht ist.
2. Die Erkenntnis dieses Zusammenhangs dient nur dem Nutzen des Menschen.

Vorzug vor Demokrit[:] der erste Entwurf einer natürlichen Geschichte des Menschen.[148]

[b)] Die Ethik

Rein individualistisch; eirenaische Glückseligkeit. Freundschaft und Erkenntnis gepriesen. Familienleben und Staat verworfen. Ein Ausleben in Freiheit und Glückseligkeit; höchst modern.

[16.] Die Stoa

Findet meist nicht die Wertschätzung, die sie weltgeschichtlich beanspruchen muß. Vielleicht hat kein zweites [System] (außer dem von Leibniz) eine solche Weltmacht besessen. Die Schriften der Apologeten, Kirchenväter etc. zeigen seinen unermeßlichen Einfluß auf die Entwicklung der christlichen Dogmen (cf. Dilthey, Archiv[149]). Keine kathedermäßige Fortbildung verstaubter und verkommener Lehre.

Der Grundbegriff ist φύσις. Das Universum ist die natürliche Entfaltung eines göttlichen Zweckzusammenhangs. Diese schaffende Natur (Spinoza: natura naturans) ist nichts anderes als Gott selbst, die Natur, die teleologisch lebt. Das ganze Universum ein einziger, monistischer Naturzusammenhang; Bewußtsein und Natur zugleich. Dieses göttliche Bewußtsein (πνεῦμα – ins Christentum übergegangen) ist am Stoff, und nur am Stoff entfaltet [es] sich. Das Werk des Menschen kann nur sein die Entfaltung seiner selbst, seiner Natur. So ist der Begriff der natura naturans der Grundbegriff, unter dem alle Teile des stoischen Systems sich in einem inneren Zusammenhang befinden.

Vielfältig sind die Ursprünge dieses Systems. Zenon, sein Begründer, schloß sich an an die Tradition des Antisthenes und die kynische Schule. Zugleich die Fortbildung in sich aufgenommen, wie sie sich in der peripatetischen Schule vollzog, der Erfahrung und Naturerkenntnis entgegen. Der alte Hylozoismus erlebte seine Wiederauferstehung in diesem System (Herakleitos und die Aufeinanderfolge der Perioden der Welt). Die griechische Welt beginnt zu altern: Zeichen von Überfeinerung und Überkultur. Die Stoa hält demgegenüber jahrhundertelang die Rückkehr zur Natur als Prinzip aufrecht, wie Rousseau. Denn immer wieder bedarf die Menschheit sich zu erneuern aus sich selbst.

a) Die Logik oder Kanonik

Auch hier der Begriff eines Kanons, der als Regel die Erkenntnis regiert, von dem die Logik ausgeht. Diese auch für die Stoa Grundwissenschaft. Ihre volle Entwicklung erst durch Chrysippos. Aus den gegebenen Erscheinungen, die in den Wahrnehmungen vorliegen, ein Maßstab entnommen, die Induktion, die von den φαινόμενα zu den εἴδωλα fortgeht, auch für die Stoa maßgebend. Überall zurückgehend auf den Zusammenhang des Grammatischen und des Logischen. In der pergamenischen Schule die Ausbildung der alten Grammatik aufgrund der Logik.

1. Man kann alle Vorstellungen und Begriffe zurückführen auf das in der Erfahrung Gegebene. Seele bei der Geburt unbeschriebene Wachstafel. Jede Vorstellung eine Veränderung, die die Wahrnehmung hervorbringt in dem Vernünftigen, dem ἡγεμονικόν. All unser Wissen nur gültig, soweit es durch Erfahrung verifiziert werden kann. Der feinere Skeptizismus lehrt: Die Erkenntnis [ist] nur insofern allgemeingültig, als sie durch die fortwährende Verifikation unserer Hypothesen durch die Erfahrung bestätigt werden kann. In dieser Linie die Stoa.

2. Vorstellen ist noch nicht Wissen. Denn dieses erfordert Urteilen, und Urteilen ist Denken. Genau der Standpunkt, den Locke einnahm, durch den die große erkenntnistheoretische Revolution hervorgebracht [wurde]. Die Vernunft enthält gar keine inhaltliche Bestimmung über die Wirklichkeit, sie gibt

nur den Denkzusammenhang. Sie ist gar keine gesonderte Kraft, sondern im Erfahrungszusammenhang immanent. Sie ist die tätige Energie, die verbindet, trennt, schließt etc. Sie ist ein Tätiges, das inmitten unserer Affektionen durch die Sinnlichkeit wirksam ist.

Jetzt die einzelnen Begriffe der Stoa: Vernunft ist Urteilen, Schließen, Einteilen, logische Operation. Grundform des Urteils: συγκατάθεσις (Bejahung oder Verneinung). Ein καταλαμβάνειν des Vorstellungsinhalts durch Urteilen, das eine Funktion (theoretische) des ἡγεμονικόν. Als praktische Funktion ist es die Zustimmung zu einer Triebregung. Freie Entscheidung des Bewußtseins: Also ist das theoretische Urteil im Akt des Willens: Aktivität (Kant: Spontaneität).

3. Es steht jeder logische Prozeß unter den teleologischen Charakteren, die der Weltzusammenhang bestimmt. So geschieht es, daß sich in uns, wie in der Pflanze die Triebe, ausbilden natürliche Begriffe über das Wesen der Dinge: „Lebensbegriffe", die tief in unserer Wesenheit begründet. Wir sind göttlichen Geschlechts und hängen mit der schaffenden Natur [zusammen]: Darum dürfen wir der in uns waltenden erkennenden Natur vertrauen. Diese in uns wachsenden Begriffe nennen die Stoiker προλήψεις (Goethe: Antizipationen des Genius, ehe er Welt in sich aufgenommen). κοιναὶ ἔννοιαν, die die Wissenschaft antizipieren. Ihnen wohnt eine innere Überzeugungskraft ein. Wahr sind also die φαντασία καταληπτικαί. Sonach im natürlichen Denken eine Vorausnahme: Die Würde der menschlichen Seele, Gottheit etc. sind solche Begriffe, an die wir uns schlechterdings halten, noch ehe sie in der Wissenschaft erreicht werden. Sie sind ein Gemeingut aller Nationen.

4. Der menschliche Geist erhebt sich durch die Wissenschaft über diese Antizipationen zu einer begründeten Erkenntnis: Erfahrungserkenntnis durch erstens Erfahrung, zweitens Induktion.

Das hypothetische und das disjunktive Urteil. 1. Regel der Verknüpfung von einzelnen Wahrheiten untereinander. 2. Ihre Einteilung; hierauf gründet sich die stoische Logik. (Aristoteles auf das kategorische [Urteil].) Das letzte [ergibt] kein apodiktisches Wissen, sondern eine Kombination von Wahrscheinlichkeiten. Darüber kann keiner hinaus. Es liegt immer etwas sehr Persönliches, dem Willen Angehöriges in der Weltanschauung, in der der Mensch leben will.

[b)] Die Physik

[1.] (Eine Metaphysik kennt die Stoa nicht; gemäß ihrem ersten Prinzip über die Natur der Dinge.) Das Prinzip aller Dinge ist die schaffende Natur (natura naturans). Sie ist körperlich, materiell, denn es gibt im Universum keine geistige

Substanz, keine formae substantiales. In der Wahrnehmung nichts Geistiges für sich, sondern nur an den Organismus gebunden gegeben. Auch vermag der Mensch nur aufzufassen, was nicht an etwas Physischem wäre. Diese Tatsache wird noch deutlicher, da die physiologischen Forschungen damals das Übergewicht hatten: Das πνεῦμα brachte die geistigen Leistungen hervor: ein feines, warmes, mit Seelenbewegungen Ausgestattetes, im Grunde das heraklitische Prinzip. So ist also das Geistige, das Seelische überall gebunden als Äußerung an das πνεῦμα. Es ist überall. Es gibt im Universum nichts, das nicht vernünftig wäre. Das ergibt sich aus seiner teleologischen Verfassung. Soviel blieb aus dem platonisch-aristotelischen System zurück.

Das Universum ein teleologischer Zusammenhang, dessen Träger das πνεῦμα als ein Psychophysisches ist. Das πνεῦμα ist daher λόγος (νόμος nach Herakleitos), dasjenige, was jedem das ist, die Bestimmtheit seines Daseins gibt, durch die dasselbe zweckmäßig ist. Es gibt nichts als einzelnes im Zusammenhang eines Ganzen. Von diesem Prinzip aus die Natur betrachtet: In ihr ist Schicksal und Notwendigkeit identisch mit der Teleologie der einzelnen Teile: der Kausalzusammenhang verknüpft alle Teile ohne Ausnahme.

Obwohl der Mensch Willenskraft besitzt, ist er doch in allen seinen Handlungen bestimmt (Spinoza: Es gibt in diesem Universum keine andere Freiheit als die, [die] identisch mit der Notwendigkeit). Überall ist das Vernünftige mit Bewußtsein verbunden: In dem Grunde muß enthalten sein, was in den Teilen der Welt sich darstellt. So muß auch dem Grunde der Natur, Gott, Bewußtsein zukommen.

Wie manifestiert sich die natura naturans in dem Physischen? Alles ist Verbindung von Leiden und Schaffen. Es ist in allem eine Macht, die die Qualitäten hervorbringt und erhält: τόνος, der Willensmacht angehörig, die das ganze Universum durchdringt. Zwischen allem, was ist, herrscht eine universelle Sympathie, die die einzelnen Teile des Universums zusammenhält. Merkwürdiger Begriff der κρᾶσις δι' ὅλου: das Geistige durchdringt vollständig mit dem Stoff. Nicht das formende Prinzip, sondern ein Stofflich-Geistiges. Ein Begriff, der eine Art von Auskunftsmittel ist, um das System konsequent durchzuführen.

[2.] Wie entsteht die Welt? Die Antwort vorgebildet in Herakleitos. Eine Metamorphose läßt das πνεῦμα sich materialisieren. Dies geschieht in den Stufen der Luft, [des] Wassers, [des] Erdigen. Das Universum in beständigem Wechsel.

Ein weiter wirkender Begriff an dieser Stelle gebildet: statt der formae substantiales ein πνεῦμα, λόγος, ein πῦρ τεχνικόν, das in sich die Keimformen aller Dinge enthält: λόγοι σπερματικοί. Die Gottheit verwandelt sich in feurigen Dunst, dann Luft, dann Wasser, das zum Teil Erde wird. Es entzünden sich die elementarischen Feuer. So bildet sich der Leib der Welt aus den Elementen des göttlichen πνεῦμα. Rückkehr in dieses (wie bei Herakleitos), dann Wiederbildung.

3. Stellung des Menschen im Universum. Im Menschen verbleibt ein Teil des göttlichen Feuers, πνεῦμα: Aus den Eltern geht es in die Kinder über. Das Herz als Sitz des Blutkreislaufs ist daher der Sitz des vernünftigen Prinzips: ἡγεμονικόν. Es geht in das Sprachvermögen, Zeugungsvermögen. Aber obwohl oder weil der Mensch πνεῦμα ist, ist er ein Teil des unermeßlichen Ganzen: so regiert und bestimmt auch ihn die ἀνάγκη. Wir sind determiniert durch den λόγος und das mit ihm verbundene Materielle.

Welches wird das Schicksal des Menschen sein? Entweder alle Seelen oder ein Teil derselben bestehen nach dem Tode fort, solange die Weltperiode dauert. Dann aber kehrt sie zurück in das allgöttliche πνεῦμα, das allein unsterblich [ist]. Eine andere, dem Chrysippos folgende Fraktion ließ nur die weise Seele fortbestehen. Die anderen sterben wie die Geschlechter der Tiere. Dieselbe Konzeption hatte auch Goethe in seinem Alter.

c) Ethik und Politik

Der Grundbegriff: das naturgemäße Leben: ὁμολογουμένως τῇ φύσει ζῆν. Die natura naturans ist teleologisch; die φύσις ist zweckhandelnd in allem, was ist. Jeder strebt, sich in seiner Einzelheit zu erhalten. Was dem dient, hat eine ἀξία, Wert; es ist also ein Teil dessen, das zur εὐδαιμονία dieses Einzeldaseins gereicht. Alles, was ist, ist also an das Gesetz der Selbsterhaltung gebunden (Spinoza). Etwas Instinktives ist wirksam in allem, was lebt, das es seinem glücklichen Dasein entgegenführt. Auch das Ziel des Menschen ist die εὐδαιμονία. Welcher Maßstab entscheidet über die Werte? Das ἡγεμονικόν. Also wird das Ziel des Menschen sein, sich zu erhalten in der Einheit und Festigkeit seines Daseins. Hieraus schließt die Stoa: Es gibt für den Menschen nur ein Übel: der Vernunft zu widerstreben. Vernunft [ist] aber kein Denkprinzip in abstracto, ist πνεῦμα voller Zweckmäßigkeit. Das Ziel des Menschen ist also nicht ein rein intellektuelles, sondern Bildung des Willens zur Vollendung des Charakters. Das ist ἀρετή. Es gibt also kein Glück als in der Vollendung des in sich geschlossenen, zweckmäßig wirkenden Charakters.

Das ist das Ideal des Weisen. Er leidet nicht, was die Natur mit ihm vorhat, sondern will es und verwirklicht es. Deshalb ist kein äußeres Leid ein Übel für ihn. Begriff der Resignation (in Spinoza und Goethe der Mittelpunkt der Lebensstimmung). Im Weisen ist alles ein ἀδιάφορον, wenn er Zufriedenheit mit sich selbst erreicht: das Glück, das allein dauert und uns frei erhält. Denn das ist das letzte Ziel. Erreicht ist es nur in der Selbständigkeit des geschlossenen Charakters. Auch wenn sein Wirken ihn vernichten wird, ist es ihm ein ἀδιάφορον.

[17.] Der antike Skeptizismus

Drei einander folgende Schulen vertreten ihn. Die erste noch zur Zeit Alexanders des Großen. Pyrrhon und seine Schule. Dann Teilung in zwei scharf gesonderte Fraktionen: a) in Platons Schule, Akademie; Haupt Ainesidemos, dann der große Karneades; b) näher an Pyrrhon schließen sich an die skeptischen Werke des Sextus Empiricus, die alles Material des antiken Skeptizismus enthalten, wenn auch schlecht geordnet. Montaigne, Bayle und alle Skepsis des 18. Jahrhunderts geht auf Sextus Empiricus zurück. Das der Gang des Skeptizismus in Europa.

Ihre Natur und ihre Grenzen: Langsam war bei den Griechen der skeptische Geist herangewachsen: Zenon, Sophistik, aus der Schule des Sokrates: Antisthenes. Dann aber lag im *Parmenides* Platons eine Dialektik vor, die unmittelbar zum Skeptizismus treiben mußte. Daher seine Entwicklung in der Akademie.

Die Skepsis hebt die Voraussetzung aller dogmatischen Richtungen von der Abbildung der Wirklichkeit im Denken auf. Im Inbegriff des κόσμος hatte man die Gesamtheit des metaphysischen Wissens zusammengefaßt. Das setzte voraus, daß der menschliche Geist die Fähigkeit besitze, die gesamte Wirklichkeit abbildend in sich aufzunehmen.

Die Grenze dieses Skeptizismus ist: Er setzt die Fähigkeit des Menschen, logisch zu denken, voraus und betrachtet nicht kritisch diese zur Wirklichkeit zugehörige Erscheinung. Protagoras unterscheidet Bild und objektiven Anlaß. Daß aber etwas auf uns wirke, hat kein Grieche in Abrede gestellt. Der subjektive Idealismus Fichtes wird nie von Griechen geahnt.

[1. Pyrrhon]

Die Skepsis des Pyrrhon steht offenbar in Zusammenhang mit der Erweiterung des Welthorizontes der Griechen durch Alexanders des Großen Züge. So viel paradoxe und sonderbare Arten der Menschen zu denken traten jetzt in den Gesichtskreis der Hellenen. Das eine Wirkung, die derjenigen analog, welche die Kämpfe mit den Arabern in die christlich-scholastische Welt hineinwarfen. Am Hofe Friedrichs II. stoßen die entgegengesetzten morgenländischen und abendländischen Kulturen zusammen. So erweitert sich der Horizont des scholastischen Denkens.

Pyrrhon von Elis kannte offenbar die skeptischen Sätze Zenons, der Sophistik etc. seit früher Zeit. Alexanders Züge machte er mit. In Elis Schule gegründet; lebte in Armut, einsam den großen philosophischen Schulen gegenüber. Sokrates war auch ihm ein Vorbild. Wie [dieser hat] er nichts Schriftliches hinterlassen. Tradition seiner Schule besonders durch Timon, der nach Athen übersiedelte.

Alles Wissen aus zwei Quellen: empfangen aus der sinnlichen Wahrnehmung, geordnet im Denken. Welchen Erkenntniswert haben beide? Wenn wir nun die sinnliche Wahrnehmung ins Auge fassen, so hatte die ganze ältere Zeit gelehrt: Sie gibt nur Erscheinungen, Arten der Affizierung. Wie diese sich zu dem, was an und für sich ist, verhalten, wissen wir nicht.

Auch das menschliche Denken nur eine Funktion unseres eigenen Wesens. Aus der Verbindung der sinnlichen Wahrnehmung mit dem Denken läßt sich unmöglich die Wahrheit erkennen. Nun ist aber Pyrrhons Richtung sokratisch: Das Ziel des Menschen ist Eudämonie. Wir bedürfen also praktischer Regeln für unser Verhalten. So haben wir keine Antwort auf die Frage nach der Wirklichkeit, also auch nicht auf die, was wir durch unser Handeln aus ihnen machen können. Also muß man sich von jeder Behauptung zurückhalten. Sonach müssen wir unser Urteil suspendieren; ἐποχή ist das einzig mögliche Verhalten eines wissenschaftlichen Menschen. Ferner: Darum können wir auch nicht die einen Menschen gut, die anderen schlecht nennen. Es bleibt das Zurückziehen auf die Unerschütterlichkeit des Subjektes: ἀταραξία, ἀπαθία (Einfluß des Sokrates und Antisthenes). Dadurch ist die Gemütsruhe dem Menschen sicher. Da wir aber nicht vollkommen dem Handeln entsagen können, so stellen wir die Regel auf: In allem Äußeren unterwerfen wir uns dem Herkommen, den Sitten der Gesellschaft. Das ist das letzte Wort dieser Schule.

[2. Karneades]

Eine zweite Richtung entwickelte sich in der platonischen Akademie. Dilthey stellt sogleich die Hauptperson, Karneades, in die Mitte. 213 oder 214 etwa geboren. Schulhaupt der Akademie. Seine Dialektik weit berühmt. Viel umfassende Lehrtätigkeit. Auch nach Rom kam er (bekannte Anekdote).

In seinem skeptischen System eine moderierte Richtung: kein allgemeingültiges Wissen, nur Wahrscheinlichkeit. Nur aus dem, was im Sinnenschein gegeben ist, Schlüsse auf das zu machen, was hinter ihm.

Beweis: Wir finden in uns Vorstellungen mannigfaltiger Art. Ein Kriterium, die wahren von den falschen zu unterscheiden, gibt es nicht. Denn jeder Beweis beruht immer auf gewissen ersten Prämissen. Diese aber gehen auf die Sinneswahrnehmungen zurück, die immer problematisch sind (Hume nennt sich selbst Akademiker). Drei Grade der Wahrscheinlichkeit:

a) wenn die Vorstellungen mit den Wahrnehmungen, auf die [sie] sich beziehen, verglichen, plausibel erscheinen;

b) wenn die Vorstellungen mit anderen bereits plausiblen Vorstellungen vereinbar sind, so ein zweiter Grad der Wahrscheinlichkeit;

c) wenn ich alle meine Vorstellungen heranziehe und sie alle miteinander und mit den bezüglichen Wahrnehmungen in Einklang finde, so der höchste Grad möglicher Wahrscheinlichkeit.

Welch bedeutender Gedanke! Alles zurückgeführt auf Wahrnehmungen, aus denen induktiv Begriffe gebildet werden.

Karneades dringt nun, was großes Aufsehen erregte, in die metaphysischen Systeme hinein und zeigt, daß Metaphysik überhaupt nicht möglich sei. Besonders wandte er sich gegen die Stoa. – Der Hauptbegriff der Gottheit in jeder Form wird von ihm dem Zweifel unterworfen. Denn sie ist begründet auf die Zweckmäßigkeit der Welt. Diese aber ist höchst problematisch.

Im Begriff selbst verbirgt sich ein Widerspruch: Ich soll die Gottheit denken als ein Allervollkommenstes. Es hat also keine Grenzen, also keine Bestimmtheiten, keine Eigenschaften, keine Zuständlichkeiten. Was habe ich an diesem inhaltlosen Wesen? Denke ich es inhaltvoll, setze ich Relationen zwischen ihm und mir, so hebe ich seine Göttlichkeit auf.

Ähnlich die religiösen Begriffe der Stoa angezweifelt. Gewaltig der Eindruck, wie hier ein ganz unbefangener Mensch mit allem aufräumt. Ebenso Kritik der sittlichen Begriffe (s. Kritik der Gerechtigkeit). In einer Philosophie des Lebens fand er die einzige Möglichkeit, Entscheidungen über das menschliche Handeln herbeizuführen.

3. [Sextus Empiricus]

Die älteren Skeptiker hatten Wahrnehmung und Verstand Betrüger genannt. Das ist auch das Thema des Sextus Empiricus: Alle menschliche Erkenntnis beruht auf diesen beiden Quellen; sie beide müssen einer Prüfung unterzogen werden. Hier der Ansatz einer Analysis des Erkenntnisvermögens. Nicht die Natur der Wahrnehmung, nicht der Verstand [werden] nach psychologisch-erkenntnistheoretischen Methoden untersucht, sondern äußerlich.

Die erste Aufgabe ist die Prüfung der sinnlichen Wahrnehmung. Was ist sie? Welcher Erkenntniswert kommt ihr zu? – Alle sinnliche Wahrnehmung ist nur ein Bild, Erscheinung, die von dem äußeren Gegenstand im Bewußtsein hervorgerufen wird. Über das Verhältnis des Bildes zum Gegenstand an sich läßt sich nichts ausmachen. Die Bilder, die die einzelnen Wesen haben, sind ganz verschieden. Welches ist das richtige? Unsere Wahrnehmungen zeigen uns, daß wir abhängig sind vom subjektiven Zustand des Sinnesorgans: Das Ruder scheint gebrochen, das Gemälde täuscht einen perspektivischen Körper vor. Wir haben kein Kriterium zu unterscheiden, was wahr sei. Wir bewegen uns in lauter Relativitäten: Jede Wahrnehmung [ist] nur der Ausdruck der relativen Beziehungen. So stellt sich der Begriff der Subjektivität unserer sinnlichen Wahrnehmungen ein: Alles [ist] abhängig erstens vom äußeren Gegenstande, zweitens vom Medium, drittens vom Sinnesorgan.

Alle sinnliche Wahrnehmung ist subjektiv. Jedes Bild [ist] der bloß relative Ausdruck eines uns sonst unbekannten Gegenstandes: Daher entwickelt sich hier die große Lehre von der Relativität der sinnlichen Wahrnehmung.

2. Der Verstand (an diesem Punkte sind die Skeptiker durchaus original). Jedes Schlußverfahren – wenn deduktiv – ein Schließen aus Prämissen. Diese Vordersätze sind entweder selbst abgeleitet oder unmittelbar gewiß; im letzteren Falle ist sie entweder aus der Erfahrung entnommen oder stammt aus dem menschlichen Geiste. Beides später zu prüfen. Zunächst noch Induktion zu berücksichtigen: Ist sie vollständig, so nichts Neues, unvollständig: nicht zuverlässig.

Ein Verstand, der nicht nur formale Beschaffenheit wäre, sondern Axiome und metaphysische Sätze und notiones communes enthielte, würde aussagen von der Wirklichkeit, was an ihr nicht zu prüfen wäre. Wirklichkeit und diese intellektuellen Sätze, Definitionen, Axiome etc. liegen ganz auseinander. Eine von Gott gegebene Verwandtschaft wäre eine erst zu beweisende Hypothese. Das Verhältnis so (später Hume ebenso), als würde mir ein Porträt gezeigt und [ich] gefragt, ob es ähnlich sei, obwohl ich die Person nicht kenne. Was drinnen ist und was draußen ist, [ist] gänzlich zweierlei: von Abbildung nicht die Rede. Daher jeder Syllogismus, deduktive Reihen höchst problematisch. Alle diese Bedenken fassen sich zusammen in der Kritik der Kausalität (darin folgen sie dem Karneades). Welchen Grund haben wir, dieses Suchen nach Gründen richtig zu finden? In dem, was die Bilder liefern, stecken keine kausalen Relationen: Wir denken sie hinzu. Und was taugt eine Interpretation, die einen Begriff meines Inneren hinzudenkt? Das ist die radikale skeptische Kritik, die keiner von den Alten zu überwinden vermochte. Wieder in Berkeley und Hume.

Auch gegen die realen Begriffe, speziell Gottesbegriff, nach der Auseinandersetzung des Karneades.

Diese drei Systeme: Epikureismus, Stoa, Skepsis erforderten eigentlich eine synchronistische Darstellung. Die Quellen gestatten es uns zur Zeit nicht. Aber die Hoffnung der späteren Möglichkeit braucht deshalb nicht aufgegeben zu werden.

Grundriß, S. 52.[150]

[II.] Die Verschmelzung der griechischen Philosophie mit der römischen Lebensansicht. Der Eklektizismus

Man wirft ihnen [den Römern] heute vor, sie sollen ganz flach sein. Die Analyse entwickelt die Quellen des Cicero: Epikur, Stoa, Karneades etc. Ein zweiter Vorwurf [kam] von der römischen Staatsgeschichtsschreibung: das Römisch-Nationale sei durch Eindringen der griechischen Kultur zersetzt worden. Dilthey hat seine entgegengesetzte Ansicht im *Archiv* entwickelt.[151] Er hält die römische Philosophie für die zweite große nationale Weltansicht, die das antike Leben hervorgebracht hat. Von S. 52 im *Grundriß* bis S. 60 ca. ganz ausführlich behandelt.[152] Diese zugrunde gelegt, hier nur kurze Darstellung.

Der römische Staat früh von griechischem und etruskischem Einfluß berührt (12 Tafelgesetze z. B.). Gewisse Grundbegriffe standen von Anfang an in diesem Rechtsstaat, Verwaltungsstaat im Vordergrunde. Sie sind es, auf denen die gesamte philosophische Weltansicht beruht. Die Grundlage alles Rechtes ein Familienrecht: Herrschaft, freie Verantwortlichkeit des Familienhauptes. Alsdann der gens eine Selbständigkeit von außerordentlicher Stärke verliehen. Die einzelnen bedingt und bestimmt vom Geist des Ganzen. Der Begriff von Besitz und Eigentum wieder betrachtet unter dem Gesichtspunkt der Herrschaft: der zwecksetzende Wille des großen Menschen, der das Ding herabsetzt zur toten Sache: die Teleologie ist eine äußere geworden. Noch heute in Italien das Herrenrecht des Subjektes, z. B. in der Mißhandlung der Tiere.

Der Staat selbst: Magistrat, Selbstherrlichkeit der Beamten in ihrer Sphäre: der regimentale Gesichtspunkt. Herrschaftssphären vom obersten Beamten bis zum Familienhaupt. Bewußtsein der Verantwortlichkeit der freien Person.[153] Die Macht der einzelnen Person, die in dieser Welt groß werden mußte. Dann vergleichen Sie die großen römischen Geschlechter. Ihr Leben konzentriert in den großen Persönlichkeiten der Königssagen. Ihre Bilder in Sammlungen! Daneben die Griechen wie Friseure. Imperium, imperator. Das imperium regiert nach Gesetzen. Es findet seine Grenzen an der Selbstherrlichkeit der freien Person. Dieses Regiment hat seine Gesetze in der Gottheit. Sie aber hat ihre Gesetze jedem einzelnen Subjekte mitgeteilt in der Form der festen Lebensbegriffe. Was das Herz unseres heutigen Christentums? Die freie Verantwortlichkeit, die höchsten Gesetze dem Menschen ins Herz geschrieben.

Auch die Griechen betrachteten die Gottheit als Herrn. Aber als der Begriff des Universums als κόσμος sich entfaltet hatte, trat jeder Begriff von Herrschaft zurück gegen νοῦς, λόγος etc. Der regimentale Charakter erhielt sich in Rom auch, als griechische Philosophie eindrang. Der Begriff des κόσμος verschmilzt mit dem der Person, der Begriff des νοῦς mit dem eines höchsten Herrschers: imperium, imperator.

Früh schon hatte der römische Staat die Einwirkung der Griechen erfahren. Von dem Moment an, wo Rom die Grenzen Italiens überschritt, wuchsen seine Bildungsbedürfnisse. Die Blicke richten sich auf den Zusammenhang des Universums in einer Zeit, wo man schon an die Herrschaft über die gesamten Mittelmeerländer dachte.

Dilthey betont scharf polemisch, daß das Eindringen des Griechentums keine Zersetzung bedeutete, sondern eine Notwendigkeit für die Weiterentwicklung: nicht konnte dieses große Volk sich dem Begriffe des κόσμος und seiner Gesetzmäßigkeit verschließen. Es mußte aufräumen mit den Begriffen der Willkür etc. Deshalb mußte der römische Geist sich aufschließen der griechischen Bildung. Träger derselben aber waren in erster Linie die Philosophen. Das römische Bedürfnis der Expansion hatte eine innere Verwandtschaft zu der das Universum umfassenden griechischen Denkweise. Zwiesprachigkeit äußerlich schon notwendig. Die großen römischen Staatsmänner und Krieger waren jederzeit fähig, dieser hellenistischen Welt in griechischer Sprache gegenüberzutreten. Wenn man sich dies vergegenwärtigt, so kann man im Eindringen der griechischen Bildung an sich keinen Nachteil mehr sehen. Daß es Nachteile mit sich brachte zu beklagen, wäre ganz unschicklich. Das Eindringen selbst dargelegt im *Grundriß*, S. 52 ff.[154]

155 ein gewisser Abschnitt. Dilthey betont hierzu das innere Verhältnis, in das die Epoche der Scipionen und Gracchen zur griechischen Bildung getreten ist. Ein Festhalten an den Machtbegriffen der älteren Zeiten, zugleich aber ein Aufnehmen der griechischen Grazie. Die wunderbare Verbindung der römischen Gravitas mit der leichten, feinen, griechischen Anmut. Panaitios.

Die Lebensbegriffe, die in den κοιναὶ ἔννοιαι enthalten, werden zur Grundlage der römischen Rechts- und Staatswissenschaft: der Begriff des Gewissens, conscientia, in der die Ideen der Gerechtigkeit, der Gottheit etc. zusammengefaßt sind. Auf der conscientia beruhen die Begriffe, die im christlichen Dogma besonders von den Vätern entwickelt sind. Ein Bild dieser wunderbaren Scipionenzeit in den Dialogen des Cicero. Solange der Mensch geschichtlich denken wird, wird er in diesen Dialogen die unerläßlichen Mittel geschichtlicher Erziehung erkennen. Es wäre ein unendlicher Verlust, glaubte man, sie jemals entbehren zu können.

Polybios: ein Grieche, der den römischen Geist als Verfassungs- und Militärmacht sich zum Bewußtsein brachte. Kein wirksamerer Geschichtsschreiber in der ganzen Geschichte der Menschheit.

Über den Gegensatz der Epikureer und ciceronianischer Philosophie im *Grundriß*.[155] Diese selbst folgt hier in ihren Hauptsätzen:

1. Der Skeptizismus in seiner gemäßigt akademischen Form bildet die Grundlage der römischen Philosophie überhaupt. Die metaphysischen Systeme der Griechen verworfen, nur die ratio naturalis, der Zweckzusammenhang, wurde beibehalten, gegründet aber auf das Gewissen.

[2.] Cicero schließt sich an die Stoiker an in bezug auf die Erkenntnisbegriffe: Die Natur hat dem Menschen gewisse notitias parvas der größten Dinge eingepflanzt. Festzustellen an dem consensus gentium in gewissen Annahmen: Freiheit, Gerechtigkeit, Gewissen, Gott, Unsterblichkeit etc. Nicht die Erfahrung lehrt sie uns, sie entwickeln sich nur an der Erfahrung. *Neues Testament*: Gott hat sich nicht unbezeugt gelassen. Die Römer sagen: Die natura naturans hat in uns Anlagen gelegt, ein Gewissen in uns formiert, kraft dessen wir zu einem sittlichen Leben fähig sind.

3. Die Griechen haben nachgewiesen, daß im κόσμος Gesetze regieren: ein Ordnungssystem: der νοῦς der Träger einer vernünftigen Ordnung der Welt. Indem der Römer seine Lebensbegriffe hinzuführt, faßt er die Gottheit als einen imperator, von dem eine Legislation ausgeht, die alle Naturobjekte und Wesen umfaßt. Sie hat gewollt, daß der Mensch durch Freiheit in seiner Machtsphäre sich sein Leben machtvoll gestalte, gelenkt von der innewohnenden conscientia. Cicero verwirft den Determinismus, darin der große Unterschied gegen die Stoa.

4. Alle Völker, darin setzt Cicero die Stoa fort, stehen unter einer gemeinsamen Gesetzgebung: Das ist das ius naturae. Wie ihm Pflichten mitgegeben sind, so ist der Mensch auch mit Rechten ausgestattet. Keine positive Gesetzgebung darf dieses Recht der Natur aufheben: Ideen, die uns in Hippias und Sophokles zum ersten Mal begegnen, hier aber zu mächtiger Entfaltung gelangt sind.

Die Philosophie der Imperatorenzeit ist hiervon zu unterscheiden: Sie schließt sich enger an die Stoa an. Hier wird Mittelpunkt der Charakter, die Pflicht, das Gewissen, das Universum tritt in den Hintergrund. Marc Aurels Dialoge sind der erhabene Ausdruck dieses Philosophierens (vgl. Taines Testament[156]). Friedrich der Große, der nie hoch genug zu Setzende und Geschätzte, hat hier seine Lebensprinzipien gefunden: nach dem Glanz einer französisierend verlebten Jugend ein Leben nach der Weise Marc Aurels.

[III.] Die Verbindung von Philosophie und Religiosität

Die letzte große Form von Glaube und Weltansicht, die die Mittelmeerländer hervorgebracht haben. Jetzt lebt noch einmal auf die Macht des Glaubens der alten Völker – in seiner höchsten Form, dem Christentum.

Höhepunkte Neupythagoreer, Gnosis, Philon, Kirchenväter, neuplatonische Spekulation als das Ende des griechischen Denkens, schon nicht mehr eine Form des nationalen griechischen Denkens. (Wir hatten 1. Philosophie des κόσμος, 2. römische Philosophie des Rechts, des Staats, des göttlichen Imperiums, 3. das Resultat der in der großen Reihe zusammenwirkenden Religiositäten: Philon, Gnosis, Kirchenväter.) Die mittelalterliche Philosophie ist die innere Verknüpfung dieser drei großen Philosophien.

[1. Der Neupythagoreismus]

Philosophie ist jetzt die Erhebung des natürlichen Menschen zur übersinnlichen religiösen Welt durch eine Verbindung praktisch-religiöser Technik und wissenschaftlicher Überlegung. Diese Form lag vorgebildet in den Priestergemeinschaften, Mysterien etc. So wird die Philosophie zur Trägerin des sittlich-religiösen Prozesses, zu seiner Schützerin und theoretischen Verteidigerin. Jahrhunderte bis Augustin wird an dieser widerspruchsvollen Arbeit gerungen. Diese philosophische Bewegung schloß sich schon an die Schule an, in der am durchsichtigsten Mysterien mit sittlich-theoretischer Spekulation verknüpft waren. Das war der Pythagoreismus. Seine Fortdauer seit Alexander dem Großen unterliegt keinem Zweifel. Die orphischen und dionysischen Mysterien von großer Wirkung. Nachblüte des Pythagoreismus in Tarent. Bacchische Kulte staatlich eingeschränkt (Verbindung des Pythagoreismus mit diesen Mysterien). Zu dieser Schule gehört Ciceros Freund Nigidius Figulus: also schon in Rom.

Große Schriftenmasse jetzt Pythagoras und seinen Schülern untergeschoben: grobe Fälschungen; Beispiel, wie große religiöse Bewegungen durch Fälschungen an den Stifter ihrer Richtung anknüpfen.

Erhebung zur Gottheit, Läuterung des Daseins, kein Opfer, nur wortloses Gebet.[157] Dieser Neupythagoreismus ist die Dualität des körperlichen und des geistigen Lebens: φύσις und die Lichtregion der höheren Natur des Menschen. Damit die Seele sich löse von der φύσις, bedarf es der Askese. Zugleich Loslösung des Denkens von Empirie und positiven Studien. Vollendung in einer Art von Ekstase. Jede religiöse Bewegung mitten in der Kultur heftet sich an eine Person an, hier Pythagoras. Neben ihm Apollonios (cf. den Roman des Philostratos). Der bedeutendste Schriftsteller, der dieses neue Ideal zum Ausdruck gebracht: Plutarch. Edle, reine, bezaubernde Art, diese neue Religiosität zur Darstellung zu bringen.

Die Form, die diese Philosophie unter den Juden angenommen hat. Mittelpunkt ist Philon von Alexandrien. Weltstadt. Viele Israeliten. Ihren Glauben will er mit der damaligen griechischen Bildung in Einklang bringen. In den Heiligen Schriften fand er die gröbste Materialisierung der Gottheit. Daher [war er] genötigt, eine Art der Interpretation darauf anzuwenden, die sie von diesen Flecken reinigte. In der stoischen Philosophie das pergamenische Interpretationsverfahren ausgebildet: die allegorische, bestimmt, im religiösen Leben eine große Rolle zu spielen.

Diejenigen, welche diese Schriften abgefaßt haben, standen unter der Einwirkung irgendeines heiligen oder göttlichen Gedankens. Dieser aber hat sich der niederen Stufe angepaßt: Er redet in Bildern, Gleichnissen, Personifikationen. So [hat man] in Pergamon schon Homer ausgelegt. Jetzt Philon das *Alte Testament*.

Das inhaltliche Prinzip Philons entspringt aus der ganzen Lage der Philosophie und [den] Verhältnissen zu den religiösen Stufen der ältesten Zeit. Karneades hatte Widerspruch entdeckt zwischen der Vorstellung der Gottheit und den Postulaten des Denkens. Philon: Die Gottheit selbst entzieht sich schlechthin der Erkennbarkeit. Einheit, Absolutheit, höchste Vollkommenheit ist jenseits unseres Denkens. Wie aber läßt sich der Begriff des Einigen, Ewigen, Absoluten mit der Entstehung der Welt vereinigen. Schon Platon hatte sich hier nur mit Bildern helfen können.

Um den Übergang von Jahwe zum Absoluten zu machen, bedurfte es einer Erfindung. Begriff des λόγος. Entlehnt aus der herakliteisch-stoischen Spekulation. λόγος der Inbegriff dessen, was in der Welt explizite enthalten ist, als einer Intelligenz, aus der jenes alles hervorgeht. In ihm alle übersinnlichen Kräfte zusammengefaßt, die auf die Welt zu wirken fähig sind. Engelglauben hineingegangen (von seinen Vorfahren, von den Persern entlehnt). Im λόγος gelangt die Weisheit der Gottheit zu einer intellektuellen Auseinanderlegung ihrer selbst. Urbild des Universums. Kraft, die es schafft, Seele, deren Kleid das Universum: kurz: der stoische Logos.

Auch ihn plagt die Tatsache von den Übeln der Welt, die in der altorientalischen Religion zum Begriff der bösen Geister geführt. Er greift zur Materie als Prinzip des Übels. Durch Wirkung des λόγος auf sie entsteht die Welt. Aufgabe des Menschen, sich durch Askese von der Befleckung durch die Materie zu reinigen.

[2. Die Gnosis]

Die nächste Form der Verbindung von Philosophie und Religiosität ist die Gnosis, in der die hellenistischen Philosopheme mit dem Christentum in Verbindung traten. Grundbegriff die Emanation: Die Welt ist entstanden durch gradweise, stufenweise Verringerung, Verendlichung dessen, was in der Gottheit enthalten. Welt also geringer als Gott, in dem man die höchste Fülle aller Vollkommenheiten erblickt. Die Welt überall Vergänglichkeit, Sünde, Übel, Unvollkommenheit.

Zwei Vorstellungen über die Ableitung der Welt aus Gott: Schöpfung oder Emanation: dies die spezifisch religiösen Vorstellungen. Schöpfung entspringt aus der völligen Transzendenz. Die Schöpfungslehre leugnet Gebundenheit der Gottheit an die Kausalität und den Satz ex nihilo nihil. Paradoxeste Form der Transzendenz der Gottheit.

Die Emanationslehre dagegen setzt die Gottheit in den kausalen Zusammenhang der Welt. Dargestellt in den Analogien: des Lichtes, das in Dunkelheit übergeht, des Stromes, der zu fließen aufhört. Dieser Begriff von den gnostischen Systemen zugrunde gelegt. Die Gottheit das Ewige, Unsagbare, aus der die niederen Kräfte stufenweise entspringen.

Andere Gnosis, dualistische, läßt das parsische Religionssystem wieder aufleben. Das Leben der Gläubigen Kampf zwischen guter und böser Macht: das manichäistische System. Augustinus folgte ihm in seiner Jugend. Spuren in seinen Gedanken enthalten.

[3. Der Neuplatonismus]

Die nächste große Form dieser Philosophie im Kampf der Weltreligionen: der Neuplatonismus.

Grundgedanken des Plotin: Was ist die Gottheit, wie kann sie erfaßt werden? Antwort: Blicke in dich selbst. In dir findest du den Zusammenhang des auffassenden Subjekts und der Objekte. Das Bewußtsein setzt dieses Verhältnis beider voraus.

Der Mensch aber ist nicht an diese Gegensätzlichkeit seines Bewußtseins schlechthin gebunden: Es gibt eine Ekstase, das höchste und letzte Ziel des Menschen, in der der Gegensatz des Subjekts und Objekts erlischt. Der Mensch findet sich jenseits des Denkens. Ihm wird offenbar, was die Gottheit sei.

Was ist nun also die Gottheit? Die Früheren sagten νοῦς, λόγος, Ort der Ideen etc. Wäre sie dies, so wäre sie in die Endlichkeit gebunden. Denn die Vernunft setzt sich die Gegenstände gegenüber. Das Absolute ist jenseits des νοῦς wie der νοητά. Diese Gottheit, das Urwesen, das τὸ πρῶτον, ist transzendent allen Gegensätzen des Denkens und der Dinge. Sie hat keine Grenze, sie hat keine Gestalt, sie ist das schlechthin für den Verstand Bestimmungslose: τὸ ἄπειρον. Intellectus und voluntas darf der Gottheit nicht zugeschrieben werden, denn sie enthält keine Gegensätze. So ist sie unzugänglich für das menschliche Denken. Sie hat keine Eigenschaften: Was sie nicht sei, können wir sagen. Jede positive Bestimmung wäre Einschränkung; also die erste Form des Pantheismus dieser Art. Aber mit alledem ist nicht ausgeschlossen, daß die Gottheit Bewußtsein hat, vielmehr: Sie ist überbewußt.

Also nach dem ganzen Zusammenhang des Systems der Begriff des Pantheismus, wie er noch eine große Rolle spielen sollte. Die älteste Form war Hylozoismus: die Gottheit der zureichende Grund der Wirklichkeit, der alles, was in ihr [ist], enthält. Der Begriff des Plotin anders: kein Bewußtsein, vielmehr ein Überpersönliches.

Wie geht aus dieser Gottheit die Welt hervor? Nur durch Analogien zum Ausdruck zu bringen: kein Willensakt, sondern schließlich Naturprozeß. Aus der Gottheit strahlt aus, was Welt wird. Dieser Vorgang einerseits notwendig, andererseits nicht aus einem inneren Antrieb der Gottheit, der eine Unvollkommenheit enthielte.

Das erste Erzeugnis dieser (von der Gnosis übernommenen) Emanation [ist] der νοῦς, ein anschauliches Denken, das die Ideen in sich befaßt. Also der λόγος des Philon. In ihm alles gegenwärtig wie Vorstellungen in einem Bewußtsein. Das nächste Erzeugnis der Emanation die ψύχη, schon eine Verdunkelung des νοῦς, obwohl noch den νοητά angehörig; an ihrer Grenze. Die Seele strahlt aus sich die einzelnen großen seelischen Kräfte, die die Welt hervorbringen: ein Panpsychismus, wie in Platon angelegt, in völliger Durchführung.

Jenseits der Grenze dieses Seelenreichs geht das Helle über in das Dunkle: die Materie; sie ist das Nicht-Seiende. Die Verdunkelung des Lichtes, das sich immer weiter entfernt. In dieser Materie bildet sich unsere Welt: Die Seelen werden mit Leibern bekleidet. Die Unvollkommenheit beginnt. Das Ende: die Rückkehr und Läuterung, die in der Ekstase zur Vereinigung mit der Gottheit – realiter – führt.

Was folgt, alles im *Grundriß*.[158] Hier nur Andeutung des Weges zum 17. Jahrhundert.

[4. Die Kirchenväter]

Die nächste große Form in den Kirchenvätern, der größte: Augustinus. Neu in ihm das, was dem Descartes sehr ähnlich ist. In bezug auf die Außenwelt gibt es kein strenges Wissen. In sich selbst findet der Mensch die Wahrheit. Scire te ipsum des Sokrates.

[C. Die neueren Völker]

Zweite Generation der europäischen philosophischen Systeme die Völker, zu denen wir gehören. Sie entwickeln sich unter den großen Faktoren der griechischen Kultur, des römischen Imperiums und der mohammedanischen und christlichen Religiosität. Großer Teil ihrer Erziehung in den mystischen und scholastischen Systemen. Letztere drei.
 1. Realismus ist die Erneuerung des Platon und Aristoteles unter christlichem Gesichtspunkt. Höhepunkt Thomas [von] Aquino.
 2. Nominalismus faßt die Ideen als bloße Nomina, im Anschluß an Stoa. Durchgesetzt durch Engländer Ockham. Vor ihm der merkwürdige Duns Scotus: Das Denken wendet sich ab von der intellektuellen Auffassung der Gottheit dem Voluntarismus zu. Aus dem Verhältnis Gottes zur Welt schwindet die Notwendigkeit: Die Welt könnte ganz anders sein. Sie ist so durch die Willkür Gottes, der sie so gewollt. Nach ihm der Nominalismus (Zeichen, Abdrücke).

[I.] Reformation und Renaissance

Aus der letzteren hervorgehoben:
 Giordano Bruno, als Ausgangspunkt der modernen Philosophie. Entlaufener Mönch, in Rom verbrannt: der erste Pantheist im modernen Verstande. In dieser Zeit der Renaissance bejaht das Leben sich selbst (im Gegensatz zum Mittelalter). Die Form, die diesen Pantheismus von den emanativen Systemen auch Plotins trennt. Es ist nichts in der Gottheit, was nicht in der Welt wäre. In jener implizite, hier explizite. Daher kein Grund zu ekstatischer Sehnsucht. Das Universum die Entfaltung der göttlichen Einheit. Das Universum in der Weise des Kopernikus gefaßt. Bestimmungen des Demokrit: gleichartig, unendlich, unvergänglich, es ist der Gott, der sich entfaltet. Lebensfreudigkeit ist die Stimmung, in der der Mensch dieses Universum erfaßt.
 Bei den alten Philosophen schon erkennt man: Die philosophischen Systeme sind der Ausdruck einer Kultur; zum abstrakten Gedanken, zum Bewußtsein erhoben, was in einer Kultur enthalten ist. In der hellenistischen Zeit das Bestreben, Religionen und Kulte mit der vorhandenen Bildung zu durchdringen.
 Die neuen Völker hatten in Enzyklopädien die Summe des erworbenen Wissens übernommen. Auf ihnen ruht der ganze Schulbetrieb der neueren Völker. An diesen Zusammenfassungen haben sie sich entwickelt. Bei ihnen überwog aber das theologische Interesse alles andere. Das Mittelalter weder Übergangs-

zeit noch eine Epoche für sich, das ist einfältig und kindisch: Es ist Erziehung und Entwicklung der modernen Völker zum Stadium der Mündigkeit. Auch sie durchlebten wie die alten erst ein Stadium, in dem die religiösen Lehren leitend waren für ihre Entwicklung. Ihnen erwuchs dann zunächst die Frage: Welche Methode ist es, die zur Erkenntnis der Dogmen führen kann? Auf der einen Seite fanden sie die platonisch-aristotelischen formae substantiales (wie auch bei Plotin). Die Ideenwelt ist es, die sich in der Wirklichkeit zur Darstellung gebracht hat. Dem gab das Christentum eine historische Wendung: Der λόγος Gottes ist Person geworden in Christus. Die Grundkonzeption über den Zusammenhang der Welt war: Es gibt zwei Welten, die dem höchsten Regiment untergeordnet sind (denn Griechisches, Römisches, Christliches wird hier zur Einheit): die Welt der materiellen und die der geistigen Substanzen, hervorgegangen durch Schöpfung. Die selbständige Stellung der geistigen Welt ist das Neue. Es lag aber in diesen Mysterien etwas, das sich den Theoremen widerspenstig erwies. Daher neben der Scholastik die Mystik – als echtere Nachfolge Christi. Das waren die großen Gegensätze über Gehalt und Sinn des Christentums.

Ein merkwürdiger Faktor tritt im Mittelalter hinzu: Mit Mohammed beginnt der Kampf zwischen Abendland und arabisch-syrischer Philosophie, die von Aristoteles ausging (Ibn Roschd). Das war die Krise, sich mit diesen auseinanderzusetzen. An Averroes schließen sich die jüdische Philosophie, Maimonides etc. Am Hofe Friedrichs II. flossen diese Theologien und Philosophien zusammen. Theologia naturalis entwickelt, wie sie von da an zu allen Zeiten gilt. So entsagte die christliche Philosophie dem vergeblichen Bestreben, die Mysterien des Christentums zu demonstrieren: Es schieden sich jetzt Philosophie oder natürliche Theologie und Mystik. Höhepunkt der ersteren: Albertus Magnus und Thomas von Aquin behandeln demonstrable Wahrheiten, Grundlage ist Aristoteles. Das Christentum ist nur die Vollendung der natürlichen Theologie (so auch der lebende Papst: Thomas' Philosophie die Grundlage des Katholizismus). Diese Richtung findet ihren Gegensatz in den Mystikern: [Johannes, Duns] Scotus, [Johannes] Eriugena, Viktoriner, Bernhard [von Clairvaux], Franz von Assisi: praktische Frömmigkeit.

In dem Überkommenen aber lag noch eine andere Logik und Erkenntnistheorie: die stoische. Aus ihr entsteht der Nominalismus: Erkenntnisse sind Bearbeitung der Erfahrung. Diese enthält nur die einzelnen Fakta und Realitäten. Die Begriffe der Philosophie sind bloß ihre Repräsentationen (signa). So erhebt sich von nun an der Empirismus, kommt in Occam zum Sieg, das ganze Mittelalter im 14. Jahrhundert von diesen Gedanken überflutet. [Der] Franziskaner Duns Scotus versucht vergeblich noch einmal den Ausgleich. Nun treten auseinander Nominalismus als philosophisches System und praktische Mystik.

Der Kern dieses ganzen Getriebes ist doch die Abnegation: das priesterliche Ideal, Loslösung von der körperlichen Welt und Verwirklichung der geistig-göttlichen Welt in sich. Nur auf dieser Grundlage wird die Weltherrschaft der Kirche möglich. Diese Abnegation, Askese, Willensverneinung[159] wird allmählich überwunden, schon in der provençalischen Poesie, z. B. *Tristan*. Weltbejahung ist es, die die ganze Renaissance, schließlich auch den Protestantismus erfüllt, der den Menschen in das konkrete Leben wieder hineinstellen will: Der Mensch unternimmt, sich zurechtzufinden wieder in dieser tatsächlichen Welt und in Erkenntnis und Genuß der irdischen Dinge.

Dem neuen Geist einen philosophischen Ausdruck zu geben, auf Grundlage der Alten, die jetzt erst verstanden, nicht nur benutzt werden, ist das mächtige Streben dieser Zeit. Man fühlt die Empfindungen noch, die in den Alten lebendig gewesen. Verklärung der Schönheit: Die christliche Religiosität wird aus der Askese befreit, ein Raffael entsteht. Machiavelli, Hugo de Groot: Der Staat ist nicht mehr bloß Hilfsanstalt der Kirche. Die Humanisten der Reformation verkünden eine echte, natürliche Religiosität. Diese Weltbejahung gelangt zum höchsten Ausdruck in Giordano Bruno: Weltfreudigkeit, Gegenwart der Gottheit im Universum. Gott ist immanent jeder letzten Einheit der Welt. Diese vergöttlichte Welt ist in Gleichung mit der Gottheit: Die theologischen Philosophien sind zu Ende, zu Ende Immanation und Unvollkommenheit des Universums.

Das gesamte 17. Jahrhundert ist von diesem Geiste der Renaissance erfüllt. Spinoza kann nur so verstanden werden: Bruno lebt in ihm auf.

Aber es kommt etwas Neues hinzu. Das neue Lebensgefühl zuerst ausgedrückt in der großen Kunst und großen Literatur (Leonardo – Shakespeare und Rubens), sodann in dem neuen Staat. Jetzt aber auch in der neuen Wissenschaft, auf der das geistige Leben der folgenden Zeit sich aufbaut.

[1. Bacon]

Der erste war Bacon, der seine Grundlage im Nominalismus hatte. Über seinen Charakter und seine Werke schreibt der größte englische Historiker. Er verurteilt seinen Charakter ganz. Das wäre eine wunderbare Monstrosität. Man muß sich in diese elisabethanischen Zeiten des Blutes, der Intrigen, der Bestechungen versetzen: Bacons Taten waren schlimm, aber nicht unerhört. Ein politischer Coup, daß man seine Taten aufdeckt. Aber Streben nach Macht und Machtbewußtsein kommt in dieser großen Persönlichkeit zum Ausdruck.

a) Das Ziel der Philosophie im baconischen System

Bacon ist Utilitarier; der erste, der den Utilitarismus in der neueren Philosophie vertritt, der dann das 17. und zum Teil [das] 18. Jahrhundert regiert: Philosophie dient der Praxis des Menschengeschlechtes, nicht nur seiner Wohlfahrt, sondern seiner Macht über die Natur. Das Machtgefühl des elisabethanischen Zeitalters; für Spinoza [ist] das Ziel Resignation, für Bacon Souveränität. Dieser vorbereitet durch die Erfindungen und Entdeckungen seiner Zeit. Pulver, Buchdruckerkunst, Amerika etc. Diese Strömung in Bacons Geist wirksam konzentriert. Die Aufgabe der Philosophie ist, diese Methode des Entdeckens bewußt, generell zu machen, die bisher zufällig und einzeln. Daher entspringt der Charakter seiner Philosophie nicht aus seinem individuellen Geist, sondern aus seiner Zeit. – Es scheint mir, daß die Menschen weder ihre Hilfsmittel noch ihre Kräfte hinreichend gekannt haben. Die Alten sind die Kinder, wir die Männer.[160]

Das ganze Ziel der Philosophie: Sie wird die Methode angeben, durch die das Wissen befähigt wird, die Herrschaft über die Natur herbeizuführen, also eine Methodenlehre. Ein Wissen ist also zu suchen, das die Macht über die Natur verleiht. Welches wird dies Verfahren sein? Die Kausalerkenntnis ist die einzige machtverleihende Erkenntnis. Denn die Natur in ihrer Zweckmäßigkeit erkennen, das gibt keine Möglichkeit, der Natur Herr zu werden. Wenn aber der Mensch das Gesetz kennt, nach dem eine Wirkungsgruppe an eine Ursachengruppe geknüpft ist, so erwirbt er eine Herrschaft über die Natur. Wenn ich die Mittel kenne, durch die ein Boden eine größere Fruchtmenge bringt, so werde ich imstande sein, diese Wirkung hervorzubringen. Also das große Gesetz: Erkenntnis des Verhaltens, nach dem an einen Ursachenkomplex eine bestimmte Wirkung geknüpft ist. Kann ich auch diesen Ursachenkomplex nicht in Bewegung setzen, so habe ich doch ein Interesse daran, die Wirkung vorauszusagen. Ist die Wirkung schädlich, so wird es ein Bestreben sein, diesen Ursachenkomplex aus dem Wege zu räumen. Hieraus folgt negativ: Teleologische Betrachtungen mögen einen noch so großen Wert für Weltanschauung haben, die Praxis schließt sie aus. Hierauf gründet sich der Begriff der Herrschaft über die Natur, der das Ziel. Alles, was die Alten über die formae substantiales und das Mittelalter über die göttlichen Dinge aufgehäuft haben, ist eine Menge von nutzlosen Kontroversen. Das Bild der Welt ist durch jeden Eingriff in die Natur, jede Erfindung verändert worden. Macht und Wissenschaft fallen zusammen: „Die Natur läßt sich nur besiegen, indem man ihr gehorcht."[161]

Sein *Organon* handelt daher de interpretatione naturae sive de regno hominis.

Zusammenfassung: Bacon beginnt ein neues Zeitalter philosophischen, ja schlechthin wissenschaftlichen Arbeitens. Dies ist auf Erkenntnis der Kausalzusammenhänge gegründet. Mittel sind die Analysis der Natur, Induktion, Experiment. Auf dem englischen Boden, der ganz von Nominalismus durchtränkt ist, entsteht so eine Erfahrungsphilosophie. Philosophie wird jetzt in erster Linie Methodenlehre, die die Verfahrungsweisen generell entwickelt, durch die der Mensch zur Erkenntnis des Kausalzusammenhangs gelangt und damit zur Herrschaft über die Natur.

Kuno Fischer hat die baconische Philosophie gekennzeichnet als Philosophie der Erfindungen.[162] Das ist noch unzureichend. Denn sie erstreckt sich auch auf Entdeckungen, medizinische und psychologische Erkenntnisse etc. So universal ist Bacons Geist: Jede Art von Eingriff in die tatsächlichen Verhältnisse der Wirklichkeit ist sein Gegenstand. Er sucht nach einer Methode, die alle diese Verfahrungsweisen umfaßt. Er selbst beschäftigte sich beständig mit Experimenten. Staatsmann und Chemiker sind in seinem Gegenstande miteinbegriffen. Also ist das Ziel seiner Philosophie die Erkenntnis der Methoden zur Feststellung des Kausalzusammenhangs, durch die ein Eingriff in die Natur möglich wird. – Nur wer die Natur drängt, erfährt ihr Geheimnis (s. S. 64).[163] Der Mensch als Diener und Ausleger der Natur etc. (s. *Organon* S. 69 oder Artikel 1).[164] Daher für ihn die Bedeutung der Induktion und des Experimentes, die seitdem in England zur Leidenschaft werden.

[b)] Die negative Vorbereitung der wahren Methode und der Kampf gegen die Idole der Menschheit

Wenn der Mensch die Gegenstände der Natur in reinlicher Auffassung gewahren möchte, stehen zwischen ihm und den Gegenständen Idole, Trugbilder, Antizipationen der Natur. Die Lehre von den Idolen: Natur = Trugschlüsse: Dialektik. Daher sein Ausgangspunkt die Skepsis: Zweifel an alledem, was der Mensch hineingetragen hat in die Natur (s. S. 86).[165]

Die vier Klassen von Idolen: Hier wird Bacon förmlich zum Dichter. Narren haben behauptet, er habe gelegentlich auch die Stücke Shakespeares geschrieben. Das ist wahr: Eine innere Verwandtschaft der mächtigen Philosophie ist vorhanden.

1. Idola theatri: Schaustücke, die Fabeln vortragen: die Skepsis, Aristoteles, Scholastik, die aus dem Geiste herausspinnen wollen, was die Natur sei.

2. Idola fori: Auf dem Markt regiert die Münze, für die man alles einkaufen kann: in der Wissenschaft ist das das Wort: Faust: „mit Worten wird man abgespeist."[166] Diese Dialektik in Worten muß der menschliche Geist loswerden.

3. Idola tribus (des Menschengeschlechtes). Ein ursprüngliches Vorurteil, die

Dinge ex analogia hominis, nicht ex analogia mundi zu betrachten. Z. B. der Zweckbegriff. Er bezeichnet nichts als einen großen Anthropomorphismus. Das der metaphysische Anthropomorphismus wie bei den Griechen der polytheistische.

4. Idola specus: in der individuellen Natur gelegen. Der eine erkennt das Gleichartige, der andere das Unterscheidende, der eine das einzelne, der andere das Ganze. Wir müssen das objektiv machen, um die Natur zu erkennen. Also ein Skeptizismus, der sich nicht erstreckt auf die Wahrnehmungen selbst, sondern auf den Gegensatz zwischen begrifflichem Denken und Naturerkennen.

Bejahung des Lebens der große Sinn des Renaissance-Zeitalters. Damit gegeben der Fortschritt des menschlichen Geistes zur Herrschaft und Kenntnis der Natur.

Bacons Philosophie: die Alten die Anfänger des Wissens, die Jungen, wir die Männer: Philosophie ist nunmehr die letzte Verallgemeinerung der Methoden, die in den Erfahrungswissenschaften angewandt werden. Sie generalisiert, beseitigt den Zufall der einzelnen Entdeckungen. So wird ihm zum Mittelpunkt seiner Philosophie das *Novum organon*, das er dem des Aristoteles entgegenwarf. Seine Grundlage die Induktion wie bei jenem der Syllogismus.

Der erste Teil legt die Idole des menschlichen Geistes dar. Der zweite positive Teil ist die Methode:

1. Die Irrtümer der vorangegangenen Methode, ganz allgemein ausgedrückt. Das Hauptverdienst Bacons, daß er das Unzureichende der aristotelischen Logik erkannte. Ihr Ziel war der Beweis, seines die Erfindung. Aristoteles erkannte die Beweiskraft der Induktion nicht an. Bacon dagegen erhebt die Induktion, die auf einen Lehrsatz hinüberreicht, auf den Schild.

Syllogistik des Aristoteles umfaßte drei Schlußfiguren. Die Induktion war ihm nur dann eine allgemeingültige, wenn sie sich der Form des Syllogismus unterordnen läßt.

Einzelne Fälle:	enhalten Regel
M^1, M^2, M^3	P
S	M^1, M^2, M^3
S	P

Im Syllogismus ein M, in der Induktion eine Reihe von Fällen M. Wenn das letzte Glied M^x gegeben, so ist die Induktion vollständig. Daß diese schlußkräftig, ergibt sich daraus, daß in diesem Falle der Untersatz auch umgekehrt werden kann:

$M^1, M^2, M^3, \ldots, = S$, d. h. weil sie dann mit dem Syllogismus (erste Figur) identisch ist.

Dem setzt Bacon entgegen, daß gerade die unvollständige Induktion fruchtbar ist, weil sie auf die noch nicht beobachteten Fälle schließen läßt.

In welcher Weise kann ich durch Experimente, die nicht alle Fälle erschöpfen, zu einer allgemeingültigen Regel gelangen? Aristoteles hatte, sagt Bacon, Recht, wenn er die bloße zufällige Sammlung von Fällen verwarf. Die unvollständige Induktion, daß es nur weiße Schwäne gibt, widerlegt sich bald. Wie sichere ich mich dagegen? Hier hat Bacon den Hauptpunkt verfehlt. Er hätte sich deutlich machen müssen, daß in der Mathematik ein Gebiet vorlag, in dem die Induktion vollgültig war. Galilei und Kepler erkannten dies. Er aber sah keinen anderen Weg, als die Induktion möglichst vielseitig, umfassend, eingehend zu gestalten.

c) Die Analysis der Natur

Zwei Fehler: Die Scholastiker gingen von wenigen Fällen gleich zum Allgemeinsten über. Die Induktion muß stufenweise vorgehen (s. I. Artikel 104, S. 155).[167] Wie dies? Hier ein sehr wichtiges allgemeines Verhältnis, wir befinden uns hier an der Wende der Zeiten. Aristoteles und die Scholastiker hatten die konkreten Naturformen genommen, wie sie sich darboten, und hatten daraus substantielle Formen gemacht. Bacon erkennt: Ich muß die Naturobjekte zerlegen, um sie dem erkennenden Prozeß zugänglich zu machen: dissecare naturam. Ein brennendes Stück Holz muß nach allen Seiten analysiert werden. Sonst werde ich nie die Gesetzlichkeit der Natur erkennen. Ich zerlege zunächst die Materie der Natur, von der ich ihre Form unterscheide. Bacon verwirft die Operation, die den Begriff der Materie bildet, sofern sie Masse ist. Er geht auf Demokrit zurück. Es ist besser, wie er die Natur zu zerschneiden, als von ihr Abstrakta zu bilden. Hier unterscheidet er nun erstens die physischen Atome, zweitens die Ätheratome. Versuche, die ohne jedes Ergebnis verliefen.

Indem man mit Demokrit erkennt: Das Wirkliche sind die Naturelemente. Träger der Veränderung sind die Bewegungen, woraus Demokrit schon die Theorie der subjektiven Sinnesqualitäten abgeleitet hatte. Dies wird jetzt zur Grundlage der ganzen modernen Naturwissenschaft und Erkenntnistheorie. Die materiellen Teile sind qualitätlos. Auf der Veränderung ihrer Lage beruht die Besonderheit der subjektiven Empfindungen. Das Mikroskop nähert uns der Struktur der materiellen Teile mehr. Soweit geht Bacon mit der Atomistik, die er vorfand.

Aber nun macht er ihr zwei Vorwürfe, die der Sitz des Fortschritts. Die Atomistik hat einen großen Einblick in die Konstruktion der Körper eröffnet, aber sie hat ganz unerörtert gelassen die Theorie der Bewegung. Hier atmen wir den modernen Geist. Die Bewegung nun hat er unterschieden nach den Formen der Natur: Bewegung, die beim Licht vorkommt, bei der Wärme etc. Hinter jeder dieser Naturen liegt eine bestimmte Art von Bewegung. Etwas anderes kann es nicht sein. So aber verfiel er dem scholastischen Begriff von Naturformen eben in dem Moment, wo er über sie hinauszugehen strebte.

Auf dem dissecare naturam ist sein ganzes System begründet. Mit ihm beginnt die moderne Analysis der Natur, deren Vorbild das Verfahren Demokrits. Zur ersten Prozedur: die Zergliederung der Materie in ihre Elemente.

Phänomene sind die Ereignisse des Zusammenwirkens von Ursachen und den subjektiven Eigenschaften der menschlichen Sinnesorgane. Demokrit: Alles Forschen ist ein Weg von den φαινόμενα zu den ἄδηλα. Da kam das naturwissenschaftlich-philosophische Denken wieder in seine Bahn hinein. Die Qualitäten also Sinnesphänomene wie die Quantitäten und Bewegungen als Realität. Das System der Bewegungen aber widerstand seinem analytischen Geiste. Daher unterlag seine Theorie der von psychischen Kräften der Gestirne.

Sein großer Fehler: die Erkenntnis der Bewegungen auf dem Wege des induktiven Verfahrens ohne die notwendige Unterlage der mathematischen Struktur.

d) Die Formen der Natur

Von Aristoteles der Begriff übernommen: Er versteht [darunter] aber nicht solche, hinter denen eine psychisch gedachte Kraft stecken sollte, sondern Konstruktion der Materie und eine bestimmte Art von Bewegung. Z. B. ich habe einen Stein vor mir im Sonnenlichte und analysiere seine Eigenschaften. Er ist Zusammensetzung verschiedener formae naturae: Ihre Auffindung ist das wichtigste Problem der Induktion überhaupt. Was Wärme sei, Ton, Elektrizität, Magnetismus etc. So also das Problem: entdecke die formae naturae durch Induktion. Der Irrtum, daß die Induktion allein die Naturformen enthüllen könnte. Zuerst die Wärme, sie ist ihm der Typus der Naturformen. Was er erreicht, ist alles wertlos, und warum, weil er das Quantitative in den Bewegungen und ihre mathematische Konstruktion nicht berücksichtigt.

e) Die Methoden

Den ersten Fehler der aristotelischen Theorie der Induktion entdeckt Bacon nicht: Wenn auch alle Fälle der Wärmeerscheinungen aneinandergereiht sind, so würde die Naturwissenschaft die Regel P zuvor bestimmen können, aber niemals die metaphysische Natur der Wärme.[168] Den zweiten Fehler erkennt Bacon: Hier ist nur enumeratio simplex gegeben. Es handelt sich aber darum, ineinandergreifende Fälle herbeizubringen. Diese Methode erläutert Bacon am Beispiel der Wärme. Es soll die forma der Wärme aufgesucht werden. Diese ist in jedem Körper mit anderen formae verknüpft. Ich muß also eine Abstraktion (dissecare) vornehmen. Ich suche zuerst alle diejenigen Empfindungen, in denen Wärme auftritt: instantiae positivae. Zweitens aber suche ich diejenigen Fälle, in denen Wärme nicht auftritt, ob sie gleich jenem ersten ähnlich sind.[169] Die Sonnenstrahlen leuchten und wärmen. Der Mond wärmt nicht. Endlich: Die Naturform Wärme tritt in verschiedenen Graden auf (die Instanzen der Grade). Alle drei Methoden zusammen werden mir die Erkenntnis der Naturform Wärme geben. Jetzt erkenne ich den Fehler des Aristoteles: Er berücksichtigte nur die positiven Instanzen. Drei verknüpfte Tabellen [ergeben] das Resultat: Feststellung, daß Wärme Bewegung, daß sie fortschreitend sich ausdehnt etc., das sind alles unbrauchbare Ergebnisse.

Welcher Wert kommt der Aufstellung dieser Methode zu? Die Frage, welche Allgemeingültigkeit kommt dieser Induktion [zu,] hat er noch nicht aufgelöst. (Erst in der modernen Logik, am besten in Sigwarts *Logik*.[170])

Sein größtes Verdienst, die Bedeutung des Experimentes entwickelt zu haben: Die Natur ist ein Proteus und muß gefesselt werden, wenn sie sich nicht beständig verändern soll. Das Experiment ist das Hilfsmittel der Induktion. Nur so weit dies reicht, wird die Induktion der menschlichen Erkenntnis dienen. Bacon hat die verschiedenen Formen der Instanzen nach ihrem Wert benannt; die prärogativen Instanzen, die eine ganze Reihe von anderen vertreten können, instantiae crucis. Die Unterscheidung gelangt zu einem Punkt zweier möglicher Hypothesen (a und A). Also ein Kreuzweg. Wenn nun ein Fall zur Entscheidung geeignet auftritt, so nenne ich diese ausschlaggebende Instanz instantia crucis.

Das Problem dieser Methodik war gestellt in der späten griechischen Zeit (Logik der Akademie, des Philodemos etc.). Die Art dieser Lösung das eigentliche Verdienst Bacons.

[f)] Die Enzyklopädie Bacons

Habe ich die Methode gefunden, so bilde ich eine Summe aller bisherigen Erkenntnisse. Die Bacons unterscheidet sich von den üblichen älteren dadurch, daß sie die Lücken ausfüllen will.

Drei Klassen von Wissenschaften nach psychologischen Gesichtspunkten; ein erster Versuch, der zur großen, so weit wirkenden *Enzyklopädie* Bayles führt.

Bacon entdeckt Kulturgeschichte, Literaturgeschichte; Geschichte der Künste, den Begriff einer cultura animi. Er findet, daß dies die wahre Ethik ist. Alles voll von Lichtern, die einen leuchtend, die anderen blendend, aber alles aus einem genialen Geiste.

Die Methoden der Induktion und des Experimentes erfahren eine Erweiterung durch [Kepler und Galilei]. Die moderne Naturwissenschaft beginnt. Das mathematische Denken und das Experiment haben die Vorherrschaft. In ihnen noch die Nachwirkung der Phantasie, der Kontemplation; die Zeit, in der in Deutschland die Faustsage entstand.

[2. Kepler]

Kepler ist ganz bedingt von neuplatonischen und neupythagoreischen Begriffen. Der Schlüssel der Welterkenntnis ist für Kepler die große Konzeption der Phantasie. In *Mysterium cosmographicum* 1596 hat er versucht, Zahlenverhältnisse auf rein spekulativem Wege zu ermitteln. Der Methode, auf der der Fortschritt beruht, hatte er sich noch nicht bemächtigt: der Prüfung von Erfahrungen und Beobachtungen.

Er entdeckte die drei Gesetze über Bahn und Umlaufzeit der Planeten. Kopernikus hatte Theorie der Alten erneuert. Nun das schwierigste Problem: die Planeten in der scheinbaren Irregularität ihrer Bahnen zu bestimmen. Dies geschieht, indem er die einfachen Bestimmungen über Umlaufszeiten in elliptischer Bahn an die Beobachtungen heranbrachte und durch eine großartige Induktion die Tatsachen ableitete.

Das Universum ist beherrscht von mathematischen und logischen Beziehungen. Es gibt vom Himmel nichts moralisch Gutes. Die Natur liebt die Einfachheit und die Einheit. Dieser objektive Idealismus gipfelt in dem Satze: Die Grundbeschaffenheit des menschlichen Geistes mußte in der göttlichen Ordnung zur Folge haben die entsprechende Einrichtung des Auges.

Es gilt, in der Natur quantitative Verhältnisse aufzusuchen. Die Vernunft sucht das Notwendige und das Gleichmäßige in den Vorgängen: ein mathematischer Rationalismus (der Idealismus der Renaissance war ästhetisch). Diese Denker erneuern also die pythagoreischen Ergebnisse.

Das oberste Prinzip für [das] Verstehen der Welt ist die Harmonie des Universums: Sie manifestiert sich in den Zahlenverhältnissen. In ihnen besteht ihre Gedankenmäßigkeit. Schon Nikolaus Cusanus hatte gesagt: Alles enthält in sich eine Proportion. So sucht Kepler in spielenden Spekulationen im Sittlichen und Ästhetischen diese Proportionen. Grundeigenschaft der Substanz die Quantität. Auf sie exakt (!) alle Qualitäten zurückzuführen. Hier ein neuer metaphysischer Grundbegriff: Die Gottheit ist der große Geometer, der die mathematische Ordnung hervorgebracht. Der menschliche Geist ihm verwandt:[171] Deswegen erkennt er nur Quanta.

„Wie das Auge eingerichtet ist, um Farben aufzufassen, das Ohr um Töne, so ist der menschliche Intellekt nicht eingerichtet, um alles mögliche zu erkennen, sondern um Quanta aufzufassen."[172] – Alle Erkenntnis sofern sicher und allgemeingültig, als sie sich annähert den nudae quantitates. Das Auffassen des Quantitativen ist von seiten des menschlichen Geistes nicht gebunden an das diskursive Denken, sondern wir fassen es auch auf in dunklen, unbewußten Vorstellungen. Das Schöne, das unseren Affekt erregt, ist Gesetzmäßigkeit. Begriff vom unbewußten Seelenleben hier Wurzel.

„Es ist in uns eine dunkle Perzeption von Harmonien, gleichsam unter einer Wolke von Bewußtlosigkeit, denn wir wissen gar nicht, daß wir sie auffassen."[173]

Hiermit begründet er auch die Wirkung der Musik.

Aus diesen allgemeinen Prinzipien zunächst eine naturwissenschaftliche Methode: Man muß niemals verzweifeln. Denn in der Hand hat man den Schlüssel. Die Natur lebt in Gesetzen; diese die Erklärungsgründe ihrer Phänomene. Diese Aufgabe lösbar durch Verkettung der Induktion und des mathematischen Denkens.

Das mathematische Denken enthält die einfachen Grundverhältnisse. Diese liegen der Natur notwendig überall zugrunde, und der Forscher muß sie notwendig überall aufsuchen. Welche Verhältnisse aber, das können wir nicht a priori wissen und mathematisch deduzieren, sondern müssen induktiv der Erfahrung entgegenkommen. Damit die Methode der mathematischen Naturwissenschaft definitiv gefunden. Kepler wendet sie auf die einzelnen Naturgebiete an. Er zeigte, daß das Bild auf der Netzhaut physisch entworfen wird (nicht Camera obscura). Das bewies er von den Nachbildern.

Am wichtigsten die vollständige Induktion für Bahn der Planeten (entscheidend war, daß er nach Prag ging, um Tychos Gehilfe zu werden). 1609 Kommentare über Bewegung des Mars enthalten die ersten beiden Gesetze:

1. [Der] Mars bewegt sich nicht im Kreis, sondern [in einer] Ellipse, in deren einem Brennpunkt die Sonne. Schlußverfahren: Oberbegriff: Konzeption der Ellipse. Unter: Beobachtung der Bahn des Mars.

2. Die Quadrate der Umlaufzeiten verhalten sich wie die Würfel der mittleren Entfernungen.

[3.] Galilei

Für die Philosophie von größter Bedeutung (Thomas von Aquin zu entbehren; Galilei für Entwicklung unerläßlich – kein Überschreiten der Grenzen der Philosophie). Über seinem Leben liegt noch der Glanz der großen Kunst in Venedig. Früh daneben mathematische und mechanische Studien. Zwei Dialoge über die großen Systeme; es handele sich darum, den Dualismus des Aristoteles aufzulösen. Überall durchdringt dies wunderbare Werk die ästhetische Betrachtung des Universums, überall blickt ein schöpferischer Künstler hervor. Ist dies das Universum, so macht sich der Geist definitiv von dem entsetzlichen Vorurteil frei, als sei die Welt eine teleologische Schöpfung zu seinem Wohl. Die Sonne ist nicht nur deshalb da, um die eine Beere reifen zu lassen. Nun erweist der Sohn der Renaissance die Verwandtschaft des menschlichen mit dem göttlichen Geist an der göttlich schaffenden Kraft eines Michelangelo und Leonardo. Er findet, daß die Freude an der Harmonie das Zeichen des Göttlichen im Menschen ist.

Diese Gemütsverfassung in Verbindung mit den neuen naturwissenschaftlichen Methoden. 1638 (Schrift über die Mechanik und die Fallgesetze: Prüfung der Möglichkeit an den Erfahrungen); daraus entspringt das größte Ereignis dieses großen Jahrhunderts: das Zusammenwirken aller Forscher. Erhebung des persönlichen Geistes über die Bedingungen seines Schicksals in der Erfassung des Universums.

Galilei vernichtet die Autorität der aristotelischen Naturphilosophie. Das Universum geschrieben in mathematischer Sprache: Die Schriftzüge sind geometrische Figuren. Also: Es gibt allgemeine Wahrheiten, die der positiven Forschung zugrunde liegen, aber es sind die der Mathematik. Induktion ist die Methode, deren sich die Naturforschung zu bedienen hat, aber sie muß ergänzt werden, denn die Induktion hat schon zur Voraussetzung den Begriff des Gesetzes. Hier also korrigiert er Bacon: Die Notwendigkeit der mathematischen Verhältnisse bringt der menschliche Geist zu den Tatsachen der Natur hinzu. Das Bewußtsein des Gesetzes ist es, was aus dem Menschen selbst hinzutritt. Die Induktion hat ein Recht, aus begrenzter Zahl von Fällen zu schließen, weil sie weiß, daß die Natur gleichmäßig ist.

Das Buch der Natur kann nur gelesen [werden] mit Hilfe der Mathematik. Messen, was meßbar, versuchen zu messen, was noch nicht meßbar oder gemessen.

Welches [ist] die Natur derjenigen Sätze, die der Intellekt der experimentellen Methode zugrunde legt? Hier ist er Platoniker: Es gibt etwas „an sich da",[174] etwas a priori (Kant), das Erfahrung möglich macht. Es liegt etwas in uns, das unabhängig von der Erfahrung die Gesetzmäßigkeit der Erfahrung selbst enthält. So wird das platonische Prinzip durch Galilei Basis der modernen Naturwissenschaft. Daraus folgt: Der Verstand ist die höhere Instanz. Die Natur voll Sinnenschein und Sinnestäuschungen. (Zeit der kopernikanischen Astronomie!) In Kopernikus hat die Vernunft den Sinnenschein besiegt.

Also Aufgabe der Vernunft: Alle Naturerkenntnis ist Kausalerkenntnis. Jeder festen beständigen Änderung in der Wirkung entspricht eine gleiche in der Ursache. Jede Wirkung muß darauf angesehen werden, ob sie nicht das

Ergebnis einer Mehrheit von Faktoren ist, so fährt dieser analytische Geist fort. Der Verstand bedarf des Experimentes, denn dieses schaltet die mitwirkenden Faktoren aus. In der mannigfaltigen Veränderlichkeit der Naturverläufe sind gleichmäßige konstante Ursachen anzufinden. Durch dies Verfahren schwindet der Sinnenschein den Sinnesqualitäten. Auch Galilei hat konsequenter wie Demokrit und Bacon die Lehre von der Subjektivität der Sinnesqualitäten. Lassen wir sie fort, so bleibt doch noch der Begriff eines Körpers zurück.

Dies die Grundbegriffe, die durch Galilei in die moderne Philosophie eingeführt. „Auffindung der Gesetze der Dynamik" geht aus von dem Begriff einer gleichförmig beschleunigten Bewegung. Er bediente sich daneben mannigfaltiger Experimente. Galilei ist das Zentrum der ganzen nachfolgenden Bewegung. Er und Kepler halten ein inneres Verhältnis zwischen Induktion, Experiment und der notwendigen mathematischen Bestimmung der quantitativen Verhältnisse fest. Hierauf die Bestätigung des gefundenen Gesetzes in der naturwissenschaftlichen Forschung, das ist exakte Naturerkenntnis.

[II. Erfahrungsphilosophie und Rationalismus]

Die Philosophie, die sich nun in Descartes, Hobbes, Locke, Leibniz dieser Methode bemächtigt, sieht sich zwei Möglichkeiten gegenüber. Das ist für das folgende entscheidend.

Das metaphysische Problem: Wie verhält sich die Wirklichkeit, die in dieser Natur realisiert ist, zu den abstrakten Möglichkeiten, die in den Formen des Denkens enthalten sind? Darin liegt erstens eine erkenntnistheoretische und zweitens eine metaphysische Frage.

1. Der englische Nominalismus und Bacon waren dem Demokrit, Epikur und [der] Stoa gefolgt. Wie können die abstrakten notwendigen allgemeingültigen Wahrheiten der Mathematik und der Logik verstanden werden als Produkt der Erfahrung? Das das Problem der sogenannten Erfahrungsphilosophie, wie es zuerst Hobbes ergreift. Locke wird es prinzipiell fassen. Er zuerst wird die Erfahrungsphilosophie in eine Erkenntnistheorie verwandeln. Als ein letztes wird übrig bleiben: das Zutrauen zum Erkenntnisvermögen als etwas Unauflöslichem. Das ist die Grenze der Erfahrungsphilosophie.

2. Ein zweiter Strom knüpft an Platon, die Neupythagoreer (notiones communes), eine dem menschlichen Geiste inhaltlich eingeschriebene Gesetzgebung, das Apriori. (Daß der Satz des Widerspruchs, der dritten Größe unzweifelhaft ist, geben Rationalisten wie Empiristen zu. Aber der Rationalismus betrachtet die Denkgesetze als dem Verstande ursprünglich innewohnend.)

Die rationalistische Philosophie erklärt: dem Intellekt einwohnend Gesetzmäßigkeit, die die geometrischen Wahrheiten lehrt, das Kausalgesetz und die Substanz sichert. Gleichviel, welche sonstigen apriorischen Wahrheiten außerdem noch angenommen (Descartes und Spinoza gehen weiter).

Dieser Rationalismus muß also diese Wahrheiten entwickeln, um aus ihnen eine neue metaphysisch bestimmte Wirklichkeit abzuleiten. Die mechanische und zugleich teleologische Naturordnung von Descartes, Spinoza, Leibniz.

Erfahrungsphilosophie: Ich weiß nur so viel vom Zusammenhang der Erscheinungen, als in der Erfahrung gegeben; dieser Bestand wird sich notwendig vermindern. Die Erfahrung führt zur Einschränkung, dann Auflösung der Metaphysik notwendig hin.

Der Rationalismus (schlechtes Wort von Harms;[175] Nativismus nicht besser) hat das Problem: Entweder ich leite Gesetze der Dynamik ab a priori, oder ich erkläre (Galilei, Kepler), sie seien ein bestimmter Fall der in den mathematischen Verhältnissen liegenden Möglichkeiten. Gesetzt, ich kann die Gesetze, die in der Mathematik enthalten, ableiten als Notwendigkeiten a priori, so Möglichkeit eines umfassenden metaphysischen Systems apriorischer Erkenntnis, so Descartes. Das nicht zu wollen, ist die Größe Galileis. Gesetzt, Descartes hat recht: die Grundgesetze sind ableitbar aus dem in uns gegebenen Apriorischen, so das große Grundverhältnis zwischen Ordnung der Gesetze und der Tatsachen. Dies Problem bis Kant. Das einzelne ist nicht das, was gilt, sondern was ist. Dies liegt der gesamten Metaphysik des Rationalismus zugrunde. Diese Koordination der Elemente bestimmt den besonderen Fall, den dieses Universum bildet, verglichen mit der Gesetzmäßigkeit, der es unterliegt. In der Gottheit unendliche Möglichkeiten innerhalb der Gesetze, an die sie gebunden. Die Welt muß konstruiert werden können aus dem, was in der ersten Koordination der Elemente gegeben. Also bei Descartes: Das Universum in der Zeit entstanden, es ist konstruiert und bildet einen Fall der Gesetzgebung, die in der Logik und Mechanik enthalten. Spinoza allein glaubte sich diesem großen Verhältnis entziehen zu können.[176]

[1. Descartes]

[a)] [Der] Standpunkt des Descartes[177]

Aus der Arbeit Keplers und Galileis entspringt er. Unter den beiden Möglichkeiten ergreift er den Rationalismus.

Dieser Standpunkt empfängt von ihm die Marke des 17. Jahrhunderts. Konstruktion der Erfahrung auf Grundlage der Mathematik. Aber er unterscheidet sich von Kepler und Galilei zunächst durch die Verallgemeinerung des Problems. Er fühlt sich als Philosoph gegenüber den Naturforschern.

Wie lautet dieses Problem in seiner allgemeinsten Fassung? Was versichert uns der Möglichkeit, das Wirkliche zu erkennen, es von den Täuschungen zu unterscheiden, seine Erkenntnis gegenüber dem Skeptizismus festzulegen? Die Methode ist dadurch bestimmt, daß uns inmitten des Angezweifelten ein fester Punkt gegeben ist: das Selbstbewußtsein: cogito. An dieser Gewißheit zu zweifeln wäre Unsinn. Von hieraus Descartes verständlich. Ausgangspunkt das cogito: Er versucht von dem, was er hierin vorfindet, auf etwas außer uns zu schließen. Diese Schlüsse das eigentliche Problem. Ihr Richtpunkt: Im Selbstbewußtsein liegt zweierlei: einmal[178] eine Wirklichkeit, von der aus man zur Existenz von anderen Realitäten fortschreiten kann. 1. Die Vorstellung und der Begriff eines unendlichen Wesens. Dieser bedarf zu seiner Kausalität der Annahme einer außer uns existierenden Unendlichkeit. 2. Im Ich findet er ein Leiden; also darf er annehmen, daß eine äußere Welt besteht. – Das Verfahren eines solchen Schließens ist und bleibt von da an das einzige mögliche Verfahren der modernen Philosophie überhaupt. Jedes andere ist dogmatisch, dieses allein kritisch.

Eine[179] zweite Möglichkeit liegt im cogito sum: Wie dieses selbst evident [ist], so haben wir im Selbstbewußtsein von selbst evidente Sätze. Diese enthalten die logischen, mathematisch-metaphysischen Grundbegriffe als von selbst evident. So entsteht die Welterkenntnis.

[b)] Das Leben des Descartes

Als Entwicklungsgeschichte wagt [es] Dilthey nicht zu erzählen. (Solche bei Kuno Fischer u. a.; Dilthey bezweifelt sie alle, da sie sich auf den *Diskurs über die Methode* gründen. Dieser enthält ein Stück Lebensroman. – Ausgabe der Briefe von Cousin sehr unvollständig. Neue Ausgabe werden wir von Frankreich erhalten, vollständiger.)

Geboren 1596, adlig, Unterricht in der Jesuitenschule von La Flèche. Wichtige Freundschaft mit Mersenne, Naturforscher von großer Bedeutung. Kursus der Philosophie. Hier das übliche scholastische System, erregte in ihm frühe Zweifel. Nur Mathematik genügte ihm. Polyhistorie jener Tage gab ihm nicht, was er suchte: Evidenz.

Aber auch in der Mathematik sah er doch nur ein Instrument zur Erkenntnis der Wirklichkeit. So ging es ihm wie später Leibniz: Jede Wissenschaft schien ihm bedürftig der Reform. Daher das Ende der Schulzeit: der Zweifel.

An diesem Geisteszustand zweifelt Dilthey keinesfalls. Denn derselbe bei Montaigne u. a. Er ist nur Ausdruck der Zeit selbst.

Wanderjahre 1612 bis 1628. Zweiter Sohn einer adligen Familie, also auf Kriegsdienst angewiesen (aber schmählich). Was dieses philosophische Genie erlebt, wird ihm zur Theorie.

Feldzüge. Wechsel des Dienstes. Winterquartier im Kloster Neuburg (1619–20). In seiner Entwicklung entscheidend. Wallfahrt nach Loretto gelobt, wenn die Jungfrau ihm die Wahrheit zeigen wollte. Es ist etwas Faustisches in ihm.

Er stellte Regeln seines künftigen Lebens fest: ein methodischer Geist wie Kant. Vier Regeln: 1. Er will nichts als wahr zulassen, als was auf einleuchtende Weise von ihm festgestellt werden könne. 2. Jede Schwierigkeit in Teile zerlegen. 3. Alles in fester Ordnung und Methode bei seinen Untersuchungen. 4. Jedes Problem behandeln im Zusammenhang aller Dinge. – Dieses seine Prinzipien für die Wissenschaft.

Zweite Periode 1629–1648: Zeit der Ausarbeitung seiner Werke; er beginnt zu reisen. – Nach Rückkehr wimmelte es in Paris von Leuten, die die wahre Methode zu besitzen glaubten. Er verläßt Paris, um in Freiheit und Einsamkeit arbeiten zu können: nach Holland (1628). Seine glücklichste Zeit. Über den Werken dieser Zeit ein wunderbarer Schimmer kontemplativer Schönheit. Seine Aufgabe ganz bestimmt: eine Schrift: *Le monde* (Universum, Kosmos). 1633 mitten in dieser Arbeit kam die Nachricht vom Schicksal des Galilei. – 1609 Keplers Astronomie und Galileis Arbeiten hatten seine Untersuchungen aufs Glücklichste gefördert. Die Einkerkerung des Galilei war nun ein Blitzschlag.

Descartes gab also seine Schrift *Le monde* auf. Dazu veranlaßte ihn außerdem auch die Schwierigkeit des Unternehmens selbst.

Der Grundgedanke dieser Schrift ist in den *Prinzipien der Philosophie* noch erhalten. Wenn wir das Universum zergliedern, so müssen zwei Seiten an ihm unterschieden werden. Es vollzieht seine Vorgänge nach Gesetzen, die eine „universale Mathematik" bilden. Aber damit die heutige Einrichtung der Welt erklärbar werde, ist die ursprüngliche Verteilung der Elemente im Raum und die Wirksamkeit der Gesetze darin zu beachten. So trennte auch Bacon die structura der Materie und die an ihr sich realisierenden Gesetze. Diese Unterscheidung von Bestandteilen und Gesetzen geht durch die ganze moderne Wissenschaft hindurch: die Gesetze gleichsam über der Verteilung der Materie schwebende Macht. Noch heute beides aufeinander reduzierbar: Die Bestandteile sind, die Gesetze gelten. Nun stellt sich Descartes das Problem: Wie [ist] das Verhältnis zu denken, in dem beide zueinander stehen? Die Gesetze sind im Intellekt der Gottheit als deren notwendige Äußerungsweise enthalten. Nach seiner Vorstellung folgen auch aus der Natur der Gottheit die dynamischen Gesetze. Nach Descartes wäre unendliche Zahl von Möglichkeiten gewesen, sie in der Welt zur Wirklichkeit zu bringen: Die Beschaffenheit der Bestandteile kann gar nicht in Logik aufgelöst werden. Die Gottheit wählte eine bestimmte Art der Verteilung aus grenzenlosen Möglichkeiten: So entstand das Universum. Hieraus folgt: Die Entstehung der Welt ist ein Prozeß, der von der ursprünglichen Verteilung der Materie ausgeht.[180] Die Gottheit ist ein Geometer, sie ist gebunden an diese Gesetze, aber sie ist frei in bezug auf die erste Anordnung der Elemente. Sonach ist die Gottheit erfaßt erstens als mathematischer Verstand, zweitens Schöpfer einer Welt, die ihre Zwecke verwirklichen soll aufgrund der ersten von ihr gegebenen Anordnung. Derselbe Begriff von Leibniz zugrunde gelegt. Kants *Naturgeschichte des Himmels* ist geradezu eine Fortsetzung Galileis.

Der menschliche Intellekt ist unfähig, die Zwecksetzung der Gottheit irgendwie zu begreifen. Wollte er es, so würde er sie herabmindern zu dem Anthropomorphismus des Mittelalters. Die Wissenschaft hat es mit dem Kausalzusammenhang nach Gesetzen zu tun: Die teleologische Ordnung, wir ahnen sie, aber erkennen, begreifen können wir sie nicht. So also diese Schrift ein wesentlicher Bestandteil aller seiner künftigen Arbeiten.

Die Essays hatten zu ihrer Einleitung einen *Discours de la méthode*. Zugleich enthielten sie seine analytische Geometrie und seine geniale Dioptrik, die schon die Elemente der Theorie der Entstehung der Gesichtswahrnehmungen brachte.

Nun wandte er sich den Hauptproblemen der Metaphysik zu. 1637–1641 *Méditations* ebenso genial wie der *Discours*. Niemand sollte diese wunderbaren Kunstwerke ungelesen lassen. Er versandte seine Arbeit an die größten Philosophen seiner Zeit, bat sie um ihre Widerlegungen und fügte seine Entgegnungen hinzu. So nicht seit den Dialogen Platons. Ein Drama, das vor uns aufgeführt wird: scharf, hart, etwas boshaft Hobbes; dialektisch tief, aber theologisch gebunden Arnauld; und ihm nicht gleich Gassendi. Ritterliche Form seiner Entgegnungen.

Nach 1641 arbeitete er seine *Prinzipien der Philosophie* aus: Durchführung seines naturwissenschaftlichen Systems, seine mechanische Weltansicht: synthetisch und deduktiv. Philosophisch angesehen die wichtigste Schrift Descartes'. Hiernach kleinere Abhandlungen: *Über den Menschen*, *Über die Passionen der Seele*, Briefe (besonders wichtig der über die Ethik).

Die Gegner beginnen sich zu regen, und die Schule bildete sich aus. Calvinisten Hollands bekämpften ihn lebhaft. Der Sitz seiner Schule das Kloster Port-Royal. Ästhetik Frankreichs ist durch ihn bedingt, Boileau. In den Naturwissenschaften regierte die Macht seines Systems.

[c)] [Die] Darstellung seines Systems
[I. Teil]

1. Erkenntnistheoretische Grundlegung und Metaphysik
1. Der universale Zweifel: de omnibus dubitandum. Ich finde in mir eine Mannigfaltigkeit von Vorstellungen und Begriffen der verschiedensten Herkunft: die einen nur von Autorität genommen etc. Ich bezweifle sie alle. Ich finde dann Vorstellungen und Begriffe, die ihren Grund in Erfahrungen haben: Ich kann sie kontrollieren. Also scheine ich zu etwas Sicherem, zu einer Grundlage meines Wissens gekommen zu sein: Sie beruhen auf meinen Sinnen. Aber ist denn der Sinn ein sicherer Zeuge? Der antike Skeptizismus hatte Sinnestäuschungen, Träume, Pathologisches dagegen angeführt. Dem folgt Descartes scharfsinnig: Ich finde kein Merkmal, um den Traum vom Wachen zu unterscheiden: Calderón.
Unser ganzes Seelenleben vielleicht nur ein regulierterer Traum. Ferner beruft er sich auf die Illusionen, Visionen: Wir halten Gegenstände für vorhanden, die nicht sind: Ein Soldat empfand Schmerz im abgenommenen Bein. Aber sind nicht nur Elemente der Wirklichkeit im Traum kombiniert? Descartes: Ich stelle mir vor, ein Dämon hätte die Welt so eingerichtet, daß mir Bilder erschienen von Dingen, die gar nicht existieren (statt Dämon setzen wir die Natur von Hume. Aus der mechanischen Ordnung entfließen Bilder von Gegenständen, die keiner Wirklichkeit entsprechen). Zweifel also nicht aus Leichtsinn, sondern aus Gründen. Sind wir damit am Ende?
[2.] Zweiter Satz: Cogito sum, die Gewißheit meiner selbst: Es ist mein Zweifel. Hier Aussicht auf sichere Erkenntnis. Nur einen festen Punkt forderte Archimedes. Ein solcher ist mein eigenes Bewußtsein. Selbst wenn mich ein Dämon besäße, so bin ich doch dabei: Der Satz cogito [sum] ist in dem Augenblick, wo ich ihn ausspreche, notwendig und klar. Das Ich ist nicht der Körper: Ihn bezweifle ich mit den Sinnen.
Der Satz cogito sum ist kein Schluß, sondern der notwendige Fortgang vom Denken als einem Akt zu dem Agierenden: In der Tätigkeit ist auch ein tätiges Subjekt enthalten. Also kein Schluß, sondern ein analytischer Satz. Dieser Zusammenhang kündet sich an in dem Bewußtsein des Ich.
Als bloße Beschreibung einer Erfahrung unterliegt dieser Satz des Descartes keinem Zweifel. – Es wurde ihm vorgeworfen: Schließe doch lieber: Ich gehe spazieren, also ich bin. Descartes: In einem Bewegungsvorgang (soll das Spazierengehen dies bedeuten) ist kein Ich-Bewußtsein enthalten. Wenn ich mir aber in denkender Zusammenfassung klarmache, daß ich spazierengehe, so gewinne ich hieraus das Ich.

In den *Prinzipien der Philosophie* noch weiter: das cogito sum nur ein dramatischer Kunstgriff. In Wirklichkeit handelt es sich nur darum, auf die einzelnen Akte zu reflektieren: Es verallgemeinert sich der Satz dahin: Jede Tätigkeit meines Bewußtseins als Tun ist verbunden mit dem Bewußtsein eines Tätigen. Es sind in diesem erfahrenden Denken meines tätigen Ich eine Reihe von Voraussetzungen enthalten, ohne welche er gar nicht ausgesprochen werden könnte: Satz vom Widerspruch, Begriff von Dasein, von Bewußtsein, hier von kausaler Relation.

In der letzten Verallgemeinerung enthält der Satz eine Erfahrung. Aber er enthält doch nur eine in unserem Denken auftretende Relation zwischen Tätigkeit und tätigem Subjekt. Wird Descartes also daraus schließen, es gibt eine denkende Substanz, so wird dies ein Trugschluß sein. Descartes ist der denkenden Substanz von vornherein gewiß, niemals aber der Körper. Kant hat diesen Trugschluß aufgelöst. Der Kern aber: Das Selbstbewußtsein, als ursprüngliche Tatsache gegeben, ist das Bleibende. Sein und Bewußtsein sind an diesem Punkt dasselbe. Nur daraus läßt sich die Weiterentwicklung verstehen: fester Ausgangspunkt allein im Bewußtsein.

3. Die allgemeingültigen Wahrheiten als Konstruktionselemente der Erkenntnis. Descartes findet in dem cogito sum mehr als eine Wirklichkeit, die im Bewußtsein sich darstellt. Worauf beruht seine Evidenz? Darauf, daß ich ihn klar und deutlich denke. Zunächst verblüffend (wahr sind Urteile, die ich in ihrer Notwendigkeit klar und deutlich erkenne: wäre oder schiene ratsamer. Wir wollen einmal diese Formel einsetzen). Daß Descartes nichts anderes meint, folgt hieraus: in cogito sum ein Subjekt cogito und ein Prädikat, beide sind deutlich. Die Deutlichkeit und Klarheit des Urteils liegt in der Verbindung des Subjekts und Prädikats. Klarheit und Deutlichkeit ist also das Einleuchtende der Urteilsverbindung. Alle Sätze, die denselben Charakter von Klarheit und Deutlichkeit besitzen, werde ich als gültig ansehen.

Nun entwickelt Descartes derartige Sätze. Das ex nihilo nihil fit ist klar und deutlich. Es ist unmöglich, mir eine Entstehung ohne den zureichenden Grund zu denken. Es ist mir unmöglich, eine Eigenschaft zu denken ohne eine Substanz, der sie anhaftet. Es ist unmöglich, daß etwas sei und zugleich nicht sei. Ich kann nicht zugleich setzen und zugleich aufheben, das ist unmöglich.

Also: Es gibt einen Inbegriff von Axiomen, in denen dieselbe Deutlichkeit in der Relation von Subjekt und Prädikat stattfindet. Hier die notwendigen, allgemeinen Wahrheiten (seit Platon) gemeint, die jeder Wissenschaft zugrunde gelegt. Daß hiermit möglicherweise nur Bewußtseinsmöglichkeiten ausgesprochen werden, bringt Descartes zum Bewußtsein. Das ändert nichts daran, daß sie für mich Denknotwendigkeiten sind. Wie aber werde ich selbst jene Möglichkeit beseitigen können? Hier zurückgreifen in Altertum und Scholastik: Die

Gottheit mit ihrer veracitas kann nicht täuschen wollen. Aristoteles: Der Garant der Relation zwischen Denken und Gegenständen ist die Gottheit. Und innerhalb gewisser Grenzen sind wir an diesen Zirkel des Denkens gebunden.[181]

[2.] Die Existenz der Gottheit, die Beweise für sie und die veracitas Gottes

Evidente Sätze, so Descartes, sind alle die, in denen das Subjekt mit dem Prädikat auf durchsichtige, klare und deutliche Weise verknüpft ist. Zum Verständnis erforderlich: Descartes ging von den notiones communes der Stoa, des Cicero und der folgenden Aprioristen aus. Früh schon stellte er sie zusammen. Nun aber verkannte er nicht (rein philosophisch gegenüber Kepler und Galilei), daß aus der Evidenz solcher Wahrheiten nicht folgt, daß sich die Wirklichkeit nach ihnen richte. Unser Denken ist gebunden an die Benutzung dieser Begriffe. Aber: Ob nun die Welt, die draußen ist, dieselben Verhältnisse besitze, ist die Frage, die Descartes sich nunmehr stellt. Descartes verfällt notwendig in einen Zirkel: Ich bedarf dieser Begriffe, um irgend etwas über die Wirklichkeit auszusagen. Die geometrischen Wahrheiten, der Begriff der Substanz, Kausalgesetz sind die notwendigen Voraussetzungen, auf die sich alles Schließen über Wirklichkeit und auf Wirklichkeit stützt. Den Beweis findet er, indem er auf die Wirklichkeit Gottes schließt und von ihr auf die Anwendbarkeit dieser Begriffe. Also: Erst bedient er sich der Begriffe für Gott, dann findet er für ihre Anwendung in Gott die Geometrie. Die Beweise für Realität der Gottheit sind folgende:

Ich finde in mir ebenso sicher als das cogito sum den Begriff der Substanz. Nach ihr ist jede Eigenschaft abhängig von einem Substantialen, an dem sie ist. Das Gesetz der Kausalität ferner, das ich in mir finde, muß anwendbar sein auf alles, was ich erkenne. Also: Dies Gesetz regelt auch die Beziehung der vollkommenen Substanz zu den unvollkommenen Substanzen in dieser Formulierung: In der Ursache muß mindestens soviel enthalten sein, als die Wirkung umfaßt. (Heute drücken wir dies durch die Gleichung zwischen Inbegriff der Ursache und der Wirkung aus.) Wende ich diesen Kausalbegriff auf die Gottheit an, so muß ich notwendig materialistisch oder pantheistisch denken. Denke ich theistisch, so muß ich auf das Kausalgesetz verzichten. Descartes dreht dies anders.

Er weist nach, zurückgreifend auf das alte ontologische Argument: Die Idee der Gottheit schließt ihre Existenz ein. Kant hat es bekanntlich vernichtet: Existenz nicht eine Eigenschaft wie andere, vielmehr die Setzung des Dinges (als Korrelat der Wahrnehmbarkeit). Bei Descartes aber liegt der Hauptakzent auf dem zweiten Argument: Ich fühle mich als ein endliches Wesen, erkenne meine Endlichkeit. Nun findet dieses endliche Wesen in sich unter den vielen endlichen Vorstellungen den Begriff eines unendlichen ens perfectissimum. Dieser Begriff ist nicht durch Negation gebildet, durch Abstreifung der Endlichkeit, vielmehr ein positiver Begriff, der nichts zu tun hat mit einer Endlichkeit. Dies Argument berührt sich mit Schleiermacher, Hegel etc. Dieses unendliche Wesen kann nach obigem Kausalgesetz nicht in uns entstanden sein. Die Substanz, die diesen Begriff in mir hervorbringt, muß Unendlichkeit besitzen. Das ist die Marke meiner göttlichen Abkunft, daß ich in mir den Begriff eines unendlichen Wesens habe. Das ist nicht abzuweisen: Es liegt darin, daß in uns etwas mehr als die Endlichkeit enthalten ist. – Die Gottheit ist Substanz, nicht abhängig, nicht bedingt, nicht relativ, nicht unendlich. In diesem Begriff liegt nun auch die Wahrhaftigkeit, veracitas, der Gottheit. Sie muß mich mit Eigenschaften ausgestattet haben, die mir ermöglichen, die Gottheit, mich selbst und die Wirklichkeit zu erkennen.

Nun die Frage nach der Realität der Außenwelt.

[3.] Realität und Erkennbarkeit der äußeren Wirklichkeit

Ich habe mich überzeugt, daß ich die Begriffe der Substanz und Kausalität nur von der Gottheit haben kann. Sie aber kann nicht der große Betrüger sein, der über der Welt waltet. Also werde ich mit Sicherheit von meinen Wahrnehmungen auf Ursachen derselben schließen dürfen. Ich darf mich getrost meinen Begriffen überlassen. Hier endet der erste Gang von Spekulation, in der Descartes analogisch vorgegangen ist. Die Aufgabe wird jetzt sein, das Verhältnis der geistigen und materiellen Substanzen in einen systematischen Inbegriff zu bringen.

II. Teil

Gott, die Körper und die Geister. Die unendliche [Substanz]
und die endlichen Substanzen.
Das Sichausschließen der körperlichen und der geistigen Substanz
gegenseitig voneinander

Was bezeichnet der Begriff einer vollkommenen und unendlichen Substanz? Dasjenige, was in jeder Rücksicht unabhängig ist. Der Gegensatz hierzu die endlichen Substanzen.

Der Begriff der geistigen Substanz ist gegeben in der inneren Erfahrung: Es gibt in mir Vorstellungen der mannigfaltigsten Art. Besonders finde ich mich mit meinem Körper verbunden, kann mich aber von jedem Körper loslösen, denn dieser in der äußeren Wahrnehmung gegeben. Das Ich aber finde ich, indem ich auf den Akt meines Denkens reflektiere. Die geistige Substanz hat also das Attribut des Denkens, das gar nichts mit Ausdehnung zu tun hat. Sonach: Es gibt denkende Substanzen, und unter Denken verstehen wir jede Art von geistiger Aktivität. Diese denkenden Substanzen sind also abhängig zwar von der absoluten als endliche, unabhängig aber von den ausgedehnten Substanzen. Sie sind nur relativ Substanzen, denn im Verhältnis zur Gottheit sind sie abhängig (also nicht im strengen Sinn Substanzen).

Was auch hinter meinen Wahrnehmungen stecken mag: Was zu ihrer Konstruktion nötig, muß ich ihnen gemäß der veracitas Gottes zuschreiben. Dazu gehört aber notwendig die Ausdehnung und folglich auch Bewegung. Damit schließen sich die metaphysischen Begriffe Descartes' ab: Die beiden Arten der Substanzen schließen sich aus. Damit tritt der weit wirkende Begriff auf: Die Natur ist entseelt. Der ganze Rückstand animistischer Zeiten, der ganze Panpsychismus der alten Zeit, der frühesten Epoche menschlichen Denkens ist beseitigt.

Nichts von Seele oder Zweck darf eingefügt werden in den Mechanismus der res extensa.

III. Teil

Der Irrtum, die Willensfreiheit, die Autonomie des Geistes, die in seiner Endlichkeit gelegenen Grenzen des Erkennens

Nun erst nähern wir uns dem Mittelpunkt der Descartes'schen Metaphysik. Man stellt Descartes unter den Schatten Spinozas, da doch Descartes ein unendlich viel größerer Geist gewesen als Spinoza. Man macht ihm zum Vorwurf den Begriff endlicher Substanzen, ausgehend von Spinoza. Das ist ein Unsinn: Die endlichen Substanzen besitzen verhältnismäßige Unabhängigkeit (unabhängig voneinander, abhängig von Gott). Unterschied zwischen Descartes und Spinoza: Descartes nimmt eine Schöpfungslehre an, eine Unerkennbarkeit des letzten Prinzips. Umgekehrt: Was liegt darin, wenn Spinoza sagt: Mein Geist ist schlechthin determiniert von der ganzen übrigen Natur, er ist nichts Substanzartiges, sondern die Gottheit ist es, an der der Geist als Eigenschaft ist: Das ist ein kompletter Nonsens.

Wie Descartes die Autonomie des Geistes durch das Denken und die Freiheit des Geistes verkettet, ist das Große an ihm.

1. Der Mechanismus und die Freiheit

Wie verhalten sich zueinander der in Gott gesetzte ursächliche Zusammenhang und die menschliche Freiheit. Spinoza hat nur eine Seite, den Zusammenhang in Gott, systematisiert. Kant hat im Interesse der Freiheit das Problem wieder aufgebracht. Descartes' Fassung seitdem beibehalten: Die Größe der im Universum verteilten Bewegung ist konstant. In Descartes also schon das Problem der Erhaltung der Energie: Wie verhält sich diese Bewegungsgröße zu der Tatsache (!) der Freiheit? Denn Descartes ist überzeugt, daß Freiheit ein Tatbestand der inneren Erfahrung. Die Gottheit ist in jedem Vorgang der gesamten Wirklichkeit gegenwärtig. Die moralische Freiheit ist ihm intuitiv gewiß. Durch sie bin ich erst das Abbild der Gottheit, als welche aus möglichen Welten eine Welt in ihrer Freiheit macht. So entsteht in seinem Geist eine Antinomie: die innere Erfahrung der Freiheit – die unendliche Macht der Gottheit. Wo die Lösung? Hier taucht in weiter Ferne Kant auf. Die Lösung liegt in der Endlichkeit des menschlichen Geistes: Er kann die unendliche Macht zuvor konzipieren, aber nicht klar denken. Kant wird in der intelligiblen Freiheit ergänzen, was an Descartes unvollkommen.

2. Die Auflösung des scheinbaren Widerspruchs zwischen der veracitas Dei und dem Irrtum
Der Begriff der Wahlfreiheit gibt sie uns. Wäre Gott, so Descartes, als das wahrhaftige Wesen dasjenige, was alle menschlichen Begriffe determinierte, so wäre unfaßbar, warum er uns irren läßt. Spinoza hat sich vergeblich bemüht, diese Schwierigkeit aufzulösen. Descartes: Die veracitas Dei erstreckt sich darauf, daß sie uns die Prinzipien mitgegeben hat, um die Welt zu konstruieren. Wir besitzen in unseren Prinzipien die Fähigkeit, zu richtigen Urteilen zu gelangen. Rasche und vorschnelle, leichtsinnige Urteile erzeugen den Irrtum. Würden wir nur bedachtsam urteilen, so würden wir nur die volle Wahrheit erkennen. Ein solches Beispiel [ist] das leichtsinnige Urteil von der Objektivität der Sinneswahrnehmungen. Also Einklang erstens, weil wir ausreichende Prinzipien haben, zweitens, weil in unserer Wahlfreiheit Fähigkeit zu vorschnellen Urteilen, drittens, weil Urteilen und Wahrnehmen etwas ganz Verschiedenes sind.

3. Die Schranken des Wissens in der endlichen geistigen Substanz
Umfang der Erkenntnis der Wahrheit, soweit dafür die Prinzipien im menschlichen Geiste enthalten: So ist das metaphysische Denken bei Descartes eingeschränkt, im Gegensatz zu Spinoza. – So entsteht in ihm ein kritisches Bewußtsein. Erkenntnistheorie ist nicht aus dem Haupt von Locke hervorgegangen: Als Theorie von den Grenzen der menschlichen Erkenntnis ist sie hier schon überall vorbereitet in zwei Punkten, erstens Subjektivität der Sinneswahrnehmungen (Bilder), zweitens beschränkte Tragweite des Erkennens. – Die Welt, wie sie ist, kann nicht erkannt werden: Jede Welterklärung hat einen hypothetischen Charakter. Niemals dringen wir ein in die göttliche Zweckset-

zung selbst.¹⁸² Unser endlicher Verstand hat an ihr seine Grenze. Wohl sind wir imstande, so grobe Irrtümer abzuweisen wie die anthropomorphistischen Zweckauffassungen: Das Universum ist nicht für die Menschen. Aber wofür es sei, ist uns gänzlich unerforschlich. Descartes ist kein Metaphysiker von der „Sorte des Spinoza".

IV. Teil
Die Wissenschaft von der Natur

1. Die Wahrnehmungsbilder gehören nur unserem Bewußtsein an (hier Übereinstimmung mit Galilei und Hobbes). In den *Prinzipien* Subjektivität der Sinneswahrnehmung mustergültig ausgesprochen.

2. Alles, was wir aus sicheren und einleuchtenden Prinzipien zur Konstruktion dieser Bilder an Begriffen entwickeln, das dürfen wir, der veracitas Dei entsprechend, für wahr halten. Also keine unbegründete Konstruktion.

1. Die ausgedehnte Substanz
Seltsame Paradoxie scheint an der Spitze zu stehen: der Begriff, daß die Ausdehnung die Grundeigenschaft der materiellen Natur sei. Ausdehnung aber ist Eigenschaft, Substanz Träger von Eigenschaften, also Substanz der res extensa hat zur Grundeigenschaft die Ausdehnung. Denn Ausdehnung als Substanz (leerer Raum) ist Blödsinn. Alles ausgedehnte Etwas gehört zur physischen Natur. Der leere Raum ist durch den Begriff schon ausgeschlossen. Daneben folgende Argumente: 1. Jede ursprüngliche Bewegung ist eine in sich zurückkehrende Hypothese von unsichtbaren Medien, die in einer Wirbelbewegung begriffen.

Substanz also ihrem Wesen nach ausgedehnt. Ihr kommen zu Teilbarkeit und Beweglichkeit: Die Gottheit hat ursprünglich an die Substanz Bewegungen verteilt, damit auch Gestalt. Das ist die Materie des Descartes. Mit ihr tritt er vor das Problem der Bewegungen: So tritt er neben Galilei mit dem Versuch, eine die ganze Welt umfassende Mechanik zu konstruieren.

2. Die Bewegung und ihre Gesetze
Nebeneinander haben sie mehrere Forscher in jenen Tagen untersucht. Unter denen, die die Dynamik schufen, besonders Galilei und Descartes.¹⁸³ Letzterer von jenem: „Er hat, ohne die erste Ursache der Natur zu betrachten, nur die Gründe einiger besonderer Wirkungen gesucht und also ohne Fundament gebaut."¹⁸⁴ Unbillige Kritik. Denn das Experiment erforscht aus den in den mathematischen Formeln gegebenen Möglichkeiten den Fall, der in der Natur

verwirklicht ist. So Galilei. Descartes dagegen wollte die Gesetze der Dynamik aus den zugrundeliegenden allgemeinen Wahrheiten (Prinzipien) ableiten. Vorzug also die universale Auffassung des Problems, daher allgemeine Formeln für das Trägheits- und andere Gesetze. Galilei fühlte dies Bedürfnis nicht. Dagegen bei Descartes die Formulierung selbst sehr bald verfehlt. „Es gibt in der Natur keine Bewegungen und Veränderungen derselben, als welche abhängig sind von einer ersten Verteilung der Dinge durch die Gottheit und daneben durch Druck und Stoß."[185]

Demgemäß bestehe Natur in einer teilbaren, gestalteten, mit Bewegungen ausgestatteten Materie. Dies die allgemeinste Voraussetzung der Dynamik des Descartes.

Erster Satz: Konstanz der Bewegungsgröße. Die Gesetze der Bewegung der genugsame Grund aller Veränderungen in der Natur. Diese Gesetze aufzusuchen. Die erste Tatsache: Die Bewegung in der Natur hat eine bestimmte Größe, die weder vermehrt noch vermindert werden kann. Die erste Formulierung des Satzes von der Konstanz der Energie, mit Abänderungen (Leibniz, Wärmelehre) bis heute. Dem Stoff kommt eine ihm inhärierende Bewegung nicht zu. Wo die Kraft, die sie in Bewegung setzt? Die Gottheit. Wie sie die Bewegung zuerst setzt, muß sie dieselbe in ihrem Quantum erhalten.

Zweites Gesetz der Trägheit in zwei Teilen:

a) Jedes Ding verharrt in seinem Zustand, bis eine Bewegung ihn abändert. Ein Körper, wenn isoliert, bleibt in Bewegung. Nur weil keine Isolierung vorhanden, deshalb dauert jede Bewegung nur eine gewisse Zeit. Fundamentaler Irrtum der gesamten antiken Bewegungslehre hier berichtigt. Begründung dieses Satzes bei Descartes: Kein Körper strebt von selbst, seinen Zustand zu ändern und sich in sein Gegenteil zu verwandeln.

b) Kein Körper strebt, sich in einer Kurve zu bewegen, sondern immer in gerader Linie.

Schon das dritte Gesetz des Descartes ist unhaltbar; daher hier nicht verfolgt.

3. (Dritter Teil der Lehre von der Natur)

Der gegenwärtige Zustand des Universums ist das Ergebnis eines Verlaufs, der von den ersten Setzungen der Gottheit an stattgefunden hat. Schon in *Le Monde* wollte Descartes die Entstehung der gegenwärtigen Verfassung des Universums darstellen: Kosmogonie. Fortsetzung der unvollkommenen Arbeit des Demokrit. Am Schluß seines Lebens im zweiten Teil der *Prinzipien* in höchster Vollendung dargestellt. Im ersten Teil, was aus der Vernunft über das Universum folgt. Von diesen unterschieden die Verhältnisse, die in der Erfahrung über die besondere Art der Welteinrichtung enthalten sind. Von den zahllosen Möglichkeiten hat Gott eine für die bestehende Welt ausgewählt. Die Gesetze der

Dynamik ermöglichen ihm, zu einigermaßen klaren Begriffen zu gelangen. Er selbst sah darin weiter nichts als eine Hypothese über die Weltentstehung. Beginn dessen, was Kant und Laplace zu Ende geführt haben. Also ein ganz außerordentlicher Geist.

V. Teil

Der Geist, seine Freiheit, seine moralische Verfassung

Der Geist metaphysisch schon bestimmt als denkende Substanz. Denken aber schließt Zwecksetzung ein. Folglich ist er von der äußeren Welt gesondert: Er ist bestimmt durch Autonomie des Denkens und Wollens; die Wahlfreiheit ist seine Mitgift von der Gottheit. So wie Denken und Ausdehnung definiert, war Problem der Beziehungen nicht mehr lösbar.

Wie soll ein Körper, dessen Natur Ausdehnung, Gestalt, Teilbarkeit ist und dem Bewegungen inhärieren, imstande sein, auf ein Denken oder Wollen zu wirken? Denn er äußert sich verändernd nur in Bewegung. Welches Verhältnis zwischen einem denkenden, unräumlichen Wesen und einer im Raum verlaufenden Bewegung? Wie sollen sie sich einander nähern, um Wahrnehmung zu bilden? Ein Problem, das innerhalb der Voraussetzungen des Descartes nicht auflösbar war. Diese Schwierigkeit konnte er also nur verdecken: Theorie der Zirbeldrüse.

Der Körper ein rein mechanischer Apparat, nur beherrscht von den Gesetzen der Bewegung. Denn die Gesetze der Dynamik dehnt er aus auf die organische Welt: Der Körper ist ihm nichts als Mechanismus. So hat Descartes zum ersten Mal die Lebenskraft entfernt. Blutkreislaufsgesetze entdeckt von Harvey. Descartes leitet ihn von der vorhandenen Hitze ab (?). Wo endet die Funktion dieses physischen Apparats? Sie endet in den Empfindungen. Er leugnet die Bewußtseinsseite in den Empfindungen. Der Organismus ist ein großer Reflexapparat. Durch Anatomie glaubte er dies zu ergründen; beschäftigte sich viel mit ihr.

Der Punkt, wo der Mensch sich trennt von der tierischen Welt, ist der Geist. Verbindung in der Zirbeldrüse (conarium). Zirbeldrüse nämlich nicht paarig. An diesem Punkt begegnen sich der physische Mechanismus und die denkende Substanz. Irrtümer, Leidenschaften etc. abgeleitet von den Erschütterungen, die der Körper durch die Zirbeldrüse der denkenden Substanz mitteilt. Ziel des Menschen: Autonomie des freien Denkens und Wollens. Das Bewußtsein dieses Zustands ist die Generosität, das Grundgefühl der damals sich entwickelnden französischen Tragödie: die Vornehmheit der Seele. (Corneilles Personnagen bleiben auch als Römer die vornehmen französischen Aristokraten.)

[2.] Die Schule des Descartes

Wirkung des Descartes auf Frankreich nur zu vergleichen mit der Leibniz' auf Deutschland. Es beginnt die Zeit der Herrschaft des Raisonnements in Frankreich, verknüpft mit der Politik des Richelieu und Mazarin, der Verweltlichung des politischen Denkens. Diese durchgehende Verweltlichung des deduktiven Denkens zeigt sich besonders deutlich an der Ästhetik von Port-Royal. Racine, Boileau echte Schüler des Descartes. Ebenfalls dort Umbildung der Logik. *L'art de penser* führte neue Zeit in der Logik herbei. Hier zuerst: Logik = Methodenwissenschaft. In der Theologie hebt der Rationalismus im engeren Sinn an. Der Rationalismus im weiteren Sinne seit Erasmus, der die dogmatischen Begriffe auf die zurückführt, die er in der Bibel vorfand: Christus Gesandter Gottes. – Berühmte Schrift Bekkers (Schüler des Descartes) verwarf Panpsychismus und führte den Mechanismus des Weltzusammenhanges durch: Wunder also unmöglich; Kampf gegen sie. Dies die nächsten Einwirkungen des Descartes. Von ihm das Raisonnement und das deduktive Denken im französischen Geist eingeführt. Dieses abstrakte Raisonnement von hier an bis zur Französischen Revolution der Grundcharakter des französischen Geistes überhaupt.

Das Unternehmen mußte sich geltend machen, die maschinenhafte Erklärung über die ganze Welt auszudehnen. Der freche Lamettrie glaubte, die folgerichtigen Schlüsse aus den Prämissen des Descartes zu ziehen. Huygens' System dauerte bis zur neuen Betrachtungsweise des Newton und Leibniz.

Nun aber zu den Schwierigkeiten, die in dem System gegeben waren, und der Arbeit, die sie zu beseitigen sucht. Ihr Zentralpunkt in dem Verhältnis von Gott, Körper, Geist. Gerade die Durchführung des Mechanismus ließ rapide entstehen das psychophysische Problem: Verhältnis der geistigen Vorgänge im Menschen zu den physischen: Mechanismus und Freiheit. So mußte dies Problem beständig an Macht gewinnen. Metaphysik wird von den transzendenten Problemen auf realen Boden zurückgeführt (Cicero über Sokrates: Philosophie vom Himmel zur Erde). Alle folgenden Philosophen geben Lösungsversuche.

Allgemeine, in diesem Problem gelegene Schwierigkeiten, unter denen wir noch heute stehen: Wir dringen immer mehr dem Modernen entgegen.

1. Erkenntnistheoretisch besteht in diesem System große Schwierigkeit darin: Eine Empfindung und eine räumliche Bewegung, welcher Konnex und welche Vergleichbarkeit [bestehen] zwischen beiden überhaupt?

2. Psychophysisch: Eine Bewegung bringt nach Descartes immer wieder eine Bewegung hervor. Wie soll eine Bewegung plötzlich eine Empfindung zur Folge haben? Das ist ja ein ganz unvermittelter Sprung.

3. Psychophysisch: Der Satz von der Erhaltung der Bewegungsgröße hatte zur Folge, daß [diese] im physischen Universum konstant [bleibt]. Wie kann sie eine Vermehrung erleiden durch Willensimpuls?
4. Metaphysisch-psychophysisch: Unvergleichbarkeit von Physischem und Psychischem macht jede Wechselwirkung undenkbar.

Es gab zuerst eine Möglichkeit einer höchst interessanten Antwort: in Descartes gegeben: entweder 1. an Rationalität gehalten oder 2. an das Erkenntnistheoretische, insofern man immer mehr Unerkennbares behauptet. Letzteren Weg der große (eigentümlich kranke) Mathematiker Pascal. Im Kloster Port-Royal religiösen Übungen hingegeben, entwarf er den Plan, eine Apologie des Christentums [zu verfassen]: Grundgedanke: die Rationalität. Forderung der Erkenntnis aller Glieder des Universums unter dem Kausalgesetz hat zur Folge Aufhebung der moralisch-religiösen Natur des Menschen und seines Verhältnisses zu Gott. Diese Rationalität ist aber auch wissenschaftlich undurchführbar. Denn sie führt auf obige psychophysische Schwierigkeit. Aber schon ebenso unverständlich die Übertragung einer Bewegung von einer Kugel auf eine andere. So ist das Tor zum Glauben offen: Wir sind von Wundern ganz umgeben.

[3.] Der niederländische Okkasionalismus und Geulincx

In den Niederlanden ein leidenschaftlicher Kampf religiöser Art um die Prädestination. Also große Neigung, die Macht der Gottheit auszudehnen in ihren Wirkungen, Freiheit des Menschen einzuschränken. Ferner Einfluß der Stoa, der im *Archiv* ausführlich geschildert.[186] – Unter diesem Geiste standen Geulincx wie Spinoza. Hauptsatz des Geulincx vom concursus der Gottheit. Seine Sätze entwickelt aus dem Prinzip des Descartes.

„Mein Wille bewegt nicht, sondern Er, der die Bewegung in die Materie gelegt und ihr Gesetze gegeben hat, hat auch meinen Willen gemacht."[187] Also Zusammenhang der Bewegung ein Ding für sich: Daß ich meine Hand ausstrecke, ist die Folge des gesamten physischen Mechanismus im Universum. Mein Wille will diese Bewegung gleichzeitig mit dem Versuch; Täuschung, daß er sie hervorbringe; vielmehr gleichzeitig und durch Gott in innerer Harmonie. Wie zwei Uhren, die so eingerichtet sind, daß beide immer dieselbe Stunde schlagen: ohne gegenseitige Abhängigkeit; nur von dem höchsten Künstler, der sie auf unbeschreibliche Weise gebildet – das berühmte Uhrengleichnis. Jede Wechselwirkung ausgeschlossen.

Gründe hierfür zwei: Der [erste] stärkste: Die Bewegungsgröße im Universum ist konstant, kein Willensimpuls kann eine neue erzeugen. [Der zweite] liegt, allgemeiner gesagt, in der gänzlichen Unvergleichbarkeit des Psychischen und Physischen: influxus physicus ausgeschlossen, (3) das Verhältnis unverständlich: quod nescis quomodo fiat, id non facis:[188] nun weiß ich nicht, wie mein Wille Muskelkontraktionen verstehen und bewirken sollte. Dieser Einwand ist mit Hilfe der modernen Physiologie aufzulösen.

Der zweite Okkasionalist: Konsequenz aus der Unmöglichkeit der Wechselwirkung: Malebranche 1638 geboren, schwächlich, Oratorianer (auf Augustinismus zurückgehende Richtung: Allmacht Gottes). Bei ihm daher Determination des Menschen durch die Gottheit. Epoche in seinem Leben machte, als er auf ein Buch des Descartes stieß. Er verstand den Descartes als einen Platoniker, übertrug auf ihn die platonisierenden Richtungen des Mittelalters, Körperwelt eine von der Gottheit hervorgebrachte ausgehende Substanz. Raisonnement universel. Eine Art mittelalterlich-platonischer Philosophie, verwandt mit Spinoza.

Hauptschrift: *Untersuchung der Wahrheit*, mystischer Pantheismus, nicht von Spinoza abhängig, obwohl später. Kein Grund, über Malebranche zu reden, hätte er nicht das Problem des Okkasionalismus weitergeführt und verallgemeinert: Wie entsteht die sinnliche Wahrnehmung? Hinüber transportieren ist doch unmöglich. Die Bewegungen, die in das Sinnesorgan eintreten, sind schlechterdings nichts als ein Physisches. Wie kann aus ihm Empfindung entstehen? – Bild der Sonne. Woher kommt die Verwandlung dieser äußeren Bewegung in Licht? Betrachtung also der subjektiven Sinneserscheinungen. Aus Druck oder Bewegungsvorgang entsteht ein Lichtglanz. Was ist die Ursache? Die Seele, die mit dem Körper in Wechselwirkung steht (so Descartes). Geulincx antwortete: Das ist ganz unmöglich. Malebranche ebenso. Also Erwägung des Idealismus: Aber unser Ich ist nicht schöpferisch: Es bleibt nichts übrig: Wir schauen die Dinge in Gott; jene universale Vernunft, deren Haupt die Gottheit selbst ist, erwirkt diese Bilder in uns. Gewiß, ein ganz unzureichender Standpunkt. Die Okkasionalisten konnten nicht Schule machen, sie ließen nur Probleme sehen, und es handelt sich jetzt um deren Auflösung. Das psychophysische Problem: Wechselwirkung nach so scharfer Trennung enthält die Schwierigkeiten, die der Okkasionalismus entwickelt hat. Also 1. entweder Hobbes, die materialistische Lösung: Es gibt keine geistigen Substanzen, auch das Psychische nur Bewegungsvorgänge. Oder 2.: Es gibt diese beiden Klassen, aber sie sind nur die zwei Seiten einer Substanz, keine Wechselwirkung zwischen den beiden geschlossenen Systemen. Zweiseitigkeit des Universums ist die großartige Grundansicht, die Spinoza entwickelt. 3. Ich kann ebenso die Körper streichen: als ein bene fundatum des menschlichen Geistes, aber nur Erscheinung, nur geistige Monaden.

Aber es wäre einseitig, diese Weltansichten nur aus dem psychophysischen Problem abzuleiten.[189]

[4.] Hobbes

Entwicklungsgeschichte (Leben im *Grundriß*).[190] Geburt 1588 in der Zeit der Königin Elisabeth. Weltkampf zwischen Spanien und England; Shakespeare, Bacon. Diese größte dichterische Epoche zerging an dem strengen und harten puritanischen Geiste. Die populäre Monarchie ging unter in jenem furchtbaren Kampf zwischen Stuarts und Bürgertum, grandiose Persönlichkeit Cromwells. In der Zeit Hobbes' Mannesjahre. Er selbst Wortführer auf der royalistischen Partei. Noch einmal erhob sich eine hohe Poesie, der grandiose Milton.

Von früher Jugend ab in Beziehung mit dem royalistischen hohen Adel. Umgang mit Bacon. Dieser selbst ein Opfer der freiheitlichen Partei: Diese Erfahrungen prägten sich Hobbes ein. Früh schon eingetaucht in diese Atmosphäre, die den Menschen im Durchschnitt sehr gering zu schätzen pflegt. Jede oligarchische Regierungsform muß[191] die Menschen nur als Werkzeug ihrer Politik ansehen. Richelieu ein Beispiel, wie in diesen Tagen Staatswissenschaft durchaus verbunden war mit der Ansicht: Die Menschen [sind] niedrige Geschöpfe, es bedarf nur einiger raison, sie nach Willkür zu gebrauchen. Hier die Verachtung für das immer mächtiger werdende Bürgertum und den nie verstandenen, plebejisch erscheinenden Puritanismus. Daher Hobbes' erstes Werk: Übersetzung des Thukydides ein Machtwort an seine Zeit über die Güte der monarchischen Verfassung. Dieser ganz moderne Mensch findet die Lösung in dem ganz radikalen Naturrecht der Sophisten: Der Mensch [ist] ein bestialisches Geschöpf, Kampf sein Leben. Vertrag zum Schutze der Schwächeren; der Staat [ist] so zu konstruieren, daß der Monarch und seine Staatsraison die Ordnung der Gesellschaft in fester Hand haben. Zusammenhang mit der niedrigen Schätzung der Menschen deutlich genug. Diese Theorie begegnete ihm im Thukydides (Melier und Athener), bei Euripides, bei den Epikureern.

Ihm konnte nicht entgehen, daß er seine Gegner so nicht zu widerlegen vermochte, denn alles beruhte ja nur auf seiner subjektiven Taxation des Menschen. Das Bürgertum aber hatte eine ganz andere Taxation.

Daß die Grundlage der Dinge ein Mechanismus sei, das stand ihm fest. – In einer zweiten Epoche lernte er Euklid kennen: in ihm die deduktive Methode hochentwickelt. Diese suchte er nun auf das Naturrecht zu übertragen. Nun lernte er Galilei, Gassendi kennen. – Ihm stand sofort fest: Nur der Materialismus kann die Lösung sein. Nur Körper: tote und lebende; der tote das Subjekt aller Vorgänge. Wie also begreife ich die geistigen Tatsachen? Dazu bediente er sich der Voraussetzungen, in denen er aufgewachsen. Es galt ihm, einen modernen Materialismus zu gründen auf der Grundlage der neuen naturwissenschaftlichen Errungenschaften.

In dieser Jugendperiode Hobbes' also ein streng aristokratischer Standpunkt vertreten. Begründung durch die exakte mathematisch-naturwissenschaftliche Methode jener Zeit. Theoretische Begründung der absoluten Monarchie versucht. Fragestellung so formuliert in zweiter Periode:

Wie kann ich erreichen, daß die Bewußtseinserscheinungen eingeordnet werden können dem System der Bewegungen? Er schildert drastisch, wie ihn dieses Problem beständig beschäftigte. Jetzt faßte er den Plan, in den Schriften über den Körper, Menschen, Bürger sein System zur Darstellung zu bringen. Hier der moderne Materialismus. Im Altertum ebenfalls vertreten durch Demokrit und Epikur. Hier aber nur so weit: Unter den Atomen finden sich feinste Ätheratome, die mit Empfindung und Bewegung ausgestattet sind. Diese Ätheratome im Körper zerstreut: Der Tod war ihre Zerstreuung ins Weltall, das Leben das beständige Hinzutreten der Ätheratome. Ein solcher Standpunkt konnte offenbar das Bewußtsein nicht erklären: die Ätheratome eine Fiktion ohne Rechtsgrund. Also Hobbes: Das Bewußtsein kann nicht als Attribut einer bestimmten Klasse von Atomen aufgefaßt werden. Es ist das Produkt des physiologischen Prozesses. Das ist der Standpunkt des modernen Materialismus überhaupt. Hobbes verteidigte diesen Standpunkt in einer Reihe von Sätzen, deren Grundlage: nichts Reales, als was in den Sinnen gegeben. In ihnen nichts als Körper und Bewegung. Von ihnen wegzutun die sinnlichen Qualitäten. Bleibt nichts übrig als Bewegungsqualität und Atome. Das ist die Realität schlechthin.

Nun aber nach der Dynamik: 1. Bewegung hat nur Bewegung zur Folge. 2. Die Summe der Bewegungen im Universum bleibt sich gleich. Also können Bewußtseinserscheinungen nichts als Bewegungen sein, nur feinere Formen, zusammengesetztere Gestalten der Bewegungen. So reden wir schon von Gemütsbewegungen.

Das Problem wird sein, diese Auffassung zur Erkenntnis zu bringen. Wir aber folgen zunächst dem Gang seiner Entwicklung. Es erschien ein englisches Werk politischer Richtung, das seine Theorie entwickelte.

Seine dritte Epoche: [Eine] ganze Reihe von Jahren verging, in denen er seine Schrift *De corpore* zurückhielt. Der Erklärungsgrund des langen Schweigens liegt in der Natur des Problems, das vor ihm stand. Denn es enthielt nicht mehr und nicht weniger, als daß die ganze bisherige Metaphysik umgedacht werden mußte. Ebendies ist die Position, die der Positivismus überhaupt einnimmt: denn zu ihm die Introduktion in Hobbes. Positivismus sieht in der Erfahrung den ausschließenden Grund aller menschlichen Erkenntnis, und dann [wird] die Erfahrung konstruiert als mathematische Naturwissenschaft: die allgemeinsten Begriffe aber als Rückstände früherer Erfahrungen betrachtet (Comte, Avenarius, Mach).

Darstellung seines Systems
I. [Teil]
Die philosophische Grundlegung

Philosophie (erster Satz) ist die universale Wissenschaft schlechthin: Es gibt nur eine, diese nennen wir Philosophie. Definition: Philosophie ist die Erkenntnis der Akzidenzien, die in die Erscheinung fallen, aus ihren Gründen, die hinter der Erscheinung liegen. Philosophie ist also der Schluß aus den Phänomenen auf die Ursachen hinter ihnen: so Epikur und notwendig jede Atomistik. Wenn aber Epikur Philosophie als induktive Wissenschaft betrachtet, so hat Hobbes folgende Methode: Philosophie geht von den Akzidenzien auf die Ursachen und von diesen konstruktiv auf die Akzidenzien. Der Zusatz kommt durch Galilei und Kepler. Wenn also die Ursachen gefunden, so vom Abstrakten zum Konkreten vorwärts. Also kein Unterschied zwischen positiven Wissenschaften und Philosophie als in der Universalität der letzteren. Zum ersten Male kommen beide zur Deckung (sic. Comte).

Zweiter Satz: Diese eine und universale Wissenschaft hat zum Gegenstande den Inbegriff der in der Wahrnehmung gegebenen Tatsachen. Ziel die Ursachen, Hilfsmittel die Begriffe: diese nichts als Zeichen, die die Dinge darstellen (ganz so hätten sich Taine, Mach, Littré, Avenarius aussprechen können). Hobbes: Urteilen [ist] die Rede, welche durch Verknüpfung von zwei Namen eine Erkenntnis erzeugt. Worin liegt die Verknüpfung? Der zweite Name ist Name desselben Dings, das auch vom ersten bezeichnet ist, das heißt der erste Name umfaßt auch den zweiten. Ziel des Urteils: Erkenntnis, die darauf gerichtet, die Beschaffenheit der Ursachen zu erfassen.

Das Denken also die Operation, die zwischen Zeichen stattfindet, die die Einzeldinge repräsentieren. Denken ein Rechnen mit Zeichen wie in der Algebra (Leibniz dann: Resultat eine Gleichung). Was der Zweck der Erfindung dieser signa: Wir erlangen die Möglichkeit, die komplexen Erscheinungen der Natur, die an sich unerkennbar wären, aufzulösen in universalia. Dies kann geschehen, weil die Begriffe allgemein sind, also universale Tatsachen ausdrücken können. Nichts, was über die Tatsachen hinausgeht, sondern enthalten in den Tatsachen (Bacon: Eine Analysis der Natur findet die Gesetzgebung). Der Kunstgriff, das zu tun, ist der Begriff. Die Naturgesetze aber umfassen alles. Es gibt nur eine Natur: Bewußtsein nur eine Erscheinung an ihr, die aufblitzt und wieder verschwindet.

3. Es muß eine Ordnung der Erkenntnis geben, die die natürliche ist und allein objektive Erkenntnis gibt. Sie kann aber nichts enthalten, was außerhalb der Erfahrung liegt. Enzyklopädie der positiven Wissenschaften, wie sie Bacon erstrebt, tritt also in ein höheres Stadium. Das Problem, das d'Alembert, Turgot, die Enzyklopädisten aufnahmen, dann in unserem Jahrhundert Comte und Mill. Der Zusammenhang der Wissenschaften wird von allen so gedacht wie von Hobbes: fundamentale Wissenschaft die Mathematik. Dann Mechanik, Dynamik, Physik, Biologie – darauf endlich Politik. Wir haben also ein Schema, das den inneren Zusammenhang der Wissenschaften festlegt. Wo aber liegt der Anfangspunkt? Worauf gründet sich Mathematik? Das führt uns auf eine Grundlegung vor der Mathematik, die auch die Berechtigung der mathematischen Axiome festlegt: So ist es schließlich das Bewußtsein, das die letzten Daten enthält. Welch ein wunderbarer Zirkel, in den Hobbes durch Descartes geführt!

Im ganzen Zusammenhang der menschlichen Wissenschaft kein Apriori.[192]

Anfangspunkt der Wissenschaften soll nach Hobbes im Bewußtsein liegen. In ihm sind Bilder der Welt. Sie bezeichnen entweder Zustände der Seele oder äußerer Gegenstände. Alles was wir kennen, ist uns nur im Bewußtsein gegeben. Seine Betrachtung entweder psychologisch oder objektiv. Im Vorgang der Empfindung, in der Bewußtseinstatsache liegt das Prinzip der Philosophie. Die wissenschaftliche Erkenntnis aber kann nur aufgebaut werden auf jener zweiten Betrachtung des Bewußtseins, die sich auf Phänomene als Repräsentanten objektiver Gegenstände bezieht: also mathematisch-naturwissenschaftlich. Dafür Voraussetzung: Raum, Zeit, Substanz und Akzidens, Existenz, Ursache und Wirkung. Dies alles Rückstände aus den Erfahrungen; die letzten abstraktesten Filtrationen der Dinge: residua all der Prozesse, die im menschlichen Geist (tabula rasa) von Anfang an sich abgespielt haben. So verbleiben [sie] im Zusammenhang der Erkenntnis in dem Bereich der Erfahrung.

II. Teil
Physik und das psychophysische Problem

Physik hier nicht dargelegt: beruht auf damaliger Lage der positiven Wissenschaften, nur in letzter, abstrakter Formulierung. Alles was ist, ist Körper. Dadurch wird das Universum ganz Mechanismus: keine Zwecke, Freiheit, Zufall. Das Universum ist schlechthin notwendig und gesetzlich. Zweckbetrachtung ist für Hobbes ein Idol wie für Bacon: nur Ursachen und Gesetzlichkeit, Zusammenhang von Bewegungen; sie können weder erlöschen noch in etwas anderes umsetzen, hinter jedem Phänomen muß Bewegung stecken. Also auch hinter den psychischen Phänomenen.

Also zwei Probleme: 1. Die sinnlichen Qualitäten sind der Schein, mit dem die Wirklichkeit uns umkleidet ist. Hobbes untersucht mit Vorliebe die subjektiven Gesichtserscheinungen: Phantasmen. Darin für ihn Beweis der Subjektivität aller Wahrnehmungen überhaupt.

Wie entspringt nun aber 2. diese Empfindung selbst, wie können wir sie als Bewegung betrachten. Wichtiger Punkt: Der Empfindungskomplex ist die innere Seite eines Bewegungsvorganges. In der Tat sind wir hier an der Quelle Spinozas.

Galilei hatte den Begriff des Momentes entwickelt: die energia, mit der der Motor bewegt und das Bewegte widersteht. Schon hier die Inbeziehungsetzung zum Willensimpuls wie später in Schopenhauers Metaphysik.

Conatus bei Hobbes ist Bewegung, welche kleiner ist als jede angebbare kleinste: wie Punkt zur Linie. Das Verhältnis eines solchen Differentials der Bewegung zu einer meßbaren nicht anzugeben. Empfindung und Begehren ist ein solcher Conatus, nicht in der Extension für uns faßbar. Sie enthalten Kraft in sich, Kraft ist Wille, sie sind etwas Unausgedehntes, Bewußtseinstatsache, Empfindung, Affekt etc. – Also wirkliche Überbrückung findet nicht statt. (Zugleich: Spinoza brauchte dem nur leichte Wendung zu geben: dann ist Empfindung Innenseite eines Bewegungsvorganges.) Jedenfalls die Schwierigkeiten des psychophysischen Problems scheinen gelöst. Hiermit tritt der Materialismus in ein neues Stadium.

III. Teil
Psychologie, Moral und Gesellschaftslehre

Seelenleben also Inbegriff der an einem Körper auftretenden, als Bewußtseinszustände sich darstellenden Akzidenzien. Folgeerscheinung des Blutkreislaufes im menschlichen Organismus.

Vornehmster dieser Vorgänge der Affekt. Das Streben nach Selbsterhaltung inhäriert dem Körper. Begierde das Bewußtsein dieses Strebens. Lust das Bewußtsein dieser Forderung. Affekte die Mischungen: Dieses Affektaggregat, das ein Mensch ist, steht unter dem Kausalzusammenhang, es ist unfrei schlechthin. Freiheit ebenso unsinnig wie Zweckmäßigkeit.

Diskussion über Willensfreiheit mit Bischof. Dieselben Gründe wie bei allen folgenden Deterministen. Vita est motus perpetuus: Ziel Selbsterhaltung. Die Leuchte, die ratio, reguliert allmählich diese Affekte; nicht, daß sie das über die Selbsterhaltung hinausführte oder es sollte, sondern nur zur Steigerung des Selbst (Thrasymachos, Euripides, Nietzsche). Hier entstehen das Recht und der Staat.

Wie entsteht der Staat, seine Rechtsordnung, die mit ihm zusammenhängende Sitte? Diese Frage löst Hobbes durch sein Naturrecht. (Dies geschaffen von Thrasymachos, von den Römern in Jurisprudenz eingeführt.) Zwei Formen aus dem Altertum: 1. Mensch geselliges Wesen mit sozialen Trieben, drängt zur Staatsbildung hin; 2. (Thrasymachos, Epikur etc.) Mensch ein sich selbst erhaltendes egoistisches Wesen: Kampf der Individuen gegeneinander. Aus der ratio entstehe Staats- und Rechtsordnung. – 17. Jahrhundert Blüte des Naturrechts. Der hervorragendste Lehrer Hugo de Groot, in Traditionen der römischen Autoren und Lehre von sozialen Trieben lebend.

Der allgemeine Fortschritt: Dem Mittelalter erschien Recht religiös und theologisch bestimmt. Naturrecht dagegen löst dies: Autonomie des Subjekts; es strebt, sich der Ordnung der Dinge zu unterwerfen. In dieser großen naturrechtlichen Bewegung tritt Hobbes auf als Fortbildner der anderen Seite: nicht um Freiheit des Subjektes zu begründen, sondern [um] die souveräne Monarchie theoretisch zu begründen.

Der Mensch ein affektiver Mechanismus strebt sich selbst zu erhalten. Hierin Mensch vom Tier nicht unterschieden: Er eignet sich die Entwicklungslehre von Lukrez an. – Status naturae ist das bellum omnium contra omnes. Indem so jeder seinen eigenen Vorteil sucht, schlägt dies dem Menschen zum allergrößten Nachteil aus. Denn er besitzt Voraussicht des Zukünftigen, geht also nicht wie die Tiere ruhig dem Tod in diesem Kampfe entgegen. Diese Furcht überwiegt alle Hoffnung. Aus dieser Erkenntnis erhebt sich die Friedenssehnsucht der Menschheit: Es entsteht der Vertrag und mit ihm der status civilis. Definitive Sicherheit nur dadurch zu erlangen, daß er sich einem höchsten Souverän gänzlich unterwirft. Denn würde Gewalt im Staate geteilt, gäbe es Vorbehalte, so würde dies die Sicherheit des Staates aufheben. Sobald die souveräne Gewalt des Monarchen eingeschränkt durch Untertanenrechte irgendwelcher Art (sobald irgendeiner die damaligen Rechtsforderungen des Volkes konzidiert!), so geht die Souveränität auf die Bevorzugten über (Puritaner, Steuerfragen!). Also nur ein Staatsvertrag (Althusius u. a. hatten doppelten Staatsvertrag: 1. Erklärung der Vereinigung in einer Staatsordnung, 2. dann Übertragung bestimmter Rechte auf die Obrigkeit, um die anderen Rechte desto besser genießen zu können.)

Hobbes kennt nur einen Vertrag: Unterwerfung unter die souveräne Macht. Seine Theorie aber hat noch eine andere Seite: keine Anerkennung feudaler Rechte, kein Recht der Kirche oder des Adels, das nicht vom Souverän übertragen und jederzeit revokabel wäre. Alle selbständigen Potenzen der absoluten Macht unterworfen. Die Staatsraison (ratio status) soll alle bürgerlichen Interessen leiten. Keine Vorrechte mehr. Besonders scharf wendet sich Hobbes gegen die kirchliche Korporation. Das liegt an der schweren Streitlage seiner Zeit, an den furchtbaren kirchlichen Kämpfen. Hobbes stabilisiert, welche Dogmen und welche Kulte in seinem Staate Gültigkeit [haben] sollen: Es soll die Staatseinheit gegründet werden auf die kirchliche Macht des obersten Monarchen. Bis zu einem gewissen Punkte hat Ludwig XIV. diese Idee zu verwirklichen gesucht.

[5.] Spinoza

1632 in Amsterdam geboren, portugiesischer Israelit, früh dem Glauben seiner Väter entfremdet, in alte Philosophien eingeführt durch Humanisten Van den Enden, aus kirchlicher Gemeinschaft ausgeschlossen, lebte ohne ein näheres Verhältnis weder zur Kirche noch zu irgendeinem Staat. Trat der Kollegianten-Sekte nahe, protestantische Gemeinde, in Rijnsburg. Lungenleidend von früh auf, schwächlich, erlag 1677. Sein Leben bedingt durch den Willen absoluter Selbständigkeit, vorgeschrieben durch Kränklichkeit, Dürftigkeit, Einsamkeit. Er ernährte sich vom Schleifen optischer Gläser, in jenen Tagen, wo Versuche, Instrumente zu konstruieren im Vordergrund, ein vornehmes Geschäft. Brachte ihn mit den ersten optischen Theoretikern in Verbindung, auch Leibniz besuchte ihn. Seine Freunde und Schüler suchten ihn zu unterstützen, sein Erbe den Geschwistern überlassen. Er lebte als Chambregarnist, unterhielt sich mit seinen Wirtsleuten (nach der Kirche: nur auf ein rechtschaffenes Leben komme es an). Dilthey legt den wunderbaren Anekdoten von ihm wenig Gewicht bei: Er soll zugesehen haben dem Kampf der Spinnen, gleich als ob seine Theorie von der affektiven Maschine sich darin versinnbildlichte.

Die erste Schrift *Tractatus de Deo et homine eiusque felicitate* enthält bereits pantheistische Lehre. Dann *Tractatus de emendatione intellectus* (unvollendet). Auf äußere Veranlassung entstanden für seine Schule die *Cogitata* über die *Prinzipien* des Descartes.

Erste veröffentlichte (1670) Schrift *Tractatus theologico-politicus* hochbedeutend, behandelt Problem seines Jahrhunderts: das Verhältnis von Kirche und Staat. Durch seine Erziehung auf das *Alte Testament* hingewiesen und mit den jüdischen Autoren vertraut, hat er in diesem Werk die erste großartige Kritik des *Alten Testaments* geliefert. Sie erstreckt sich auch auf das *Alte Testament*, daraus erwuchs ganz neues Verhältnis:

Alle Völker dieser Erde haben Propheten. Prophetie, religiöse Funktion überall mit dem gleichen Rechte, denn die Gottheit ist überall einwohnend: Es gibt eine universale Prophetie; in der Form der Imagination und unter der Macht der Phantasie spricht sie dasselbe aus, was die Philosophen mit Abstraktion. Denn auch die echten Philosophen haben zu ihrem letzten Gegenstande die adäquate Erkenntnis der göttlichen Substanz: Kult muß den Menschen überall freigelassen werden, denn es ist das Höchstpersönliche. Freiheit des Denkens, Glaubens, des Kultes, ein Urrecht des menschlichen Geistes.

Zugleich *Tractatus politicus*, aber unvollendet. Hauptwerk *Ethica ordine geometrico demonstrata*: das Ziel ist im Titel angedeutet. Ein in die Kürze gebrachtes System! Im Grunde wurde es niemals fertig, auch machten die Drucker Schwierigkeiten. Also erst 1677 nach seinem Tode herausgekommen.

[a)] Darstellung des Systems

Der Standpunkt Spinozas und sein Verhältnis zu Vorgängern und Zeitgenossen

Die sogenannte kleine Ethik Spinozas, d. h. sein *Tractatus de Deo et homine eiusque felicitate*, gehört seiner Jugend an; enthält Darstellung des Pantheismus, wie er im 17. Jahrhundert möglich war, ohne die speziellen Züge der großen *Ethik*. Er ist nicht eine Konsequenz, die aus Descartes gezogen, er ist der Ausdruck des Persönlichsten in diesem großen Denker. Er findet die Befriedigung gewährende Weltansicht in der Unterwerfung unter eine universale, allgegenwärtige Macht. Ganz so war es in Schleiermacher, der über Spinoza die bekannten Worte sprach. Nicht anders in Giordano Bruno. – Eine sanfte Hingebung an all das, was als Göttliches er um sich empfand. Das schließt nicht aus, daß die Stoa, die damals in den Niederlanden die Philosophie des Landes war, ihn berührte, daß Theorien Brunos ihn erfüllten: Im Grunde ziehen große Geister nur die Systeme an, die ihrer Gemütsverfassung entsprechen. Die anderen sind papierene Philosophen.

Die nächsten Schriften sind dann Auseinandersetzungen mit der Philosophie der Zeit, besonders Descartes. Jener erste Traktat, er ist geschrieben gleichsam zeitlos. – Dann aber wurde er ergriffen von dem mächtigen, ihm überlegenen Geiste des Descartes: Er stellt seine Philosophie dar und stellt sich in *De intellectus emendatione* dar. Selbe Problem wie Descartes, dann die große Absage (im *Tractatus theologico-politicus*) an alle Bekenntnisse: Eine der unabhängigsten Schriften, die je geschrieben.

Die unerschütterliche Ruhe des Gemütes ist das Ziel der Philosophie, das er endlich im Anfang der *Ethik* aufstellt. Die Einheit von Natur und Geist ermöglicht dem Menschen die objektive Erkenntnis des Wirklichen. Die Gottheit in uns und in allem: Dann kommt ein friedevoller Zustand ins menschliche Gemüt. Den Pantheismus hätte ihm niemand entreißen können, so wenig jemand Descartes hätte zwingen können, Pantheist zu werden, diesen freiheitsmächtigen Menschen.

Das zentrale Problem der Zeit war das Verhältnis des nunmehr erkannten

Mechanismus der Natur zum Geiste: Der Mensch will begreifen, wie die beiden zusammentreffen können in derselben Tatsache im Menschen. Descartes hatte das Problem verschärft, aber er hatte es nicht gelöst. Seine Theorie vom conarium unzureichend. Geulincx hatte Konsequenzen gezogen, deren negativen Teil Spinoza sich schlechthin aneignet: Wechselwirkung ist unmöglich. Daß ein Willensimpuls mich kann gehen machen, ist schlechterdings unmöglich. Dies alles akzeptierte Spinoza. Was sollte er nun an die Stelle dieser Wechselwirkung setzen? Hier tritt die schöpferische Idee ein! Die physische Natur ist ein in sich geschlossenes Ganzes, in welches an keiner Stelle ein psychischer Faktor mitwirkend eintreten kann. Ebenso gibt es ein System der geistigen Tatsachen, „innerer Zustände" (Vorstellungen, Willensimpulse), omnia animata sunt. Kein Rückfall in den Animismus früherer Zeiten:[193] Korrelat der Bewegung sind ganz universell innere Zustände. Eine verwegene Hypothese. Von den größten Folgen: Fechner hat sie aufgenommen. Psychische, geistige, oder wie man sonst will: Zustände: nur nicht darf man Bewußtsein sagen.

Wenden wir dies an auf die Natur des Menschen: Der Mensch ist ein modus, ein Ding. Dieser modus hat zwei Seiten: eine physische – den Körper – und eine Seite, die vorstellt, denkt, will, begehrt und fühlt. Es ist [una] eadem[que] res, das unter dem Gesichtspunkt der Ausdehnung sich bewegt, ernährt, zeugt etc. und unter dem Gesichtspunkt des Denkens begehrt, vorstellt, denkt und will. Und zwar korrespondieren die Reihen des Physischen und die des Geistigen: Jeder physische Vorgang wird repräsentiert durch einen geistigen Vorgang. Denn ordo et connexio idearum est idem ac ordo et connexio rerum. Das ist die Hypothese; man hat sie neuerdings bezeichnet als Hypothese des psychophysischen Parallelismus, der statt Wechselwirkung Korrelation der beiden Seiten einsetzt. Diese Theorie des Parallelismus kann sehr verschieden behandelt und ausgesprochen werden. Bei Spinoza hoch metaphysisch: Sie kann sich abändern zur empirischen Regel leichtester Erklärung.

Diese Theorie geht als Identitätsphilosophie über zu Schelling, Schleiermacher, Fechner (der sie auf festeren, mehr empirischen Boden zu stellen strebte). Und welche Schritte mag nun Spinoza vorgefunden haben auf dem Wege, den er gehen wollte? Es waren die Fußstapfen von Hobbes: Er hatte den Begriff des Momentes und seine Unterbegriffe überhaupt aufgebaut auf das Verhältnis von Kraft und Bewegung: seine Konzeption von minimalen Bewegungen (s. o.). Diese Konzeption ist mit leichter Umbiegung zu Spinoza übergegangen (s. eines der letzten Hefte des *Archivs*).[194] Diese Parallelismustheorie eingefügt in den Pantheismus ergibt folgende Hauptsätze:

Es gibt nur eine allumfassende, ewige, unendliche Substanz: Deus sive substantia sive causa sui. Ihr Wesen ausgedrückt durch unendlich viele Attribute. In unseren Gesichtskreis fallen nur zwei: Ausdehnung und Denken. Und der einzelne Mensch ist [una] eadem[que] res als denkend und als Ausdehnung. Jeder Vorgang in mir ist Bewegung des Denkenden und des Ausgedehnten zugleich. Diese unendliche Substanz äußert sich nun, wirkt sich aus in unendlich vielen Modifikationen, Arten und Weisen zu sein: modi. Ich selbst bin nichts als ein vorübergehender modus dieser natura naturans: wie eine Welle emporgehoben und wieder verschwindend. Nur das eine: animata omnia, aber ich begreife die Gottheit in einer adäquaten Erkenntnis, nach kausalem Zusammenhange.

[b)] Darstellung des Systems selbst

I. Die erkenntnistheoretische Grundlegung

Die Schrift *De emendatione intellectus* und die Axiome der *Ethik*

Die gewöhnlichen Darstellungen lehren[195] die *Ethik* als ein System zu betrachten, das keiner weiteren Voraussetzung bedarf. Aber augenscheinlich bleibt die Berechtigung, mit solchen Definitionen und Axiomen anzufangen, ganz unbegründet. So erscheint Spinoza als der größte Dogmatiker. Dilthey hat in vielen Abhandlungen erörtert, daß die Schrift *De emendatione* die Voraussetzung der *Ethik* ist. Dies durch Stellen belegt: So stellt sich nun das System des Spinoza ganz anders dar, es wird dem cartesischen in hohem Grade ähnlich. Er begründete erst das Recht, in geometrischer Weise vorzugehen. Die Schrift *De emendatione* stellt an den Beginn das Streben jedes Menschen nach dem höchsten Gut. Auch hierin liegt die Introduktion zur *Ethik*, die auf Zufriedenheit der Seele gerichtet. Diese kann keine Religiosität an und für sich demjenigen geben, in dessen Natur das Bedürfnis des Erkennens als ein Feuer brennt: Wo dies erwacht ist, befriedigen die Propheten nicht mehr. Solche Gesandte Gottes gibt es bei allen Völkern, die mit der Macht der Einbildungskraft von der Gottheit reden. Der Philosoph aber empfindet das Bedürfnis der Beweisbarkeit: Ihr Streben ist, Vollkommenheit durch erkenntnismäßiges Handeln zu suchen. Also muß im Intellekt die Möglichkeit sein, mit seinem Denken das Wirkliche zu erreichen. Diese Voraussetzung hatten alle alten Metaphysiker gemacht; sie zu begründen hatte Descartes unternommen: Spinoza folgt ihm.

Convenire der Idee mit dem ideatum ist Merkmal des Erkennens. Hier treten dem Denken die Skeptiker gegenüber, die dieses Band zerreißen. Wenn jemand diesen inneren Zusammenhang in Frage stellt, so ist der Beginn seines Denkens sein Schluß: Ein solcher kann nicht einmal sagen: ich zweifle. So lassen wir die Skeptiker stehen: nicht als könnten wir sie in letzter Instanz widerlegen. Spinoza also versteht den Standpunkt wohl. Er aber sagt: Ich finde ein Merkmal, das die wahr erscheinenden unterscheidet von den irrig scheinenden

Sätzen: Das ist die Evidenz, die schon Descartes herausgehoben hat. Das ist eine Tatsache letzter Instanz.

Welche Sätze enthalten eine solche Evidenz? Nicht die in der Erfahrung gegebenen Wahrnehmungen (denn – Descartes – sie täuschen mich in vielen Fällen). Also Evidenz unabhängig von Erfahrung zu suchen. Schon Descartes hatte sein System auf die Autonomie des denkenden Subjektes gegründet. Bacon und Hobbes treten nun auf: Solche Wahrheiten erkenne ich, indem ich aus den einzelnen Tatsachen die universalia heraushebe. Analytisch finde ich letzte Relationen, die nicht getroffen werden von der Realität der sinnlichen Qualitäten: einfache Elemente. Spinoza will nicht die Erfahrung aus dem Universum wegtun, aber sein Augenmerk richtet sich nur auf die in aller Erfahrung enthaltenen Relationen. Diese simplicia sind es, die die Grundlegung aller Erkenntnis erst ermöglichen (Aristoteles, Platon, Kant).

Welche simplicia solcher Art kann ich auffinden? Es sind nicht die substantialen Formen oder Ideen. Diese heben Descartes, Bacon etc. gänzlich auf; in dieser Hinsicht sind sie Nominalisten. Jene substantialen Formen sind dahin für alle Zeit. Die Analyse findet: substantia et accidens, Kausalgesetz (logisch und real), die Axiome der Arithmetik, die logischen Denkgesetze: die letzten Rückstände aller menschlichen Erfahrungserkenntnis. Als Axiome sind sie nur Relationen, nur Beziehungen. Nur daß sie bei Spinoza substantialisiert auftreten – an der universellen Substanz. Und deshalb ist er zum Schema geworden für alle anderen: Schelling, Goethe, Johannes Müller. Eben dieses Schema des Universums ist das Große an ihm. Hieraus ergibt sich die Aufgabe: Durch diese simplicia wird die Wirklichkeit konstruiert werden müssen (Schwätzer machen sich lustig über die „konstruktiven Philosophen", die aus wenigen Begriffen alle Möglichkeit ableiten wollen). Metaphysiker der härtesten Art ist Spinoza; aber an solchen Blödsinn hat weder er noch Hegel noch sonst ein Metaphysiker gedacht. Natürlich bleibt die Erfahrung immer die Grundlage.

Jede universale Relation ist in meinem Bewußtsein ein Notwendiges: daher Charakter aller simplicia diese Notwendigkeit. Alles, was geschieht, ist notwendig.

Also Aufgabe der Philosophie, Zusammenhang zu entwickeln, in welchem die in der Erfahrung gegebene Wirklichkeit aus Definitionen und Axiomen konstruierbar gemacht würde. Dies ist es, was gemeint ist in *Ethica more geometrico demonstrata!*

Ex data causa determinata necesssario sequitur effectus.[196]

A cognitione causae dependet cognitio effectus.[197]

Das ideelle Prius in der Wirklichkeit muß auch im Denken das Prius sein. Hier Wurzel der Irrtümer Spinozas: Alles Denken geht von den Akzidenzien auf die Substanzen. Aber es ist eine Chimäre, aus wenigen Ursachen die gesamte Wirklichkeit metaphysisch ableiten zu wollen.

Quae nihil commune cum se invicem habent, etiam per se invicem intelligi non possunt:[198] Wenn Denken und Ausdehnung nichts im Begriff gemeinsam haben, kann auch keine Wechselwirkung stattfinden. – Das müssen wir nun annehmen als Voraussetzung alles folgenden.

Zwei Substanzen, die ein Attribut haben, sind nicht verschieden, fallen zusammen. – Dilthey: Warum sollte nicht derselbe Tatbestand mehrmals gesetzt werden?

Spinoza schließt nun: Ist die Substanz in sich begründet und wird sie durch sich begriffen, so kann es nur eine Substanz geben. Gäbe es mehrere, so müßte die eine die andere hervorgebracht haben, oder sie müßten von Anfang an nebeneinander existiert haben. Im ersten Fall wäre die zweite Substanz nicht mehr Substanz.

Zweiter Fall: a) Haben sie dieselben Eigenschaften, so sind sie identisch. Haben sie verschiedene, so müssen sie einander einschränken: Das ist wieder nicht möglich: also nur ein einziges in sich selbst gegründetes, substantial unabhängiges Wesen. Diese indirekten Beweisführungen allein aber lassen den Ursprung nicht deutlich sehen. Vielmehr sind alle diese Gedanken abhängig vom ens realissimum (der neuplatonische Begriff des ἄ, das meine Schranken enthält). Alle Determination wäre Veränderlichkeit. Diese Vorstellung von den Neuplatonikern, Scholastik (Bruno), Spinoza. Ein religiös konzipierter Begriff eines unendlichen Wesens beherrscht stillschweigend sein ganzes Denken. Also eine Widerlegung der Atomistik liegt hierin durchaus nicht. Dieses ἄ ist der Träger der Relationen, die in der Welt verwirklicht sind.

II. Die Metaphysik

1. Die Grundbegriffe der Metaphysik

Spinoza beginnt mit einer Reihe von Definitionen und Axiomen. Ad definitionem 1. Also: es gebe einen letzten Begriffe in dem die Existenz enthalten ist. Welcher wird es sein? Die causa sui: Die Erkenntnistheorie zeigte, daß das Kausalgesetz die gesamte Wirklichkeit beherrscht. Auch das Verhältnis der Substanz zu den endlichen Dingen wird diesem Verhältnis unterworfen. Gott determiniert den gesamten Kausalzusammenhang der endlichen Welt: eine Ursache, die mit Notwendigkeit diesen Nexus der Dinge bewirkt. Es muß aufgefaßt werden als in einem höchsten Prinzip begründet. Diese höchste und letzte Ursache ist dann von keiner Ursache außer ihr abhängig: eine Ursache, die nicht erwirkt ist.

Definitio 2: die causa sui aufgefaßt unter einem anderen metaphysischen

Begriff: substantia. Substantia und causa sui fallen zusammen und sind nur im Begriff getrennt. In-sich-Sein ein Bild, von räumlichen Verhältnissen hergenommen: Die Substanz ist nicht wieder ein Akzidens von anderen. Zu diesem Begriff der Substanz tritt dann die weitere Bestimmung hinzu, daß sie durch sich vorgestellt wird. – Aristoteles hatte Substanz doppelt begründet. 1. Metaphysisch: Substanz das, an dem Akzidenzien sind, das aber selbst nicht Akzidens. 2. Logisch-grammatisch: das, von dem prädiziert wird, das selbst aber nicht Prädikat [ist]. – Ein Begriff, der Erfahrung entnommen und ihr entsprechend.

So liegt im Substanzbegriff des Spinoza: daß sie selbst nicht determiniert werden kann (in se est). Bereits die Entscheidung über die Gestaltung seines Systems. Cf. Axiom 1. Jeder von uns findet sich als ein selbsttätig Lebendiges, aber doch ein von außen Bedingtes: Das alles zerstört Spinoza; er zerstört das ganze gesunde Denken des Descartes.

An der Substanz unterschied man wesenhafte Eigenschaften (Attribute) und zufällige (modificationes, modi). Spinoza: Per attributum intelligo id, quod intellectus de substantia percipit, tanquam eius[dem] essentiam constituens.[199] Das Attribut ist der vom Verstand entworfene Begriff, der eine Wesenseigenschaft der Substanz ausdrückt. (Falsche Auffassung, daß der Ton auf dem quod intellectus etc. liege.)

Wir haben also behauptet, daß die Substanz voneinander verschiedene Wesenseigenschaften besitzt, ohne Beweis.

Per modum intelligo [substantiae affectiones, sive] id, quod in alio est, per quod etiam concipitur.[200] – Gibt es Substanz, so gibt es auch solches, was an der Substanz veränderlich auftritt. Daß dies durch die Substanz verstanden werden soll, ist ein ungeheuerlicher Anspruch.

2. Die Ableitungen des Satzes: Es gibt nur eine Substanz

Die Kategorien des Weltverständnisses sind entwickelt. Jetzt soll aus ihnen die Struktur des Universums deduziert werden: nämlich eine Substanz, an der alles andere [ist]. Dieser Satz ist vorher in dieser Formel von den Pantheisten noch nicht gefaßt worden. Das erste Fundament finden wir an der Hand des spinozistischen Satzes: Omnis determinatio est negatio,[201] damit sind wir im Neoplatonismus (ἕν, ἄν) und den Scholastikern, bei Plotin, Eckhart, den Viktorinern (Mystikern), bei Giordano Bruno. Dieser: Es gibt nur eine Substanz, sie determiniert alles.

Spinoza geht über den Neoplatonismus hinaus: Dieser war eine religiöse Konzeption. Jetzt: Der Inbegriff der Wirkungen der göttlichen Substanz deckt sich mit der Substanz selbst. Die Gleichung zwischen Gottheit und Welt ist die Formel des strengen, strikten Pantheismus. Der Gedankenzusammenhang der menschlichen Weltansicht gibt die Formel: Wenn alles determiniert [ist] und auch zwischen Gott und Welt [ein] Kausalzusammenhang [besteht], wenn das Verhältnis der Kausalität die Gleichung ist zwischen Ursache und Wirkung, dann deckt sich die endliche Welt mit dem Grund dieser endlichen Welt. Natura naturans und natura naturata sind eines.

Dieser selbe Satz ergibt sich aus der mechanischen Denkweise jener Tage. Sie fordert, daß die Wirkung ganz aus der Ursache verstanden werde, daß eine Gleichung zwischen ihnen bestehe: Spinoza wendet auf den Begriff des Einen Unendlichen an die kausale und logische Notwendigkeit, die bestehe zwischen den Ursachen und Wirkungen der endlichen Welt: Pantheismus ist die Unterwerfung des Verhältnisses zwischen Gott und Welt unter den kausalen und logischen Zusammenhang.

Da ist kein Atomismus, kein Idealismus der Freiheit mehr!

Davon nun ganz verschieden ist die indirekte logische Argumentation, mit der er dieses Verhältnis beweist: Sie beruht auf den fingierten Demonstrationen.

Es gibt nur eine Substanz, bewiesen dadurch, daß jede andere Möglichkeit ausgeschlossen. Gäbe es mehrere, so zwei Möglichkeiten:

1. Die eine bringt die andere hervor: Dann [ist] die zweite nicht in sich, sondern abhängig und bedingt von der anderen, dann ist sie nicht mehr Substanz. (Ruht also nur auf dem fingierten Begriff von Substanz. Descartes hatte einen ganz anderen.)

2. Es gibt mehrere ursprüngliche Substanzen nebeneinander: a) Sie haben dieselben Attribute, b) sie haben verschiedene. (Man setze als konkrete Vorstellung, daß die Atomistik Demokrits widerlegt werden solle.) a) Dann sind sie nicht zwei, sondern eine, b) dann würde der einen fehlen, was die andere hat, diese würde also von jener bestimmt.

Diese fadenscheinigen Argumentationen beweisen seine Metaphysik nicht: Sie fließt aus der Tiefe seiner Persönlichkeit.

Wieder ein großes Resultat für Ihr eigenes Denken: Gewiß, der Pantheismus ist eine Weltansicht, die ihr Recht hat in der Gemütsverfassung, der sie entspringt, demonstrabel ist sie nicht.[202]

3. Die Substanz ist Gott. Polemik gegen die bisherigen Gottesbegriffe

Die Beweisführung dafür, daß die Substanz existiere, ist im System des Spinoza eigentlich unnötig. Existere ist Macht: Also folgt, daß in der absoluten Ursache, Gott, die Existenz notwendig enthalten sein muß.

Jetzt handelt es sich darum, die einzige Ursache und einzige Substanz zu identifizieren mit der Gottheit. Dies geschieht: 1. Die Substanz ist unendlich (sonst müßte sie von anderen begrenzt sein). Je mehr Attribute, desto mehr Realität. Das ist willkürlich: Plotin: Die Gottheit hat gar kein Attribut. Für Spinoza aber besteht sie aus unendlich vielen Attributen, deren jedes eine ewige und unendliche Wesenheit ausdrückt: Per Deum intelligo ens absolute infinitum.[203] Dieser Begriff beruht darauf, daß Gott gedacht wird als das vollkommenste Wesen: dieses aber dasjenige, das keine Grenzen einschließt, keine Spur von Endlichkeit und Bestimmtheit in sich trägt. Dies der neuplatonisch-mystische Begriff. Das übersteigt weit alle Grenzen unseres Denkens. Personalität aufgegeben. Für Spinoza charakteristisch: Omnis determinatio est negatio. (Unser gesunder Verstand sagt uns, daß nichts existieren kann als positiv Bestimmtes.)

Identifikation von Substanz und Gott. Mittelglied: Gott ist grenzenlose, unendliche Macht, d. h. höchste Realität, diese wird zur Essenz der Gottheit selbst: Ens realissimum ist Gott. Der Inbegriff aller endlichen Dinge wird die Gleichung der Gottheit sein: jedes einzelne aber die Negation. Die Vollkommenheit im Universum ist Realität und Macht. Diese Begriffe sind das Rückgrat dieses Pantheismus. Darauf beruht, daß Vollkommenheit im Menschen möglich ist: Alles Schöne, Edle, Ethische ist nun aufgelöst in den dürren Begriff von Realität und Macht.

Gott ist sonach ein einziger, absolut, unendlich, absolute Substanz, causa sui. Hieraus folgt der Charakter des Weltzusammenhanges: In ihm [ist] Gott die causa sui, die nach dem logischen und kausalen Gesetze schlechthin notwendig wirkt. Dieser Zusammenhang, der schlechthin notwendig, ist frei: Frei ist Gott, weil er durch nichts determiniert ist. Gott handelt notwendig, weil er nach den Gesetzen seiner Natur handelt, er handelt frei, weil er a nemine coactus. Er ist natura naturans, wirkend unablässig in der natura naturata. Diese ist nichts als modi an der unendlichen Substanz. Also die natura naturata immanent der natura naturans: wie die weiße Farbe der Kreide. Deus est omnium rerum causa immanens; non vero transiens.[204]

Also Deus = natura = substantia = causa sui.

In diesem göttlichen Zusammenhang gibt es keinen Zufall und keine Freiheit. Daher eine Polemik gegen die christlich theistische Gottesvorstellung wie seit Karneades nicht. Ad Dei naturam neque intellectum neque voluntatem pertinere.[205] Denn wäre Gott Intellekt, so müßten die Gegenstände, die er denkt, außer ihm, also von ihm verschieden sein. Ebenso setzt der Wille ein Bedürfnis voraus. Intellekt und Wille auf die Gottheit angewandt nur Name.

Es gibt in der Ordnung der Dinge keinen Zweck, keine Schönheit, kein Gutes. Naturam evertit, sagt er vom Zweck: Er stellt die Welt auf den Kopf. Gottes Unendlichkeit kennt keine Zwecke. Am wenigsten wird man mit dem *Alten Testament* (gegen das er immer aufs heftigste polemisiert hat) der Gottheit Affekte zuschreiben.

4. Die unendlich vielen Attribute, deren jedes das unendliche Wesen
Gottes ausdrückt. Denken und Ausdehnung
(In der oben angeführten Definition liegt durchaus keine erkenntnistheoretische Schranke angedeutet.)
Das Antlitz der Welt enthält sowohl Ausdehnung als das Denken. Sie gehören nach Descartes ganz verschiedenen Regionen an, sie lassen sich nicht aufeinander zurückführen. Spinozas Begriff der Substanz erfordert unendlich viele Attribute: Sie sind die Ausdrucksweisen der Substanz (nicht wie Kuno Fischer: Kräfte; nicht wie Erdmann: Auffassungsformen für den Intellekt).[206] Es gibt nur zwei Attribute für uns? Wo bleiben die anderen? Es gibt also doch keine adäquate Erkenntnis.
Das Denken ist Spiegel jedes Attributs. Wir aber haben nur den Spiegel für die Ausdehnung. (Aber dann gibt es keine adäquate Erkenntnis, immer nur sub specie humanae naturae.) Allem Ausgedehnten ist ein Denken zugeordnet: Omnia animata sunt. Das muß er konsequenterweise behaupten. Begreiflich ist das Verhältnis: Es ist ja überhaupt nur eine Metaphysik, die erweiterte Auflösung des anthropologischen Problems. Der Mensch ist una eademque res unter Attribut des Denkens und der Ausdehnung (Fechner: Innenseite und Außenseite).[207]

5. Die unendlichen und endlichen modi. Der modus Mensch
Die unendliche Substanz wirkt sich aus in den modi: Diese sind erstens Systeme, Verkettungen, die den Attributen entsprechen: ordo et series rerum und ordo et series idearum. Sonach gibt es ein unendliches System der Bewegung und Ruhe (ein merkwürdiger Punkt in seinem System; in seinen theologischen Schriften: der Begriff des unendlichen Verstandes, Streitfrage).
Dieser unendliche Verstand und diese unendliche Bewegungsordnung existieren zugleich mit den einzelnen endlichen modi. Diese sind die Wellen auf dem Ozean der Substanz. Er nennt sie auch Teile Gottes, die ihre Wahrheit und Geltung nur im Ganzen haben.

[6.] Der Mensch, die imaginatio, die Affekte, der Verstand, die adäquate
Erkenntnis und die Liebe Gottes
Hobbes könnte die Worte, mit denen Spinoza die Darstellung des Menschen beginnt, ebensogut gesprochen haben. Er stellt ihn streng in den notwendigen Kausalzusammenhang hinein. Die moralischen Begriffe verschwinden für ihn ganz. Der Mensch gehört in die Natur: Man kann ihn nach geometrischer Methode behandeln. Die Gesetze der Natur sind ganz allgemein: Affekte des Hasses und Zornes folgen mit genau derselben Notwendigkeit wie alles andere.

Alle endlichen Leidenschaften sind sub specie aeterni dem Gesetz der gesamten Natur unterworfen. „Jenseits von Gut und Böse" ist also kein neuer Gedanke Nietzsches, er ist Grundgedanke bei Spinoza, Hobbes; bei Nietzsche sind es Einfälle (sentiments).

1. Der Mensch ist ein Ding, eadem res, eine Einheit, er besteht nicht aus zwei Substanzen: zwei Seiten derselben Sache sind Körper und Bewußtsein.

2. Die imaginatio und die Affekte; dieser modus Mensch ist ein System von körperlichen Vorgängen, die von Bewußtseinstatsachen begleitet sind. Daraus erklärt sich der Irrtum, der sonst unbegreiflich bliebe: Das Bewußtsein ist Spiegel der physischen Tatsache Mensch. Wäre er Gott, so würde die Repräsentation in der Vorstellungswelt eine adäquate sein. Nun aber ist der Mensch Einzelwesen, determiniert. Diese φύσις Mensch erzittert gleichsam beständig unter dem Druck und dem Stoß dieser Bewegungsvorgänge: Die Repräsentation erstreckt sich nur auf die eigenen Körperzustände (modern: nur was im Gehirn geschieht).

Hieraus folgt, daß diese Erschütterungen nicht adäquat vom menschlichen Bewußtsein repräsentiert werden. So ist das Bild, das die Wahrnehmung von dem Universum bildet, ein dunkles, zufälliges, rhapsodisches. Wenn wir wahrnehmen, so nehmen wir von unserem Standpunkt aus wahr: Wir sind uns der Mittelpunkt der Welt. Und das ist nun das Unsinnigste. Die Betrachtung der Dinge, die hieraus entspringe, ist der Standpunkt der Imagination. Die Grundnatur des Menschen ist der Drang, die Begierde, das Streben nach Macht: una quaeque res, quantum in se est, in suo esse perseverare conatur.[208] Jeder modus ist nämlich ein modus an der Substanz, nimmt also Teil an dem in se esse der Substanz, aber nur insofern er strebt, sich selbst zu erhalten. Der dunkle Drang der Selbsterhaltung ist die Natur des Menschen; in ihm allein gelangt er zur Repräsentation im Bewußtsein. Dies Bewußtsein nennen wir Begierde. Inmitten des Nexus der Dinge sich zu erhalten ist ihr Ziel. Dieser hemmt bald, bald fördert er. Ein Tier oder eine Lokomotive bedrohen meine Selbsterhaltung, alle Arten von Genußmitteln verstärken sie. Die Einschränkung der Selbsterhaltung ist der Schmerz (tristitia und umgekehrt). Sonach gibt es drei Grundzustände: Freude, Schmerz, Begierde. Alles ist aus diesem Ursprünglichen zusammengesetzt. Die Lehre von der Egoität haben wir verfolgt von den Tagen des Thrasymachos, Kritias bis zu Hobbes. An ihn schließt sich schlechthin Spinoza.

Wie entsteht aus diesen drei Zuständen der Reichtum des Lebens? Durch den Mechanismus der Gemütszustände, der dem Physischen entspringt. Er schafft den Glanz des Seelenlebens. Er hat drei Arten von Grundgesetzen:

1. Wir gehen als denkende Wesen dem Kausalverhältnis nach, das zwischen unseren Zuständen und äußeren Ursachen besteht: So werfen wir auf die Ursache unseres Schmerzes den Haß. (Er ist die Traurigkeit, begleitet von der Vor-

stellung ihrer Ursache. Die Liebe ist die Lust, begleitet etc.) Dies Spiel wirkt mit mechanischer Kraft immer weiter: Was eine gehaßte Person fördert, hassen wir ebenfalls; wir können nicht anders nach dem mechanischen Gesetz der Affekte, es ist absolut notwendig. (Er haßt bis ins dritte und vierte Glied: Bei Spinoza sind die Glieder nicht abzuzählen.)

So schwach wir sind, so der Zukunft preisgegeben, bewegt aus Hoffnung (Vorstellung künftiger Freude) und Furcht (ebenso). Nun greift ein zweites mechanisches Gesetz in unsere Seele ein:

2. Es treten in unserem Bewußtsein miteinander verkettet die Zustände auf: So verbinden sich die Gefühle der Lust, die A hervorgerufen, auch mit B, der gar keine Lust hervorgerufen hat. Das sind die rätselhaften Sympathien und Antipathien.

3. Nicht recht begründetes Gesetz: die Sympathie, die ich mit anderen, mir fremden Gefühlszuständen habe, z. B. Mitleid (es wäre bisher nicht erklärt). Aber der Zustand des Leidens stimmt überein mit der Vorstellung meiner eigenen Verwundbarkeit. So fallen für mich diese Zustände: Die erfahrungsmäßige Vorstellung wird durch die Wahrnehmung reproduziert, ich empfinde auch Schmerz. So entsteht Mitleid und ebenso Mitfreude. Das ist der Mechanismus der Affekte. Der Mensch muß also unglücklich sein, denn er lebt in der Knechtschaft der Affekte (de affectione sive de servitute humana).[209] Ein endloser Kreis: Ein Affekt kann immer nur durch einen Affekt überwunden werden. Das ist unzweifelhaft richtig (Hobbes zuerst und Spinozas Verdienst): Nicht die Einsicht überwindet den Affekt (sie ist nur das Mittel), es ist nur der ruhige, milde Gemütszustand.

Der Mensch, wie er so ist, als ein Sklave seiner Affekte, besitzt also in sich ein logisches Vermögen. Damit kommen wir auf die zweite Stufe: die ratio (ganz wie bei den Mystikern und Neuplatonikern), das Vermögen zu reflektieren über Ursachen und Wirkungen in diesem Spiel unserer Zustände. Daraus entsteht die Regel für eine richtige Lebensführung (die die Folgen einsieht).

In dem Krieg aller gegen alle fühlt sich der Mensch vermöge der ratio glücklich; er endet diesen Krieg und tritt in den Staats- und Rechtszustand. Entwicklung der Staatsideen unterscheidet sich vom oligarchischen System des Hobbes. Der republikanische Niederländer: Der Mensch besitzt unaufhebbare Grundrechte, die er mitbringt in den status civilis.

Die dritte Stufe der Zuständlichkeit des Menschen ist die adäquate Erkenntnis und die Liebe zu Gott. Dies ist die dritte Stufe (1. Imagination und Intellekt, 2. ratio): cognitio adaequata; amor Dei.

Kraft ist Vollkommenheit. Sittlichkeit ist ein Wort für Macht, Kraftquantum. Auch innerhalb der ratio also hat dieses Ziel des Lebens nicht aufgehört. Der Verstand muß anerkennen, daß die minderen Affekte nicht Tugenden sondern

Laster sind: die christlichen Laster: Reue, Mitleid etc., morsus conscientiae ein nutzloser Rückblick in die nie wiederkehrende Vergangenheit. Nun aber treibt der Gang des menschlichen Intellektes auf eine höhere dritte Stufe. Hier eine Art von Umkehrung der menschlichen Natur: zwar ihre Grundlagen nicht abänderbar, die ratio ist der Zustand des rechnenden Denkens; aber über ihr die adäquate Erkenntnis, denn das eine Grundeigenschaft des menschlichen Intellektes. Es gibt im menschlichen Geist Begriffe, die nicht teilhaben an dem Zufall der sinnlichen Wahrnehmung und ihrer Partikularität, die unter dem ganzen Attribut der Ausdehnung und des Denkens sind: Diese sind in jedem Teile, sind allgemeingültig. Damit zusammenhängend: Die imaginatio entstand daraus, daß nicht adäquat erkannt [ward], was zum Körper nicht gehört: Diese Begriffe aber (von Ruhe, Bewegung, räumlichen Verhältnissen) sind ganz allgemein, das sind nicht Zufälligkeiten, nicht Partikularitäten, das sind die Weltgesetze, die die physische und geistige Welt beherrschen. Indem sich der menschliche Geist ihrer bemächtigt, tritt er in den Bereich der vollkommenen Erkenntnis, imaginatio und ratio bleiben hinter ihm. Dieser Intellekt bewegt sich in der Region der Äternität. Indem der menschliche Geist an dieser Gesetzlichkeit Anteil nimmt, verewigt er sich gleichsam selbst. Er befreit sich jetzt von den Affekten, die ihn bis dahin plagten, denn sie entsprangen aus den Relationen zur Umgebung. Diese erkennen wir jetzt als unwichtig: Wir begreifen die allgemeine Determination. Wir wenden uns in Liebe der Grundkonzeption zu, die uns befreite von diesen Zuständen. Die Gottheit umfassen wir mit einer intellektualen Liebe, nichts mehr von Personifikation. Wir sind pars Dei. Wir sind ein Teil der Substanz, Gott liebt in uns sich selbst: die Liebe, mit der der modus Mensch die Gottheit liebt. Damit endet dieses System: Die Ruhe des Gemüts zu suchen strebte es. Spinoza hat sie gefunden im amor intellectualis Dei. (Das metaphysischste der Systeme.)

[6.] Locke

Von den Niederlanden geht die Führung an England über.

Mit der Landung Wilhelms von Oranien beginnt die Versöhnung (s. o. Hobbes): Der Friede zieht ein. Von jenen Tagen beginnt Englands kontinuierliche, große Entwicklung. Der realistische Roman. Wochenschriften.

Neben dem großen Oranier stehen zwei außerordentliche Männer: Begründer der modernen Mathematik Newton, der große Analytiker des menschlichen Geistes John Locke.

In persönlichen Beziehungen zum Oranier, dem er der Theoretiker der Volkssouveränität, der Gewissensfreiheit. Seine Schriften begleiten die großen politischen Aktionen seiner Zeit. Daneben wächst langsam das große Werk *Über den menschlichen Verstand*, das eine Revolution im menschlichen Geist hervorrief. Der große Gedanke: vor allen systematischen Versuchen die Grenzen des menschlichen Erkennens zu untersuchen. Der Streit vieler Jahrhunderte über metaphysische Systeme kann nur geschlichtet werden, wenn man sich fragt: Welchen Ursprung, Wert, [welche] Grenzen hat die menschliche Erkenntnis? Jeder sollte sein Werk lesen (weitschweifig, aber mit unerreichter Deutlichkeit). Zur Einführung das Beste.

Untersuchungen über den menschlichen Verstand

1. Widerlegung der angeborenen Ideen

Alle Metaphysik der vergangenen Zeit ruht auf dem Satze: Es gibt Erkenntnisse, die dem menschlichen Geiste a priori einwohnen. Locke dagegen: Idee ist dasjenige, was ein Objekt des Verstandes ist. Dies wieder ist das, was vor dem Bewußtsein als sein Gegenstand steht, dies endlich ist bewußt. Unbewußte Idee im Widerspruch. Nun sollen die Menschen diese Ideen besitzen, bevor sie Erfahrungen zu machen beginnen. Wie soll das möglich sein? Sie können nicht angenommen werden. Wenn wir in der Reihe der Erfahrungen zurückblicken, so sind konkrete Gegenstände das erste. Der Fortgang geht vom Konkreten zum Abstrakten. Dies ist das spätere: erst räumliche Gegenstände, dann der Raum, erste Dinge, dann Substanz. – Die Metaphysik dreht das Verhältnis um: Sie setzt als erstes, was nur Produkt der Erfahrung. Wilde und Kinder besitzen sie nicht. (So schon Cicero: die einwohnenden Begriffe bei allen Völkern gleichmäßig; aber er kannte nur Kulturvölker.) Daneben noch andere Argumente.

Argumentation unzureichend. Gegenschrift von Leibniz: *Nouveaux essais sur l'entendement humain*. Es gibt Begriffe, die langsam heranreifen im Laufe der Erfahrung zur vollen Bewußtheit (cf. Kant: Kategorien sind Funktionen des menschlichen Geistes). Gegen beide der Engländer flach.

[2. Analysis der Vorstellungen als die Methode, aus ihrem Ursprung ihren Erkenntniswert abzuleiten[210]]

Jetzt[211] sucht Locke den Tatbestand des Bewußtseins zu analysieren.

Materie der menschlichen Erkenntnis sind äußere Wahrnehmungen; dazu innere. Form der Erkenntnis: Wir nehmen wahr, behalten, vergleichen, unterscheiden, verbinden, trennen, abstrahieren. Durch diese Wirksamkeit entstehen die zusammengesetzten Gebilde: 1. modi, 2. Substanzen und 3. Relationen. Dies im einzelnen abgewogen.

Gesetzt, die Seele sei, wie man sagt, ein leeres, unbeschriebenes Papier, so kann hieraus der Inbegriff all unserer Erkenntnisse abgeleitet werden: nämlich aus der Erfahrung.

1. Der Stoff der menschlichen Erkenntnisse in der Erfahrung. Unterschieden: innere und äußere Erfahrung: Reflexion und Sensation. Wie äußere Sinne, so auch ein innerer Sinn (Begriff spielt bei Kant Rolle). Seine Tätigkeit: Reflexion. Richtung auf die äußeren Objekte der Seele natürlich. Der Mensch lebt zunächst in den äußeren Wahrnehmungen. Sonach der natürliche Entwicklungsgang: Eindrücke aus der Erfahrung aufgenommen, verbunden etc. Dann aber beginnt sie auf sich selbst zu reflektieren:

a) Die sinnlichen Empfindungen und Wahrnehmungen. Zahl der Sinne begrenzt. Unser Erkenntnisvermögen hat also seine erste und ursprünglichste Schranke in den Sinnen (Voltaires Roman *Micromégas*, Lessings *Erziehung des Menschengeschlechtes*). Wahrnehmung teils aus einem Sinn, teils aus Zusammenwirken mehrerer. „Dichtigkeit" haben wir aus dem Grundsinn, dem Tastsinn: Er gibt uns Kunde von einer Welt, die von uns verschieden ist. Er verbindet sich mit Gesichtssinn: Gestalt, Ruhe, Bewegung, alle mechanischen und geometrischen Verhältnisse: dies die primären Einsichten. Daneben die sekundären Eigenschaften der Dinge, die ganz verschiedenen Wert haben. Die primären haben objektive Bedeutung, behauptet Locke wie Descartes. Die sekundären dagegen entspringen als der Schein, der in die Sinnesorgane eintritt als die subjektive Wirkung der primären Qualitäten.

Ein Gefühl der Lust als mein Gefühl ist ein objektiver Tatbestand: Aller Inhalt der inneren Wahrnehmung hat objektive Realität. Die inneren und äußeren Wahrnehmungen verbinden sich zu Begriffen, die beiden Bezirken angehören: Dasein etc.

b) Die Mittel der Seele, den Stoff der Eindrücke zur Erkenntnis zu erheben. Die Position der Stoa von Locke erneuert: Erkenntnis entspringt, indem der Stoff durch die formalen Tätigkeiten des menschlichen Geistes verbunden, gegliedert wird.

Vom Tierreich unterscheidet sich der Mensch durch die Fähigkeit, die formalen Tätigkeiten konsequent anzuwenden, und zwar: Diese Verbindungen sind ebenso wirksam in den Wahrnehmungen wie im Denken: Intellektualität der Wahrnehmungen (von Descartes gesehen, von Locke ausgesprochen, von Schopenhauer für sich usurpiert).

1. Das erste Vermögen ist das der Wahrnehmung selbst: Fähigkeit, äußere Zustände sich zum Bewußtsein zu bringen. 2. Das Gedächtnis ist die Vorratskammer unserer Vorstellungen. Locke erkennt, daß Vorstellungen ganz aus dem Gedächtnis entschwinden können. Grund: Mangel an Aufmerksamkeit, physische Eigenschaft etc. 3. Das Unterscheidungsvermögen, das Vorstellungen

aneinander hält: Scharfsinnige Naturen unterscheiden; andere, witzige, kombinatorische Köpfe, finden Analogien und Relationen. Dies die eigentlichen, ursprünglichen Verstandestätigkeiten des Menschen. Das Tier besitzt sie nur in geringem Grade.

4. Abstraktion (unterscheidet den Menschen am deutlichsten vom Tiere). Sprachzeichen fixieren, was wir gleich an einer Anzahl von Wahrnehmungen gefunden haben: also ein Hilfsmittel der Abstraktion.

Zusammenwirken des Stoffes mit den vier formalen Kräften (Durchführung obiger Analyse äußerst fein). Ihr Werk:

c) Die zusammengesetzten Vorstellungen. Drei Klassen im Anschluß an die Stoa: 1. die Bestimmungen oder Akzidenzien, 2. Substanzen, das Zusammenhaltende, Reale, 3. die Relationen zwischen ihnen. Die Welt der zusammengesetzten Vorstellungen sind Substanzen mit Bestimmungen und Beziehungen: Sie sind das Werk der formalen Tätigkeiten an den Erfahrungen.

1. Bestimmungen: a) gemischte, z. B. Schönheit, Zusammensetzung von Farbe und Gestalt und von ihnen erzeugtes Vergnügen. Oder Diebstahl (es liegt hier ein Verhältnis im Begriff). b) Raum und Zeit. Der Raum ist eine Eigenschaft von Substanzen. Keine Realität. Homogene Eindrücke sind in der Raumvorstellung miteinander verbunden. Entfernung, Ort sind in dem Raum enthalten. Die Teile des Raumes sind homogen. Zeit ebenfalls einfache Bestimmung: zusammengesetzt aus homogenen Eindrücken; Grundform derselben die Dauer und die Sukzession. Zwischen den Gliedern der Zeit setzen wir Abstände. Die Abfolge der Vorstellungen hat in den verschiedenen Individuen einen ganz verschiedenen Grad von Geschwindigkeit. Ein Gedanke, den Karl Ernst von Baer[212] feinsinnig ausgeführt hat. Begriff der Ewigkeit entsteht durch Fortschreiten und Aneinandersetzen, ohne Grenze gedacht. Zeit und Raum zeigen nun folgende Analogien: Beide sind kontinuierlich, ohne Grenzen fortführbar, beide gehören den sinnlichen Wahrnehmungen an.

Weitere homogene Zusammensetzung unserer Eindrücke ist die Zahl. Sie entsteht durch die Sonderung von Einheiten, die wir einander folgen lassen und dann zusammenfassen. Sie sind die durchsichtigste Art der Bestimmung. So können wir durch die Zahl alles Meßbare der Messung unterwerfen.

Die zweite Klasse der zusammengesetzten Begriffe bilden die Substanzen. Der Begriff einer Substanz ergänzt die auffaßbaren Eigenschaften durch eine unbekannte Ursache ihrer Einheit. Der Begriff einer geistigen Substanz entsteht, indem die Tätigkeiten der Seele in der Reflexion erfaßt, aber nicht dem Körper zugeschrieben werden können. Es kann freilich nicht unbedingt ausgeschlossen werden, daß die Materie denke.

Die dritte Klasse von Vorstellungen sind die von Relationen oder Verhältnissen. Solche sind Identität, Verschiedenheit, Grad, Ursache und Wirkung.

Diese Analysis ermöglicht nun, Vermögen und Grenzen der menschlichen Erkenntnis zu bestimmen.

3. Teil.
Die Erkenntnis

Die Aufstellung einer Metaphysik ist unmöglich. Nicht nur sind die Leistungen unserer Sinne sehr eingeschränkt: Der Begriff der Substanz ist ungeeignet zu wissenschaftlicher Verwertung. Auch Erkenntnis als Übereinstimmung der Vorstellungen mit den Gegenständen behält Locke nur mit großer Einschränkung übrig. Wir haben ein objektives Wissen von den Zuständen unserer selbst. Aber wir können nicht mit völliger Gewißheit diese auf die Einheit einer geistigen Substanz zurückführen. Von der Existenz der Körperwelt haben wir keine gewisse, sondern nur eine wahrscheinliche Erkenntnis. Von den Eigenschaften der Körper haben nur die primären Gültigkeit. Als Ursache der körperlichen und geistigen Welt können wir Gott mit zureichender Sicherheit erschließen. Die Schönheit und Zweckmäßigkeit der physischen Welt versichern uns desselben. Auch kann unser Denken nicht aus der Materie abgeleitet werden. Es muß nach dem Kausalgesetz eine Ursache haben, welche ihm mindestens gleich ist. Von der Übereinstimmung und dem Widerspruch unserer Vorstellungen haben wir eine strenge Erkenntnis, auf welcher die Sicherheit der mathematischen und moralischen Grundbegriffe gegründet ist.

So wird die Weltansicht, welche den Unterschied der physischen und der geistigen Welt anerkannt und für die Freiheit des Willens Raum hat, wie sie Descartes rationalistisch demonstriert hatte, von Locke auf seinem Erfahrungsstandpunkte ebenfalls begründet. Jenseits der Vernunfterkenntnis liegt ihm der Glaube an die göttlichen Offenbarungen. Doch dürfen diese nicht in Widerspruch stehen mit den gesicherten Vernunfterkenntnissen. Die Moral hält Locke für demonstrabel. In der politischen Theorie hat er die Lehre von der Volkssouveränität und von der Gewissensfreiheit in mehreren Schriften begründet.

[7.] Leibniz und die deutsche Aufklärung

Wie in Frankreich Descartes, in England Locke, so steht in Deutschland Leibniz am Beginn der Aufklärung. Eine Erscheinung der wunderbarsten Art. Tief verwickelt in die politischen Intrigen jener Tage. S. *Grundriß*.[213] Mitten in der ganzen Welt seiner politischen Wirksamkeit eine große geistige Betätigung. Polyhistor im vollen Sinne. Der große Ausgleicher.

Er unternimmt die mechanische Erklärung noch gründlicher durchzuführen als irgendeiner vor ihm. Aber hinter dieser eine Welt der Monaden: alle fühlend, wollend, vorstellend, in teleologischem Verhältnis, nicht kausal. Eine göttliche Providenz, die das Beste in dieser Welt gesucht hat (darüber Streit mit Bayle, Voltaires Spott). Er verknüpfte die Wissenschaft seiner Zeit mit den höchsten religiösen und ästhetischen Ideen.

[a)] Die logische Grundlegung

Der Begriff einer allgemeinen Methode, wie ihn Descartes aufgestellt hat, ist richtig: Kunst der Erfindung und Kunst des Beweises. Diese beruht auf der Auffindung der einfachen, unmittelbar evidenten Grundsätze. Er entwirft den Plan einer Erfindungskunst.

Leibniz löst nun aber die falsche Verbindung des cogito sum und der notwendigen allgemeinen Wahrheiten bei Descartes. Sofern ein Wirkliches nach dem Satze vom Grunde das andere bedingt, ist das andere zufällig. Sofern einfache Wahrheiten in ihm realisiert sind, enthält es Notwendigkeit. Die notwendigen Wahrheiten sind die primae positivitates.

Leibniz unterscheidet den Satz vom Grund und den Satz der Identität als das Reich des Tatsächlichen und das Reich des Wirklichen.

Sein leitender metaphysischer Begriff ist die Monade. Jedes Mannigfaltige ist zusammengesetzt aus Einfachem. Anfang der *Monadologie:* „Es muß einfache Substanzen geben, weil es zusammengesetzte gibt etc."[214] Eine solche Krafteinheit nennen wir monas. Wo Tätigkeiten sind, schließen wir mit Recht auf Subjekte (Monaden). Sollen sie das Mannigfaltige wirklich erklären, so müssen sie qualitativ voneinander verschieden sein. Mehr Entelechien als Atome. Verschiedenheiten so groß, daß nicht zwei einander gleich. Sie sind individua. Aus ihnen erklärt sich die mechanische Ordnung der ausgedehnten physischen Welt als ihr phaenomenon bene fundatum. Die Mechanik selbst fordert den Begriff der Kraft. Eine Krafteinheit können wir uns immer nur nach Analogie von vorstellenden Wesen denken. Nur sie sind völlige Einheiten.

Monaden[215] haben keine Fenster, durch welche eine Wirkung ein- oder austreten könnte, sonach ist ein influxus physicus zwischen ihnen ausgeschlossen. In diesem Satze zieht Leibniz die letzte Konsequenz aus der rationalistischen Forderung der Begreiflichkeit des Zusammenhangs der Dinge, und er geht darin noch über den Okkasionalismus hinaus. So kann der Zusammenhang nur aus der Beziehung der Einzelmonas auf das Ganze verstanden werden. Diese Beziehung aber kann nur als eine ideelle, als Vorstellung gedacht werden, die Monaden sind sonach vorstellende Wesen.

[b)] Die prästabilierte Harmonie der Monaden

Jede Monade ist ein Spiegel des Universums. Von ihrem Standort aus spiegelt sie eines in klaren, anderes in dunklen Vorstellungen. Die Beziehung ihrer Veränderungen zu denen in anderen Monaden ist nicht eine unmittelbare, sondern fließt aus dem Zusammenhang des Ganzen. Es besteht nicht influxus physicus zwischen den Monaden (dieser gehört der materiellen Erscheinungsweise derselben an), sondern prästabilierte Harmonie. Auch das Verhältnis der Seele zu ihrem Leibe ist das einer solchen Harmonie: vergleichbar dem sich entsprechenden Gang von zwei Uhren, die vom Uhrmacher so gebaut und so gestellt sind, daß sie einander genau entsprechen.

[c)] Die Körperwelt

Aus der verworrenen Vorstellung des Verhältnisses von Monaden zueinander entspringt die Anschauung von Ausdehnung und Materie. Sie ist ein wohlbegründetes Phänomen (phaenomenon bene fundatum). Innerhalb der Auffassung der Erscheinungen ist die mechanische Naturerklärung vollkommen berechtigt. Aber das Reich der Ursachen geht zurück in das der Zwecke. Die Natur wird von Leibniz dynamisch aufgefaßt. Der Naturkörper fordert, daß zu seiner Ausdehnung die Undurchdringlichkeit hinzugefügt werde, und diese setzt den Begriff der Kraft voraus. Die Verschiedenheit der Bewegungen fordert aber eine Mannigfaltigkeit von Krafteinheiten. Diese stehen in den Verhältnissen der Gesetze der Dynamik. Leibniz stellt die Natur unter oberste Prinzipien, und gerade diese Betrachtungsweise hat in der Naturerkenntnis seiner Schüler und Nachfolger höchst fruchtbar gewirkt. Insbesondere stellt er die großen Gesetze der Stetigkeit (lex continui) und der Erhaltung der Kraft auf. Das Gesetz des Descartes von der Erhaltung der Bewegungsgröße wird von ihm rektifiziert durch das der Erhaltung der Kraft. Er unterscheidet zwischen toter und lebendiger Kraft und stellt den Satz auf, daß die Summe der in der Welt vorhandenen lebendigen Kräfte sich immer gleich bleibe. Er ist der Entdecker dieses großen Gesetzes. Die Durchführung desselben in der Naturerkenntnis erst von der Theorie der Wärme aus möglich.

[d)] Der Geist, seine Erkenntnis, seine Sittlichkeit

In der Selbsterkenntnis sind wir der Seelenmonas gewiß. Sie ist individuell, vorstellend. Die gegen Locke gerichteten *Neuen Versuche über den menschlichen Verstand*[216] von Leibniz haben Kant unmittelbar vorbereitet. Sie überwanden die Bedenken Lockes gegen die ältere Lehre von angeborenen Vorstellungen durch die Begriffe der virtuellen Erkenntnis und der unmerklichen Vorstellungen (Cicero). Zu dem Satze Lockes, nichts ist im Verstande, das nicht vorher in dem Sinne war, fügt Leibniz hinzu: außer der Verstand selbst.[217]

Der Verstand enthält ein System notwendiger Wahrheiten in sich. Dieses ist von Leibniz durch die Beziehung der logischen Wahrheiten zu denen der Zahlenlehre fundiert. Zu diesen notwendigen Wahrheiten gehören ihm zunächst der Satz des Widerspruchs, in welchen er öfter den der Identität einschließt, und der Satz vom zureichenden Grunde. Der Satz vom zureichenden Grunde faßt bei ihm auch die Naturnotwendigkeit des Kausalverhältnisses in sich. Auch der Begriff der Substanz, wie der der Kausalität, gehört zu diesen notwendigen Wahrheiten. Sie umschreiben die Möglichkeiten des Weltzusammenhanges (Descartes). Denn in der Gottheit sind diese Wahrheiten der Grund ihrer Verwirklichung in der Wirklichkeit und ihrer Gegenwart in dem menschlichen Verstande. An diesem Punkte hängt der Dogmatismus des Leibniz, den Kant erst überwand.

Von diesen notwendigen Wahrheiten unterscheidet nun Leibniz die Wahrheit der Tatsachen. Bei jenen ist die Verbindung von Subjekt und Prädikat durch den Satz des Widerspruchs begründet. Die tatsächlichen Wahrheiten dagegen sind in der Erfahrung gegeben, durch sie bewährt, und ihr Zusammenhang liegt nach dem Satz vom Grunde in einer teleologischen Ordnung. Der Zusammenhang dieser tatsächlichen Wahrheiten in der Welt ist sonach eine der Möglichkeiten, die in den notwendigen Wahrheiten liegen. Der Grund ihrer Wahl durch die Gottheit ist teleologisch, nämlich: Es ist der beste unter den möglichen Zusammenhängen. Diese Welt ist die beste.

Das System der notwendigen Wahrheiten hat Leibniz so wenig als Descartes entwickelt. Erst Kant glaubte in den Formen der Urteile einen Leitfaden für die Entwicklung dieses Systems gefunden zu haben. Im menschlichen Geiste sind aber, wie bei Cicero, moralische Anlagen in einem dunklen, gefühlsmäßigen Zustande enthalten. Der moralische Instinkt, der die eigene Vollkommenheit sucht, eine universale Sympathie in sich enthält und die gegenseitige Verpflichtung zur Gerechtigkeit einschließt, entwickelt sich zur Sittlichkeit durch die Aufklärung. Die Sittlichkeit sucht die eigene Vollkommenheit und strebt nach dem Glück der anderen.

[e)] Die beste Welt und die *Theodizee*[218]

Von der Zufälligkeit der Welt (vérité du fait) müssen wir auf eine notwendige Ursache, von den bedingten Dingen auf eine unbedingte Ursache zurückgehen, aus der Zweckmäßigkeit der Welt folgt die Intelligenz und Güte dieser Ursache. Gegenüber den Bedenken, die Bayle in bezug auf die Vollkommenheit der

Welteinrichtung geäußert hatte, versucht die *Theodizee* von Leibniz diese Welt als die beste unter den möglichen zu rechtfertigen. Mit ihr verglichen würde jede andere mögliche eine geringere Gesamtsumme von Vollkommenheit enthalten haben.

Was Leibniz in einzelnen fragmentarischen Äußerungen dargelegt hatte, ist von Christian Wolff und seiner Schule in ein dogmatisches Schulsystem gebracht worden. So hat es lange die deutschen Universitäten beherrscht. Tiefer ist es von Lambert, Thomasius, Lessing, Herder, Goethe genutzt worden.

[8.] Berkeley

Er zog die Konsequenzen aus dem Standpunkt Lockes. Sein Ausgangspunkt gehört der Psychologie an. Er leugnete, daß dem Geiste das Vermögen der abstrakten Ideen oder Begriffe zukomme. Der menschliche Geist kann von den Dingen gewisse Teile oder Eigenschaften gesondert betrachten, er vermag aber nicht, diese herauszulösen und als abstrakt gedachte Eigenschaften für sich zu denken, so wenig als sie für sich existieren können. Jede Idee subsistiert in dem Geiste als Bestandteil einer konkreten Vorstellung. Es ist unmöglich, ein Dreieck vorzustellen, das weder gleichseitig noch ungleichseitig wäre. Der Begriff eines Dreiecks repräsentiert die möglichen Verschiedenheiten, ist aber nicht wirklich im Denken durchzuführen. Die Existenz einer Idee besteht in dem Perzipiertwerden derselben, eine Idee kann nicht anders bestehen als in einem Geiste, der sie perzipiert. Ich kann den Begriff der Ausdehnung und der Bewegung, wenn ich ihn als Ausdruck einer Wirklichkeit entwickle, gar nicht vollziehen. Denn groß und klein, langsam und schnell sind relative Begriffe. Denken wir ein Ausgedehntes außerhalb des Geistes, so ist es weder groß noch klein. Ausdehnung und Bewegung haben keine objektive Realität. Auch den Begriff einer materiellen Substanz kann ich nicht vollziehen. Das Getragenwerden der Akzidenzien von einer Substanz ist überhaupt unfaßlich und daß eine materielle Substanz von uns als Ursache unserer Empfindung konstruiert wird, setzt voraus, daß sie auf den Geist wirken könne, was unmöglich ist. Realität ist nichts anderes als Perzipiertwerden. Auch ist es ein Nonsens, daß dieselben Objektbilder, die in unserem Bewußtsein auftreten, zugleich außerhalb desselben bestehen sollten.

[9. Der Positivismus]

Dieser Standpunkt wurde fortgebildet von Hume. Dieser stand aber zugleich unter dem Einfluß der französischen Denker. Der Cartesianismus hatte in Frankreich im 18. Jahrhundert einer veränderten Richtung Platz gemacht. Die biologische Wissenschaft regte dazu an, die Abhängigkeit der geistigen Tatsachen von den physischen zu studieren. So wurde eine Erfahrungsphilosophie in Frankreich von den großen Naturforschern ausgebildet, welche die gesamte Natur, eingeschlossen den menschlichen Geist, als einen Kausalzusammenhang von Erscheinungen auffaßte, deren letzte Gründe unerkennbar seien. Dies war der Standpunkt des Positivismus.

Die *Enzyklopädie*, geleitet von d'Alembert und Diderot, geht in ihrer Einleitung (d'Alembert) von der Enzyklopädie Bacons aus und deren positiver Tendenz. Sie bildet das Mittelglied, das von ihm zu Comte hinüberführt. Auch sie erkennt die Subjektivität aller unserer Sinneswahrnehmungen, sonach den zweifelhaften Erkenntniswert unserer Vorstellungen von der Materie. Aber wie Bacon und Hobbes bevorzugt sie die objektive Methode, die von der Realität der äußeren Welt ausgeht und vermittels der physiologischen Tatsachen, der physischen Ordnung, die geistigen Erscheinungen unterordnet.

So entsteht damals in Frankreich eine von der Naturwissenschaft getragene Philosophie, die den Kausalzusammenhang der physischen Welt vermittels der Verknüpfung der einzelnen Naturwissenschaften durchzuführen strebt. Philosophie ist zunächst Verknüpfung der positiven Wissenschaften; ihnen ordnet sie durch die Korrelation der Prozesse des Gehirns und der seelischen Vorgänge diese letzteren unter. Dabei erkennt sie aber an: Wir wissen nicht, ob eine Ausdehnung (Bewegung) überhaupt besteht, nicht, was unter Substanz oder ursächlichem Nexus zu denken sei. Sonach ist Metaphysik unmöglich, die materialistische ebenso wie die spiritualistische. Die Hauptvertreter dieser positivistischen Philosophie sind die großen mathematischen Naturforscher d'Alembert und Lagrange.

Wie leicht konnte dieser Positivismus übergehen in den Materialismus. So geschah es Diderot, dem Geistvollsten unter den Materialisten, der aber den freien Geist der Skepsis immer im Rückhalt behielt. Unterstützt wurde diese Richtung durch die sensualistische Schrift von Condillac *Untersuchungen über die Sinnesempfindungen*.[219] Er sucht an der berühmten Fiktion einer Bildsäule, welcher sukzessiv Geruch, Gehör, Gesicht und Tastempfindung aufgehen, zu beweisen, daß aus den äußeren Sinnen auch die Vorstellungen entspringen, die Locke einem inneren Sinne zugeschrieben hatte. Gröbere Köpfe, wie Lamettrie und Helvétius nahmen das Dasein der

Materie dogmatisch an und gelangten so auf demselben Boden zum Materialismus.[220]

[10. Hume]

Der folgerichtigste Kopf dieser positiven Richtung war David Hume. Er bildete die in Locke und Berkeley angelegten skeptischen Konsequenzen in der Richtung der französischen Aufklärung fort. Er zerlegt das menschliche Seelenleben in Vorstellungen und Wollen.

Alle Erkenntnis hat zu ihren Materialien Eindrücke, Sinneswahrnehmungen und Wahrnehmungen unserer inneren Zustände. Unser Denken vermag nicht, solche Eindrücke zu schaffen, sondern nur, sie zu verbinden, trennen, erweitern, vermindern. Unsere erinnerten Ideen, Vorstellungen im engeren Sinne, sind nur die Kopien der Eindrücke und unterscheiden sich von denselben durch den geringeren Grad ihrer Lebhaftigkeit. Die Tätigkeit des Verstandes an diesen Elementen ist von Locke nur äußerlich beschrieben. Von dem Vorbild der Entdeckung der Gravitationslehre geleitet, will Hume die verborgenen Springfedern und Kräfte finden, welche in uns gesetzlich wirken und so den Zusammenhang der seelischen Erscheinungen hervorbringen. Das scheinbar regellose Auftreten unserer Vorstellungen [ ].[221]

Hume stellt drei Grundgesetze der Vorstellungsassoziationen auf: Vorstellungen verbinden sich und bringen sich gegenseitig hervor aufgrund ihrer Ähnlichkeit. So ruft ein Gemälde die Vorstellung seines Originales hervor; dann aufgrund ihrer Berührung in Raum und Zeit, endlich des Verhältnisses von Ursache und Wirkung. Nun zeigt er in dieser Assoziation den Erklärungsgrund für unsere Idee von Kausalverbindung, durch die wir in unsere Erfahrungen Zusammenhang bringen, und diese seine Untersuchung hat eine mächtige Wirkung auf Kant wie auf die Fortbildung des englischen Empirismus gehabt. Ich habe gefunden, daß ein bestimmtes Ding immer mit einer bestimmten Wirkung verbunden war, und ich sehe voraus, daß ähnliche Dinge mit ähnlichen Wirkungen verbunden sein werden. Die Verbindung zwischen diesen beiden Sätzen muß erklärt werden: Ich könnte ja ebensogut erwarten, das Vergangene werde keine Regel für das Künftige sein, der Lauf der Natur werde sich ändern. Auch kann diese Verbindung nicht aus der Erfahrung geflossen sein. Ihr Prinzip liegt in der Gewohnheit; aus der regelmäßigen Verbindung von Vorgängen in unserem Geiste ergibt sich eine Gewöhnung, nach der wir bei dem Auftreten der Vorstellung des einen Vorganges die des anderen erwarten. Wir übertragen das entstehende Erwartungsgefühl auf die Gegenstände. Wie der Begriff der Kausalität hat auch der der Substanz keine objektive Gültigkeit, sondern ist eine Ergänzung unserer Eindrücke aufgrund wiederkehrender Assoziation; Eindrücke werden regelmäßig miteinander zum Gegenstande verbunden. Wir verlegen nun dieses in der Assoziation des Gleichzeitigen enthaltene Band in die äußeren Eindrücke selbst, und so entsteht die Fiktion einer Substanz.

Metaphysik ist sonach unmöglich, und Erkenntnis ist nur in einem eingeschränkten Verstande möglich. Wir sind in unsere Vorstellungen eingeschlossen, wir haben kein Wissen von etwas, das unabhängig von diesen wäre. Auch unsere auf das Kausalverhältnis gegründeten Erwartungen dürfen nur Wahrscheinlichkeit beanspruchen. Der Schluß nach dem Kausalgesetz auf eine Ursache der Welt oder auf eine seelische Substanz hat keine wissenschaftliche Gültigkeit. Ein strenges Wissen entsteht nur, indem wir unsere Vorstellungen miteinander vergleichen. Die Gradverschiedenheiten von Qualitäten, die Maßverschiedenheiten des Quantums, der räumlichen Größe, der Zahl lassen sich durch direkte Vergleichung unmittelbar feststellen. So entsteht die einzig strenge Wissenschaft, die Mathematik. Sie sagt nichts aus von der Natur der Gegenstände, sondern nur über die inneren Beziehungen unserer Vorstellungen.

Die andere Seite der Menschennatur ist der Wille. Hume hat scharfsichtig die Gründe gegen dessen Freiheit entwickelt. Die Motoren des Willens sind Lust und Unlust. Unsere Vorstellungen bestimmen den Willen nicht! Die moralischen Gefühle, das Gewissen sucht er ebenfalls vermittels der Assoziationsgesetze analytisch zu erklären. Ihre Unterlage ist das Gefühl der Sympathie, die Lust- und Unlustgefühle, die beim Anblick fremder Freude oder fremden Schmerzes entstehen. Die Sympathie ist die Wurzel der sozialen Tugenden; aus ihr entspringt die uninteressierte Billigung dessen, was fremdes Wohl befördert. Das Gewissen entsteht zunächst als Urteil über andere, wiefern ihre Handlungen fremdes Wohl befördern; sekundär ist erst die Selbstbeurteilung.

Der Schüler Humes Adam Smith stellt der politischen Ökonomie als aus dem egoistischen Interesse deduzierter Theorie des wirtschaftlichen Lebens gegenüber die Moral, die er aus den sympathischen Gefühlen ableitet.[222]

[11.] Immanuel Kant

Sein System darstellen, das heißt *Kritik der reinen Vernunft, der praktischen Vernunft* und *der Urteilskraft* entwickeln. Basis desselben ist *Kritik der reinen Vernunft*, das größte philosophische Werk des 18. Jahrhunderts. Darstellung desselben.

Erkenntnis erklären und rechtfertigen, d. h. die Urteile, in welchen die Erkenntnis sich vollzieht, nach ihrem Ursprung und ihrem Werte beurteilen.

Denn alle Erkenntnis setzt sich zusammen aus Urteilen. Sie können doppelt unterschieden werden (nicht formal logisch, sondern erkenntnistheoretisch). Apriorische und aposteriorische, analytische und synthetische.

Urteile sind entweder Ausdruck der Erfahrung: dann a posteriori; oder es ist gegründet in den Funktionen des menschlichen Geistes (a priori). Wir unterscheiden nur, wissen nicht, ob es Urteile a priori gibt. Das ist das Grundproblem der *Kritik der reinen Vernunft*. Nie ist ein rationalistischer Philosoph so eigensinnig gewesen, den Wert der Erfahrung in Abrede stellen zu wollen. Aber streitig, ob Urteile unabhängig von Erfahrung [sind]. Locke hatte es halb, Hume ganz geleugnet. Kant zeigt sie in einer Stufenfolge auf: 1. in der Anschauung, 2. in der abstrakten Verstandeserkenntnis, 3. in den höchsten Ideen. Gibt es Urteile a priori? – das ist die Grundfrage.

Zweite Unterscheidung: Urteile entweder analytisch oder synthetisch: analytisch, wenn nur, was im Subjekt enthalten, im Prädikat herausgezogen (bloße Analyse), z. B. Körper sind ausgedehnt. Dieses Merkmal ist in jedem Begriff des Körpers notwendig enthalten. Man könnte sagen: In der Erfahrung erweitert sich mein Urteil über Subjektsbegriffe, so kann es geschehen, daß ein eben noch synthetisches Urteil zu einem analytischen wird (z. B. allgemeines Prädikat: Körper sind schwer). Kant meint es nicht so. Er meint, daß es bestimmte Attribute eines jeden Begriffs gibt, ohne die er nicht denkbar. Daß Körper schwer sind, ist ein Urteil aufgrund der Erfahrung und der Induktion: Wir fügen zu den Merkmalen, derer wir bedürfen, um den Begriff zu konstruieren, ein anderes hinzu, dessen wir nicht bedürfen. Eine Unterscheidung, die offenbar auf schwachen Füßen steht.

Anwendung auf Urteile a priori und a posteriori. Daß es analytische Urteile a priori gibt, das ist klar. Aber gibt es synthetische Urteile a priori? Das analytische erweitert Erkenntnis nicht, erläutert sie nur. Synthetische erweitern die Erkenntnis.[223]

Wie sind synthetische Urteile a priori möglich?

Ihr Charakter: 1. Notwendigkeit und Allgemeinheit. 2. Erweiterung des Erkenntnisumfanges.

Kritik der reinen Vernunft in zwei Teilen von ungleichem Umfang:

1. Transzendentale Ästhetik. Transzendental heißt jede Untersuchung, die das Apriori, das der Erkenntnis zugrunde liegt, aufsucht. Transzendentalphilosophie ist die ganze *Kritik der reinen Vernunft*. Transzendentale Ästhetik heißt Untersuchung der Sinneserkenntnis, ob darin ein Apriori enthalten sei.

[2.] Transzendentale Logik [untersucht], ob im Denken [ein Apriori enthalten sei]. [Sie] zerfällt in Analytik und Dialektik.

[a)] Die transzendentale Ästhetik

Ästhetik die Lehre von der Sinnlichkeit (dem äußeren und inneren Sinne). Sie wird sich die Frage stellen: welche die Bedingungen des Bewußtseins, die die Form der sinnlichen Auffassung ausmachen? Sie wird wie die ganze Kritik Unterschied zwischen Stoff und Form der Erfahrung machen. Stoff an der Erkenntnis ist alles, was aus den Eindrücken, dem inneren Sinne herstammt. Form ist alles, was das Bewußtsein selbst zum Stoff hinzutut. Diese Unterscheidungen sind auf dem Boden Lockes erwachsen. Die Sinnlichkeit hat zum Stoff die Eindrücke der äußeren Sinne und die Zustände und Vorgänge im inneren Sinn, die zur Auffassung gelangen. Wie Locke unterscheidet [Kant] Reflexion und Sensation, die Form aller Eindrücke ist die Zeit. Wir fassen alles als gegenwärtig, vergangen oder zukünftig. Dagegen der Raum ist die Form, unter der wir die Außenwelt fassen. Diese ist sich im Raum erstreckend: nicht so die inneren Zustände.

Was sind diese beiden Formen? Welchen Ursprung, welche Gültigkeit für die Erkenntnis [haben sie]? Hiermit faßt Kant das Problem allgemeiner: bisher nur Subjektivität des Raumes betont (Berkeley, Leibniz, Hume). Zeit, obwohl von Locke sehr genau untersucht, als objektive Tatsächlichkeit aufgefaßt. [Für] Kant stehen Raum und Zeit gleich: Formen des Auffassens und Anschauens von Wirklichkeit. Leibniz hatte Raum angesehen als phaenomenon [bene] fundatum, herstammend aus der Verworrenheit des Vorstellens. Kant scheidet Formen der Anschauung und Formen des Verstandes. Verstand ist nach seiner Meinung allen vernünftigen Wesen allgemein: Sinnlichkeit Eigenart des Menschen.

Der Raum ist die Form der äußeren Anschauung. Er ist nicht Begriff, wir subsumieren nicht einzelne Räume unter Abstraktion Raum, sondern vereinigen als Teile zum Ganzen einer Anschauung. Daher können wir an seiner Grenze immer wieder Teile ansetzen. Er enthält die Unendlichkeit, besser die Grenzenlosigkeit des räumlichen Auffassens: darin der tiefste Grund seiner Subjektivität. – Diese Auffassungsform stammt aber nicht aus der Erfahrung: Wir haben sie nicht auf induktivem Wege gewonnen. Er ist das Behältnis, in das wir die Anschauungen verlegen. Dafür folgende Argumente:

1. Damit ich Empfindung aus mir heraus verlegen könne, muß dieses Außen schon da sein, sonst könnte ich sie nicht objektivieren. Jede Farbe hat Extension von vornherein. Raum ist Bedingung meiner Eindrücke, nicht stammt er umgekehrt aus der Erfahrung. Das ist der Kern aller Argumente des Apriori, die Kant entwickelte. Und diese Argumentation behält ihre Bedeutung: Es gibt etwas, das Bedingung der Erfahrung, nicht aus ihr abgeleitet. Wieviel das sei, ist schwer zu entscheiden. Ansicht Kants, daß der Raum dazu gehöre, erscheint Dilthey problematisch. Das betrachtet er als das große Resultat: Wir können

niemals aus den Qualitäten der Sinneseindrücke das Nebeneinander des Gesichts und Getasts ableiten, vielmehr die Bedingung.[224]

2. Ich kann abstrahieren von der Empfindung, vom Raum kann ich anschauend nicht abstrahieren. Ich kann mir nicht vorstellen, daß kein Raum sei. Er scheint zu meinen, nicht im Begriff, sondern vorstellend, anschauend kann ich von allem Inhalt absehen. Dagegen geltend zu machen: Wenn ich einen Kreis vorstelle, so muß ich ihn in einer Färbung vorstellen. Das ist psychologisch richtig. Aber wissenschaftstheoretisch anders: Ich kann mit den räumlichen Verhältnissen agieren, als gäbe es im ganzen Universum keine Qualitäten.

3. Grundsätze der Arithmetik und Geometrie haben den Charakter der Notwendigkeit und Allgemeinheit. Dadurch unterscheiden sie sich von der Erfahrung, die immer partikular. Sie dagegen haben eine innere Evidenz, kraft deren ich mir das Gegenteil nicht denken, nicht vorstellen kann. Zitat. Sicher spricht Kant einen Unterschied aus zwischen den allgemeinen Wahrheiten (geometrische dazugehörig) und den tatsächlichen, die etwas Wirkliches betrifft. Aber die Erklärung als Bedingungen a priori muß ich gänzlich bestreiten: Es liegt darin nichts anderes als das aeque in parte et in toto Spinozas. Dies empfängt im menschlichen Geiste einen ganz besonderen Charakter. Wie entstanden, wissen wir nicht. An diesem Raum können wir analytisch die Gesetzgebung der Geometrie ableiten. Das ist der Grund der Allgemeinheit und Notwendigkeit. Es bleibt nun das bestehen, daß die Extension in dem Psychophysischen der beiden Sinne gegründet sein muß, das bringen wir mit. Von der Extension außer uns wissen wir nichts: Wir können sie nicht einmal bestreiten (Dilthey!). Die Notwendigkeit der geometrischen Wahrheiten aber geht weit über das Nebeneinander hinaus. Darüber wohl Hypothesen: nach Diltheys Überzeugung Eigenschaften der Wirklichkeit.

Lehre von der Zeit. Niemand bis Kant hatte [sich] Gedanken gemacht, daß Tatbestand der Sukzession ebenfalls subjektiv sei. Zeit ist Form unseres Sinnes überhaupt (nicht nur des inneren – wie er zuweilen sagt). Was der Abfolge der Zustände in einem Bewußtsein entspreche, wissen wir nicht. Sie selbst aber ist in den Bedingungen des inneren Sinnes gegründet; aus ihnen folgt sie. Eine ungeheure Paradoxie. Die Argumente parallel denselben der Raumlehre, aber nicht von derselben Schlüssigkeit:

1. Nicht aus der Erfahrung: Die Vorstellung der Zeit muß a priori zugrunde liegen, sie ist Voraussetzung. Wäre im Bewußtsein nicht Sukzession, so könnten wir sie nicht auffassen. Aber sie kann an den Zuständen selbst als deren Eigenschaft anhängen, damit fällt seine ganze Argumentation.

2. Unaufhebbarkeit der Zeit. Dilthey: Das widerspricht dem Begriff der Ewigkeit, wir können sie sehr wohl aufheben.

3. Axiome der Zeit (sind nichts als Umschreibung der Zeitanschauung selbst).
So hat Kant seine Lehre von der Zeit nicht bewiesen.

[b)] Die transzendentale Logik.

I. Die transzendentale Analytik

Derselbe Gegensatz von Form des Auffassens und aufgefaßtem Stoff ist auch der leitende Gesichtspunkt für die Analyse des Denkens. Alle Tätigkeiten des Verstandes sind enthalten in dem Urteil. Diese müssen also den Leitfaden des Apriori des Verstandes enthalten. Was ist als Bedingung des Erfahrens im menschlichen Geiste vorauszusetzen? Die Funktionen des Urteils werden die Tatsachen des Apriori sein. Formale Logik bildet also Grundlage der transzendentalen.

Vier mal drei Formen des Urteils
Dabei ist in Frage zu stellen, daß Kant meint, in jeder derselben stecke eine Funktion des menschlichen Verstandes!? Z. B. bei der Quantität!? So fällt die ganze geheime Zwölfspaltigkeit des menschlichen Intellektes zusammen. Frage nur, wieviel wirkliche Grundformen anzunehmen [sind].
Dynamisch, funktionell faßt Kant die Begriffe, deren Ursprung vorher völlig dunkel war, das ist sein tiefsinniger, weittragender Gedanke. Die Begriffe, die als Kategorien solange strittig waren, Kant nennt sie Abstraktionen aus den Funktionen des Verstandes.

Entsprechende Kategorien[225]
Wie die Kausalität hineinkommt, ist ganz unerfindlich, schlechterdings eine Erschleichung. Ebenso Wechselwirkung. Ferner kein Unterschied zwischen Dasein und Realität.
„Artige" Bemerkung hinzugefügt über die Architektonik des Intellekts, woraus die ganze Posse vom „Dreischlag" in der Welt entstanden (Hegel etc.).
Der tiefsinnigste ist der Abschnitt: Deduktion der reinen Verstandesbegriffe. Nicht Ableitung, sondern er will das Recht der Anwendung auf Erfahrung aufzeigen. Er findet es hierin: Alle Verstandesbegriffe sind Funktionen, durch die der Intellekt das einzelne, das den Eindruck bietet, zusammenfaßt. Sie alle sind untertan dem Selbstbewußtsein, der Einheitsfunktion, kraft deren das Subjekt Einheit schafft in der Mannigfaltigkeit der Eindrücke: die transzendentale Apperzeption. Sie ist die letzte Bedingung: Synthesis ist der Charakter der menschlichen Vernunftkraft, er ist synthetisch, weil in ihm eine Bedingung ist, die Einheit schafft. Nicht wie Descartes: hinter der Einheit eine reale einheit-

liche Substanz, sondern die Synthesis hat einen inneren Zusammenhang mit der Einheit der Apperzeption, dem Ich-denke. Worauf beruht nun das Verhältnis dieser Synthesis zu den zwölf Kategorien? Vorsicht, ruft Kant: nicht sie ableiten wollen wie die englischen Empiristen. Wir wissen ihn nicht zu bestimmen, aber der Zusammenhang ist unzweifelhaft vorhanden.

Welches Recht haben wir, diese Kategorien auf die Sinneseindrücke anzuwenden, sie mit diesen zwei Funktionen zu bearbeiten? Indem ich mich jener Begriffe bediene, wende ich Kategorien diskursiver Art auf die Wahrnehmung an. Also Wahnehmungsvorgang und Denkvorgang. Diese Wahrnehmungen sind selbst durch die unmerkliche Tätigkeit des Verstandes zustande gekommen. Diesen großen Satz hatte schon Descartes besessen. Schopenhauers Satz von der Intellektualität der sinnlichen Wahrnehmung – er ist zweifellos richtig. Der Verstand verknüpft im diskursiven Denken die Wahrnehmung, die er selbst geschaffen hat. Nur diese Homogenität ermöglicht eine Beziehung von Wahrnehmung und diskursivem Denken. Das ist die transzendentale Deduktion der reinen Verstandesbegriffe.

Der positive Hauptteil ist das System aller Grundsätze des reinen Verstandes. – Zweck: Ableitung des Apriori. 1. Die Begriffe abgeleitet (bei Spinoza Definitionen). 2. Die Grundsätze (Axiome). Wir kennen sie genau: Sie haben uns begleitet bis hierher. Jetzt tritt der Kopf auf, der es unternimmt, sie systematisch zu entwerfen. Dieser Teil der Vernunftkritik ist unergründlich tiefsinnig. Diese Frage muß der Positivist ebenso stellen wie Kant: Sie ist nicht gebunden an die Frage des Apriori! Jede Philosophie hat die Aufgabe, diese letzten Wissenschaftsbegriffe zu entwerfen.

Oberster Grundsatz aller analytischen Urteile ist der Satz des Widerspruchs. Für die synthetischen Urteile: die Einheit der Apperzeption, die Synthesis, die sich in synthetischen Grundsätzen ausdrückt.

1. Alle Erscheinungen sind ihrer Anschauung nach extensive Größen.

2. In allen Erscheinungen hat die Empfindung und das Reale, das ihr entspricht, intensive Größe oder einen Grad.

Substanz, Kausalbeziehung, Wechselwirkung sind gesetzlich im Verstande gelegene Beziehungen.

Transzendentale Dialektik läßt die Möglichkeit aller Metaphysik offen.

Leibniz

Unter den Philosophen, die die Welt hervorbrachte, ist nach Platon keiner größer als Leibniz, keiner universaler in der ganzen modernen Zeit. Er beherrschte alle Wissenschaften und hat aus ihren Tiefen seine Folgerungen gezogen. Die ganze deutsche Kultur vom Beginn des 18. Jahrhunderts ruht auf diesem mächtigen Denker. Lessing war sein Schüler, er wirkte in Herder, dem er die leitenden Ideen gab, und je älter Goethe wurde, um so näher fühlte er sich diesem außerordentlichen Genius.

1. Leibniz hat zu seiner methodischen Grundlage dieselben Gedanken wie Hobbes und Cartesius und Spinoza: Der Zusammenhang der Welt ist ein logischer, derselbe ist erkennbar, und dieser erkennbare logische Zusammenhang der Welt ist der Gegenstand der Philosophie. Leibniz unterscheidet sich aber von Cartesius, indem er die Wahlfreiheit als eine Inkonsequenz ansieht, wenn ein rationaler Zusammenhang durchgeführt werden soll. Er ist Determinist wie Spinoza.

2. Er unterscheidet sich ferner von allen seinen Vorgängern durch einen eigentümlichen Gedanken, der ihm aus den Tiefen der germanischen Individualität hervorgegangen: die Anerkennung des Individuums. In ihm liegt die selbsttätige Kraft, es bildet ein Ganzes, und aus seinem ihm einwohnenden Gesetz folgt seine Entwicklung. Das Individuum ist eine bestimmte, inhaltliche Einheit und vollzieht die Entwicklung nach dem ihm einwohnenden Gesetz. So besteht das Universum aus lauter Individuen, alle befaßt von einem göttlichen Zusammenhang, einer göttlichen Ordnung der Natur, zurückgehend in die göttliche Wahlfreiheit.

Ebensogut hätte sein Standpunkt auch in der Richtung des Spinoza durchgeführt werden können, wo dann die gesamte physische Welt Erscheinung der geistigen ist. Fechner und Schelling denken so: Das Äußere ist der Ausdruck eines Inneren, jede Realität des Universums trägt in sich die Möglichkeit des Bewußtseins. Buffon, Robinet, Bonnet, Schleiermacher, Schelling, Hegel.

Es liegen eben in einem solchen System unendliche Entwicklungsmöglichkeiten.

Leben und Entwicklungsgang

I. [Periode:] Bildungsjahre 1646–1667

Von Haus aus auf juristische Studien hingewiesen, überließ er sich zügellosen Studien. Poly- und Panhistor, Moral, Naturwissenschaft [...]. Da fiel in seinen Geist das Licht der logischen Theorie, und das gab ihm seine Richtung. Er faßte den Plan, die allgemeinsten Begriffe zusammenbringen zu wollen, und er faßte den Plan einer allgemeinen Sprache.

In Leipzig hatte Thomasius großen Einfluß auf ihn. Als die Geschichte der Philosophie an ihm vorüberging, leuchtete in ihm der Gedanke einer universalen Philosophie auf.

Er fand unter den Systemen der Zeit einen durchgreifenden Gegensatz:
1. Mechanische Kausalität und Atomistik,
2. die altfränkische, rückständige Schulphilosophie des Platon und Aristoteles.

15 Jahre alt, überlegt er, ob er die substantialen Formen beibehalten soll, und es siegt die mechanistische Theorie. Aber es bleibt ihm die Perspektive auf den Aristoteles, und es müsse sich der Koinzidenzpunkt finden lassen.

Er ging dann nach Jena zu Weigel, um bei ihm mathematische Analyse zu studieren. Mit 20 Jahren Doktor, wollte man ihn sofort zum Professor machen. Er schlug es aus und wollte die Welt kennenlernen. Die Universitäten waren damals rückständige Institute, die höchstens das vorhandene Wissen bewahrten; in den Akademien lebten das Neue und die Reformatoren.

Seine erste Dissertation: *De principio individui*, deren Grundgedanke ganz seiner Gemütsverfassung entsprach: Er fühlte sich als fröhlich schaffende, strebende Individualität. Er knüpft an an die nominalistische Theorie. Noch ehe Spinoza sein Werk fertig hatte, war es in der Dissertation dieses Knaben widerlegt.

Spinoza hatte gesagt: Omnis determinatio est negatio, zurückgehend auf den platonischen Gedanken, daß die Substanz das Allgemeine, das Erste sei.

Leibniz erwidert im Sinne der Nominalisten, und zwar unwiderlegbar: Das Individuum ist ein ens positivum. Realität mit seinen konkreten Eigenschaften, die verknüpft miteinander sind kraft der Einheit, die ihm einwohnt.

Negatio non potest producere accidentia individualia. Sie kann sie in der Abstraktion wegdenken, kann sie aber aus dem Abstraktum nicht durch irgendeine Negation herbeischaffen. Und es ist so: Das konkrete Ding, dessen Korrelat die Erfahrung ist, kann nicht aus dem allgemeinen neutralen Sein abgeleitet werden.

Er fügt dann die ebenfalls unwiderlegliche Erörterung gegen Duns Scotus hinzu, der gesagt hatte, die haecceitas sei ein Zusatz zu dem Allgemeinen. Leibniz antwortet: Das genus ist selbst eine Abstraktion, die species ist wieder eine Abstraktion. Ich kann nicht, indem ich zur Abstraktion genus die weitere Abstraktion species und dazu die konkrete haecceitas hinzufüge, die Realität der Individualität erzeugen, sondern diese ist die Urtatsache, existiert kraft ihrer eigenen individuellen Realität und kann nur in der Erfahrung erfaßt werden.

Für Spinoza war das Individuum ausgelöscht, und das war seine Religion; ihn durchdrang der unendliche Weltgeist, sein Anfang und Ende.

In Leibniz ist derselbe tiefsinnige Monismus, allein im Gleichgewicht mit der Anerkennung des Individuums und dessen Selbständigkeit. Darin liegt seine ganz eigentümliche Bedeutung. An ihm beginnt das Bewußtsein des Individuums und seiner Rechte philosophisch gesehen zu werden.

3. Wie wird Leibniz das Verhältnis begreifen, in dem die physische Welt verkettet ist mit der geistigen? Dies psycho-physische Problem sonderte die Systeme in jener Zeit voneinander.

Leibniz erfaßt die neue Stellung. Das Universum ist ein System von Krafteinheiten, in denen alles intensiv ist. Entwicklung ist Veränderung der Intensität. Die Einheit dieser inneren Zustände ist nur vorstellbar nach Analogie unseres Bewußtseins, das die Vorstellungen umfaßt. So haben die Einheiten der Welt nicht den Charakter von Atomen, sondern sind Monaden, Kräfte, in denen alles intensiv verläuft, nach Analogie der menschlichen Seele. Und das physische Universum ist das wohlbegründete Phänomen dieser Krafteinheiten.

Der Ausdruck Spiritualismus für diese Weltanschauung hat etwas Mystisches und Vergeistigendes, wodurch Leibniz nicht verstanden wird.

So ist also das Verhältnis der psychischen zur physischen Welt: Alles ist Kraft, alles intensiv, alles enthält die Anlage zum Bewußtsein in sich, und die physische Welt ist nur das Phänomen dieser intellektuellen Kräfte.

Es ist Leibniz nicht geglückt, diesen Standpunkt in einleuchtender Weise durchzuführen. Ihm ist der Körper ein Aggregat von Einheiten, in dem die Seele regiert. So brachte er in jener mechanistischen Zeit das Individuum zur Geltung.

Andererseits war er früh dem Raimund Lullus in die Hand gefallen. Dieser hatte geglaubt, die Kunst der Entdeckung auf Regeln bringen zu können, und zwar nach dem Prinzip: es gebe Begriffe, die aller Erkenntnis zugrunde liegen, man könne die möglichen Kombinationen einer Art von Rechnung unterwerfen, und man erhielte neue, noch nicht dagewesene Kombinationen. Schon Bruno hatte sich mit dieser ars inveniendi herumgeschlagen, Leibniz beschäftigte sich sein ganzes Leben damit.

II. Periode: 1667–1672

1667 lernt er in Nürnberg an der Tafel den Freiherrn J. Chr. von Boineburg kennen und geht mit ihm nach Mainz. In der Politik herrschte damals, entsprechend der mechanistischen Gedankenrichtung, das Prinzip des europäischen Gleichgewichts als Mittel, den europäischen Frieden aufrechtzuerhalten. Ein Begriff, der später auf Friedrich II. und die Politik seiner Umgebung, Herzberg, übergeht. Mainz war der Sitz dieser Politik, und Leibniz schloß sich ihm mit ganzer Seele an und versuchte, ihn auf theoretisch-mechanistischem Wege zur Ausbildung zu bringen. Es folgen die politischen Pläne. Seine Schrift in mathematischer Methode für den Prinzen auf Polens Thron. Sicherung der Union der deutschen Kleinstaaten.

Der Plan, Frankreich nach Afrika und Ägypten abzuleiten, der an der damaligen Expansionspolitik Frankreichs nach Osten scheiterte. Es hätte Frankreich unter die Seemächte geführt. Um den Plan durchzuführen, ging Leibniz nach Paris. Dort legte er die Grundlage seines wissenschaftlichen Seins.

Mainzischer Plan der Kirchenunion und der nationalen Kirche. Das Papsttum zu stark.

Plan einer deutschen Akademie, gelang erst später im Bund mit der aufstrebenden preußischen Monarchie.

Wissenschaftlich verfaßte er in Mainz weiter die Gedanken der Erfindungskunst, die die Methoden aller Wissenschaften vereinigen sollte. Die Methode muß auf die einfachen Begriffe zurückgehen, für diese müssen Zeichen gefunden werden, ebenso für deren Verhältnisse zueinander. Das gäbe dann ein wissenschaftliches Kalkül. Soll das ausgeführt werden, so bedarf es einer universalen Enzyklopädie, wie sie einst Bacon wollte, nur umgeformt in den Geist dieses Zeitalters. Leibniz stürzte sich in die Arbeit mit der Absicht, die Grundbegriffe zu finden und zu definieren für Jura, Logik, Mathematik. Er war überall schöpferisch, aber alles war zu groß angelegt (d'Alembert und Diderot).

III. [Periode:] 1672–1676

Auch jetzt verfolgte er politische Projekte. Aber in der Tiefe seines Denkens vollzog sich eine Umbildung, als er in Berührung mit der großen Mathematik jener Tage kam. Durch Reisen von Paris nach London und in die Niederlande suchte er in sich zu saugen, was an vordringendem Geist vorhanden war.

So wollte er die Mechanik auf eine neue Grundlage stellen: Das Prinzip derselben muß jenseits der Bewegungen als Erscheinungen in den Ursachen der

Kräfte gesucht werden. Ein System von Einzelkräften ist der Erklärungsgrund. So gelangte er zur Annahme primitiver Grundtatsachen. Damit beginnt die dynamische Betrachtungsweise anstelle der mechanistisch-atomistischen.

Nun stößt er auf die Entwicklung der Differentialrechnung. Newton hatte aus dem Problem seiner Himmelsmechanik die Mittel gefunden, die Rechnung der Bewegung möglich zu machen. 1666 fand er seine Fluxionentheorie, hatte auch 1671 und 72 andeutend etwas mitgeteilt. Da er aber Schwierigkeiten in der Anwendung fand (weil die Erdberechnung ungenau war), so hielt er seine Entdeckung bis 1687 zurück.

Leibniz gelangte zu seiner Differentialrechnung aus der Philosophie der Mathematik. Sachlich war sie mit Newtons Fluxionskalkül gleich, formell übertraf sie Newton bei weitem. Leibniz' Bezeichnungssystem ist sachlich viel brauchbarer. Bernoulli und dessen Schüler haben die Differentialrechnung dann weiter ausgebaut.

Die Differentialrechnung ermöglichte nun die vollständige Umgestaltung der Mathematik. Die Beziehungen der Bewegungen zueinander konnten jetzt ganz anders ausgedrückt und berechnet werden.

Bis jetzt hatten Gesetze zum Gegenstand gehabt nur die Koexistenz und Sukzession von Tatsachen, verknüpft nach Ursache und Wirkung.

Jetzt traten dazu die Berechnungen und die Gesetze der Beziehung von Verhältnissen zueinander in quantitativer Bestimmung.

Schon Hobbes hatte das Denken als ein Rechnen bezeichnet und versuchte, den Begriff der Dynamik auf das Bewußtsein anzuwenden. Leibniz kam nun dazu, Begriffe zu entwickeln, die auf die ganze psychische und physische Welt anwendbar sind.

Die Gleichung wird die Form der Erkenntnis.

Du Bois-Reymond sprach später von einem System von Gleichungen als Grundlage aller menschlichen Erkenntnis, insbesondere von Differentialgleichung.

Jetzt ergab sich hieraus:

Jede Veränderung durchläuft eine kontinuierliche Reihe, in der es keine Lücken gibt, sofern das Prinzip der Bewegung in ihr selber liegt; es ist das Prinzip der Kontinuität, das Leibniz aussprach: Ich denke nur die beschleunigte Bewegung, diese durchläuft alle Grade der Beschleunigung ohne eine Lücke. Das Gesetz gilt in der Mechanik so gut wie in der Psychologie: Die zunehmende Klarheit der Vorstellungen geschieht auch ohne Lücke, ebenso die Zunahme der Affekte etc.

Der Begriff der Größe ist der Grundbegriff der gesamten mathematischen Naturwissenschaft, diesem sind ebenso unterworfen aber auch die Steigerung der Affekte etc. Also die Quantität regiert in der Welt, und auch die geistige

Welt ist quantitativen Beziehungen unterworfen: Die Grade sind es, die gesetzmäßig das geistige Leben beherrschen. Damit war der Ausdruck gefunden für die rationale Behandlung des Seelenlebens. Überall Regel und Gesetz, das die Veränderung regiert und das Ganze ein System von Beziehungen, und das System, nach dem alle Veränderungen stattfinden, das das ganze Universum umspannt, kann in Gleichungen ausgedrückt werden.

Also:

1. Im Universum ist alles Individuum, eine in Erfahrung gegebene Positivität, die aus dem abstrakten Sein nicht abzuleiten ist. Die Wirklichkeit ist ein Zusammenhang der Mannigfaltigkeit von Individuen unter einem Höchsten.

2. In Paris leitet er aus dieser Anschauung des Universums seine bestimmten Begriffe von Monade, prästabilierter Harmonie, kurz seine gesamte Metaphysik ab. Ausgangspunkt: seine Forschungen in Naturwissenschaft und Mathematik, Differentialrechnung und Dynamik. Einführung des Begriffs der primitiven Krafteinheit, deren Phänomene die Bewegungen sind.

Die Lehre von dem rationalen Zusammenhang aller Vorgänge im Universum stand für Leibniz so gut fest als für Spinoza. Aber er faßte nun diesen Zusammenhang als ein System, schließlich ausdrückbar in einem System von Gleichungen, Differentialgleichungen am Ende.

Sein Gedanke: Wie eine Gleichung die Beziehungen zwischen veränderlichen Größen als unter einer Regel stehend auffaßt, so ist alle menschliche Erkenntnis auffaßbar als ein System von Beziehungen, die zwischen primitiven, veränderlichen Größen bestehen. Sonach kann die Erkenntnis gefaßt werden als ein bloßes System von Relationen, die begriffen werden können durch die abstrakte Vorstellung von bloßen Beziehungen.

Das Erkennen bedarf gar nicht des Kausalverhältnisses, der ganze nexus physicus, das Problem der Wechselwirkung, liegt unter dem Gesichtskreis der höchsten Erkenntnis. Diese Erkenntnis kann in den Beziehungen, die zwischen den Veränderungen stattfinden, aufgefaßt werden.

Dies der Fundamentalsatz der gesamten strengen modernen Wissenschaft:

Erkenntnis besteht nicht in der Verfolgung des Verhältnisses von Ursache und Wirkung, sondern sie besteht in den in Formeln darstellbaren Beziehungen, welche zwischen den Veränderungen der Teile des Universums bestehen.

Es gibt einen höchsten Ausdruck für das Erkennen: Die Erkenntnis universal genommen, wie sie jeden Teil des Universums umfaßt und verbindet, ist Aufstellung der gesetzlichen Verhältnisse in den Beziehungen zwischen den Veränderungen der Teile des Universums.

Die Gleichung ist das Symbol für den Zusammenhang der Welt, indem sie die Beziehung zwischen Veränderungen aufstellt. So ist alle menschliche Erkenntnis jenseits des Nachgehens der kausalen Relation und ihrer Gleichförmigkeit. Diese hat allerdings ein Recht, aber nur auf einzelnen Gebieten der Wissenschaft, wo wir die letzte und höchste Erkenntnis nicht gewinnen; für den höchsten Gesichtspunkt schwindet der ganze physische Nexus. Wir fragen nicht, was springt über aus der stoßenden Kugel in die gestoßene, daß sie sich bewegt, oder wie kann Körper auf Geist wirken? Wir stellen einfach die Beziehungen fest, nach welchen die Veränderungen im Universum verknüpft sind.

Helmholtz kurz vor seinem Tode entwickelte mir[226] den Gedanken: Selbst der Begriff der Substanz ist Dogma, so gut wie die Kausalität. Die Wissenschaft hat es zu tun bloß mit den Beziehungen nach Gesetzen, und all die Begriffe, deren sich unser dogmatisches Denken bedient, müssen aufgelöst werden.

Im modernsten Positivismus findet man diese Richtung vertreten, wie sie seit d'Alembert und Lagrange begonnen. Damit hat die menschliche Erkenntnis ihre höchste Höhe in Leibniz erreicht.

Wohl bleiben Rückständigkeiten in ihm, aber der Gesichtspunkt, von dem aus er die Erkenntnis betrachtet, ist zur Zeit nicht zu überwinden.

Eine beschleunigte Bewegung vollzieht sich. Damit sie vom Anfangs- zum Endzustand übergehe, muß sie ohne Lücke ineinander übergehen, Grade durchlaufen; sie ist kontinuierlich nicht nur in Extension, sondern auch in der Reihe der Grade.

Dies nennt Leibniz das Prinzip der Kontinuität. Zwischen jeden noch so kleinsten Differenzen sind kleinere. Dasselbe Gesetz findet statt in der Aufklärung der Vorstellungen, in der Zunahme der Begierde.

So regiert im Universum das Prinzip der Kontinuität. Der Zusammenhang aller Veränderungen, die im Universum stattfinden, ist in dem System von Leibniz der einer realen Einheit, Gleichartigkeit aller Teile des Universums. Jede ist Krafteinheit und trägt in sich die Regel ihrer Veränderung. Und eine solche primitive Substanz besteht in der Regel ihrer Veränderung, ist nur Träger der Regel der Veränderung, die sich in ihr vollzieht. Die Welt ein System solcher Einheiten, die die Regel ihrer Veränderungen in sich tragen, Monaden, verbunden durch Beziehungen nach Gesetzen, die die Einzelvorgänge bestimmen. So bedarf es nicht der Annahme, daß sie in Wechselwirkung stehen. Die Monaden stehen untereinander in Beziehungen, und die Veränderungen, die in der Monade stattfinden, folgen aufeinander nach den Regeln dieser Beziehungen.

Damit schwindet der influxus physicus. Ein solches System von Beziehungen nach Gesetzen kann dargestellt werden ohne Zuhilfenahme eines Kausalnexus.

Daraus ergibt sich die weitere Folge: Jetzt erscheinen in diesem System primitive Kräfte, die nur Kräfte sind, alle Veränderungen nur als solche der Intensität, der Richtung, kurz der Innerlichkeit, die der Kraft beiwohnt. Die äußeren Bewegungen sind nichts als das diesem System der Kräfte und Veränderungen beigeordnete System, das den Ausdruck davon enthält, phaenomenon bene fundatum.

So entsteht die große Entdeckung Leibniz', in der er Kant antizipiert: Raum und Bewegung, die im Raum stattfindet, sind phaenomena, allerdings wohlbegründete, aber sie sind nur das äußere zugeordnete System zu dem, was an den primitiven Kräften als innere Veränderung stattfindet. Auf diesem Standpunkt besteht die Möglichkeit, Körper und Geist in ihrer Realität gar nicht zu unterscheiden nach dem genus, sondern es sind alles gleichartige Glieder eines Systems.

Meine Körperbestandteile sind gerade so gut Monaden, d. h. primitive Kräfte mit inneren Veränderungen wie meine Seele.

Das Universum ist ein Reich von Monaden, geordnet in Beziehungen nach Regeln, und diese Ordnung ist prästabilierte Harmonie, die von Gott vorausgeordnet ist, und das Verhältnis der Teile zum Ganzen wird aufgefaßt in Beziehungen, aber nicht im kausalen Nexus. Sonach ist das Verhältnis, in dem das Reich der Monaden zur physischen Welt steht, ein Mechanismus, der im ganzen Universum stattfindet, denn jeder Teil ist Kraft, die regiert wird nach Gesetzen. Aber dieser Mechanismus ist nur der Ausdruck der teleologischen Ordnung des Universums.

Diese großen Gedanken entwickeln sich jetzt in Leibniz.

[IV. Periode:] 1676–1716 Hannover

Fortsetzung der Pläne
Mechanik
Nouveaux essais: ein Versuch der erklärenden Psychologie durch die Hypothese der unendlichen Vorstellungen.

Protogaea: Erdgeschichte aufgrund seiner Studien in den Bergwerken des Harz (wie Goethe in Ilmenau).

Geschichte des deutschen Reichs, aus der Welfengeschichte als kritisches Werk, das größte der damaligen Zeit. System nur in kurzen Aufsätzen. Praktische Pläne: politische und kirchliche Akademie; gibt es einen rationalen Zusammenhang der Wissenschaft, so muß dem entsprechen das Zusammenwirken aller Forscher. Die Wissenschaft enthält in sich die Möglichkeit, die Solidarität der Nation zu etablieren. Die nationalen Unterschiede verschwinden vor der Wissenschaft, sie sind verbunden durch deren Fortschritte. Denn gibt es ein solches Zusammenarbeiten auf wissenschaftlicher Grundlage, Erkenntnis der Relationen, unter denen die Erscheinungen stehen, so wird der Fortschritt des Menschengeschlechtes sicher sein. Das ist sein Gedanke der Kultur.

Die Wissenschaft kennt keine Grenze, überall ist der Sitz der Kultur, Aufklärung und Herrschaft durch den Gedanken über das Erdganze und die menschliche Gesellschaft. Aus diesen Ideen entstand der Plan der Akademie in Berlin, um Deutschland in Zusammenhang zu bringen mit der großen europäischen Kultur.

Das religiöse Problem. Darum seine Beschäftigung mit den Dogmatiken der Kirchen. Die *Theodizee*, eine der größten theologischen Schriften aller Zeiten, die Grundlage für die Religiosität der Aufklärung. Gegen Bayle, der Wissenschaft und Kirche auseinanderhalten will, behauptet Leibniz: Die wahre Religion entspringt aus der wissenschaftlichen Erkenntnis des Universums. Politik zwischen Welfen und Hohenzollern. Alle seine Pläne verketten sich miteinander, laufen gegeneinander, heben einer den anderen auf in der Wirklichkeit. So endet Leibniz in völliger Einsamkeit.

Der logische Zusammenhang

Aufgabe: das Verhältnis der Logik zur Mathematik und zur Metaphysik zur Einsicht zu bringen.

Das Urteil enthält die Einordnung eines Prädikates in ein Subjekt. Diese Einordnung findet statt z. B. in dem Satz: Der Mensch ist sterblich. Dies ist augenscheinlich eine Einordnung, und zwar ein besonderer Fall der Beziehung von Subjekt und Prädikat zueinander.

In der Gleichung nämlich kann eine Versetzung von Subjekt und Prädikat stattfinden, während in dem Begriff sterblich der Begriff Mensch nicht enthalten ist. Die Gleichung kann die Glieder vertauschen. Dieser Unterschied der mathematischen Prädizierung und der des diskursiven Denkens bildet jetzt das Problem der Logik.

Leibniz gibt die allgemeine Logik, die die aristotelische der diskursiven Worturteile und die mathematisch moderne in sich faßt.

Diese allgemeine Logik ist das moderne Problem schlechthin.

Leibniz ist Vorgänger und Begründer dieser allgemeinen und universalen Logik, welche die Operationen des Syllogismus und die der Rechnung als Fälle des allgemeinen Verhaltens des menschlichen Denkens zu begreifen unternimmt, und besonders die mathematische englische moderne Logik muß ihn als Begründer feiern [...].

Alle Wahrheiten zeigen in bezug auf ihre Existenz Abstufungen.

1. Die notwendigen Wahrheiten, die aus den elementaren Begriffen abgeleitet werden können, haben unbedingte Evidenz. Der Satz (a ist nicht = nicht a) ist analytisch, weil das Prädikat im Subjekt enthalten ist.

2. Gehen wir von hier aus vorwärts auf die tatsächlichen Veränderungen innerhalb der Wirklichkeit, so sind die Sätze hier weniger sicher.

Wenn ich das Prinzip der Dynamik aufsuche, so ist es eine Hypothese (d. h. Wahrheit, die die Wirklichkeit in Formel bringt ohne den Charakter der Notwendigkeit). Sobald ich die Mathematik und Logik überschreite, gerate ich in das Gebiet von geringerer Evidenz. Aber die Sicherheit der hypothetischen Sätze aufzufinden ist ein Hauptproblem der Logik: De aestimandis gradibus probabilitatis. Die Wahrscheinlichkeitsrechnung, die Theorie solcher Sicherheit, überbrückt die Kluft zwischen der notwendig mathematischen Rechnung und der Hypothese der Wirklichkeit.

Leibniz hat die Grundzüge gezeigt, Bernoulli hat sie begründet, und seine Schüler im 18. Jahrhundert haben sie ausgeführt für das Studium der Wirklichkeit.

Die Logik muß unterscheiden zwischen der Kunst der Erfindung und der Kunst des Beweises. Letztere beruht auf der Auffindung der einfachsten und evidentesten Grundsätze, auf die aller Beweis zurückgeführt werden muß.

Problem von Helmholtz: die Axiome, die Euklid überlieferte, auf geringere Zahl zurückzuführen. Überall die Zahl der Axiome vermindern und ihnen die sicherste Form erteilen.

So die einfachsten und irreduziblen Begriffe auffinden und sie der gesamten menschlichen Erkenntnis zugrunde legen.

Leibniz hat diese Aufgabe nicht gelöst so wenig wie seine Vorgänger und wie Kant.

1. Sind wir nun im Besitz der einfachsten Begriffe, dann entsteht die Möglichkeit einer Art von Erfindungskunst. Diese besteht darin, daß die möglichen Verbindungen der einfachen Begriffe und Axiome durchlaufen werden. Jede abgeleitete Wahrheit ist irgendeine Art von Verbindung aus einfachen Wahrheiten, und es muß möglich sein, alle solche Verbindungen zu finden (cf. seine Erfindungskunst).

2. Das gibt die Möglichkeit einer allgemeinen Sprache. Die Algebra enthält ein Zeichensystem. Kann man nun ein solches für das ganze menschliche Denken finden, so hätte man eine neue, universale, formelhafte Sprache, wo das Denken dem Rechnen ähnlich würde. Es müssen Zeichen für die einfachsten Begriffe eingeführt werden und für die einfachsten Operationen, durch welche die Operationen generell verbunden werden.

3. Enzyklopädie.

Wäre die vorige Aufgabe gelöst, dann wäre die Grundlage geschaffen für ein System der gesamten menschlichen Erkenntnis. Leibniz folgt dem Vorgang von Bacon: alle Wahrheiten, die die Menschen erfahren, sammeln, ordnen, in ein System bringen, vereinfachen, auf letzte Elemente reduzieren. […][227] Es ist der

Intellekt Gottes, der logisch und geometrisch ist und in lauter notwendigen Wahrheiten denkt.

Die zufälligen Wahrheiten sind Ausdruck des Willens in Gott, der unter den möglichen Welten die beste gewählt hat. Gott ist die letzte Wahrheit, die nach dem zureichenden Grunde alle Tatsachen verknüpft. Gott hat unter den vielen möglichen Systemen das vollkommenste gewählt, und das ist unsere Welt. Und wenn wir die konkreten Gesetze des Weltzusammenhangs durchschauen könnten, dann würden sie untereinander verbunden sein als der Ausdruck eines Sinns, daß sie die beste Welt sei. Damit suchte Leibniz die Frage nach dem Übel aufzulösen (*Candide* – Voltaire). Auf der Basis dieser logischen Wahrheiten bauen sich nun die großen Prinzipien, die nach Leibniz alle Wirklichkeit durchdringen, auf.

Man muß unterscheiden in Leibniz' System: die notwendigen Wahrheiten und die Wirklichkeit der Welt und die Formeln, in denen der Zusammenhang dieser Wirklichkeit dargestellt werden kann.

Ein psychisches, ein dynamisches Gesetz sind nicht aus den notwendigen Wahrheiten deduzierbar, sie stehen unter dieser Notwendigkeit der Mathematik und Logik.

Bei Kepler und Galilei sahen wir die Unterordnung von dem, was die Natur zeigt, unter die Möglichkeiten, die in der mathematisch-logischen Ordnung liegen. Psychologie und Naturwissenschaft sind das Probieren, die Phänomene einzuordnen.

Das ist auch [der] Grundgedanke Leibniz'. Die logisch-mathematischen Wahrheiten sind.[228]

So möchte er auch die Methoden der Kritik in Philologie und Geschichte auf die Theorie reduzieren, die in einfachsten Begriffen die Wahrheiten enthielte, welche der Kritik zugrunde liegen.

Die Akademie sollte diesem Plan zur Einheit des Wissens dienen.

4. Die Grundgesetze des menschlichen Denkens.

Das Cogito sum des Descartes enthielt in sich eine merkwürdige Zweideutigkeit. Es war die Wahrheit der Tatsache der intuitiven Erfahrung, und es sollte zugleich der Typus der Evidenz für allgemeine und notwendige Wahrheiten sein. Leibniz löste diese Verbindung, die irrig war, er machte den durchgreifenden Unterschied von tatsächlichen und notwendigen Wahrheiten. Damit erblickte er ein Verhältnis von größter Bedeutung. Er knüpfte den Unterschied an die Denkgesetze an. Die Anforderung an Erkenntnis besteht in der Klarheit und Deutlichkeit.

Klar ist die Erkenntnis, wenn ich durch sie das Vorgestellte rekognosziere, von anderem unterscheide.

Deutlich, wenn klar bis in die Bestandteile und deren Verbindung.

Vérités du fait sind klar, aber nicht deutlich.

Apriori-logisch-mathematische Wahrheiten sind klar und deutlich, ganz durchsichtig.

Woher stammt dieser Unterschied?

Notwendige Wahrheiten, sagt Leibniz, sind analytisch, d. h. das im Prädikat vom Subjekt Ausgesagte ist im Subjekt schon enthalten. Eine analytische Wahrheit ist bloß ein analytisches Urteil, bringt mir zur Gewißheit, was im Subjekt schon enthalten. Darum ist sie absolut evident, klar, durchsichtig. Ich unterscheide […] den Grund der Einsetzung im Subjekt.

Jedes geometrische Axiom ist eine solche analytische Wahrheit. Das Prädikat ist in dem klar gedachten Subjekt enthalten. Das Prinzip, das ihm zugrunde liegt, ist der Satz des Widerspruchs. Diese Urteilsbildung steht unter dem Prinzip, daß das Prädikat widerspruchslos im Subjekt gefunden werden kann. Demgemäß haben alle analytischen Urteile unbedingte Notwendigkeit.

Die tatsächlichen Wahrheiten haben eine andere Art von Glaubwürdigkeit. Sie sprechen ein Gegebenes aus, sei es der einzelne Fall oder die allgemeine Regel. Wenn ich das Gesetz ausspreche über das Verhältnis der Hirnfunktion zur Leistung, so ist das eine tatsächliche Wahrheit. Aber auch diese bedürfen einer gewissen Art von Sicherheit. Und diese liegt im Zusammenhang der ganzen Wirklichkeit.[229]

Eine Wahrheit, Regel, Gesetz, das Tatsachen beherrschen soll, unterliegt dem Prinzip des zureichenden Grundes. Dieser Satz ist von Leibniz zuerst formuliert. Jede Tatsache muß einen zureichenden Grund für ihr Dasein haben, jeder Satz hat seinen zureichenden Grund in den Bedingungen, unter denen er steht.

Jede nicht-analytische Wahrheit muß ihren zureichenden Grund in den Antezedenzien haben. Dies gilt für alle Tatsachenwahrheiten; besteht in dem Konnex, in dem der Tatsachensatz zu den anderen Sätzen steht. Leibniz nennt diese Wahrheiten im Unterschied von den notwendigen zufällige. Der Bezirk derselben erstreckt sich so weit, als allgemeine Verhältnisse von Wirklichkeiten obwalten, die über die analytischen Sätze hinausgehen, von Veränderung zu Veränderung durch das ganze Universum.

Fragen wir, welches das letzte Prinzip aller Voraussetzungen der zufälligen Wahrheiten ist, so antwortet Leibniz mit Cartesius: Die notwendigen Wahrheiten sind notwendig und unabhängig davon, daß es etwas ist. Die Wirklichkeit ist nur ein Fall der Möglichkeiten.

Das Ich, Außenwelt, Gottheit und Gottesbeweise

Wie es Descartes gesagt hatte, dabei bleibt auch Leibniz: das Ich ist der einzige, unmittelbar durch die Erfahrung gewährleistete Gegenstand. Die Sicherheit und die Gewißheit setzen hier ein. Je älter Leibniz wurde, um so mehr trat die innere Erfahrung in ihrer Bedeutung in ihm vor (besonders nach Lockes Buch[230]).

Wir sind uns[231] dessen, daß es selbsttätige Kräfte, Substanzen, Einzelrealitäten gibt, dadurch sicher, daß wir uns selbst als solche fühlen.

Gegen Empirismus: Er ist widerlegt durch die Tatsache, daß die innere Erfahrung uns die Prozesse des Urteils, des Ich, innere Verbindung unserer Eindrücke zeigt, und das fordert ein Unteilbares.

Es ist der Kern seiner inhaltlichen Ansicht und der Schlüssel zur Welt, diese Einheit des Ich, das seine Vorstellungen in einer unteilbaren Zusammenfassung zusammenhält. Das ist unsre Spontaneität, unsre Geistigkeit, und von dieser inneren Erfahrung unsrer Selbständigkeit verstehen wir alles andre.

Die Existenz der Außenwelt ist zunächst nur Phänomen im Bewußtsein.[232] Wollen wir die Realität äußerer Objekte behaupten, so müssen wir sie erschließen. Und Leibniz gibt die Schlüssel, die Helmholtz später durchgeführt hat. Cf. Dilthey: Über die Realität der Außenwelt.[233]

1.[234] Wir sind der Existenz äußerer Gegenstände darum sicher, weil nur unter dieser Voraussetzung eine Ordnung unserer Bilder und Wahrnehmungen hergestellt werden kann. Die Realität ist die schlechthinnige Bedingung dafür, daß wir die Bilder in uns in einen faßlichen Zusammenhang bringen können. Ihr natürliches Auftreten und Verschwinden liegt nur in [der] Annahme der Realität. Diese Argumentation ist absolut unwiderstehlich.

Es ist ein Trugschluß, die Evidenz der Geometrie und Algebra von der Erkenntnis der Wirklichkeit zu fordern anstatt des Beweises der höchsten Wahrscheinlichkeit, bei dem wir uns wahrhaftig beruhigen können. 2.[235] Da in dieser Außenwelt die Mehrheit von Bewußtsein gegeben ist, so gibt es im Universum eine physische Ordnung und die Mannigfaltigkeit von Bewußtseinen in ihr.

Schließlich Beweis der Gottheit:

1. Jede Tatsache, die uns die Wirklichkeit zeigt, ist zufällig, weil sie den Grund der Notwendigkeit ihrer Existenz nicht in sich selbst, sondern außer sich hat. Zunächst suchen wir den Grund in der Verkettung der Ursachen und Tatsachen. Dies gibt eine Reihe ohne Ende, und wir können den Abschluß nur finden, wenn wir eine notwendige Existenz setzen, die ihren Grund in sich selber hat, ihre Erklärung in sich selber und Grund der Erklärung für alles ist.[236]

2. Logik und Geometrie, die in der Natur realisiert sind, fordern eine Vernunft, durch die sie realisiert sind. Das deutet auf den Logiker und Geometer, der den Erklärungsgrund für diesen Vernunftzusammenhang enthält.

So ist und ersteht in Leibniz, was in der gesamten Geschichte der Philosophie seit Platon immer mehr heraufwächst, der Geometer Gott, der Grund der notwendigen Wahrheiten und der Vernunft im Universum, die nur verstanden werden kann als der Ausdruck der absoluten Vernunft. Man kann darauf verzichten, diese Venunft zu verstehen und das Verhältnis unserer Vernunft zu dieser Weltvernunft zu bezeichnen. Der Beweis reicht nur so weit, als man unter dem Rationalismus und der Erklärbarkeit des Universums steht.

Verwandt damit der Ausdruck: Logik und Geometrie seien angewandt auf diese besondere Welt und ergäben die Zweckmäßigkeit, in der alles verknüpft ist, um Glückseligkeit aller hervorzubringen, und der Ausdruck derselben ist die Schönheit, der Beweis auch Gottes und seiner Absicht, seines Gemüts.

Die Prinzipien des Universums

Nach dem Satz vom Grunde haben tatsächliche Wahrheiten, die allgemeinen Formeln, die an der Wirklichkeit entwickelt sind, ihren Grund nicht im Verhältnis von Subjekt und Prädikat. Es sind Hypothesen, verkettet und zurückbezogen auf ihre Bedingungen. Die Welt bildet einen Zusammenhang nach dem Satz vom Grunde. Dieser Nexus, der das Universum als Wirklichkeit ausmacht, ist der Gegenstand der menschlichen Wissenschaft.

Nur würde der menschliche Geist diesen Nexus nicht verstehen, wenn er immer an der Kette der Kausalbeziehungen entlanglaufen müßte, dann käme er immer nur von Ursache zu Ursache. Wir verstehen die Welt nur, indem wir die teleologische Betrachtungsweise an die Welt heranbringen.

Die immanente Teleologie, die die Glieder des Universums verknüpft und zum Bewußtsein bringt.

Die Welt ist für den Menschen nur dadurch verständlich, daß er sie auffaßt als die Verwirklichung eines Sinnes. So wendet Leibniz den Begriff des Zweckes auf die Welt an, und zwar des Zweckes, der nicht in einem Teil der Welt gelegen ist, etwa im Menschen, sondern die Welt ist da, um die Fülle der Wirklichkeit in allen Graden zu realisieren und das Maximum von Glück zu erreichen.

So ist dies Universum der Inbegriff von Einheiten, deren jede die Innerlichkeit besitzt, bestimmt, zur Klarheit und zum Glück zu gelangen.

Wenn nun die Teile der Welt so zu dem Zweckzusammenhang des Universums verkettet sind, dann stellt dieser Zweckzusammenhang, wie die Welt ihn zeigt, eine Möglichkeit der vollkommenen Welten dar. So werden wir zurückgeführt auf die Gottheit, in der das Gesetz liegt, Glück um sich zu verbreiten, und die diese Welt geschaffen hat nach den notwendigen Gesetzen. Diese Welt ist der zu bevorzugendste Fall von Konnex und Dasein, der überhaupt möglich ist. Gott ist der Grund dieser besten Welt, die nicht als notwendige Folge aus der Substanz definierbar und ableitbar ist, sondern absolute Positivität ist. Dieser Konnex von Wirklichkeit unterliegt nun höchsten Gesetzen; die Wirklichkeit entsteht aus der Anwendung dieser Gesetze auf die beste Welt.

So ist aus der Unterscheidung abgeleitet die teleologische Ordnung, der Fall der besten Welt und die notwendigen Wahrheiten die Unterlage, um diese beste Welt zu realisieren.

Prinzipien der gesamten Weltwirklichkeit

1. Principium individui oder indiscernibilium. Jedes für sich Seiende, Monas des Universums, ist von jedem anderen unterschieden. In letzter Instanz auch hier der Gedanke, daß die Welt die Aufgabe zu lösen hat, möglichst viel mannigfaltiges Leben zu verwirklichen; so darf kein Teil eine Doublette sein, sondern jedes für sich. cf. Goethes Aufsatz: Über die Natur: Es sei die Aufgabe der Wirklichkeit, möglichst viel Leben zu haben.[237] Ein Ausdruck der Lebendigkeit großer Menschen.

2. Kontinuität. Natura non facit saltus. Unendlich kleine Differenzen werden gefordert, die von Stufe zu Stufe, von Ort zu Ort führen. Eine Bewegung, eine Leidenschaft, die Klarheit einer Vorstellung [zu] durchlaufen, kontinuierlich ohne Zwischenraum. Begriff des Kontinuums. Im Zusammenhang hier mit seiner größten psychischen Entdeckung: den kleinen unendlichen Vorstellungen.

3. Ökonomie der Natur. Prinzip der kleinsten Aktion. Die Natur wendet für die Erreichung eines jeden Zweckes einen möglichst geringen Arbeitsaufwand an. Es ist das Prinzip der besten Welt angewendet auf das Verhältnis von Mittel und Zweck.

Der Mechanismus und die erscheinende Natur

ist für Leibniz der Ausdruck der Beziehungen der Kräfte im Universum. Und deshalb ein wohlbegründetes Phänomen, die Art, wie für das menschliche Bewußtsein das Spiel der Kräfte sich als eine Außenwelt darstellt. Leibniz leugnet die Realität des Raums und der Bewegung. Der Mechanismus ist eine Erscheinung der Kräfte. Er gründet nun ein weiteres Naturgesetz auf diesen Mechanismus und sein Verhalten.

Oberstes Gesetz der Bewegung: die Erhaltung der Kraft.

Descartes hatte das Prinzip aufgestellt: der Größe der Kraft sind Bewegungen stets proportional, und hatte geschlossen, daß die Summe der Bewegungen stets gleich sei. Dies widerlegte die Erfahrung. So sagt Leibniz: Die Summe der Kraft bleibt im Weltall stets gleich, die Bewegung aber wechselt aufgrund der Krafthemmung.

Leibniz stellte auch ein besseres Prinzip auf für die Kraftmessung, sie sei nicht das Produkt aus Masse und Geschwindigkeit, sondern das Quadrat.

Leibniz zeigte auch die Umsetzbarkeiten der Formen der Bewegung ineinander. So zeigte er, daß ein Kraftverlust entsteht bei Zusammenstoß durch Umsetzung in molekulare Bewegung.

Der Fortschritt, den R. Mayer[238] dagegen gemacht hat, liegt darin, daß er für den Umsatz von anderen Kraftformen in die Form der Wärme die richtige Formel geben konnte.

Im übrigen ist durchaus Leibniz der Entdecker des Gesetzes.

Leibniz stellte dann das Gesetz der Metamorphose auf, auf dem Goethes Auffassung der Natur beruht von der Entwicklung und Transformation des Individuums. Leibniz benutzte das für den Unsterblichkeitsgedanken, nicht Seelenwanderung, sondern Umwandlung in andere Individuen. Bonnet, der das übernahm, wurde hier der Lehrer Herders.

Das größte bei all dem war das Vorwärtsdringen von dem einzelnen zur Technik der Natur. Dieser Goethesche Begriff, die immanente Teleologie, ist nichts anderes als der zutreffende Ausdruck für die Gedanken Leibniz'.

Die Ordnung der Monaden

Die Tendenz, von der Leibniz getrieben wird, entsteht aus der mathematischen Naturwissenschaft: Die Welt soll aufgefaßt werden als ein System von Beziehungen von Veränderungen; so ist die Gleichung und insbesondere die Differentialgleichung der höchste Typus der Erkenntnis. Dieser Gesichtspunkt ist es nun, von dem aus ihm sowohl Realität der Ausdehnung und Bewegung als auch die Realität des physischen Nexus in Wegfall kommt. So ist sein Ideal der Metaphysik ein ganz neues: nicht eine mechanistische Ordnung der Erscheinungen, sondern ein System der veränderlichen Kräfte, die dem physischen Mechanismus zugrunde liegen.

Von hier aus sind verschiedene Systeme möglich. Das System Leibniz', die *Monadologie*, ist entstanden aus der Forderung der Rationalität des Universums, unter Beibehaltung des Substanzbegriffs, der bei ihm Krafteinheit ist, und diese [ist] Individualität.

1) Huygens[239] hatte gezeigt, daß beim Stoß der Körper aufeinander die leben-

dige Kraft sich erhält. Leibniz schloß, die letzten Teile der Körper müssen sich alle verhalten, als ob sie elastisch seien. So fordert er auch von den Atomen Elastizität. Aus der bloßen Materie kann diese nicht hergeleitet werden, da ist bloße Ausdehnung. [Für] Leibniz aber ist ein Körper zugleich Ausdehnung und Aktion.

Später behielt man bei: Das Universum besteht aus Krafteinheiten, man brauchte aber nicht zu den psychischen Einheiten vorwärts zu gehen. Diese Einheiten tragen nur die Möglichkeit in sich, Bewußtsein hervorzubringen, in solches überzugehen, ohne per se mit dem Bewußtsein analog zu sein.

2)[240] Eine solche psychische Krafteinheit nennen wir eine Monas. Darunter versteht also Leibniz: Krafteinheiten, die als Grundeigenschaft die Einheit besitzen, das Viele in sich, nach Analogie der menschlichen Seele und des seelischen Daseins. Und die aus sich die Reihe der Veränderungen hervorbringen, nach in ihnen[241] gelegener Gesetzlichkeit. Die Monade hat keine Fenster, ist nicht räumlich, so daß Bewegung in sie hineindringen könnte, sie ist schlechthin Monas, ganz für sich, außerhalb des nexus physicus und des physischen Einflusses. Die Veränderungen liegen [in] ihrer Eigenart und folgen nach den inneren Regeln aus ihr. Jede Monas repräsentiert das gesamte Universum von einem bestimmten point de vue aus, und alles, was in ihr geschieht, geschieht nach den Gesetzen des Wesens, das in ihr gegründet ist, und der Regel, die in ihr liegt. Obwohl aus der Gottheit entstanden, ist sie an und für sich, unvergänglich, die Reihe ihrer Entwicklung hat keine Grenzen. Jede Monas ist unsterblich, durchläuft die Reihe von Veränderungen, in denen sie zu immer vollkommenerem Zustande fortgeht. Und keine Wechselwirkung besteht zwischen den Monaden.

Der teleologische Zusammenhang des Monadenreiches und die prästabilierte Harmonie

Die Monaden stehen nicht untereinander in physischem Kausalzusammenhang, dennoch ist das Universum eine Ordnung. Die Stelle einer jeden ist bestimmt durch den Zusammenhang des Ganzen. Ein System von Beziehungen waltet durch das Ganze, und wenn es kein physischer Kausalnexus ist, dann muß es ein teleologischer sein. Das System der Beziehungen von Krafteinheiten zu einem Ganzen nach Gesetzen, nicht mechanischer Kausalzusammenhang, sondern ein teleologischer. Hier greift jener große Gedanke ein, nach welchem unterschieden werden müssen die notwendigen und die zufälligen Wahrheiten:

Die Wirklichkeit kann nicht deduziert werden, ist wie jeder Teil eine Positivität. Damit geschieht endlich die Befreiung von allen den Fiktionen einer Vernunft, daß aus Begriffen das Universum deduzierbar sei: Das Universum ist eine unendliche Faktizität, und ihre Gesetze können weder auf logisch-mathematische Axiome reduziert werden, noch kann die Wirklichkeit ganz in das Kausalgesetz aufgelöst werden, es ist in ihr noch etwas anderes, aus einem anderen Genus. Diese Faktizität kann in einzelnen Gesetzen aufgehellt werden, aber die gesamten Beziehungen können wir nur verstehen als den Ausdruck eines Sinnes, Bedeutung, Wertes.

Diesen Wertbegriff drückt Leibniz aus als einen Zweck. Aber jeder Teil hat seinen Eigenwert, ist also niemals bloß Mittel zu fremdem Zweck. So entsteht ein System von Abstufungen aller möglichen Werte, der größte denkbare Reichtum und Fülle von Wert und Glück.

Entweder wir verzichten darauf, das Universum zu verstehen, oder ein Verständnis ist uns möglich als Wertschätzung. Und Leibniz verzichtet nicht, für ihn ist diese Wertordnung eine vollkommen verständliche Tatsache.

Entweder ich verstehe die Welt überhaupt nicht, verzichte darauf, aber wenn [ich] sie begreifen will, begreife ich die ursprüngliche Anordnung der Teile, aus denen nach Gesetzen die Welt hervorgegangen, und [wenn ich] mich nicht beruhigen will bei der Koordination der Teile als der ursprünglichen Tat[sache], dann bleibt mir eine Möglichkeit übrig, das einzige Mittel des Verständnisses ist eine Wertordnung. Diese Beziehung der Teile des Universums ist die Teleologie. Wir können aber die im Universum verwirklichte Teleologie nur vorstellen unter dem Gesichtspunkt: Alle Möglichkeiten und Stufen von Vollkommenheiten und Glück sind verwirklicht, das Universum ist ein System, weil die Stufenfolge da ist, in der die Teile tendieren zum Glück. Die Vollkommenheit liegt im Fortschreiten, in der fortsteigenden Klarheit der Vorstellungen, und diese erhellt den Zusammenhang ihrer selbst mit dem Universum. Die Liebe und moralischen Eigenschaften fließen aus dem Einblick in den Zusammenhang des Ganzen der Welt. Ist nun diese Ordnung eine teleologische, dann muß das Verhältnis, das uns als das eines physicus influxus erscheint, in Wirklichkeit das der Anpassung aller Teile des Universums aneinander sein, wie zwei Uhren, die so gestellt sind, daß sie zu gleicher Zeit schlagen. Was in der einen Monas als ein Bewegungsvorgang erscheint, hat in der andern einen Wahrnehmungsvorgang zur Parallele etc.

Jeder Körper ist ein Aggregat von Monaden, die einer, der Seelenmonade, untergeordnet sind, und das Verhältnis ist das der Anpassung und Harmonie. So entsteht die prästabilierte Harmonie. Unter ihr versteht Leibniz das Verhältnis der Monaden untereinander, das durch ihre Anpassung aneinander durch den göttlichen Willen die Erscheinung des influxus physicus erklärt.

Die letzte Konsequenz, zu der die unfruchtbare Isolierung der Monaden führt. Nicht in diesen Sätzen liegt die wissenschaftliche Bedeutung Leibniz' […]. Die Aufhebung des influxus und die prästabilierte Harmonie sind schon von Wolff fallengelassen worden, Knutzen hielt sie nicht für nötig, Kant ebenso [wenig].

Psychologie und Geisteswissenschaft

Die Seele ist die Krafteinheit, die nach dem inneren Gesetz die Abfolge ihrer Zustände hervorbringt, die Seele verändert sich nur im Wechsel der Vorstellung. Dazu liegt in ihr die Tendenz, ein Streben. Jede Seele ist von einer Seite angesehen Willen, von der andern Vorstellung. Und es ist ein Gesetz, aus dem Verworrenen fortzuschreiten zu dem Klaren und Deutlichen. Es gibt schlafende Monaden, mit dunklen und verworrenen Vorstellungen, und das Bewußtsein und die klaren Vorstellungen sind die allmähliche Leistung der Seele. So entdeckt Leibniz den für die Psychologie so wichtigen Begriff der dunklen, unmerklichen und verworrenen Vorstellungen. Damit ist Leibniz der erste, der eine erklärende Psychologie möglich gemacht hat.

So erklärt er die Ästhetik für ein Spiel der unmerklichen Vorstellungen. Wir fassen die einfachen Zahlenverhältnisse in der Musik auf, unbewußt, und das Bewußtsein, das diesen unbewußten Besitz der Zahlenverhältnisse begleitet, ist die musikalische Freude. Dasselbe ist der ästhetische Reiz durch Proportionen. Schönheit ist die Einheit des Vielen mit der kleinsten Anstrengung in der Einheit der Seele. Viel in einem zu haben ist menschlich ästhetische Freude. Die rationale Ästhetik, Baumgarten, Meier, Lessing geben Durchführung im einzelnen. Rationale Moralwissenschaft der moralischen Gefühle sind Instinkte, dunkle, unbewußte Auffassungen der Relationen, in denen unsere Monas zum Universum als dem Ganzen steht. Wir sind in uns und streben nach Vollkommenheit, das ist das erste Prinzip. Wir sind ein Teil des Ganzen, und daraus entsteht ein zweites, die Sympathie mit dem Ganzen. Dunkel fühlt jeder den Zusammenhang des Ganzen und will mitarbeiten an der Welt.

Wir leben alle unter dem Ideal der Kultur, die wir verwirklichen sollen, und zwar zusammen mit andern. Und der Anteil an dem andern ist der dunkle Ausdruck dafür. Statt wie Spinoza von der Selbsterhaltung auszugehen und davon alle höheren ethischen Formen abzuleiten, geht Leibniz einesteils von sich selbst, teils von dem Teil des Ganzen aus. In der Moralwissenschaft muß diese Doppelseitigkeit zum klaren Bewußtsein kommen. Die letzte Tendenz, in der alles zusammenklingt, ist die Kultur und der Fortschritt des menschlichen Geistes im Ganzen, während doch jede Monas zugleich ihren eigenen Weg und ihre ureigene Bahn zur Vollkommenheit hat. Herders *Ideen zur [Philosophie der] Geschichte der Menschheit*, der Sinn des Universums sei der Fortschritt und die unendliche Entwicklung des Ganzen und des Einzelindividuums in der Unendlichkeit.

[Philosophie der] Schule von Leibniz

Dasjenige, was in Leibniz sterblich war, der angespannte Begriff der Monas, die prästabilierte Harmonie als Erklärung für die Erscheinung des influxus physicus, ging sofort zugrunde. Die großen Vertreter seiner Schule in Berlin und Halle haben die Wechselwirkung der Krafteinheiten behauptet und die vorstellende Natur der Monas geleugnet.

Die Hauptsätze:

Der Mechanismus ist die Erscheinungsform eines teleologischen Zusammenhangs im Universum.

Maupertuis setzte die Naturwissenschaft fort. Eine Systematik wurde hergestellt durch Christian Wolff, der durch seine Schule ganz Deutschland beherrschte. Der Grundzug ist: die Überführung der rationalen Philosophie in ein System von Einzelwissenschaften, um die Theorie mit dem Leben der Gesellschaft in Verbindung zu setzen. Und so entstand jene Kathederphilosophie, die die Aufgabe hatte, Juristen vorzubilden aufgrund des Naturrechts, Theologen aufgrund der natürlichen Theologie, die Dichtkunst [zu gründen] auf die rationale Ästhetik; die Grundlage aller Wissenschaften aber wurden die Logik und die Psychologie.

Die Psychologie wird die eigentliche Grundwissenschaft der Geisteswissenschaften. Der große Vorgang war gegründet in Leibniz' Psychologie. Sie wurde nun geteilt in eine erstens beschreibende, zergliedernde und eine zweitens erklärende:

Perzeptionen können unter der Grenze der Merklichkeit sein.

Apperzeption ist der Vorgang, der auf die Perzeption die Aufmerksamkeit richtet und sie zur Klarheit erhebt.

Der menschliche Geist ist die einheitliche Natur, das Ich. Und der Fortschritt findet statt vom Dunklen zur Klarheit des menschlichen Lebens. Eine lange Reihe von Psychologen haben das ausgebildet. Der wichtigste ist Tetens, verbindet Leibniz mit Locke und gab Grundlage für die Kantsche Psychologie.

Die Moral empfängt eine eigene Systematik.

Das Naturrecht, Wolff, Thomasius, Pufendorf, gewinnt außerordentliche Bedeutung und Bewegung. Friedrich II. blieb sein Leben lang von ihm abhängig.

Ästhetik, auch sie hatte ihre Anfänge in Leibniz, Baumgarten, Meier, Sulzer, Mendelssohn, Lessing, die rationale Ästhetik ist die Schöpfung des deutschen Geistes.

BIBLIOGRAPHISCHER ANHANG

Verzeichnis der vollständigen Titel der von Dilthey im *Grundriß* angeführten Editionen, Gesamtausgaben und Sekundärliteratur

Abaelardus, Petrus: Opera hactenus seorsim edita nunc primum in unum collegit textum ad fidem librorum editor. sciptorumque recens. notas, argumenta, indices adjec. Victor Cousin adjuvantibus C. Jourdain et E. Despois. Paris 1849.
–: Ouvrages inédits publiés par Victor Cousin. Paris 1836.
Adickes, Erich: Kants Systematik als mitbildender Faktor bei der Entstehung seines Systems. Berlin 1887.
Alexander von Aphrodisias: Die durch Averroes erhaltenen Fragmente Alexanders zur Metaphysik des Aristoteles. Unters. u. übers. v. Jakob Freudenthal. Berlin 1885.
Anaxagoras: Fragmenta. Ed. Edmund Schaubach. Leipzig 1827.
–: Anaxagorae Clazomenii et Diogenis Apolloniatae fragmenta quae supersunt. Ed. Wilhelm Schorn. Bonn 1829.
Antisthenes Orator: Fragmenta. Ed. August Wilhelm Winckelmann. Turici 1842.
Apelt, Otto: Beiträge zur Geschichte der griechischen Philosophie. Leipzig 1891.
Apollonios: Apollonii Pergaei quae graece exstant cum commentariis antiquis. Ed. Johann Ludwig Heiberg. Leipzig 1890.
Archiv für Geschichte der Philosophie. Red. Ludwig Stein. Bd. I–VII. Berlin 1887–93; ab Bd. VIII: Neue Folge, Berlin 1895 ff.
Aristides Apologeta: Die Apologie. Hrsg. v. Edgar Hennecke. Leipzig 1893.
–: Der Apologet Aristides. Der Text seiner uns erhaltenen Schriften nebst einleitenden Untersuchungen über dieselben. Hrsg. v. Reinhold Seeberg. Erlangen und Leipzig 1894.
Aristoteles: De anima libri III. Rec. Adolf Trendelenburg. Jena 1833; 2. Aufl. Berlin 1877.
–: Ars rhetorica. Ed. Leonhard Spengel. Leipzig 1867.
–: De arte poetica. Ed. Johannes Vahlen. Berlin 1867; 2. Aufl. Leipzig 1885.
–: Über die Dichtkunst. Griech. u. dt. hrsg. v. Franz Susemihl. S. Werke. Griech. u. dt., Bd. 1–7.
–: Commentaria in Aristotelem graeca. Edita consilio et auctor. Academiae Litterarum Regiae Borussicae. Vol. 1–23. Berlin 1882–1907.
–: 4 Bücher über das Himmelsgebäude und 2 Bücher über Entstehen und Vergehen. Griech. u. dt. hrsg. v. Karl v. Prantl. S. Werke. Griech. u. dt., Bd. 1–7.
–: Elementa logices Aristoteleae. Ed. Adolf Trendelenburg. Berlin 1836.
–: Ethica Nicomachea. Ed. Franz Susemihl. Leipzig 1880.
–: Fragmente, s. Opera. Ed. Academia Regia Borussica Vol. 5.
–: Index Aristotelicus, s. Opera. Ed. Academia Regia Borussica Vol. 5.
–: Metaphysica. Ed. Hermann Bonitz. Bonn 1848.
–: Die Metaphysik. Übers. und kommentiert v. Albert Schwegler. Bd. 1–4. Tübingen 1847–48.
–: Meteorologicorum libri 4. Ed. Julius Ludwig Ideler. Leipzig 1834–36.
–: Opera. Ed. Academia Regia Borussica. Vol. 1–5. Berlin 1831–70.
  – 1., 2. Aristoteles graece ex rec. Immanuelis Bekkeri. 1831.

- 3. Aristoteles latine interpretibus variis. 1831.
- 4. Scholia in Aristotelem coll. Christian August Brandis. 1836.
- 5. Aristotelis qui ferebantur librorum fragmenta (ed. Valentin Rose). Scholiorum in Aristotelem supplementum (ed. Hermann Usener). Index Aristotelicus (ed. Hermann Bonitz) 1870.

–: Opera omnia graece et latine cum indice nominum et rerum absolutissimo. Ed. Dübner, Bussemaker et Heitz. 4 tomes en 5 vol. Paris 1848–69.
–: Organon graece. Ed. Theodor Waitz. Pars prior. Leipzig 1844; pars posterior. Leipzig 1846.
–: Physik. Gr. u. dt. hrsg. v. Karl Prantl. S. Werke. Griech. u. dt., Bd. 1–7.
–: Poetik. Übers. und eingel. v. Theodor Gomperz. Leipzig 1897.
–: Aristotelis πολιτεία 'Αθηναίων. Ed. Georg Kaibel u. Ulrich Wilamowitz-Moellendorff. Berlin 1891.
–: πολιτεία 'Αθηναίων. Aristotle on the Constitution of Athens. Ed. by F. G. Kenyon. London 1891.
–: Politicorum libri superstites. Ed. Hermann Conring. Helmstedt 1656.
–: La politique d'Aristote. Traduite en français par Jules Barthélemy-Saint-Hilaire. 3è ed. Paris 1874.
–: Politik. Gr. u. dt. hrsg. v. Franz Susemihl. S. Werke. Griech. u. dt., Bd. 1–7. Leipzig 1879.
–: Schrift vom Staatswesen der Athener. Dt. v. Georg Kaibel u. Adolf Kiessling. Straßburg 1891.
–: 4 Bücher über die Teile der Tiere. Gr. u. dt. hrsg. v. A. v. Frantzius. S. Werke. Griech. u. dt., Bd. 1–7.
–: Tierkunde. Gr. u. dt. hrsg. v. Hermann Aubert und Friedrich Wimmer. Leipzig 1868.
–: 5 Bücher über die Entstehung der Tiere. S. Werke. Griech. u. dt., Bd. 1–7.
–: Werke. Griech. u. dt., Bd. 1–7. Leipzig 1853–79.
  - 1. 8 Bücher Physik. Gr. u. dt. hrsg. v. Karl Prantl, 1854.
  - 2. 4 Bücher über das Himmelsgebäude und 2 Bücher über Entstehen und Vergehen. Gr. u. dt. hrsg. v. Karl Prantl, 1857.
  - 3. 5 Bücher von der Zeugung und Entwicklung der Tiere. Gr. u. dt. hrsg. v. Hermann Aubert u. Friedrich Wimmer, 1860.
  - 4. Über die Dichtkunst. Griech. u. dt. v. Franz Susemihl, 1865.
  - 5. 4 Bücher über die Teile der Tiere. Gr. u. dt. hrsg. v. Alexander v. Frantzius, 1853.
  - 6. 7. Politik. Gr. u. dt. hrsg. v. Franz Susemihl, 1879.

Aristoxenus: Harmonische Elemente. Gr. u. dt. hrsg. v. Paul Marquard. Bonn 1868.
Arnoldt, Emil: Kritische Exkurse im Gebiet der Kant-Forschung. Königsberg 1894.
Arnim, Hans v.: Quellenstudien zu Philo von Alexandrien. Berlin 1888.
–: Philodemea, in: Rheinisches Museum für Philologie 43 (1888), S. 360–375.
Augustinus, Aurelius: Sancti Aurelii Augustini hipponensis episcopi Operum. Ed. Ordinis S. Benedicti e Congregatione S. Mauri. 11 vol. Paris 1689–96, 1836–39.
Avenarius, Richard: Über die beiden ersten Phasen des Spinozischen Pantheismus. Leipzig 1868.
Averroes: Kommentare zu Aristoteles, in: Aristotelis opera. Venedig 1562–1574.
–: Philosophie und Theologie. Aus dem Arab. übers. v. Mark. Jos. Müller. München 1875.
Avesta. Die heiligen Schriften der Parsen. Hrsg. v. Friedrich v. Spiegel. Leipzig 1851 ff.
–: Le Zend Avesta. Ed. James Darmesteter. Paris 1892–93.

Baader, Franz v.: Sämtliche Werke. Hrsg. v. Franz Hoffmann, Julius Hamberger u. a. 16 Bd. e. Leipzig 1850–60.
Bach, Nicolaus: Critiae Atheniensis tyranni carminum aliorumque ingenii monumentarum quae supersunt. Leipzig 1827.
Bacon, Francis: Works. Ed. by James Spedding, Robert Leslie Ellis and Douglas Denon Heath. 14 vol. London 1857–74.
Bahnsch, Friedrich: Des Epikureers Philodemus Schrift περὶ σημείων καὶ σημειώσεων. Lyck 1879.
–: Quaestionum de Diogenes Laertii fontibus initia. Königsberg 1868.
Baillet, Adrien: La vie de M. Descartes. Paris 1691.

Bain, Alexander: James Mill. A biography. London 1882.
Barthélemy-Saint-Hilaire, Jules: Victor Cousin. Sa vie et sa correspondance. 3 vol. Paris 1895.
Baur, Ferdinand Christian: Apollonius von Tyana und Christus, oder das Verhältnis des Pythagoreismus zum Christentum (1832), in: Drei Abhandlungen zur Geschichte der alten Philosophie. Hrsg. v. Eduard Zeller. Leipzig 1876, S. 1–227.
–: Die christliche Gnosis. Tübingen 1835.
–: Seneca und Paulus, das Verhältnis des Stoizismus zum Christentum nach den Schriften Senecas (1858), in: Drei Abhandlungen zur Geschichte der alten Philosophie. Hrsg. v. Eduard Zeller. Leipzig 1876, S. 377–480.
Bayle, Pierre: Dictionnaire historique et critique. Rotterdam 1697.
Benoit, Georg v.: Darstellung der Locke'schen Erkenntnistheorie verglichen mit der Leibniz'schen Kritik derselben. Bern 1869.
Bentham, Jeremy: The works of Jeremy Bentham, published under the superintendence of his executor, John Bowring. Edinburgh 1843.
Berkeley, George: Works. Ed. by Alexander Campbell Fraser. Oxford 1871.
Bernays, Jakob: Zwei Abhandlungen über die aristotelische Theorie des Dramas. Berlin 1880.
–: Die Dialoge des Aristoteles in ihrem Verhältnis zu seinen übrigen Werken. Berlin 1863.
–: Heraclitea. Bonn 1848.
–: Theophrastos' Schrift über Frömmigkeit. Ein Beitrag zur Religionsgeschichte. Berlin 1866.
Bidez, J.: Biographie d'Empedocle. Recueil de travaux publiés par la faculté de philosophie et lettres. Gand 1894.
Bigg, Charles: The Christian Platonists of Alexandria. Oxford 1886.
Blass, Friedrich: Die attische Beredsamkeit. 4 Bd.e. Leipzig 1868–98.
Boeckh, August: Philolaus des Pythagoräers Lehren nebst den Bruchstücken seines Werkes. Berlin 1819.
Bonitz, Hermann: Platonische Studien. 2. Aufl. Berlin 1875.
Bonhöffer, Adolf: Epiktet und die Stoa. Untersuchungen zur stoischen Philosophie. Stuttgart 1890.
–: Die Ethik des Stoikers Epiktet. Stuttgart 1894.
Bouillier, Francisque: Histoire de la philosophie cartésienne. 3e éd. Paris 1868.
Brandis, Christian August: Handbuch der Geschichte der griechisch-römischen Philosophie. 3 Tl.e in 6 Bd.en. Berlin 1835–60.
Brandl, Alois: Samuel Taylor Coleridge und die englische Romantik. Berlin 1886.
Brieger, Adolf: Die Urbewegung der Atome und die Weltentstehung bei Leukipp und Demokrit. Halle 1884.
Brucker, Johann Jakob: Historia critica philosophiae. 5 vol. Leipzig 1742–44; 2. Aufl., 6 vol. Leipzig 1766–67.
Brunnhofer, Hermann: Giordano Brunos Lehre vom Kleinsten als Quelle der prästabilierten Harmonien von Leibniz. Leipzig 1890.
–: Giordano Brunos Weltanschauung und Verhängnis. Aus den Quellen dargestellt. Leipzig 1882.
Bruns, Ivo: Platos Gesetze vor und nach ihrer Herausgabe durch Philippos v. Opus. Eine kritische Studie. Weimar 1880.
Bücheler, Franz: Academicorum philosophorum index Herculanensis. Greifswald 1869.
Buddha: Buddhist Suttas. In: The Sacred Books of the East. Vol. X, XI. Ed. by F. Max Müller. Oxford 1879 ff.
Bühler, G.: Über eine kürzlich für die Wiener Universität erworbene Sammlung von Sanskrit- und Prakrit-Handschriften, in: Anzeiger der Kaiserlichen Akademie der Wissenschaften (Philosophisch-historische Klasse) XVIII. Jg. Wien 1881, S. 65 f.
Bulaeus (Du Boulay), César Égasse: Historia universitatis Parisiensis. 6 vol. Paris 1665–73.
Burke, Edmund: A philosophical inquiry into the origin of our ideas of the sublime and the beautiful. London 1757.
–: Philosophische Untersuchungen über den Ursprung unserer Begriffe vom Erhabenen und Schönen. Deutsch von Christian Garve. Riga 1773.
–: Reflections on the revolution in France. London 1790.

–: Betrachtungen über die französische Revolution. Nach dem Englischen neu bearbeitet, m. Einl. u. Anm. versehen v. Friedrich Gentz. Berlin 1793.
Burckhardt, Jakob: Die Kultur der Renaissance in Italien. 7. Aufl. Leipzig 1899.
Butler, Joseph: The analogy of religion, natural and revealed, to the constitution and courses of nature. London 1736.
–: Bestätigung der natürlichen und der geoffenbarten Religion an ihrer Gleichförmigkeit mit dem Laufe der Natur. Tübingen 1756.

Caird, John: Spinoza. London 1888.
Camerer, Theodor: Die Lehre Spinozas. Stuttgart 1877.
Campanella, Tomasso: Opera, Paris 1637–38.
–: Opere scelte, ordinate ed annotate da Alessandro d'Ancona. Turin 1854.
Carlyle, Thomas: Works. 37 vol. London 1871–74.
Cassirer, Ernst: Leibniz' System in seinen wissenschaftlichen Grundlagen. Marburg 1902.
Chaignet, Antelme-Édouard: Pythagore et la philosophie pythagoricienne. 2 vol. Paris 1873.
Chrysipp: De Chrysippi vita, doctri et reliquiis comm. Ed. F. N. G. Baguet, in: Annales Academiae Lovaniensis 1822, S. 123–374
–: Chrysippea. Hrsg. v. Alfred Gercke. Bonn 1885.
Cicero, Marcus Tullius: De re publica quae supersunt et six orationum partes. Ed. A. Mai. Leipzig 1824.
Clarke, Samuel: A collection of papers, which passed between the late learned Mr. Leibniz, and Dr. Clarke, in the years 1715 and 1716. London 1717.
–: dt. Frankfurt und Leipzig 1720.
Cohen, Hermann: Platos Ideenlehre und die Mathematik. Marburg 1879.
–: Kants Theorie der Erfahrung. Berlin 1871; 2. Aufl. Berlin 1885.
Collins, Frederick Howard: Epitome of the synthetic philosophy of Herbert Spencer. With a preface by Herbert Spencer. London 1889.
–: Epitome der synthetischen Philosophie Herbert Spencers. Mit einem Vorw. v. Herbert Spencer. Nach der 5. Ausg. übers. v. Julius Victor Carus. Leipzig 1900.
Comte, Auguste: La philosophie positive. Résumée par Jules Rig. Paris 1880.
–: Die positive Philosophie. Im Auszuge v. Jules Rig, übers. v. H. v. Kirchmann. Heidelberg 1883.
Corpus apologetarum christianorum saeculi secundi. Ed. Karl Theodor Otto. 9 vol. Jena 1847–1872.
Corpus reformatorum. Ed. C. G. Bretschneider et al. Vol. 89. Halle/Braunschweig/Berlin 1834–1906.
Corpus scriptorum ecclesiasticorum latinorum. Ed. consilio et impensis Academiae litterarum caesareae vindobonensis. Vol. LIV. Wien 1867–1910.
Cousin, Victor: Philosophie de Locke. 6e éd. Paris 1873.

Damascius: Philosophi platonici quaestiones de primis principiis. Ed. Josef Knopp. Frankfurt 1826.
Danzel, Theodor Wilhelm: Gottsched und seine Zeit. Leipzig 1848.
Darmesteter, James: Ormazd et Ahriman, leurs origines et leur histoire. Paris 1877.
Dégerando, Joseph-Marie: Histoire comparée des systèmes de philosophie. Paris 1804.
Demokrit: Democriti Abder. philosophiae de sensibus fragmenta. Hrsg. v. Johann Friedrich Wilhelm Burchard. Minden 1830.
–: Fragmente der Moral des Democritus. Hrsg. v. Johann Friedrich Wilhelm Burchard. Minden 1834.
Denifle, Heinrich Suso, Eine Geschichte der deutschen Mystik, in: Historisch-politische Blätter für das katholische Deutschland 75 (1875), S. 679–706, S. 771–790, S. 903–928.
Descartes, René: Œuvres complètes, publiées par Charles Adam et Paul Tannery. 10 vol. Paris 1897–1908.
–: Œuvres complètes, publiées par Victor Cousin. 11 vol. Paris 1824–26.

Dessoir, Max: Geschichte der neueren deutschen Psychologie. 2 Hlbbde. 2. Aufl. Berlin 1897–1902.
Deussen, Paul: Das System der Vedânta. Leipzig 1883.
–: Die Sûtra's der Vedânta oder die Cârîraka-Mîmânsâ des Bâdarâyana nebst dem vollständigen Kommentar des Çankara. Aus dem Sanskrit übers. Leipzig 1887.
Diels, Hermann: Doxographi Graeci. Berlin 1879.
–, Zu Aristoteles' Protreptikos und Ciceros Hortensius, in: Archiv für die Geschichte der Philosophie I (1888), S. 477–497.
–, Über Anaximanders Kosmos, in: Archiv für Geschichte der Philosophie X (1897), S. 228–237.
–, Über Xenophanes, in: Archiv für Geschichte der Philosophie X (1897), S. 530–35.
–: Zu Pentemychos des Pherekydes, in: Sitzungsberichte der königlich preussischen Akademie der Wissenschaften. Berlin 1897, S. 144–156.
–, Über die exoterischen Reden des Aristoteles, in: Sitzungsberichte der königlich preussischen Akademie der Wissenschaften. Berlin 1883, S. 477–494.
–, Gorgias und Empedokles, in: Sitzungsberichte der königlich preussischen Akademie der Wissenschaften. Berlin 1884, S. 343–368.
–, Über das physikalische System des Straton, in: Sitzungsberichte der königlich preussischen Akademie der Wissenschaften. Berlin 1893, S. 101–127.
–, Über Leukipp und Demokrit, in: Verhandlungen der 35. Versammlung Deutscher Philologen und Schulmänner in Stettin 1880. Leipzig 1881, S. 96–109.
–, Eine Quelle des Stobäus, in: Rheinisches Museum für Philologie 30 (1875), S. 172–181.
–, Chronologische Untersuchungen über Apollodors Chronika, in: Rheinisches Museum für Philologie 31 (1876), S. 2–54.
–, Leukippos und Diogenes von Apollonia, in: Rheinisches Museum für Philologie (1887), S. 1–14.
Dieterici, Friedrich: Die Philosophie der Araber im 10. Jh. n. Chr. 8 Bd.e. Berlin 1865 ff.
–: Der Streit zwischen Mensch und Tier, ein arabisches Märchen aus den Schriften der lauteren Brüder übers. u. mit einer Abhandlung über diesen Orden sowie mit Anmerkungen versehen. Berlin 1858.
Dillmann, Ed.: Eine neue Darstellung der Leibnizschen Monadenlehre aufgrund der Quellen. Leipzig 1891.
Dilthey, Wilhelm: Einleitung in die Geisteswissenschaften. Versuch einer Grundlegung für das Studium der Gesellschaft und der Geschichte. 1. Bd. Leipzig 1883.
–, Auffassung und Analyse des Menschen im 15. und 16. Jahrhundert, in: Archiv für die Geschichte der Philosophie IV (1891), Heft 4, 604–651 u. V (1892), Heft 3, S. 337–400.
–, Das natürliche System der Geisteswissenschaften im 17. Jahrhundert, in: Archiv für die Geschichte der Philosophie V (1892), Heft 4, 480–502 u. VI (1893), Heft 1, S. 60–127.
–, Die Autonomie des Denkens, der konstruktive Rationalismus und der pantheistische Monismus nach ihrem Zusammenhang im 17. Jahrhundert, in: Archiv für die Geschichte der Philosophie VII (1893), Heft 1, S. 28–91.
Diogenes Laërtius: Diogenis Laërtii de vitis, dogmatibus et apophthegmatibus clarorum philosophorum libri X. Hrsg. v. Heinrich Gustav Hübner. Leipzig 1828.
–: De clarorum philosophorum vitis, dogmatibus et apophthegmatibus libri X. Hrsg. v. Carl Gabriel Cobet. Paris 1850.
–: De vitis, dogmatibus et apophthegmatibus clarorum philosophorum libri X, graece et latine. Cum uberrimis Aegidii Menagii observationibus. Amsterdam 1692.
Dühring, Eugen: Kritische Geschichte der allgemeinen Prinzipien der Mechanik. Berlin 1872.
Dümmler, Ferdinand: Akademika. Beiträge zur Literaturgeschichte der sokratischen Schulen. Gießen 1889.
–: Antisthenica. Berlin 1882.
–, Zum Herakles des Antisthenes, in: Philologus 49 (1891), S. 288–296.

Ebert, Adolf: Allgemeine Geschichte der Literatur des Mittelalters im Abendlande bis zum Beginn des XI. Jahrhunderts. 2 Bd.e. Leipzig 1874–80; 1. Bd. 2. Aufl. Leipzig 1889.

Empedokles: Empedoclis Carminum reliquiae. Coll. F. W. Sturz. Leipzig 1805.
–: Empedoclis Agrigentini fragmenta rec. Heinrich Stein. Bonn 1852.
Engel, Johann Jakob: Der Philosoph für die Welt. Leipzig 1775.
Epiktet: Philosophiae monumenta. Ed. Johannes Schweighäuser. Leipzig 1799.
Epikur: Epicurea. Hrsg. v. Hermann Usener. Leipzig 1887.
Erdmann, Benno: Martin Knutzen und seine Zeit. Ein Beitrag zur Wolffischen Schule und insbes. zur Entwicklungsgeschichte Kants. Leipzig 1876.
Erdmann, Eduard: Grundriß der Geschichte der Philosophie. Bearb. v. Benno Erdmann. 2 Bd.e. Berlin 1866; 4. Aufl. Berlin 1896.
Eucken, Rudolf, Untersuchungen zur Geschichte der älteren deutschen Philosophie. I. Johannes Kepler, in: Philosophische Monatshefte XIV (1878), S. 30–45.
–, Untersuchungen zur Geschichte der älteren deutschen Philosophie. II. Nicolaus von Cues, in: Philosophische Monatshefte XIV (1878), S. 449–470.
Eudemos: Eudemi Rhodii Peripatetici fragmenta quae supersunt. Ed. Leonhard Spengel. Berlin 1866, 2. Aufl. Berlin 1870.
Euklid: Opera omnia. Ed. J. L. Heiberg und H. Menge. Leipzig 1883 ff.
Eusebios: Praeparatio evangelica. Ed. by Thomas Gaisford. Oxford 1843.

Falckenberg, Richard: Grundzüge der Philosophie des Nicolaus Cusanus. Breslau 1880.
–: Hermann Lotze. 1. Teil: Das Leben und die Entstehung der Schriften nach den Briefen. Stuttgart 1901.
Fechtner, Eduard: John Locke. Ein Bild aus den geistigen Kämpfen Englands im 17. Jahrhundert. Stuttgart 1898.
Ferguson, Adam: Grundsätze der Moralphilosophie. A. d. Engl. v. Christian Garve. Leipzig 1772.
–: Institutes of moral philosophy. Edinburgh 1769.
Ferri, Luigi: La filosofia della natura e le dottrine di Bernardino Telesio. Turin 1873.
Festner, Karl: Christian August Crusius als Metaphysiker. Halle 1892.
Fichte, Johann Gottlieb: Sämtliche Werke. Hrsg. v. Immanuel Hermann Fichte. 8 Bd.e. Berlin 1845–46.
–: Johann Gottlieb Fichtes Leben und literarischer Briefwechsel. Hrsg. v. seinem Sohne Immanuel Hermann Fichte. 2 Bd.e. Sulzbach 1830–31; 2. Aufl. Leipzig 1862.
Fiorentino, Francesco: Bernardino Telesio ossia studi storici su l'idea della natura. 2 vol. Florenz 1872–74
–: Pietro Pomponazzi. Florenz 1868.
Fischer, Kuno: Geschichte der neuern Philosophie, 8 Bd. e. Stuttgart/Mannheim/Heidelberg 1852–93.
–: Jubiläumsausgabe, 10 Bd.e. Heidelberg 1897–1904.
–: Kants Leben und die Grundlagen seiner Lehre. Mannheim 1860; 2. Aufl. Heidelberg 1906.
Förster-Nietzsche, Elisabeth: Das Leben Friedrich Nietzsches. Biographie. 3 Bd.e. Leipzig 1895–1904.
Foss, Heinrich Eduard: Commentationis de Gorgia Leontino particula. Halle 1828.
Fowler, Thomas: Shaftesbury and Hutcheson. London 1882.
Fraser, Alexander Campbell: Berkeley. An account of his life and works. O. O. 1881.
Frauenstädt, Julius: Arthur Schopenhauer. Lichtstrahlen aus seinen Werken. Mit einer Biographie und Charakteristik Schopenhauers. Leipzig 1862.
–: Schellings Vorlesungen in Berlin. Darstellung und Kritik der Hauptpunkte derselben, mit besonderer Beziehung auf das Verhältnis zwischen Christentum und Philosophie. Berlin 1842.
Frei, Johannes: Quaestiones Protagoreae. Zürich 1845.
–, Beiträge zur Geschichte der griechischen Sophistik, in: Rheinisches Museum für Philologie 7 (1850), S. 527–554 und 8 (1853), S. 268–279.
Freudenthal, Jakob: Hellenistische Studien. 3 Hefte. Berlin 1879.
–: Die Lebensgeschichte Spinozas. Leipzig 1899.
–: Über die Theologie des Xenophanes. Breslau 1886.

–, Spinoza und die Scholastik, in: Philosophische Aufsätze. Eduard Zeller zu seinem 50jährigen Doktor-Jubiläum gewidmet. Leipzig 1887, S. 83–138.
–, Zu Proklus und dem jüngeren Olympiodor, in: Hermes. Zeitschrift für klassische Philologie 16 (1881), S. 201–224.
Freudenthal, Max: Die Erkenntnislehre Philos von Alexandria. Berlin 1891.

Gaina-Sûtras, in: The Sacred Books of the East. Vol. XXII, VL. Transl. by Jacobi, ed. by. F. Max Müller. Oxford 1879 ff.
Galilei, Galileo: Le opere. Ed. Antonio Favaro. Florenz 1890 ff.
–: Le opere. Prima edizione completa condotta sugli autentici manoscritti palatini. Ed. Eugenio Alberi. Florenz 1842–56.
Garbe, Richard: Sânkhya-Philosophie. Eine Darstellung des indischen Rationalismus nach den Quellen. Leipzig 1894.
Garve, Christian: Abhandlung über die Verbindung der Moral mit der Politik, als Anhang zum 4. Teil zu Ciceros Pflichten. Breslau 1788.
Gaupp, Otto: Herbert Spencer. Stuttgart 1897.
Gebler, Karl v.: Galileo Galilei und die römische Kurie. Stuttgart 1876.
Geffers, August: De Arcesilae disputatio. Göttingen 1842.
–: De Arcesilae successoribus. Göttingen 1845.
Geulincx, Arnold: Opera philosophica. Ed. J. P. N. Land. 3 vol. Haag 1891–93.
Gibbon, Edward: History of the decline and fall of the Roman empire. 6 vol. London 1776–88.
Gierke, Otto: Johannes Althusius und die Entwicklung der naturrechtlichen Stattstheorien. Breslau 1901.
Gomperz, Theodor (Hrsg.): Apologie der Heilkunst. Wien 1890.
–: Griechische Denker. Eine Geschichte der antiken Philosophie. 3 Bd.e. Leipzig 1893–1908.
–: Anaxarch und Kallisthenes, in: Commentationes philologicae in honorem Theodori Mommseni. Berlin 1877, S. 471–480.
–: Philodem und die ästhetischen Schriften der Herculanischen Bibliothek. Wien 1891.
–, Eine verschollene Schrift des Stoikers Kleanthes, der „Staat", und die sieben Tragödien des Kynikers Diogenes, in: Zeitschrift für die österreichischen Gymnasien 29 (1878), S. 252–256.
–, Zur Chronologie des Zeno und Kleanthes I, in: Rheinisches Museum für Philologie 34 (1879), S. 154 ff.
Green, Thomas Hill: Works. Ed. by R. L. Nettleship. 3 vol. London 1885 ff.
Grote, George: History of Greece. 12 vol. London 1846–56.
–: Plato and the other companions of Socrates. London 1865.
Guhrauer, Gottschalk Eduard: Gottfried Wilhelm Freiherr v. Leibniz. Eine Biographie. Breslau 1846.
Guizot, Francois-Pierre-Guillaume: Histoire de la civilisation en France. Paris 1828–30.
–: Histoire générale de la civilisation en Europe. Paris 1828.
Gwinner, Wilhelm: Schopenhauers Leben. 2. umgearb. und vielfach verm. Aufl. d. Schrift: Arthur Schopenhauer aus persönlichem Umgange dargestellt. Leipzig 1878.

Haake, Albert: Die Gesellschaftslehre der Stoiker. Berlin 1887.
Haas, Lorenz: Leben des Sextus Empiricus. Burghausen 1882.
–: Über die Schriften des Sextus Empiricus. Freising 1883.
Halbfass, Wilhelm: Die Berichte des Plato und Aristoteles über Protagoras. Leipzig 1882.
Hamilton, William: Lectures on metaphysics and logic. Ed. by Henry L. Mansel. Edinburgh 1859–60.
Hankel, Hermann: Zur Geschichte der Mathematik im Altertum und Mittelalter. Leipzig 1874.
Harleß, A. v.: Das Buch von den ägyptischen Mysterien. München 1858.
Harnack, Adolf: Grundriß der Dogmengeschichte. 2 Bd.e. Freiburg 1889–91; 2. Aufl. Freiburg 1893.
–: Geschichte der altchristlichen Literatur. 2 Tle. Leipzig 1893–97.

Hartenstein, Gustav: Lockes Lehre von der menschlichen Erkenntnis in Vergleichung mit Leibniz' Kritik derselben dargestellt. Leipzig 1861.
Hartfelder, Karl: Die Quellen von Ciceros zwei Büchern „de divinatione". Freiburg 1878.
Hartley, David: Betrachtungen über den Menschen, seine Natur, seine Pflicht und Erwartungen. A. d. Engl. v. Hermann A. Pistorius. 2 Bd.e. Rostock 1772–73.
–: Observations on man, his frame, his duty, and his expectations. London 1749.
Hartmann, Eduard v.: Schellings philosophisches System. Leipzig 1897.
Hasse, Friedrich Rudolf: Anselm von Canterbury. 1. Tl.: Das Leben Anselms. Leipzig 1843; 2. Tl.: Die Lehre Anselms. Leipzig 1852.
Haug, Martin: Essays on the sacred language, writings and religion of the Parsees. 3rd ed. London 1884.
Hauréau, Jean-Barthélémy: De la philosophie scolastique. 2 vol. Paris 1850.
–: Histoire de la philosophie scolastique. 3 vol. Paris 1872–80.
Haym, Rudolf: Die romantische Schule. Berlin 1870.
–: Hegel und seine Zeit. Vorlesungen über Entstehung, Entwicklung, Wesen und Wert der Hegel'schen Philosophie. Berlin 1857.
Hegel, Georg Wilhelm Friedrich: Vorlesungen über die Geschichte der Philosophie. Hrsg. v. Karl Ludwig Michelet. 3 Bd.e. Berlin 1833–36, 2. Aufl. Berlin 1840–43.
–: Werke. Vollständige Ausgabe durch einen Verein von Freunden des Verewigten. 19 Bd.e. Berlin und Leipzig 1832–1887.
Heiberg, Johann Ludwig: Literaturgeschichtliche Studien über Euklid. Leipzig 1882.
–: Quaestiones Archimediae. Kopenhagen 1879.
Heiland, Karl: Die Erkenntnislehre und die Ethik des Bernardinus Telesius. Leipzig 1891.
Heinze, Max: Die Lehre vom Logos in der griechischen Philosophie. Oldenburg 1872.
–, Über Prodikos aus Keos, in: Sitzungsberichte der Sächsischen Gesellschaft der Wissenschaften (philosophisch-historische Klasse) 1884, S. 325–335.
–: Die Sittenlehre des Descartes. Leipzig 1872.
Heinze, Richard: De Horatio Bionis imitatore. Bonn 1889.
Heitz, Emil: Die verlorenen Schriften des Aristoteles. Leipzig 1865.
Heraklit: Heracliti Ephesii reliquiae. Ed. Ingram Bywater. S. l. 1877.
–: Zwei Fragmente Heraklits. Gr. u. dt. Hrsg. v. Hermann Diels. Berlin 1901.
Herbart, Johann Friedrich: Sämtliche Werke, 12 Bd.e. Hrsg. v. Gustav Hartenstein. Leipzig 1850–52.
–: Sämtliche Werke in chronologischer Reihenfolge. 19 Bd.e. Hrsg. v. K. Kehrbach, O. Flügel u. T. Fritzsch. Langensalza 1887 ff.
Hermann, Karl Friedrich: Disputatio de Aeschinis Socratici reliquiis. Pr. 1850.
–: Disputatio de Hippodamo Milesio ad Aristotelis Pol. Marburg 1841.
–: Disputatio de Philone Larissaeo. Göttingen 1851.
–: Geschichte und System der platonischen Philosophie. Bd. 1. Heidelberg 1838.
–: De Philone Larissaeo disputatio altera. Göttingen 1855.
–: De Thrasymacho Chalcedonio sophista. O. O. 1848.
Hertz, Martinus: De P. Nigidii Figuli studiis atque operibus. Berlin 1845.
Hildenbrand, Karl: Geschichte und System der Staats-und Rechtsphilosophie. Bd. 1: Das klassische Altertum. Leipzig 1860.
Hippokrates: Hippocrate. Ed. Émile Littré. Paris 1839–61.
–: Opera omnia. Ed. K. G. Kühn. T. I–III. Leipzig 1825–26.
–: Opera quae feruntur omnia. Ed. Hugo Kuehlewein u. Johannes Ilberg. Vol. I. Leipzig 1894.
Hirzel, Rudolf: Untersuchungen zu Ciceros philosophischen Schriften. 3 Tle. Leipzig 1881–83.
–, Demokrits Schrift περὶ εὐθυμίης, in: Hermes. Zeitschrift für klassische Philologie XIV (1879), S. 354–407.
Hobbes, Thomas: Behemoth or the long parliament. Ed. by F. Tönnies. London 1889.
–: The elements of law natural and political. Ed. by F. Tönnies. London 1889.
–: Opera philosophica quae Latine scripsit. Ed. by W. Molesworth. 5 vol. London 1839–45.
–: The English works. Ed. by W. Molesworth. 11 vol. London 1839–45.

Hoche, Richard, Hypatia, die Tochter Theons, in: Philologus 15 (1860), S. 435–474.
Hock, Karl Friedrich: Gerbert oder Papst Sylvester II. und sein Jahrhundert. Wien 1837.
Höffding, Harald: Geschichte der neueren Philosophie. Leipzig 1895.
Holtzmann, Heinrich Julius, Die Gnosis und das Johanneische Evangelium, in: Die Anfänge des Christentums. Beiträge zum Verständnis des Neuen Testaments. Ein Vortrags-Zyklus gehalten im Berliner Unions-Verein im Winter 1877. Berlin 1877.
Holzherr, Karl: Der Philosoph Lucius Annäus Seneca. Rastatt 1858.
Hoyer, Rudolf: De Antiocho Ascalonita. Bonn 1883.
Huber, Johannes: Johannes Scotus Eriugena. München 1861.
Hume, David, Prinzipien der Moral (1751), in: Vermischte Schriften. Hamburg 1754–56.
Hutcheson, Francis: An inquiry into the original of our ideas of beauty and virtue. London 1725.
–: Untersuchung unserer Begriffe von Schönheit und Tugend. A. d. Engl. v. Johann Heinrich Merck. Leipzig 1762.
–: A system of moral philosophy. Glasgow 1755.
–: Sittenlehre der Vernunft. A. d. Engl. v. Gotthold Ephraim Lessing. Leipzig 1756.

Iamblichus Chalcidensis: De mysteriis liber. Ed. Thomas Gale. Oxford 1678.
–: Dass. Hrsg. v. Gustav Parthey. Berlin 1857.

Jacobi, Friedrich Heinrich: Auserlesener Briefwechsel. Hrsg. v. Fr. Roth. 2 Bd.e. Leipzig 1825–27.
Jacobi, s. Gaina-Sûtras, in: The Sacred Books of the East. Vol. XXII u. XXV.
Jahn, Otto (Hrsg): De sublimitate libellus in usum scholarum. Bonn 1867.
Jhering, Rudolf v.: Geist des römischen Rechts auf den verschiedenen Stufen seiner Entwicklung. 3 Tl.e. Leipzig 1854.
Joël, Karl: Der echte und der xenophontische Sokrates. Berlin 1893.
Joël, Manuel: Don Chasdai Creskas religionsphilosophische Lehren. Breslau 1866.
Johannes von Salisbury: Opera omnia. Ed. J. A. Giles. Paris 1855.
Jourdain, Amable: Recherches critiques sur l'âge et l'origine des traductions latines d'Aristote. Paris 1819; nouv. éd. Paris 1843.
Julianus: Juliani imperatoris quae supersunt praeter reliquias apud Cyrillum omnia. Rec. Friedrich Karl Hertlein. 2 Vol. Leipzig 1875.

Kaegi, Adolf: Der Rig-Veda, die älteste Literatur der Inder. 2. Aufl. Leipzig 1881.
Kahl, Wilhelm: Demokritstudien I. Diedenhofen 1889.
Kant, Immanuel: Zum ewigen Frieden. Text der Ausg. v. 1795 unter Berücksichtigung d. Ausg. v. 1796. Hrsg. v. Karl Kehrbach. Leipzig o. J. [1881].
–: Kritik der praktischen Vernunft. Text d. Ausg. 1788 unter Berücksichtigung d. 2. Ausg. 1792 u. d. 4. Ausg. 1797. Hrsg. v. Karl Kehrbach. Leipzig o. J. [1878].
–: Kritik der reinen Vernunft. Text d. Ausg. 1781 mit Beifügung sämtl. Abweichungen d. Ausg. 1787. Hrsg. v. Karl Kehrbach. Leipzig 1877.
–: Kritik der Urteilskraft. Text d. Ausg. 1790 mit Beifügung sämtl. Abweichungen d. Ausg.en 1793 u. 1799. Hrsg. v. Karl Kehrbach. Leipzig o. J. [1878].
–: Die Religion innerhalb der Grenzen der bloßen Vernunft. Text d. Ausg. 1793 mit Beifügung d. Abweichungen d. Ausg. 1794. Hrsg. v. Karl Kehrbach. Leipzig o. J. [1879].
–: Der Streit der Fakultäten. Text d. Ausg. 1798. Hrsg. v. Karl Kehrbach. Leipzig o. J. [1880].
–: Träume eines Geistersehers, erläutert durch Träume der Metaphysik. Text d. Ausg. 1766 unter Berücksichtigung d. Ausg.en B u. C. Hrsg. v. Karl Kehrbach. Leipzig o. J. [1880].
–: Gesammelte Schriften. Hrsg. v. der Königlich Preussischen Akademie der Wissenschaften. Berlin 1900ff.
Keim, Theodor: Celsus' wahres Wort. Zürich 1873.
–: Sämtliche Werke. 8 Bd.e. Hrsg. v. G. Hartenstein. Leipzig 1867–68.
Kessler, Konrad: Forschungen über die manichäische Religion. Bd. 1: Voruntersuchungen und Quellen. Berlin 1889.

Kirchner, Friedrich: Gottfried Wilhelm Leibniz. Sein Leben und Denken. Leipzig 1876.
Kleist, Hugo v.: Plotinische Studien. Heidelberg 1883.
Koch, Anton: Die Psychologie Descartes', systematisch und historisch bearbeitet. München 1881.
König, Edmund, Über den Begriff der Objektivität bei Wolff und Lambert mit Beziehung auf Kant, in: Zeitschrift für Philosophie und philosophische Kritik 85 (1884), S. 292–313.
Kraeger, Heinrich: Carlyles Stellung zur deutschen Sprache und Literatur. Halle 1899.
Krische, August Bernhard: Forschungen auf dem Gebiete der alten Philosophie. I. Bd.: Die theologischen Lehren der griechischen Denker, eine Prüfung der Darstellung Ciceros. Göttingen 1840.
Krohn, August: Sokrates und Xenophon. Halle 1874.
Kühtmann, Alfred: Über Maine de Biran. Bremen 1901.
Kuntze, Johannes Emil: Gustav Theodor Fechner. Leipzig 1892.

Laas, Ernst: Idealismus und Positivismus. Eine kritische Auseinandersetzung. Erster, allgemeiner und grundlegender Teil. Berlin 1879.
Lactantius: L. Caeli Firmiani Lactanti opera omnia. Rec. Samuel Brandt et Georgius Laubmann. 3 vol. Leipzig 1890–97.
Lambert, Johann Heinrich: Deutscher gelehrter Briefwechsel. Hrsg. v. Johann Bernoulli. Bd.e 1–5. Berlin 1781–85.
–: Logische und philosophische Abhandlungen. Hrsg. v. Johann Bernoulli. 2 Bd.e. Leipzig 1782–87.
Lange, Friedrich Albert: Geschichte des Materialismus und Kritik seiner Bedeutung in der Gegenwart. Iserlohn 1866.
Lao-tse: Tao-te-king. Übers. v. James Legge. In: The Sacred Books of the East. Vol. XXXIX, XL. Ed. by F. Max Müller. Oxford 1879 ff.
Lassalle, Ferdinand: Die Philosophie Herakleitos' des Dunklen von Ephesos. Nach einer neuen Sammlung seiner Bruchstücke und der Zeugnisse der Alten dargestellt. 2 Bd.e. Berlin 1858.
Lasswitz, Kurd, Die Erneuerung der Atomistik in Deutschland durch Daniel Sennert und sein Zusammenhang mit Aschlepiades von Bithynien, in: Vierteljahrschrift für wissenschaftliche Philosophie 3 (1879), S. 408–434.
–: Gustav Theodor Fechner. Stuttgart 1896.
–: Geschichte der Atomistik vom Mittelalter bis Newton. 2 Bd.e. Hamburg 1890.
Legge, James: The Chinese classics. 5 vol. London 1861–72.
Lehmann, Rudolf: Schopenhauer. Ein Beitrag zur Psychologie der Metaphysik. Berlin 1894.
Lehrs, Karl: De Aristarchi studiis Homericis. Ad praeparandum Homericorum carminum textum Aristarcheum. Königsberg 1833.
Leibniz, Gottfried Wilhelm: Philosophische Schriften. Hrsg. v. C. J. Gerhardt. 7 Bd.e. Berlin 1875–1888.
–: Opera philosophica quae exstant lat., german., omnia. Ed. J. E. Erdmann. 2 vol. Berlin 1839.
Lepsius, Johannes: Johann Heinrich Lambert. Eine Darstellung seiner kosmologischen und philosophischen Leistungen. Von der philosophischen Fakultät der Universität zu München preisgekrönte Arbeit. München 1881.
Liard, Louis: Die neuere englische Logik. Übers. v. J. Imelmann. Berlin 1883.
Liepmann, Hugo Carl: Die Mechanik der Leukipp-Demokritschen Atome. Berlin 1885.
Lipsius, Justus: Manuductionis ad stoicam philosophiam libri tres. Antwerpen 1604.
Lipsius, Richard Adelbert: Der Gnostizismus. Leipzig 1860
Livius, Titus: Ab urbe condita, 142 Bücher, erhalten: 1–10, 21–45.
Locke, John: The Philosophical Works of John Locke. With a preliminary discourse and notes, by J. A. St. John. 2 vol. London 1854.
–: The works of John Locke. 9 vol. 12th ed. London 1824.
Longinos: De sublimitate libellus in usum scholarum. Ed. Otto Jahn. Bonn 1867.
Lortzing, F.: Über die ethischen Fragmente Demokrits. O. O. 1873.
–, Quaestiones Lucretianae, in: Philologus 7 (1852), S. 696–732.

Loewe, Johann Heinrich: Die Philosophie Fichtes nach dem Gesamtergebnis ihrer Entwicklung und in ihrem Verhältnis zu Kant und Spinoza. Stuttgart 1861.
Löwenheim, Der Einfluß Demokrits auf Galilei, in: Archiv für Geschichte der Philosophie VII (1894), S. 230–268.
Lucretius Carus, Titus: Lucretii philosophia cum fontibus comparata. Hrsg. v. Jan Woltjer. Groningen 1877.
–: De rerum natura libri sex. Rec. Karl Lachmann. Berlin 1850.
–: Dass. Rec. Jakob Bernays. Leipzig 1852.
–: Dass. Rec. Hugo A. J. Munro. New York 1861.
Ludovici, Carl Guenther: Ausführlicher Entwurf einer vollständigen Historie der Wolffischen Philosophie zum Gebrauche seiner Zuhörer. 3 Tl.e. Leipzig 1736–38.
Luthe, Werner: Die Erkenntnislehre der Stoiker. Leipzig 1890.

Mähly, Jakob, Der Sophist Hippias von Elis, in: Rheinisches Museum für Philologie 15 (1860), S. 514–535 und 16 (1861), S. 38–49.
Maier, Melanchthon als Philosoph, in: Archiv für Geschichte der Philosophie X (1897), S. 437–477.
Maine de Biran, Pierre: Œuvres inédites publiées par Ernest Naville. 3 vol. Paris 1859.
Martens, Alfred: De Lucii Annaei Senecae vita et de tempore, quo scripta eius philosophica, quae supersunt, composita sint. Leipzig 1871.
Martinak, Eduard: Zur Logik Lockes. Graz 1887. 2. Aufl. Graz 1894.
Meyer, Jürgen Bona: Aristoteles' Tierkunde. Ein Beitrag zur Geschichte der Zoologie, Physiologie und alten Philosophie. Berlin 1855.
Melanchthon, Philip: Opera quae supersunt omnia. In: Corpus reformatorum. Vol. I–XV. Ed. Car. Glieb. Bretschneider. Halle 1834–48; Vol. XVI–XXVIII. Post Car. Glieb. Bretschneider ed. Henr. Ern. Bindseil. Braunschweig 1850–60.
Mendelssohn, Moses, Über das Erkenntnis, das Empfindungs- und das Begehrungsvermögen (1776), in: Gesammelte Schriften. Nach den Originaldrucken und Handschriften hrsg. v. G. B. Mendelssohn. 7 Bd.e. Leipzig 1843–45.
–: Schriften zur Psychologie und Ästhetik sowie zur Apologetik des Judentums. 2 Bd.e. Hrsg. v. M. Brasch. Leipzig 1880.
Mill, John Stuart: Gesammelte Werke in 12 Bd.en. Hrsg. v. Theodor Gomperz. Leipzig 1869–84.
Mohl, Robert v.: Die Geschichte und Literatur der Staatswissenschaften. 3 Bd.e. Erlangen 1855–58.
Mommsen, Theodor: Römische Geschichte. 1.–3. Bd., 8. Aufl. Berlin 1888–89; 5. Bd., 4. Aufl. Berlin 1894.
Monchamp, Georges: Histoire du cartésianisme en Bélgique. Brüssel 1886.
Müller, Karl (Hrsg.): Fragmenta historicum Graecorum. 4 vol. Paris 1848–51.
Mullach, Friedrich Wilhelm August (Hrsg.): Fragmenta philosophorum Graecorum. 3 Bd.e. Paris 1860–81.
Munk, Salomon: Mélanges de philosophie juive et arabe. 2 vol. Paris 1857–59.

Natorp, Paul, Über Demokrits γνησίη γνώμη, in: Archiv für Geschichte der Philosophie I (1888), S. 348–56.
–, Aristipp in Platos Theaitet, in: Archiv für Geschichte der Philosophie III (1890), S. 347–362.
–, Demokrit-Spuren bei Plato, in: Archiv für Geschichte der Philosophie III (1890), S. 515–531.
–, Galilei als Philosoph, in: Philosophische Monatshefte 18 (1882), S. 193–229.
–: Descartes' Erkenntnistheorie. Eine Studie zur Vorgeschichte des Kritizismus. Marburg 1882.
–: Die Ethika des Demokritos. Text und Untersuchungen. Marburg 1893.
–: Forschungen zur Geschichte des Erkenntnisproblems im Altertum. Demokrit, Epikur und die Skepsis. Berlin 1884.
Neander, August: Über den Kaiser Julianus und sein Zeitalter. Heidelberg 1812; 2. Aufl. Gotha 1867.
Newton, Isaac: Mathematische Prinzipien der Naturlehre. Hrsg. v. J. Ph. Wolfers. Berlin 1872.

Nietzsche, Friedrich: Beiträge zur Quellenkunde und Kritik des Laërtius Diogenes. Gratulationsschrift des Paedagogicums zu Basel. Basel 1870.
–: Werke, Bd. 1–15. Leipzig 1895–1904.
Nitzsch, Friedrich: Das System des Boethius und die ihm zugeschriebenen theologischen Schriften. Eine kritische Untersuchung. Berlin 1860.

Ogereau, F.: Essai sur le système philosophique des stoïciens. Paris 1885.
Oldenberg, Hermann: Buddha. Sein Leben, seine Lehre, seine Gemeinde. 3. Aufl. Berlin 1897.
–: Die Religion des Veda. Berlin 1894.
Origines: Contra Celsum libri I–IV. Ed. Wilhelm Selwyn. Cambridge 1876.
–: Über die Grundlehren der Glaubenswissenschaft. Ed. Karl Friedrich Schmitzer. Stuttgart 1836.
Ott, Meinard: Charakter und Ursprung der Sprüche des Philosophen Sextius. Rottweil 1861.

Pabst, Arnold: De Melissi Samii fragmentis. Bonn 1889.
Pappenheim, Eugen: Erläuterungen zu des Sextus Empiricus Pyrrhonischen Grundzügen. Berlin 1877.
–: Lebensverhältnisse des Sextus Empiricus. Berlin 1875.
–: De Sexti Empirici librorum numero et ordine. Berlin 1874.
Paracelsus: Handschriften. Gesammelt und besprochen v. Karl Sudhoff. Berlin 1898–99.
Parmenides: Parmenides' Lehrgedicht. Gr. u. dt. Hrsg. v. Hermann Diels. Berlin 1897.
Paulsen, Friedrich: Immanuel Kant. Sein Leben und seine Lehre. Stuttgart 1898; 2. und 3. Aufl. Stuttgart 1899.
Paulus, Heinrich Eberhard Gottlieb: Die endlich offenbar gewordene positive Philosophie der Offenbarung oder Entstehungsgeschichte, wörtlicher Text, Beurteilung und Berichtigung der v. Schellingschen Entdeckung über Philosophie überhaupt, Mythologie und Offenbarung des dogmatischen Christentums im Berliner Winterkursus von 1841/42. Darmstadt 1843.
Pélagaud, Élysée: Étude sur Celse. Lyon 1878.
Pfleiderer, Edmund: Leibniz als Patriot, Staatsmann und Bildungsträger. Leipzig 1870.
Pherekydes: Pherecydis historici fragmenta. Ed. F. W. Sturz. Gera 1789.
Philo Judaeus: Opera omnia. Ed. C. E. Richter. VIII vol. Leipzig 1823–30.
–: Opera quae reperiri potuerunt omnia. Ed. Thomas Mangey. London 1742.
Philodemus Epicureus: De ira libri. Ed. Theodor Gomperz. Leipzig 1864.
–: Über Induktionsschlüsse nach der Oxforder und Neapolitaner Abschrift. Hrsg. v. Theodor Gomperz. Leipzig 1865.
–: De vitiis liber decimus. Ed. Herm. Sauppius (mit: Arnim, Johannes v.: De restituendo Philodemi de rhetorica liber II). Leipzig 1893.
–: Volumina rhetorica. Ed. Siegfried Sudhaus. Leipzig 1892–96.
Photius: Bibliotheca. Ed. Immanuelis Bekkeri. 2 tom. Berlin 1824–25.
–: Lexicon e Codice Galeano descripsit Ric. Personus. Leipzig 1823.
Pistis sophia. Opus gnosticum. Ed. M. G. Schwartze u. J. H. Petermann. Berlin 1851.
Plath, Johann Heinrich, Konfuzius und seiner Schüler Leben und Lehren I, in: Abhandlungen der philosophisch-philologischen Klasse der Bayerischen Akademie der Wissenschaften 11 (1866), S. 347–455; 12 (1871) 2. Abt., S. 1–84 und 3. Abt., S. 1–96; 13 (1872) 1. Abt., S. 149–246 und 2. Abt. (1874), S. 109–210.
Platon: Opera. Ex recensione Henricus Stephani. 3 vol. Paris 1578.
–: Opera quae supersunt. Rec. G. Stallbaum. Leipzig 1821–26.
–: Werke. A. d. Griech. übers. v. Friedrich Schleiermacher. 2 Tl.e in 5 Bd.en. Berlin 1804–10; 2. Aufl. Berlin 1817–19; 3. Aufl. Berlin 1855.
–: Sämtliche Werke. Übers. v. Hieronymus Müller, m. Einleitungen versehen v. Karl Steinhart. 9 Bd.e. Leipzig 1850–73.
–: lat. Übersetzung v. Marsilio Ficino. Florenz 1483–84.
Plotin: Opera omnia, Porphyrii liber de vita Plotini cum Marsilii Ficini commentariis ejusd. interpretat. castigata. Ed. Georg Heinrich Müller et Friedrich Kreuzer. III vol. Leipzig 1835.

—: Enneades. Rec. Hermann Friedrich Müller. Berlin 1878.
—: Opera. Rec. Adolf Kirchhoff. Bonn 1856.
—: De virtutibus et adversus gnosticos libellos. Ed. Adolf Kirchhoff. Berlin 1847.
Porphyrios: Isagoge et in Aristotelis categorias commentarium. Consilio et auctor. Academiae Litterarum Regiae Borussicae. Ed. Adolf Busse. Berlin 1887.
Posidonius: Reliquiae doctrinae. Ed. John Bake. Lugduni Batavorum 1810.
Praeparatio evangelica. Ed. Thomas Gaisford. Oxford 1843.
Prantl, Karl v., Galilei und Kepler als Logiker, in: Abhandlungen der philosophisch-philologischen und historischen Klasse der Bayrischen Akademie der Wissenschaften 14, 2. Abt. (1875), S. 394–408.
—: Geschichte der Logik im Abendlande. 4 Bd.e. Leipzig 1855–70.
—, Übersicht der griechisch-römischen Philosophie, in: Neueste Sammlung griechischer und römischer Klassiker verdeutscht von den berufensten Übersetzern. 2. Bd. Stuttgart 1854.
Preger, Wilhelm: Geschichte der deutschen Mystik im Mittelalter. Leipzig 1874–93.
Preller, Ludwig/Ritter, Heinrich: Historia philosophiae graecae et romanae ex fontium locis contexta. Gotha 1856; 7. Aufl. Gotha 1889.
Preller, Ludwig: Ausgewählte Aufsätze aus dem Gebiet der klassischen Altertumswissenschaft. Hrsg. v. Reinhold Köhler. Berlin 1864.

Ragey, Philibert: Vie de Saint Anselme. Lyon 1891.
Rémusat, Charles de: Abélard. Paris 1845.
—: Saint Anselme de Cantorbéry. Paris 1868.
Renan, Ernest: Averroès et l'averroïsme. 3. Aufl. Paris 1869.
Reuter, Hermann: Augustinische Studien. Gotha 1887.
—: Geschichte der religiösen Aufklärung im Mittelalter. 2 Bd.e. Berlin 1875–77.
Rhetores Graeci I. Ed. Leonhard Spengel. Leipzig 1853.
Richter, Arthur: Neuplatonische Studien. Darstellung des Lebens und der Lehre Plotins. Halle 1867.
Richter, Ernst, Xenophonstudien, in: Jahrbuch für klassische Philologie, 19. Supplementband (1893), S. 57–155.
Riehl, Alois: Der philosophische Kritizismus und seine Bedeutung für die positive Wissenschaft. 1. Bd. Leipzig 1876.
Rig-Veda: Übers. v. Hermann Grassmann. Leipzig 1876.
—: Übers. v. Karl Geldner u. Adolf Kaegi. Tübingen 1875.
—: Übers. v. Alfred Ludwig. Prag 1876.
— oder die heiligen Lieder der Brahmanen. Übers. v. Friedrich Max Müller. Leipzig 1856; engl. in: The Sacred books of the East. London. o. J.
Ritschl, Albrecht: Geschichte des Pietismus. 3 Bd.e. Bonn 1880–86.
—: Die christliche Lehre von der Rechtfertigung und Versöhnung. 3 Bd.e. Bonn 1870–74.
Ritschl, Friedrich: Opuscula philologica vol. III. Leipzig 1877.
Ritter, Heinrich: Geschichte der Philosophie. 12 Bd.e. Hamburg 1829–53; Bd.e 1–4, 2. Aufl. Hamburg 1836–38.
Robertson, George Croom: Hobbes. Philadelphia/Edinburgh 1886.
Rohde, Erwin: Psyche. Seelenkult und Unsterblichkeitsglaube der Griechen. 2 Bd.e Freiburg 1890–94.
—, Über Leukipp und Demokrit, in: Verhandlungen der 34. Versammlung Deutscher Philologen und Schulmänner in Trier 1879. Leipzig 1880, S. 64–90.
—, Die Chronologie des Zeno von Kition, in: Rheinisches Museum für Philologie 33 (1878), S. 622–625.
—, Nochmals Leukippos und Demokritos, in: Jahrbuch für klassische Philologie 27 (1881), S. 741–748.
Rose, Valentin: Aristoteles Pseudepigraphus. Leipzig 1863.
Rosenkranz, Karl: Georg Wilhelm Friedrich Hegels Leben. Supplement zu Hegels Werken. Berlin 1844.

Rothenbücher, Adolf: Das System der Pythagoreer nach den Angaben des Aristoteles. Berlin 1867.
Roulez, Joseph Emmanuel Ghislain: De Carneade, in: Annales Gandaviensis 1824–25.
Rousselot, Xavier: Études sur la philosophie dans le moyen âge. 3 vol. Paris 1840–42.
Ruhnken, David, Dissertatio de vita et sciptis Longini, in: ders., Opuscula oratoria, philologa, critica, nunc primum conjunctim edita, Leipzig 1807.
Ruskin, John: The stones of Venice. London 1851–53.
–: Die Steine von Venedig. Ausgew. u. übers. v. Jakob Feis. Berlin 1902.
Ryssel, Karl Viktor, Die syrische Übersetzung der Sextius-Sentenzen, in: Zeitschrift für wissenschaftliche Theologie, 1.Tl.: 38 (1895), S. 617–630; 2. Tl.: 39 (1896), S. 568–624; 3. Tl.: 40 (1897), S. 131–148.

The Sacred Books of the East. Translated by various Oriental scholars and edited by F. Max Müller. Oxford 1879 ff.; 2nd ed. Oxford 1898 ff.
Sänger, Max, Die Sprüche des Sextius, in: Jüdische Zeitschrift für Wissenschaft und Leben 5 (1867), S. 29–33.
Sänger, Samuel: John Stuart Mill. Stuttgart 1901.
Saisset, Émile-Edmond: Le scepticisme. Paris 1865.
Schaarschmidt, Karl Max Wilhelm v.: Johannes Saresberiensis. Leipzig 1862.
–: Die angebliche Schriftstellerei des Philolaus und die Bruchstücke der ihm zugeschriebenen Bücher untersucht. Bonn 1864.
–: Die Sammlung der platonischen Schriften. Bonn 1866.
Schanz, Martin v.: Beiträge zur vorsokratischen Philosophie aus Platon. 1. Heft: Die Sophisten. Göttingen 1867.
Schärer, Emanuel: John Locke. Leipzig 1860.
Schelling, Friedrich, Wilhelm Joseph v.: Sämtliche Werke. 1. Abt., Bd. 1–10; 2. Abt., Bd. 1–4 Hrsg. v. F. K. A. Schelling. Stuttgart 1856–61.
–: Aus Schellings Leben in Briefen. Hrsg. v. G. L. Plitt. Bd. I. Leipzig 1869; Bd.e II und III. Leipzig 1870.
Schiche, Theodor: De fontibus Ciceronis qui sunt „de divinatione". Jena 1875.
Schleiermacher, Friedrich Daniel Ernst, Über Anaximandros (1811), in: Sämtliche Werke. 3. Abt., 2. Bd. Berlin 1838, S. 171–206.
–, Dialektik, in: Sämtliche Werke. 3. Abt., 4. Bd., 2.Tl. Hrsg. v. Ludwig Jonas. Berlin 1839.
–, Entwurf eines Systems der Sittenlehre, in: Sämtliche Werke. 3. Abt., 3. Bd. Hrsg. v. Alexander Schweitzer. Berlin 1835.
–, Herakleitos der Dunkle von Ephesos, dargestellt aus den Trümmern seines Werkes und den Zeugnissen der Alten (1807), in: Sämtliche Werke. 3. Abt., 2. Bd. Berlin 1838, S. 1–146.
–, Hermeneutik und Kritik mit besonderer Beziehung auf das Neue Testament, in: Sämtliche Werke. 1. Abt., 7. Bd. Hrsg. v. Friedrich Lücke. Berlin 1838, S. 5–262.
–, Vorlesungen über Geschichte der Philosophie, in: Sämtliche Werke. 3. Abt., 4. Bd., 1. Tl.: Geschichte der Philosophie. Aus Schleiermachers handschriftlichem Nachlaß. Hrsg. v. Heinrich Ritter. Berlin 1839.
–, Über den Wert des Sokrates als Philosophen, in: Sämtliche Werke. 3. Abt, 2. Bd. Berlin 1838, S. 287–308.
–: Aus Schleiermachers Leben in Briefen. Hrsg. v. Wilhelm Dilthey u. Ludwig Jonas. 4 Bd.e. Berlin 1858–63.
Schmekel, August: Die Philosophie der mittleren Stoa. Berlin 1888.
Schmidt, Karl, Gnostische Schriften in koptischer Sprache, in: Texte und Untersuchungen zur Geschichte der altchristlichen Literatur. Bd. 8. Berlin 1892.
–, Ein vorirenaeisches gnostisches Originalwerk in koptischer Sprache, in: Sitzungsberichte der königlich-preussischen Akademie der Wissenschaften. Berlin 1896, S. 839–847.
Schneidewin, Max: Die horazische Lebensweisheit. Hannover 1890.
Schnitzer, Joseph: Berengar von Tours. München 1890.
Schopenhauer, Arthur: Sämtliche Werke. 6 Bd. e. Hrsg. v. Eduard Grisebach. Leipzig 1893.

Schorn, Wilhelm: Anaxagorae Clazomenii et Diogenis Apolloniate fragmenta. Bonn 1829.
Schulze, Gottlob Ernst: Aenesidemus oder über die Fundamente der von Reinhold gelieferten Elementarphilosophie. Helmstedt 1792.
Schwarz, Hermann: Die Umwälzung der Wahrnehmungshypothesen durch die mechanische Methode. Leipzig 1895.
Seneca: Opera quae supersunt. Rec. Friedrich Haase. III vol. Leipzig 1852–53.
Sextius, Quintus: Sexti Pythagorici, Clitarchi, Eugarii Pontici sententiae ab Anton Elter editae. Bonner Universitäts-Programme. Bonn 1891.
Sextus Empiricus: Sexti Empirici opera omnia graece et latine. Rec. Johann Albert Fabricius. Leipzig 1718/Leipzig 1842.
–: ex recensione Immanuelis Bekkeri. Berlin 1842.
Shaftesbury, Anthony Ashley Cooper: Characteristics of men, manners, opinions, times. London 1711.
–: Charakteristik oder Schilderungen von Menschen, Sitten, Meinungen und Zeiten. A. d. Engl. v. Chr. A. Wichmann. Leipzig 1768.
Sidgwick, Henry: The methods of ethics. London 1874.
Siedler, Hermann: De Lucii A. Senecae philosophia morali. O. O. 1877.
Siebeck, Hermann: Geschichte der Psychologie. 1. Tl., 1. u. 2. Abt. Gotha 1880–84.
Sigwart, Christoph: Spinozas neu entdeckter Traktat von Gott, dem Menschen und dessen Glückseligkeit. Erläutert u. in seiner Bedeutung für das Verständnis des Spinozismus untersucht. Gotha 1866.
Simplicius: Commentarius in Epicteti Enchiridion. Graece et latine. Rec. J. Schweighäuser. Leipzig 1800.
Smith, Adam: Inquiry into the nature and causes of the wealth of nations. London 1776.
–: The theory of moral sentiments. London 1759.
–: Theorie der moralischen Empfindungen. A. d. Engl. v. Christian Günther Rautenberg. Braunschweig 1770.
–: Untersuchung der Natur und Ursachen von Nationalreichtümern. A. d. Engl. v. Johann Friedrich Schiller. Leipzig 1776.
Soulier, Henry: La doctrine du logos chez Philon d'Alexandrie. Turin 1876.
Spencer, Herbert: System der synthetischen Philosophie. Übers. v. B. Vetter u. J. V. Carus. 11 Bd.e. Stuttgart 1875–1906.
Spengel, Leonhard: συναγωγὴ τέχνων, sive artium scriptores ab initiis usque ad editos Aristotelis de rhetorica libros. Stuttgart 1828.
–: s. a. Rhetores Graeci.
Spinoza, Baruch: Kurzer Traktat von Gott, dem Menschen und dessen Glückseligkeit. Hrsg. und eingel. v. Christoph Sigwart. 2. Aufl. Tübingen 1881.
–: Opera. Ed. J. van Vloten et J. P. N. Land. 2. Aufl. Haag 1895.
Stahl, Friedrich Julius: Die Philosophie des Rechts nach geschichtlicher Ansicht. 1. Bd.: Geschichte der Rechtsphilosophie. Heidelberg 1856.
Stanley, Thomas: History of philosophy. London 1655.
Stein, Ludwig: Die Erkenntnistheorie der Stoa. Berlin 1888.
–: Die Psychologie der Stoa. Berlin 1886.
Steiner, Heinrich: Mu'taziliten oder die Freidenker im Islam. Ein Beitrag zur allgemeinen Kulturgeschichte. Leipzig 1865.
Steinhart, K. Plotinus, in: Paulys Real–Enzyklopädie der klassischen Altertumswissenschaften. Bd. V. Stuttgart 1848, S. 1753–1772.
Stewart, Dugald: Anfangsgründe der Philosophie über die menschliche Seele. A. d. Engl. v. S. G. Lampe. 2 Tle. Berlin 1794.
–: Elements of the philosophy of the human mind. London 1792.
Stobaios, Ioannes: Anthologium. Rec. Kurt Wachsmuth et Otto Hense. Berlin 1884.
–: Eclogarum physicarum et ethicarum libri duo. Rec. Thomas Gaisford. Oxford 1850.
–: Dass. Rec. August Meineke. Leipzig 1860.

–: Florilegium ad manuscriporum fidem emendavit et supplevit Thomas Gaisford. Leipzig 1823.
–: Dass. Rec. August Meineke. Leipzig 1855.
Strabo: Geographica. Hrsg. v. G. Kramer. 3 Bd.e. Berlin 1844–52.
Strümpell, Ludwig: Geschichte der griechischen Philosophie zur Übersicht. 1. Abt.: Geschichte der theoretischen Philosophie der Griechen; 2. Abt.: Geschichte der praktischen Philosophie der Griechen. Leipzig 1854–61.
Susemihl, Franz: Geschichte der griechischen Literatur in der Alexandrinerzeit. Leipzig 1891.

Taine, Hippolyte: Histoire de la littérature anglaise. 4 vol. Paris 1864.
Teichmüller, Gustav: Studien zur Geschichte der Begriffe. Berlin 1874.
–: Die platonische Frage. Leipzig 1876.
–: Literarische Fehden im 4. Jahrhundert v. Chr. Breslau 1881.
Tennemann, Wilhelm Gottlieb: Geschichte der Philosophie. 11 Bd.e. Leipzig 1798–1819.
Thamin, Raymond: Saint Ambroise et la morale chrétienne au IVe siècle. Paris 1895.
Theophrast: Analecta Theophrastea. Ed. Hermann Usener. Leipzig 1858.
Thomas, Antoine Léonard: Éloge de René Descartes. Paris 1765.
Thurot, Charles: De l'organisation de l'enseignement dans l'université de Paris au moyen âge. Paris 1850.
Tönnies, Ferdinand: Hobbes' Leben und Lehre. Stuttgart 1896.
Trendelenburg, Adolf, Über Spinozas Grundgedanken und dessen Erfolg, in: Ders.: Historische Beiträge zur Philosophie. 2. Bd. Berlin 1855, S. 31–111.

Ueberweg, Friedrich/Heinze, Max: Grundriß der Geschichte der Philosophie. 1. Teil: Altertum. 8. Aufl. Berlin 1894; 2. Teil: Die mittlere oder patristische und scholastische Zeit. 8. Aufl. Berlin 1898; 3. Teil: Die Neuzeit bis Ende des 18. Jahrhunderts. 9. Aufl. Berlin 1902; 4. Teil: Das 19. Jahrhundert. 9. Aufl. Berlin 1902.
–: Untersuchungen über Echtheit und Zeitfolge platonischer Schriften und über die Hauptmomente aus Platons Leben. Wien 1861.
–, Der Dialog Parmenides, in: Jahrbücher für klassische Philologie 10 (1864), S. 97–126.
Usener, Hermann: Anecdoton Holderi. Leipzig 1877.
–: Epicurea. Leipzig 1887.
–, Organisation der wissenschaftlichen Arbeit, in: Preußische Jahrbücher 53 (1884), S. 1–25.
–, Die Unterlage des Laërtius Diogenes, in: Sitzungsberichte der königlich-preussischen Akademie der Wissenschaften. Berlin 1892, S. 1023–1034.
–, Zur lateinischen Literaturgeschichte, in: Rheinisches Museum für Philologie 22 (1867), S. 445 f.; 23 (1868), S. 678 f.
Upanishaden
–: Brhadaranjaklpanishad in der Madhjamdinarezension. Ed. Otto Böhtlingk. Leipzig 1889.
–: Sechzig Upanishad's des Veda. A. d. Sanskrit übers. v. Paul Deussen. Leipzig 1897.
–: Die Sûtra's der Vedânta oder die Cârîraka-Mîmânsâ des Bâdarâyana. A. d. Sanskrit übers. v. Paul Deussen. Leipzig 1887.
–, in: The Sacred Books of the East. Vol. I, XV. Ed. by Max Müller. Oxford 1879 ff.; 2nd ed. Oxford 1898 ff.

Vahlen, M. J., Der Rhetor Alkidamas, in: Sitzungsberichte der kaiserlichen Akademie der Wissenschaften (philosophisch-historische Klasse) 43. Wien 1863, S. 491–528.
Voigt, Georg: Wiederbelebung des klassischen Altertums oder das erste Jahrhundert des Humanismus. 2. Aufl. Berlin 1880–81.
Voigt, Moritz: Das jus naturale, aequum et bonum und jus gentium der Römer. 4 Bd.e. Leipzig 1858–76.

Wachsmuth, Kurt: De Cratete Mallota. Leipzig 1860.
–: Studien zu den griechischen Florilegien. Berlin 1882.

–: De Timone Philasio ceterisque sillographis graecis disputavit et sillographorum reliquias collectas. Leipzig 1860.
–: De Zenone Citiensi et Cleanthe Assio. Göttingen 1874.
Weingarten, Hermann: Revolutionskirchen Englands. Leipzig 1868.
Weissenborn, Hermann: Lebensbeschreibung des E. W. v. Tschirnhaus. Eisenach 1866.
Welcker, Friedrich Gottlieb, Prodikos, der Vorgänger des Sokrates, in: Kleine Schriften. 2. Tl. Bonn 1844, S. 393–541.
Wellmann, Eduard, Die Philosophie des Stoikers Zeno, in: Jahrbücher für klassische Philologie 19 (1873), S 433–490.
–: Zenos Beweise gegen die Bewegung und ihre Widerlegungen. Frankfurt/Oder 1870.
–, Bericht über die deutsche Litteratur der Vorsokratiker, in: Archiv für Geschichte der Philosophie V (1892), S. 87–102.
Wendland, Paul: Philos Schrift über die Vorsehung. Berlin 1892.
–: Quaestiones Mussonianae. Berlin 1886.
–: Neu entdeckte Fragmente Philos nebst einer Untersuchung über die ursprüngliche Gestalt der Schrift de sacrificiis Abelis et Caini. Berlin 1891.
–: Die philosophischen Quellen des Philo v. Alexandrien in seiner Schrift über die Vorsehung. Berlin 1892.
–, Philo und Clemens Alexandrinus, in: Hermes. Zeitschrift für klassische Philologie 31 (1896), S. 435–456.
Whewell, William: History of the inductive sciences. London 1837.
–: Geschichte der induktiven Wissenschaften, der Astronomie, Physik, Mechanik, Chemie, Geologie etc. von der frühesten bis zu unserer Zeit. Übers. v. Johann v. Littrow. 3 Tle. Stuttgart 1840–41.
Wilamowitz-Moellendorff, Ulrich von: Philosophische Untersuchungen. Heft 4: Antigonos von Karystos. Berlin 1880.
–: Aristoteles und Athen. 2 Bd.e. Berlin 1893.
Windelband, Wilhelm: Geschichte der Philosophie. Freiburg i. Br. 1892.
–: Geschichte der neueren Philosophie. 2 Bd.e. Leipzig 1878–80.
–: Geschichte der alten Philosophie. Nördlingen 1888.
Wohlwill, Emil: Joachim Jungius und die Erneuerung atomistischer Lehren im 17. Jahrhundert. Hamburg 1888.
–, Die Entdeckung des Beharrungsgesetzes, in: Zeitschrift für Völkerpsychologie und Sprachwissenschaft 14 (1883), S. 365–396; 15 (1884), S. 70–135.

Zarncke, Friedrich: Die deutschen Universitäten im Mittelalter. 1. Bd. Leipzig 1857.
Zeitschrift für Völkerpsychologie und Sprachwissenschaft. Hrsg. v. Moritz Lazarus u. Heymann Steinthal. 20 Bd.e. Berlin 1860–86, Leipzig 1887–90.
Zeller, Eduard: Die Philosophie der Griechen. 3 Tle. in 5 Bden. Tübingen 1844; 3. Aufl. Leipzig 1869–1882; 1. und 2. Bd., 4. Aufl. Leipzig 1874–76.
–: Grundriß der Geschichte der griechischen Philosophie. 4. Aufl. Leipzig 1893.
–: Platonische Studien. Tübingen 1839.
–, Über Begriff und Begründung der sittlichen Gesetze, in: Abhandlungen der königlichen Akademie der Wissenschaften zu Berlin. Philosophisch-historische Klasse. Abhandlung II. Berlin 1883.
–, Über die griechischen Vorgänger Darwins, in: Philologische und historische Abhandlungen der königlichen Akademie der Wissenschaften. Berlin 1878, S. 111–124.
–, Die deutsche Literatur über die sokratische, platonische und aristotelische Philosophie, in: Archiv für Geschichte der Philosophie VII (1894), S. 95–112.
Ziegler, Theobald: Thomas Morus und seine Schrift von der Insel Utopia. Straßburg 1889.
Zimmermann, Robert: Geschichte der Ästhetik. Wien 1858.
Zumpt, Karl Gottlob: Über den Bestand der philosophische Schulen in Athen und die Sukzession der Scholarchen. Berlin 1843.

ANMERKUNGEN

A. Der Grundriß der allgemeinen Geschichte der Philosophie
(1905)

Biographisch-literarischer Grundriß der allgemeinen Geschichte der Philosophie

Zuerst erschienen 1885 mit dem Zusatz für die Vorlesungen von Professor W. Dilthey ohne Jahresangabe als Privatdruck in der Piererschen Hofdruckerei, Stephan Geibel & Co. in Altenburg mit einem Umfang von 67 Seiten. Die zweite, umgearbeitete und vermehrte Auflage erschien – ebenfalls ohne Jahresangabe und diesmal auch ohne Hinweis auf Verlag und Druckort – im Jahre 1889 und umfaßt 75 Seiten. Zu dieser Auflage hat Graf Yorck in einem Brief an D. vom 7. 3. 1889 (Briefwechsel zwischen Wilhelm Dilthey und dem Grafen Paul Yorck v. Wartenburg 1877–1897, hrsg. v. S. von der Schulenburg, Halle [Saale] 1923, S. 78–81) eine umfangreiche Liste mit Fragen, Bemerkungen, sachlichen Einwänden und Ergänzungs- bzw. Umarbeitungsvorschlägen zusammengestellt, die aber in der folgenden, ebenfalls wieder umgearbeiteten und vermehrten Auflage von 1893 (85 Seiten) keine Berücksichtigung fanden. In den folgenden Jahren wurden drei weitere, jeweils umgearbeitete bzw. teilweise umgearbeitete und vermehrte Auflagen ausgegeben: Die 4. Auflage erschien 1897 (95 Seiten), die 5. Auflage 1898 (143 Seiten) und die 6. Auflage 1905 (155 Seiten). (Wir folgen bei der Datierung den Angaben von U. Herrmann, Bibliographie Wilhelm Dilthey. Quellen und Literatur, Weinheim–Berlin–Basel 1969, S. 96.)

Diese letzte Auflage von 1905 hat H.-G. Gadamer 1949 erstmals in Buchform (Verlag Vittorio Klostermann, Frankfurt am Main) öffentlich zugänglich gemacht, wobei er den Originaltext wörtlich übernahm und sich seine Zutaten „auf eine schärfere Kennzeichnung der in Diltheys Text selbst kenntlichen Gliederungen und Einteilungen" beschränkten. In den Anmerkungen verweist Gadamer auf die neueste Forschung und fügt einen Anhang hinzu, in dem er, die Philosophie des 20. Jahrhunderts behandelnd, die Darstellung bis zur Gegenwart fortführt, wobei er sich »methodisch und inhaltlich möglichst eng an die Dilthey'sche Darstellung des 19. Jahrhunderts anschließt". (S. 2) Nach Gadamer verbindet Diltheys Grundriß „eine erstaunliche Reichhaltigkeit von nützlichen Angaben mit einer wahrhaft universalgeschichtlichen Betrachtungsweise, die die Philosophie nicht von einem schuldogmatischen Standpunkt, sondern als tragende Basis der gesamten abendländischen Geisteskultur zur Darstellung bringt. Mit umfassender Gelehrsamkeit rückt W. Dilthey die Geschichte der Philosophie in die großen gesellschaftlichen und wirtschaftlichen Zusammenhänge des geschichtlichen Lebens und bezieht die Entwicklung der Wissenschaften in seine Darstellung mit ein." (S. 1)

Druckvorlage unseres Bandes ist die 6. Auflage von 1905. Die Eingriffe der Herausgeber galten zunächst der Korrektur offensichtlicher sachlicher und bibliographischer Fehler und der – zurückhaltenden – Ergänzung unvollständiger bibliographischer Angaben. Um den Text des Grundrisses von vielen notwendigen ergänzenden Einschüben zu unpräzisen oder lückenhaften Quellen- und Literaturangaben zu entlasten, haben wir im Anhang des Bandes ein Verzeichnis der von D. angeführten Editionen und Gesamtausgaben sowie der Sekundärliteratur mit den vollständigen bibliographischen Angaben zusammengestellt. Die Schreibweise der Eigennamen wurde modernisiert;

bibliographische Ergänzungen der Herausgeber stehen in [ ]. Um die Übersichtlichkeit und Lesbarkeit des Grundrisses *zu erhöhen, wurde er außerdem konsequenter und stärker gegliedert, wobei sich die Herausgeber insbes. an den Einteilungen und Sinnabschnitten im Text selbst orientiert haben.*

[1] W. Dilthey, Einleitung in die Geisteswissenschaften. Versuch einer Grundlegung für das Studium der Gesellschaft und der Geschichte, 1. Band, Leipzig 1883; Wiederabdruck in: Ges. Schr. I. Bei den folgenden Hinweisen D.s auf dieses Buch werden die Bezugsstellen auf Band I der Ges. Schr. jeweils im Text mitgeteilt.

[2] W. Dilthey, Auffassung und Analyse des Menschen im 15. und 16. Jahrhundert, in: Archiv für Geschichte der Philosophie IV (1891), S. 604–651 und V (1892), S. 337–400; Wiederabdruck in: Ges. Schr. II, S. 1–89. – Ders., Das natürliche System der Geisteswissenschaften im 17. Jahrhundert, in: Archiv für Geschichte der Philosophie V (1892), S. 480–502 und VI (1893), S. 60–127, S. 225–256, S. 347–379 und S. 509–545; Wiederabdruck in: Ges. Schr. II, S. 90–245. – Ders., Die Autonomie des Denkens, der konstruktive Rationalismus und der pantheistische Monismus nach ihrem Zusammenhang im 17. Jahrhundert, in: Archiv für Geschichte der Philosophie VII (1893), S. 28–91; Wiederabdruck in: Ges. Schr. II, S. 246–296. – Bei den folgenden Hinweisen D.s auf diese Abhandlungen werden die Bezugsstellen auf Band II der Ges. Schr. jeweils im Text mitgeteilt.

[3] Vgl. F. W. A. Mullach (Hrsg.), Fragmenta philosophorum Graecorum. Gr. u. lat., Bd. I, Paris 1860.

[4] W. Dilthey, Der entwicklungsgeschichtliche Pantheismus nach seinem geschichtlichen Zusammenhang mit den älteren pantheistischen Systemen, in: Archiv für Geschichte der Philosophie XIII (1900), S. 307–360 und S. 445–482; Wiederabdruck in: Ges. Schr. II, S. 312–390; hier: Ges. Schr. II, S. 326–342. Bei den folgenden Hinweisen auf diese Abhandlung werden die Bezugsstellen auf Band II der Ges. Schr. jeweils im Text mitgeteilt.

[5] Chr. Sigwart, Spinozas neuentdeckter Tractat von Gott, dem Menschen und dessen Glückseligkeit. Erläutert und in seiner Bedeutung für das Verständnis des Spinozismus untersucht. Gotha 1866, S. 107ff.

[6] W. Dilthey, Die Berliner Akademie der Wissenschaften, ihre Vergangenheit und ihre gegenwärtigen Aufgaben. 1. Artikel, in: Deutsche Rundschau Bd. 103 (April-Mai-Juni 1900), S. 416–444. Umgearbeitet wiederabgedruckt in: Ges. Schr. III, S. 3–80; hier: Ges. Schr. III, S. 25–32.

[7] W. Dilthey, Die drei Epochen der modernen Ästhetik und ihre heutige Aufgabe, in: Deutsche Rundschau Bd. 72 (Juli-August-September 1892), S. 200–263. Wiederabdruck in: Ges. Schr. VI, S. 242–287.

[8] W. Dilthey, Die Berliner Akademie der Wissenschaften, ihre Vergangenheit und ihre gegenwärtigen Aufgaben. 2. Artikel: II. Friedrich der Große und seine Akademie, in: Deutsche Rundschau Bd. 104 (Juli-August-September 1900), S. 81–118. Umgearbeitet wiederabgedruckt in: Ges. Schr. III, S. 81–127.

[9] W. Dilthey, Über Gotthold Ephraim Lessing, in: Preußische Jahrbücher 19 (1867), Heft 2, S. 117–161 und Heft 3, S. 271–294; in erweiterter Fassung wiederabgedruckt in: W. Dilthey, Das Erlebnis und die Dichtung. Lessing, Goethe, Novalis, Hölderlin. Leipzig 1906, S. 1–136.

[10] W. Dilthey, Die Rostocker Kant-Handschriften. I: 8 Briefe Kants an Jakob Sigismund Beck, in: Archiv für Geschichte der Philosophie II (1889), S. 592–650; gekürzt wiederabgedruckt in: Ges. Schr. IV, S. 310–353.

[11] W. Dilthey, Aus der Zeit der Spinoza-Studien Goethes, in: Archiv für Geschichte der Philosophie VII (1894), S. 317–341; Wiederabdruck in: Ges. Schr. II, S. 391–415.

[12] W. Dilthey, Novalis, in: Preußische Jahrbücher 15 (1865), Heft 6, S. 596–650; Wiederabdruck in: W. Dilthey, Das Erlebnis und die Dichtung, a.a.O., S. 201–282.

[13] W. Dilthey, Leben Schleiermachers, 1. Band, Berlin 1870; erweiterter Wiederabdruck in: Ges. Schr. XIII.

[14] W. Dilthey, Rezension von: Kuno Fischer, Geschichte der neuern Philosophie. 8. Bd.: Hegels Leben, Werke und Lehre, Heidelberg 1898–1899, in: Deutsche Literaturzeitung 21 (1900), Nr. 1 vom 1. 1. 1900, Sp. 20–25, Beilage Sp. 1–8; Wiederabdruck in: Ges. Schr. XV, S. 343–355.

¹⁵ W. Dilthey, Jahresbericht über die nachkantische Philosophie. I: Die drei Grundformen der Systeme in der ersten Hälfte des 19. Jahrhunderts, in: Archiv für Geschichte der Philosophie XI (1898), S. 551–586; um den Anfang gekürzter Wiederabdruck in: Ges. Schr. IV, S. 528–554.
¹⁶ W. Dilthey, Thomas Carlyle, in: Archiv für Geschichte der Philosophie IV (1891), S. 260–285; Wiederabdruck in: Ges. Schr. IV, S. 507–527.

B. Die Berliner Vorlesung zur allgemeinen Geschichte der Philosophie (1900 – ca. 1903)

Allgemeine Geschichte der Philosophie bis auf die Gegenwart, in ihrem Zusammenhang mit der Kultur

Der B-Teil dokumentiert die Spätfassung des großen Berliner Kollegs über die allgemeine Geschichte der Philosophie. Von dieser Vorlesung standen uns zwei Nachschriften zur Verfügung, die D.s philosophiegeschichtliches Hauptkolleg aus der letzten Phase seiner Lehrtätigkeit wiedergeben:
1. Nachschrift von E. Spranger, Wintersemester 1900/1901
Fundort: Bundesarchiv in Koblenz, Spranger-Nachlaß (548 S.)
2. Nachschrift von H. Nohl, undatiert, vermutlich aus dem Wintersemester 1902/03
Fundort: Dilthey-Nachlaß der Niedersächsischen Staats- und Universitätsbibliothek Göttingen, Cod. Ms. W. Dilthey, 10 (846 S.)
Als Basistext der Edition diente die Spranger-Nachschrift. Die Nohl-Nachschrift wurde vergleichend hinzugezogen. Abweichende Formulierungen oder längere Passagen dieser Nachschrift, die den Text der Spranger-Nachschrift ergänzen, werden in den Anmerkungen dokumentiert.

¹⁷ Gemeint ist D.s oben, S. 1–160, abgedruckter Biographisch-literarischer Grundriß der allgemeinen Geschichte der Philosophie. D. bezieht sich in dieser Vorlesung auf die 5. Auflage des Grundrisses. Auf die entsprechenden Seitenangaben des Wiederabdrucks der 6. Auflage in diesem Band wird jeweils verwiesen.
¹⁸ *Zusatz bei Nohl:* Leben.
¹⁹ *Zusatz bei Nohl:* Sittlichkeit.
²⁰ *Zusatz bei Nohl:* Staat.
²¹ *Bei Nohl:* Zweckzusammenhänge.
²² *Am Rand:* (disputabel!) (mehr negatives Kriterium).
²³ *Am Rand:* (Philosophie setzt die Wissenschaft voraus? Das Verhältnis liegt anders.).
²⁴ *Am Rand:* (E. Rohde, Psyche [. Seelenkult und Unsterblichkeitsglaube der Griechen], 2 Bd.e [, Tübingen 1894]).
²⁵ *B. Stade, Geschichte des Volkes Israel, 2 Bd.e, Berlin 1881–88.*
²⁶ *Zwischen die Zeilen geschrieben:* vielleicht „bedeutete"?
²⁷ *Am Rand:* s. o.
²⁸ *Zwischen die Zeilen geschrieben:* Sie haben alle mit dem Nutzen oder Schaden der Menschen zu tun. Die erste Unterscheidung der Kräfte ist also die in gut und böse.
²⁹ *Am Rand:* Häuptling eignet sich Anker an, stirbt, Anker deshalb heilig.
³⁰ *K. von den Steinen, Durch Zentralbrasilien. Expedition zur Erforschung des Schingú, Leipzig 1886.*
³¹ *Bei Nohl:* der Metaphysik und Wissenschaft.
³² *Geändert nach Nohl aus:* alle.

³³ *J. W. v. Goethe, Faust, 2. Teil, 5. Akt, in: Goethes Werke. Hamburger Ausgabe, hrsg. v. E. Trunz, Bd. III, 10. überarbeitete Aufl. München 1976, S. 343: „Könnt' ich Magie von meinem Pfad entfernen... ".*
³⁴ *Zusatz aufgrund der Nachschrift Nohl.*
³⁵ *Am Rand:* nach Max Müller.
³⁶ *Geändert nach Nohl aus:* in.
³⁷ *Am Rand:* Die Kulthandlungen als Ausgangspunkt für alle Religionen!
³⁸ *Lücke im Text.*
³⁹ *Vgl. Lao-tse's Tao Te King. Aus dem Chinesischen ins Deutsche übers., eingel. und kommentiert von V. v. Strauss, Leipzig 1870, S. 219.*
⁴⁰ *Vgl. J. Legge, The Chinese classics, vol. 1, Oxford 1893, S. 288 (14.36).*
⁴¹ *Vgl. Lao-tse's Tao Te King, a.a.O., S. 3.*
⁴² *Als Zitat nicht nachzuweisen.*
⁴³ *Vgl. ebd., S. 226; vgl. auch S. 45.*
⁴⁴ *Zusatz bei Nohl:* (solange der Leib hält, lebt die Seele).
⁴⁵ *Darüber geschrieben:* für.
⁴⁶ *Bei Nohl:* aufheben.
⁴⁷ *Vgl. Bhagavadgita, III, 17.*
⁴⁸ *Bei Nohl:* Die Welt ist ein Schleier, Maja, der Traum, den Brahman träumt.
⁴⁹ *Als Zitat im Altindischen nicht nachzuweisen.*
⁵⁰ *Zusatz bei Nohl:* Alle Möglichkeiten der Gottesidee werden hier erschöpft. Es gibt keine Stellung der Menschheit zur Gottheit, deren Grundlagen hier nicht eingenommen würden. Das ist die eminente Bedeutung dieser Epoche.
Standpunkt der Theogonie.
Nie Emanation aus der Gottheit, sondern immer ein Machen, Schaffen, bei allen Hamiten (orphische Mysterien, Hesiod).
Gedanke der Persönlichkeit der Gottheit, ihr emotioneller Charakter, in dem alle Persönlichkeit subsistiert, Affekte besitzend. Bei Christen, Juden, Mohammedanern.
Dualismus. Der Mensch im Dienstgefolge der Gottheit zur Schöpfung des Reiches Gottes gegen das Böse.
Gottheit als die der Welt einwohnende Kraft, aus welcher sich nach Naturgesetzen die Welt entwickelt.
Hier ist kein Gegensatz von Herrn und Gemächte, sondern Panentheismus. Pantheismus will die Gleichheit von Gott und Welt herstellen; es ist nichts im Grund der Gottheit, das nicht expliziert in der Welt enthalten wäre.
Panentheismus läßt die Gottheit, die Geist und Vernunft ist, viel mehr an Kraft und Schönheit in sich haben, als die Welt enthält. (Shaftesbury, Herder, Goethe sind solche Panentheisten.)
Verwandt ist dieser Standpunkt mit dem der Emanation, wie sie der Neuplatonismus will.
Ihm nähern sich die Ägypter, es ergreifen ihn Kung-tse und Lao-tse, es erheben ihn zur Höhe reichster Spekulation die Inder.
⁵¹ *Am Rand:* (28. V. 585 ego).
⁵² *Am Rand:* (So kombiniert Herakleitos, Alleg. Hom. 22 p. 45
R. u. P. S. 10 – ego).
⁵³ *Am Rand:* (sic Aristoteles, Metaphysik I 3).
⁵⁴ *Am Rand:* cf. [F.] Ueberweg, [Grundriß der Geschichte der Philosophie des Altertums, 7. Aufl. Berlin 1886,] pag. 44 Mitte.
⁵⁵ *Vgl. oben S. 12.*
⁵⁶ *Am Rand:* im Prinzip wie Zeller. Gemeint ist E. Zeller, Die Philosohpie der Griechen in ihrer geschichtlichen Entwicklung, I. Tl.: Allgemeine Einleitung, Vorsokratische Philosophie, 1. Hälfte, 5. Aufl. Leipzig 1892, S. 207.
⁵⁷ *Am Rand:* höchst originell und fein.
⁵⁸ *Nach Nohl korrigiert aus:* Schule.
⁵⁹ *Fragment eines nicht identifizierten Stückes, in: Euripides, Sämtliche Tragödien und Frag-*

mente. Griechisch – deutsch, Bd. VI, hrsg. v. G. A. Seeck, München 1981, Fragment 941; vgl. u. a. Cicero, De natura deorum II, 65.

[60] *Zusatz bei Nohl:* In Kleinasien die Forschung in der Natur, [...]. In Italien Verknüpfung mit den Mysterien und ihren tiefen Spekulationen. Hier Herakleitos, dort Pythagoras von Elea. Nach der Atomistik entspricht der ionischen Seite Anaxagoras, der sizilianischen Empedokles.

[61] *Lücke im Text.*

[62] *Am Rand:* identifiziert.

[63] *Bei Nohl:* religiösen.

[64] *Geändert aus:* Ungerade.

[65] *Am Rand:* Zentralfeuer.

[66] *Zusatz bei Nohl:* eine Lehre, die fortgewirkt hat bis heute und immer lebendig bleiben wird.

[67] *Vgl. F. Lassalle, Die Philosophie Herakleitos des Dunklen von Ephesos, 2 Bd.e, Berlin 1858.*

[68] *Zusatz bei Nohl:* intellektuale.

[69] *Vgl. H. Diels, Die Fragmente der Vorsokratiker. Griechisch und deutsch, 11. Aufl. hrsg. v. W. Kranz, 1. Bd. Zürich/Berlin 1964, 22 B 34 und 22 B 1.*

[70] *Vermutlich ebd., 22 B 72.*

[71] *Vgl. ebd. 22 B 35.*

[72] *Vgl. ebd. 22 B 107.*

[73] *Vgl. ebd. 22 B 18.*

[74] *P. R. Schuster, Heraklit von Ephesus. Ein Versuch, dessen Fragmente in ihrer ursprünglichen Form wiederherzustellen, Leipzig 1873.*

[75] *J. W. v. Goethe, Über den Granit, in: Goethes Werke. Hamburger Ausgabe, hrsg. v. E. Trunz, Bd. XIII, 7. überarbeitete Aufl. München 1975, S. 255: „Ich fürchte den Vorwurf nicht, daß es ein Geist des Widerspruches sein müsse, der mich von der Betrachtung und Schilderung des menschlichen Herzens, des jüngsten, mannigfaltigsten, beweglichsten, veränderlichsten, erschütterlichsten Teiles der Schöpfung, zu der Beobachtung des ältesten, festesten, tiefsten, unerschütterlichsten Sohnes der Natur geführt hat."*

[76] *Bei Nohl:* Das Feuer als Vielheit.

[77] *F. Lassalle, Die Philosophie Herakleitos des Dunklen von Ephesos, a.a.O., 2. Bd., § 18. Das Feuer, S. 3–46, bes. S. 4, 8, 12, 17 f.*

[78] *Zusatz bei Nohl:* und wieder umgekehrt.

[79] *Vgl. H. Diels, Die Fragmente der Vorsokratiker, a.a.O., 22 B 44.*

[80] *Bei Nohl:* des Vielen.

[81] *Bei Nohl:* symbolisch spekulativ denkt.

[82] *Bei Nohl:* außerhalb des Seins.

[83] *Zusatz bei Nohl:* Bleibt also bloß noch eine Möglichkeit: die bestimmte, endliche Größe.

[84] *Bei Nohl:* physikalische.

[85] *Bei Nohl:* Jede Grenze ist Grenze nach zwei Seiten.

[86] *Zusatz bei Nohl:* und kann sie nie einholen.

[87] *Geändert aus:* Xenophanes.

[88] *Geändert aus:* Xenophanes.

[89] *Vgl. E. Zeller, Die Philosophie der Griechen in ihrer geschichtlichen Entwicklung, I. Tl.: Allgemeine Einleitung. Vorsokratische Philosophie, 2. Hälfte, 5. Aufl. Leipzig 1892, S. 750 ff.*

[90] *Bei Nohl:* gesetzmäßig.

[91] *Vgl. Aristoteles, Eudemische Ethik I 5, 1216a.*

[92] *Korrigiert nach Nohl aus:* in Athen.

[93] *Korrigiert aus:* die Mannigfalten.

[94] *Zusatz bei Nohl:* So ist der Monotheismus bei Anaxagoras eine wissenschaftliche Hypothese.

[95] *Korrigiert aus:* folgender Schluß.

[96] *Zusatz bei Nohl:* Das, was draußen geschieht, ist Bewegung. Diese erzeugt nun Bewegung in uns. Aus beiden zusammen entsteht ein Gegenstand, ein Produkt des wirklichen Seins und des wahrnehmenden Subjekts. Und der wahrgenommene Gegenstand, das Phänomen, ist uns solange [gegenwärtig], als der Sinnesvorgang stattfindet. Sobald dieser endet, hört auch jenes Produkt auf.

⁹⁷ *Zusatz bei Nohl:* Protagoras hängt also an der Schule des Herakleitos. Aus ihr hatte sich ein skeptisches Geschlecht entwickelt, das nicht am Logos festhielt, sondern nur noch den beständigen Fluß erfaßte, in uns und außer uns. Alles fließt, und es gibt keine Wahrheit; denn das wäre, was sich selbst gleich bleibt im Strom der Veränderung, und davon findet der große Sophist nichts in der Welt.

⁹⁸ *Zusatz bei Nohl:* Und wer die Tugend bilden will, glaubt auch an ein Lebensideal.

Ferner ist überliefert, daß die *Politik* des Platon teilweise entnommen sei dem Buch des Protagoras.

Und sicher hat Protagoras sich einen Staat vorgestellt, in dem die Jünglinge nach seinem Muster szientifisch gebildet werden.

⁹⁹ *Bei Nohl:* Das Sein ist nicht, es gibt überhaupt nichts, denn Sein ist sich selbst widersprechend.

¹⁰⁰ *Zusatz bei Nohl:* und darum nicht erkennbar. Denn dann müßte es im Erkennen des Bewußtseins noch einmal da sein. Das ist unmöglich, denn Sein und Vorstellen bleiben ewig auseinander, und es läßt sich nicht denken, daß das Draußen sich im Bewußtsein wiederhole.

¹⁰¹ *Bei Nohl:* Wortbildungstheorie.

¹⁰² *Zusatz bei Nohl:* die Vorbereitung für die Definitionen Sokrates'.

¹⁰³ *Vgl. J. Burckhardt, Griechische Kulturgeschichte, 3. Bd. (= Gesammelte Werke Bd. VII), Darmstadt 1962, S. 300.*

¹⁰⁴ *Zusatz bei Nohl:* Seine Stellung in der Geschichte der Philosophie: Er ist Begründer eines neuen Systems, das die Grundlage der gesamten Naturwissenschaft geworden ist. Die Pythagoreer bilden die erste wichtige Etappe, denn sie begründen die mathematische Naturwissenschaft. Demokrit ist die zweite Etappe für die Entwicklung des naturwissenschaftlichen Geistes. Seine Grundhypothese: Die Mechanistik des Universums, gegründet auf die Atomistik, wird bestimmend. Er findet Prinzipien einer Naturlehre, die Grundlage bleiben. Er ist ganz modern.

Dilthey legt den Hauptwert nicht auf die Atomistik, sondern auf die allgemeine Naturlehre, die Anaxagoras vorbereitet hatte.

¹⁰⁵ *Vgl. F. Ueberweg, Grundriß der Geschichte der Philosophie des Altertums, a.a.O., S. 85 ff.; E. Zeller, Die Philosophie der Griechen in ihrer geschichtlichen Entwicklung, I. Tl., 2. Hälfte, a.a.O., S. 837 ff.; W. Windelband, Geschichte der alten Philosophie, 2. Aufl. München 1894, S. 92 ff.*

¹⁰⁶ *Korrigiert nach Nohl aus:* endlos.

¹⁰⁷ *Zusatz bei Nohl:* der nicht erfüllt ist von Sein, ist gerade so notwendig zur Welterklärung wie die Atome.

¹⁰⁸ *Vgl. W. Dilthey, Einleitung in die Geisteswisseschaften. Versuch einer Grundlegung für das Studium der Gesellschaft und der Geschichte, Bd. I, a.a.O., 171 f.*

¹⁰⁹ *Zusatz bei Nohl:* So ist er Vorgänger des Aristoteles.

¹¹⁰ *Vgl. W. Windelband, Geschichte der alten Philosophie, a.a.O., S. 102 f.*

¹¹¹ *Vgl. H. Diels, Die Fragmente der Vorsokratiker, 2. Bd., a.a.O., 68 B 191 und 68 B 3.*

¹¹² *Zusatz bei Nohl:* Aristoteles tadelte: daß Demokrit alle Arten an Empfindung auf Tastempfindung zurückgeführt habe, für uns wäre das eher ein Lob; der dunkle Punkt liegt aber in der Tastempfindung selbst.

Für Demokrit wird sie hervorgebracht nicht durch einzelne Atome oder in den Sinnen, sondern durch eine Form, in der die Atome zusammenwirken. Der Materialismus streift hier an Formalismus (was Aristoteles hervorgehoben hat). Während aber Aristoteles die Formen in transzendentaler [?] Weise zu Ursachen der Bewegung erhob, hütete sich Demokrit, die in die Tiefe der Metaphysik führende formalistische Seite seiner eigenen Anschauung weiter zu verfolgen. In bezug auf die Seele des Demokrit hatte Aristoteles gespottet, der Körper wäre wie die Figur des Dädalus, mit Quecksilber geschehe die Bewegung; Aristoteles meint, nicht so, sondern durch Wählen und Denken bewegt die Seele den Menschen. Das ist dem Wilden klar, lange vor aller Wissenschaft. Unser ganzes Begreifen ist aber ein Zurückführen des Besonderen in der Erscheinung auf die allgemeinen Gesetze der Erscheinungswelt. Die letzte Konsequenz ist die Einwirkung des vernünftigen Handelns in diese Kette. Demokrit zog diese Konsequenz. Aristoteles verkannte ihre Bedeutung. Der Spezialfall der Bewegung, die wir die vernünftige nennen, muß aus allgemeinen Gesetzen der Bewegung erklärt werden.

Es fehlte dem Demokrit: die Beseitigung auch der Teleologie der Organismen durch ein Naturprinzip, das eine Entwicklung zeigt des Zweckmäßigen aus dem Unzweckmäßigen. Dies gab Empedokles, und von ihm ging es weiter zu Epikur. Lukrez: der einfache Gedanke, das Zweckmäßige ist deshalb im Übergewicht vorhanden, weil es in seinem Wesen liegt, sich zu erhalten, während das Unzweckmäßige längst vergangen ist.

[113] *Der Anfang des Sokrates-Kapitels bei Nohl lautet:* Sokrates, Platon, Aristoteles bilden in gewissem Verstande ein einziges System (Platon hat sich sein ganzes Leben hindurch als Sokratiker betrachtet, ja selbst Aristoteles). Und ihre einzelnen Standpunkte entwickeln sich fast logisch auseinander.

Das Problem des Sokrates, aufgegeben durch die Sophisten. Unter ihren Händen war die Welt flimmernd und schwankend geworden, es gab nichts Festes. Dieses Feste in der moralischen Welt aufzusuchen war seine Lebensfrage: Sokrates sucht das Wissen, das imstande ist, das Leben zu leiten. Dieses Wissen steht über dem Leben und macht den Menschen vom Leben frei.

[114] *Zusatz bei Nohl:* Ich kann nur dann beruhigt leben, wenn ich sicher bin, was die wahre Tugend ist.

Der Grund zu einem solchen Verlangen ist Charaktereigenschaft, die über dem Leben stehen will durch eine ruhige Besonnenheit, die unabhängig macht vom Schicksal.

In Sokrates setzt sich dem mechanistischen Theismus des Anaxagoras ein neuer Theismus entgegen. Die rein teleologisch-moralische Anlage der Welt fordert ein höchstes, weises und gütiges Wesen.

Der Naturwissenschaft gegenüber ein skeptisches Gefühl. Die Natur kann nicht erkannt werden. Und was wir erkannt haben, nützt uns nicht, um das Leben zu leiten. So wendet er sich von der Betrachtung des Universums zu der des eigenen Selbst.

Sokrates' eigentümliche Lebensweise erklärt sich so: Er will wissen, was das höchste Gut ist. Eine solche Untersuchung kann der einzelne nicht führen, sondern er muß sich an viele wenden, fragen und diskutieren.

[115] *Zusatz bei Nohl:* Das Bild des Sokrates, wie es sich in Lehre und Forschertätigkeit darstellt. Platon nennt die Atopia als den wichtigsten Eindruck seiner Persönlichkeit.

In seinem Äußeren häßlich, niedrig [?], plebejisch, in Bildern, Umgang. Im Innern voll wunderbarer Schätze. Diese Disharmonie zwischen Innerem und Äußerem ist ein Bruch mit dem alten griechischen Geist. Nüchtern, rational, auch das Niederste, Banale nicht scheuend und dahinter der langatmende Schwung einer großen Seele, ein wunderbarer Gestalter und die feinsten Methoden.

Die sokratische Ironie, wie er sich unwissend stellt, spielt mit den Menschen. Dahinter aber lauerte die dämonische Kraft einer Seele mit unheimlicher Energie und Hartnäckigkeit. Alles muß sich ihm unterwerfen, seinen großen Plan zu finden, was die Tugend, das Agathon sei – es eindeutig zu bestimmen und die Gesellschaft zu reformieren. Er konnte alles vernachlässigen, nur er glaubte, seine Mission zu erfüllen, die ihm von der Gottheit gegeben war. Keinen Augenblick verlor er sich selbst.

Seine pädagogische Wirkung, und er war das größte pädagogische Genie, folgt aus seiner Unabhängigkeit. Der Hintergrund ist immer, wie bei den Sophisten, die Betonung der Lehre, der Doktrin. Der Mensch muß jetzt in das Stadium der Aufklärung, der Theorie eintreten. Allein Sokrates hat dabei das stärkste Gefühl für die Individualität, und er will die letzte Tiefe jeder Persönlichkeit im sittlichen Bewußtsein ausbilden.

[Das] Daimonion, die Stimme, die ihn abhält (nicht antreibt), wenn ihn etwas ablenken will von seinem Beruf, die Natur der Tugend zu erforschen und die Jünglinge zu bilden. Es mag insofern etwas Abnormes, ihm einwohnendes Singuläres gewesen sein, eine Stimme, die er hörte. Das Wesentliche ist, daß diese Stimme gleichsam der Takt und das Bewußtsein seiner Eigentümlichkeit und seines Berufes ist.

[Die] Komödie ergreift ihn, weil ihn jeder kennt mit seiner dürftigen Kleidung, seinen mächtigen Augen, überall zuschauend oder forschend. Es war die Zeit, wo sich gegen die neue Bildung die Opposition aus dem Bürgertum erhob, das an der alten Verfassung etc. festhielt. Vor allem die Aristokratie. Zu ihr gehörte Aristophanes. So tritt die Philosophie bei ihm und andern unter der Maske des Sokrates auf.

Sein Tod war einer der wirksamsten Momente in der Geschichte der Philosophie. Sokrates wirkte vor allem als der große Mensch, der Einheit des Lebens begehrt, auch über das Leben hinaus.

Seine Schüler zerstreuen sich, aber der Eindruck der Ereignisse wirkt fort. Und es entsteht der Logos Sokratikos, der das Leben und die Lehre des Meisters zur Darstellung zu bringen sucht: was er gewesen und was er gelehrt: von Xenophon, Aischines, Antisthenes, Platon gehen solche Dialoge aus, die den Sokrates zum Mittelpunkt der Gesprächsführung machen. Selbstverständlich in einer idealen Verklärung, wie sie die Entfernung der Zeit und der apologetische Zweck mit sich brachten.

Die Lehre des Sokrates
Quellen

Man glaubte zunächst, in den *Memorabilien* des Xenophon eine solche Quelle zu besitzen, weil sich hier nichts von Realität fand, und gerade aus der Beschränktheit des Mannes zog man den Schluß, er habe treuherzig und mit sklavischer Ähnlichkeit aufgezeichnet. So bildete man sich den Sokrates. Danach wäre er Utilitarier gewesen: Tugend ist das, was dem Wohl des einzelnen und des Ganzen entspricht. Beider Interessen aber decken sich, und dies Ziel hätte über den Begriff des Guten zu entscheiden.

Ferner wäre er ein [...] Kopf gewesen, der überall mit Ermahnungen um sich geworfen.

Schleiermacher trat dem entgegen: Nach dem Bericht des Aristoteles war der Kernpunkt der sokratischen Wahrheit die wissenschaftliche Methode: darum bringe Platon in seinen Schriften, in denen er methodisch vorgehe, den Sokrates besser zur Darstellung als Xenophon.

Beides entspricht dem Tatbestand nicht.

Xenophons *Memorabilien* zerfallen in zwei Teile: 1. Kapitel 1 und 2 enthalten die Apologie, die unter genau denselben Gesichtspunkt fällt wie die Platons. Doch scheinbar gegen den Ankläger selbst, bezieht sie sich in Wahrheit auf eine dürftige rhetorische Schrift, die mehr als zwei Jahre nach Sokrates' Tod das Urteil rechtfertigen wollte. 2. Die anderen [Kapitel] fallen unter genau denselben Gesichtspunkt der Kunstrede wie die Dialoge der anderen Sokratiker und Platons.

Das schlimme ist aber:

1. Xenophon ist Utilitarier auf eigene Faust.

2. Xenophon ist erheblich beeinflußt von Antisthenes, der von der szientifischen Methode des Sokrates nichts wissen wollte und meinte, es sei das für das Sittliche nicht nötig, und anstelle dessen die Charakterkraft setzte.

Zwei Gewährsmänner haben wir aber, denen unbedingt zu trauen [ist]:

1. Aristoteles stand der sokratischen Schule nahe, wußte genau Bescheid und ist ein unfehlbarer Zeuge. Von ihm muß der Gang der kritischen Behandlung ausgehen.

2. Die *Apologie* des Platon enthält ohne Frage nur Lehren, die dem Sokrates zukamen.

Erkenne dich selbst, war der Kern der neuen Position des Sokrates. Das Wort Ciceros. Diese Forderung hat zur Voraussetzung eine Untersuchung über das Wissen.

Sokrates ist der erste, der strenge Anforderung an den Beweis aller Erkenntnis macht. Er ist ein induktiver Forscher, aber die Induktion soll dem strengsten Maßstab der Verstandeserkenntnis entsprechen.

Nicht Möglichkeiten, sondern Beweisbarkeiten sind der Gegenstand der menschlichen Erkenntnis.

An solchen Maßstäben gemessen, lassen sich die Theorien über Ursprung und Entstehung der Natur nicht als streng wissenschaftlich anerkennen. Träumer sind die Metaphysiker alle gewesen, und jeder hat sein Märchen erzählt.

Und so verwirft Sokrates von den Prinzipien des Wissens aus die Naturphilosophie seiner Tage, die nicht dementsprechend ist und deren Schwäche schon die Widersprüche aller Systeme zeigen.

Vor allem aber vermögen diese Naturphilosophen keinen Anschluß an das Leben zu gewinnen. Sie brüten über Ursachen, aus denen die Welt gebildet, aber sie haben keinen praktischen Nutzen (ein wichtiger Vorwurf für jene Tage).

Anmerkungen zu Seite 213–215   377

¹¹⁶ *Am Rand:* cf. *Apologie.*

¹¹⁷ *Zusatz bei Nohl:* Gibt es kein Wissen von der Natur, so ist auch keine Möglichkeit, das ethische Prinzip aus der Metaphysik abzuleiten. Dann muß die Ethik unabhängig sein, ihre Richtigkeit kann nicht abhängen von der Applikation der Metaphysik auf das sittliche Problem (wie es die Pythagoreer, Herakleitos, Demokrit getan). Kann sich die Metaphysik selbst nicht behaupten, so kann sie auch das Leben und Handeln nicht eindeutig bestimmen.

Das also war die große Lebensfrage der Zeit, einen festen Punkt in der schwankenden Welt für die Bestimmung des Menschen und die Konstruktion des Staats zu gewinnen. Und so wendet sich der menschliche Geist, ausgerüstet mit den strengen Anforderungen des Erkennens, auf sich selbst und legt sich die Frage vor, gibt es hier ein sicheres Wissen? 1. Daß nun die sittliche Einsicht auf das Leben anwendbar ist (und für Sokrates fällt auch das Alltäglichste in den Horizont des Sittlichen), unterliegt keinem Zweifel. Also, wenn es ein solches Wissen gab, mußte es möglich sein. 2. Er fragte sich nur, ob es methodische Mittel gebe, ein solches Wissen herzustellen. Aristoteles sagt: Zwei Dinge müssen in bezug auf Logik und Methode dem Sokrates zugeschrieben werden: 1. ἐπακτικὸς λόγος. Epagoga = inductio. Das induktive Verfahren. Es werden Fälle zusammengesucht und aus ihnen ein Allgemeines abgeleitet, das ein Gesetz, eine Maxime enthält; sie sucht das Allgemeine, das im Besonderen enthalten ist. 2. Wie verhält sich nun die Induktion auf sittlichem Gebiet? Aristoteles gibt ein Zeugnis, und der gesamte sokratische Logos stimmt damit überein. Sie geht auf die Definition und Bestimmung, die der Tugend zukommt. ὁρίρεσθαι καὶ ὁλοῦ. Das Ziel der Induktion ist also: Bestimmung der allgemeinen Begriffe, Definition, wozu auch allgemeine Sätze, Maximen gehören.

Und Sokrates strebt, eine Wissenschaft der allgemeinen Sätze in der sittlichen Welt aufzufinden.

Sokrates stellt überall die Frage, was ist Besonnenheit, Tapferkeit, Frömmigkeit, Freundschaft etc. Er sucht Begriffsbestimmung über das, was diese Tugenden in sich schließen.

Jede Tugend spricht eine Norm aus, ein Ideal, das vorliegt. So sucht Sokrates die Normen der menschlichen Existenz im privaten und allgemeinen Leben, an die das Handeln der Menschen gebunden ist.

Sokrates fragt nicht, was nutzt den Menschen am meisten, wie verhält sich Nutzen zur Sittlichkeit, private Sittlichkeit und Staatssittlichkeit etc. Solch Auseinanderreißen erkennt er nicht an. Die Tugend muß so bestimmt werden, daß das Normative im menschlichen Dasein in überzeugender Weise abgeleitet wird.

Um zu finden, welches die Norm des Handelns ist, wie sie allgemein gilt, muß man sich überzeugen, indem man sich mit anderen [...] über die betreffenden Punkte unterhält, ob sie dasselbe anerkennen. Man muß durch Diskussion feststellen: Was versteht der Mensch unter Tugend, welche Norm erkennen sie alle an? So ist die Gesprächsführung die Form der Untersuchung, und nur das eine Mal war der Dialog in der Geschichte die naturgemäße Form der Analyse.

Sokrates verhält sich nun so zu den Gefragten, daß er davon ausgeht, sie wüßten, was sie tun, besäßen die Theorie und den Begriff von ihrem Metier. Andererseits stellt er sich unwissend, als ob er keine Ahnung hätte, was Gerechtigkeit etc. sei. Dies die Kehrseite der sokratischen Methode. Das Ziel derselben ist Begriffsbestimmung. Sokrates fragt nie, wie entsteht die Tugend, welches ist ihr psychologischer Ursprung in der Gesellschaft und im einzelnen. Er tut es darum nicht, weil er ganz genau weiß, daß hier die Beantwortung ebenso schwer ist wie bei der Entstehung des Universums. Also τί ἐστι, was ist da, Begriffsbestimmung, das ist, was er will.

Er sucht nun die Antworten möglichst methodisch. Geht erst zu dem Gewerbe, die kennen ihre Theorie, bei allen technischen Tätigkeiten kennt man Zweck und Mittel und hat ein gutes Wissen. Aber was Schuster und Schmiede können, können die Staatsmänner und Dichter nicht, sie wissen keine Antwort. Sobald die Frage nicht mehr lautet, welches das Verfahren der Technik [ist], sondern [welches] Norm und Ziel des Daseins [sind], je näher man den letzten sittlichen Fragen kommt, umso ungeheurer werden die Schwierigkeiten, und Sokrates selbst hat sein ganzes Leben daran gearbeitet und hat es nie gelöst.

Das Wissen, Bewußtsein einer Norm macht ihren Gehalt aus, nicht wie sich etwas als Tugend bildet, sondern was es ist. So will Sokrates die Revolutionierung der Gesellschaft und Erhebung aus der instinktiven, künstlich naiven, manchmal auch genialen Stufe zu der des Bewußtseins. Er will die Rationalisierung, und daraus fließt seine Begriffsbestimmung.

Tugend ist φρόνησις, das Bewußtsein über das eigene Tun, ἐπιστήμη, ein Wissen. Wir handeln tugendhaft, weil wir wissen, daß Tugend die Norm des menschlichen Lebens ist. So gibt es nur eine Tugend: Die Weisheit, das Wissen von den Normen des Lebens, und alle Einzeltugenden sind verbunden in eins durch diese φρόνησις.

Wenn aber die Tugend in dem Wissen besteht, in ἐπιστήμη, dann ist sie lehrbar. Ferner überliefert Aristoteles und der ganze sokratische Logos den Satz, daß niemand freiwillig böse handelt. Also die Besonnenheit über der Wert der Norm ist der stärkste Trieb unter allen und besiegt den Menschen. Hierin ist nicht nur enthalten, allen Tugenden liegt ein wissenschaftliches Bewußtsein [zugrunde], sondern die Tugend besteht in diesem Bewußtsein, und in ihm liegt der Zwang, tugendhaft zu sein.

Wie wird Sokrates diesen Satz beweisen?

Alle Menschen streben nach dem Guten, dem höchsten Gut. Wenn sie nun erkennen, was dieses Agathon sei, das Beste sei, so werden sie es doch tun. Agathon enthält nun aber in sich das Chresimon und das Kalon, das Nützliche, Schöne, Edle. Es ist ein Totalbegriff, und darin liegt die Mächtigkeit des sokratischen Denkens. Er gestattet nicht, auseinanderzulegen, worin die Lust gegenüber der Tugend liegt, wovon wir sie sondern müßten. Es muß eins geben, das schön und beglückend und heiter und gut und selig ist, und dies eine zieht die Seele mit Gewalt an sich. Was es nun aber sei und wie es im einzelnen bestimmt werden muß, hat er nie beantwortet. Und mit Recht. [...].

Schlußpunkt

Die *Apologie* spricht von dem Unwissen des Sokrates. Ebenso enden die sokratischen Dialoge mit einer Aporie. So begegnet uns überall das unanalysierbare Agathon, und Sokrates redet mit vielen einzelnen schönen Begriffsbestimmungen, aber der Schwierigkeit des ganzen wird er nicht Herr.

Das ist das Moralsystem, wenn man so sagen darf, des Sokrates. Er macht nun damit eine:

Anwendung auf die politischen Tatsachen. Sokrates ist der Beginner einer politischen Reformidee, die die Tendenz hat, das bisherige Staatssystem umzugestalten.

Den Gedanken, daß das Wissen die Grundlage aller Tätigkeit sei, wendet er an auf das Staatsleben. Gibt es nur eine Tugend, die Besonnenheit über die Ziele des eigenen Tuns, so gilt das auch für die politische Tugend, und er erfaßt als den Grundbegriff des politischen Lebens: die Gerechtigkeit. Sie sucht er durch Induktion festzustellen. Er beginnt damit, was ungerecht sei: Lügen, Rauben etc. Muß man auch seinen Feinden Wahrhaftigkeit erweisen? Nein. Also Gerechtigkeit ist nur eine Norm in bezug auf Freunde oder beim Staat auf die, die zu demselben Staatswesen gehören. Aber auch den Freunden braucht man nicht die Wahrheit zu sagen, wenn es ihnen schadet. Nun sind alle Momente beisammen, um die Ungerechtigkeit zu bestimmen. Damit ist auch die Gerechtigkeit gegeben etc. Sokrates ist der Gründer einer szientifischen Wissenschaft vom Staat.

Das zweite ist aber daraus eine Konsequenz. Regieren können nur Wissende. So tritt an die Stelle der Demokratie Losdemokratie, die Geistesaristokratie, denn Regieren ist geknüpft an die Techne.

Ich steige in kein Boot, auch wenn mein bester Freund es lenkte, falls er das Fahren nicht versteht, wie soll es nicht erst recht für den Staat gelten.

Tugend ist lehrbar, und so müssen Theoria, Kunstlehre, Wissenschaften die Grundlage für die Staatserziehung sein.

Das war ein Angriff gegen den bisherigen Staat. Dagegen ergriff die junge Aristokratie, die Zeit und Geld hatte, sich eine solche Bildung zu verschaffen, mit Begeisterung nach dieser Lehre. So kamen Platon, der die Aristokratie verkündete, Xenophon die Monarchie. Es ist die Lehre der Zukunft, die bricht und abrechnet mit der ganzen [...] Demokratie, und den Beamtenstaat, die Monarchie etc. prophezeit.

[118] *Am Rand:* Rede.
[119] *Geändert aus:* greifbar.

¹²⁰ *Vgl. oben, S. 27–34.*
¹²¹ *Zusatz bei Nohl:*　　　　　　　Platon

Die Darstellung des größten menschlichen Denkers, ja vielleicht der größten menschlichen Erscheinung überhaupt. Diltheys Haltung zur platonischen Frage ist eine viel skeptischere als die der meisten Forscher.
Drei Methoden hat man angemerkt, um Echtheit und Reihenfolge der Dialoge zu beweisen.
　1. Schleiermacher sucht die inneren Zusammenhänge der einzelnen Dialoge und die aller zusammen zum Ausgangspunkt zu machen. Systematisch und philologisch.
　2. Oder man sucht äußere Anhaltspunkte, Andeutungen zur Bestimmung etc.
　3. Die statistische Methode, durch Vergleichung der Grammatik und Wortbenutzung.
　Allein keine der drei Methoden bietet eine wirkliche Sicherheit. Denn 1. so ist es in bezug auf die systematische Ordnung wohl möglich, daß Platon ein Gespräch, das früher publiziert war, später in einen größeren Zusammenhang einreihte.
　Für 2. und 3. sind die Schwierigkeiten noch größer. Es ist sicher, daß die Dialoge, so wie sie vorliegen, vom Verfasser Überarbeitungen erfahren haben, die auch durch stilistische Momente bedingt sind. Ganz gewiß ist dies der Fall bei der *Politik*. Ähnliches hat mit ziemlicher Gewißheit Windelband für den *Phaidon* nachgewiesen.
　So können sowohl Andeutungen als auch stilistische Änderungen später hineingekommen sein. Und wir müssen uns gegen beide Methoden sehr skeptisch verhalten. Ebenso kann uns die systematische Gruppierung nur die großen, allerallgemeinsten Züge geben.

Das Problem der Echtheit

　Wir haben alles, was Platon geschrieben hat; nur ist schwer auszumachen, was. Vor allem bilden hier der *Sophistes, Politikos* und *Parmenides* eine besondere Gruppe. Man hat sie der letzten Periode zugewiesen und als Selbstkorrektur angesehen. Eine ganz natürliche Annahme, bei Platons langem Leben, in dem die Bedenken gegen seine Lehre ihm begegnen mußten von Gegnern und aus seiner Schule.
　Das Hauptzeugnis für die Entwicklung des Platon ist eine Stelle bei Aristoteles:
Auf die genannten Systeme (eleatisches und pythagoreisches) folgten die Untersuchungen des Platon, die zwar in den meisten Stücken sich an die Pythagoreer anschlossen, in einigen aber auch von der italienischen Schule abwichen. Denn von Jugend auf vertraut mit Kratylos (Lehrer des Platon) und den herakliteischen Lehren, daß alles Sinnliche in beständigem Fluß sei und kein Wissen davon möglich, blieb er dieser Ansicht auch in der Folge getreu (diese Herakliteer ließen den Logos und Nomos im Universum zurücktreten gegen den Fluß der Dinge und demonstrierten daraus die Unmöglichkeit der Erkenntnis aus der Sinnlichkeit).
　Zugleich aber eignete er sich die sokratische Philosophie an, die sich mit ethischen Untersuchungen unter Ausschluß der allgemeinen naturwissenschaftlichen Fragen beschäftigte, in diesem jedoch das Allgemeine suchte und sich zuerst Begriffsbestimmungen zuwandte. Und so kam er zu der Ansicht, daß sich dieses Tun auf ein anderes als das Sinnliche beziehe. Denn unmöglich könnten die allgemeinen Bestimmungen eines von den sinnlichen Dingen zum Gegenstand haben, da sich ja diese immer verändern.
　(D. h. die sokratischen Untersuchungen waren gerichtet auf die Begriffs- und Wesensbestimmung im moralischen Gebiet. Hier fand Platon das strenge Wissen, das auf dem sinnlichen Gebiet vom herakliteischen Standpunkt aus nicht anerkannt werden kann. So scheidet er die Begriffe daraus ab. Das Wissen besteht in dem Erkennen des Konstanten und Allgemeinen, dessen, was ist, in den Wesensbestimmungen, die im Allgemeinen enthalten [sind].)
　Er nannte nun diese Klasse des Seienden Ideen. Von den sinnlichen Dingen aber behauptete er, sie bestehen neben diesen Ideen und werden nach ihnen benannt.
　(D. h. Platon findet das Wissen in der Erkenntnis desjenigen, das als allgemein und konstant im Begriff ausgedrückt wird. Diesen Begriffen entspricht also etwas, das, wie der Begriff, allgemein und konstant sein muß. So sind die Ideen Allgemeinheiten von zeitloser Existenz. Und wie die

Begriffe in einem Syndesmos zur Erkenntnis verbunden sind, so werden auch die Ideen ein System bilden, das sie zu einem Syndesmos zu ewiger Dauer verknüpft.

Idee bezeichnet also den Gegenstand des Begriffs und inhaltlich etwas, das nicht erscheint, sondern nur vom Verstand erfaßt werden kann; sie sind ein Intelligibles, bilden die geistige Welt jenseits der Sinnenwelt. Die sinnlichen Dinge sind die Abbilder der Ideen, sind nach ihnen gebildet. Das Wichtigste ist aber das neben den Ideen. Es gibt also eine doppelte Welt, der κόσμος νοητός, nur für den Verstand erfaßbar, und die Erscheinungswelt, seine Abbildung im Raum und Stoff, Flucht der Erscheinung und Unvollkommenheit.

In diesem Zeugnis des Aristoteles erscheint Platon fast als ein Eklektiker. Es fehlt eben der große Atem platonischen Geistes. Platon kam aus der Schule des Sokrates, aber [als] ein universaler Kopf wollte er die Momente der vorangegangenen Zeit damit in Zusammenhang setzen. So verknüpfte er die logisch-ethische Lehre des Sokrates mit der alten Metaphysik. Es entsprang daraus die Tendenz universalster Art, die Wahrheit aller Systeme abzugrenzen und in einen Zusammenhang zu setzen (nicht, wie die Sophisten, sie gegeneinander auszuspielen). Diese Tendenz wird uns also durch Aristoteles bezeugt. Und wenn Platon von den Pythagoreern ausging, so entspricht das ihrer Bedeutung, bei denen zum ersten Mal Religion und Mathematik einen κόσμος νοητός entwickelten. Von diesem geht Platon aus. Ob er mit der Lehre des Pythagoras aber angefangen [hat] oder ob sie ihm später kam, ist damit nicht gesagt. Das Zeugnis des Aristoteles kann nur beweisen, daß sie das Fundament seiner Lehre abgebe.

Parmenides hatte das Sein, das er als das Eine und Zeitlose auffaßte, auch unterschieden als κόσμος νοητός von der Welt der Erscheinungen. Also Platon unterscheidet sich von ihm, daß er dieser Lehre Sein nicht als ein Einmütiges, Ununterschiedenes auffaßt, sondern als ein System von Begriffen oder, wie das pythagoreische, ein System mathematisch faßbarer Elemente. Die Wahrheit des Herakleitos aber mußte Platon hinüberwerfen in die Welt der Erscheinung, das ist die Flucht, (Korruptibilität) Vergänglichkeit aller Erscheinungen.

All dies tritt schließlich unter den Gesichtspunkt der sokratischen Schule, die Begriffsbildung, die das Was einer Tugend zum Ausdruck brachte, was in einer jeden Tugend ist, ihr Wesen ausmacht, was immer ist, wo Tugend ist, und das Besondere und das Allgemeine einer Tugend.

Zwischen den beiden Welten besteht das Verhältnis des Allgemeinen = Konstanten zu dem vergänglichen einzelnen. Der Begriff spricht die Regel der Erscheinung aus, ist als Regel allgemein, unter die alle Erscheinungen fallen, wird aus den Erscheinungen gewonnen und bringt das Dauernde [in einer] Regel zum Ausdruck. Die Welt der Ideen [ist] das allgemeine Gut, die Welt der Erscheinungen das Besondere. Die intelligible Welt [ist] ein System des Allgemeinen, Konstanten zu den singulären Erscheinungen der Abbilder und Exemplare. Und damit tritt in die Geschichte der Philosophie ein großes Problem.

Wenn wir einen Begriff bilden, so bezeichnet er als Regel das Besondere. Die natürliche Betrachtung sagt uns: Wenn der Begriff gültig ist als Regel der besonderen Erscheinungen, so subsistiert [er] in der Erscheinung. Dies ist die Grundlage des Aristoteles: Das Reale ist das in der Wahrnehmung Gegebene. Das Allgemeine ist das, was in dem Realen als ein allgemein Konstantes besteht. Platon erklärt aber, diese Allgemeinheit muß für sich selbst existieren als eine zweite Existenz außerhalb des Einzelseins. Der Grund für diesen Satz liegt jenseits des Horizonts des Aristoteles.

Denn dieses Allgemeine ist zugleich das ewig Wertvolle der Ideale, das absolut da sein muß, damit die Erscheinung danach gebildet wird und das einzelne erklärt werden kann.

Es tritt hier eine ästhetische Empfindung zutage und mit Gewalt in die Philosophie. Wie der Jüngling, den der Künstler darstellt, in Ewigkeit über die Welt der einzelnen Gestalten seine ideale Existenz hat, so denkt Platon sich das Ideale als das absolut Wertvolle, nach dessen Regel alles einzelne geschaffen.

Die Entwicklung des Platon zerfällt in drei Perioden:

I. Periode. Hier regiert Sokrates. Es sind lauter kleinere Dialoge, außer dem *Protagoras*, in denen er die ethischen Probleme im Sinne der sokratischen Richtung erörtert. Sie haben kein positives, bestimmbares, eindeutiges Ergebnis, enden in Aporien. Sie bewegen sich in dem Umkreis des Gegensatzes zwischen Sokrates und den Sophisten. Aber noch ist nicht innerhalb der sokratischen Schule der Kampf ausgebrochen, dem dann in der zweiten Periode ein Ende geschieht. *Laches,*

Lysis, Kriton. Man kann sie auffassen 1. entweder wie Schleiermacher, als mit Absicht gemacht, um das Verständnis der späteren Lehre vorzubereiten, 2. oder wie Hermann dagegen eine rein geschichtliche Betrachtungsweise geltend machte. Wenn sie in Aporien verlaufen, so ist das der damalige Standpunkt Platons. Er erfaßt die Schwierigkeiten, die sich überall kundtun, und spricht sie aus, indem er den Standpunkt erweitert: Erhebung zum Bewußtsein aller menschlichen Tätigkeit. Er behauptet, Freundschaft, Frömmigkeit ist die Bewußtheit, die sich über den naiven Standpunkt erhebt, ist die Aufgabe der moralischen Wissenschaft.

Im *Protagoras* stellt er dann die Lehrbarkeit der Tugend, das sokratische Prinzip selbst dar und läßt es Sokrates entwickeln in seinem Verhältnis zu den Sophisten.

II. Periode bringt die Darstellung der Wesenslehre. Es ist diesen Dialogen allesamt eigen ihre Beziehung auf diese Lehre direkt oder indirekt. Sie stehen in einem inneren Verhältnis zueinander, entweder vorbereitend oder ausführend. Hier hat Schleiermacher recht. Die Dialoge sind nicht isoliert aufzufassen, und die Kunstart ihres Zusammenhangs schwebt noch über den einzelnen Kunstwerken.

1. Ausgangspunkt: *Gorgias*. Die Absage an Dichter, Politiker etc. seiner Zeit. Die Tugenden sind nicht der Ausdruck der Beziehung des Handelns auf das Nützliche und Lustvolle, sondern die Tugend hat einen Selbstwert, ebenso wie die Normen, der nie auf den Nutzen bezogen werden darf (vgl. Kant).

2. *Phaidon*: Das Verhältnis des Selbstwerts der Tugend und der tugendhaften Seelen zur übersinnlichen Welt. Ist die Tugend etwas Schönes an und für sich, so muß sie in Zusammenhang stehen mit einer übersinnlichen Ordnung der Welt, und es muß eine höhere Welt geben, in der die Idee des Guten etc. wohnt. Der Mensch steht zwischen beiden und soll in seinem Leben die übersinnliche Welt nachbilden.

3. *Symposion*. Es ist der Eros, der Enthusiasmus in den höheren Naturen, der sie mit der übersinnlichen Welt verbindet, in einer Stufenfolge von der Liebe zum Geschlecht, zur schönen Seele und zur Erfassung der Ideen.

Eine Entwicklung [?], die lange weitergewirkt [hat]: Der Mensch schreitet fort von der Anschauung des sinnlichen Schönen zur Erfassung des Schönen in der geistigen Welt und schließlich der übersinnlichen Schönheit in Gott.

4. Die wissenschaftliche Begründung steht im *Menon* und *Theaitetos*.

Im *Menon* stellt der Künstler-Philosoph dar: Unsere Erkenntnisse sind nicht empirisch ableitbar als Erzeugnis einer Wahrnehmung; sondern es liegt in uns, ein Vermögen zu verbinden, Einheit herzustellen, angeschaute Grundbegriffe, die allem zugrunde liegen: das Gleiche, Ähnliche, Eine, Viele (genau wie Cartesius, Leibniz, Kant).

Der *Theaitetos* will die Lehre vernichten, die aus der sinnlichen Wahrnehmung Erkenntnis ableiten will. Und Platon schließt indirekt: Ist diese Lehre zerstört, so bleibt nur die Begriffslehre übrig, da Erkenntnis doch möglich ist.

5. *Politeia*, die Hauptschrift. Es gibt Voraussetzungen, die allem Erkennen zugrunde liegen; diese sind logischer Natur, mathematisch und moralisch.

Aufgrund hiervon konstruieren wir die Wirklichkeit und bilden sie zum Ideal. Das Leben wäre nicht wert, gelebt zu werden, wäre es nicht gegründet auf diesen in uns gelegenen Begriffen des Wahren, Guten und Schönen.

Auf dieser Grundlage wird dann das Staatsideal aufgebaut. Es existiert in der Forderung eines Unterrichtsideals, in dem das Handeln durch rationale Erkenntnis fundiert wird.

III. Periode. Die Schule des Platon war begründet, eine Lehre entwickelt von den zwei Welten, und es entstanden die Schwierigkeiten. Wie kommt es zur Welt der Erscheinungen, wie [kommen] Abbilder zustande? So ist die letzte Periode erfüllt mit Streit und Diskussion und darauf gerichtet, die Ideen als lebendige Kräfte zu erfassen, die den Zweck des Universums enthalten. So liegt eine gewaltige Teleologie im Universum. *Philebos, Sophistes, Politikos, Parmenides, Timaios, Gesetze*. Hier sucht er die Kluft auszufüllen zwischen den zwei Welten durch eine Naturphilosophie, Weltbeseelung, allgemeine Teleologie, Kräfte der Ideen.

Das System

Einleitung: Gliederung desselben. In Platon zuerst eingefügt eine Philosophie, eine übersichtliche Gliederung. Sie bildet ein System von verschiedenen Disziplinen. Ein großer allgemeinwissenschaftlicher Fortschritt.

Das sokratische Prinzip fordert eine Rechtfertigung des Erkennens. Wie ist Erkenntnis möglich, welches [sind] ihre Bedingungen?

Das fordert zwei Untersuchungen:

1. In bezug auf das denkende Subjekt. Erkenntnis ist möglich durch die Begriffe, die das Material, den Stoff der Erfahrung formieren und im Subjekt angeboren sind.

2. In bezug auf das gedachte Objekt. Diesen allgemeinen Begriffen müssen Gegenstände entsprechen, die zeitlos und allgemein sind.

Aber diese beiden Seiten seiner Grundwissenschaft will Platon nicht trennen, sondern faßt sie in der Dialektik zusammen.

Dialektik

Logik	prima philosophia	Metaphysik
Physik	Ethik, Politik	
(*Timaios*)	(*Politeia*)	

Platon hat dann nach dem Muster der Pythagoreer eine Genossenschaft gegründet, die Akademie. In ihr entwickelte sich ein Gutteil der Astronomie und Mathematik Griechenlands. So organisierte Platon die Wissenschaft.

Dialektik

Nicht verstandesmäßig geht die Erkenntnis aus Platons Geist hervor, sondern enthusiastisch; der Eros zu der Weisheit und den Freunden, ein Affekt der Gemüter ist die Grundlage aller Philosophie. Platon findet sie verwandt mit Religion und Dichtung.

Alles höhere Leben entspringt aus der Begeisterung: μανία. Die Mysterien, Kulte etc. sind auch Formen dieser Begeisterung. Hierin ist Platon eins mit Pindar und Aischylos, wie sie stark beeinflußt [sind] von der orphischen Mystik, [den] eleusischen Weihen, Orakeln etc. So erhebt er Religion zu einem höheren Bewußtsein. Dies ist seine große Tat.

Ebenso ist alle Kunst getragen von Enthusiasmus. Das Tun des Künstlers ist ein Nachbild, gegründet in dem Eros, und [ein] Hingeben an die Schönheit der Idee. Das Gute und Schöne sind eins und haben ihre urbildliche Einheit in den Ideen, wo alles verbunden. So leuchtet die Schönheit aus allen Dingen. Das ist Platons Grundstimmung. Die Welt zeigt überall den Abglanz einer übersinnlichen Welt. Und das ist die Vollkommenheit der menschlichen Seele, wenn sie sich mit Bewußtsein besinnt auf die Ideen. Daher ist Sokrates das Ideal eines Menschen, der alles in Bewußtsein und Denken zusammenhält.

Und die Philosophie? Auch hier zeigt Sokrates, wie sie zum Tod [vor]bereitet und zugleich fähig ist, das Lebensideal zu gestalten. Daher ist die Begeisterung die Seele aller wahren Philosophie.

Regeln und Formen des Denkens müssen in Verhältnis stehen zu den Eigenschaften des Seins. Sokrates hat die Technik der Methode entwickelt, Platon erhebt dieselbe zum logischen Bewußtsein, er ist darum der Begründer der logischen Wissenschaft.

Wie hier sein Verhältnis zu Aristoteles ist, ist nicht mehr erkennbar. Auf jeden Fall hat man in der Akademie viel hier gearbeitet, und wo Platon darauf zu sprechen kommt, fühlt man das tiefe Nachdenken.

Zwei Teile der Logik:

1. συναγωγή. Die Induktion, Begriff und Urteilsbildung.

2. διαίρεσις Einteilung.

In bezug auf 1. hat er sich ganz an Sokrates angeschlossen, und 2. führt darüber hinaus.

1. Alles Zerstreute sammeln, in der Gestalt zu einem Begriff zusammenfassen, im Vielen das Eine finden, es genau bestimmen und deutlich machen.
2. Das Eine in seine Teile zerlegen, gleichsam gliedern, wie es gewachsen, ohne etwas zu zerbrechen.

So ist die Dialektik die Verfahrensweise der Induktion und Einteilung. Er geht aber weiter. Es schließt sich daran eine hypothetische Begriffserörterung.

Von der Untersuchung der moralischen Gegenstände, wie Sokrates, geht er fort zu der Untersuchung der Mathematik, zunächst der Stereometrie etc.

Das wichtigste ist hier, daß er Mathematik und Logik verbindet, denn nur so kann die Logik entwickelt werden.

Er führt nun in die mathematischen und analytischen Verfahren ein und verfolgt die Fragen: Welches sind die letzten Voraussetzungen, die der Arithmetik und Geometrie zugrunde liegen (was dann endlich ausgeführt): die Axiome.

Weiter bedient er sich dann dieser hypothetischen Begriffserörterung für die Spekulation. Er untersucht die Bedingung, unter der ein Begriff möglich ist, und sieht, daß die Gültigkeit desselben abhängt [davon], daß er ins Verhältnis gesetzt wird oder in Übereinstimmung mit anderen Begriffen.

Es ist das Verfahren, durch Hypothese einen Begriff anzunehmen und zu prüfen an dem weiteren Verlauf. Noch tiefer geht er im *Staat*: Die Sätze der Astronomie haben ihre Voraussetzung in den mathematischen Wahrheiten, diese enthalten in sich allgemeinste logische Einsichten. So besteht ein Rückgang von den konkreten Wissenschaften zu den immer abstrakteren. Rückgang auf die letzten Voraussetzungen aller Wissenschaft. Die letzte Voraussetzung aber ist, daß alles Erkennen ein Abbilden eines Wirklichen ist, daß darum das Verhältnis des Denkens zum Sein besteht, eine Übereinstimmung und Harmonie zwischen den Abstraktionen des Denkens und der Natur, Wirklichkeit. Wäre die Natur nicht vernünftig, so gäbe es kein Erkennen. Die Identität aber der logischen Vernünftigkeit des Wirklichen mit dem logischen Denken beruht auf ihrem gemeinsamen Ursprung.

Alle die Grundverhältnisse des Seins stammen [nicht] aus der Empirie, sondern sind gelegen im menschlichen Geiste, und die Wissenschaft ist möglich, weil sie zugleich ein Sein in den Dingen hat als Abbild.

Hiermit beginnt in Platon der Begriff des Rationalen und der Parallelität von Denken und Sein.

Das Letzte aber in Platon ist, daß er erkannt hat den großen Zug jeder Philosophie schlechthin: daß es ein Gesetz des Denkens ist, von Voraussetzung zu Voraussetzung vorwärts zu gehen, immer wieder zu verallgemeinern bis zum Allerletzten.

[122] *Aristoteles, Metaphysik I 6, 987b.*
[123] *Vgl. Platon, Sophistes 242cf.*
[124] *Am Rand:* hypothetische Begriffserörterung.
[125] *Am Rand:* Kants Synthesis.
[126] *Am Rand:* Kant.
[127] *Am Rand:* Theaitet.
[128] *Am Rand:* Christentum.
[129] *Bei Goethe finden sich zwei Fassungen. Vgl. Goethes Werke, Hamburger Ausgabe, hrsg. v. E. Trunz, Bd. I, 7. überarbeitete Auflage, München 1975, S. 367 und Bd. XIII, a.a.O., S. 324.*
[130] *M. Mendelssohn, Phädon oder über die Unsterblichkeit der Seele, Berlin und Stettin 1767.*
[131] *Korrigiert aus:* Weltmaterie.
[132] *Vgl. Ges. Schr. IV, S. 529; III, S. 210; VII, S. 250 und VIII, S. 226.*
[133] *Vgl. Platon, Nomoi 127bff.*
[134] *Platon, Politeia 473c11 – 473d6; vgl. 7. Brief 325d – 326b.*
[135] *Am Rand:* Voraussetzung der *Grundriß*.
[136] *Zusatz bei Nohl:* bestimmten.
[137] *Darüber geschrieben:* der Fälle.
[138] *Geändert aus:* vollständige.
[139] *Bei Nohl:* allgemeinsten.

¹⁴⁰ *Am Rand:* nicht in allen [*bezieht sich auf 7. und 8.*].
¹⁴¹ *Bei Nohl:* Verstandesbegriffe.
¹⁴² *Bei Nohl:* Lebenszweck.
¹⁴³ *Geändert aus:* Seestaat.
¹⁴⁴ *Zusatz bei Nohl:* Das ganze Mittelalter war beherrscht vom Wort, vom Gedankending und von völliger Unklarheit über die Bedeutung der sinnlich gegebenen Erscheinung […].

Man hielt sich darum auch mehr an die platonische Ideenlehre mit ihrer Verachtung des Konkreten, anstatt die aristotelischen Gedanken von der absoluten Konkretheit und Wirklichkeit des Einzeldings anzunehmen.

Das änderte sich, als im 12. Jahrhundert durch arabische und jüdische Philosophen eine vollständigere Kenntnis des Aristoteles entstand. Um so fester aber […] dafür die aristotelische Metaphysik.

Die Metaphysik ist die Untersuchung der allem Existierenden gemeinsamen Prinzipien. Der Gedanke war richtig, konnte aber nicht gelingen, bevor man erkannt hatte, daß das Allgemeine vor allem das ist, was in der Natur unseres Geistes liegt, mit dem wir alle Erkenntnis aufnehmen.

Davon war bei Aristoteles keine Rede, und gerade die ärgsten Täuschungen nahm das Mittelalter auf. Sie liegen begründet in (ὕλη) Materie und Möglichkeit und ihrem Verhältnis zu (Wesen) Form und Wirklichkeit.

Aristoteles nennt vier Prinzipien allen Seins: Form, Stoff, bewegende Ursache und Zweck. Die Materie ist bei Aristoteles ein relativer Begriff, sie ist Materie in Beziehung auf das, was durch Hinzukommen der Form aus ihr werden soll. Durch die Form wird das Ding erst in Wirklichkeit, während früher nur die Möglichkeit durch den Stoff gegeben war. Der Stoff hat an sich auch schon eine Form, jedoch eine niedrige und eine solche, die in Beziehung auf das Ding, das werden soll, ganz gleichgültig ist. Es ist Stoff. […].

¹⁴⁵ *Zusatz bei Nohl:* So führt der Abschluß der griechischen Philosophie nicht in die bloße Auflösung und mit Epikur in die einfachsten Grundanschauungen der Kindheit zurück, sondern endigte mit einem Zeitalter der fruchtbarsten Forschungen auf dem Felde der positiven Wissenschaften. In Alexandrien entwickelte sich die Rhetorik: Grammatik, begründet durch die Sophisten, jetzt Aristarchos von Samotrake.

Geschichte: Polybios, […] und seine chronologischen Forschungen, an die Scaliger anknüpft.

Euklid und seine Geometrie.

Archimedes und seine Statik, Prinzip des Hebels.

Vor allem die Astronomie, aufgrund der induktiven Methode seit Pythagoras wieder aufgenommen, um Hipparchos. Die Beweiskraft der induktiven Methode beruht auf der Voraussetzung eben jener Gesetzmäßigkeit und Notwendigkeit des Weltgangs, die Demokrit so entscheidend zum Bewußtsein gebracht hatte.

Hieraus erklärt sich auch [der] tiefgreifende Einfluß der Astronomie in den Tagen eines Kopernikus und Kepler, der wahren Wiederhersteller jener Methode, die Bacon formulierte.

Neben der induktiven Methode das Experiment, geboren auch in Alexandrien in medizinischen Schulen. Anatomie, Vivisektion.

Der Grundsatz von Gesetzmäßigkeit und Steuerbarkeit der Naturvorgänge steht fest. Das Streben danach hat so geordnete Bahnen gefunden. Die positive Naturwissenschaft auf scharfe Erforschung des einzelnen ausgerichtet, hat sich völlig getrennt von der spekulativen Naturphilosophie, die über die Grenzen der Erfahrung hinaus zu letzten Gründen der Dinge hinabsteigen will. Bestimmte Methode ist da, willkürliche Beobachtung anstelle der zufälligen, Instrumente sind geschaffen, und man experimentiert.

¹⁴⁶ *Geändert nach Nohl aus:* täuschen.
¹⁴⁷ *Am Rand:* cf. Kant, Analytik der Grundsätze.
¹⁴⁸ *Zusatz bei Nohl:* Die Stützen, die Religion und Staat dem Bewußtsein geboten [hatten], waren zusammengebrochen, und der vereinsamte Geist suchte seinen einzigen Halt in der Philosophie. So kam es, daß auch der Materialismus dieser Epoche, so eng er sich in der Naturbetrachtung an Demokrit anschließt, doch vor allen Dingen auf ein ethisches Ziel ausging: Befreiung der Gemüter von Zweifel, Sorge. Seelenfriede.

Das Dasein der Götter begründet Epikur auf die klare subjektive Erkenntnis, die wir von ihnen haben. Sie müssen frei von Geschäften sein; daher gehen die Ereignisse der Natur ihren Gang nach ewigen Gesetzen. Wir müssen also die Gottheit verehren um ihrer Vollkommenheit willen.

Also die Vorstellung von den Göttern wird verehrt (nicht die äußeren Götter selbst) als ein Element edlen menschlichen Wesens. Die Vollkommenheit der Götter zeigt sich nicht in äußeren Wirkungen, sondern entfaltet sich nur in unseren Gedanken als Ideal.

Vor allem: Befreiung von törichtem Aberglauben. Je mehr Ursachen der Veränderung wir gefunden haben, desto mehr erhalten wir die Ruhe der Betrachtung.

Wahr ist für Epikur das, was in der sinnlichen Wahrnehmung vorhanden. Der Irrtum entsteht erst, wenn ich es auf eine falsche Ursache beziehe.

Bis dahin geht er mit Protagoras.

Entgegengesetzte Behauptungen haben nur dem Namen nach denselben Gegenstand. Die Objekte sind verschieden, denn das sind nicht die Dinge an sich, sondern die Sinnesbilder. Diese sind der einzige Ausgangspunkt. Epikur geht aber über Protagoras hinaus, indem er die Bildung von Erinnerungsbildern anerkennt, wiederholte Wahrnehmung, die schon den Charakter des Allgemeinen hat. Die allgemeinen Sätze sind deshalb keineswegs unverzüglich wahr. Sie sind zunächst nur Meinungen, die sich aus dem Verkehr der Menschen mit den Dingen von selbst entwickeln. Sie sind wahr, wenn sie durch Wahrnehmungen bestätigt werden.

Alles ist durch die ewige Ordnung geregelt, nach der Entstehen und Vergehen wechseln müssen. Den Grund dieser ewigen Ordnung zu erforschen, ist das Geschäft der Naturforscher, und in dieser Erkenntnis finden die vergänglichen Wesen ihre Glückseligkeit: Man muß die Ursachen kennen jeder Veränderung, das befreit von Furcht und Aberglauben und gibt die Ruhe der Betrachtung, und die ist Quelle der Glückseligkeit.

Die Tugend kann nur um der Lust willen erwählt werden, wie die Heilkunst um der Gesundheit willen; allein, die Tugend ist auch allein von der Lust unzertrennlich, alles übrige kann als vergänglich von ihr getrennt werden.

[149] *W. Dilthey, Das natürliche System der Geisteswissenschaften im 17. Jahrhundert, a.a.O.*
[150] *Vgl. oben S. 54.*
[151] *Vgl. W. Dilthey, Auffassung und Analyse des Menschen im 15. und 16. Jahrhundert, a.a.O.*
[152] *Vgl. oben S. 54–63.*
[153] *Zusatz bei Nohl:* (cf. Rationalismus – Kant – Fichte).
[154] *Vgl. oben S. 54ff.*
[155] *Vgl. oben S. 59ff.*
[156] *Vermutlich meint D. den letzten, 1894 posthum veröffentlichten Teil von H. Taine, Les origines de la France contemporaine, Paris 1894.*
[157] *Korrigiert nach Nohl aus:* Gebiet.
[158] *Vgl. oben S. 71ff.*
[159] *Geändert aus:* Willensverneigung.
[160] *Vgl. F. Bacon, Novum organum [Buch I], Aphorismus 84, in: The works of Francis Bacon. Collected and edited by J. Spedding, R. L. Ellis and D. D. Heath. Volume I, London 1858, S. 190.*
[161] *F. Bacon, Novum organum [Buch I], Aphorismus 3, in: ebd., S. 157; vgl. Aphorismus 129, ebd., S. 222.*
[162] *Vgl. K. Fischer, Franz Baco von Verulam. Die Realphilosophie und ihr Zeitalter, Leipzig 1856, S. 46 und S. 48f.*
[163] *Vgl. F. Bacon, Novum organum [Buch I], Aphorismus 98, ebd., S. 216 bzw. 217; vgl. F. Bacon, Instauratio magna, distributio operis, ebd., S. 141. Die in der Nachschrift hier und im folgenden angegebenen Seitenzahlen beziehen sich vermutlich auf die deutsche Ausgabe: Franz Baco's Neues Organum, übers., erl. u. mit einer Lebensbeschreibung des Verfassers versehen v. J. H. v. Kirchmann, Berlin 1870.*
[164] *F. Bacon, Novum organum [Buch I], Aphorismus 1, in: ebd., S. 157.*
[165] *Vgl. F. Bacon, Novum organum [Buch I], Aphorismus 37, in: ebd., S. 163.*
[166] *J. W. v. Goethe, Faust. Eine Tragödie, in: Goethes Werke, Hamburger Ausgabe, Bd. III, a.a.O., S. 64f.*

¹⁶⁷ F. Bacon, Novum organum [Buch I], Aphorismus 104, in: ebd., S. 204f.
¹⁶⁸ *Am Rand:* Aufgabe beschränkt sich also.
¹⁶⁹ *Am Rand:* instantiae negativae.
¹⁷⁰ Vgl. Chr. Sigwart, Logik, 2. Bd.: Die Methodenlehre, 2., durchgesehene u. erw. Aufl., Freiburg i. Br. 1893, S. 401–694.
¹⁷¹ *Nach Nohl geändert aus:* vermacht.
¹⁷² Vgl. J. Kepler, Brief an Michael Mästlin vom 9. 4. 1597, in: J. Kepler, Gesammelte Werke, Bd. XIII: Briefe 1590 – 1599, hrsg. v. M. Caspar, München 1945, S. 113.
¹⁷³ Vgl. J. Kepler, Gesammelte Werke, Bd. VI: Harmonice mundi, hrsg. v. M. Caspar, München 1940, S. 227.
¹⁷⁴ *Über die Zeile geschrieben:* da per se.
¹⁷⁵ Vgl. F. Harms, Die Philosophie in ihrer Geschichte. I. Psychologie, Berlin 1878, S. 227–294.
¹⁷⁶ *Zusatz bei Nohl:* Der Weg der Naturforschung muß ein anderer sein, als Bacon gegangen. Galilei und Kepler finden die wahre Methode der Naturerkenntnis: Es gilt, die quantitativen Relationen, denen alles den Raum Erfüllende unterliegt, durch das Fortschreiten des mathematischen Denkens fest zu gründen. Naturerkenntnis ist die Naturordnung der Fälle, die irgend die Tatsache ausmachen unter den quantitativen Relationen. Und diese enthalten nur die Möglichkeiten, die in der Natur verwirklicht sind.

Das Verfahren ist Induktion und Experiment und das Erproben, wie die Fälle sich unterordnen unter diese quantitativen Relationen. Die Naturphilosophie probiert, welche unter den einfachen Relationen quantitativer Art in der Natur verwirklicht sind.

Es deduziert nicht Naturgesetz; rationalistische Philosophie in diesem Sinne hat es nur als Überspannung des mathematischen Prinzips gegeben.

Induktiv experimentelle Resultate werden aufgefaßt als ein Fall mathematischer Relationen. Kepler hat vor sich die gesamte Rechenarbeit Tychos und seine Induktionen und fragt nun, welche von den einfachen geometrischen Funktionen paßt auf die Bahn des Mars und findet, es paßt die Ellipse.

Und im dritten Gesetz sind es einfache Zahlenrelationen, die die ganze Rechenmasse durchdringen.

Galilei will wissen, welches ist das Gesetz der Zunahme der Geschwindigkeit eines fallenden Körpers. Nun handelt es sich aber um die in Zahlen ausdrückbaren Relationen. So probiert er und durchläuft die Möglichkeiten einfacher Verhältnisse, er experimentiert.

Das Verfahren der wahren Naturforschung auf dem Gebiet der Dynamik ist die Einordnung der Induktion und des Experiments [...]. Es ist der Gedanke der Einfachheit, Gleichförmigkeit, mathematischen Ordnung in der Natur.

Cartesius bog wieder ab und verfiel in die Überspannung deduktiven Verfahrens und Apriorisfiel zurück in die Scholastik.

Wir müssen begreifen, wie sich die Philosophen zu den Methoden verhalten.

Galilei verhält sich negativ gegen Aristoteles und die Schule des Ptolemaios. Die Philosophie ist keine Geburt der Phantasie, sondern ist geschrieben in dem großen Buch des Universums. Dies ist geschrieben in mathematischer Sprache, und die Buchstaben sind geometrische Figuren.

Er erkennt an [die] Induktion, aber er findet diese Methode unzureichend ohne Mathematik. Eine Grundauffassung: Gott hat nicht erst das Allgemeine geschaffen und dann die Dinge, sondern der Verstand ist so eingerichtet, daß er von den Geheimnissen der Dinge einiges versteht.

Die Induktion ruht auf dem Begriff des Gesetzes (die Gleichförmigkeit der Natur ist die Berechtigung des induktiven Verfahrens). Besäßen wir nicht den Begriff Gesetz und Notwendigkeit, hätten wir keine Berechtigung zur Induktion.

Aus der begrenzten Zahl von Fällen zu schließen, dürfen wir, weil wir Gesetz und Notwendigkeit an die Natur heranbringen, weil unser logisches Denken und mathematisches Konstruieren uns dergleichen Gesetzlichkeit und Notwendigkeit beständig versichert. Leibniz und Kant.

Die Gottheit erfaßt intuitiv, wir diskursiv.

Galilei will das uns einwohnende Wissen von notwendigen Gesetzen ansehen als das an sich Gegebene – da per se (Kant sagt a priori).

2. Satz von der Autonomie des menschlichen Verstandes. Er ist [nicht nur] aller Tradition überlegen, sondern auch der sinnlichen Erfahrung (Aristarchos und Kopernikus). Der Verstand ist über den Sinnen. Er erklärte die Ansicht [...] nicht für eine Hypothese, sondern für eine philosophische Ansicht.
3. Gegeben sind die Wirkungen, und wir suchen die Ursachen. Die Bedingungen, die die Effekte hervorbringen, sind die Mehrzahl. Jedes Naturerkennen ist das Zerlegen in Faktoren.
4. Die letzten Regelmäßigkeiten liegen in quantitativen Verhältnissen.
Alles versuchen, meßbar zu machen.
Aus den Bewegungsvorgängen müssen wir abstrahieren und Gesetze der Bewegung als einen Fall quantitativer Relationen in ihrer Kombination [begreifen].
Die Lehre von der Subjektivität der Sinneswahrnehmung im Altertum erfolgt aus der Voraussetzung, daß die Atome qualitätslos seien. So wurde die Qualität aufgelöst in Quantität. Wer von den Modernen [wird] der Schöpfer der Lehre der Subjektivität der Sinnesempfindung gewesen sein. Hobbes, Cartesius, Galilei. Allein diese Lehre ist eine Tradition aus dem Altertum und das Komplement der mathematischen Physik.
Bei Galilei: Die Sinnesqualitäten sind nicht Eigenschaften der Dinge, sind vielmehr Beschaffenheiten des auffassenden Subjekts.
Der menschliche Geist bedarf bloß der Unterschiede von Quantität der Intensität, Raum etc. Alle sinnlichen Qualitäten nur Modifikation, die die Bewegungen hervorrufen. Die Bewegungen sind das Hauptproblem. Sie nimmt er auf.
Alle Körper fallen mit gleicher Geschwindigkeit. Widerstand des Mediums muß in Rechnung gestellt werden. Er entwickelt die Gesetze der Dynamik, auf denen die gesamte moderne Naturforschung beruht. Nun erhält auch die Statik eine sichere Form, und die Möglichkeit, die mechanistische Interpretation der Natur zu entwerfen, ist da.

Kepler

1. Die Erkenntnis der Natur beruht auf der Auffassung der quantitativen Relationen, die in der physischen Welt herrschen. Exakt ist diejenige Naturwissenschaft, die die festen, quantitativen Verhältnisse aufsucht.
Das Gleichförmige, das in der Natur zu finden gefordert [?] ist, muß aufgesucht werden in quantitativen Relationen.
2. Wo Qualität ist, ist sie der Ausdruck des Quantitativen. Wo Regelmäßigkeiten in dem Wechsel von Qualitäten sind, sind quantitative Regelmäßigkeiten die Grundlage.
Beim Spiel der Farben liegen quantitative Beziehungen [vor], [für die] regelmäßige Bewegungen der Grund sind.
Dem Spiel der Töne liegen Bewegungen der Töne zugrunde, die in den Regeln der Geometrie gesucht werden müssen.
Bewegung ist die Grundform, die den Elementen des Universums eignet und an welcher die quantitative Beziehung aufgesucht werden muß.
3. Diese quantitative Beziehung, die der Geist auffassen kann, die in der Natur verwirklicht sei, liegt zugrunde als nach geometrischen Relationen wirksam. [...] Unser Geist besitzt die Fähigkeit, gerade diese Relationen aufzufassen.
Der menschliche Intellekt ist eingerichtet, quantitative Relationen zu erfassen, nicht Beliebiges zu erkennen.
Dies ist das Programm der modernen mathematischen Physik. Hieraus ergibt sich:
4. Die Gottheit als Energie wirkt nach quantitativen Relationen. Indem sie das tut, bringt sie die Harmonie des Universums [hervor]. Ein zweiter [...]. Gründe der modernen rationalen Ästhetik. Es gibt die verborgene Auffassung der Harmonie, gleichsam unter der Wolke des Unbewußten ist diese Regelmäßigkeit verborgen, die wir als Harmonie auffassen. Wir wissen nichts davon, wenn wir die Regeln auffassen, daß wir sie auffassen. Unbewußt als Schönheit erfassen wir die einfachen Zahlenverhältnisse, die im Vibrieren der Instrumente enthalten sind. Dieselbe einfache Proportion ist es, die einen Körper als schön erscheinen läßt.

Endlich auch auf die Optik seine Betrachtungen ausgedehnt. Die fruchtbarste [Ausdehnung] vor der Anwendung desselben [Verfahrens] auf die Astronomie. Auch hier dasselbe Verhältnis zwischen Induktion und Experiment und dem mathematischen Verhältnis des Universums ausgeführt.

Kepler hat erst versucht, deduktiv vorzugehen, um die Unregelmäßigkeiten aus der Bahn der Planeten fortzuschaffen. Er bekam dann die Rechnungen des Tycho de Brahe in die Hände über den Mars, und er fragt sich jetzt, welche ist die geometrisch einfache Figur, die die Bahn des Mars beschreibt.

Die Natur ist einfach, und die Bahn, die sie dem Planeten gibt, muß eine möglichst regelmäßige sein. Sie muß eingeordnet werden können in mathematische Figuren. Aus Kombination ergab sich das Gesetz des Kepler.

So begründen sie die mathematische Physik. Sie besteht der Grundlage nach in Statik und Dynamik und der Beschreibung der Bewegungen durch Gesetze. Das Universum ist physisch anzusehen als die mechanische Bewegung kleinster Teile, und dieses System muß erkannt werden nach den Grundgesetzen der Bewegung, von Galilei gefunden. So sind die Qualitäten nur wohlbegründete Phänomene; und das Notwendige und Rationale des Universums nach logischen und mathematischen Grundgesetzen an der Erfahrung zu erkennen, ist Eigenschaft des Denkens. Diese Gesetze der Bewegung müssen aufgefaßt werden durch Beobachtung und Induktion, sie können nicht deduziert werden.

[177] *Zusatz bei Nohl:* Geht aus von denselben Grundannahmen wie Galilei und Kepler. Es besteht eine Relation zwischen dem Denken des Menschen und dem Mechanismus der physischen Welt durch die Korrespondenz, die schließlich in der göttlichen Ursache begründet ist. Die physische Welt ist ein Mechanismus, dieser ist rational. Der Verstand ist die Energie, die diesen rationalen Zusammenhang in der Wissenschaft aufzufassen fähig ist. Logisch-mathematisch. Soweit ist er mit den Vorgängern im Einklang.

Seine Abweichung aber: Cartesius ist Metaphysiker, er geht aus von dem Problem nicht der physischen Welt für sich, sondern aller Wirklichkeit. [Er] will die große Relation erfassen, die die göttliche Ursache und die physische Welt umspannt.

Indem er an diese Metaphysik herantritt und an den Grundbegriff des Mechanismus der Natur herantritt, bringt er noch mit die Souveränität des rationalen Denkens. Die Gemütserfahrung der neuen unabhängigen Metaphysik ausgehend von Galilei und Kepler [bringt] überall Durchsichtigkeit des Universums.

Cartesius will aber weiter, Gott zur Welt, Geist zur Natur, alles restlos durchsichtig muß es sein für den Menschen, ganz rational. Er war deduktiv folgernd. Hieraus ergab sich ihm nun eine weitere Abweichung von Kepler und Galilei. Die Gesetze der Bewegung brauchen nicht induktiv und experimentell erfaßt zu werden. Dies war gut für den Anfang. Galilei aber wirft ihm vor, er habe den einzelnen Fall zu sehr betont und die Deduktion nicht genug benutzt.

Aus dem Begriff der Gottheit selbst als der unendlich wirksamen Ursache können die Bewegungsgesetze abgeleitet werden. Die Gottheit ist ewig, so wirkt sie gleichförmig, dann nach Gesetzen, und aus der galileischen Mechanik wird zunächst die Konstanz der Masse, und der Bewegungsprozeß wird der Begriff der Gottheit selbst. Hier der Keim des Gesetzes von der Erhaltung der Kraft. Ein Eigentrieb ist die Ableitung von dem Begriff Gottes. Bei ihm als Bewegungsprozeß und Trägheitsgesetz. Die mitgeteilte Bewegung, sofern sie nicht durch Gegenwirkung aufgehoben wird, verharrt. Natürlich auch geradlinig. Also Konstanz der Richtung. Auch das Verhältnis zwischen Gottes Welt, Seele und Körper muß so rational abzuleiten sein, und er macht sich daran, diese Wahrheiten abzuleiten aus der inneren Evidenz.

Die Grenzen:

Descartes nimmt an: Wir erkennen den rationalen Zusammenhang des Universums als den zusammenhängenden Mechanismus nach Kausalverhältnissen. Aber die Werte, die die Gottheit zwecksetzend in diesem Universum realisiert, die Ordnung der Zwecke sind dem menschlichen Geiste verhüllt. Das Universum ist nicht da für den Menschen. Aber den Endzweck, der in den Gesetzen und in den quantitativen Relationen verwirklicht ist, kann der Mensch schlechthin erweisen.

So können wir die Gesetzlichkeit des Universums und der Erde ansehen als eine Möglichkeit unter vielen; weil er die geheimnisvollen Zwecke realisieren wollte, ordnete es Gott so an.

Die Gesetze etc. sind mathematisch und logisch und verständlich; daß aber gerade diese Welt geschaffen würde, ist das Geheimnis der Zwecke Gottes. Dem entspricht die Wahlfreiheit des Menschen, gleichförmig der Werte seines göttlichen Ursprungs. Und der Mensch befähigt, diese Zwecke zu erkennen [?]. Und der Irrtum des Menschen entsteht daraus, und Schuld und Verantwortlichkeit ruhen darin.

Nun entstand das Problem: Wie beweise ich diesen Zusammenhang von Gedanken?

Hier gelangte er zu seiner größten Erfindung. Die Methode des philosophischen Beweises, die von nun herrschend geblieben ist. Ich muß zurückgehen zum allgemeinen Zweifel und von hier auf das denkende Subjekt. Das ist gegeben, und man muß von ihm aus zur […] Auffassung der Gesetze gelangen. Befreiung von den Voraussetzungen, Ausgang von den Tatsachen des Bewußtseins. Betrachte alles als dessen Phänomen und dessen Erscheinung eines Bewußtseins. Und dann suche die Methoden, um von diesem Bewußtsein zu gelangen zur Erkenntnis der Außenwelt, der göttlichen Ursache.

[178] *Am Rand:* I.

[179] *Am Rand:* II.

[180] *Am Rand:* Nach Demokrit realisiert sich das Universum in einer Evolution aufgrund ursprünglicher Anordnung: dies wissenschaftlich vorzustellen, ist die Leistung der modernen Dynamik.

[181] *Am Rand:* Drei Vorlesungen fallen aus.

[182] *Am Rand:* sic. Kant.

[183] *Am Rand:* Statik bereits entwickelt.

[184] Vgl. R. Descartes, Brief an M. Mersenne vom 11. 10. 1638, in: *Œuvres de Descartes,* hrsg. v. Ch. Adam und P. Tannery. Correspondance II. Nouvelle présentation, Paris 1969, S. 380.

[185] Vgl. R. Descartes, Principiae philosophiae. Pars secunda: De principiis rerum materialium, 36, in: *Œuvres de Descartes,* hrsg. v. Ch. Adam und P. Tannery, vol. VII–1. Nouvelle présentation, Paris 1964, S. 61.

[186] Vgl. W. Dilthey, Das natürliche System der Geisteswissenschaften im 17. Jahrhundert, a.a.O. und: Die Autonomie des Denkens, der konstruktive Rationalismus und der pantheistische Monismus nach ihrem Zusammenhang im 17. Jahrhundert, a.a.O.

[187] Vgl. A. Geulincx, Ethica, Tractatus I: De virtute, Caput II, Sectio II, § 2, in: Opera philosophica, hrsg. v. J. P. N. Land, Bd. 3, Den Haag 1893, S. 30 ff.

[188] A. Geulincx, Metaphysica vera, Pars I, 5, in: Opera philosophica, hrsg. v. J. P. N. Land, Bd. 2, Den Haag 1892, S. 150.

[189] *Zusatz bei Nohl:* Pascal

Einer der größten Mathematiker und Physiker. Fast pathologisch glaubte er, den Abgrund der Hölle klaffen zu sehen. Unbestimmte Gefühle der Furcht, die als Gewissensangst in seiner Seele reflektierten. Schloß sich an [die Schule von] Port-Royal an, zu der auch Racine gehörte. Die Rechtfertigung durch den Glauben war der Mittelpunkt von Port-Royal; [Pascal] durchlebte [dies] so wundervoll und faßte den Gedanken einer Apologie des Christentums. So schrieb er seine *Pensées,* einzelne Fragmente, starb früh und konnte sich nicht verewigen. Sein […] gab sie heraus, und in ihrer Form wirkten sie wie Nietzsches *Menschliches allzu Menschliches* heute. Diese genialste Apologie, die das Christentum jemals erfahren hat, gehört zu dem Typus der […] Theorie. Damals, […], ehrlich, würde sie heute aufgenommen, so wäre sie verlogen.

Ich kenne nur das deutlich, was ich einfach durchschauen kann, dessen Begriffe und Begriffsbildung klar, deutlich und zwingend sind. Ein Typus derselben sind die mathematischen Wahrheiten.

Wende ich ihn an auf die physische Welt, so sehe ich, daß psychisch-physische Wechselwirkung unmöglich ist, aber es ist mir begreiflicher, daß der Druck die Bewegung hervorbringt. Kann ich verstehen, warum im Zusammenstoß zweier Kugeln die eine stehen bleibt und die andere weiterläuft? Wo [keine] Kausalität [ist], ist alles unbegreiflich; und wo alles mir durch Kausalität faßlich ist, da gibt es keine Erkenntnis von Wirklichkeit, nur von Begriffen, die wir selbst geschaffen. Wir leben im Geheimnis, werden im Wunder geboren und sterben im Wunder.

Im Gemüt allein wird uns alles verständlich. Mystik, die nur das im Gemüt Enthaltene akzeptiert.

Die philosophischen Standpunkte, die aus dieser Lage entspringen, Cartesianismus, Okkasionalismus. Mystik, begründet auf der Bedingung der Zeit, Auffassung der physischen Welt als eines Mechanismus.

Nun Hobbes, Spinoza, Leibniz, aus dieser Wurzel der Naturalismus von Hobbes, Parallelismus [von] Spinoza, Spiritualismus von Leibniz. Gemeinsam: Rationalismus, Auffassung des Kosmos als eines Mechanismus und eine Metaphysik, die das Universum umspannen will.

Der Cartesianismus hatte die Schwierigkeit enthüllt; im Okkasionalismus fruchtbare Kritik, noch im Positiven, und darum ging die Wissenschaft weiter. Die Pascalsche Mystik war Verneinung der Wissenschaft überhaupt. Damals konnte sie nicht siegen. Später gegen den Rationalismus kam das wieder. Empörung des lebendigen Subjekts gegen die Abstraktheit der Begriffe (Hamann, Herder, Goethe).

Was war nun möglich?

1. Die Philosophie geht aus von dem physischen Mechanismus und verneint die Selbständigkeit des Geistes. So konnte Einheit gewonnen [werden] und die Widersprüche des Dualismus aufgehoben werden. Radikales Mittel der Verneinung der geistigen Substanz, sieht sie an als Effekt des Mechanismus. Naturalismus, und nach der Lage der Erkenntnistheorie durch das Bewußtsein von der Subjektivität der Sinneswahrnehmung ist es Positivismus (d'Alembert, Comte).

2. wird der Dualismus verneint, die Unabhängigkeit der beiden Substanzen aufgehoben, der physische Mechanismus und der psychische des Bewußtseins als die beiden Seiten derselben Tatsache, der einmütigen göttlichen Substanz aufgefaßt. Physischer Mechanismus und Ablauf der Vorstellungen. Spinoza: Parallelismus des physischen Mechanismus und der Bewußtseinsprozesse.

3. Wenn Hobbes das Bewußtsein aufhob, um den physischen Mechanismus alleinherrschend zu machen, so kann ebenso gut der Mechanismus als Phänomen des Bewußtseins aufgefaßt werden, dann wird sich die Welt zeigen als geistiger Zusammenhang, dessen Erscheinung der Mechanismus ist. Alle Wirklichkeit fällt in die vorstellende Monade, und der Mechanismus ist nur das wohlgegründete Phänomen der Monade. Spiritualismus.

Naturalismus, Atomisten, Gassendi und Hobbes

Wie die philosophischen Systeme der Antike in [der] Renaissance auflebten, so auch die Atomistik. Von Demokrit zu Epikur und Lukrez. Letzterer war einer der gelesensten Schriftsteller im 16. und 18. Jahrhundert. Der Kodex der Atomisten. Überall finden wir die Atomistik als Grundlage der Naturwissenschaften. In Deutschland Zeller in Frankreich Gassendi, in England Hobbes. S. Lasswitz, Geschichte der Atomistik.

Gassendi

Katholischer Geistlicher, Philologe, Naturforscher vertieft er sich in die Reste der atomistischen Überlieferung. Die Lebenswelt der atomistischen Lehren ans Licht zu bringen und in Zusammenhang zu bringen. Er war zuviel Philologe und zu wenig Naturwissenschaftler, um ein Dauerndes zustande zu bringen. Das schlimmste war, daß er mit der Atomistik verbinden wollte eine Teleologie Gottes, gehörte eben noch dem theologischen Zeitalter an.

In England war die Atomistik schon in Bacon lebendig geworden. Unter seinen Schülern war Hobbes und nahm diese Philosophie der Induktion auf atomistischer Grundlage auf. Verknüpfte sie aber mit Galilei und den mathematisch-induktiven Methoden.

Im Prinzip: Der Materialismus der epikureischen Schule nahm an Körperchen, die beweglich und empfindsam wären. Jetzt tritt er unter den modernen Materialisten auf: Das Seelenleben ist ein

Effekt der bewegten Materie. Materialismus bedeutet: die Lehre, die aus den mechanisch-chemischen Prozessen des menschlichen Körpers die Bewußtseinstatsache als deren Effekt ableitet.

Metaphysisch ein ungeheures Verdienst, den alten Materialismus in einen modernen umgebildet zu haben.

Hobbes war aber in erster Linie Politiker, schaffte die erste kausale Naturrechtslehre. Und wie er sie mit dem Materialismus verknüpft, ist höchst interessant.

[190] *Vgl. oben S. 100.*
[191] *Über die Zeile geschrieben:* wird.
[192] *Am Rand:* lückenhaft.
[193] *Über die Zeile geschrieben:* es heißt.
[194] *Vgl. W. Dilthey, Der entwicklungsgeschichtliche Pantheismus nach seinem geschichtlichen Zusammenhang mit den älteren pantheistischen Systemen, a.a.O.*
[195] *Geändert aus:* betrachten.
[196] *B. de Spinoza, Ethica ordine geometrico demonstrata, Pars prima, Axiomata, III, in: Opera – Werke, 2. Bd., hrsg. v. K. Blumenstock, Darmstadt 1967, S. 88 / 89.*
[197] *Vgl. B. de Spinoza, Ethica ordine geometrico demonstrata, Pars prima, Axiomata, IV, in: ebd., S. 88 / 89.*
[198] *Vgl. B. de Spinoza, Ethica ordine geometrico demonstrata, Pars prima, Axiomata, V, in: ebd., S. 88 / 89.*
[199] *Vgl. B. de Spinoza, Ethica ordine geometrico demonstrata, Pars prima, Definitiones, IV, in: ebd., S. 86 / 87.*
[200] *Vgl. B. de Spinoza, Ethica ordine geometrico demonstrata, Pars prima, Definitiones, V, in: ebd., S. 86 / 87.*
[201] *Vgl. B. de Spinoza, Brief an J. Jelles vom 2. 6. 1674, in: Opera, hrsg. v. C. Gebhardt, Bd. IV, Heidelberg 1924, S. 240.*
[202] *Bei Nohl:*   Das System der Metaphysik
               Ethica more geometrico demonstrata
                       1. De Deo

Spinoza bezeichnet seine Ethik more geometrica demonstrata, d. h. wie auf dem Gebiet des Raumes gibt es gewisse Grundverhältnisse, die existent sind, und aus ihnen werden die weiteren Beziehungen abgeleitet, wodurch alles verständlich wird. So verfährt der Metaphysiker, nur daß er jede Art von Wirklichkeit zu seinem Gegenstand macht. Er sucht diese allgemeinsten Beziehungen, die hier aufgestellt werden.

So sucht er Definitionen und stellt Axiome auf, bringt sie in Beziehungen und wird die Wirklichkeit konstruieren.

Ableiten, daß es Bewußtsein gibt und daß es Wirklichkeit gibt, kann er nicht (ein dummes Vorurteil). Nur die Relationen in diesen Wirklichkeiten.

Spinoza glaubt, diese Definitionen so eindeutig und evident zu gestalten, daß man die ganze Welt davon ableiten könne, und verkennt, daß die Mathematik nur an der Anschauung eine Kontrolle für die Sätze besitzt. Diese Kontrolle fehlt der Metaphysik, und so hat Spinoza auf Sand gebaut.

Wahrheit, die in der Übereinstimmung des Denkens mit seinem Gegenstand besteht. Jede Vorstellung ist im Bewußtsein, und ein Vergleich dessen mit etwas außerhalb des Bewußtseins ist nicht möglich, denn wir können nicht aus ihm heraus. Wahrheit besteht also nur in der Evidenz des Satzes. Diese ist ein innerer Zustand, feststellbar nur an den simplicia, den einfachsten Begriffen und Wahrheiten, z. B. Gleichheit, Raum, Satz der Parallelen, Grund und Folge, Substanz. Gibt es also eine Erkenntnis des Zusammenhangs der Wirklichkeit, dann kann sie nur erschlossen werden, indem man diese simplicia zusammensetzt.

Die Geometrie entwickelt die allgemeinen Verhältnisse, die im Raum stattfinden, so die Metaphysik die leges, die in der Wirklichkeit stattfinden und aus denen man die Zusammenhänge der Wirklichkeit konstruiert.

Von dieser erkenntnistheoretischen Grundlegung weiter zu den Anforderungen der Methoden.

Die Entwicklung der generellen Wahrheiten, die an jeder Stelle der Wirklichkeit sind, den leges, die den rebus einwohnen, und Lehrsätze werden abgeleitet werden müssen, die den Zusammenhang der Wirklichkeit enthalten.

[2.] Definitionen und Axiome der Ethik

Die Definitionen sind nominaler Natur, sie definieren nur eine Wortbedeutung. Er behauptet dabei nicht, daß das bestände, was in den Definitionen enthalten ist. Er sagt nur, was er unter den Einzelbegriffen versteht.

Per causam sui intelligo id, cuius essentia involvit existentiam.

Spinoza geht von der Beziehung zwischen Ursache und Wirkung rückwärts zu einer ersten Ursache, die nicht bewirkt, sondern Ursache ihrer selbst ist. Ihr Wesen, causa sui zu sein, involviert ihre Existenz. Der Kausalnexus wird in Gedanken zuerst geführt auf die Ursache, die selbst nicht mehr bewirkt ist.

Per substantiam intelligo id, quod in se est, et per se concipitur.

Der Begriff Substanz stammt aus der griechischen Philosophie. Aristoteles definiert [sie] als das, an dem Akzidenzien auftreten, das aber selbst nicht Eigenschaft ist, entsprechend dem Subjekt, das nicht prädiziert werden kann. Dies bezeichnet, was wir als Träger von Eigenschaften auffassen, selbst keine Eigenschaft sein kann. Ich finde mich selbst als Subjekt, das nicht Eigenschaft eines andern ist, an dem sich aber Eigenschaften finden.

Spinoza gibt ein Bild aus dem Raum, das in sich ist, d. h. das nicht in alio ist. Er macht daraus, was nur in sich ist, durch nichts anderes determiniert, und macht die Substanz zu einem absoluten Attribut.

Aristoteles hatte schon die Eigenschaften unterschieden in die wesentlichen, ohne die eine Substanz nicht definiert werden kann, und die vorübergehenden. Diesen Unterschied nimmt Spinoza auf, indem er scheidet Attribut und Modus.

Per attributum intelligo id, quod intellectus de substantia percipit, tanquam eiusdem essentiam constituens.

Attribut ist die vom Intellekt gesonderte, das Wesen der Substanz bezeichnende Eigenschaft. Also eine Wesensbezeichnung, die vom Intellekt aus der Substanz herausgehoben wird.

Per modum intelligo id, quod in alio est, per quod aliud percipitur substantiae affectiones. [Per modum intelligo substantiae affectiones, sive id, quod in alio est, per quod etiam concipitur.] womit zugleich das Veränderliche bezeichnet wird.

Spinoza wird jetzt in beiden Relationsweisen denken.
1. Kausalnexus, mit dem ersten Ursache-Satz.
2. Relation von Substanz, Attribut und Modus.

Die Relationen, in denen der Verstand das Wirkliche denkt, sind Kausalität und Substanz. Und insofern sie Verstandesbegriffe sind, sind sie verknüpft durch Grund und Folge. Wenn der Verstand aus sich das Universum erfassen will, so denkt er die Verhältnisse, die an der Substanz stattfinden, nach Grund und Folge.

Sonach entwickelt das System des Spinoza die Welt als einen logischen Zusammenhang, in dem die Relationen von Substanz und Akzidenz, Ursache und Wirkung den realen Zusammenhang ausmachen. Den formae entspricht das Verhältnis von Grund und Folge. Wenn Jacobi die Weltansicht des Spinoza als Weltansicht des Verstandes auffaßte, so hatte er recht. Er irrte nur, wenn er glaubte, Spinoza hätte folgerichtig abgeleitet. Oder wir scheiden uns von dem Mystiker […], der annimmt, es gebe nur seine Ansicht, die konsequent sei, sondern es gibt mehrere. Von Spinozas Ansicht ist ebenso ableitbar die Monadologie und der Atomismus.

Die Ausgangspunkte der Metaphysik sind dieselben; man benutzt die Kategorien des Verstandes, um die Wirklichkeit abzuleiten. Aber das geschieht immer nur durch einen Sprung, man benutzt ein Agens.

Kant sagt: Die Relationen des Verstandes wie die Kategorien sind die subjektiven Formen des Verstandes in der Auffassung der äußeren Wirklichkeit.

Die Axiome bilden den eigentlichen Kern der Aufstellungen, aus denen er demonstriert.

1. Omne quod est, vel in se, vel in alio est. Dunkel ist der Rede Sinn. Was heißt in se? Es heißt von nichts als sich selbst determiniert, es heißt ganz aus sich determiniert. Es ist entweder Substanz, oder es ist Akzidenz an einem andern.
2. Die formalen Sätze.
Ex data causa determinata necessario sequitur effectus.
Das ist das Kausalgesetz. Die Axiome sind der [...] freie Ausdruck der Kategorien.
3. Quae nihil commune [cum se] invicem habent, etiam per se invicem intelligi non possunt.
Ganz folgerichtig im rationalen System. Wenn die Wirkung aus der Ursache folgt, so muß aus den Eigenschaften der Wirkung und Ursache die Vergleichbarkeit sein, sonst könnten sie nicht auseinander folgen.
Das innere Verhältnis, in dem Winkel und Linien im Dreieck bestehen, so ist es möglich, die Relation aus ihnen zu folgern.
[...]. Was ganz ungleichartig ist, kann nicht aufeinander bezogen werden. Das verstandesmäßige Denken geht in der Gleichartigkeit vorwärts, und wo diese endigt, gibt es keine Kausalverhältnisse. Genialer Blick.
Jetzt das Verhältnis des Metaphysischen zum Logischen, enthalten im Rationalismus, d. h. das durchsichtige Erkennen der Beziehungen nach den Kategorien des Verstandes.
Effectus cognitio dependet [a] cognitione causae.
Wirkung auf dem Gebiet des mathematisch-mechanischen Denkens. Die Mathematik geht von dem Einfachsten zu dem Höchsten, ebenso die Mechanik. Sonach, wenn es die Erkenntnis gibt, so muß der Weg des Denkens sich decken mit dem der Kausalität, muß logisch zur Darstellung kommen in Grund und Folge. Dasselbe in dem Satze:
Ordo et connexio idearum idem est ordo et connexio rerum.
Die Grundform des Verhältnisses vom Verstand zur Wirklichkeit. Welcher Gegensatz zu Bacon und auch zu Galilei und Kepler! [...] Spinozas apriorische Deduktion aus den allgemeinsten Relationen. Aus den Gründen der Dinge soll der Zusammenhang der Dinge deduziert werden.

[3.] Ableitung der einmütigen absoluten Substanz, substantia sive natura sive Deus

Die Substanz wird definiert durch ihre Wesenhaftigkeit [und] ihre Atrribute. Ich denke mir jetzt zwei Substanzen mit verschiedenen Attributen, so ist klar, daß ich es nicht aus der ersten und umgekehrt ableiten kann. Dann folgt: Eine Substanz, die bestimmte Attribute hat, kann nicht hervorbringen eine Substanz, die andere Attribute hat. Es können auch nicht zwei solche nebeneinander bestehen. Denn was die eine bedürfte, müßte sie aus der anderen entnehmen. Sie würden sich gegenseitig einschränken, wären nicht mehr in se. Schließlich, zwei, die dieselben Attribute haben, müssen zusammenfallen, wie zwei ganz gleiche Dreiecke für den Geometer zusammenfallen.
Hier ist der Punkt, an dem Spinoza den Atomismus hinter sich läßt durch solche Analyse der Geometrie. Die Mannigfaltigkeit der Atome haben alle dieselben Attribute, nur durch zufällige Modifikation voneinander geschieden. Kann nun die Welt aus solchen Atomen bestehen? Spinoza sagt, sie müßten zusammenfallen. Wer glaubt es ihm? Den Atomismus hat er nicht überwunden. Substanzen bringen sich nicht hervor. Mehrere Substanzen können nicht nebeneinander bestehen. Es gibt nur eine einmütige Substanz, Ursache aller Dinge, einzige unendliche göttliche Ursache, ein Wesen, an welches jedes endlich inhäriert als Akzidens. Substanz ist, was in sich ist, das ist von nichts außer sich determiniert. Also gibt es nur eine einmütige göttliche Substanz. Denn in se esse heißt von nichts bestimmt sein etc. Substanz ist Ursache, Ursache ist potentia, d. h. höchste Realität etc.
Diese Substanz ist Gott, und Gott ist immanente und notwendig wirksame Ursache aller Dinge. Der Pantheismus Spinozas.
Die Substanz ist eine, und diese eine Substanz existiert. Die Existenz der Substanz folgt aus ihrer Essenz. Denn sie ist causa sui. Der Konnex der Ursache und Wirkung fordert eine erste Ursache. Wenn der Verstand den Konnex der Ursache – Wirkung denkt, so muß er eine erste Ursache, in der der Konnex gegründet ist, zudenken. Existenz ist Macht. Der Substanz kommt die höchste

Realität und Macht zu. So ergibt sich: Die Substanz ist unendlich. Omnis substantia est necessario infinita. Ferner jede begrenzende Bestimmung ist eine Einschränkung: Omnis determinatio est negatio.

Nun ist aber die erste Ursache in ihrer Macht nicht beschränkt, muß als unendlich gedacht werden. Je mehr Realität, um so mehr Eigenschaften und Attribute müssen ihr zukommen, deren jede unbegrenzt.

Hier die Schwierigkeit: Es findet sich unter den Attributen die Ausdehnung. Diese muß also als unendlich gedacht werden. Sie ist aber teilbar; was teilbar ist, ist endlich. Hier stößt der Spinozismus wieder mit dem Atomismus zusammen. Dieser kann die Teilbarkeit erklären, Spinoza weist sie in den Schein. Die Teilbarkeit ist Phänomen der Imagination. Eine paradoxe Behauptung, unter der sich nichts denken läßt. Hier eine der Grenzen, von [denen] Spinozas Denken ausgeht. Diese unendliche Substanz ist Gott. Unter Gott verstehe ich das absolute, unendliche Wesen, d. h. die Substanz, die besteht aus unendlich vielen Attributen, deren jedes eine unendliche Wesenheit aussagt.

Dies ist die Nominaldefinition von Gott.

Wenn wir uns unter dem Wort Gott etwas Angemessenes denken wollen, dann muß es absolute Realität, in der keine Verneinung enthalten ist, sein. Hat es Eigenschaften, so sind es unendlich viele in unendlicher Ausdehnung.

Es ist der gnostische, neuplatonische Begriff (absolut unteilbar, absolut unbestimmt etc.).

Eine verwegene Behauptung, daß dies der einzige Begriff sei, der von der Gottheit gefaßt werden könne. Leibniz stellt der Gottheit das Individuum gegenüber.

Dieser Begriff der Gottheit deckt sich mit der Substanz. Gott ist, denn die Substanz ist.

In dieser Gottheit muß alles begriffen sein. Quicquid est, est in Deo et nihil nec esse nec concipi posse sine Deo. [Quicquid est, in Deo est, et nihil sine Deo esse, neque concipi potest.]

Hier entscheidet sich der Pantheismus Spinozas als Gleichung der Substanz und der Gottheit. So ist er Gleichung von Welt und von Gott. Nennen wir das Verhältnis von Gott und Welt, den kausalen Zusammenhang der Welt, Natur, dann ist Gott und Welt, Natur, in der Natur denkt sich Gott und Welt. Gott ist causa sui et causa universi, ist natura naturans. Die Welt ist die natura naturata, aber die erste ist in der zweiten gegenwärtig. Es ist Gleichung und Identität. Überall, wo Kausalzusammenhang besteht, [wo] Bewegung verläuft, ist die Gottheit die Quelle und Ursache aller Bewegung und gegenwärtig.

Die Gleichungen gehen weiter. Ist Gott die schaffende Natur, schafft er kausalgesetzmäßig den kausalen Konnex, dann ist in diesem Universum keine Freiheit, weder in Gott noch im Menschen. Spinoza leugnet die Wahlfreiheit. Er sondert sich hier von Cartesius. Es folgt die Leugnung der Wahlfreiheit aus seinem System mit Notwendigkeit. Die göttliche Kausalität ist gebunden an das Kausalgesetz, und dann ist die Wirkung in der Ursache determiniert gegeben. So geht die Welt aus Gott als die Wirkung aus der Ursache nach Gesetzlichkeit hervor; es gibt nichts, das sie dieser Gesetzlichkeit entziehen könnte. Frei nennt Spinoza dasjenige Wesen, das nach der Notwendigkeit seiner Natur existiert und sich selbst nach seiner Natur determiniert.

Dann handelt die göttliche Substanz frei, indem sie nach dem Gesetz ihrer Natur wirkt. Danach besteht die Freiheit und Notwendigkeit in Gott. Es besteht zwischen der natura naturans und naturata keine reale Grenze. Jede Bewegung ist zugleich erwirkt von der Gottheit; in jeder Bewegung, in jedem menschlichen Affekt wirkt sich die Gottheit aus.

So ist Gott nicht transzendent, sondern immanent. Deus est omnium rerum causa immanens; non vero transiens. Gott ist Ursache seiner selbst, Substanz, absolutes Attribut; Natur und Gott sind alle eins, decken sich untereinander.

Ausschluß aller Zufälligkeit, alles ist in der Substanz nach dem Gesetz ihrer Notwendigkeit bestimmt. Daher ist in Gott angesehen aller Atem der unendlichen Modifikation. Der Verlauf der Zeit versinkt vor der ewigen Gesetzlichkeit, mit der diese absolute Macht des Physischen und des Geistes sich äußert.

Die göttliche Natur ist das System ewiger Gesetze. Die geistige Welt ist so gesetzlich wie die physische Welt. Von hier aus wendet er sich gegen die herrschenden Gottesbegriffe.

In Gott gibt es weder Intellekt noch Willen. Den freien Willen in Gott will Spinoza vor allem beseitigen. Wahlfreiheit in Gott wäre Aufhebung des Begriffes Gottes. Ebenso den Intellekt, der immer nachher kommt, um die Gegenstände zu erkennen.

Ebenso später Schelling: Das Verhältnis von Subjekt und Objekt gehört dem menschlichen Bewußtsein an. Gott ist das Subjekt und Objekt, das vor dieser Sonderung liegt, die das menschliche Bewußtsein konstituiert.

Dieser Begriff der Gottheit schließt die teleologische Weltordnung aus. Diese Weltanschauung leugnet die Begriffe des Schönen und des Guten ausdrücklich als Eigenschaften der Weltordnung. An diesem Punkt unterscheidet sich der Charakter des Systems nicht nur von der christlichen Weltanschauung, sondern auch von der sokratischen, platonischen und aristotelischen.

Zweckzusammenhänge sind Phantome und Idole, man muß sie ps[ychologisch] entwickeln.

Ihr Ursprung liegt in der Neigung des Menschen, sich selbst zum Mittelpunkt des Universums machen zu wollen und für frei zu halten. Es ist unsere Unwissenheit. Asylum ignorantiae. Der Begriff des Zwecks naturam evertit [?]. Das Zweckdenken will aus beabsichtigter Wirkung das Wirken der Ursachen ableiten.

Schön nennen wir den Eindruck des Gefühls, der durch die Bilder des Ohrs und Auges in uns hervorgerufen wird und unserer Gesundheit zuträglich ist.

Es gibt nichts als Ursache, Gesetz und Notwendigkeit, und das Universum begreifen heißt, das Universum nach Kausalgesetz in seinem Zuammenhang erfassen.

[4.] Die unendlich vielen Attribute. Denken und Ausdehnung

Gott trägt in sich die absolute, unendliche Realität, die schrankenlos ist, durch nichts determiniert. Diese Realität ist die Vollkommenheit der Substanz. Daraus folgt, daß sie in unendlich vielen Attributen ihr Wesen hat, deren jedes unendlich ist.

Attribute sind die wesenhaften Eigenschaften der Substanz. Hier konzentrieren sich alle Schwierigkeiten des spinozistischen Systems. Er nennt Attribute, was der Verstand an der göttlichen Substanz auffaßt. Man hat geschlossen, der Verstand sei es, der die wesenhaften Eigenschaften heraushebe, die eigentlich in der Substanz ungetrennt bestehen.

Allein, nun wird nach Spinoza die Substanz adäquat begriffen durch die Attribute, diese müssen also zur adäquaten Erkenntnis gehören, also die objektiven Eigenschaften der Substanz sein.

[...] Die Betrachtung der Substanz unter einem Attribut ist die Beschränkung des menschlichen Intellekts, und die Metaphysik muß immer gegenwärtig halten, daß nur unendlich viele Attribute Gott konstituieren. Aber die andere Schwierigkeit hebt Spinoza nicht [hervor]. Wie kommt es, daß wir nur von zwei Attributen etwas wissen? Tschirnhaus hielt ihm das entgegen; gibt es adäquate Erkenntnis, so hat sie der Mensch nicht, warum verbergen sich die anderen Attribute dem Menschen.

Hier ist ein Riß zwischen der tatsächlichen Wirklichkeit und der metaphysischen Spekulation.

Das Denken begleitet das Bewußtsein dieses Attributes der Ausdehnung. Diese gehört der Wirklichkeit an, die der Mensch perzipiert. Dasselbe Denken begleitet alle anderen Attribute da, wo sie auftreten. Bei uns treten sie nicht auf.

1. Dies hebt die Koordination der unendlich vielen Attribute auf. Das Denken ist das Grundattribut und alle anderen die objektiven Eigenschaften, die das Denken auffaßt. Hier die Nötigung, die Schelling zwang, zu sondern [in] Subjekt und Objekt und Gott die Einheit von ideal und real. Das ist folgerichtiger.

2. Wenn wir nur das Denken begreifen und die ausgedehnte Welt, die Gegenstand des Denkens außer ihm ist, dann begreifen wir nicht die göttliche Substanz, dann gibt es keine adäquate Erkenntnis. Sonach Widerspruch zwischen der rational adäquaten Erkenntnis und der Einschränkung der menschlichen Erkenntnis auf zwei Attribute.

[5.] Die modi als die Affektionen der Substanz

Die Verwirrung nimmt zu. Was ist der modus? Seinen Charakter macht nach Spinoza aus: Er ist eine Eigenschaft, aber eine vorübergehende und zufällige.

1. Es gibt unendliche modi. Sind unter dem Attribut der Ausdehnung Ruhe und Bewegung, unter dem Attribut des Denkens Denken und Wille die wechselnden Eigenschaften an den Attributen der Substanz.

2. Endliche modi, das sind die Einzeldinge, gleichsam herausgeschnitten aus dem Zusammenhang der Welt: die Einzelmodi, Teile der Substanz oder Gottes. Von ihnen trifft zu, daß sie die Affektionen der Substanz seien.

Das Verhältnis der Substanz zu dem einzelnen modus ist das der unendlichen Ursache zu der endlichen, determinierten Wirkung. Ein Verhältnis, das auf ganz anderer Linie liegt als das von Substanz zu den Attributen und den unendlichen modi.

Der endliche modus ist der einzelne Affekt. Hier setzt Leibniz ein und sagt: Der endliche modus ist ein Individuum, und dieses Individuum ist eine individuelle und eigenartige Realität, eine Monade. Für Spinoza sind die modi das nicht, nur herausgeschnittene Teile aus der Gesamtwirkung der Gottheit, auf alle Fälle etwas anderes als Eigenschaften. Und die Unterordnung des Einzelmodus unter die Eigenschaften ist nicht zu entschuldigen. Denn sie sind keine Eigenschaften. Sie sind Einzeltatsächliches, und das ganze Problem [des Verhältnisses] der Gottheit zum Menschen fällt in das Verhältnis der Substanz zu den modi: ob die Substanz dem Menschen zukomme, eine Art von Selbständigkeit.

Spinoza vergleicht das Verhältnis der modi zur Substanz mit den Wellen auf dem Meer. Spinoza bezeichnet die modi als die partes der unendlichen Substanz.

Das war die Metaphysik des Spinoza. Ihr Kern: die unendliche Substanz als causa sui, sich darstellend in unendlich vielen Attributen, deren jedes unendlich ist, mit allen ihren unendlichen und endlichen modi.

Der Mensch ein modus der göttlichen Substanz (Ausdehnung und Denken seine beiden Attribute) unter dem Attribut der Ausdehnung und des Denkens corpus et mens.

[6.] Der Parallelismus

Aus Spinozas Metaphysik folgt nun der Begriff, den er vom Menschen entwickelt: Der endliche modus an der göttlichen Substanz.

Hieraus folgt: Er ist schlechthin determiniert von der göttlichen Substanz. Also alles, was sich in dem Menschen vollzieht, ist gesetzlich und notwendig.

Der Mensch ist nicht imperium in imperio. Die Souveränität unter der höchsten Souveränität. So hatten ihn Platon, die Scholastik, Descartes aufgefaßt, und [sie] hatten dem Lebensgefühl des Menschen Ausdruck gegeben, daß er bedingt und doch frei sei. Das ist nach Spinoza nur Schein. Der Mensch ist keine Substanz, ist schlechthin determiniert und nur modus an der Substanz. Als ein Teil der göttlichen Substanz fällt er unter die Attribute der Ausdehnung und des Denkens. Jeder modus, von dem der Mensch weiß, ist ausgedehnt und denkt. Omnia animata sunt. Es gibt keine Ausdehnung, der nicht ein Denken zugeordnet wäre.

Der Mensch ist eine res wie Stein und Holz, ist unter dem Gesichtspunkt der Ausdehnung ein corpus und unter dem Gesichtspunkt des Denkens Mensch, Bewußtsein. Das sind zwei Seiten derselben Sache, zwei Arten, auf die dieselbe Sache gegeben ist. Alles, was in dem corpus geschieht, ist Verhältnis der Bewegungen der Teile an dem corpus. Das corpus ist ein Mechanismus, und das menschliche corpus unter allen das feinste, beweglichste, das den höchsten Grad von Realität hat, den überhaupt eine Maschine haben kann. Jedem Vorgang an diesem Umstand entspricht ein Bewußtseinsvorgang.

Jede Veränderung im Physischen entspricht einer Veränderung im Geistigen. Das Bewußtsein kann nie eine Wirkung sein, sondern es begleitet. Ein Parallelismus besteht zwischen den beiden Veränderungen an den beiden Seiten. Ebenso meine Intention, z. B. die Hand in der Hose zu haben, ruft nicht die Bewegung hervor. Ich glaube, daß das so sei, das ist aber ein Schein. In Wirklichkeit entspricht meiner Intention die Bewegung der Muskeln, nicht mein Wille ruft die Bewegung hervor, sondern dem Parallelismus entsprechend treten beide Vorgänge gleichzeitig auf. Es ist ja dasselbe Ding, nur unter verschiedenen Gesichtspunkten gesehen, dasselbe, nur nach seinen beiden Seiten gesehen.

Diese Theorie war bestimmt, äußersten Einfluß auf die Geschichte der Psychologie auszuüben. Das genialste und fruchtbarste Aperçu des Spinoza. Hieraus entwickelt sich bei Schelling und abhängig von diesem in Fechner die folgende Lehre: Eine Wechselwirkung besteht nicht und kann nicht bestehen aufgrund der Geulincxschen Aporien. Spinoza hat sich dieser Begründung nicht bedient, obwohl sie die eigentlich wissenschaftliche ist. Darum ging diese Begründung über auf die moderne Naturwissenschaft und Psychologie.

Am besten bei Lange. Der Diplomat erhält die chiffrierte Depesche, z. B. aus Rußland. Das ist der Vorgang, der zunächst ganz physisch angesehen werden kann. Dann haben wir nichts als Bewegung dessen, der die Depesche schreibt, aufgibt, Vorgang im [...], im Empfänger bis zu seinen Hirnvorgängen. Ein in sich geschlossenes System, und [in] dieses System greift nichts Psychisches ein. Das Bewußtsein hat damit gar nichts zu schaffen. Das Bewußtsein bleibt die Innenseite des Prozesses, der von außen ein physischer ist. Und das Bewußtsein ist ebenfalls ein ganz geschlossenes System. Sie sind die Innenseite. Aber es entstehen meistens Schwierigkeiten: Sind sie die Innenseite, dann müssen sie auch die ganz komplette Serie ausmachen, dann muß ein einziger zusammenhängender Nexus existieren.

Davon wissen wir nichts. Bewußtsein scheint die Interpolation des physischen Konnexes, tritt an einzelnen Stellen auf. Und das ist ein flagranter Widerspruch mit der Wirklichkeit, und darum haben die vornehmsten Forscher die Theorie aufgegeben. Als durchgehend widersprechend der natürlichen Auffassung der Wirklichkeit.

Der Gedanke Spinozas muß durchgedacht werden, damit erkannt wird, wie ich glaube, daß es unmöglich ist, über das Verhältnis des X, das wir Körper nennen, zu unserem Bewußtsein irgendeine haltbare Hypothese aufzustellen.

[7.] Der Standpunkt der Affekte, der Imagination und der menschlichen Leidenschaft

Der Mensch als die Einheit, als dasselbe Ding unter zwei verschiedenen Attributen wirkend, zeigt ein System der körperlichen Bewegungen und eines der inneren Vorgänge, die sich entsprechen. Hieraus ergibt sich das Prinzip aller Betrachtung des menschlichen Geistes: die Naturgesetzlichkeit des Geistes und der gesamten geistigen Welt.

Hobbes und Spinoza sind die beiden ersten, die die Naturgesetzlichkeit auch in der geistigen Welt zum Ausdruck brachten. Staat und Geschichte sind die gesetzlichen, rationalen Ordnungen, in denen die einzelnen Geister in naturgesetzlichem Verhältnis miteinander stehen. Es gibt hier ebenso wenig etwas Gutes oder Zweck. Auch die Geschichte läuft ab nach Gesetzen und hat keinen Zweck. Welch einmütige Weltanschauung! (Vgl. Einleitung zum III. Buch.) Alles, was geschieht, ist notwendig und gesetzlich. Diese Anschauung erfüllte Goethe und Alexander von Humboldt mit solcher Heiterkeit der Seele gegenüber dem Schauspiel des menschlichen Lebens.

Die göttliche Substanz ist die Allerrealste, und ihre Realität ist ihre Vollkommenheit, unendliche, grenzenlose Macht. Der Mensch ist ein modus dieser Substanz und also als modus bedingt und bestimmt in ihr. Aber zugleich ist er von demselben Streben nach Macht, sich zu erhalten, erfüllt. Und was in der Gottheit höchste Kausalität ist, ist im Menschen das Streben, sich in seiner begrenzten Modalität zu erhalten. Das ist die Grundnatur jedes Wesens. Und ist sie mit Bewußtsein verbunden, so heißt sie Wille und Begierde.

Man darf nicht sagen, der Mensch sei Wille, habe Begierde. Wille ist ein bloßes Abstraktum, es gibt so wenig einen Willen als eine „Steinheit", sondern es finden in uns Vorgänge statt, die die Selbsterhaltung durchzusetzen streben. Die menschliche Seele ist ein Konnex von Vorgängen, entsprechend den Vorgängen der Bewegungen, und daraus folgt das ganze Leben des Menschen, individuell und gesellschaftlich.

Drei Stufen durchläuft der menschliche Geist. Hier schließt sich Spinoza an den Schematismus der neuplatonischen Mystik an:
1) Imagination und Affekt;
2) ratio;
3) adäquate Erkenntnis und denkende Liebe Gottes.

Die Ethik als Sittenlehre soll den naturgesetzlichen Zusammenhang entwickeln, auf dem der

Mensch fortschreitet von 1) zu 3). Diese Ethik ist eine Naturgeschichte. Sie erzählt, was geschieht und nach welchen Gesetzen es stattfindet.

I. Stufe [: Imagination und Affekte]

Der Mensch wird nach seiner mentalen Seite geboren in den Stand der Imagination (vgl. Idole des Bacon). Das Problem, wie sich der Mensch hier erkennend verhalte, muß gelöst werden, indem man sein Verhältnis zum Universum erfaßt.

Der Mensch stellt die Vorgänge vor, die in seinem Körper stattfinden; er ist das Bewußtsein seines Körpers, das dem Körper beigeordnet ist. Er wird daher vorstellen, was als Bewegungszusammenhang an seinem Körper abläuft. Nun ist der einzelne modus in dem Nexus der anderen Körper bedingt. Beständig fließen im Bewußtsein Vorstellungen von außen durch die Sinne zu, Eindrücke der Umgebung. Wir empfangen diese Bilder.

1) Ganz zufällig, partikular, wenn auch gesetzlich. So ist das Bild, das der Mensch von der Welt empfängt, durch Zufall bestimmt und ganz inkohärent.

2) Stelle ich in Wirklichkeit nur mich selbst dar, bin nur das Bewußtsein meines Körpers. Andere Körper stelle ich nur verworren vor, Dinge liegen an der Grenze meines Bewußtseins, und was außer mir ist, kann ich nur verworren und dunkel vorstellen, wenigstens in der Wahrnehmung.

3) Mein wahrnehmender Standpunkt ist anthropozentrisch. Diese ist die natürliche Sinnesauffassung. Ich beziehe alles auf mich, so falsch es ist.

Dies ist der Standpunkt der Imagination. Solange der Mensch sich wahrnehmend verhält, ist er an diesen Standpunkt gebunden.

Die andere Seite der Menschennatur ist der Wille, das Streben nach Selbsterhaltung; wenn es sich mit Bewußtsein verbunden findet, erzeugt [es] die Welt der Begierden. Und der Mensch als Wille und Begierde wird sich äußern in Affekten und Leidenschaften.

Findet er sich durch die Außenwelt gefördert, so fühlt er diese Förderung als Freude, wird er gehemmt, so entsteht Schmerz.

Also cupiditas, laetitia und tristitia sind die drei Grundaffekte. Aus ihnen folgt die Naturgeschichte der menschlichen Eigenschaften. Spinoza entwickelt sie mit den Mitteln des Hobbes, aber so vollendet, daß Johannes Müller, als er in seiner Physiologie auf das Innere des Menschen kam, diese Abschnitte einfach übersetzte. [Vgl. J. Müller, Handbuch der Physiologie des Menschen für Vorlesungen, 2. Bd., 2. Abt.: Der speziellen Physiologie 5. Buch: Von den Sinnen, Koblenz 1838, S. 247ff.]

Die Stoa sah die Affekte als Krankheiten an, das Christentum als Sünde. Spinoza sieht sie an als notwendig und als die Springfeder aller menschlichen Kraft, denn die Vollkommenheit des Menschen liegt in seiner Stärke.

Die Bejahung des Lebens, wie sie moderne Philosophen predigen, hat Spinoza vollständiger und gründlicher entwickelt: nämlich daß die fortitudo, die Stärke der Bejahung des Lebens und der Selbsterhaltung, die Grundlage aller Sittlichkeit sei.

Die Affekte entstehen nun nach Gesetzen:

1) Das logische Gesetz, nach dem der Mensch immer den Ursachen nachgeht.

a) Wir suchen also die Ursache auf, die uns Freude und Schmerz macht. Die Ursache vorgestellt ist mit Affekt verbunden: Liebe und Haß. Liebe ist nicht geheimnisvolle Sympathie, wurzelt nicht im Wohlwollen, sondern in der Egoität.

b) Ferner lieben und hassen wir im Nexus der Affekte mit unabwendbarer Notwendigkeit dasjenige, was den fördert oder stört, den wir lieben oder hassen.

Solange wir auf dem natürlichen Standpunkt stehen, müssen wir das unvermeidlich tun.

c) Und schließlich entstehen aus unserer Entgegenstellung gegen die Zukunft die wegen der Fluktuation gewaltigsten Affekte: Furcht und Hoffnung.

2) Grundgesetz, das das Spiel der Leidenschaften bestimmt, ist das Gesetz der Assoziation.

Die Vorstellung, die einst mit dem schmerzlichen Eindruck verbunden war, bringt ihn immer wieder etc. Hieraus entsteht das Netz von Sympathie und Antipathie, das wir über die ganze Wirklichkeit breiten.

3) Wenn der menschliche Geist dasjenige vorstellt, das ihm selbst ähnlich ist, so mischt sich ihm das ähnliche Bild mit ihm selbst. Z. B. ein anderer uns Ähnlicher (am ähnlichsten ist [uns] der Mensch) hat Leid, so ruft das in uns auch Leid hervor, wenn auch leises: Mitleid und Mitfreude. Ein sekundäres Phänomen.

Dies sind die drei großen Grundgesetze. Und wenn wir sie nun übersehen, so zeigt sich uns der Mensch als Streben, sich zu erhalten. Und Freude entsteht, wenn er sich dem Nexus der Dinge gegenüber erhält. Dann fühlt er seine fortitudo und Stärke. Dies Bewußtsein ist das menschliche Glück und seine Tugend, beide liegen in dieser Stärke.

Spinoza wendet sich nun gegen die christliche Auffassung mit furchtbarem Grimm: gegen Reue und Mitleid.

Die Natur der Geschichte der Leidenschaften zeigt uns, daß dieselben naturgesetzlich miteinander verknüpft sind. Ein Zustand ruft den anderen hervor. Das allgemeinste Gesetz aber, unter dem das menschliche Willensleben steht, ist: Ein Affekt wird nur überwunden durch einen anderen. Ein großes und wahres Grundgesetz. Es ist die Illusion, die Vernunft vermöge die Leidenschaften zu bändigen, die bloße Vorstellung hat keinen Einfluß auf die Leidenschaften. Und dies Gesetz ist das der Knechtschaft des Menschen. Der Zustand der Imagination und Affekte ist ein Zustand der Knechtschaft. Wie kann er überwunden werden?

Um sich selbst zu erhalten, wird man darauf die ratio wirken lassen, um das Unerträgliche zu mildern. Aus der Erkenntnis endlich entspringt der höhere Zustand: der amor Dei, wodurch der Mensch aus dem Feuerkreis der Leidenschaften in den Zustand der Freiheit übergeht.

Die erste Stufe wird gebildet von der erkennenden Tätigkeit aus, von dem Standpunkt der Imagination und Herrschaft der Affekte, die sich äußert in der Gesetzmäßigkeit der menschlichen Leidenschaften, da in der geistigen Welt das mechanische Gesetz genauso herrscht und der Affekt nur durch einen anderen unterworfen werden kann.

II. Stufe: ratio

Die Herrschaft des Raisonnements hält sich an die allgemeinen Begriffe, und die Grenze des Verstandes ist die Metaphysik der Erkenntnis der göttlichen Substanz.

Von seiten des [...] ist ratio raison der [...]: in seiner Lebensführung und Staatsraison. Auch hier geht ratio nur auf die Ordnung seiner Angelegenheiten durch vernünftige Überlegung. Hier entsteht nun die [...] und Staatsform. Sie tritt ein, indem unsere ratio das Leben einrichtet nach dem menschlichen Nutzen.

Tugend ist Stärke oder Macht. Die einzelnen, die diesem Ziel nachstreben, finden sich in dem status naturae, durch einander befehdet, bekämpft. Im Zustand der Natur, der vor dem Vertrag liegt, strebt jeder nach seinem Nutzen. Da treffen die Individuen in hartem Kampf zusammen. Jeder möchte alles, und Furcht entsteht aller gegen alle. Dieser Zustand ist unerträglich, und da [der Mensch] mit Verstand ausgerüstet ist, so wird er die Verständigung mit seinesgleichen herbeiführen. Das ist der Vertrag, in dem Recht und Staat entstehen. Ein Sprung der einzelnen und dafür Sicherheit. Bis hierher mit Hobbes übereinstimmend.

Nun aber Differenz.

Jeder Standpunkt des Naturrechts ist bedingt durch die Lage des politischen Gemeinwesens, in dem die Doktrin auftritt. In dem Naturrecht liegen Momente begrifflicher Art, die in sich die Entscheidung über das politische Ideal nicht enthalten. Rechte, die die einzelnen als natürlich ausüben, die im status naturae nur durch die Macht definiert werden, müssen eingeschränkt werden durch die Sicherheit, und diese braucht die konzentrierte Staatsmacht, die sie aufrechterhält. Diese ist Souveränität (Bodin). Ihr Träger ist der Staat.

Jede Macht im status civilis ist übertragen von der ursprünglichen Macht des Individuums, sich zu behaupten und zur Geltung zu bringen. So wird von dem Individuum so viel Macht übertragen, um die Sicherheit zu garantieren für das, was das Individuum behält.

Wie groß ist nun das Verhältnis? Das Naturrecht besitzt hier kein Mittel oder Prämissen der Entscheidung. Das ist das ganze Problem der Natur.

Hobbes legte im Zeitalter der englischen Revolution und der religiösen Fehden alles in die Hand des absoluten Souveräns. Das Individuum bekommt nichts. Spinoza lebte in der niederländischen Republik und war von dem Kampf der oranischen Statthalter und dem demokratisch-bürgerlichen Ideal erfüllt. Ihr Führer war de Witt. Spinoza findet, daß der höchste Wert in der selbsttätigen Freiheit der Bürger beruht und ist leidenschaftlicher Anhänger von de Witt.

Die bürgerliche Gesellschaft überträgt in dem Staatsvertrag nur einen Teil der Rechte an den Souverän, ein anderer Teil bleibt den gesellschaftlichen Individuen. Unzerstörbar ist ihm vor allem das Recht des Individuums auf Religions- und Denkfreiheit.

Aber Spinoza ist auch für den Erhalt der Selbsttätigkeit des Bürgertums durch einen gewissen Umfang seiner Rechte. Der Staat entsteht durch die Übertragung der erforderlichen Rechte an ihn. Die Sicherheit der einzelnen verlangt die Beschränkung des souveränen Staates, da dieser eine dem einzelnen schädliche Richtung einschlagen kann. Nicht nur in der Revolution, sondern auch in dem Mißbrauch souveräner Gewalt liegt eine Gefahr für den Staat.

In dem Bruchstück seiner Politik bricht er gerade an dem entscheidenden Punkt ab.

[III. Stufe:] die adäquate Erkenntnis und die intellektuelle Liebe zu Gott

Der Mensch ist fähig, von dem Standpunkt der ratio fortzuschreiten zu dem der adäquaten Erkenntnis. Diese begreift aus dem letzten Prinzip der göttlichen Substanz die Wirklichkeit sub specie aeternitatis. Das System von ewigen Wahrheiten, den Gesetzen, die dem Universum gemeinsam sind und in physischer und psychischer Welt herrschen.

Hier begreift der Mensch, daß er schlechthin determiniert ist, versteht den kausalen Nexus, da in der einmütigen Ursache alle Dinge begründet sind.

Er weiß, daß alles Handeln der anderen von den göttlichen Gesetzen bestimmt [ist].

Hieraus entspringt dann die gänzlich andere Lage seines affektiven Lebens. Bis dahin haßt er und fürchtet er. Jetzt weiß er, daß der andere schlechthin determiniert ist, die causa seines Leidens ist kein Gegenstand oder Mensch außer ihm mehr, er wird darum keinen mehr hassen und verfolgen. Denn die Ordnung des Universums selbst ist der allgemeine Grund und auch der Zukunft wird er [...] entgegen gehen als etwas, das [Satz bricht ab].

Selbst die Gegenliebe der Gottheit ist auch partikular. Die wahre Gottesliebe ist gänzlich uneigennützig, verlangt nichts für sich. Diese Uneigennützigkeit ist sein höchster Gedanke, und Goethe lebte in diesen Ideen, Resignation auf die sinnlichen Wünsche und Hinneigung der Menschen auf den Zusammenhang der Dinge.

Da nun aber der Mensch ein Teil der göttlichen Substanz ist, so fällt diese Gottesliebe in die göttliche Substanz selbst. Gott liebt in der Gottesliebe der Individuen sich selbst. Der Mensch wird zum Auge Gottes. Die Liebe ist das Gemüt der Gottheit, gleichsam ihr bewußtes Dasein.

[Lücke im Text] man ändern könnte. Das kommt mit Notwendigkeit, und all das Zappeln, sich davon loszumachen, hilft nichts. Wir unterliegen dem Gesetz. Und es ist umsonst, zu hassen, zu verachten, zu fürchten und entfliehen zu wollen.

So entsteht die Hingabe an das Ganze, das Individuum wird frei, und es entspringt eine neue Stärke aus Freiheit, aus der adäquaten Erkenntnis [...]. So entsteht der amor intellectualis Dei und Liebe zu der uns alle umfassenden Ordnung.

Der kirchliche Mensch will für seine Hingabe an die Gottheit etwas, und das ist ein Phantom, daß die Gottheit für das Individuum sorge.

Es gibt nur eine Substanz, an der alles andere. So haben die Pantheisten diesen Satz noch nicht gefaßt. Das erste Fundament: Omnis determinatio est negatio.

Damit sind wir im Neuplatonismus. Plotin, Eckhart, Viktoriner, Bruno: Es gibt nur eine Substanz, die alles determiniert.

Spinoza geht über den Neuplatonismus hinaus. Dieser war eine religiöse Konzeption. Jetzt: Der Inbegriff der Wirkungen der göttlichen Substanz deckt sich mit der Substanz selbst. Gott = Welt = strikter Pantheismus. Hier der Gedankenzusammenhang mit der mechanischen Weltansicht: Wenn alles determiniert [ist] und auch zwischen Gott und Welt das Kausalgesetz herrscht, wenn das Verhältnis der Kausalität bedeutet die Gleichung von Ursache und Wirkung, dann deckt sich die unendliche Welt mit ihrem unendlichen Grund, natura naturata und natura naturans sind eins.

Die mechanische Denkweise jener Tage fordert, daß die Wirkung ganz aus der Ursache verstanden werde, die Gleichung zwischen ihnen bestehe.
Pantheismus ist die Unterwerfung des Verhältnisses zwischen Gott und Welt unter den kausalen und logischen Zusammenhang. Da gibt es keinen Atomismus und keinen Idealismus der Freiheit mehr. Der Pantheismus ist die Weltanschauung, die ihr Recht hat in der Tiefe der Gemütsverfassung, demonstrabel ist sie nicht.

[203] *Vgl. B. de Spinoza, Ethica ordine geometrico demonstrata, Pars prima, Definitiones, VI, in: ebd., S. 86 / 87.*

[204] *Vgl. B. de Spinoza, Ethica ordine geometrico demonstrata, Pars prima, Propositio XVIII, in: ebd., S. 120 / 121.*

[205] *Vgl. B. de Spinoza, Ethica ordine geometrico demonstrata, Pars prima, Propositio XXXIII, Corollarium II, in: ebd., S. 136 / 137.*

[206] *Vgl. K. Fischer, Spinozas Leben, Werke und Lehre (Geschichte der neuern Philosophie. Jubiläumsausgabe, 2. Bd.), 4., neu bearbeitete Aufl., Heidelberg 1898, S. 282 ff. und J. E. Erdmann, Grundriß der Geschichte der Philosophie, 2. Bd.: Philosophie der Neuzeit, Berlin 1866, S. 59.*

[207] *Vgl. G. Th. Fechner, Zend-Avesta oder über die Dinge des Himmels und des Jenseits. Vom Standpunkt der Naturbetrachtung, 2. Bd., Leipzig 1851, S. 313-367.*

[208] *Vgl. B. de Spinoza, Ethica ordine geometrico demonstrata, Pars tertia, Propositio VIII, in: ebd., S. 274 / 275.*

[209] *Modifizierte Überschrift von: Ethica, Pars quarta, De servitute humana, seu de affectuum viribus.*

[210] *Nach Nohl.*

[211] *Am Rand:* 2. Teil (der umfangreichste).

[212] *Vgl. K. E. von Baer, Welche Auffassung der lebendigen Natur ist die richtige? und wie ist diese Auffassung auf die Entomologie anzuwenden?, in: Ders., Reden, gehalten in wissenschaftlichen Versammlungen, und kleinere Aufsätze vermischten Inhalts, Bd. I, Petersburg 1864, S. 237-284.*

[213] *Vgl. oben, S. 106 f.*

[214] *Vgl. G. W. Leibniz, Monadologie (1714), Nr. 2, in: G. W. Leibniz, Die philosophischen Schriften, hrsg. v. C. J. Gerhardt, Bd. VI, Leipzig 1932, S. 607.*

[215] *Am Rand:* dictando.

[216] *Vgl. G. W. Leibniz, Nouveaux essais sur l'entendement humain, in: Œuvres philosophiques latines et françaises de feu Mr. Leibniz, tirées de ses manuscrits qui se conservent dans la bibliothèque Royale de Hannover et publiées par R. E. Raspe, Amsterdam und Leipzig 1765.*

[217] *Vgl. J. Locke, Essay concerning human understanding, Buch II, Kapitel I, 2-5, London 1689 und G. W. Leibniz, Neue Abhandlungen über den menschlichen Verstand, Buch II, § 2.*

[218] *Am Rande:* In eingelegter Stunde in der Aula weiter diktiert.

[219] *E. B. de Condillac, Traité des sensations, à Madame la Comtesse de Vassé, 2 Bd.e, London und Paris 1754.*

[220] *Zusatz bei Nohl:* Der Geist der französischen Philosophie ist skeptischer, drängt nach Freiheit des Denkens, das alle festen metaphysischen Bindungen ausstößt.
Cartesius hatte unternommen, den französischen Geist zu fesseln durch sein rationales, mechanistisches System, hatte den Inbegriff der Wirklichkeit nach mechanischen Prinzipien zu erklären unternommen bis an den Punkt, wo der Geist sein Werk beginnt. Daneben hatten die Hugenotten Kritik der Philologie, Jurisprudenz, kurz Geisteswissenschaften entwickelt. Ludwig XIV. trieb sie aus, er zerstörte auch Port-Royal, damit war die Geisteswissenschaft vernichtet. Er etablierte die Macht der katholischen Kirche, die den Geisteswissenschaften Feind war. Als er dann starb, erhoben sich unter seinem schwachen Nachfolger überall die gebildeten Klassen gegen die Macht der Monarchie.
Voltaire und Montesquieu waren in England und eigneten sich den Positivismus, die Newtonschen Gedanken und das System der freien Institutionen in diesem Lande an. Sie regierten nun den französischen Geist, und es vollzog sich eine Umwandlung. Die Gravitationslehre wurde aufgenommen, und das mechanische System erhielt seine feste Grundlage dadurch, daß Lockes Erfah-

rungsphilosophie zugrunde gelegt wurde und so der Skeptizismus eines Montaigne und Bayle seine Begründung erhielt.

Es entstand in Frankreich der Begriff einer einheitlichen Natur nach Gesetzen aufgrund der Erfahrungsphilosophie. Auf dieses Zentrum vereinigen sich nun alle wissenschaftlichen Bestrebungen: Natureinheit, den Menschen eingeschlossen, nach mechanischen Gesetzen, Skeptizismus in bezug auf Metaphysik, mechanistisches System in bezug auf Welterkenntnis.

Es beginnen die drei Grundschriften des Lamettrie: Der Mensch als Maschine, Das Tier als Maschine, Der Mensch als Pflanze [zu erscheinen].

Man muß die drei in ihren Beziehungen zueinander nehmen, um ihn zu verstehen. Er geht aus von dem gemeinsamen Bau. Sie stellen drei Stufen der Organismen dar: Das wird fortgeführt zum Gedanken der Evolution. Und er findet zum Prinzip: vitale Lebenseinheiten, vitale Moleküle, die dem Inbegriff der organischen Tätigkeiten zugrunde liegen.

Die Einheit des Naturganzen wird vertreten auch von Helvétius. Und d'Alembert, Turgot, Lagrange bringen den Standpunkt zur Reife. Sie sind die eigentlich großen Denker rein wissenschaftlicher Richtung.

Sie entwickeln die Philosophie, die die Einheit der Natur zu ihrem Gegenstand hat.

D'Alemberts Hauptsätze:

Menschliche Wissenschaft ist positive. Die einzelnen positiven Wissenschaften können vereinigt werden durch die positive Philosophie. Sie ist nichts anderes als die Verknüpfung der einzelnen Wissenschaften unter erkenntnistheoretischer Voraussetzung zur Enzyklopädie.

Die französische *Enzyklopädie* wurde die Grundlage. Im europäischen Geist jener Tage hat sie die größte Macht. Am wichtigsten ist die Einleitung: Discours von d'Alembert. Sein Vorgänger ist Hobbes, sein Nachgänger Comte.

I. Von dem Wesen eines Dinges, als an sich selbst, haben wir keine Kenntnis. Wir vermögen nicht die Realität äußerer Gegenstände zu begreifen. Jede Empfindung könnte rein aus dem Subjekt entspringen und der menschliche Geist in sich eingeschlossen sein: Die Schwierigkeit, die das Denken hat, die Bewegung zu perzipieren, erhöht den Zweifel. Also erweisbar ist die Außenwelt nicht; Raum, Zeit, Materie sind voll von Widersprüchen. Wie kann man sich vorstellen, daß der Raum etwas wäre, ein Ding, in dem ein Ding gesetzt wäre etc.? Ebenso ist es mit der Zeit. Das Wesen des seelischen Prinzips ist ganz unerkennbar. Wie es auf den Körper wirkt und umgekehrt, ist nicht auszudenken. Auch den Begriff der höchsten Intelligenz kann man nicht denken als Schöpfer etc. Lauter Undenkbares. Alle metaphysischen Begriffe sind von Widersprüchen erfüllt. Es gibt keine Metaphysik. So tritt d'Alembert in Frankreich neben Hume in England. Beide ziehen skeptische Konsequenzen und leugnen die Metaphysik.

II. Wissenschaft besteht trotzdem, als etwas Unmetaphysisches, ganz positiv, nicht das Wesen von Existenzen, sondern Beziehungen der Phänomene untereinander, wie sie sich in Zeit und Raum uns repräsentieren. Nur logische Beziehungen, keine Kausalitätserkenntnis, Erkenntnis von Gleichförmigkeiten und Ähnlichkeiten. Beziehungen, das ist die Form, in der der menschliche Geist erkennt.

Philosophie ist Zusammenfassung der Einzelwissenschaften. Die Macht der Philosophie liegt in der Funktion, daß sie zu letzten allgemeinen Sätzen fortschreitet. Sie hat eine skeptische erkenntnistheoretische Grundlage. Sie ist erkenntnistheoretisch – zerstört die Metaphysik. Sie ist enzyklopädisch, indem sie aus dem positiven Wissen die letzten Verallgemeinerungen abfolgert.

III. Es gibt eine Architektonik der Wissenschaften. Die Grundlage ist die allgemeine abstrakte Größenlehre. Geometrie. Es folgen Mechanik, Physik, Chemie, organische Welt. Auf jeder Stufe treten neue Tatsachen hinzu: Grundlage sind natürliche Begriffe, die zur Ableitung der Erscheinung dienen. Diese Begriffe sind abstrakt aus der Erfahrung. Ihre Definition und Verbindung sind hypothetischer Natur, Möglichkeiten; die Welt faßbar zu machen und der menschlichen Erkenntnis zu unterwerfen. D'Alembert macht nicht Halt bei dem Begriff eines teleologischen Zusammenhangs, auch er ist eine Beziehungsform, geeignet, Phänomene zu erklären, er macht die organische Welt am besten faßlich.

D'Alembert behält aber die Einheit der Seele bei, bleibt wenigstens achtungsvoll vor ihr stehen, wenn er auch darauf verzichtet, sie zu erkennen.

Dieser philosophische Geist Frankreichs schreitet nun weiter, indem er den vorschwebenden Begriff von Natureinheit unter neuen Bedingungen verwirklichen will.

Es beginnt das Studium der organischen Lebewesen.

Buffon, Haller etc. beginnen, das Studium der Organismen einer methodischen Erforschung zu unterwerfen. Hier tritt das Problem der Abhängigkeit der geistigen Funktionen von der Struktur der tierischen Körper auf und beginnt, erkannt zu werden. England und Frankreich arbeiten zusammen, um die Beziehungen der geistigen und körperlichen Funktionen zueinander zu finden. Man konnte das Reich des Geistes als Effekt der physischen Welt aufnehmen, wie Hobbes einst tat, nur methodischer. Das war eine Möglichkeit.

Eine zweite war die Verfolgung der englischen Analyse des menschlichen Seelenlebens. Die Wirkung der Struktur von Nervensystem, Gehirn, Sinnen sich verständlich machen. Dann darf der Geist nicht mehr als Einheit gelten, sondern muß zerschlagen werden in die Einzelleistungen, die er vollbringt. Die zergliedernde Psychologie faßt den menschlichen Geist auf als ein Bündel von Sensationen nach Assoziationsgesetzen.

Diesen Versuch, den Hume in England machte, macht in Frankreich Condillac: der französische Begründer der Assoziationstheorie, nach der der menschliche Geist zusammenwächst aus Sensationen, Empfindungen, einzelnen Lust- und Unlustgefühlen. Das Gesetz des Zusammenwachsens gibt die Assoziation (seine Statue, die zuerst nur Tastsinn besitzt = Außenwelt, dann Gesichtssinn erhält = Raum, Farbe etc., bis die ganze grenzenlose Mannigfaltigkeit von Sensationen da ist).

Jedes Erinnerungsbild ist nur eine Metamorphose von Sensationen, und aus ihrem Zusammentreten entstehen die Begriffe, auch sie nur Metamorphosen. So wandeln sich Sensationen durch Assoziation in Vorstellungen, Erinnerung, Begriffe.

Diese ganze Erklärung des Seelenlebens gelangt zu einer Grenze, sie vermag nicht die Einheit zu erklären.

Nun ist aber das große Gesetz geistiger Bewegungen, daß die geringeren Geister die Resultate nicht abwarten können in langer Forschung, sondern antizipieren wollen vorschnell, Verallgemeinerungen bilden, die zur Zeit nicht beweisbar sind.

Eine solche war der französische Materialismus. Geistig angesehen seine Grundlage in der Zerrüttung des geistigen Lebens in Frankreich, seine wissenschaftliche Grundlage in d'Alembert, Helvétius, Holbach.

Die Aufgabe, die Einheit der Natur zu erfassen, hat schon Lamettrie darauf geführt, vitale Moleküle anzunehmen; und dies scheint eine dritte Fraktion Frankreichs vorzuziehen: Pantheismus, die organisch evolutionistische Lehre.

Organismen sind verwandt nach Bau und Funktion, eine aufsteigende Stufe: Robinet, Buffon, Diderot. Sie bringen die europäische Evolutionslehre, die dann Darwin entwickelte. Diderot faßte den Gedanken, sie entwickeln sich auseinander. Die Deszendenz, in der die Organismen auseinander hervortreten. Die Unterlage sind vitale Lebenseinheiten. Die Empfindung, die nach Hobbes aus der Bewegung der Materie werden soll, ist jetzt Ureigenschaft der Materie. Auf einer gewissen Stufe der Organismen entsteht das System der Sensationen. Damit waren alle Theorien gegeben, die in Haeckel noch spuken.

[221] *Lücke im Text.*
[222] *Am Rand:* Ende des Diktates.
[223] *Am Rand:* Ende der Einleitung.
[224] *Am Rand:* II und III schwächer.
[225] *Am Rand:* NB: bejahend
verneinend
kategorisch } Kern der formalen Logik.
hypothetisch
disjunktiv

Leibniz

Von D. eigenhändig redigiertes Kapitel aus der Nachschrift Nohl (ohne Paginierung).

[226] *Mit Bleistift über die Zeile geschrieben.*
[227] *Der Satz bricht ab.*
[228] *Der Satz bricht ab.*
[229] *Am Rand unleserliche Notiz von D.s Hand.*
[230] *J. Locke, An essay concerning human understanding, a.a.O.*
[231] *Es folgen zahlreiche Unterstreichungen D. s.*
[232] *Geändert aus:* an der Stelle.
[233] *W. Dilthey, Beiträge zur Lösung der Frage vom Ursprung unseres Glaubens an die Realität der Außenwelt und seinem Recht (1890). Wiederabdruck in: Ges. Schr. V, S. 90–135.*
[234] *Von D. eingefügt.*
[235] *Von D. eingefügt.*
[236] *Im Text unleserliche Notiz von D.*
[237] *J. W. v. Goethe, Die Natur, in: Goethes Werke, Hamburger Ausgabe Bd. XIII, a.a.O., S. 45–47.*
[238] *J. R. Mayer, Bemerkungen über die Kräfte der unbelebten Natur, in: Annalen der Chemie und Pharmazie 42 (1842).*
[239] *Von D. geändert aus:* Geulincx.
[240] *Geändert aus:* 5).
[241] *Geändert aus:* ihr.

PERSONENREGISTER

Abbt 124
Abubacer 83
Adam 98, 389
Adamson 160
Addison 111
Adickes 128
Adrastos 42
Aemilius Paulus 58
Aetios 7
Agricola 88 f.
Agrippa 55
Ahrens 139
Ainesidemos 55, 255
Aischines 26, 216, 376
Aischylos 182, 201, 220 f., 382
Alanus de Insulis 80
Alberi 97
Albertus Magnus 85 f., 267
Alcuinus 77
Alexander d. Große 24, 35–37, 42 f., 53, 248, 255 f., 262
Alexander v. Hales 85
Alexandros v. Aigai 42
Alexandros v. Aphrodisias 9, 42, 89
Alfarabi 82
Algazel 83
Alkibiades 211 f.
Alkidamas 22
Alkindi 82, 88
Al-Mansur 83
Althoff XIX
Althusius 94, 300
Ambrosius 74
Ammonios Sakkas 70, 73
Ampère 131, 144 f.
Amyntas 35
Anaxagoras 12, 17 f., 22 f., 178, 182, 190, 196–201, 206 f., 210–212, 244, 373–375
Anaxarchos v. Abdera 24, 53
Anaximandros 11 f., 177–180, 185, 187, 190, 192, 200
Anaximenes 12, 177, 179 f.

Andronikos v. Rhodos 8, 36, 39–42
Annikeris 27, 29
Anselm v. Canterbury 78 f., 81
Antigonos v. Karystos 8
Antiochos v. Askalon 47, 51, 55, 59, 61–63
Antiochos Epiphanes 67
Antipatros v. Tyros 58
Antisthenes 26 f., 29, 33, 45, 49, 52 f., 216 f., 226, 235, 246, 251, 255 f., 376
Anytos 25
Apelt 21
Apollodoros v. Athen 8, 11, 15 f., 18, 23
Apollonios v. Perge 44
Apollonios v. Tyana 67, 262
Archelaos 22
Archilochos 15, 188
Archimedes 43 f., 283, 384
Archytas 13
Aretinus 88
Aristarchos v. Samos 44 f., 387
Aristarchos v. Samotrake 384
Aristides 73
Aristippos v. Kyrene 27, 218
Aristippos d. Jüngere 27
Aristobulos 67
Aristokles v. Messene 42
Ariston v. Chios 49
Aristophanes v. Byzanz 30, 45
Aristophanes d. Komödiendichter 7, 25, 205, 211 f., 375
Aristoteles 6 f., 9, 11–18, 21 f., 24–28, 30–32, 34–43, 45 f., 48 f., 51, 60, 71 f., 75 f., 79, 81–86, 88–90, 92, 99, 123, 154, 158, 177–179, 182, 186, 188, 192, 194, 196–198, 200, 205, 207, 211, 213, 219 f., 222 f., 228, 231 f., 235–242, 244–247, 249, 252, 266 f., 270–274, 276 f., 285, 305, 307, 332, 372–380, 382–384, 386, 392
Aristoxenos v. Tarent 41, 183
Arkesilaos 34, 54
Arnauld 102, 282
Arnim, A. v. 134
Arnim, H. v. 47, 68

Arnobius 74
Arnoldt 128
Arrhenius 132
Arrianos 64
Asklepiades v. Bithynien 47
Aspasios 42
Athenagoras 73
Athenodoros 58
Aubert 39
Augustinus 6f., 57, 60, 63, 69, 71, 74–76, 80, 88, 93, 175, 262, 264 f.
Augustus 58
Austin 150 f.
Avempace 83
Avenarius 104, 156, 297
Averroes 42, 82–84, 267
Avicebron 84
Avicenna 82, 84
Avogadro 132

Baader 139
Bach 22
Bacon, F. 87, 96f., 100f., 104, 148, 239, 241, 268–274, 277f., 281, 295, 297f., 305, 322, 334, 340, 384–386, 390, 393, 398
Bacon, R. 86
Bâdarâyana 5
Baer 132, 139, 244, 316, 401
Baguet 49
Bahnsch 8, 47
Bahnsen 144
Baillet 99
Bain 150 f.
Bake 51
Bardesanes 69
Barthélemy 146
Bary 132
Basedow 124
Basileides 68 f.
Basso 93
Batteux 117
Baumgarten, A. 121, 124, 349 f.
Baumgarten, J. S. 121
Baur 64, 67 f., 133, 142
Bayle 1, 90, 96, 104, 115, 255, 274, 318, 320, 339, 402
Baynes 152
Bazard 147
Beccaria 113
Beck 135
Beda Venerabilis 77
Bekker, B. 102, 292
Bekker, I. 7, 9, 56

Bellarmin 91
Benedetti 97
Beneke 144
Benoit 105
Bentham, J. 114, 133, 148–150, 152
Bentham, G. 152
Berengar v. Tours 78
Berger 10, 139
Bérigard 93
Berkeley 95, 110, 258, 321, 323, 326
Bernard 133, 158
Bernays 1, 9, 15, 37, 40, 47, 71, 154
Bernhard v. Clairvaux 80, 85, 267
Bernoulli, Jak. 106, 108, 335, 340
Bernoulli, Joh. 106
Bernoulli, Joh. 122
Berzelius 132
Bessarion 89
Bias 10
Bichat 120
Bidez 17
Biel 87
Bigg 73
Bilfinger 121
Biot 108
Blair 113
Blanc 148
Blass 20, 22
Blossius 57
Blumenbach 124
Blumenstock 391
Boccaccio 88
Bodin 94, 399
Bodmer 121
Boeckh 1, 9–11, 13, 133, 142, 154
Böhme 91, 149
Boerhave 108, 117
Boethius 71 f., 77, 79
Boileau 282, 292
Boineburg 334
Bolingbroke 114, 116
Bollnow XV
Boltzmann 131
Bonald 133
Bonaventura 81, 85
Bonhöfer 50
Bonitz 9, 34, 36, 39 f., 144, 154
Bonnet 118, 331, 346
Boole 153
Bossuet 115
Boullier 102
Bourdaloue 115
Boyle 105

Bradley 159 f.
Brahe 229, 276, 386, 388
Brandis 9, 142, 154
Brandl 149
Brandt 74
Brasch 124
Brawe 122
Brentano 134
Brewster 131
Brieger 23
Brown, P. 114
Brown, Th. 115, 152
Browne 91
Brucker 1, 121
Brücke 132 f.
Bruni 89
Brunnhofer 93
Bruno 85, 92 f., 103, 107, 266, 268, 302, 306 f., 333, 400
Bruns 34
Buckle 90, 149, 151
Buddha 6, 176, 181
Bücheler 55
Büchner 156
Bühler 6
Buffon 108, 117, 127, 331, 403
Buhle 121
Bulaeus 77, 81
Bulwer 158
Bunsen 131 f.
Burchard 23
Burckhardt 88, 205, 374
Burke 111, 113, 133 f.
Busse 71, 155
Butler 112
Byron 149 f., 218
Bywater 15

Cabanis 108, 120, 146, 148
Caesalpinus 89
Caird 160
Calderón 283
Calvin 91
Camerer 104
Campanella 93
Campe 124
Cannings 149
Cardanus 92
Carlyle 151, 153, 158 f.
Carnot 131
Carus, K. G. 139
Carus, V. 159
Caspar 386

Cassiodorus Senator 77
Cassirer 107
Cato d. Ältere 58
Cato d. Jüngere 58
Celsius 108
Celsus 70
Cerinthus 68
Chaignet 13
Chamberlain 157
Charron 90
Châteaubriand 134
Christine v. Schweden 98
Chrysippos v. Soloi 15, 49, 251, 254
Chrysoloras 88
Cicero 6 f., 12, 23 f., 36, 41, 46, 50, 53, 55 f., 58–63, 67, 74, 88 f., 94, 98, 122, 124, 206, 259–262, 285, 292, 314, 320, 373, 376
Clarke 105, 111
Class 155
Classen 156
Clauberg 102
Clausius 131 f.
Clemens Alexandrinus 7, 21
Clemens, Titus Flavius 73
Cobet 7
Cohen 34, 128, 156
Colding 131
Coleridge 149, 151
Collier 110
Collins 109, 159
Comte 96, 100 f., 119, 146–148, 151, 297 f., 322, 390, 402
Condillac 119 f., 144, 148, 322, 401, 403
Condorcet 100, 108, 120, 146
Congreve 147
Conring 40
Constant 133
Corneille 115, 291
Cornutus 58
Coulomb 108
Cousin 77, 79, 98, 105, 145 f., 152, 154, 158, 280
Cramer 121
Cromwell 91, 295
Crusius 121
Cudworth 104
Cumberland 105
Cuvier 108, 132
Cyprianus 73
Czolbe 156

D'Alembert 96, 100 f., 108, 118, 120, 146, 298, 322, 334, 337, 390, 402 f.
Dalton 108

Damaskios 6, 72
Dante 85, 244
Danzel 121
Daries 121, 125
Darmester 5
Darwin 132, 153f., 158f., 180, 234, 403
Daub 142
Daubenton 108, 117
Davy 132
Dégerando 120
Demokritos 16, 18f., 22–24, 28, 46f., 51, 92, 99, 177f., 196f., 199, 206–211, 218, 231, 235, 237, 244, 250, 266, 272f., 278, 290, 296, 308, 374f., 377, 384, 389f.
De Morgan 152
Demosthenes 36, 248
Denck 90
Denifle 80, 154
Descartes 29, 74, 90, 94f., 98–100, 103, 105–107, 115f., 127, 146, 175, 181, 207, 265, 278–294, 298, 301–305, 307f., 310, 315, 317–320, 328f., 331, 341–343, 346, 381, 386–389, 394, 396, 401
Dessoir XXI, 3
Destutt de Tracy 108, 120, 144–146
Deussen 6
Dickens 158
Diderot 118, 120, 204, 215, 322, 334, 403
Diels 1, 3, 7–10, 12f., 15f., 19–21, 23, 36f., 41, 373f.
Dieterici 82, 84
Dikaiarchos 41, 58, 247f.
Dillmann 107
Diodoros 26
Diodotos 61
Diogenes v. Apollonia 12, 19, 22
Diogenes Laërtios 1, 7f., 11–14, 17, 23, 30, 36, 46, 248
Diogenes v. Seleukeia 54, 57
Diogenes v. Sinope 27, 217
Diokles Magnes 8
Dion 29
Dion Chrysostomos 70
Dionysios I., d. Ältere 28f.
Dionysios II., d. Jüngere 29
Dionysios Areopagita 75, 78, 81
Dionysios d. Große 73
Dionysios v. Halikarnassos 24
Diophantos v. Alexandria 44
Disraeli 158
Dominicus 81
Domitian 64
Drobisch 144

Du Bois-Reymond 133, 335
Dubos 117
Dühring 3, 131, 156
Dümmler 21, 27
Duhem 132
Dulong 131
Dumont 150
Duns Scotus 86, 167, 266f., 333

Ebert 74, 77
Eckhart 81, 85, 307, 400
Ekphantos 27
Eliot 147
Elisabeth I. v. England 96, 295
Ellis 97, 385
Elter 64
Empedokles 17, 19, 65, 178, 196f., 199f., 204, 206, 211, 237, 373, 375
Enden 301
Enfantin 147
Engel 124
Engels 153
Ennius 57
Epiktetos 6, 51, 64
Epikuros 6, 24, 46, 49, 51, 209, 248–250, 259, 278, 296f., 300, 375, 384f., 390
Epiphanios 68
Erasmus 88, 90, 292
Eratosthenes 8, 44, 49
Erdmann, B. 3, 107, 156
Erdmann, J. E. 3, 10, 106, 142, 154, 310, 401
Ernesti 122
Eubulides 26
Eucken 91
Eudemos 7, 39, 41, 186
Eudoxos 29, 34
Euhemeros 27, 57, 218
Eukleides der Mathematiker 43, 295, 340, 384
Eukleides v. Megara 26, 28
Euler 108, 121
Euripides 21, 180, 205, 219, 295, 299, 372
Eusebios 7f., 67, 71
Exner, 144

Fabricius 7, 56
Fahrenheit 108
Falckenberg 91, 155
Faraday 131
Favaro 97
Favorinus 8
Fechner 51, 122, 153, 155f., 231, 303, 310, 331, 397, 401

Fechter XX
Fechtner 105
Feder 125
Fénélon 115
Ferguson 113, 152
Ferri 92
Festner 121
Feuerbach 142f., 157
Fichte, I. H. 135, 142
Fichte, J. G. 95f., 135, 138, 140, 143f., 249, 255, 385
Ficinus 34, 70, 89
Fick 156
Fielding 111
Filmer 105
Fiorentino 89, 92
Fischer 2, 99, 104, 107, 128, 137, 139, 142, 144, 154, 156, 270, 280, 310, 385, 401
Flaubert 158
Fléchier 115
Fleury 115
Fludd 92
Förster-Nietzsche 157
Fontenelle 115
Formey 121
Forster 124, 133f., 137, 163
Foss 20
Fouillée 158
Fourier, Ch. 148
Fourier, J. B. J. 108, 131
Fowler 109, 151
Fox 111
Franck 90f.
Franklin 111
Franz v. Assisi 86, 267
Fraser 110
Frauenstädt 139, 143
Fraunhofer 131
Fredegisus 77
Frei 20
Fresnel 131
Freudenthal 8, 16, 42, 68, 72, 104
Friedrich II. v. Hohenstaufen 88, 255, 267
Friedrich I. v. Preußen 106
Friedrich II. v. Preußen 107, 116–118, 120, 123, 261, 334, 350
Friedrich Wilhelm I. 107
Fulbert v. Chartres 78

Gabler 142
Gadamer 369
Gainsborough 111
Gaisford 7f.

Gale 71
Galenus 44, 55, 92, 240
Galiani 113
Galilei 97–101, 181, 207, 238, 272, 275–282, 285, 289f., 295, 297, 299, 341, 386–388, 390, 393
Garbe 6
Garve 124
Gassendi 46, 94, 100, 282, 295, 390
Gatterer 108, 123
Gaupp 159
Gauss 131
Gay-Lussac 132
Gaza 89
Gebhardt 391
Gebler 97
Geffers 55
Gegenbaur 132
Geldsetzer XXIIIf.
Gellert 122
Gentilis 94
Gentz 134
Geoffroy Saint-Hilaire 108
Georg v. Trapezunt 89
George 142
Gerbert d'Aurillac 78
Gercke 49
Gerhardt 106, 401
Gerson 81, 87
Gersonides 84
Gessner 122
Geulincx 102, 293f., 303, 389, 397, 404
Gibbon 114
Gibbs 132
Gierke 94
Gilbert 81
Giles 80
Gleim 123
Görres 134, 139
Göschel 142
Goethe 59, 108f., 117f., 126, 137f., 143, 145, 157, 189, 191, 252, 254, 305, 321, 331, 338, 345f., 372f., 383, 385, 390, 397, 400, 404
Goldsmith 111
Gomperz 9, 16, 21, 24, 40, 47, 50, 151
Goncourt, E. de 158
Goncourt, J. de 158
Goorle 93
Gorgias 19–21, 26, 196, 202, 204, 216
Gotama 5
Gottsched 121
Gournay 108, 113
Gracchus, Tiberius 58

Grassmann 6
Green 149, 159
Grimm, J. 134
Grimm, W. 134
Grisebach 143
Grote 10, 20, 34, 151, 206
Grotius 89, 91, 94, 162, 268, 300
Günther 142
Guhrauer 107
Guizot 134, 145f., 153
Guyau 158
Gwinner 144

Haake 64
Haas 56
Haase 64
Hadrian 68
Haeckel 132, 403
Halbfass 20
Hallam 158
Haller 134, 403
Hamann 124, 126, 143, 390
Hamilton, W. 115, 148, 152
Hamilton, W. R. 131
Hankel 13, 29, 44
Harless 71
Harms 279, 386
Harnack 68f., 72, 74, 156
Harrison 147
Hartenstein 105, 128, 144
Hartfelder 62
Hartley 114, 148, 150
Hartmann 139, 155
Harvey 98, 100, 291
Hasse 79
Haug 5
Hauréau 77, 79, 84, 154
Haym 138, 142
Heath 97, 385
Heereboord 102
Heeren 122
Hegel XIX, XXI–XXIV, 2, 72, 134, 136, 138–140, 143, 145f., 153–155, 162, 187–189, 194, 237, 286, 305, 328, 331
Hegesias 27
Heiberg 43f.
Heiland 92
Heineccius 121
Heinrich IV. 115f.
Heinse 123
Heinsius 89
Heinze, M. 3, 10, 21, 67, 99
Heinze, R. 47

Heitz 37
Hekataios v. Milet 15, 178, 180, 187
Helmholtz 131–133, 153, 156, 208, 249, 337, 340, 343
Helmont, F. M. v. 105
Helmont, J. B. v. 92
Helvétius 117, 322, 402f.
Hemsterhuis 120
Herakleides Pontikos 34, 63
Herakleitos v. Ephesos 8f., 12, 14–16, 20, 48f., 142, 175, 178–181, 186–192, 205, 228, 251, 253f., 372–374, 377, 380
Herbart 9, 32, 144, 155
Herbert v. Cherbury 94, 105, 109
Herder 1, 108f., 123–126, 133, 138, 321, 331, 346, 349, 372, 390
Herillos 49
Hermann, K. F. 1, 9, 22, 26f., 32f., 59, 154, 381
Hermias v. Atarneus 35
Herminos 42
Hermippos 8, 36
Hermodoros 14, 187
Herodotos 11f., 181, 185
Herrmann, U. XVI, 369
Herrmann, W. 156
Herschel 151
Hertlein 71
Hertz 67, 131, 156
Herzberg 334
Hesiodos 10, 15, 178, 192, 200, 372
Hesychios 7
Heyne 122f.
Hiketas 27
Hilaire 40
Hildenbrand 3, 26
Hill 93
Hipparchos 44, 229, 384
Hippias 21, 94, 202, 205f., 261
Hippodamos 27
Hippokrates 22f., 51
Hippolytos 7, 73
Hippon 12, 22
Hirzel 23, 50, 52, 54, 62
Hobbes 46, 100, 103f., 111, 148, 206f., 278, 282, 289, 294–300, 303, 305, 310–313, 322, 331, 335, 387, 390f., 397–399, 402f.
Hoche 72
Hock 78
Höffding 2
Hölderlin 138, 197
Hoffmann 139
Hogarth 113
Holbach 117, 403

Personenregister

Holtzmann 69
Holzherr 64
Home 113
Homeros 15, 44 f., 178, 188 f., 192, 263
Honain ben Isaak 88
Horaz 47
Horstmann 132
Hoyer 60
Hrabanus Maurus 77
Huber 78
Hubmaier 90
Hübner 7
Huet 115
Hugo v. St-Victor 80 f.
Humboldt, A. v. 397
Humboldt, W. v. 137 f., 144, 204
Hume 95 f., 108, 110, 112–114, 148, 150, 256, 258, 283, 322–326, 402 f.
Hutcheson 112 f., 152
Huygens 292, 346
Hypatia 72

Iamblichos 71, 75
Idaios v. Himera 22
Ideler 10, 39
Ilberg 23
Imelmann 153
Irenaeus 68, 73
Irwing 125
Isidorus v. Sevilla 77
Isokrates 27, 33, 35

Jacobi, F. H. 126, 135, 137, 143, 145, 152, 215, 392
Jacobi, H. 6
Jacobi, M. H. v. 131
Jahn 70
Jakob I. 96
James 160
Janet 158
Jean Paul 126
Jelles 391
Jerusalem 124
Jevons 153
Jhering 10, 57
Joël 25, 104
Johannes Buridan 87
Johannes Damascenus 75 f., 78, 163
Johannes Ruysbroek 87
Johannes v. Salisbury 80, 83
Johannes Scotus Eriugena 78, 80, 88, 267
John 105
Johnson 89, 113

Jonas 142
Jouffroy 115, 145
Joule 131
Jourdain 77, 154
Julianus 71
Julius Paulus 75
Jung 208
Jungius 93, 106
Justinian 9, 75 f., 163
Justinus 72 f.
Jusuf 83

Kaegi 6
Kaftan 156
Kahl 23
Kaibel 37
Kallikles 21
Kallimachos 8
Kallisthenes 35 f.
Kanâda 5
Kant XXVI, 1, 17, 38, 79, 84, 95 f., 99, 108, 121–127, 130 f., 133, 135, 138, 144 f., 152, 156, 158, 162 f., 194–196, 224–227, 239, 252, 277, 279 f., 282, 284 f., 287 f., 291, 305, 314 f., 319 f., 323–329, 338, 340, 349 f., 381, 383–387, 389, 392
Kapila 5
Karl d. Große 77
Karl d. Kahle 78
Karneades 37, 50, 54, 56 f., 59 f., 255–259, 263, 309
Kebes 64
Kehrbach 128, 144
Keim 70
Kekulé 132
Kenyon 37
Kepler 98, 100, 272, 275 f., 278–281, 285, 297, 341, 384, 386–388, 393
Kerckhoven XV
Kessler 69
Kierkegaard 157
Kiessling 37
Kimon 29
Kirchhoff 71, 131 f.
Kirchmann 147, 385
Kirchner 107
Kleanthes v. Assos 15, 49
Kleinert XVII
Kleist, Heinr. v. 123
Kleist, Hu. v. 71
Kleisthenes 201
Kleitomachos 54, 56, 62
Klinger 157

Knopp 72
Knutzen 121, 127, 349
Koch, M. 99
Koch, R. 132
König 122
Konstantin 71
Kopernikus 44, 89, 100, 266, 275, 277, 384, 387
Krakowski XXII
Kranz 373
Krates v. Mallos 45, 50
Krates v. Theben 48
Kratylos 15, 28, 219, 379
Krause 139
Kreuzer 70 f.
Krische 62
Kritias 22, 206, 311
Kritolaos 54, 57
Krohn 25
Kuehlewein 23
Kühn 23
Kühtmann 145
Külpe 156
Kung-tse 4, 6, 172 f., 372
Kuntze 155

Laas 20, 156
La Bruyère 115
Lachelier 158
Lachmann 47
Lactantius 74
Laelius 50, 57 f.
Lafitte 147
Lagrange 108, 119, 131, 322, 337, 402
Lamarck 108, 132
Lambert 108, 121, 321
Lamennais 134
Lamettrie 108, 117, 292, 322, 402 f.
Land 102, 104, 389
Landor 150
Lanfrank 78
Lange 24, 156, 397
Lao-tse 4, 172 f., 372
Laplace 108, 120, 127, 291
La Rochefoucauld 115
Laromiguière 134, 145
Lassalle 15, 187–189, 373
Lasswitz 47, 92–94, 97, 100, 105, 155 f., 390
Lavater 126, 143
Lavoisier 108
Lazarus 144
Leclerc 105
Leeuwenhoek 118

Legge 4, 372
Lehmann 144
Lehrs 45
Leibniz XVIII, 29, 85, 92, 95, 99, 105–107, 118, 120–122, 125, 138, 144, 158, 226, 250, 278–280, 282, 290, 292, 297, 301, 314, 317–321, 326, 331–350, 381, 386, 390, 394, 396, 401
Leonardo da Vinci 97, 268, 277
Leonhardi 139
Leopardi 218
Lepsius 122
Lessing, G. E. 118, 120, 122–125, 137, 176, 215, 315, 321, 331, 349 f.
Lessing, H.-U. XV
Leukippos 17–19, 23 f., 193, 196, 206
Lewes 147
Liard 153
Lichtenberg 125
Lichtwer 122
Liebig 132, 153
Liebmann 156
Liepmann 23
Linné 89, 108
Lipps 157
Lipsius 50, 68, 89
Littré 23, 147, 297
Littrow 152
Livius 56
Lobeck 10
Locke 95, 104–107, 109–111, 114, 116, 121, 222, 251, 278, 288, 313–315, 317, 319–323, 325 f., 343, 350, 401, 404
Loewe 137
Löwenheim 97
Longinos 70 f.
Lortzing 23
Lossius 125
Lotze 34, 47, 133, 155, 231, 238
Louis Philippe 146, 234
Lucretius 6, 47 f., 58 f., 92, 100, 197 f., 248 f., 300, 375, 390
Ludovici 107
Ludwig IV., d. Bayer 86
Ludwig XIV. 106, 115, 301, 401
Ludwig XV. 116
Ludwig, A. 6
Ludwig, K. F. W. 133
Lukianos v. Samosata 70
Luthe 64
Luther 87
Lyell 132
Lykon 25

Maass 125
Mably 113
Macauly 153, 158
Mach 131, 156, 297
Machiavelli 94, 268
Mackintosh 133, 152
Macrobius 61
Mähly 21
Mästlin 386
Maeterlinck 157
Magnenus 93
Magnus 131
Mai 61
Maier 90
Maimon 135
Maimonides 84, 267
Maine de Biran 134, 144 f.
Maistre 134, 147
Malebranche 102, 294
Malus 108
Mangey 67
Mani 69
Mansel 152
Marcion 69
Marcus Aurelius 6, 51, 53, 64, 79, 261
Marheineke 142
Mariana 91
Marmontel 123
Marquard 41
Martens 64
Martianus Capella 77
Martin 10
Martinak 105
Marx 153, 206
Massillon 115
Maupertuis 116, 118, 350
Maximus Confessor 75, 78
Maxwell 131
Mayer 131, 153, 346, 404
Mazarin 292
Meckel 132
Medici, C. de 89
Medici, L. de 90
Meier 121, 349 f.
Meineke 8
Melanchthon 90, 106
Meletos 25
Melissos 16 f., 187, 191, 194, 196
Melito 73
Menagius 7
Mendelssohn 124 f., 231, 350, 383
Menge 43
Menippos 63

Merian 124
Mersenne 100, 280, 389
Meton 17
Metrodoros v. Chios 24
Metrodoros v. Lampsakos 46
Meyer 39
Michaelis 123
Michelangelo 277
Michelet 2
Mill, J. 148, 150 f.
Mill, J. St. 47, 96, 148, 150 f., 241, 249, 298
Milton 91, 295
Minucius 73 f.
Mirabeau 119, 234
Mirandola 89
Misch, C. XVIII
Misch, G. XVII f., XXII
Mnesarchos 12
Moderatos 67
Möser 124, 126, 134
Mohammed 267
Mohl 94, 215
Moleschott 156
Molesworth 100
Mommsen 57, 153
Monchamp 102
Montaigne 90, 104, 255, 280, 402
Montesquieu 108, 116 f., 401
More 104
Morelly 113
Moritz 125
Morus 94
Moses 73
Mucius Scaevola 50, 57
Müller, A. 134
Müller, E. 157
Müller, H. 34
Müller, H. F. 71
Müller, J. 132, 244, 305, 398
Müller, J. v. 108
Müller, K. 51
Müller, M. 6, 372
Müller, M. J. 84
Müller, O. 11
Mullach 9, 16, 23, 370
Munk 83 f.
Munro 47

Nägeli 132, 154
Napoleon 106
Natorp 20, 23, 27, 47, 54, 97, 99, 156
Nausiphanes 24, 46
Neander 71, 142

Neanthes v. Kyzikos 8
Nebre 173
Neleus 40
Neokles 46
Nero 58, 64, 67
Nettelbladt 121
Nettleship 160
Newton 105 f., 116, 127, 292, 313, 335, 401
Niçolai 123 f.
Nicole 102
Niebuhr 10, 133
Nietzsche 8, 157, 186 f., 190, 206, 211, 234, 248, 299, 311, 389
Nigidius Figulus 67, 262
Nikolaus v. Kues 81, 88, 91 f., 275
Nikomachos, Vater d. Aristoteles 35
Nikomachos v. Gerasa 44, 67
Nitzsch 72
Nizolius 90
Nohl XV, XVII f., XXVII, 371–375, 377, 379, 383–386, 388 f., 391, 401, 404
Northumberland 105
Novalis 138, 176
Novatianus 73
Numa 57
Numenios a. Apameia 70

Oersted 139
Ogereau 50
Ohm 131
Oken 139
Oldenberg 6
Origines d. Kirchenvater 7, 69 f., 73
Origines d. Neuplatoniker 70
Orlowski XXVII
Ostwald 132
Ott 64
Otto 73

Pabst 17
Paine 133
Paley 150
Panaitios v. Rhodos 50 f., 56–60, 62, 260
Pander 132
Pantänus 73
Papinianus 75
Pappenheim 56
Paracelsus 91 f.
Parmenides 14, 16, 18 f., 92, 187, 189, 191–194, 197, 206, 208 f., 216, 228, 237, 380
Parthei 71
Pascal 102, 134, 293, 389, 390
Pasteur 132

Patritius 92
Paulsen XIX, 128, 156
Paulus 142
Paulus, H. E. G. 139
Pausanias 211
Pélagaud 70
Perikles 18, 199, 219
Persaios 49
Persius 58
Pestalozzi 124, 144
Petermann 68
Petit 131
Petrarca 64, 86, 88
Petrus Abaelardus 79–81
Petrus v. Ailly 87
Petrus Hispanus 76, 86
Petrus Lombardus 80 f., 85 f.
Petrus v. Poitiers 81
Pettenkofer 133
Pfeffel 122
Pfleiderer 107
Pflüger 133
Phaidon 26
Phaidros 61
Phainarete 24, 211
Phaleas 27
Pheidias 18
Pherekydes 10, 182, 185
Phidias 45, 219
Philipp v. Makedonien 247
Philippos v. Opus 34
Philodemos 6, 8, 46, 249, 274
Philolaos 13, 22, 27, 181 f., 184, 237
Philon v. Alexandreia 6, 52 f., 62, 65, 67 f., 70, 73, 176, 262 f., 265
Philon v. Larissa 55 f., 59, 61
Philoponos 72
Philostratos 67, 262
Photios 8, 55, 76, 88
Pindar 182, 220, 382
Pitt 111
Pittakos 10
Planck 123
Plath 4
Platon XVII, 6–9, 15 f., 19–21, 24–36, 42, 46, 48, 51, 53 f., 60 f., 63, 65–68, 70, 72 f., 80, 82, 89, 98, 104, 142 f., 154, 177, 180–183, 185 f., 190, 192, 194, 196, 198, 202 f., 205–207, 211, 213, 215–237, 239, 243, 247, 249, 255, 263, 265 f., 278, 282, 284, 305, 331 f., 344, 374–376, 378–383, 396
Plethon 89 f.
Plitt 138

Plotinos 6, 53, 69–71, 75, 89, 264–267, 307 f., 400
Ploucquet 122
Plutarchos v. Chaironeia 6, 12, 18, 40, 70, 262
Poinsot 131
Poisson 131
Polybios 41, 50, 58, 63, 260, 384
Pompejus 50
Pomponatius 89
Pope 111
Porphyrios 6 f., 70 f., 77, 79, 86
Poseidonios v. Apameia 50, 56, 59–61
Prantl 3, 9 f., 38 f., 49, 51, 77, 79, 84, 97, 154
Preger 80
Preller 10
Price 114, 133
Priestley 114, 133
Prodikos 21, 202, 205
Proklos 6, 9, 72, 75, 185
Protagoras 19–21, 23 f., 27, 200–203, 206 f., 216, 218, 255, 374, 385
Proudhon 148
Psammetich 10, 177
Psellos 76
Ps.-Origines 68
Ps.-Plutarchos 7, 11
Ptolemaios, Klaudios 43 f., 97, 386
Pufendorf 106, 120, 350
Pyrrhon 46, 53, 255 f.
Pythagoras 11–16, 29, 57, 67, 177, 181–183, 187, 190, 219, 236, 262, 373, 380, 384
Pythias 35

Quesnay 108, 113

Rabener 122
Racine 115, 292, 389
Raffael 268
Ragey 79
Raimund v. Sabunde 87
Raimundus Lullus 85, 333
Rameau 108
Ramler 123
Ramsay 132
Ramus 90
Ranke 10, 153 f.
Raspe 401
Ravaisson 158
Réaumur 108
Redeker XIX
Regius 102
Régnault 131
Reid 114 f., 145, 148 f., 152
Reimarus 121, 124

Rein 144
Reinhold 135
Rémusat 79
Renan 84, 157, 173
Renouvier 158
Reuchlin 88 f.
Reuter 74, 77, 79
Reynolds 111
Ribot 158
Richard v. St-Victor 80 f.
Rhode 9, 19, 164, 167, 371
Ricardo 149–151
Richardson 111
Richelieu 292, 295
Richter 25, 67, 71
Riehl 128, 156
Rig 147
Ritschl 63, 84, 91, 156
Ritter, H. 1 f., 9, 142, 154
Ritter, K. 133
Ritter, P. XVIII
Robertson 100, 114
Roberty 147
Robinet 118, 147, 331, 403
Rodi XV, XX
Rokitansky 156
Roscelinus 79
Rose 36 f.
Rosenkranz 142
Rothe 142
Rothenbücher 13
Roulez 55
Rousseau 83, 110, 119 f., 150, 246, 251
Rousselot 77
Royer-Collard 115, 134, 145
Rubens 268
Rüdiger 125
Rufinus 73
Ruge 142
Ruhnken 70
Ruskin 159
Ryssel 64

Sack 124
Sänger, M. 64
Sänger, S. 151
Sainte-Beuve 157
Saint-Simon 146 f.
Saisset 56
Sallustios 72
Salutati 89
Salzmann 124
Sanchez 90

Saturnios 68
Satyros 8
Savigny 10
Scaliger 384
Schaarschmidt 13, 31, 80
Schärer 105
Schaller 142
Schanz 20
Schaubach 18
Schelling, F. K. A. 139
Schelling, F. W. J. 59, 134, 136–140, 143, 145 f., 149, 152, 155, 158, 303, 305, 331, 395, 397
Schiche 62
Schiller 109, 118, 137 f., 157, 186, 229
Schippang XVII
Schlegel, A. W. 1, 138
Schlegel, E. 122
Schlegel, F. 1, 9, 11, 31 f., 124, 134, 138
Schleiden 132
Schleiermacher XVI f., XIX, 1 f., 9, 11–13, 15, 23, 25 f., 31–34, 41, 52, 79, 133 f., 138, 142 f., 154, 158, 216, 226, 286, 302 f., 331, 376, 379, 381
Schlözer 123
Schmekel 50
Schmidt 68 f.
Schmoller 232
Schneidewin 47
Schnitzer 73, 78
Schömann 10
Scholtz XXII
Schooten 98
Schopenhauer 143, 155, 157, 174 f., 187 f., 218, 226, 299, 315, 329
Schorn 18
Schröder 153
Schubert 139
Schulenburg XVI, 369
Schulze 135
Schultz 127
Schuster 188, 373
Schwann 132
Schwartze 68
Schwarz 99
Schwegler 39
Schweighäuser 64
Schweitzer 142
Schwenckfeld 91
Scioppius 89
Scipio Africanus 50, 57
Scipio Africanus d. Jüngere 57 f.
Scott 149, 158
Secrétan 158

Seeberg 73
Seeck 373
Selwyn 73
Semler 121, 124
Seneca 6, 51, 58, 63 f., 88
Sennert 47, 93
Sévigné 115
Sextius 63
Sextus Empiricus 6 f., 17, 20, 55 f., 255, 257
Shaftesbury 105, 109, 112, 118, 120, 372
Shakespeare 89, 96, 268, 270, 295
Shelley 150
Sidgwick 151
Sidney 105
Siebeck 3
Siedler 64
Sieyès 120
Sigwart 103 f., 142, 241, 274, 370, 386
Simmel XX f.
Simplikios 9, 12, 17–19, 42, 72, 179
Smith 108, 112, 114, 149–152, 324
Smollet 111
Socher 31
Sokrates XVII, 6, 9, 13, 16, 20–22, 24–29, 32, 48, 50, 53, 79, 177, 198, 205 f., 209–220, 222 f., 226 f., 230, 232, 241 f., 255 f., 265, 292, 374–378, 380–383
Solger 139
Solon 10, 171, 233
Sophie Charlotte v. Preußen 106
Sophokles 21, 45, 219, 221, 261
Sophroniskos 24
Sotion 8
Soulier 67
Southey 149
Spalding 124
Spedding 97, 385
Spencer 96, 148, 153 f., 158 f., 167
Spengel 9, 20–22, 38, 41, 47, 70, 154
Speusippos 34
Spiegel 5
Spinoza XVI f., 51, 59, 92 f., 102–105, 107–109, 117, 149, 187 f., 196, 237, 251, 253 f., 268 f., 279, 287–289, 293 f., 299, 301–313, 327, 329, 331–333, 336, 349, 390–401
Spittler 123
Spranger XVII f., XX, XXVII, 371
Stade 164, 371
Staël 133, 145
Stahl 3, 139
Stallbaum 33
Stammler 156
Steffens 139

Stein XXII, 3, 17, 50
Steinbart 124
Steinen 166 f., 371
Steiner 84
Steinhart 34, 71
Steinthal 144
Stephanus 33
Sterne 111
Stevinus 97
Stewart 115, 152
Stilpon 26, 48
Stobaios 7 f., 11 f.
Stoy 144
Strabon 40
Straton 41
Strauß, D. F. 142
Strauss, V. v. 173, 372
Strümpell 9
Stumpf XIX f.
Sturm 90
Sturz 18, 124
Suarez 91
Sudhaus 47
Sudhoff 92
Süßmilch 108
Suidas 7
Sulla 40
Sulzer 124 f., 350
Susemihl 39 f., 42
Suso 87
Swift 111
Synesios 75
Syrianos 72

Tacitus 64
Taine 89, 158, 232 f., 261, 297, 385
Tannery 10, 98, 389
Tatianus 73
Tauler 87
Teichmüller 33 f., 155
Telesio 92 f., 103
Teller 124
Tennemann 1
Tertullian 68, 73 f.
Tetens 125, 350
Thackeray 158
Thales 10 f., 177–180, 188
Thamin 74
Theoderich 72, 77
Theodoretos 7, 75
Theodoros 27 f., 218
Theodosius XXV, 163
Theon v. Smyrna 44

Theophilus 73
Theophrastos 7, 9, 12 f., 15 f., 18, 39–41, 179, 248
Thierry 145 f., 153
Thomas, A. L. 99
Thomas v. Aquino 85 f., 167, 238, 266 f., 276
Thomasius, Chr. 106, 120 f., 321, 332, 350
Thomasius, Jac. 1
Thomson 111
Thrasybulos 178
Thrasyllos 23, 30
Thrasymachos 21, 202, 205 f., 299 f., 311
Thümmel 123
Thümmig 121
Thukydides 21 f., 100, 205, 295
Thurot 10, 77
Tieck 138
Tieftrunk 79
Timon a. Phleius 53, 256
Tindal 109
Tocqueville 158, 232
Tönnies 100
Toland 109
Tolstoj 157, 248
Traxel XX
Treitschke 153, 232
Trendelenburg 9, 38 f., 104, 142, 154 f.
Trunz 372 f., 383
Tschirnhaus 106, 395
Turgot 96, 100, 108, 113, 119 f., 146, 298, 402
Tylor 167
Tyrannion 40 f.

Ueberweg 3, 10, 13, 31, 33, 142, 206, 372, 374
Ulpianus 75
Ulrici 142
Usener 1, 8 f., 29, 33, 41, 46, 72

Vacherot 158
Vahlen 22, 40
Valentinus 69
Valla 88 f.
van't Hoff 132
Varro 63
Vauvenargues 115
Venn 151, 153
Vetter 159
Vico 108
Vicq d'Azyr 108, 120
Villemain 145 f.
Virchow 132 f.
Vives 90
Vloten 104
Vogt G. XVII

Vogt, K. 156
Voigt, G. 10, 88
Voigt, M. 52
Voit 133
Volney 120, 134
Volta 108
Voltaire 60, 114–116, 123, 315, 318, 341, 401
Vries 132

Wachsmuth 8, 45, 50, 54
Wackenroder 138
Wagner, Ri. 157
Wagner, Ru. 132, 153
Waitz 38, 144
Walter v. St-Victor 81
Watt 108
Weber, E. H. 131, 133
Weber, W. E. 131
Weigel, E. 332
Weigel, V. 91
Weingarten 91
Weismann 132, 159
Weisse, Chr. F. 122
Weiße, Chr. H. 142
Weißenborn 106
Welcker 21
Wellmann 17, 21, 49
Wendland 68, 73
Whewell 148, 151 f.
Whiston 109
Wieland 123, 202, 218
Wilamowitz-Moellendorff 8, 37
Wilhelm v. Champeaux 79–81
Wilhelm v. Ockham 86, 266 f.
Wilhelm v. Oranien 105, 109, 313
Willis 108
Wimmer 39
Winckelmann 27, 108, 123, 126
Windelband XXV, 2 f., 10, 206, 210, 374, 379
Witt, 400

Wöhler 132
Wohlwill 93, 98
Wolf 1, 9, 138
Wolfers 105
Wolff, Chr. 107, 121, 321, 349 f.
Wolff, K. F. 108
Wollaston 109
Woltjer 47
Woolston 109
Wordsworth 149, 151
Wundt 155 f.

Xanthippe 212
Xenokrates 34 f.
Xenophanes 13–16, 187, 191 f., 194, 205, 373
Xenophon 6, 8, 21, 25 f., 49, 211 f., 215 f., 376, 378
Xerxes 18

Yorck v. Wartenburg XVI, XX, 369
Young, E. 111
Young, Th. 131

Zachariä 122
Zarathustra 5, 174, 181, 183
Zarncke 77
Zeller, E. XXII f., XXVI, 2 f., 9 f., 18, 21, 25 f., 33 f., 40, 50, 104, 154, 156, 197, 206, 372–374
Zeller, L. 390
Zenon d. Eleate 16 f., 26, 48 f., 187, 191, 194, 196, 200, 206, 208, 216, 251, 255
Zenon v. Sidon 46
Ziegler 94
Ziller 144
Zimmermann 3, 144
Zöllner 124
Zola 158
Zumpt 46
Zwingli 91

Neue Studien zur Philosophie
Herausgegeben von Rüdiger Bubner, Konrad Cramer und Reiner Wiehl

Die „Neuen Studien zur Philosophie" verfolgen das Ziel, wissenschaftliche philosophische Arbeiten von Rang zu publizieren, die die Aufmerksamkeit einer breiteren gelehrten Öffentlichkeit verdienen. Eine thematische Beschränkung besteht dabei nicht. Die wachsende Tendenz zur Spezialisierung, die im Zuge allgemeiner Entwicklungen auch die Philosophie erfaßt, ist diesem Fach in besonderer Weise unangemessen. Deshalb dienen die „Neuen Studien zur Philosophie" nicht der Verbreitung einer speziellen Richtung oder Schule, sondern versuchen, dem gerade entgegenzuwirken.

15: Christoph Jedan
Willensfreiheit bei Aristoteles?
2000. 203 Seiten mit 2 Registern, kart.
ISBN 3-525-30515-X

14: Thilo Löwe
Wirtschaften als Erfahrung
Bausteine einer philosophischen Theorie gelingender Ökonomie.
1999. 457 Seiten, kart.
ISBN 3-525-30514-1

13: Karl Hepfer
Motivation und Bewertung
Eine Studie zur praktischen Philosophie Humes und Kants.
1997. X, 170 Seiten, kart.
ISBN 3-525-30513-3

12: Józef Bremer
Rekategorisierung statt Reduktion
Zu Wilfrid Sellars' Philosophie des Geistes.
1997. VIII, 230 Seiten, kart.
ISBN 3-525-30512-5

11: Michael Franz
Schellings Tübinger Platon-Studien
1996. VIII, 344 Seiten, kart.
ISBN 3-525-30511-7

10: Stefan Hübsch
Philosophie und Gewissen
Beiträge zur Rehabilitierung des philosophischen Gewissensbegriffs.
1995. 286 Seiten, kart.
ISBN 3-525-30510-9

9: Jürgen Stolzenberg
Ursprung und System
Probleme der Begründung systematischer Philosophie im Werk Hermann Cohens, Paul Natorps und beim frühen Martin Heidegger.
1995. XII, 323 Seiten, kart.
ISBN 3-525-30509-5

Vandenhoeck & Ruprecht

Neue Studien zur Philosophie

Herausgegeben von Rüdiger Bubner, Konrad Cramer und Reiner Wiehl

8: Rüdiger Bubner
Innovationen des Idealismus
1995. 214 Seiten, kart.
ISBN 3-525-30508-7

7: Walter Mesch
Ontologie und Dialektik bei Aristoteles
1994. VII, 203 Seiten, kart.
ISBN 3-525-30507-9

6: Christian Klotz
Kants Widerlegung des Problematischen Idealismus
1993. 135 Seiten, kart.
ISBN 3-525-30506-0

5: Peter Ptassek /
Birgit Sandkaulen-Bock /
Jochen Wagner / Georg Zenkert
Macht und Meinung
Die rhetorische Konstitution der politischen Welt. Vorwort von Rüdiger Bubner.
1992. IX, 290 Seiten, kart.
ISBN 3-525-30505-2

4: Werner Stegmaier
Philosophie der Fluktuanz
Dilthey und Nietzsche.
1992. 413 Seiten, kart.
ISBN 3-525-30504-4

3: Peter M. Steiner
Psyche bei Platon
1992. VIII, 247 Seiten, kart.
ISBN 3-525-30503-6

2: Birgit Sandkaulen-Bock
Ausgang vom Unbedingten
Über den Anfang in der Philosophie Schellings.
1990. 186 Seiten, kart.
ISBN 3-525-30502-8

1: Michael Hampe
Die Wahrnehmungen der Organismen
Über die Voraussetzungen einer naturalistischen Theorie der Erfahrung in der Metaphysik Whiteheads.
1990. 294 Seiten, kart.
ISBN 3-525-30500-1

Vandenhoeck & Ruprecht